翁文灏与抗战档案史料汇编

陈谦平 编

【上册】

社会科学文献出版社

SOCIAL SCIENCES ACADEMIC PRESS (CHINA)

翁文灏（1889-1971）

1912年翁文灏获比利时鲁汶大学自然科学博士学位后回国

1938 年翁文灏在办公室

1930 年代翁文灏在周口店

　　1930 年代翁文灏（左二）、步达生 Davidson　Black（左一）和
裴文中（右一）在周口店

1940年代，新疆独山子。左起：周宗浚、
程裕淇、黄汲清、翁文灏、杨钟健、卞美年

抗战胜利后的翁文灏

1944 年 2 月翁文灏（右二）、孙越崎（左一）
陪同蒋介石参观资源委员会工矿产品展览会

抗战期间，翁文灏（左二）、孙越崎（右一）陪同
宋美龄、宋子文（左三）参观展览会

目　　录

贰 战时工矿建设

19

凡　　例

一、本书所选辑史料，除一件来自中研院近代史研究所档案馆所藏外交部档案外，其余全部来自台北"国史馆"所藏国民政府档案。凡为"国史馆"所藏国民政府档案者，每件史料注明来源时均省略馆藏、案名"国民政府档案"及全宗号"200000000A/"，直接标注卷宗名称及卷宗号。

二、本书所选辑史料，均照录原文，不做任何内容删节，以维档案原貌，俾便学者使用。

三、本书之校注原则为：

（1）重要人物，于脚注中注明其时所任官职。

（2）部分原档案段落区分不明显者，予以分段。

（3）凡〔〕之内系增补文字；［］之内系勘误文字；□□□□为原文模糊污损无法辨认之标识。

（4）原档案已断句者适当修订标点符号，未断句者补入标点符号。

（5）外国国名、地名、人名之译名与今译不尽一致，各件史料间亦有不同，不做改动。

铁骨诤言　公忠报国（代序）

——翁文灏与抗战

陈谦平

翁文灏早年留学比利时鲁汶大学，1912年获该校地质学博士学位，成为中国从欧美获得地质学博士之第一人。翁文灏回国后长期从事地质与矿业调查、勘探工作，曾任地质调查所所长、中国地质学会会长（理事长）、清华大学代理校长等职，为中国近代地质学、地理学奠基人之一。尽管翁文灏行政能力很强，"思想、实行面面俱到"，但他一直"殚心学术，不问政治"，积极投身于组织和推动中国地质、地理、矿冶调查和建设工作。①

投笔从政　筹擘抗战国防设计与经济建设

九一八事变后，面对国家政治上的动荡和国难的加深，翁文灏"内心极为震惊"，"深恐大好河山竟归破裂，为国家前途，忧从中来，难安寤寐"。②他遂与胡适、丁文江、蒋廷黻等一批身处北方的自由派知识分子创办了一份政论刊物——《独立评论》，期望能以办刊物"为'救国'、'强国'或者是'治标'、'治本'之道"。③

---

① 参见李学通《翁文灏年谱》，山东教育出版社，2005，第34页。
② 见李学通《翁文灏年谱》，第77页。
③ 参见张太原《〈独立评论〉与20世纪30年代的政治思想》，社会科学文献出版社，2006，第26页。

1932 年 6 月，中国自由派知识分子内部就国民党政府的强权政治展开了讨论。傅斯年在《独立评论》上发表《中国现在要有政府》一文，认为"此时中国政治若离了国民党便没有了政府"。① 翁文灏也指出："在这个危急存亡的时候，我们更需要一个政府，而且要一个有力量、能负责的政府。我们不应该破坏政府，只希望政府不要破坏自己……我们需要好政府的迫切，正像学生需要好教师一样，而且过之"。②

其实，参与讨论的这些自由派知识分子几乎是清一色的欧美留学生，他们深受英美自由主义和民主主义的影响。尽管此时以《独立评论》为中心的自由派知识分子在中国究竟是要采行独裁还是民主问题上产生分歧，发生争执，但并不表明他们其中的一部分人已经改变了自由民主思想，而从根本上赞同极权主义。他们只是认识到在面临日本侵略的背景下，实现民主并不是一件容易的事情：国内外环境不允许，中国老百姓的民主意识还不够。中国的当务之急，是在强有力的中央政府领导下，统一意志，统一国力，以抗击日本帝国主义的侵略，挽救中华民族。因此，他们赋予了专制新的内涵："这所谓专制决非野蛮专制、非法专制、无限专制、权力专制、禁止言论自由的专制，而乃是开明专制、旨趣专制，以公共福利为前提的专制，不似旧日以个人为目标的专制，不似旧日摧残皇室以外一切可作政权中心的专制，更不是吃粮不管事的无为专制。"③ 这场独裁与民主的讨论，并不标明中国自由派知识分子对民主理念追求的破灭，而是他们在民族国家面临危机时的忧虑和抉择。

蒋介石在九一八事变后采取的再三邀请北方知识分子名流到南京"共商国是"的谦恭姿态，最终使得一大批自由派知识分子选择了同国民政府合作。而作为在国际国内都有重要影响的地矿学家，宁波籍的翁文灏便成为蒋介石延揽的首选人才。

1932 年 6 月，翁文灏在钱昌照陪同下，应邀赴庐山牯岭为蒋介石

---

① 孟真：《中国现在要有政府》，《独立评论》第 5 号，1932 年 6 月 19 日，第 6—7 页。
② 翁文灏：《我的意见不过如此》，《独立评论》第 25 号，1932 年 8 月 28 日，第 4 页。
③ 张弘：《专制问题平议》，《独立评论》第 104 号，1934 年 6 月 10 日，第 10 页。

讲学。关于这次讲学，《蒋介石日记》和《蒋中正总统档案·事略稿本》中均有记载。

6月16日："下午翁詠霓、钱昌照来见，相谈甚洽。"①

6月17日："上午翁文灏、钱昌照来谈。翁谓：'中国煤铁矿产之质量，东三省几占全国百分之六十以上，而我国铁矿为倭寇所占约百分之八十二以上。'公叹曰：'东北煤铁丰富，倭寇安得不来强占？吾人誓必恢复我宝藏之区也。'"②

6月18日：晚，"召翁文灏讲中国矿产。翁谓：'中国矿产所缺者为银与钢，而最富者为煤、为铅、为钨、为锰、为铝，各占世界之第一、第二、第三位。'公曰：'国家之经济财政必先从开发矿产入手。'"蒋介石当日称"翁詠霓诚今日中国需要之人才也"。③

6月19日：下午，"又召翁文灏来讲东北与西北之农产。翁谓：'农产土地应注意于气候与雨量，故西北土地虽广，只可移民数百万人为屯垦防边之用，绝非如世人所理想者，谓可容八九千万人移垦。'"当日，蒋介石对翁文灏赞许有加："翁詠霓者，始可谓有学有识之人，真不可多得也。"④

蒋介石这种礼贤下士的态度让翁文灏大受感动。据翁文灏《年谱初稿》记载，蒋介石向翁文灏表示："中国失败之由在乎历来工作只对内而不对外，以致内部事多而对外力弱。彼反躬自省，当以保全国家为己责。欲尽此责，深愿物色全国贤才，竭尽所能，同心戮力。而当实行之时，则不宜与他人虚争政权，而在自身确尽责任。愿以三日时间请翁

---

① 《蒋介石日记》，1932年6月16日，斯坦福大学胡佛研究院档案馆藏，藏所下略；吴淑凤编辑《蒋中正总统档案·事略稿本》（15），台北，"国史馆"，2004，第103页。《事略稿本》对《蒋介石日记》在文字上有程度不同的修改。

② 《蒋中正总统档案·事略稿本》（15），第117—118页。蒋介石在日记中则记为："今日始醒，甚恨研究之晚，而对内对外之政策错误也。"《蒋介石日记》，1932年6月17日。

③ 《蒋介石日记》，1932年6月18日；《蒋中正总统档案·事略稿本》（15），第141页。

④ 《蒋介石日记》，1932年6月19日；《蒋中正总统档案·事略稿本》（15），第145页。

当面为陈说。"①

蒋介石对翁文灏先生的学识、人品和能力均相当满意，认定其为可当大任之才，决定将国家的资源开发交由翁文灏负责。他请翁文灏担任拟成立的国防设计委员会秘书长。6月20日，他让毛庆祥致电钱昌照，曰："（国防）设计会开会时间不必过速，当先物色人才以多备约谈时间，然后再定期召集会议，则更能见效。"他要求钱昌照"与詠霓兄先确定人选，再约定次序，请其各个来谈"。他请钱昌照与翁文灏"能于暑假时来汉浔常住一处，以便接洽前约"。他同时电询陈布雷："翁文灏先生之学问、品性、能力，兄知其详否？请详告。"②6月25日下午，蒋介石写道："今年得刘建群、钱昌照、俞大维、翁文灏、王陆一、罗贡华诸人，皆才贤也。而翁为最有阅历，尤绝有能力，可喜也。"③

对于国防设计委员会秘书长一职，翁文灏几次推辞，但蒋介石坚持原议，并屡次电催其到任。④ 同年11月1日，国防设计委员会在南京三元巷成立，蒋介石亲任委员长，翁任秘书长。从此，翁文灏担负起筹划国防资源、进行对日抗战准备的重任。

由于得到蒋介石的高度信任，全面抗战时期，翁文灏先后担任行政院秘书长、资源委员会主任委员、经济部部长、国防最高委员会国防工业委员会主任委员、国防工业设计委员会主任、战时生产局局长、中美联合生产委员会主任委员、行政院副院长等重要职务，承担起战时经济建设的重任，成为蒋介石的重要助手。

---

① 翁文灏：《年谱初稿》，转引自李学通《翁文灏年谱》，第79—80页。郑友揆等记载：蒋介石见到翁文灏时说："自从民国以来，当局人物都对国家不起，只顾个人争权位，不知保全国家领土。我过去也是这样的人。从今天起，我愿意改变方针。至于国事应该如何办，要向翁先生请教。"他并表示愿以三天时间，听翁文灏先生面陈治国方略。参见郑友揆、程麟苏、张传洪《旧中国的资源委员会——史实与评价》，上海社会科学院出版社，1991，第5页。

② 《蒋中正总统档案·事略稿本》（15），第196—198页。

③ 《蒋中正总统档案·事略稿本》（15），第554页。

④ 王正华编辑《蒋中正总统档案·事略稿本》（17），台北，"国史馆"，2005，第128—129页。

　　本史料汇编选辑的资料，几乎全部来自台北"国史馆"所藏的国民政府档案，收录的主要是1937年以后翁文灏同蒋介石来往电文，包括签呈、电报等重要档案。这些档案文件一方面显示了翁文灏为战时经济、外贸与财政金融殚精竭虑，做出的重大贡献；另一方面也体现了蒋介石在抗战时期对翁文灏的信任和支持。

　　国防工业建设的规划与实施是战时工业建设的重要一环。翁文灏在1940年3月21日所拟定的签呈中，对1940—1942年度"三年工业计划"精心规划：三年之间，国、民营工厂的钢铁产量要达到58800吨；制造业方面，每年生产军用卡车1000辆、工具机2440部、汽车轮胎4000套；化学工业方面，年产硝酸630吨、硫酸370吨、硝酸铔3000吨、硫酸铔1500吨、阿莫尼亚200吨，增设小规模水泥厂3所；能源工业方面，每年生产汽油346万加仑、柴油420万加仑、润滑油1.5万加仑、酒精304万加仑；电器制造业方面，1940年度生产电线660吨、电子管5万只、电灯泡30万只、军用及商用电话机共8000部、交换机5000门，而至1942年度，上述各项产品大都增产五六倍以上；金属冶炼业方面，每年生产精铜3100吨、铅2500吨、锌1500吨；发电量可增至58547千瓦。该三年工业计划经费预算为法币20454万元、美金1079.3万元。①

　　为了解决外汇的不足，翁文灏建议："外汇之来源，悉赖财部筹发，自属不易，计惟有提出一部分出口矿产，以资抵付，或以出口矿产作抵，筹借外款。"他认为该项计划每年仅需要外汇400万美元左右。"每年矿产产量除供易货外，尚有余数。如能提出钨砂或锡三千吨、锑三千吨，再益以水银四百吨，专供现款外销，所得外汇，指定专为建设国防工业之用，于国库既非直接负担，对易货仍照常供应，而于工业建设则获有基础"。翁文灏同时指出，国内运输实为"目前建设最大之困难……运输不灵，则所购器材无法内运……倘运输能力不能增强，运输

---

　　① 《经济部长翁文灏呈拟三年工业计划及所需经费》（1940年3月21日），台北"国史馆"藏《国民政府档案》：200000000A/1120/6070.01－01/208/001112000A010。以下所引《国民政府档案》，"台北'国史馆'藏《国民政府档案》：200000000A"略。

路线不能增多，则外汇即有着落，器材即已订购，不能运入，亦属徒然"。他批评"以往内运吨位几全为兵工器材及汽油所占有，其它一切物品所占运输总额不过一成，杯水车薪，困难万状。兵工器材及汽油固属急要，而国防工业所需之器材为制造或生产兵工器材原料所需者，似亦不容忽视"。①

此外，他于1941年6月拟定《国防工业三年计划》、1942年拟定《西南国防三年计划》。1943年筹备的工业建设计划会议于同年4月20—29日召开，与会者128人，处理议案140份。会议拟定了《战后工业建设纲领》、《战后重要工业建设计划》、《培养经济建设干部人才及训练技术员工计划》等。这些都为战时国统区国防工业的进一步发展奠定了基础。

白手起家　统领玉门油矿的开发与建设

战时工矿建设是作为经济部长的翁文灏领导的经济工作重点，而玉门油矿开发则是他直接负责的国家重大建设项目。

1938年6月，蒋介石谕令资源委员会："甘肃玉门油矿关系重要，饬即日派员开采。"② 资源委员会遂在汉口设立甘肃油矿筹备处，并调派四川油钻探勘处机务工程师张心田兼筹备处主任，前往陕西，"将前存钻机选配二部，运送甘肃玉门地方装设，赶速探勘"。③ 同年10月，资源委员会"勘定酒泉、玉门一带设处钻探，以备大量开采，并派严爽为主任，率同员工由陕迁运机材前往工作"。④

---

① 《经济部长翁文灏呈拟三年工业计划及所需经费》（1940年3月21日）：1120/6070.01 - 01/208/001112000A010。

② 《翁文灏呈报运送钻机至玉门装设方案》（1938年6月24日）：1132.30/3510.01 - 01/258/001113230A001。

③ 《翁文灏呈报运送钻机至玉门装设方案》（1938年6月24日）：1132.30/3510.01 - 01/258/001113230A001。

④ 《翁文灏电呈请马步芳令所部保护酒泉玉门一带勘探人员》（1938年10月1日）：1132.30/3510.01 - 01/258/001113230A001。

由于甘肃油矿油层甚深，原有钻机能力不足，翁文灏乃商请苏联政府供给新式钻机，并提供技术支持。但苏联允诺提供的新钻机一直未到，翁文灏只得自力更生，命令该矿利用国内已有钻探设备加大生产："一面修筑公路，伐木运料，建造房屋；一面搜购器材，招聘员工来矿工作；同时并向湘赣各煤矿调拨采煤钻机，以资利用。"1940年初，由于原油产量日渐增多，便在石油河及嘉峪关各建一家炼厂，以金开英为厂长。"惟以在试办期间，油田蕴藏量尚未确定，未敢骤斥巨资，向国外订购新式机件。一切设备，均利用国内器材自制。至二十九年杪，因勘得油田，希望渐大，而新式采炼机件，制造复杂，国内无法购办。经呈准扩充预算，先后派遣工程师二人赴美，订购采油、炼油各种新式机器，以期大量采炼。"[1]

1941年3月，甘肃油矿局成立，局址设在重庆，以孙越崎为总经理。"盖矿区一无所有，一切器材之购运，员工之招致，款项之领拨，以及与有关各方之接洽，均非株守矿厂所能办理者也。玉门矿厂由矿场长、炼厂厂长及总务处长等负责主持。"[2]

从翁文灏1940年7月20日致蒋介石的报告中，我们可见翁文灏、孙越崎等呕心沥血，在从美国购买采炼、储运设备方面做出了巨大努力。

　　资委会筹办以来，即由陕北延长拆卸小钻机两部，运往石油河区应用。至民国二十八年二月开始凿井，三月出油，随即用简单方法试炼。截至现在止，在石油河区共凿井七口，其中五口出油；平巷三座，其中二座出油。炼油方面，共有大小炼油炉五座。每月出产原油五万加仑，炼成汽油一万加仑，柴油二万五千加仑。

　　为增产起见，近又由湖南、江西、四川境内各矿拆运大钻机、

---

[1]　《孙越崎呈蒋介石〈甘肃油矿局简报〉》（1942年8月）：1132.30/3510.01－03/260/001113230A003。

[2]　《孙越崎呈蒋介石〈甘肃油矿局简报〉》（1942年8月）：1132.30/3510.01－03/260/001113230A003。

套管、抽油机等件约一千吨，已先后运达矿地。初步新式炼油设备亦分别在矿地、重庆两处制造，一部分现已完成，即可装用。故自本年九月起，每月可产原油十二万加仑，即可炼成汽油二万五千加仑、柴油六万加仑。悉数用以开驶卡车，可行驶八十五万公里。换言之，可供卡车三百三十五辆，自重庆开往玉门油矿（距离二千五百五十公里）一次之用。此项产量，除供该矿运输器材之用外，尚可供给自广元开往兰州（距离九百公里）运货卡车三百三十辆之燃料。

自明年五月起，补充器材约一千吨亦可运到，原油产量及炼油能力，均可比本年九月数量增加一倍。故所得汽油及柴油用以开驶卡车，可行一百七十万公里。

以上所言设备，均系利用国内已有材料及本国工厂所能制造之机器。用此项方法炼油，所得汽油仅达原油百分之二十，若改用最新式方法制炼，应达百分之七十。但制炼技术及机器设备，均须向国外厂家洽购。故于本年五月间，曾由本会派遣炼油工程师一人赴美，详细洽询，正在分头洽办。[1]

在炼油方面。玉门石油河炼厂分为东、西两厂，设备陈旧，炼油方法是手工操作，原油在夏天用桶挑，在冬天用箩筐抬，把它注入预热池内，加热熔化为可以流动的液体后，用人工操作的手摇泵倒入炼油锅，加热到一定温度，将汽油和煤油、柴油分别蒸馏提出，冷却后取出剩余的渣油。"石油河炼厂完全用蒸馏方法提炼，可产汽油百分之十四至百分之十八。最先每日仅炼原油三、四千加仑，嗣经扩充至每日炼量一万加仑。自第八井出油后，又扩充至日炼原油三万加仑，现已扩充至日炼原油八万加仑，一月以后可至日炼原油十五万加仑。嘉峪关炼厂按日炼原油一万加仑设计，采用半裂法，汽油产量较多，约在百分之三十四左

---

[1] 《翁文灏电呈甘肃油矿采炼情形》（1940 年 7 月 20 日）：1132.30/3510.01－01/258/001113230A001。

右。该项机件亦系自行设计制造，惟机件复杂，装置较为费时，且以缺乏特种材料，不能持久。凡此种种，皆系过渡时期之办法，目的在早日出油耳。"①

在石油钻采方面。1940 年以前，油矿先后凿成六井，惟以陕北钻机能力太小，深度均在 200 米以内，故仅达浅油层，出油较少。嗣后湘赣等煤矿钻机运到，深度可达 600 米，故第八井钻至 440 米时，即遇重大油层，大量喷油，其压力之大，油量之丰，不亚于世界重要油田。原有机件均无法控制，旬日之内，其所出原油达 200 万加仑之多，可见油田藏量之丰富。"综计三年半以来，运达矿厂各种器材，重量共约三千吨，员工总数已达七千余人，产出原油约一千万加仑，炼成汽油九十余万加仑、煤油四十余万加仑、柴油二十余万加仑。"②

我们从翁文灏致蒋介石的报告，可见玉门油田地下石油蕴藏量之丰富。1941 年 10 月，新开第八井出油情形："该井自二十四日起至二十八日为止，喷油已逾一百万加仑，油量之丰可与世界各国最优油井相埒。现在尚在继续出油，所有储油地点均已贮满，如不速将储炼设备大加扩充，不仅生产无法利用，抑且易滋危险。"1943 年 3 月，第十四井出油情形：该井"于三月十六日喷油起，初每小时油量在一万加仑以上，经十二小时后，因钻杆为油砂堵塞，出油减少，并一度停止。嗣将钻杆完全拔出，冲开油砂，重钻两昼夜，又继续喷油"。第十五井出油情形："该油田最南一井，于三月三十日夜间十一时钻深至四百公尺，出油压力甚大，油量甚旺。开始每小时流量一万三千加仑，每日三十万加仑，流量甚匀，毫无间断。至四月二日每小时流量为一万五千加仑；三日出油情势略缓，每小时流量平均一万四千加仑；四日流量每小时一万二千加仑；五日流量平均每小时七千加仑。该井已流六日之久，喷油

---

① 《翁文灏电呈甘肃油矿采炼情形》（1940 年 7 月 20 日）：1132.30/3510.01 – 01/258/001113230A001。

② 《孙越崎呈蒋介石〈甘肃油矿局简报〉》（1942 年 8 月）：1132.30/3510.01 – 03/260/001113230A003。

达一百八十万加仑，为以前各井所无。"①

在石油采炼设备采购方面。1940年底，经济部和资源委员会决定派员赴美订购新式钻机及炼油设备。"当经订妥新式钻机十二架，炼厂一所（每日能炼原油一千五百桶，每桶四十二加仑，即六万三千加仑，可产汽油占原油百分之六十四。一年以三百天算，可产汽油一千二百万加仑）及储油、输油等设备，共重约四千吨。于三十年五月间即分批由美起运，至十一月运抵仰光者，已达三千余吨。不久仰光告急，军运迫切。本局器材经呈准视同最急要军用品抢运，损失仅四百余吨，尚无大碍。至本年四月，缅局逆转，而本局器材犹滞留八莫、腊戍、畹町一带，以事出仓卒，抢救不及，总计损失约在一千六七百吨之巨。尚有五六百吨，现在印度，整套机器已无装成之望。此项计划原定今年秋、冬完成，现已暂告失败。"②

由于玉门交通不便，资源委员会还计划在兰州设立大炼油厂。"据地质家估计，石油河、石油沟一带，原油藏量约在三万万桶左右，其附近文殊山等地，亦有极大希望。故如钻机充足，日产原油一万桶（即四十二万加仑）并非难事。而前购日炼原油一千五百桶炼厂，已感炼量太小。且为谋战后自给自足计，决定添购日炼原油一万桶炼厂一所，预计可年产汽油七千万加仑、飞机汽油七百万加仑、机油三百五十万加仑。惟用油多在内地，矿区遥远，产品内运，极不经济。故为一劳永逸计，决定将炼厂设在兰州附近，将来由矿至兰，原油用油管输送。此厂原拟在此次美租借法案款内购办，藉此抗战期间，在美设计制造。一俟抗战结束，即可内运装置，大量生产，建立国防工业。"但因"美方以此厂未能在抗战期间应用，不允列入租借法案内，本计划遂又暂时搁浅"。③

① 《资源委员会翁文灏钱昌照电呈甘肃油矿局增产与减产情形》（1943年4月9日）：1132.30/3510.01－04/261/001113230A004。
② 《孙越崎呈蒋介石〈甘肃油矿局简报〉》（1942年8月）：1132.30/3510.01－03/260/001113230A003。
③ 《孙越崎呈蒋介石〈甘肃油矿局简报〉》（1942年8月）：1132.30/3510.01－03/260/001113230A003。

翁文灏和他领导的技术团队克服了难以想象的困难，在玉门油矿的开发方面取得了巨大成就。从 1939 年 3 月到 1945 年的 7 年间，共钻井 61 口，生产原油 7866 万加仑，炼产汽油 1303 万加仑、煤油 511 万加仑、柴油近 72 万加仑。[1]

运筹产销战时矿产品之出口创汇

作为经济部部长和战时生产局局长的翁文灏为战时易货贸易做出了巨大贡献。由于中国经济落后，外汇缺乏，对日抗战时期需要的大量军火和战略物资主要来源于德国（前期）、苏联和美国（后期）。但这些援助不是无偿的，大部分需要用中国出口农矿产品来偿付。其间，中国蕴藏丰富的钨、锑、锡等战略矿产品和茶叶、桐油、猪鬃、生丝、羊毛等农副产品对外大量出口，以换回抗战所需的军火、燃料、机器设备等，成为支撑中国对日抗战的经济基础。

为了对外债信，资源委员会主任委员翁文灏亲自办理中德、中苏、中英和中美易货贸易，从易货贸易合同的谈判、洽定到交货及还款等，无不悉心过问，受到各有关国家的高度赞赏和信任。本史料汇编对战时对苏易货矿产品交货和对美偿债矿产品交货情形都有详尽的统计资料可供研判。

战时易货贸易构成了抗战时期中德、中苏、中美、中英经济关系的基础，而中国蕴藏丰富的钨、锑、锡等特矿产品则是各国追捧的热销品。1937 年以前，中国生产的钨砂、锑等矿产品主要售卖给德国。

1938 年 3 月 1 日，中苏签订第一次借款条约：（1）借款总额 5000 万美元，年利 3 厘。自 1938 年 10 月 31 日起，5 年内偿还，每年偿付 1000 万元，并付清已挪用借款之利息。（2）上项借款由中国购运茶、丝、羊毛等农产品，钨、锑、锡等矿产品抵付。其运费亦由借款偿还额内拨付之。（3）所运物品种类、数量，于每年初按照苏联有关机关之

---

①　参见郑友揆等《旧中国的资源委员会——史实与评价》，第 95 页。

11

指示，在每年偿还额内规定之。[①]

苏联方面希望中国政府多用钨、锑、锡等特矿产品偿还借款。苏联出口协会经理格鲁申科于 1939 年 1 月上旬致函翁文灏，声称"一九三九年苏方需要钨、锑各五千吨，锡四千吨，锌二千吨，盼我方尽量供给，并将实际可以供给数量确数函告"。[②]

那么，中国政府究竟应该用怎样的比例来偿还苏联的借款呢？翁文灏认为："我方第一年应偿还美金一千一百五十万元。如以农产品与矿产品各半交付，则应运矿产品价值为美金五百七十五万元。除上年十一月、十二月已运及本年一月将运矿产，连同运费约值美金二百万元外，尚须续运矿产价值美金三百七十五万元。即自二月至十月，每月约需购运钨砂二百吨、纯锑二百吨、锡二百吨。按照目前国际市场价香港交货，约值美金四十二万余元。""如我方还款三分之一以农产品交付，三分之二以矿产品交付，则第一年运苏矿产总值应为美金七百六十六万余元……即自二月至十月，每月约需购运钨砂三百吨、纯锑三百吨、生锑一百吨、锡二百五十吨。按照目前国际市价香港交货，约值美金六十二万余元。"翁文灏强调：按照格鲁申科来函所开需要数量，"约值美金一千万元……苏方所开需要数目，超过我方应供数量甚多，自不宜以此为准"。[③] 翁文灏经与孔祥熙、陈布雷商量，意见趋于一致，都认为"拟用农产、矿产各半抵付"。[④]

从 1939 年 3 月资源委员会同苏联驻华商务代表处订立第一年对苏矿产交货合同起，到 1946 年 3 月 27 日签订第八年对苏矿产交货第二合同止，翁文灏对于每一份合同都逐字逐句地认真审定。

---

① 《经济部长翁文灏呈请中苏借款以农矿产品抵偿比例及方法》（1939 年 1 月 16 日）：0883/6364.01－01/219/001088300A001。

② 《经济部长翁文灏呈请中苏借款以农矿产品抵偿比例及方法》（1939 年 1 月 16 日）：0883/6364.01－01/219/001088300A001。

③ 《经济部长翁文灏呈请中苏借款以农矿产品抵偿比例及方法》（1939 年 1 月 16 日）：0883/6364.01－01/219/001088300A001。

④ 《财政部长孔祥熙呈第一次中苏借款本年用农矿产品抵偿本息情形》（1939 年 2 月 3 日）：0883/6364.01－01/219/001088300A001。

对美易货贸易方面。在宋子文的成功斡旋下，中国政府于太平洋战争爆发前，先后同美国签订了三项易货贸易合同，都是以锡、钨、锑来偿还贷款的，即1940年3月15日由复兴商业公司与美国世界贸易公司所订之"售锡合约"、10月22日由资源委员会与美国金属准备公司所订之"售钨合约"和1941年1月31日由资源委员会与美国金属准备公司所订之"金属合约"，总金额在1亿美元以上。如"售钨合约"借款美金5000万元，以中国钨砂作抵，7年还清。中国每年平均应运钨砂7000吨来偿还债务。故蒋介石非常担心中国偿还钨砂的能力，多次向翁文灏询问。翁文灏向蒋介石解释说，1939—1940年度中国钨砂的产量"约为一万二千吨，再加促进可达一万五千吨"。他分析道："本年度苏联还债所需为四千八百吨，至本年十月三十日期满。下年度对苏矿产交货合约尚未签定，但即照本年数量，最少尚有余额七千吨以上可供运美之用。现有存货约为五千吨，尚可补供急需，且苏联还款总合同系以农、矿抵付，对于何种矿产，数量若干，均未具体规定。必要时自可多运锑、锡及汞，少运钨砂。故美政府需钨，以产量论，可无问题"。当然，翁文灏所担心的"实为运输"，表示虽"已饬资源委员会全力赶运，惟自有运输工具有限，但倘其它运输机关能竭力协运，或不难达到全数运出之目的"。[①]蒋介石在得到翁文灏肯定的答复后，才电令华盛顿的中国大使馆尽速签订合约，并命令交通部部长张嘉璈、西南运输处主任宋子良积极筹措矿产品的运输事宜。根据翁文灏的汇报，从1940年1月至1941年3月，"售锡合约"共交运纯锡2962吨；1941年1月至5月，"售钨"、"金属"两合约共计交运钨砂2100吨、纯锑200吨、锡900吨。[②]

此后，蒋介石又电询翁文灏"二十九年度钨砂产量共有若干？本年度预定产量若干？除应付现时债信交货外，尚能剩余若干？"翁文灏

①　《翁文灏呈对美新借款供钨产量无问题惟运输困难》（1940年9月27日）：0882.01/5080.03－02/212/001088201A007。

②　《翁文灏电呈资源委员会经办各种对美偿债矿产品交运情形》（1941年5月24日）：1131/1032.01－02/244/001113100A002。

告曰："二十九年度钨砂产收数量，就目前已知之数量计，共九千三百八十五吨。惟上两年来国内运输至为困难，大量钨砂积存各地，未能及时运出。二十八年度积存钨砂，连同二十九年所产数量，除已运出交付易货、外销者外，截止二十九年十一月底止，尚有一万四千余吨积存各地待运。如运输难以畅通，则各地存砂势将愈积愈多，难应国外急需。至本年度钨砂产量，如无意外周折，预计可达一万二千吨。"① 蒋介石对于翁文灏主管的资源委员会工作十分满意。

太平洋战争爆发以后，美国对中国战略矿产品的需求猛增。美方希望1942年内中方"所有运美偿债纯锑，全部由美付我现款，不作还债。运美偿债钨砂，百分之七十五由美付我现款，百分之二十五作为还债"。美方甚至提出1942年内"运美钨、锑各二万吨，俾可多得现款"。翁文灏根据钨、锑生产情况，将对苏偿债之钨、锑加以调整，致电美方：同意在1942年内"勉筹钨、锑各七千至一万吨运美。惟纯锑若按照目前市价出口，我方亏蚀太大，须请美方加价。又内地运输所需汽油及海运船只，并盼美方尽量供给"。② 但美方又回电，略谓"本年应运美锑品，美方可全部不要，但盼多运钨砂，连偿债部分在内，本年运足二万吨，价款仍按前商办法，百分之七十五由美付现，百分之二十五作为还债，由美方按月派轮来仰光接运。运费酌收最低价，兵险由美方自理，如船中途沉没，由美方负责"。③

翁文灏认为："此项办法，对我自属相当有利。同时美系同盟国家，此项有关军火制造之原料，彼方既属急需，我国自亦应尽量供给"。不过，令翁文灏感到为难的是"本年增运钨砂至二万吨一节"，因为"对各友邦分配至感为难，自应预为筹定数量"。1942年钨砂产量原定为1.2万吨，"兹为供应各国需要计，自应以最大努力，尽量增

---

① 《翁文灏呈报钨砂产量存量情形》（1941年1月19日）：1131/1032.01－02/244/001113100A002。

② 《翁文灏电呈美国欲增加运美钨砂至二万吨情形》（1942年1月10日）：1131/1032.01－02/244/001113100A002。

③ 《翁文灏电呈美国欲增加运美钨砂至二万吨情形》（1942年1月10日）：1131/1032.01－02/244/001113100A002。

产。然最多连同存货在内，亦只能达二万吨左右"。对苏易货"前已允供运四千吨，但苏方尚要请增加"。英国大使薛穆亦来同翁文灏洽商，"谓英国需钨甚急，盼我在不影响对其它各国偿债需要之范围内，尽量供给"。翁文灏觉得，对苏供应为 4000 吨，对英再供给 1000—2000 吨，"则可供运美之数量至多不过一万五千吨"。于是他打算就按照每年 1.5 万吨的标准，对美国"尽量筹运"。为达到全部增产及交运目的，翁文灏还致电蒋介石："除由资源委员会积极筹办外，关于本年度矿品预算，拟恳准予维持原案，必要时尚须再请追加。此外，运输方面，必须车辆配合适宜，接运迅速；矿品收购方面，必须酌增价格，激励生产"。①

为此，中美两国于 1941 年 12 月 30 日对"钨砂"、"金属"两借款合同进行了修改，即"所有运美钨砂及锡品售得价款，百分之二十五交美偿债，百分之七十五由美方付我现款；锑品价款则全部付我现款，不作偿债。关于运费保险费用，亦经改订优惠条件"。② 这一时期，在交美矿品海运方面，总共只于 1942 年 1 月 17 日和 29 日交运了两批，由"Daystar"号和"Tulsa"号两艘轮船运往美国，计有钨砂 536 吨、滇锡 2000 余吨。此后海运不通，同年 5 月以后改用航空运输。"截止九月底，已交运八十四批，计钨砂一千七百五十余吨、锡品四十余吨"。③

实际上，抗战期间援华最力者是苏联和美国。迄今为止，各国对华援助的数额是多少，学界尚未有权威的数字。中国抗战能够得以延续，战时对外贸易的功绩不容忽略。据本史料汇编数字统计，抗战时期的中国对外借款，计有中英第一次、第二次信用借款及中英财政协助协定拨借购料款共 2850 万英镑；中美第一、第二、第三、第四次借款及中美 5 亿元借款拨借购料款共计 179389927.84 美元；中苏三次借款共计 2.5

---

① 《翁文灏电呈美国欲增加运美钨砂至二万吨情形》（1942 年 1 月 10 日）：1131/1032.01 - 02/244/001113100A002。

② 《翁文灏电呈对美偿债矿产品交运总量等情形》（1942 年 10 月 19 日）：1131/1032.01 - 03/245/001113100A003。

③ 《翁文灏电呈对美偿债矿产品交运总量等情形》（1942 年 10 月 19 日）：1131/1032.01 - 03/245/001113100A003。

亿美元。截至 1945 年 9 月，中国政府共计支出苏联易货贷款 173175810.36 美元、美国易货贷款 177844657.04 美元、英国信用贷款 8055406 英镑。其中美国提供的贷款全部用完，苏联 1.5 亿美元第三次借款中尚有 76824189.64 美元未使用，而英国对华贷款中尚有 20444594 英镑未能使用。[①]

诤言精简机构　难挡特务逸言

身在重庆核心领导层，翁文灏对于国民党及其民政府高层的贪腐、拉帮结派、机关林立、行政效率低下等状况深恶痛绝。1941 年 12 月 10 日，他上书蒋介石，就各机关冗员情况提出限制与裁减办法。他抨击"各机关工作效率有减无增……骈枝过多，冗员太众"。他指出，国民政府自迁重庆以后，各机关"职责不明，决断不易，势不能不屡次会议，且因之意见庞杂，朝令暮更，方案既不能继续坚持，即效力亦不易彰明昭著。凡此纷纭颓废之风，实成今日通行之象"。[②]

对此，他提出改革办法两项。

第一，重复机关，应即裁并。他建议将国防最高委员会对敌经济封锁委员会归并于经济部，行政院之农产促进委员会归辖于农林部，行政院中央气象局归并于中央研究院之气象研究所。他批评中央和地方经济机构之叠床架屋现象："关于各地方之经济工作，中央及地方组织，皆已各有专司，各战区经济委员会皆甚感联系进行之不易。又有统一职权便于执行，而不宜多立机关，致增冗滥者"。他举例说："例如滇缅公路运输，有副主任办公室、监理委员会、中缅运输局、西南运输处等诸多组织，首长既同为一人，机关又何必纷立，徒增文书转移之繁，有失积极促进之旨"。他一针见血地指出："新立各部皆欲在各省设立直辖

---

① 《贸易委员会邹琳呈贸易复员计划》（1945 年 9 月 22 日）：1100.03/6322.01－01/31/001110003A005。

② 《翁文灏就各机关冗员情况及限制冗滥办法的签呈》（1941 年 12 月 10 日）：0420/5050.01－01/112/001042000A007。

组织，相率成风，使省政府主席颇感无事可为。而揆之实际，则各省距中央交通不易，情状各殊，凡百政务并非中央专管部会所尽能遥悉径办，徒以养成隔阂紊乱之情，增縻重复纷繁之款，良为可惜。"

第二，政府机构人浮于事，应裁汰冗员。他指出，人才分配之方法以及专才之位置如果"各适其宜，则人尽其才，亦即国受其益；如果援用数量大过实际，则良莠不齐，往往贤能被抑，即或用达所长，滥竽充数，亦必使良材坐失，信用颓丧"。他毫不客气地批评中央机构膨胀现状："以目前任用职员情形言之。行政院直辖十部、四会、一署，每一院辖单位所用职员平均以三千人计（连直属机关之职员得列在内），即共需四万五千人……而事实上中央职员殆共逾三十万人。其中一无所长、浮冒坐食者，何可胜数。"他强调："如再不分贤愚，浮增名额，或复出重叠、滥设机关，则人员愈多，即品质愈杂；或浮言空议，以自鸣其才；或尸位素餐，而不治其事；甚且因私人权利关系，互相攻讦，淆乱观听。其贻害于行政效率者，实至深且巨"。他警告蒋介石："当此生活高涨之时，官吏月薪足以赡家，日益不易。如果用人不避冗滥，而待遇不为增加，则生活为难，因而舞弊者势必加多……告诫虽殷，亦难收效，自不免使政界风气，日见堕落。"他认为，只有将政府"员数过多者，定期裁减，并调整位置，量才任用，使政府款不虚靡，而官吏皆才有专长"。而省下来的钱可"酌增俸给，使服务者不患饥寒，而得安心，为国效力。如此则官无衣食之忧，而国得忠贞干练之士"。①

这些批评和建议切中要害，但蒋介石居然不敢相信问题如此严重。他于 1942 年 1 月 4 日专门致电翁文灏，询问"原呈所称中央职员共逾三十万人之数，系何所根据而得，有何证明？"②翁文灏复电称："查前呈所举数目，系估计概数。按之实际，恐尚有过而无不及。"翁文灏指出，在农林、水利未划分以前，经济部辖水利机关职员约五千数百人；

---

① 《翁文灏就各机关冗员情况及限制冗滥办法的签呈》（1941 年 12 月 10 日）：0420/5050.01 - 01/112/001042000A007。

② 《蒋中正为中央职员人数事致翁文灏代电》（1942 年 1 月 4 日）：0420/5050.01 - 01/112/001042000A007。

农林及农本局职员约三千数百人；各处工矿厂职员约九千人；商品检验及商标职员约一千人；管制及平价职员约一千人。"合并计算，当达二万人"。而财政、交通二部"职员数目，自必过此"。他指出："交通部所辖路、航、邮电各项职员，估计总数当不下数万人。依此数例以推其余，前呈所提数字似未失之夸张"。①

他进一步向蒋介石建议，限制冗滥之法，可分二途。

第一为人数之限制。各机关"以后对于正式职员，务须一律规定数额，不准逾越"。而各机关享受专员、编译等待遇丰厚人员总数，最多不得超过正式员俸总数之一定成分。这样可以避免各机关之间的"靡款拉人"，杜绝职员"分心钻谋"。

第二为工作之考核。"为提高行政效率起见，各机关处理公文之程序及速率，宜规定章程，按月检察"。他指出："各机关现仅记载收发文之事由，而未有藉此稽核之办法。兹宜更加规定，指定专任人员，切实查明收而未发者若干件；迟延不办者若干件；各职员无事可办者若干人；办理错误者若干事。""可据实纪录，按月积存，每隔三个月或六个月汇总考核，作为一般职员黜陟赏罚之根据"。这样"可破各机关因循颓废之风，免各职员尸位素餐之弊，而滥用冗员之陋习，亦因以有所祛避"。②

他以张居正"省议论"、"振纲纪"、"重诏令"、"核名实"、"固邦本"、"饬武备"诸义相激励，主张"躬行实效"、"一归公道"、"杜绝浮议"、"违者查参"、"慎重名器"、"严禁风俗侈靡"、"捐无用不急之费，以抚养战斗之士"等。铮铮铁骨、敢言直谏的风格溢于言表。③

不过，当时重庆政治环境险恶，高级官员贪腐、投机风气盛行。尤其是政治对手的告密诬陷和戴笠为首的军统特务的横行，常使翁文灏面

---

① 《翁文灏电呈复中央职员人数根据及限制冗滥之办法》（1942 年 1 月 12 日）：0420/5050.01－01/112/001042000A007。

② 《翁文灏电呈复中央职员人数根据及限制冗滥之办法》（1942 年 1 月 12 日）：0420/5050.01－01/112/001042000A007。

③ 《翁文灏就各机关冗员情况及限制冗滥办法的签呈》（1941 年 12 月 10 日）：0420/5050.01－01/112/001042000A007。

临困扰而处境尴尬、心力交瘁。

在玉门油矿相关工作中，编者发现甘肃油矿局一个叫金慎的人经常给国民政府和军统局打报告，主要针对油矿开发中的一些自然或人为事故。1941 年 11 月 17 日，金慎报告了甘肃油矿局第八号油井于 10 月 21 日发生井喷的情况："凿至四四一公尺后，即发现一大油层。继钻至四四九公尺时，尚未钻穿透油层。彼时因油气过大，无法再凿，即试拔钻杆，遂于当夜九时半开始大量喷油。油水泵开关此时被油气冲毁，原油遂顺井口直喷而出，高达数十丈。经积极施救，始将开关修好。至二十二日晨四时，以井内沥青胶着钻孔，始告停喷。计喷油六小时，约重十万加仑。"然而，报告批评发生井喷的原因在于"该井负责人于事前未作准备（油管不敷应用，原土质油池制造不善，及水泵开关不良），致损失约四万加仑；喷入油池及洒于地上尚能取用者约六万加仑"。报告还指责油矿局"购运之井架，运时不从底座运起，而从尖头运起，以致非俟整个井架到齐后不能装设。倘至〔自〕底座运起，则随到随装，在工作效率上不致浪费"；"由美订购之发电机，不先自锅炉、磨电机运起，而先自零件运起，以致材料运来，仍搁置不能用，殊不经济"。[①]报告人对于石油勘探十分专业，情报的来源显然不是普通工人。

1942 年 1 月 25 日，金慎从兰州呈报"甘肃玉门油矿三年来出产原油数量及最近工作情形"，指出该矿 1939—1941 年三年的原油产量分别为 126851 吨、413285 吨和 2962348 吨。而 1941 年的炼油情况为："第一炼油厂每日可炼出汽油一千余加仑；第二炼油厂每日可炼出汽油二千余加仑。"金认为玉门油矿"自第八井喷油后，因设备不良及储油问题无法解决，加以太平洋大战爆发后由美所购机器无法内运，致陷停顿。且对汽车队管理无方，纪律太坏，致使由渝或外国启运之新机件运抵矿厂后，则变为半旧，甚至因缺一二零件无法装置"。[②]

---

①　《金慎呈报甘肃油矿局管理欠善致物资损耗情形》（1941 年 11 月 17 日）：1132.30/3510.01 - 01/258/001113230A001。

②　《贺耀组戴笠转呈金慎报告甘肃玉门油矿三年来出产原油数量及最近工作情形》（1942 年 1 月 29 日）：1132.30/3510.01 - 01/258/001113230A001。

同年 3 月 5 日，金慎再从兰州呈报，称"玉门油矿第十井凿至四百余公尺时，突然大量喷油，状如瀑布。自元月十九日上午十一时起至下午四时止，计喷油五十余万加仑。四时停止后，时喷时停，至廿三日始将井口用土石填塞，意欲防止喷涌。而井口被堵塞后，则油气不能外射，致将地皮迸裂，自井口起成一公尺宽、二百余公尺之长裂口，井内之油即顺裂口而出，横流成河。据事后统计，可收用之油约三〇〇万加仑，其损失数目约六〇〇万加仑。现井口下陷约廿余公尺，井架斜歪，岌岌欲倒，故目前第八、第十两井均不能用，以致前功尽弃"。该报告还对甘肃矿局总经理孙越崎大加批评，称该矿第一炼厂与第二炼厂原拟于 1942 年 1 月开工，并计划当年"炼成汽油一百八十万加仑、柴油一百万加仑、煤油一百万加仑"，但因孙越崎"事忙，矿事无人督促，致扩充部分迄今尚未完工"。报告还指责矿局职工指导委员会自成立后"迄今半载，毫无成绩"，负责委员张剑白"又不常在矿"。该职工指导委员会 1942 年经费预算为 84 万余元，"经费如此之多，而实际之工作则甚少表现"。报告还揭发"该矿局于卅年春季在甘州向驻甘八二军之一百师师长韩起功订购大小木料七万余根，付国币十万元，限去年（卅年）十一月底全部运至盐池。因无人催促，迄今尚未起运"。[①] 令人感到不解的是，该报告有两个版本，分别由侍从室第一处主任贺耀组、军统局副局长戴笠与军事委员会调查统计局具名，于 3 月 10 日同时呈报给蒋介石。

蒋介石为此多次致电翁文灏，要求对这些问题进行调查、报告。翁文灏均不得不下令调查，并报告蒋介石处理结果。

辞职被拒　平价购销处舞弊案及其影响

政治告密事件最典型的案例是平价购销处舞弊案与农本局改组

---

① 《贺耀组戴笠转呈金慎报告甘肃玉门油矿第十井喷油状况及局一般工作情形》（1942年 3 月 10 日）、《军事委员会调查统计局呈报甘肃玉门油矿第十井喷油状况及一般工作情形》（1942 年 3 月 10 日）：1132.30/3510.01 - 01/258/001113230A001。

事件。

1940 年 12 月 29 日，翁文灏得知经济部商业司司长、平价购销处前任处长章元善和国货联营公司经理寿墨卿被军统人员传讯，遂前往面见蒋介石。蒋介石告诉翁文灏，此事"关系平价资金各员，应即查清用途帐目，但仍应照常办事，不得离渝"。翁文灏回到经济部后即约集章元善、农本局副局长蔡承新、平价购销处处长吴闻天及寿墨卿等 10 人"至部谈话"。当日下午，财政部政务次长兼四联总处秘书长徐堪、军统局副局长戴笠等"至部，偕同各该员至化龙桥四联总处宿舍住宿。当时未到人员如沈国瑾等，亦令其续往该处。所关帐册及文卷，亦均先后送往该处，听候查明，完全遵令办理"。翁文灏"为实行照常办事起见，商请准令每日至机关办公，并愿担保，绝不避逸。戴局长笠及徐次长堪均允为照办"，但事实上并未实行。[①] 为此，翁文灏于 12 月 30 日下午面见行政院院长孔祥熙，"呈请辞去经济部长本兼各职，请其转陈于蒋介石……同时声明将不出席明日的行政院会议，以示对军统行为的抗议"。[②]

12 月 31 日，翁文灏致函蒋介石。首先向蒋介石表明了辞职的缘由："此次所邀往之十员中，对于粮食、纱布、煤炭及其它日用品主管人员，皆在其内。其所管机关，虽经职部告令，照常办事，但因长官不到，主持无人，诸多公务，不免停搁。职部原本督令各该组织充分疏运物资，俾旧历年关得以供应无缺。如果主管员司，尽皆停止工作，则执行乏人，影响所及，极可焦虑。职部复因主管员司不能办事，深感督率未周，责有攸属，复恐继续耽延，补救愈难。因此，文灏曾具呈行政院陈请辞职，并请另派他员接替。"其次，也向蒋介石表达了对被拘人员的信任："对于在事人员，文灏深信高级人员尚能忠实办事。平价购销处前处长章元善向称廉洁，不至贪私；蔡承新在农本局服务，与平价资金并无任何关系。惟办事之具体方法，款项之加紧流转，货物之促进运

---

① 《翁文灏函请先释放平价购销处职员并派主管参与调查平价基金帐目》（1940 年 12 月 31 日）：1100.10/2721.01–02/47/001110010A014。

② 李学通：《翁文灏年谱》，第 236 页。

销等事，自尚有更为改善之地，亟待整饬，自不待言。但有关职员，如吴处长闻天等，对于平价工作，皆须指挥人员，处理案件。其工作之效率如何，颇赖保有此类人员应有之威信，庶能取信于人，推行有效。如果自身常在传讯之中，此项效率，自必大为削弱。"最后，明确表示了自己对于该案件审查的态度："应由钧座令由查询各员，在有关人员中，迅即择其实有罪状或有重大嫌疑者先行停职，派员接任；其中并无罪状者，应即释令返署，并付予应有职权，俾可安心服务。"①

同日，陈布雷向蒋介石汇报："翁部长下午来访职，亦曾谈及此事，嘱为转陈。对其引咎辞职事，职已面致劝慰，仍请核示慰留。至被传各员，若长期羁押，似于威信、业务，两均有妨。尤其供应必需物品机关，如平价购销处及燃料管理处现职人员，似应先准回职工作，以维业务。又各员在羁押中之待遇，似应稍予优待。"侍从室第二处第四组也有批示："即晚（卅一日）电话慰留。此件存。"②

1941 年 1 月 3 日，"平价购销处、农本局业务及帐目清查委员会"主任委员徐堪签请蒋介石"将彻查平价购销处、农本局等业务及帐目案的原举发文件酌赐检发下会，以便严密查询"。徐堪称："前奉钧座手令、代电，饬彻查平价购销处及其委托四机关暨农本局、福生庄等业务及帐目，并签奉批准组织清查委员会，遵于上年十二月三十日组织成立，进行清查。兹为清查迅捷起见，可否请将此案原举发文件酌赐检发下会，以便严密查询。"徐堪表示："农本局、福生庄成立有年，其业务帐目较繁。本会现就关于平价购销业务及帐目部分先行查核，至该局、庄本身业务及帐目之清查，拟俟平价部分查核后，再行继续办理。"但陈布雷认为，"为使查帐事务迅速解决起见，该项文件似有发交参考之必要"，并建议蒋介石"检出交下，由职处将原件举发人姓名

---

① 《翁文灏函请先释放平价购销处职员并派主管参与调查平价基金帐目》（1940 年 12 月 31 日）：1100.10/2721.01－02/47/001110010A014。
② 《翁文灏函请先释放平价购销处职员并派主管参与调查平价基金帐目》（1940 年 12 月 31 日）：1100.10/2721.01－02/47/001110010A014。

隐去，并将其中足以表现主名之语气删去，再行抄发"。蒋介石表示同意。①

　　翁文灏认为此事系孔祥熙、徐堪等为争夺战时物价和物资管制权力而与若干人为难，因此下决心不让经济部再过问此事，而专注于工矿建设事业。他在日记里曾痛斥"一批著名污吏乃竟大胆欺凌正人，当局竟受其蒙蔽"。1 月 5 日，行政院秘书长魏道明"持孔祥熙慰留函至翁宅，劝翁文灏留任"；同日面见蒋介石时，蒋称翁文灏"公平廉洁，声名甚佳，不能准予辞职，应返部任事"。后翁再表辞意，蒋坚持不允。②

　　为了慰留翁文灏，蒋介石采取了两项措施让翁文灏平息怒气。其一，准由翁文灏保释章元善，但其"在查帐期内随传随到"；其二，"调查平价购销处及农本局业务与帐目一案，经济部可派次长一人参加共同调查"。③

　　翁文灏遂于 1 月 8 日电呈蒋介石，表示"关于保释章元善一节遵即照办。参加共同调查平价购销处及农本局业务与账目方面，已派政务次长秦汾遵照办理，已电请徐秘书长、戴副局长查照。章元善业已释回"。④

　　但是，徐堪、张厉生、谷正纲、戴笠、秦汾、徐柏园等于 1 月 15 日向蒋介石密呈调查平价购销处及农本局业务与账目结果，列举了农本局（承办平价粮食品部分）、福生庄（承办平价服用品部分）、中国国货联营公司（承办平价日用品部分）、燃料管理处（承办平价燃料品部分）和平价购销处的若干不合之处。

---

① 《徐堪呈请将彻查平价购销处等业务及帐目案原举发文件检发下会》（1941 年 1 月 3 日）：1100.10/2721.01－02/47/001110010A014。
② 李学通：《翁文灏年谱》，第 237 页。
③ 《蒋中正为保释章元善致戴笠代电》（1941 年 1 月 6 日）、《蒋中正为保释章元善及经济部可派次长参加共同调查致徐堪等代电》（1941 年 1 月 6 日）、《蒋中正为释放章元善及经济部可派次长参加共同调查致翁文灏代电》（1941 年 1 月 6 日）：1100.10/2721.01－02/47/001110010A014。
④ 《翁文灏电呈章元善获释及经济部派次长参加共同调查等事》（1941 年 1 月 8 日）：1100.10/2721.01－02/47/001110010A014。

农本局"接收承办合约，始终无适当供给，又不明购进成本，只得随市定价，形成平价一次即涨一次之事实"；"各机关团体请购平价米之核发分配"，均由总经理何廉"个人意志办理，显未秉公划一，殊属不当"；"而经济部对于平价处拟呈之供应办法，何以延搁，不予核定，殊属费解"；"该处所领业务资金及售米收入之款达一千一百万元，支出仅及六百万元，存余甚多。不以之采购大量粮食，控制市场，致酿成米价未能平抑，工价、物价因以腾贵之事实，实违反政府平价政策"；"该处售米所计成本，贱出贵入，不仅虚糜巨额平价资金，且助成米价之上涨"。

福生庄"利用承办平价业务机会，图利自身营运"，在资金运用、运输路线选择、借纱还纱、放纱收布等方面都存在"利用平价资金，图利自身业务"和"放弃责任"问题。

中国国货联营公司在采购、货运、移交、运用、浪费等方面问题严重，尤其在销售方面"坐视物价步涨，囤仓不售，大背政府办理平政之旨"。

燃料管理处"业务计划核定之后，自动变更，对于煤斤供给，不能大量控制"；"统筹分配不当，矿场、市场均随时发生黑市。本市煤业公会书面指摘该处员利用职权，因缘图利，事实具〔俱〕在"。

而平价购销处前处长章元善声称："只管行政，不懂业务，以诿卸责任。尸位素餐，贻误要政，责无旁贷"。该处成立后"各受委托机关已领资金，多未充分利用，该处绝不过问，实属违反资金运用原则"；"国货联营公司、燃料管理处两合约解除后，日用品及燃料采购计划迄未拟定"。①

密呈认定平价购销处和农本局等四个受委托机关"旷日费时，呆搁资金，举办经年，毫无成效，反使物价日涨。其手续之欠当，时机之

---

① 《徐堪张厉生谷正纲戴笠等呈报调查平价购销处及农本局业务帐目结果》（1941 年 1 月 15 日）：1100. 10/2721. 01 - 02/47/001110010A014。

贻误，工作之怠忽，责任之诿卸，殆为普遍不可掩之事实"。①

陈布雷认为"此案包含部分甚为复杂"，1 月 19 日，向蒋介石做出"先行处置、藉除疑虑"的处理意见：

（一）平价购销处前处长章元善怠忽业务，玩视政令，失职之咎，实无可辞，似应饬行政院将该员停止任用。

（二）农本局承办食衣平价，未有成绩，亦似属实。拟应采取翁部长前呈，将该局分别改组办法（即将粮食部分归全国粮食局，农贷归农行，而将该局缩改为花纱布管理局）予以改组，由翁部长另遴人选。

（三）国货联营公司有无假借公款、营私图利之情事，俟原呈所称续查货源价格呈报到后再核。②

最终，农本局奉命缩改为花纱布管理局，以穆藕初为总经理。农本局原分管的农贷部分移归中国农民银行接办，有关粮食部分移归全国粮食管理局接管，农本局总经理何廉、协理蔡承新辞职照准。蒋介石委何廉为军委会参事室参事。而对于中国国货联营公司的调查则迟迟没有结果，平价日用品批发所经理寿墨卿一直未获释放。

3 月 18 日和 9 月 2 日，翁文灏两次折呈蒋介石，转达了中国国货联营公司董事长吴蕴初等请求保释寿墨卿的吁请，并指出寿墨卿一案，"历时已八阅月有余。究竟罪状如何，未经宣布，商界人心，难免惶惑。可否准如所请，保释留住重庆，随传随到"。③

在蒋介石的督促下，徐堪等于 9 月 23 日报告密查情形，也仅仅存在浮报货价和进货来源不明两个问题。但报告认为寿墨卿"自该公司

---

① 《徐堪张厉生谷正纲戴笠等呈报调查平价购销处及农本局业务帐目结果》（1941 年 1 月 15 日）：1100.10/2721.01－02/47/001110010A014。

② 《徐堪张厉生谷正纲戴笠等呈报调查平价购销处及农本局业务帐目结果》（1941 年 1 月 15 日）：1100.10/2721.01－02/47/001110010A014。

③ 《经济部翁文灏呈为吴蕴初等请求保释寿墨卿事》（1941 年 9 月 2 日）：1100.10/2721.01－03/47/001110010A015。

承办平价购销业务后，即另组平价日用品批发所，代办平价购销业务，由寿墨卿兼任经理。永平申庄即系该平价日用品批发所在沪组设之机构。所有永平申庄浮报货价及其它借公图私情事，该寿墨卿殊难脱卸责任"。报告表示："其它进货可疑之点尚多，因未获得最后证据，未便遽为断定。"① 直至 11 月 14 日，徐堪等还是认定国货联营公司"浮报货价，捏造货源，藉图私利，均确实有据"。而寿墨卿因"主办日用品平价购销事宜，依据九月廿三日密签及上述事实，自应负责"。同时，"日用品批发所副经理王性尧及永平申庄主持人沈支伯两人，亦应一并查传，归案究办"。②

蒋介石遂于 12 月 2 日下令将"国货公司承办平价购销业务，既据查明确有浮报货价及货源可疑等情弊，应准将该案文卷及寿墨卿一并移送军法总监部依法讯办。至呈中所称该公司副经理王性尧及永平申庄主持人沈支伯两名，并已饬由军法总监部于查明案情后传案讯究"。③

至此，轰动一时的平价购销处舞弊案草草收场，心力交瘁的翁文灏经历了大后方官场的世态炎凉："弟从事学术工作二十余年，向不为自身图任何利益，亦立志绝不为任何私系或派别图利……弟自度责任之重，深恐才力有所未胜，但淡泊持身，公忠体国，夙夜自勉，无时或懈。"④

从空油桶调拨案看国民政府高层之贪腐

国统区普遍存在的军政机关和军政官员贪腐现象，使得玉门油矿生产受到极大限制。甘肃油矿局缺乏空桶储运汽油一事是其充分体现。

---

① 《徐堪张厉生谷正纲等呈中国国货联营公司承办平价购销业务浮列价格货源不明情形》（1941 年 9 月 23 日）：1100. 10/2721. 01－03/47/001110010A015。

② 《徐堪张厉生谷正纲等呈中国国货联营公司承办平价购销业务浮报货价及货源可疑各点》（1941 年 11 月 14 日）：1100. 10/2721. 01－03/47/001110010A015。

③ 《蒋中正为平价购销处舞弊案致徐堪厉生谷正纲等代电》（1941 年 12 月 2 日）：1100. 10/2721. 01－03/47/001110010A015。

④ 《资源委员会公报》第 1 卷第 4 期，转引自李学通《翁文灏年谱》，第 260—261 页。

1941 年 4 月 28 日，翁文灏、钱昌照向蒋介石呈报："甘肃油矿产量丰富，近以所产汽油缺乏空桶盛装，以致炼油工作几将被迫停顿。迭经令饬各有关机关供给空桶，交换汽油，以资两利。兹据该会呈报：数月以来，与各机关商换油桶，获效甚微。现矿局存桶无多，至多只能维持至四月底，情形严重，已达极点。按该局拟订产量目标，自本年五月至十二月止，至少需五十三加仑空桶六万只。而该项空桶，现多留不出让，或高索代价，最近每只竟有索售价达三百元以上者。六万只空桶，则需款约一千八百万元，且仍有续涨趋势。而该局预算购置空桶费仅有三百万元，不敷甚巨。查国内各用油机关，现存空桶当有百余万只之多，除复兴公司以少数装运桐油外，现均不能运送国外，装油内运。如能指拨六万只交矿局利用，则政府收集之油桶既可用得其所，而该矿缺桶恐慌可以迎刃而解。惟该局现有车辆无多，空桶运输问题亦极严重。前拟以油换桶办法，曾订有请各机关将桶运送矿厂之规定。实为希望各机关本互助精神，分任一部分运输负担，以期油桶早日到矿应用。"

翁文灏等为此陈请蒋介石：（1）分令运输统制局及军政部各筹 53 加仑以上之空桶 3 万只，拨交该局应用。在本年 5—7 三个月内，每月各拨 1 万只。拨交地点最好能在西北一带，最远亦须在贵阳以北，以便迅速运矿应用。（2）拨交该局利用之油桶最好作为借用，如必须付款，拟恳按该局购置空桶经费 300 万元范围之内，规定每只空桶作价 50 元。（3）规定拨交该局利用之油桶为紧急军用品，令知后方勤务部、交通部及贸易委员会等转饬各所属军运及驿运机关，尽量协助运输，俾将 6 万只空桶如期运达矿厂。庶几，该局炼出油有桶盛转，不致因缺桶而影响生产。①

然而，油桶问题似乎没有解决。1942 年 2 月 15 日，翁文灏和钱昌照又一次呈报蒋介石，称："目前该矿需要最切且最感困难者……尚有

---

① 《资源委员会翁文灏呈办理以油换桶及空桶收购情况》（1941 年 4 月 28 日）：1132.30/3510.01－02/259/001113230A002。

装运成品油桶及零碎五金材料之添购补充两问题。该矿装运成品油用五十三介仑油桶，目前该局成品运输因车辆不敷，大部分需用驿运，一次往返需八个月。本年秋冬，拟月产汽油、煤油及柴油三十五万介仑，约需五十三介仑油桶五万六千个。查此项油桶，航空委员会、军政部、交通司及各公路局目前存贮甚多，拟恳钧座转令各有关机关尽先售予该局应用。"[①] 3月29日，翁文灏再呈报蒋介石，称玉门油矿"经在矿员工认真维护，积存原油现已达二百八十余万加仑，为数颇巨。故油井生产及油藏丰厚，已无问题，惟原油及成品之储运设备，必须早为建置"。由于玉门油矿"由美购置之储油铁池四十余具，自抢离仰光后，正在运输途中"，"故目前特赖每只盛油五十三加仑之油桶，正在向航委会、军政部及西北公路局分别商购，以期集成巨数，克应急需"。[②] 4月29日，在玉门油矿考察的翁文灏致电蒋介石，称该矿4月份汽油产量可增至6万加仑，以后月产量还可增加，本年度生产汽油180万加仑之预算计可实现。"但矿中储油设备甚不充足，非有大量油桶，恐有停炼之虞"。他恳请蒋介石电令交通统制局和军政部"二机关将空油桶六万只，于五、六、七三个月内拨交油矿应用"。[③]

　　蒋介石于5月2日致电运输统制局、军政部、后方勤务部、交通部和贸易委员会，指出玉门油矿"现当积极增产之际，如缺乏空桶，则直接足以阻损生产，间接足以影响军用"，而"各军事机关之原有空桶，现时既不能外运装油，散存各地，非被下级人员偷漏私售，即必坐令弃置锈烂，均属暴殄公物，而且有妨国防生产"。他要求各机关"对于该矿局空桶之供应，必须本彼此一体之旨，由各级主管严切督责，依

① 《翁文灏呈报玉门油矿各项问题并恳准转饬有关机关优先售予矿区油桶等事》（1942年2月15日）：1132.30/3510.01－01/258/001113230A001。

② 《翁文灏呈玉门油矿近时办理情况请电饬各统制机关让售五金器材与空桶》（1942年3月29日）：1132.30/3510.01－02/259/001113230A002。

③ 《翁文灏电呈甘肃油矿产油情况并请交通统制局及军政部交拨油桶》（1942年4月29日）：1132.30/3510.01－02/259/001113230A002。

照所请各项，分别妥办，尽力互助协济，俾利增产，而应军需"。① 军政部部长兼运输统制局主任何应钦于 5 月 6 日下午召集有关各机关在液体燃料管理委员会开会商讨，议定 6 万只油桶，由运输统制局、军政部和航空委员会各承担 2 万只。但交桶地点为昆明、泸州、贵阳、重庆、成都、广元、桂林、天水、双石铺、兰州等地，离玉门路途遥远，且自交桶地点起，所有运费由资源委员会承担。更让人不解的是，运输统制局拨付的 2 万只空油桶，每桶作价 200 元，由资源委员会以现金支付。②

蒋介石闻讯大怒，于 5 月 19 日致电何应钦，痛批"各机关现存空桶毫无实用，徒以桶价高涨，多留不出让……仍议价至每只二百元之巨，殊属不合"。蒋介石指出："各机关所存空桶，原系公家之物，以之供应公家之用，尚如此严分畛域，不能互助协济，实大背物资总动员之旨。似此陋习，若不痛切铲除，何能动员民众物资?"蒋介石强调："现该矿需桶迫切，决不容再行辗转磋商，延误时效"。

他命令何应钦：

（一）该矿所需空桶六万只。应即由运输统制局、军政部及航空委员会各负责筹足完整合用者两万只拨交，不得以损坏渗漏者充数。

（二）上项空桶最好应就各该机关存置西北及蓉、渝等地者尽数拨交，最远亦不能逾越贵阳以外。原拟在桂林、昆明等地交拨之桶，运道太远，不足应急，应无庸议。

（三）拨桶时间限于六月底以前各拨六千只，七、八两月每月各拨七千只，并由各原拨机关将各该月在各地拨桶数目，尽速径行通知该矿局派员接收。

① 《蒋中正为切实拨发油桶给甘肃油矿事饬运输统制局军政部交通部等机关代电》（1942 年 5 月 2 日）：1132.30/3510.01－02/259/001113230A002。
② 《翁文灏等呈报各机关拨交油桶方案》（1942 年 5 月）：1132.30/3510.01－02/259/001113230A002。

（四）所拨之桶仍由交通部、后方勤务部、运输统制局及贸易委员会负责筹划，分饬各该所属驿运总管理处、川陕、兰双两公路线区司令部运务总处、西北公路局西北运输处等机关，作为紧急军用品，尽速运交该矿局矿厂，并由交通部主持办理，随时与该矿局洽办。

（五）自贵阳或重庆以北各地运桶至矿之运费，准按照承运军用品运价计算，由该局给付。

（六）上项油桶，除军政部筹拨之两万只已洽定拨借外，其余由运输统制局及航委会筹拨之四万只，亦应一律作为拨借，不得索取代价。①

在蒋介石的严令之下，各机关不用的6万只空桶逐步到位。然而，蒋介石于10月29日致电翁文灏，称有外国人"见玉门油矿局所用铁桶多有漏洞，以致沿途损油甚多，甚至每桶抵兰，所剩几无，究竟如何，令注意改正"。翁文灏报告说："该局所用油桶系由各机关拨交，破漏殊多，均经该局极力挑选洗刷，并用电焊修补后，始行装油。自用油料运出后，因车辆颠荡之故，少量漏耗固所难免，然亦未据报有大量损失，平均漏耗程度不足百分之一。至各机关来矿提油，因该局油产激增，存储容器尚感不敷，故原则上多系由各机关自带油桶。此种原桶实际漏耗情形，该局未能详悉。"②

蒋介石为此痛斥何应钦："查玉门油矿前请拨用空桶一案，经规定由军政部、运输统制局及航空委员会各拨二万只，并限期拨清，暨指定不得以破漏油桶充数……该项油桶除航委会业已如数依限照拨外，军政部及运输统制局限满均未拨清，且所拨之油桶仍多破漏待修者。足见主管人员玩忽命令，并未切实负责遵办"。蒋介石指出："查近年来各机

---

① 《蒋中正为军政部等机关限期拨借油桶事致何应钦代电》（1942年5月19日）：1132.30/3510.01-03/260/001113230A003。

② 《翁文灏等电呈玉门油矿局铁桶漏油原因》（1942年11月7日）：1132.30/3510.01-03/260/001113230A003。

关由国外运入油量，计应有油桶二百万只以上。今多任意散失，致区区之六万只油桶尚未依限交齐，且所交者多为破漏，实属太不爱惜公物。应即切实追查缴还公家，以应此后油矿生产之需。"他命令何应钦立即"查明过去购拨汽油应存铁桶数量，规定各机关应缴数目与日期，分别饬遵并据报为要"。①

国民党党政军官员的贪腐程度可见一斑。不要说翁文灏这样的政府部长无能为力，即便是蒋介石屡发电令，其效果也一般。

救亡的洪流将翁文灏推到了抗日战争的第一线。书生从政，理所当然，不过要想在异常浑浊的中国官场政治环境中生存下来，实属不易。翁文灏为抗战时期的中国经济建设无疑立下了汗马功劳，但作为中国自由派知识分子的领袖之一，他绝不会随波逐流。面对蒋介石的固执己见，孔祥熙、宋子文等家族势力的自私贪婪，国民党各政治派别的钩心斗角，他只能独善其身。他一直秉持着"决意为国服务，鞠躬尽瘁、虽死不辞"的从政宗旨，"绝不拥甲倒乙，亦决不随风而靡，亦决不图谋私利。对于为官地位更绝无恋栈之意"。"不合则分，绝不能有运动勾结行为"。② 正如他在 1946 年 6 月就任行政院副院长时宣誓的那样："余决不妄费一钱，妄用一人，并决不营私舞弊及授受贿赂。如违背誓言，愿受最严厉之处罚。"③ 这正是翁文灏做人的本色，更是他能够出淤泥而不染，兢兢业业服务于战时经济与国防建设事业而功勋卓越的原因。

---

① 《蒋中正严令改善油桶破漏情形致何应钦代电》（1942 年 12 月 15 日）：1132. 30/
　　3510. 01 - 03/260/001113230A003。

② 《翁文灏日记》（未刊稿），转引自李学通《翁文灏年谱》，第 239—240 页。

③ 《行政院正副院长任免案》（1937 年 5 月 31 日至 1938 年 5 月 18 日）：02000/0321. 10/
　　2118/424/001032110A004。

壹

全面抗战前政治、外交与经济

一　中央大学、金陵大学学生请愿事件

翁文灏①转呈中央金陵两大学学生请愿要点
及告全国学生体认国艰②

介公③钧鉴：

昨日学生请愿由中央大学学生领导，今日又有多人自称一万以上，系由金陵大学学生领导。起先力请钧座接见，后乃提出请愿各点，文灏允为转达，并言政府当局对于时局严重，早已彻底觉悟，正在努力救护国家。对于请愿各点，政府自必尽力所能，切实办理。全国人民皆应严守秩序，共同准备，学生诸君应以身作则。此项意见并将以文字发表，不必聚众请见，云云。专此陈明。顺颂

勋绥

翁文灏（印）

又拟告学生电稿一纸，请阅定见示，以便发表。

---

① 国民政府于 1935 年 12 月 13 日任命翁文灏为行政院秘书长。参见《蒋中正总统档案·事略稿本》（34），台北，"国史馆"，2009，第 664 页。
② 原件无日期，应为 1935 年 12 月 19 日。
③ 蒋介石。

1

附　请愿各点（一）

一、急令北平当局释放被捕同学。

二、保护学生一切爱国运动。

三、取消华北自治组织。

四、严惩汉奸。

五、反对华北修改教科书。

六、严惩华北摧残学生运动之官吏。

请愿各点（二）

一、交出北平代表（此事教育部雷司长言并无代表被捕）。

二、请蒋院长①亲自答复（答以有书面发表）。

三、冀察政委会是否成立并解释之（或取消之）。

四、请恢复中央大学学生自由。

五、励行革命外交公开一切协定。

六、切实讨代［伐］殷汝耕。

七、严惩肇事官吏。

〔《日本侵华情报》（1935 年 12 月 1 日）：0705.50/6050.05 – 04/115/001070550A009〕

二　战前中德外交关系

翁文灏报告与德国克兰②谈话要点
（1937 年 2 月 26 日）

院长钧鉴：

日来与克兰谈话节要奉陈如左：

一、德国政府极盼中国政府派重要人员赴德，俟人选定后，彼国当

---

① 蒋介石于 1935 年 12 月 16 日就任行政院院长。参见《蒋中正总统档案·事略稿本》
（34），第 694 页。

② Hans Klein，德国合步楼公司（HAPRO）负责人。

正式邀请前往。

二、供给中国之器物，当由德政府开具详细确实之价目，正式交来。因军器内承中国政府之意，曾有一部分更换，故开价略迟。但事关两国亲交，决当切实办理。

三、海军部所商定送潜水艇二艘，彼允照送，但请中国政府派人赴德看验明白，以免误会。

四、克兰在返德前深盼另有机会谒见，面陈事务。今日拟让克里拜①充分发言，并盼钧座不向彼问及具体事项，仅对克里拜谈及中德换货正在进行，托彼返国时转致德政府继续办理。专此，敬颂

钧安

职 翁文灏（印）谨肃

二月二十六日

〔《外交报告》（1934 年 11 月 2 日至 1937 年 7 月 7 日）：0600.04/
2300.01 - 01/9/001060004A002〕

翁文灏报告与德国克兰谈话要点
（1937 年 3 月 6 日）

院长钧鉴：

前向克兰言及德日协约中如果更复加入意国，则意义显然更为重大，甚盼德政府勿轻举动等语。克兰当即电陈该国政府，兹据该员三月五日函报内言，奉柏林来电如下："来电所称德日协定将扩大，因意大利将参加协定，并谓三国行将订立同盟条约之说，柏龙白②元帅实毫无所闻。但柏龙白元帅拟即向各主管机关访询，然后将是事真象详细电告，请先陈报"等语。谨此，先为呈闻。并颂

崇安

职 翁文灏（印）谨肃

三月六日

---

① Hermann Kriebell，曾代理德国军事总顾问，时任德国驻上海总领事。

② Werner von Blomberg，又译布隆堡，德军元帅，德国国防军部部长。

〔《外交报告》（1934 年 11 月 2 日至 1937 年 7 月 7 日）：600.04/
2300.01 - 01/9/001060004A002〕

关德懋①呈报德籍顾问撰述德国四年计划
（1937 年 7 月 7 日）

委员长钧鉴：（一）列蒲山②顾问所撰述之《德国四年计划》内容，已由职译缮就绪，谨将译文送呈钧览。关于四年计划内各种方案之实施程序与时间先后问题，已请由列蒲山顾问设法搜集材料，试作统计，再行送呈察览。惟据列蒲山顾问言称："各种方案之实施程序，除已由本文概括指明外，多数建设工作因彼此机构互相连系，均系同时并举，不相先后，即在四年之内，亦同时观效，以作统计，是否有当，伏乞鉴核。"（二）关于本月四日钧座谕交订办之件，已由易嘉伟③先生转电柏林国防部迅密办理，谨将易嘉伟先生密函一件附呈钧察。谨呈

委员长蒋

职 关德懋（印）谨呈

附呈　德国四年经济计划之内容一件；

易嘉伟函一件。

〔《经济措施（六）》（1936 年 1 月至 1937 年 7 月 25 日）：1100.10/
2130.01/0639/001110010A006〕

关德懋呈述工业立国与工业建设之区别
（1937 年 7 月 8 日）

委员长钧鉴：日昨列蒲山顾问报告中国国防经济，论及中国应保持以农立国之精神，不能趋向极端工业化之途径一节，因学生口齿濡钝，未能达意。退而审思，得以下数解。是否有当，谨呈鉴核。

---

①　时任行政院秘书、德国顾问团翻译。
②　Nolte，德军上校，1937 年 1 月来华担任德国驻华军事顾问。
③　Walter Eckert，德国驻华贸易代表。

在定义上，工业立国与工业建设之区别：

工业立国：全部经济生命立基于工业之上，以谋取低廉原料制造成品，夺取市场为必然趋势。其结果必至市场没落、生产过剩、都市膨涨、农村衰落、农工相继失业而国本动摇之危险。

工业建设：亦可谓工业自足政策，即钧座所谓倡导国民经济建设之一部。全民衣、食、住、行与夫国防需要，均藉工业改进之保障而能独立自给。天下无事，可以与世界有无相通；一旦有事，即可"闭关"自守。本身既不为他人工业之尾闾，亦无强人为尾闾之必要。

谨呈

委员长

学生 关德懋谨呈

二十六年七月八日

〔《经济措施（六）》（1936年1月至1937年7月25日）：1100.10/2130.01/0639/001110010A006〕

何应钦呈报德国请中国迅予供给农矿原料
（1937年7月18日）

极机密。

（案由）为据德代表克兰函请孔部长示知中国本年内能给予农矿原料种类，并来函请施助，拟请转饬迅办由。

案据德代表克兰函称："克兰顷上孔部长函一件，谨录呈察览。倘荷钧座鼎力施助，俾克兰能予戈林将军以慰妥之答复，至所深感者也。仁盼明教"等由。附抄上孔部长函前来，除函孔部长请查照酌办外，拟请钧座饬孔部长迅予办理。是否有当，理合抄同克兰上孔部长函，签请鉴核示遵。谨呈

委员长蒋

计抄呈克兰上孔部长函一件。

军政部部长 何应钦（印）

抄件　　　　　　　译克兰奉孔副院长书

（案由）为接敝国国务总理戈林将军急电，请即速陈情孔副院长示知中国在今年年内能给予敝国农矿原料之种类由。

孔副院长钧鉴：克兰顷接敝国国务总理戈林将军急电，内称务请速陈请孔副院长迅予供给农产原料。倘荷孔副院长示知中国在今年年内能给予敝国农矿原料之种类，至所感慰。详情务望电告等语。

钧座倘能令克兰给予戈林将军以圆满答复，欣感至深。敝国处此窘境，钧座幸予援助，敝政府尤不敢忘钧座也。谨布悃忱。敬颂
钧安

克兰谨呈

七月十一日

拟办：查此案前据莱谢劳来函，经呈奉批示：交孔部长与翁秘书长切商答复。今年约以一千万货价为度等语。拟准电孔部长迅予办理。

〔《经济措施（六）》（1936 年 1 月至 1937 年 7 月 25 日）：1100. 10/
2130. 01/06/39/001110010A006〕

三　战前经济建设注意事项

翁文灏何廉函呈经济建设应注意筹措经费改善组织等事项
（1937 年 1 月 26 日）

甲、关于经济建设事项，目前应注意之点有三。

一、拟具个别建设之具体计划。

二、筹措经费（以上两点正与各主管部商讨中）。

三、改善组织。职等以为组织一最高经济委员会，直隶国府，负统筹设计与集中之责，其地位与职权同于军事委员会。其组织约如下述：

1. 委员长一人（由钧座自兼）、副委员长一人、常务委员若干人（各经济主管部长皆为当然常务委员）。

2. 秘书长一人，下分财务、设计及事业三处，另设一科掌管总务。

3. 审核委员会掌管各种建设事业之考成。

此外，各经济主管部会应由经济委员会派定参事一人，以资联锁。各省建设厅亦由会分派专员一人。至地方秩序已恢复之省区，其行政专员之辖区，似应以经济状况为标准，重行划分。专员似可不兼县长，而以促进地方经济建设为主务。

乙、关于最高经济机关之地位问题。

1. 相当于军委会。目前国家之大问题，一为国防建设，一为经济建设。国防建设已有军委会统筹一切，而经济建设则分属而不相谋，故最高经济机关之设置实不容缓。

2. 克兰之意见。改变中央整个组织，在元首之下设国务总理、最高审计院及独立国家银行，以国务总理兼国防会议及全国经济会议之主席。行政组织以国防为中心，国防部管辖国防军，统筹国防经济，并统制其它各部，如经济部、农林部、劳工部、交通部、邮电部等。

3. 吴部长①之意见。认克兰计划中之国防部相当于军委会，若能于军委会下设置两署，一以管辖国防事务，一以统筹经济建设，则事权集中，收效较易——。惟以整个经济建设置于军事机关之下，对内对外，似尚须考虑也。

〔《经济措施》(1936年9月25日至1940年11月1日)：1100.10/2130.01/34/001110010A001〕

四 战前中苏、中德商约与贸易

翁文灏钱昌照呈我淡气②厂与卜内门等合作之利
及化学肥料在中国之用途审查意见
(1935年1月26日)

委员长钧鉴：

前奉钧座交由南昌行营审核处转发审查各件如左：

---

① 应为实业部部长吴鼎昌。
② 即氮气。下同。

中国淡气厂与卜内门、德孚两公司合作之利原折一份；

化学肥料在中国之用途原折一份；

审核处呈核表二份。并附后列各件：

审核处签呈一份；

对于我国农业采用化学肥料之意见原折一份。

遵将各件详加审查，拟具意见，理合连同原件一并呈请鉴核。

肃此敬请钧安。

附缴原件六份并呈送意见一份。

职 翁文灏（印）、钱昌照（印）谨上

一月廿六日

附件一　中国淡气厂——与卜内门、德孚两公司合作之利

淡气厂之建设为中国工业发展过程中之一重要步骤，其须殚谋竭虑以求底于成功自属显著之事实。盖就商业之立场言，此举应辟中国财富之泉源；就技术立场言，可以定一化学工程标准，对于中国全部工业裨益实多；再就国家立场言，如属需要时对于国防尤可负担重要之使命也。

如发起淡气企业计划之中国实业家、银行家与卜内门、德孚两公司合作，则欲达到上述之目的固轻而易举。盖如两方能磋商而得互相满意之条件，如中国政府能对于资本及捐税允给以必要之保证，则卜内门、德孚两公司间对于淡气事业在技术上及商业上可贡献最大之力量也。

卜内门、德孚两公司对于促进淡气计划之成功，所能效力者共有四端：

一、资本之供给；

二、技术之协助；

三、商业上之合作；

四、农学研究上之合作。

以上可简述如左：

一、资本之供给

以充足之资本以作实业之投资为中国最大需要之一。至于淡气工业，不特创办时需要资本，即以后扩充发展以谋最优胜之成绩，亦无不在在需要资本。如卜内门、德孚两公司获得投资之保证，即可供给此种资本，且得彼等之合作，则此项工业之前途对于资本一方面将不足虑矣。

二、技术上之协助

凡有关系之人无不承认，中国淡气事业在创办伊始，绝对需要外国技术上之协助。如机械之设计必求诸国外，其购置也大部分亦必仰给于外国，且承造者无论为谁，待予以技术上最小限度之协助。如建厂发动或管理六个月至二年以后，如该承造者对于该厂并无投资，则关系从此断绝。反之如卜内门、德孚两公司合作成为股东，则彼等无比拟之技术，将继续可为中国实业之助而保持其最高效率。

总之，在紧急之际，此种协助之重要，实非言语所能表示。

三、商业上之合作

卜内门、德孚两公司在中国销售肥料历有年所，在此时期以内，已树立极称发达之销货组织。此项组织遍于全国，如利用此现成之销货组织，不必另起炉灶、多费劳力，诚大有助于中国之此项企业也。抑尤有进者，在若干时期内，以进口货补充中国出品，亦属必要。卜内门、德孚两公司既为主要之进口商行，则与之密切合作，中国得益必不浅，此显而易见者也。

但更重要可贵者，则为卜内门、德孚两公司与世界各大实业机关之商业关系，盖因此可予中国淡气工业以巩固及其它利益非单独所能获得者。

四、农学研究

卜内门、德孚曾在农学专家指导之下举办广大之计划，以谋决定中国各种农作物或各种泥土最适合之肥料，该两公司在许多其它各国亦曾举办同样之工作，此项工作所得之智识及卜内门、德孚两公司在其它各国所得之巨量经验，如再得吾国当局之合作，则有助于中国淡气工业岂不大哉。淡气工业之发达，尤完全与中国农村休戚相关焉。

共同合作以作农学之研究，实为恢复中国繁荣之急务，而卜内门、德孚两公司对于此方面当能作最重要之贡献，以谋中国之福利。

附件二　中国淡气厂与卜内门、德孚两公司合作之审查意见

查原呈注重之点，在说明我国实业家及银行家欲创办淡气工业时，如与卜内门、德孚两公司合作，经双方商得互相满意之条件，及我国政府对于资本及捐税给予必要之保证后，该两公司愿供给资本及技术上之协助云云。语多空泛，不落边际，其用意专以资本及技术之协助为引诱，刺探我方对于合作之意旨，并无具体办法，可资研究。兹就国内工业之状况及此项工业之本身地位，加以研究略陈意见如左：

就现时国内工业状况而言，永利公司已集资创办硫酸铔厂于浦口，其产量每年为五万吨，约及进口额四分之一。同时上海天利淡气厂亦将开工，虽不制造硫酸铔肥料，而其产品与硫酸铔不无关系。且广东之淡气厂亦正在进行，其产量为每年出硫酸铔四百吨。吾国自办各厂创立伊始成绩如何，未可逆料，倘于此时增一中外合办巨量产额之厂与之并峙，恐所生影响，彼此均蒙不利。故为我国淡气工业计，其不宜合作者一也。

若就此项工业本身而论，用空中淡气制造硫酸铔方法，在今日已无秘密可言，苟能集资举办，则有技术有经验之人才，不难罗致。目下永利硫酸铔厂已在积极进行，天利淡气厂不日即开工制造。按照现在情形，无论在资本上或技术上均无外人协助之必要。且国人自办之厂，权操自我，一切不虞牵制，以视合作之受人拘束，岂不更善。故为此项工业本身计，其不宜合作者二也。

此项淡气工厂及硫酸铔厂，其制造项目，可视时势之需要而变更，万一国际有事，预备动员，立能改造硝酸、硝酸铔及硝酸钠等物，以供制造无烟火药及各种爆药之需，有关于国防至巨。其设备内容、制造能力，对于外人自当保守秘密，更未便使外人参预其间。故为国防上计，其不宜合作者三也。

根据以上种种理由，我国之淡气工业，实不宜于中外合办。似应婉言谢绝，是否有当，伏乞鉴核。

附件三　　中央在湘境设立各种工厂最近状况表

厂名	出品	主办机关	资本	厂址	进行状况
中央电瓷制造厂	电气用瓷器	资源委员会 交通部 建设委员会	贰拾贰万 伍仟元	长沙黄土岭	二十五年十二月起建筑厂房，现已完工。正在装置机器，约一、二月内即可开工。
湖南电器制造厂	无线电收音机	资源委员会 湖南省政府	贰拾贰万元	长沙黄土岭	二十五年十二月起建筑厂房，现已完工一部分。机器已装置就绪，正在试造出品。一部分机器在运输及装置中。
电工器材厂	电线、真空管、电报电话机等	资源委员会	未详	湘潭下摄司	正在建筑房屋，一部分机器即将到湘。
中央钢铁厂	各种钢铁	资源委员会	未详	湘潭下摄司	征地完毕，正在设计房屋、定购机品。
机器制造厂	各种机器	资源委员会	未详	湘潭下摄司	训练工场即将完工。
兵工厂	各种炮弹	军政部	未详	湘潭株洲	正在进行土方工程及建筑厂基。
铁道部机厂	铁路上之各种机器	铁道部	伍百万元	湘潭株洲	正在进行土方工程及建筑厂基。
汽车制造厂	汽车	中国汽车公司		湘潭株洲	地基购妥，正在筹备兴工。

〔《工业建设（一）》（1935 年 2 月 5 日至 1937 年 7 月 16 日）：1120/1032. 01 - 01/199/001112000A001〕

翁文灏为中苏商约草案核定事致外交部函

（1936 年 3 月 17 日）

查贵部呈送中苏商约草案请鉴核一案，现经行政院第二五四次会议决议："由政务处会同外交、财政、实业三部暨侨务委员会审查。"兹定于本月二十日（星期五）上午九时在本院会议厅开会，除分函外，

相应函请贵部部长或次长届时出席审议为荷。此致

外交部

行政院秘书长 翁文灏（印）

〔《关于中苏商约事》（1936 年 3 月 17 日），中研院近代史研究所档案馆藏外交部档案：04 - 02 - 012 - 02 - 013〕

蒋中正电示翁文灏孔祥熙今年对德供给原料
约以一千万元货价为度
（1936 年 7 月 4 日）

行政院翁秘书长、财政部孔部长：顷接德国经济专使莱谢劳六月廿九日报告略称："中国供给原料之规划如何，乞明示之。如何种原料可于最短期间供运及将来各种原料之增加程度如何？俾德国知悉详情后，乃得从事编拟其计划也"等语。中意今年约以一千万元货价为度何如，希与孔部长、翁秘书长切商答复为盼。蒋○○。支侍○京。

并抄送陈主任。

〔《经济措施（六）》（1936 年 1 月至 1937 年 7 月 25 日）：1100. 10/2130. 01 - 06/39/001110010A006〕

五　欧美外交联络与宣传工作

翁文灏呈复欧美外交上之联络与宣传工作
（1936 年 2 月 1 日）

案查前准贵处本年一月十一日（收文京字第八三号）抄送条陈一件到院，查其中关于欧美外交上之联络与宣传工作一项，经由院抄交外交部参考在案。兹准该部复称："查原条陈内称：'关于欧美外交上之联络与宣传工作，均感不足，宜慎选多方面之人才，作多方面有计划之进行，不宜大吹大擂，而宜切实有效。前所陈对法一点，仅系一方面，其余对美、对英、对俄等，均须分别进行，以收相互策应之效'等语。所称对

法一节，未识内容如何，拟请密予抄送，藉资参考"等由。准此，相应函请贵处，将对法条陈一项，查明抄送，以便抄交外交部参考为荷。

此致

军事委员会委员长侍从室

行政院秘书长　翁文灏（印）

拟办：查前月十一日移送政院之件，系奉交登记之抄件原份，其文中并无拟具人姓名，仅系中央饭店之笺纸，至其前所陈对法一点，不知究系何人，无由查悉，应如何致复，请核示。（可否复请先将原件寄还，再为查核？）

批示：可。祥①。

〔《对日外交意见》（1936 年 2 月 1 日至 1937 年 8 月 2 日）：0160.50/3460.01 – 01/2077/001016050A001〕

侍从室第三组为查抄关于欧美外交上之联络
与宣传工作致翁文灏函
（1936 年 2 月 4 日）

径复此案。准贵处第八四一号大函，以本组上月十一日所送京字第八三号文件内有"前所陈对法一点"之句，未识内容如何，嘱为查明抄送等由。准此，查该件系奉委座交下移送贵处之原件，当时即未明何人所呈，故文中所称前陈之件亦无由查抄。兹准前由，拟请先将该原件寄还，以便再为请示查抄，相应函复，请烦查照办理为荷。此上

行政院秘书长翁

本组启

〔《对日外交意见》（1936 年 2 月 1 日至 1937 年 8 月 2 日）：0160.50/3460.01 – 01/2077/001016050A001〕

---

① 军事委员会委员长侍从室第二处第四组组长毛庆祥。

翁文灏为欧美外交上之联络与宣传工作致侍从室第四组函
（1936 年 2 月 11 日）

案准贵组本年二月四日京字第一七五一号函，嘱将前送之条陈原件寄还，以便请示查抄对法条陈等由。准此，相应检同原件，送请查收。办毕后仍请送还为荷。此致
军事委员会委员长侍从室第四组

　　计检送原件一份。

行政院秘书长 翁文灏（印）

　　拟办：应如何查复，请核示（只须查明系何人所呈，即易查出其前送之"对法条陈"）。此事应交汪秘书①查复。祥。

〔《对日外交意见》（1936 年 2 月 1 日至 1937 年 8 月 2 日）：0160. 50/3460. 01 –01/2077/001016050A001〕

汪日章为欧美外交上之联络与宣传工作对法之件致毛庆祥函
（1936 年 2 月 12 日）

遵查此件，委座交下时未有批示，似系本人面呈而已，阅者如必须根究，拟先请示陈主任，否则再鉴呈委座请示，如何，乞核夺。敬呈
组长

职 日章
二月十二日

　　拟办：请示陈主任办理。祥。

〔《对日外交意见》（1936 年 2 月 1 日至 1937 年 8 月 2 日）：0160. 50/3460. 01 –01/2077/001016050A001〕

侍从室第三组为欧美外交上之联络与宣传工作复翁文灏函
（1936 年 2 月 14 日）

敬复此案。准贵处本月十一日第一〇七六号来函附送抄件原份。嘱

———————

① 侍从室秘书汪日章。

查原建议人前送"对法条陈"一节，当经多方设法调查。藉悉该件内所云对法一点，系发函人前在川向委座面陈，大致谓对法国应特予联络，别无书面具体意见提出。相应连同原件备函奉复，即请查照为荷。此上

行政处〔院〕秘书长翁

本组启

〔《对日外交意见》（1936 年 2 月 1 日至 1937 年 8 月 2 日）：0160. 50/3460. 01 – 01/2077/001016050 A001〕

贰
战时工矿建设

一　国防工业建设计划与实施

（一）三年工业计划及经费筹拨

翁文灏呈拟三年工业计划及所需经费

（1940 年 3 月 21 日）

谨签呈者：案奉钧座本年二月十八日手谕内开："轻重工业在此三年之内，务望能加一倍乃至二倍之成绩，尤以炼钢铁、制汽车与燃料生产为必须。于此三年内能达成自立之工作，其它产金事业必须尽量加工，达成预期之目标。请照此主旨拟定三年计划，与经费数目，切实详报为盼"等因。正筹办间，复奉钧座二月二十九日手谕内开："轻重工业，经济部照现在实际情况，预定三年内以五百万至一千万美金之外汇，可购外国机器之数，新定三年工业计划，详报为要"等因。奉此，查轻重工业关系民生及国防需要，在此外汇、运输双重困难之时，自亟宜急起办理，增加生产。所有兵工原料，以西南、西北路线均非绝对可恃，一方面固宜预备购储，一方面尤须力求国内生产之能逐渐自足，除产金事业已令行采金局赶速促进，另行呈报外，关于重工业三年计划及轻工业之与军需有密切关系者，就旧有事业之扩充及新兴事业之建设双方着手，大部分原有工、矿、电建设事业已列政府预算者，仍继续进

16

行，不另开列。又滇锡增加采炼设备，业经奉准，在美国借款内拨付美金一百万元，当拟具详细计划，另行呈报。关于兵工所需原料数量，系由兵工署俞署长①开示。目前政府对于重工业之经营，系由资源委员会负责，而民营各厂则由工矿调整处督促辅导进行，其生产计划及工作方针，均系就建设国防之需要充分努力。兹就兵工需要之主要物品作自给之图，大要分为八类：

一、钢铁工业

钢铁工业为一切工业之母，亦为兵工制造不可或缺之原料。国内现有钢铁事业，国营者有钢铁迁建委员会，以汉阳钢铁厂拆迁重建而成，及正在筹设之云南钢铁厂，及四川纯铁炼厂三厂为基础。如能依照方案顺利进行，则国营各钢铁厂预计廿九年度共可产生铁六千吨、纯铁一千吨、钢料二千吨；三十年度共可产生铁四万六千吨、纯铁三千六百吨、钢料三万零八百吨；三十一年度共可出生铁五万一千吨、纯铁三千六百吨、钢料四万零八百。三年之间，国营工厂产量，计生铁增加八倍、纯铁三倍、钢料二十倍。所需经费除已列入政府建设经费预算外，尚需加拨国币四千一百三十五万五千元、美金一百四十六万元。

民营钢铁工业之规模较大者，在川省有中国兴业公司、渝鑫钢铁厂，在滇有中国电力炼钢厂，再加其它小型铁厂，预计二十九年度共可产生铁六万六千吨、钢料六千七百五十吨；三十年度共可产生铁七万九千吨、钢料一万三千五百吨；三十一年度共可产生铁八万吨、钢料一万八千吨。三年之间，民营工厂产量计生铁增加三分之一，钢料则增二倍以上。所需拨充资金共计国币一千一百六十万元、美金七十三万元。衡诸兵工需要，俞署长开送每年计需钢料约四万一千五百吨。二十九年度国营、民营各厂产量可达八千七百五十吨，而已到海防、仰光之外国钢料约达二万吨之谱。两者相加，计尚须向国外添购者约一万二千吨。故目前急务在于加强运输，使已到〔海〕防、仰〔光〕之货得以及时运

---

① 俞大维。

入，并将不足之数即为订购。三十年度则国内自产钢料可达四万三千三百吨；三十一年度可达五万八千八百吨，如兵工需要增加并不过多，则国货生产，可望勉为供给，即略有不足，而须由国外补充者，为数可望不至甚巨。

二、机械工业

我国机械工业较为落后，国营仅有资源委员会中央机器厂一所，并经呈准添设汽车工厂一所。又由四川省内需要甚急，兹拟在川西筹设机器厂一所。主要产量，除中央机器厂仍照旧进行外，其它汽车厂及四川机器厂二厂，预计三十年度可出军用卡车一千辆，工具机一千二百二十部；三十一年卡车产量照旧，工具机二千四百四十部。二年之间产量计工具机增加一倍，所需资金已列政府建设经费预算外，尚需国币一千六百四十万元，美金二百零八万元。

民营机械工厂为数较多，而规模不大。拟就顺昌、渝鑫、新中、恒顺、上海等五厂，扩充设备，逐渐自制工具机、动力机及装配卡车，预计所需资金，国币四百万元、美金三十万元。又汽车需用橡胶轮胎，亦拟官商合股设厂制造，自三十年起每年能供给汽车轮胎四千套。现正商洽以一部分制造能力供给飞机轮胎。

三、化学工业

化学工业之最重要者莫若酸碱工业。酸碱不仅为各种工业之基本，亦为制造炸药所必需。惟建造工厂需费既多，需时又久，国营事业虽有计划，尚未实现。兹拟在云南筹设硫酸铔厂，至三十一年完成，年产硝酸六百三十吨、硫酸三百七十吨、硝酸亚三千吨、硫酸亚一千五百吨、阿莫尼亚二百吨。原有之化工材料厂制造纯碱及盐酸，仍拟继续进行，所需经费除建设预算已列五十万元外，尚需国币七百六十八万元、美金一百万元。

民营化学工业范围甚广，而基础较差。拟注重硝酸及煤膏工业，并拟设立油漆及颜料厂，以期供兵工器材防锈及迷彩之用，并协助甘油、橡胶等厂。水泥一项，目前供不应求，为速成计，拟增设小规模水泥厂三所。广西水泥厂因无动力设备，尚未成立，亦拟代为购备发电机，以期早日开工。原有各厂三十一年产量可较目前增加一倍。以上所需资金共计国币一千零六十万元、美金四十八万元。

四、燃料事业

现在西部各省交通运输几全赖汽车，所需燃料均恃舶来，亟须力谋自给，尤须多方并进，设法供应。主要方法厥有三端：一为开采油矿，二为由植物油或煤中提炼汽油，三为以酒精代替汽油。我国油矿较少，惟甘肃玉门油矿历经试探，结果甚佳。惟设备不全，亟待补充。兹拟增添设备，加紧开采，以期年产汽油自二十余万加仑，增至二百数十万加仑，冀于西北汽油供给能成主要来源，不至仰给外国。植物油提炼汽油试验已告成功，除重庆一厂继续进行外，拟在川西再设一厂。低温炼焦可以提油，英、德各国均著成效。拟在四川设立一厂，以酒精代替汽油，战后已经积极盛行。现除已设四川内江、资中二厂外，增设泸县及云南开远二厂，并拟在云、贵两省择地增设。另有湘南煤矿系奉命接办，宣明煤矿系供云南钢铁厂炼焦之用。依此计划，预计二十九年度可出汽油六十七万二千加仑、柴油五十七万加仑、润滑油一万五千加仑、酒精七十六万加仑；三十年度增至汽油一百六十六万加仑、柴油二百零五万五千加仑，润滑油仍旧，酒精三百零四万加仑；三十一年度除润滑油、酒精产量照旧外，汽油共可增至三百四十六万加仑、柴油四百二十万加仑。三年之间产量，计汽油增加五倍以上，柴油增至七倍，酒精亦增四倍。所需资金除已列入政府建设经费预算外，尚需国币三千五百零九万元、美金一百万元。

五、电机工业

电机工业国营者，有电工器材厂、电瓷制造厂及无线电制造厂，分别制造电线、电话、电子管、电灯泡、电池、电动机、电瓷、无线电收音机及收发报机，供给军事及交通之用。以往须购自舶来品者，现均可以国产代替。电工器材厂原设昆明、桂林两地，现因应事实上之需要，拟在川省添设分厂，并积极扩充产量。预计二十九年度可出电线六百六十吨、电子管五万只、电灯泡三十万只、军用及商用电话机共八千部、交换机五千门、电动机二千五百马力、干电池三十六万六千只、蓄电池

19

一千只、电瓷二百零一万件、无线电收音机一万八千二百四十架、收发电〔报〕机一千架、演讲机二十架、无线电话机八架。三十一年度各项产品大都增致五、六倍以上，少者亦增二、三倍。所需经费除已列入政府建设费预算外，尚需国币二千九百一十五万元、美金四十三万五千元。

六、纺织工业

纺织工业除军政部移用敌产正在建设者外，其余均属民营，关系军民衣被至为重要。抗战以后，河北、江苏两大产棉区域均已沦入战区，后方纱布，颇赖内迁之各纱厂陆续复工，勉强供给，按之数量，实仍未足。但除内迁各厂外，增设大规模之棉纺厂，所需机件为数孔多，事实上并非易易〔事〕。故主要来源，当仍惟内迁各厂是赖。惟各该厂尚多亟待补充之机件，应由本部督促协助，早策成功。此外并拟利用麻纺，拟添设麻纺纱厂及麻袋厂。至毛纺织厂，业有中国毛纺织厂及大新纺织厂。以上扩充棉麻纺织工业所需资金，除已有者外，共计加增国币七百五十万元、美金六十万元。

七、铜铅锌矿

铜、铅、锌为兵工主要原料，国内矿藏不甚丰富，除尽量开发并收购存货外，仍需向国外预为购储。依照兵工需要，每年需铜一万吨、铅七千吨、锌四千吨。国内产收数量，二十九年最多，精铜约一千七百吨、铅一千八百六十吨、锌七百二十吨。三十年精铜二千六百四十吨、铅二千四百吨、锌一千五百吨。三十一年精铜三千一百吨、铅二千五百吨、锌一千五百吨。所需资金，除已列入政府建设经费预算外，尚需国币一千四百四十八万元、美金十八万八千元。

八、电力事业

电力为工业动力之源，良以必须有廉价电力之供给，然后工业得以有坚固之基础。国营电力事业一本此旨，故拟于蒸汽电厂之外，复筹建水力电厂。现有国营电厂分布于川、滇、湘、黔、甘、陕、青、康、浙诸省，二十九年底发电容量为一万一千四百七十七瓩，预计三十年底可增至四万零六百二十五瓩，三十一年底可增至五万八千五百四十七瓩。

所需经费，除已列入政府建设经费预算外，尚需国币二千二百三十八万五千元、美金一百七十九万元。

民营电力事业，亦拟斟酌当地需要，妥筹扩充，充分利用国内废置不用之旧机，俾增输电能力。所需经费共为国币四百三十万元、美金四十三万元。

九、重要材料

此外，各厂矿所需重要材料，如能逐批，预为储备，既节经费，又省时间。如开矿所需炸药、钢轨，多须购自外来，如不先事储备，万一运输愈艰，势将无法着手。

十、需要资金总数

以上国营、民营工业，除已另列政府建设经费预算外，所需资金，分列国币、美金汇列一表，附录于左：

国防工业三年计划所需资金总表（包括新办及扩充事业）

（一）国币

年度＼项别	国营事业	民营事业	共计
二十九年度	63555000	18500000	82055000
三十年度	66190000	14000000	80190000
三十一年度	36795000	5500000	42295000
总　计	166540000	38000000	204540000

（二）美金

年度＼项别	国营事业	民营事业	共计
二十九年度	2394000	1620000	4014000
三十年度	3710000	570000	4280000
三十一年度	1849000	650000	2499000
总　计	7953000	2840000	10793000

十一、附陈意见

我国工业基础尚未确立，尤以重工业创始经营为时甚暂，而筹建之初适值抗战开始，其业已缔建者又复辗转播迁，加以外汇筹措之困难，运输交通之阻滞，人才训练之需时，其状况之艰苦，自在意中。职深知职责之重大，勉竭驽钝，督饬进行。国营工厂幸已逐渐树立，民营工厂亦在政府辅导之下加速建设，且大部分都已开工出产。兹于奉命增加生产之时，拟就建设工业之需要，提出数点，渎陈钧听，幸赐垂察。

（一）外汇之必须预为筹措也。筹办轻重工业所需机器材料，除一部分可在国内自行购制外，另一部分均须购自外国。惟建设之时固需外汇，而建设完工则其制成品即可代替舶来，经常外汇之支出即从而减省。至建厂所需外汇，必须确有着落，然后订购交通方可按期推进。外汇之来源，悉赖财部筹发，自属不易，计惟有提出一部分出口矿产，以资抵付，或以出口矿产作抵，筹借外款。目前出口矿产，归资源委员会经营，外汇则归财政部支配。惟用途分配未有定准，极盼为工业建设指定成数。总计三年所需外汇总数为美金一千零七十九万三千元，是每年所需仅四百万元左右。每年矿产产量除供易货外，尚有余数。如能提出钨砂或锡三千吨、锑三千吨，再益以水银四百吨，专供现款外销，所得外汇，指定专为建设国防工业之用，于国库既非直接负担，对易货仍照常供应，而于工业建设则获有基础，此一法也。惟恐对外易货协定，输出矿产数量逐年加多，不能供给上列现售之数，则可以所有余数作抵，向外国商洽借款，分年偿还，或即以之换取外国机器，此又为一法，努力进行当可望成。

（二）流动资金之必须拨给也。国家建设经费应限于预算，以往仅列创业经费，即以之为买地、建厂、购机所需之经费。而一旦建厂完成，必须有巨额之流动资金用以购置材料，拨付工资，始能正式生产，故流动资金实为经营事业所必需。目前因政府未拨此项资金，不得已乞借于银行，为数不能甚高，且抵押手续繁重，利息则至少月息八厘，绝非一般工业所可负担。欧西各国对于国防工业国营急于图成，优给资金，如有亏损并加津贴。对于民营事业，则保息补助，多方扶植。我国基本工业方在萌芽，自须酌备流动资金，庶可顺利推进。此次所拟计划，即将必需之流动资金编列在内，其原有事业之必需加拨流动金者，业已专案呈请核拨。

（三）运输之必须妥为筹划也。目前建设最大之困难，一为外汇，二为运输。运输不灵，则所购器材无法内运。现在积存海防器材为数至巨，而英美借款项下所购之器材仍在陆续运华，倘运输能力不能增强，运输路线不能增多，则外汇即有着落，器材即已订购，不能运入，亦属徒然。缅越内运，一方面固由于运输能力之不足，一方面亦由于分配运量之未尽适宜。以往内运吨位几全为兵工器材及汽油所占有，其它一切物品所占运输总额不过一成，杯水车薪，困难万状。兵工器材及汽油固属急要，而国防工业所需之器材为制造或生产兵工器材原料所需者，似亦不容忽视。总计出口矿产每年约三万余吨，应运进口之建设器材亦不能超过此数，是为数并非甚多，而关系则至为宏大，亟盼赐予主持，俾能实行。

奉谕前因，理合编具国营工业三年计划表，及协助民营工业三年计划表，专折附呈，伏祈核定，交由经济部督率所属负责举办。所需经费国币及外汇，并乞钧座批定数目，俾有遵循。谨呈

委员长蒋

职 翁文灏谨呈

二十九年三月廿一日

〔《国防工业》（1921 年 7 月 8 日至 1940 年 11 月 30 日）：1120/6070.01－01/208/001112000A010〕

陈布雷为翁文灏呈拟三年工业计划及所需经费呈蒋中正
（1940 年 3 月 26 日）

呈核。

一、所列二十九年度国营、民营事业，共需资金计国币八千二百零五万五千元、美金四百零一万四千元（三年共计国币二万零四百五十四万元、美金一千零七十九万三千元，〇原签第七页附表），拟请亲批。

二、此事关系重大，似应由钧座召翁部长面谈详情后再行〇〇。

23

三、此案俟奉批定后，拟交国防最高委员会密存，按半年为一期考核其实施进度，以资督促。

四、生产机关最适宜施行竞赛制度，拟饬翁部长对所属矿厂作有计划之提倡奖励。

〔《国防工业》（1921 年 7 月 8 日至 1940 年 11 月 30 日）：1120/6070. 01 –01/208/001112000A010〕

蒋中正为三年工业计划及所需经费致翁文灏代电

（1940 年 3 月 29 日）

经济部翁部长勋鉴：三月二十一日签呈及三年工业计划书均悉。查此项计划为建国最低经济之限度，务须如计如期完成。所需资金，美金部分已函请孔副院长于英美借款项内先行指定，其余国币资金二万万余元请财、经两部与四行总处切实商讨，于四月十五日以前有一具体之办法呈核。希即将原签呈及计划书全部迅即补送副本三件，以便分交有关机关核办。至所有厂矿生产并宜施行竞赛制度，以期策进效率，即希作有计划之提倡奖励为要。中〇。寅艳侍秘渝。

〔《国防工业》（1921 年 7 月 8 日至 1940 年 11 月 30 日）：1120/6070. 01 –01/208/001112000A010〕

蒋中正为拨予资源委员会三年工业计划经费事宜致孔祥熙代电

（1940 年 3 月 30 日）

孔副院长勋鉴：此经济部所拟三年计划，其资金总数为国币二万万余元、美金为一千零七十九万元，此为建国最低经济之限度，务使其能如计如期完成。关于美金部分，务于英美借款项内先行指定，其余国币资金亦请财部、经部与四行总处切实商讨，于四月十五日以前有一具体之办法呈核为荷。中〇。三月卅日。

〔《国防工业（一）》（1921 年 7 月 8 日至 1940 年 11 月 30 日）：1120/6070. 01 –01/208/001112000A010〕

翁文灏呈报国营事业及民营事业办理大要情形

（1940 年 3 月 22 日）

查关于国营事业之经营，系由资源委员会负责，而对于民营事业之督促辅导，则由工矿调整处负责。本年度之工作计划均经分别订定，并由本部令饬，依据所订计划，切实执行，务期达到预计之标准，谨将大要情形分陈于后。

一、资源委员会所举办之国营事业

（一）工业部分。计分机械工业、电气工业、化学工业及冶炼工业四种，共有工厂十二单位，其中大多数二十八年即已完成出产。惟本年预定产量可较上年倍增，其产品总值约合美金十七万三千七百六十九元又国币三千五百一十五万七千九百元。

（二）矿业部分。计分为生产与管理两种。生产事业有铜、铝、锌、钨、锡、铁、煤、油等矿，本年度全部产品估值，除其中一部分列入管理事业者不计外，约达国币一千二百九十九万六千元；管理事业产收矿产总值预计可达国币三万六千七百四十万元。惟虑数量较多，运输不易。如运输问题可以解决，则因增产关系，出口数量必可增。

（三）电业部分。资源委员会所办电厂分布于川、康、黔、滇、浙、陕、甘、青各省，为各种工业动力之来源。预计本年度可发电二万一千八百余瓩，全部收入预计亦可达国币二百四十一万七千元。

以上工、矿、电各事业，就资委会自办各厂矿生产价值计，本年度总值约共美金一十七万三千七百六十元及国币四千九百五十七万零九百元。就管理各矿生产及收购价值计，本年度总值约共国币三万六千七百四十万元，另编清表，随文附呈。

二、工矿调整处所辅导之民营事业

工矿调整处对于后方民营各轻重工业工厂，数年以来曾积极加以辅助，以期增加生产，充实抗战实力。关于二十九年度内各厂预计生产数量，已就各厂现有设备分别估定，以为推进之张本。兹谨择较重要之一百一十四厂，将其产品种类、本年可能产量及产品总值编列清表，随文附呈。查此一百一十四厂，其性质可分为炼冶、机械、电器、化学、纺织、食品等六类，分陈于后。

（一）冶炼工业。计有九厂，出品有铸钢、铸铁、砂铁、锰铁、生铁、电极等。本年度全部产品总值约达国币七千二百五十七万五千元。

（二）机械工业。计二十七厂，所制产品种类甚繁，附表所列各厂产品名称，仅系指该厂专长之产品而言。本年内各厂产品总值预定为国币二千一百六十九万七千五百八十元。

（三）电器工业。计有十厂，其重要产品如无线电收发报机、变压器、电话机等，均属抗战建设所必需，已在加紧推进。计本年出品约共值国币九百四十六万一千八百六十元。

（四）化学工业。计三十三厂，其出品或为工业上之所必需，如盐酸、硝酸、硫酸、纯碱等，或为后方建设之重要材料，如水泥、火砖等。此外日用品如玻璃器、皮革、油漆，亦各有制造。计全部产品总值约在国币二千一百五十万零八千八百一十五元。

（五）纺织工业。计二十厂，以营棉布、棉纱、染布者为主。二十九年度全年产品总值约一万一千九百四十九万零七百元。

（六）食品工业。计十五厂，其中十二厂专产面粉，其余则分产精盐、糖精、酒精及军用罐头。全部价值约三千八百八十九万七千四百元。

以上六项工业计一百一十四厂，其全部产品总值预计达国币二万八千三百六十三万一千三百五十五元。此项民营工厂及资委会所办事业，在此非常时期，推进至为不易，惟因鉴于国家需要之殷，自不得不勉力以赴。此次所编本年度产量预计表，即当做为推进工作之标准，理合检同民营各厂二十九年度生产价值表，连同资委会所办实业二十九年度工作预计表各一份，一并备文送呈，仰祈鉴核。谨呈

委员长蒋

　　　　　　　　　　　　　　　职 翁文灏（印）

　　　　　　　　　　　　　　　二十九年三月二十二日

拟办：拟将原件移送国防最高委员会审核，并存备考核。陈布雷。

三．廿五．

批示：如拟。玉门油矿机器务速运完，已严令西北运输处负责协助，望详报运输完毕计划。与四行办事总处知照。

〔《国防工业（一）》（1921 年 7 月 8 日至 1940 年 11 月 30 日）：1120/6070. 01 - 01/208/001112000A010〕

蒋中正为国营及民营事业办理大要情形致翁文灏代电
（1940 年 3 月 31 日）

经济部翁部长勋鉴：三月二十二日呈悉。所送民营各厂二十九年度生产价值表及资源委员会所办事业二十九年度工作预计表，即补抄一份，送由四行办事总处存查为要。又玉门油矿机器务速运完，已严令西北运输总处负责协助，望详报运输完毕计划为盼。中〇。寅世侍秘渝。

〔《国防工业（一）》（1921 年 7 月 8 日至 1940 年 11 月 30 日）：1120/6070. 01 - 01/208/001112000A010〕

蒋中正为国营及民营事业办理大要情形致国防最高委员会等代电
（1940 年 3 月 31 日）

国防最高委员会张秘书长[①]、四川联合办事处徐秘书长[②]勋鉴：案接经济部翁部长呈报关于国营及民营事业办理大要情形前来，兹将原呈件随文抄转，即希加以审核并存留考核为盼。中〇。寅世侍秘渝。

附（一）抄原呈一件。

附（二）转发民营各厂二十九年度生产价值表及资源委员会所办事业二十九年度工作预计表各一份。

〔《国防工业》（1921 年 7 月 8 日至 1940 年 11 月 30 日）：1120/6070. 01 - 01/208/001112000A010〕

---

① 张群，字岳军，时任国防最高委员会秘书长。
② 徐堪，字可亭，时任四行联合办事总处秘书长。

翁文灏呈三年工业计划资金问题

（1940 年 3 月 31 日）

谨签呈者：案奉钧座本年三月二十九日侍秘渝字第一一七〇号寅艳代电，以所呈三年工业计划为建国最低经济之限度，务须如计如期完成。所需资金，美金部分已函请孔副院长于英美借款项内先行指定，其余国币资金二万万余元，亦请财、经两部与四行总处切实商讨，于四月十五日以前有一具体之办法呈核。令将原签呈及计划书全部迅即补送副本三件，以便分交有关机关核办。至所有厂矿生产并宜施行竞赛制度，以期策进效率，并令作有计划之提倡奖励等因。奉此，自应遵办。理合检呈原签呈及计划书副本各三份，敬乞鉴核，转交有关机关核办，实为公便。谨呈

委员长蒋

职 翁文灏谨呈

二十九年三月三十一日

附呈原签呈及计划书副本各三份。

〔《国防工业》（1921 年 7 月 8 日至 1940 年 11 月 30 日）：1120/6070.01 -01/208/001112000A010〕

蒋中正为三年工业计划拨款事宜致张群等代电

（1940 年 4 月 1 日）

张秘书长岳军、徐秘书长可亭兄勋鉴：接经济部翁部长呈拟三年工业计划书请核示等情前来。查所拟各项为建国最低经济之限度，务须如计如期完成。除所需资金美金部分已函请孔副院长于英美借款项内先行指定，其余国币部分二万万余元，亦请财、经两部与四行总处切实商讨，于四月十五日以前定一具体办法呈核外，兹将原计划书副本随文转发，即希密存。按半年为一期，考核其实施进度，以资督促备查可也。中〇。卯东侍秘渝。

附发原副呈一件、交办国营工业及协助民营工业三年计划各一件。

〔《国防工业》（1921 年 7 月 8 日至 1940 年 11 月 30 日）：1120/6070.01 -01/208/001112000A010〕

蒋中正为三年工业计划拨款事宜复翁文灏代电
（1940 年 4 月 1 日）

经济部翁部长勋鉴：三月三十日呈件均悉。所送副本已分别存转矣。中〇。卯东侍秘渝。

〔《国防工业》（1921 年 7 月 8 日至 1940 年 11 月 30 日）：1120/6070.01 – 01/208/001112000A010〕

翁文灏呈实施三年工业计划等所需外汇请于美借款内制定成数
（1940 年 4 月 13 日）

谨签呈者：案奉钧座本年三月二十九日侍秘渝字第二七〇号寅艳代电，以所呈三年工业计划为建国最低经济之限度，务须如计如期完成。所需资金，美金部分已函请孔副院长于英美借款项内先行指定，其余国币资金二万万余元亦请财、经两部与四行总处切实商讨，于四月十五日以前有一具体之办法呈核等因。奉此，查工业三年计划所需国币，业经四行理事会通过，分别由国库筹拨，或由四行贷借。外汇部分，二十九年度所需美金亦已通过四百万元。此外，滇锡改良采炼设备美金一百万元，业奉钧座批准照拨，并经财政部通知有案，其它国营及民营工业本年度所需外汇四百万元亦已足用。英国新借款不易实现，而欧战方亟，五金器材英国亦难出口，故上项外汇，惟有在美国新借款内拨支。惟各方面所需外汇为数甚多，美借款二千万元恐不敷分配，还祈钧座赐予主持，指定成数，俾该项计划得以即付实施。奉电前因，理合签请鉴核祗遵。谨呈
委员长蒋

职 翁文灏（印）

二十九年四月十三日

〔《国防工业》（1921 年 7 月 8 日至 1940 年 11 月 30 日）：1120/6070.01 – 01/208/001112000A010〕

陈布雷为翁文灏三年工业计划所需外汇呈蒋中正
（1940 年 4 月 13 日）

查原呈三年工业计划，二十九年度所需外汇计国营工矿业之建设美

金二百三十九万四千元，协助民营有关国防工业之建设美金一百六十二万元，两共四百零一万四千元。

再加滇锡改良增产之设备费美金一百万。

总共五百万元。

为加紧完成建设预定计划，减少将来购物之外汇起见，似应准如所请，再由钧座手谕孔副院长在美国借款内照数拨给。

批示：如拟照办。

〔《国防工业》（1921 年 7 月 8 日至 1940 年 11 月 30 日）：1120/6070.01－01/208/001112000A010〕

蒋中正为三年工业计划经费致翁文灏代电
（1940 年 4 月 20 日）

经济部翁部长勋鉴：四月十三日签呈悉。该部本年度工业计划所需外汇美金四百万元已据孔副院长规定，在英美借款照数拨支。滇锡之经费美金一百万元则早经定案，在美借款内照拨，希径洽可也。中〇。卯哿侍秘渝。

〔《国防工业》（1921 年 7 月 8 日至 1940 年 11 月 30 日）：1120/6070.01－01/208/001112000A010〕

孔祥熙为国营民营工业三年计划拨款方案致蒋中正代电
（1940 年 4 月 15 日）

军事委员会委员长钧鉴：极密。案奉钧座三月三十日手谕内开："此经济部所拟三年计划，其资金总数为国币二万万余元，美金为一千零七十九万元，此为建国最低经济之限度，务使其能如计如期完成。关于美金部分，务于英美借款项内先行指定，其余国币资金，亦请财部、经部与四行总处切实商讨，于四月十五日以前有一具体之办法呈核。"等因。遵查经济部原拟三年工矿事业建设计划，业由四联总处邀集有关机关数度会商研究，并入经济三年计划案内，拟具实施办法，于本月九日提经第二十五次理事会议通过。原案规定所需资金之筹措方法分为三种：（一）由国库筹拨；（二）由四行投资；（三）由四行贷款。并就原计划所列各事业详为分析，计国营工矿业三年计划全部所需国币一万六千六百五十四万元，拟定由国库拨发者一万一千四百一十五万五千元，由四行投资者八百万元，由四行贷款者四千四百三十八万五千元。协助民营工业三年计划全部所需国币三千八百万元，拟定由国库拨发者二百五十万元，由四行投资者一千七百六十万元，由四行贷款者一千七百九十万元。其属于国库拨付部分应由经济部编具预算，分年列入。为用款迅速计，可于每年度开始向四行订立契约透支，其透支数额以预算全部五分之二为度，仍分月于国库发款时扣还。至四行投资及贷款则由经济部依照商定办法，拟具计划向四行洽商办理。又原订国营、民营工矿计划，三年共需美金一千零七十九万余元，查系分年支用。兹拟先将二十九年度所需美金四百万元遵批于英美借款项下指拨。以后年度所需外汇，俟下半年再行筹划，俾切实际等因。本部自当照办。除国币部分由国库筹拨之经费，俟经济部分年编入预算，照案拨付外，本年度所需美金四百万元拟在英国信用贷款内指拨英金三十六万镑，约合美金一百四十余万元，在美国第二次借款内划拨美金二百六十万元，由部函请经济部开具详细料单，分送英美洽购。理合将遵办情形电陈鉴核。孔祥熙。删渝资印。

〔《国防工业》（1921 年 7 月 8 日至 1940 年 11 月 30 日）：1120/6070.01-01/208/001112000A010〕

翁文灏呈拟国营工业三年计划修正二十九年度部分及所需经费
(1940 年 10 月 15 日)

谨签呈者：本年二月十八日、二十九日叠奉钧座手谕，饬拟轻、重工业三年计划。遵即编具举办国营工业及协助民营工业三年计划各一份，于三月二十一日呈奉钧座寅艳侍秘渝代电核准。关于所需经费筹拨办法，并经四行四月中第二十五次理事会议决，国币部分分别由国库拨发、四行投资及贷款。其中国库拨发之数由四行先行透支五分之二。二十九年度美金部分并奉钧座四月哿侍秘渝代电，在英美借款内照数列支。国营工业部分三年经费合计共国币一万万六千六百五十四万元、美金七百九十五万三千元。二十九年度经费计共国币六千三百五十五万元、美金二百三十八万七千元，旋与四行往返洽商，具体拨款手续至六月二十八日始行签定。国库拨发部分，四行五分之二透支合约八月一日签定。四行借款合约，在以上两项合约签定以前，并经商得四联总处同意，于六月六日先行透借五百万元，以期各项事业得以及早推动。职以工业建设实为经济自给之基本，值兹敌人加紧封锁海口之际，尤为当务之急。故不俟四行合约签就，即分别督饬旧有事业加工生产，新办事业积极筹备。但新事业工程进行，仍不能不在六月以后款项领到，始行推动。在此数月期间，越南、缅甸相继禁运，国内物价腾涨甚速。最近加以敌军假道越南内侵，国内国外情势视拟具计划之时，变动极大。运输既益艰困，即国内需要亦复不同。兹将应行重加考虑主要各点，分陈如左：

一、本年六月间欧局激变，越南禁运，七月中缅甸随之。虽缅方禁令对于工业建设器材并不包括在内，但以汽油、卡车之输入，限制綦严，运输能力大为减少。原计划拟办之新事业，其需要机件较多者，一时不得不暂停进行。亦有一部分事业机器已到海防，无法内运，因此不克积极推动。如云南钢铁厂、中央机器厂之汽车工厂等。

二、资委会重工业建设区域以自然资源及其它条件关系，原以川、康及滇省为中心。目前敌人假道越南内犯，在滇机关业已奉令撤迁。资委会在滇事业自宜力谋缩紧，并将可能拆卸之件尽量迁移川、黔，从事重建。再则西北建设极为落后，固由于交通困难，筹办不易，但小规模之工业可以供应当地需要者，自宜择要举办，急图自给。

三、自缅甸禁运汽油以后，内地液体燃料之来源□□缺乏，自宜力图增产，并制造代用品，故甘肃油矿之开发当加紧扩大进行。如植物油提炼、汽油、炼焦及酒精工业尤拟大量举办，并限期完成此次事业所需经费，较原计划增加甚多。

四、近来后方各重要城市叠遭敌机轰炸，大部分国营及民营工业均在迁地建设，俾工作不致停顿，以是电力之供给骤感迫切需要，故此次修正计划对电厂部分亦酌为增益，并略加扩充。

五、现有工厂已开始生产者，除一小部分因地点不甚安全，已饬陆续拆迁外，一方面仍尽量加工制造。所需购置材料之款视前亦有增益，即以停办各厂经费内调拨匀列。

职以计划固不宜随时更易，然情势变迁自亦不能不力求适应，俾能切实实行。爰谨根据上述五点将原拟三年计划二十九年度部分按照实际情形酌为修正，附呈所需经费分配表及生产数量表，敬祈察核赐准，实为公便。谨呈

委员长蒋

职　翁文灏（印）

二十九年十月十五日

陈布雷呈：查修正经费数于原来列经费数比较，计本年度减国币四百万元、美金七千元。在各事业部门中，则钢铁工业之建设减去一千六百余万元、美金九万七千元。（据称由于该机器运输困难）其它各种机械电器建设，则皆略有增加，拟予照准，并知照中央设计局及党政工作考核委员会。

批示：悉。如拟。

附　　国营工业三年计划二十九年度资金表

项目	原列经费数		修正经费数		比较		备注
	国币	美金*	国币	美金	国币*	美金	
钢铁工业	19855000	440000	3480000	343000	−16375000	−97000	
机械工业	7400000	530000	8450000	230000	+1050000	−300000	
化学工业	1680000	300000	480000	160000	−1200000	−340000	
燃料事业	17430000	500000	19300000	527000	+1890000	+27000	
电机工业	8200000	—	11365000	406000	+3165000	+406000	
铜铅锌锰矿	4250000	84000	6440000	161000	+2190000	+77000	原为铜铅锌矿
电力事业	4740000	340000	7305000	440000	+2565000	+100000	
其它事业	—	—	2020000	20000	+2020000	+20000	
预备费	—	—	515000	100000	—	+100000	
总　计	63555000	2394000	59355000	2387000	−4200000	−7000	

＊各项之和与总计不符。原文如此。

〔《国防工业》（1921 年 7 月 8 日至 1940 年 11 月 30 日）：1120/6070.01−01/208/001112000A010〕

33

蒋中正为国营工业三年计划二十九年度部分资金
修正事宜致孔祥熙等代电
（1940 年 10 月 24 日）

行政院孔副院长、中央设计局张秘书长①、党政工作考核委员会张秘书②长勋鉴：据经济部翁部长十月十五日呈称：经济部原拟工业三年计划工业部分廿九年度经费计共国币六千三百五十五万元、美金二百卅八万七千元，呈奉寅艳侍秘渝代电核准。最近国内国外情势视拟具计划之时变动极大，运输既益艰困，即国内需要亦复不同。兹将原拟三年计划廿九年度部分按照实情酌为修正，附呈经费分配表，祈赐核准等语。除复准予照办外，兹抄发原经费分配表一份，电达知照。中〇。酉敬侍秘渝。

附经费分配表一份。

〔《国防工业》（1921 年 7 月 8 日至 1940 年 11 月 30 日）：1120/6070. 01－01/208/001112000A010〕

蒋中正为国营工业三年计划二十九年度部分资金
修正事宜致翁文灏代电
（1940 年 10 月 24 日）

经济部翁部长勋鉴：十月十五日呈件均悉。所请将国营工业三年计划廿九年度部分酌为修正，应予照准。中〇。酉敬侍秘渝。

〔《国防工业》（1921 年 7 月 8 日至 1940 年 11 月 30 日）：1120/6070. 01－01/208/001112000A010〕

翁文灏呈请准在美国新借款内拨发三十年度国营工业需器材费
（1940 年 11 月 22 日）

委员长蒋钧鉴：窃查国营工业三年计划暨所需资金数目，前经呈奉钧座本年三月艳侍秘渝第一一七〇号代电核准，内关于国营工业部分购

---

① 国防最高委员会秘书长张群，时兼中央设计局秘书长。

② 张厉生。

置器材外汇一项，计列二十九年度美金二百三十九万四千元，三十年度美金叁百七十一万元，三十一年度美金一百八十四万九千元，共计美金七百九十五万三千元。现除二十九年度已奉指拨美金二百三十八万七千元外，其余两年度所需外汇，前因难以预筹，故在四联总处理事会所定经济三年计划实施办法规定，于本年度下半年再为筹措。兹查本会三年计划三十年度国营概算，业经编呈行政院审查，照案通过，内计实列购料外汇美金三百一十万零五千元，较原核准数额减列美金六十万零五千元。现三十年度瞬将开始，所需器材即应订购，俾能按照预定计划及时推动。所有该年度需购器材美金三百一十万零五千元，拟请准在此次美国新借款内照数指拨备用。至该年度减列之美金六十万零五千元，并拟请准予留待三十一年度支用。除另呈孔副院长暨关于民营工业三十年度所需外汇另请核拨外，理合电呈，敬祈鉴核示遵为叩。职翁文灏。养资。

〔《国防工业》（1921 年 7 月 8 日至 1940 年 11 月 30 日）：1120/
6070. 01 - 01/208/001112000A010〕

蒋中正为资源委员会三十年度国营工业计划
所需外汇事宜致孔祥熙代电
（1940 年 11 月 30 日）

财政部孔部长勋鉴：接经济部翁部长呈报，略称资源委员会三十年度国营工业概算业经行政院审查通过，计实列购料外汇美金三百一十万零五千元，较原核准数额减列美金六十万零五千元。现三十年度瞬将开始，所需器材即应订购，俾能按照预定计划及时推动。所有需购器材美金三百一十万零五千元，拟请准在此次美国新借款内照数指拨备用。至该年度减列之美金六十万零五千元，并拟请准予留待三十一年度支用等语。分呈计达，即请核办为盼。中〇。戌陷侍秘渝。

〔《国防工业》（1921 年 7 月 8 日至 1940 年 11 月 30 日）：1120/
6070. 01 - 01/208/001112000A010〕

蒋中正为三十年度国营工业计划所需外汇事宜致翁文灏代电

（1940 年 11 月 30 日）

经济部翁部长勋鉴：十一月养资代电悉。所请在美借款内指拨三十年度国营工业购料外汇一节，已交财政部核办矣。中〇。戌陷侍秘渝。

〔《国防工业》（1921 年 7 月 8 日至 1940 年 11 月 30 日）：1120/6070. 01 –01/208/001112000A010〕

翁文灏呈国防工业三年计划大纲与审查意见等

（1941 年 3 月 20 日）

谨签呈者：前奉本年二月六日机秘甲字第四一一八号手令内开："请拟具国防工业十年计划，希于八中全会前草案呈核。"同日奉机秘甲字第四一一九号手令内开："希将川、康、滇、黔、粤、桂、赣、湘八省重要矿产十年开发计划拟具呈核，每年可增加产量几何？以及十年总出产量与价值若干？希一并列表查报。"同日复奉机秘甲字第四一二〇号手令："请拟具物资总动员计划，并希于八中全会前约三月杪拟呈候核"各等因。自应遵办。业经分别约集专家共同筹拟，并于二月十五日将筹办情形备文呈复在案。此项国防工业计划系分为战时及战后两期，战时原拟以二年为期，嗣准中央设计局通知，应改为三年，经以依照改订。战后仍分二期，每期五年。国防工业范围甚广，概括划分，可分七类：（一）矿冶工业。煤、石油、钢铁、铜、铝、锌、钨、锑、锡、汞、金等属之。（二）机器工业。（三）电气器材工业。（四）化学工业。（五）纺织工业。（六）食品工业。（七）电力工业。建设地域战时以西南各省为中心，亦兼及西北。战后则就全国设计。窃以战时应以抗战建国为目标，战后则以建国复兴为鹄的。战时计划必须裨益抗战，便于实行。战后则宜为纲领之确定，对于详细计划，须根据决定方针再为拟具。战时计划应不厌求详，而战后计划则目前似可先具轮廓。爰本此旨，拟就国防工业战时三年计划（自三十一年一月起至三十三年年底止）及国防工业战后十年计划。因表格较多，抄录费时，兹先

检呈战时三年计划纲要，其余部分容于二、三日内缮写完竣，再为续呈。伏乞鉴核。谨呈

委员长蒋

职 翁文灏（印）

三十年三月二十日

附《国防工业战时三年计划纲要》一份。

拟办：应否提出八中全会讨论（拟作为总裁饬经济部拟具之，方式由总裁名义交议），请批示。

批示：此可照提。中正。

〔《国防工业（二）》（1941 年 2 月 15 日至 1941 年 9 月 14 日）：1120/6070. 01 - 02/209/001112000A011〕

翁文灏呈三年计划三十年度工作计划纲要及说明

（1941 年 3 月 28 日）

谨签呈者：前奉钧座二月十四日机秘甲字第四一六三号手令内开："去年所定之西南国防三年计划，去年度已实施至何程度？以及本年度之实施计划如何？希详报"等因。经于二月二十一日将上年实施情形编具《国营工业三年计划二十九年度实施概况表》一册，赍呈鉴核在案。关于本年度实施计划亦经确定，分饬各厂矿积极进行。兹谨编具《三十年度工作计划纲要》，内有二点应加说明，分陈如下：

一、上年拟订三年计划时所列事业仅限于新办事业及需加扩充之旧有事业。为便于明了国营国防工业整个情形起见，此次所呈工作纲要，系包括国营所有生产事业在内，并划分为工、矿、电三类。

二、各厂矿生产，一部分或以运输迟滞，上年度计划未克如期完成，或以流动资金不足，未能充分购置原料加工生产，故较三年计划预计者略为短少。一部分则与三年计划相垺，而如酒精等项且较三年计划所列为多。倘银行对于流动资金能增加贷与，运输能力能设法加强，则已成厂矿增加产量，当非甚难。奉令前因，理合检呈《三年计划三十

年度工作计划纲要》一份，赍呈鉴核。谨呈

委员长蒋

职 翁文灏

附呈《三年计划三十年度工作计划纲要》一份。

〔《国防工业（二）》（1941 年 2 月 15 日至 1941 年 9 月 14 日）：1120/
6070. 01－02/209/001112000A011〕

翁文灏呈国防工业三年计划
（1941 年 6 月 21 日）

谨签呈者：前奉钧谕，令拟具《国防工业三十年计划》，于八中全
会前将草案呈核等因。遵经拟就《国防工业三年计划》及《十年计划
纲要》送呈钧座。嗣经八中全会通过国防工业计划之基本方针，即遵
照此项方针，并与军政部交通司、兵工署及交通部分别就兵工需要及交
通条例，切实商洽，将前项计划加以补充修正，另行拟定《国防工业
三年计划》。又国军扩充三年计划系于本年七月一日起实施，为期配合
军事需要并及早着手进行起见，上项三年计划可否准予核定，于本年七
月起开始筹备所需向国外购置之器材，并即开始订购，是否可行，理合
检具该项计划一份，呈请鉴核示遵。谨呈

委员长蒋

附呈《国防工业三年计划》一份。

职 翁文灏（印）

三十年六月二十一日

拟文：

一、拟准自七月起开始筹办。

二、其中细目应行增减修正之处，拟交中央设计局于一星期内审核
具报。

批示：如拟。

〔《国防工业（二）》（1941 年 2 月 15 日至 1941 年 9 月 14 日）：1120/
6070. 01－02/209/001112000A011〕

蒋中正为国防工业三年计划复翁文灏代电

（1941 年 8 月 2 日）

经济部翁部长勋鉴：已陷侍秘川代电计达。兹据中央设计局报告审查，该部所拟国防工业三年计划大纲意见前来，其要点四项如次：（一）该计划所列国营事业由资源委员会所主办者均切中需要，宜按照计划积极实施，或更将与建军计划有关之特要部分加以扩充。惟其所产汽油必须力求适合飞机之用，所制钢材之品质与尺寸必须力求适合兵工之用。（二）国际物资运输能力，三年共计仅约七十二万吨。故一切事业所需成品原料、机器等，有须从滇缅路输入者，必须将各事业之生产、采购、运输三项业务互相配合，冶为一炉，由一统筹机关将配合计划不断地加以精密的修正，敏捷的执行。倘非运输能力所能负担时，似应及早修正。（三）钢铁工业及化学工业关系国防最巨。该计划钢材产量约三分之一依赖民营，而永利公司之制硝酸恐不可恃。对于钢材及硝酸两项，亟应加强国营部分，督导民营部分，并聘用外国专才协助建设。对于全部钢铁事业，似应设置监督机关，不论国营、民营，均应切实受其指挥，指定其产品，统筹其销路，指导其技术，协助其设备，不得各自为谋，忽略国家急需。其它兵工原料，如硫酸、硝酸、铜、锌、铅等等，既极感缺乏，有必要时可扩大该监督机关之范围兼管之。（四）该计划对于民营事业，拟由国库补助国币一万四千二百四十七万五千元、美金九百五十万一千元，以策动民营生产，固有必要，但因此而助长私〔人〕资本之抬头，亦宜有预防之办法。又查所定补助资金，原以不超过原事业自备资金之半数为度，而纺织工业一项，如民间自备美金一百廿六万八千元，即拟助以美金六百八十一万八千元，与所定原则亦有未合。既拟筹此巨款，尽可利用款之一部分由政府自行建厂，不须尽行贷出。至于国币之借贷，对于民间既成工厂技术优良、办理认真而资本缺乏者加以资助，尚属可行。至借款助建新厂，似宜慎重考虑。拟改为在原则上补助美金，而不补助国币；补助能力卓异、资本不足之既成事业，而慎重补助尚未举办之新事业等语。查所陈各项颇中肯要，至堪注重。除关于硝酸、硫磺、铜、锌、铅等重要兵工原料之采购、生产一节，已分电兵工署俞署长遵照该审查意见办理外，合亟将原审查报告随文转发，即希注意参酌核办，并将原计划为必要之修正为要。中〇。未冬侍秘川。附发原审查报告一份。

〔《国防工业（二）》（1941年2月15日至1941年9月14日）：1120/6070.01−02/209/001112000A011〕

蒋中正为国防工业三年计划致俞大维代电
（1941年8月2日）

兵工署俞署长：查目前兵工原料最感缺乏者为硝酸、硫磺、铜、铅、锌五品，除铜、铅、锌三品应以输入解决主体缺额外，并已令由资源委员会以最大努力尽量增产。嗣后该署对于成品之订购，价格应以增加国产、使用国产为依归，不必斤斤计较，俾利生产。至于硫及硫酸、硝酸及其原料之淡气事业，尤应由该署与资源委员会积极合作，分头生产，以应国防需要为要。中〇。未冬侍秘川。

〔《国防工业（二）》（1941年2月15日至1941年9月14日）：1120/6070.01−02/209/001112000A011〕

蒋中正为国防工业三年计划致中央设计局代电
（1941年8月2日）

中央设计局王秘书长①勋鉴：七月二十三日设签字第十六号报告及附件均悉。除原呈第四项"不补助尚有〔未〕举办之私事业"应改为慎重补助外，其余均准如所拟。连同原审查报告发交经济部注意并为必要之修正。关于兵工原料之生产、采购一节，并经分令兵工署照办矣。中〇。未冬侍秘川。

附抄发令经济部及兵工署代电稿二件。

〔《国防工业（二）》（1941年2月15日至1941年9月14日）：1120/6070.01−02/209/001112000A011〕

---

① 国防最高委员会秘书长王宠惠，时兼中央设计局秘书长。

侍从室关于经济部三年计划大纲要点
修正意见致中央设计局代电
（1941 年 9 月 14 日）

径启者：审查国防工业三年计划大纲一案，前由贵局以设签字第十六号报告签复，奉批转交经济部注意修正等因。业经承办未冬侍秘川代电复知在案。兹奉交下翁部长陈复修正要点签呈，并附资金、产量及人员、经费、物料配合表一份，相应附函，送请贵局先为审核是荷。此致
中央设计局

附原件。

本处启

〔《国防工业（二）》（1941 年 2 月 15 日至 1941 年 9 月 14 日）：1120/6070.01 - 02/209/001112000A011〕

翁文灏呈请按时筹拨国防工业国营部分
及资委会兴办事业所需资金
（1941 年 9 月 27 日）

谨签呈者：前奉钧谕，令饬举办国防工业三年计划，经于六月二十一日拟就国防工业三年计划大纲，赍呈鉴核。嗣经先后奉到钧座六月三十日巳陷侍秘川字第八〇三五号代电，饬知该项计划大体可行，准自七月份起筹办。又八月二日未冬侍秘川代电附发中央设计局审查报告一件，饬参酌修正等因。遵将原计划切实修正，并编具国防工业三年计划资金、产量及人员、经费、物料配合表，于九月十日签呈钧核在案。查修正计划，力求配合建军需要，适应运输能力，对于国内工业现有之基础、后方资源可能之开发及其它有关条件，均勉为兼筹并顾，权衡至再，务期切要可行，不敢稍涉浮夸。欲求今后数年工业粗具规模，此实为最低限度之计划。职深知抗战期间各种支出增益甚多，国家财源筹划艰难，对于各事业资金之分配，更经慎重考虑，决不愿从事铺张，妄糜国帑。现该项计划亟待筹办，国营部分尤须积极进行。查第一年（即三十一年度）国营部分所需资金，国库支出部分共计国币四万六千六

百四十一万元、美金一千一百五十三万元。除美金部分业经另文呈请在美借款内先行核拨美金八百万元购办急要器材，已奉令准照拨外，所有国币数目并恳钧座赐准核定，转知孔副院长按时筹拨，俾原定计划得以推进。又资源委员会本年度因事实上迫切需要及开始筹办三年计划起见，必需兴办事业，需拨资金，及原有事业因物价、工资高涨不敷之数，经职核实估计，共需五千五百余万元，已另案编具调整计划及追加预算，呈由行政院转呈核定，并乞钧座一并迅赐核定，转知筹拨。是否有当，理合签请鉴核示遵。谨呈

委员长蒋

职 翁文灏（印）

卅年九月二十七日

拟文：拟转孔副院长切实核拨。

批示：如拟。

〔《国防工业（三）》（1941 年 9 月 20 日至 1947 年 7 月 9 日）：1120/6070. 01 – 03/210/001112000A012〕

蒋中正关于速筹拨国防工业资金致孔祥熙代电

（1941 年 10 月 4 日）

行政院孔副院长勋鉴：据翁部长文灏呈称：奉饬举办国防工业三年计划，国营部分即须积极进行。第一年（即三十一年度）所需资金，国库支出部分共计国币四万六千六百四十一万〔元〕、美金一千一百五十三万元，所呈预算数目均系最低限度之需要，迭经慎重考虑，深知战时国家财源之艰难，决不愿从事铺张，妄糜国帑。故于建军需要、运输能力及国内工业现有之基础、后方资源可能之开发暨其它有关条件，均勉为兼筹并顾，权衡至再，务期切要可行。现除美金部分已另案呈请外，所有国币数目并恳赐准核定，转知孔副院长按时筹拨，俾原定计划得以推进。又资源委员会本年度因事实上迫切需要及开始筹办三年计划起见，必需兴办事业，需拨资金，及原有事业因物价、工资高涨不敷之数，经职核实估计，共需五千五百余万元，已另案编具调整计划及追加

预算，呈院转呈核定，并乞钧座一并迅赐核定，转知筹拨等语。查该部所呈请各项资金关系建国、建军，均甚重要，所有计划前经核定，饬令认真赶办，所需各项资金，希即切实核拨为盼。中〇。酉支侍秘川。

〔《国防工业（三）》（1941 年 9 月 20 日至 1947 年 7 月 9 日）：1120/6070. 01 -03/210/001112000A012〕

翁文灏电呈请三十一年度国防工业经费国币部分透支五分之二
（1941 年 11 月 29 日）

委座钧鉴：查资源委员会奉命办理国防工业三年计划，第一年（即三十一年度）所需创业经费国币四万五千二百余万元及美金一千余万元，业经如数编呈概算，现在有关机关审议之中。惟新年度瞬即届临，是项概算以须经过法定程序，辗转需时，恐难如期完备法案。现除美金部分已奉准在美国第四次借款内先行指拨美金八百万元备购最急器材外，国币经费如必俟预算正式成立，始能向库领款，深恐滞缓事业之进程。且国库拨款大致须按月平均分配，而事业需款往往年初较多，窃按本会二十九、三十两年度建设经费均有五分之二系奉准向四行透支，再由国库在本会预算内拨还，并由国库负担利息。明年度拟仍照例办理，以利进行。拟恳准转饬四联总处即按本会三十一年度国币预算四万五千二百五十七万七千元五分之二，允予先行透支国币一万八千一百零三万零八百元。俟正式预算成立后，续由本会按月向库领款，分月偿还，是否可行，理合呈请鉴核示遵。职翁文灏叩。艳资机。

〔《国防工业（三）》（1941 年 9 月 20 日至 1947 年 7 月 9 日）：1120/6070. 01 -03/210/001112000A012〕

陈布雷为翁文灏呈请三十一年度国防工业经费国币部分
透支五分之二呈蒋中正
（1941 年 11 月 29 日）

摘要：卅一年度国防工业经费照饬先透支国币预算之五分之二，计一八一，〇三〇，八〇〇元。

拟文：查国防工业经费预算，尚未核定。所称事业费用，年初需用较多（例如定购物料等项）自属实情。可否先准照编呈概算总数，令孔副院长转饬四行，准其透支五分之二，请批示。

〔《国防工业（三）》（1941年9月20日至1947年7月9日）：1120/6070.01－03/210/001112000A012〕

蒋中正关于资委会三十一年度国防工业经费国币部分
透支五分之二复翁文灏代电
（1941年12月6日）

经济部翁部长勋鉴：密。渝秘字第三五五九号艳资机代电悉。所请将资委会三十一年度国防工业经费国币部分按照编呈概算，先由四联总处透支五分之二一节，已电孔副院长，准予转饬照办，希径行洽办为盼。中〇。亥鱼侍秘。

〔《国防工业（三）》（1941年9月20日至1947年7月9日）：1120/6070.01－03/210/001112000A012〕

翁文灏电呈请以紧急命令拨发资委会工业
三年计划各事业追加经费
（1942年6月12日）

委员长蒋钧鉴：资源委员会工业三年计划本年所需国币经费，原定四万万五千余万元，嗣因政府厉行紧缩，奉准改列国币三万万五千万余元。经此核减以后，本会各事业经费均须酌予减缩。叠经通令所属各厂矿，在此财政困难之际，务须力戒浪费，切实节约，并停止添建一切不必要之建筑，各厂矿亦皆能认真遵行。惟迩来时局变化迅速，物价工资及运费均高涨不已，预算经费仍多有不敷，计不敷总数约国币三千余万元。此外复以滇缅路阻，国外物资除航空运入少量急要军品外，其余大部分工业必需器材均无法运入，因此乃不得不急谋自造。关于目前急切需要之物品，约略言之，有下列五种：（一）液体燃料。（二）钢材。（三）机械。（四）电讯器材及（五）硝酸。液体燃料、机械及电讯器材方面。本会已办厂矿俱已有相当规模，目前维持推进，原列经费仅稍感不敷。惟因物料、工价及运费高涨关系，尚须增借流动资金，当另行筹划。至于钢材方面，本会现有炼钢厂三所：一为资渝炼钢厂，一为电化冶炼厂，一为云南钢铁厂，预定本年年底以前均可开工出货。惟各厂因工价、物价及运费增涨关系，原列预算不敷甚巨。计云南钢铁厂不敷约一千四百万元，电化冶炼厂不敷约一千一百万元，资渝炼钢厂不敷约二千万元，均急待增拨。目前交通部正筹建内地铁路，供应钢轨需要甚急，自宜照加资金，俾能观成。关于硝酸方面，本会在战前即有筹划制造之议，并经与德国签定合同，乃以战事骤起，议遂中止。二十八年复经遵照钧令，派员赴法与法国政府洽商合作购置机器，磋商经年，未获成功，欧战发生，因趋停顿。上年派员赴美购械已定，而太平洋战事又起，机件运输不易。为谋早日实现生产起见，兹拟自造大部分机器，利用电石制造硝酸，日产三吨，所需创业经费约国币二千五百万元。本年预算内原已列有国币三百五十万元，系备供支付运输机件之费用。另有美金四十万元，连同上年预算内之美金六十万元，共一百万元，系供购买机器之用。现国外机器既无法购得，改由国内自造，上列美金可不支用，故须增列国币二千一百五十万元。此外，甘肃油矿需用油桶孔亟，前经奉钧座令准，由各有关机关拨借，当可陆续接收。但油桶散在各站，距矿遥远，必须急筹运输。本年运输油桶六万只，以每只平均运费一千元计算，需国币六千万元，其中四分之一由甘肃油矿自运，不计运费，四分之三托其它机关代运。此项经费以往未经列入本年预算以内，约需增列经费四千五百万元。综上所述，钢材方面增添设备，须增加国币四千五百万元，硝酸制造创办经费须增加二千一百五十万元，甘肃油桶运费须增加四千五百万元，连同其它各厂矿不足之三千余万元，共须追加预算国币一万万四千余万元。凡此款项，均系核实估列，并急待应用，俾各项事业得以如期进行。除已由会另编追加预算呈院核办外，敬祈鉴核，赐准转院照办。所有上列各款项，并恳准予由院于六、七、八三个月内分项以紧急命令拨发，以应急需，无任企祷。职翁文灏叩。文一资机密。

批示：交财政部核办。中正。

〔《国防工业（三）》（1941 年 9 月 20 日至 1947 年 7 月 9 日）：1120/6070.01 - 03/210/001112000A012〕

蒋中正准予拨发资委会工业三年计划各事业
追加经费致孔祥熙等代电
（1942 年 6 月 26 日）

行政院孔副院长、陈秘书长①勋鉴：据经济部翁部长呈，略称资源委员会工业三年计划本年经费原定四万万五千余万元，奉准改列三万万五千万余元。遵经通令切实节约，紧缩开支。惟迩来物价、工资及运费均高涨不已，预算经费仍多有不敷三千余万元。复以滇缅路阻，国外物资器材无法运入，乃不得不急谋自造。如：（一）液体燃料。（二）机械（三）电讯器材。本部自办厂矿，俱已有相当规模。（四）钢材方面，现有炼钢厂三所，本年年底以前均可开工出货。惟各厂因工价、物价及运费增涨关系，原列预算不敷甚巨，计云南钢铁厂不敷约一千四百万元，电化冶炼厂不敷约一千一百万元，资渝炼钢厂不敷约二千万元，均急待增拨。（五）硝酸方面，拟自造大部分机器，利用电石制造硝酸，日产三吨，所需创业经费约国币二千五百万元。本年预算原列国币三百五十万元，美金四十万元，连同上年预算内之美金六十万元，共一百万元。现改由国内自造，上列美金可不支用，故须增列国币二千一百五十万元。此外甘肃油矿需用油桶孔亟，奉准由各机关拨借六万只，此项运费以往未经列入本年预算以内，亦需增列四千五百万元。综上所陈，共须追加预算国币一万万四千余万元，均系核实估列，并急待应用。除已另编追加预算呈院核办外，敬祈赐准转院照办，并恳准予由院于六、七、八三个月内，分项以紧急命令拨发，以应急需等语。特电转达，即

① 陈布雷，时任国防最高委员会副秘书长。

希核办为盼。中○。已宥侍秘。

〔《国防工业（三）》（1941 年 9 月 20 日至 1947 年 7 月 9 日）：1120/
6070. 01 - 03/210/001112000A012〕

蒋中正为准予拨发资委会工业三年计划各事业
追加经费复翁文灏代电
（1942 年 6 月 26 日）

资源委员会翁主任委员勋鉴：文一资源机代电悉。已转行政院核办
矣。中○。已宥侍秘。

〔《国防工业（三）》（1941 年 9 月 20 日至 1947 年 7 月 9 日）：1120/
6070. 01 - 03/210/001112000A012〕

熊式辉翁文灏呈国防工业三十二年度办理
情形及三十三年实施计划
（1944 年 4 月 24 日）

谨签呈者：案奉本年一月七日钧座机秘甲字第八三○一号手令
内开："西南国防工业计划，去年已办理至如何程度？希详报，并将
今年加紧实施计划一并拟具呈核为要"等因。奉此，自应遵办。

查国防工业范围较广，西南与西北所有出产，彼此互有关系，兹就
后方具有国防意义之重要工矿生产并为考虑，拟订办法。国营部分系由
资源委员会主办，民营部分系由工矿调整处督导。

（一）上年进行状况。对必需物资之增强供应，产品品质之提高改
良，均经切实努力，认真促进，获有成效。而物价继续上涨，周转资金
不足，国外器材运入吨位有限，原料颇感不给，再则钢铁、机器以后方
工业不振，销路迟滞，均为上年困难之所在。其详细情形及实际生产数
量另附纸录呈，敬祈鉴察。

（二）本年方针。期对上年困难之点设法分别减轻，庶生产可以更
为增加，而业务亦可配合需要。要领所在：第一为发动新的工程建设，
以促进一般工业之出路。良因后方钢铁产量为数原甚有限，惟以销路

停滞，资金不易周转，遂使煤矿缺少运煤铁轨，内河缺少航轮，添建桥梁少用钢料，飞机、炸弹壳全赖外运等等，弊害所在，显而易见。如由政府或银行通融资金，使上项需要克能供应，则钢铁、机器工业即可维持扩展。第二为增加工矿流动资金，以期增产得以顺利进行。上年四联总处办理工贷贰拾万万元，对工矿增产甚有裨益。但以物价日高，需款日多，且重要煤矿增建运道亦宜贷款协助。本年如能更为增多至伍拾万万元，则各业当可勉渡难关，认真生产。第三为妥筹国外必需器材之输入，以助后方工矿事业之策进。目前国际运输全赖空运，吨位有限，国外器材之非甚必需者，自宜停止内运，庶使国内自行生产之同类器材得有销路。其有实际必需而国内不易制造之物，则必须充分输入，庶可增强设备，促进生产。在此三大纲领之下，更就国营、民营分别言之。

国营方面。本年应注意之方针，尤在（一）玉门矿油之增强供应；（二）钢铁产销之切实配合；（三）机械电器之增供军用；（四）交通燃煤之增产增运；（五）出口矿产之继续外输；（六）电力设备之更为增建。

民营工业之方针，则为（一）规定重要产品之种类及数量，督导各厂矿依照生产；（二）促助必需产品之厂矿切实建设，增多生产能力；（三）定制工业所需之机器，分别让售，以资促进；（四）增进运输之便利及销路之敏捷，以免停滞。

依照上述方针，已拟具实行办法及生产数量，另件缮附，呈请钧核。以上所陈均经职等共同研议，认为切实可行，是否有当，理合检具报告书表，签请鉴核示遵。谨呈

主席蒋

附呈《经济部对于国营厂矿生产三十二年度办理情形及三十三年度实施计划概要》及《经济部对于民营厂矿生产三十二年度办理情形及三十三年度实施计划概要》各一份。

职 熊式辉（印）、翁文灏（印）谨呈

附件一　国营厂矿三十二年实际产量及三十三年计划产量表

类别	产品	三十二年度产量	三十三年度产量	附注
燃料	煤	775289 公吨	1094200 公吨	
	汽油	3036594 加仑	6000000 加仑	为土西铁路实行开运时之需要，拟产此数，否则国内运力有限。拟产四百万加仑
	柴油	28468 加仑	1000000 加仑	
	代汽油	111200 加仑	246000 加仑	
	代柴油	349635 加仑	248000 加仑	因桐油价涨甚多，故酌减产量
	动力酒精	2849981 加仑	2340000 加仑	如原料供应无问题，需要加多，可增产至三百万加仑以上
钢铁	铁砂	50931 公吨	46000 公吨	
	生铁	24433 公吨	25000 公吨	
	纯铁		3600 公吨	
	钢	4400 公吨	8700 公吨	如果本部推广钢铁销路计划确得实行时，则钢铁视实需数量酌增
非铁金属	电铜	533 公吨	465 公吨	因原料有限，成本加高，故略减
	电锌	44 公吨	12 公吨	同上
	铝		12 公吨	
	精粗铜	619 公吨	300 公吨	因原料有限，成本加高，故略减
	精炼铅	103 公吨	200 公吨	
	精炼锌	189 公吨	300 公吨	
出口矿品	钨	8955 公吨	9580 公吨	出口矿产品数量视对外协定之数量分别规定
	锑	614 公吨	1000 公吨	
	锡	4098 公吨	7370 公吨	
	汞	120 公吨	120 公吨	
机械	动力机	2928 瓩	4394 瓩	
	工具机	258 部	335 部	
	作业机	251 部		视需要情形酌定制造数量，计划者有纺织机三十套，毛纺织机五百锭，均全部完成，另其它作业机五五部
	兵工器材	29664 件	42000 件	
电器	电动机	6651 马力	4000 马力	因国外材料不易运入，故略减

续表

类别	产品	三十二年度产量	三十三年度产量	附注
	变压器	4286 千伏安	6000 千伏安	
	收发报机及话机	1308 架	1440 架	
	收音机	575 架	3000 架	
	电话机	3801 具	4000 具	
	交换机	3990 门	3000 门	
	铜铁电线	365 公吨	700 公吨	
	电子管	23865 只	28000 只	
	干电池	718159 只	566000 只	
	蓄电池	923 只	1000 只	
	瓷碍子	1745156 件	2240000 件	
化工	润滑油	5847 加仑	40000 加仑	试制品质增高,故产量加多
	纯硫烧碱	173 公吨	216 公吨	
	耐火材料	3942 公吨	2000 公吨	因钢铁炉多已造成,故需要数量略减
	硫酸	42 公吨	80 公吨	
电力	发电容量	19044 瓩	26840 瓩	
	发电度数	32369912 度	37170000 度	

附件二　经济部民营工业产品三十二年度实际产量与三十三年度计划产量比较表

类别	产品	三十二年度实际产量	三十三年度计划产量	说明
燃料	煤	5568300 吨	5800000 吨	包括国营在内
	酒精	8000000 加仑	8000000 加仑	因限于原料,仅计划维持原状
	代汽油	200000 加仑	120000 加仑	院令停办,仅保留之厂可生产
钢铁	钢	4548 吨	33000 吨	
	灰口铁	8200 吨	48000 吨	
机器	动力机	5928 匹	12000 匹	
	工具机	1473 部	1220 部	本年继续制造精密及大型工具机,故产量略减
	作业机	2134 部	3490 部	

类别	产品		三十二年度实际产量	三十三年度计划产量	说明
	纺织机		2400 锭	20000 锭	
	造船		4 艘	10 艘	
电器	发电机		1600 千伏安	4000 千伏安	
	电动机		4800 马力	7000 马力	
	变压器		8200 千伏安	3000 千伏安	因需要有限,故产量酌减
	移动及手摇发电机		130 部	360 部	
	无线电收发报机		90 部	400 部	
	电话机及交换机		12 具	100 具	
	电表		221 具	300 具	
	干电池	单节	160000 打	200000 打	
		甲	28000 只	30000 只	
		乙	5500 只	10000 只	
化学	硫酸		580 吨	620 吨	
	盐酸		368 吨	800 吨	
	硝酸		12 吨	1500 吨	
	液体烧碱		878 吨	80 吨	
	纯碱		2200 吨	4050 吨	
	漂粉		609 吨	1000 吨	
	机制纸		3580 吨	4500 吨	
	水泥		190998 桶	233000 桶	
	机制革		82000 张	90000 张	包括轻重革
纺织	棉纱		116681 件	124000 件	
	毛呢		327715 公尺	553000 公尺	中国毛纺厂增加至一百万公尺,各机件至本年底方能完成
面粉	面粉		2409000 袋	5253000 袋	
电力	容量		32610 瓩	40000 瓩	发电容量
	电度		195472000 度	250000000 度	

〔《国防工业（四）》（1944 年 1 月 8 日至 1947 年 4 月 23 日）：1120/

6070. 01 – 04/211/001112000 A013〕

陈布雷呈熊式辉翁文灏国防工业三十二年度
办理情形及三十三年实施计划
（1944 年 5 月 4 日）

（事由）复陈上年国防工业办理情形及本年加紧实施计划，请鉴核。

奉一月七日钧座手令开："西南国防工业计划，去年已办理至如何程度？希详报，并将今年加紧实施计划拟具呈核"等因。自应遵办。国防工业西南与西北所有出产，互有关系，兹就后方重要工矿生产并为考虑，拟订办法。国营部分系由资源委员会主办，民营部分系由工矿调整处督导。

（一）上年对必需物资之增强供应，产品品质之提高改良，均获有成效。而物价继续上涨，周转资金不足，国外器材运入吨位有限，原料颇感不给，钢铁、机器销路迟滞，均为上年困难之所在。

（二）本年方针。期对上年困难之点，设法分别减轻，庶生产可以增加。

第一，发动新的工程建设，以促进一般工业之出路。因钢铁滞销，资金不易周转，遂使煤矿缺少运煤铁轨，内河缺少航轮，桥梁少用钢料，飞机、炸弹壳全赖外运。如由政府或银行通融资金，使上项需要克能供应，则钢铁、机器工业即可维持扩展。

第二，增加工矿流动资金，以利增产。上年四联总处工贷二拾万万元，对工矿增产甚有裨益。但以物价日高，需款日多，本年如能更为增多至五拾万万元，则各业当可勉渡难关，认真生产。

第三，妥筹国外必需器材之输入，以助工矿事业之策进。空运吨位有限，国外器材之非甚必需者，自宜停运，其有实际必需而国内不易制造者，必须充分输入，庶可增强设备，促进生产。

在此三大纲领之下，更就国营、民营分别言之。

甲、国营方面，本年应注意之方针。

（一）玉门矿油之增强供应。

（二）钢铁产销之切实配合。

（三）机械电器之增供军用。

（四）交通燃煤之增产增运。

（五）出口矿产之继续外运。

（六）电力设备之更为增建。

乙、民营方面：

（一）规定重要产品之种类及数量，督导各厂矿依照生产。

（二）促助必需产品之厂矿切实建设，增多生产能力。

（三）定制工业所需之机器，分别让售，以资促进。

（四）增进运输之便利及销路之敏捷，以免停滞。

依照上述方针，已拟具实行办法及生产数量，附呈钧核示遵。

附呈：

（一）国营厂矿三十二年实际产量及三十三年计划产量表；

（二）民营工业产品三十二年实际产量及三十三年计划产量表；

（三）三十三年度国营工矿生产实施计划概要。

陈布雷拟文：谨按所呈本年度督导工矿生产方针及实施计划概要（民营工矿部分因原件内容较为繁杂，故略未呈阅），均尚合宜，拟准照办。所须与有关机关商洽事项，并拟复饬径行商办。

批示：如拟。中正。

〔《国防工业（四）》（1944 年 1 月 8 日至 1947 年 4 月 23 日）：1120/6070.01－04/211/001112000A013〕

（二）国防工业设计委员会之组建

翁文灏呈目前政府组织内具体推进国防工业之方法
（1941 年 2 月 15 日）

谨签呈者：叠奉钧座手谕，令饬拟具国防工业建设计划，于三月杪以前送核等因。奉此，自应遵照草拟。此项计划为便于实施起见，拟分为战时及战后两部分。战时暂以两年为期，并以西南各省为中心。战后建设以十年为期，内分两期，各为五年，预计三月下旬可将方案拟成，呈请鉴核。至于目前政府组织内具体推进之方法，考虑所及，约有三端，先行分陈如次：

一、在经济部内设置国防工业设计委员会。国防工业之建设，职前拟三年计划呈奉钧座核定后，现正逐步进行。兹为加强统筹，更为促进起见，对于国防工业计划之设计与起草，现已指定专门职员二十余人，组织国防工业设计委员会，由职自为主任，以钱昌照、沈怡为副，督率各员共同筹划，期能如期拟具呈核。

二、在国防工业委员会内设置审议委员会。国防最高委员会下原设有国防工业委员会，由职为主任委员，贺主任耀组为副主任委员，财政、交通、教育等部次长、航空委员会主任、兵工署署长及资源委员会副主任委员均系该会委员。惟各委员多系各部、会负责人员，其任务尤在商定方针，对于具体事项及技术办法，尚宜另有专门人员协助，似宜在国防工业委员会内附设审议委员会，由有关机关各派高级干部、技术人员一人参加为委员。所有各主管建设机关之工作计划及需要物资，均应开送国防工业委员会，发交该审议委员会审查。俾各机关建设工作互相衔接，更可收分工合作之效。此会主任委员拟请沈怡充任。

三、召开工业会议。后方工业，国营工厂规模较大，而民营工厂为数綦众，关系亦甚重要，应使其一德一心，共同为国努力。如事实上产品如何联系以裨益国防？资本如何周转运输？能力如何增强以发扬生产效率？种种问题，均待商计。拟请钧座令饬经济部召集工业会议，选择主要工厂负责人员七八十人，指定专题，集中讨论，并请钧座亲临致训，使从事工业人员更加奋勉，对于工作效能之增进当有裨益。以上所陈，是否可行，敬乞核示，俾资遵循为叩。谨呈

委员长蒋

职 翁文灏（印）谨呈

三十年二月十五日

陈布雷呈核：（一）谨按关于经济建设之设计工作，曾由钧座规定为中央设计局之重要工作，则国防工业之设计自应亦在其内，似不应再

在经济部设立委员会，致滋重复纷歧之弊。如部内设立之委员会系就中央设计局拟定计划中之国防工业每种事业，再作第二重之技术实施之设计，则在设置之前，其组织、职权均应有详细明确之规定。窃意今日任何机关最要，促其原有机关切实行使职权。如主管不得其人，宁可另简贤能，不可滥增骈枝，不惟减少人力、财力之浪费，且亦消除政治纠纷之关键所在。而现时设计局之情形，亦确呈涣散之象，可否催王雪艇秘书长①早日就职，以资整饬。请批示。（二）所请令饬经济部召开工业会议，并请钧座亲临致训一节，如为解决目前工业之实际问题，似有意义，拟准照办。

批示：该设计会应隶属设计局，而由经济部主办可也。审议会可直属设计局，其人员由翁部长保荐。如拟。

不妨先办。如拟。

〔《国防工业（二）》（1941 年 2 月 15 日至 1941 年 9 月 14 日）：1120/6070.01－02/209/001112000A011〕

蒋中正关于设立国防工业设计委员会及审议
委员会事宜复翁文灏代电
（1941 年 3 月 15 日）

经济部翁部长勋鉴：二月十五日签呈悉。兹分别核复如次：（一）该部所组织之国防工业设计委员会应隶属中央设计局而由经济部主办。（二）所拟设立国防工业审议委员会一节，应直属中央设计局，不必附设于国防工业委员会之内，至其人选可由兄保荐。以上二项希即与设计局王秘书长雪艇、甘副秘书长乃光商洽办理。（三）所拟召开工业会议一节，可准照为办。中〇。寅删侍秘川。

〔《国防工业（二）》（1941 年 2 月 15 日至 1941 年 9 月 14 日）：1120/6070.01－02/209/001112000A011〕

---

① 王世杰，字雪艇，时任中国国民党中央宣传部长，军事委员会参事室主任，候任中央设计局秘书长。

蒋中正关于设立国防工业设计委员会及审议
委员会事宜致国防最高委员会代电
（1941 年 3 月 15 日）

国防最高委员会陈秘书长①、中央设计局王秘书长、甘副秘书长②均鉴：“关于经济建设之设计工作，前经规定为中央设计局之重要工作。惟其中关于国防工业部门，原由经济部负责执行，自应互相联系，一面利用经济部办理之经验，从事切实之筹划，一面使计划与执行可免扞隔难通之弊。月前中〇并曾手令翁部长拟具国防工业设计计划，于三月杪以前送核。兹接呈复，以此项计划为便于实施起见，拟分为战时及战后两部分。战时暂以两年为期，并以西南各省为中心。战后建设以十年为期，内分两期，各为五年。现已指定专门职员二十余人组织国防工业设计委员会，由职自为主任，以钱昌照、沈怡为副，督率各员共同筹划，期能如期拟具呈核。又国防最高委员会下原设有国防工业委员会，由职为主任委〔员〕，贺主任耀组为副主任委员，财政、交通、教育等部次长、航委会主任、兵工署长及资源委员会副主任委员均为委员。惟各委员多系各部会负责人，其任务尤在商定方针，对于具体事项及技术办法，尚宜另有专门人员协助。似宜在国防工业委员会内附设审议委员会，所有各主管建设机关之工作计划及需要物资，均应开送该审议委员会审查。俾各机关建设工作互相衔接，更可收分工合作之效”等语。接此，查所拟设立之国防工业设计委员会及审议委员会均以设计审查国防工业建设计划为主要业务，与整个经济建设设计工作关系至切，均应与设计局直接联系为宜。除复令将该部所设之国防工业设计委员会隶属中央设计局而由经济部主办，并将拟设之国防工业审议委员会直属中央设计局，不必附设于国防工业委员会之内，其人选可由翁部长保荐，并嘱径与兄等商洽外，特电知照，即希洽办为盼。中〇。寅删侍秘川。

〔《国防工业（二）》（1941 年 2 月 15 日至 1941 年 9 月 14 日）：1120/6070.01-02/209/001112000A011〕

---

① 陈布雷，时任国防最高委员会代秘书长。
② 甘乃光，时任国防最高委员会副秘书长兼中央设计局副秘书长。

熊式辉翁文灏呈国防工业设计委员会技工训练处
卅三年度岁出概算并请从宽核定
（1943 年 10 月 21 日）

据本局国防工业设计委员会所属技工训练处处长吕持平面称：该处明年度经费若照通案核编，不敷甚巨，并缕陈种种□□予□□核示等情前来。经查技工训练处三十二年度经费因训练人数较少，物价较低，仅核定一千万元。明年度预算如照国防最高委员会规定编制原则核编，不过一千三百万元。而明年度实需之数据核实，估计需四千一百余万元，两者相去甚远。复查技工训练系奉钧座手令饬办，关系建国事业至巨。照核定训练技术人员计划大纲之规定，应于五年内训练技工七千名。嗣于本年四月间举行工业建设计划会议时，钧座复特加指示，应增加训练名额，饬于今后每年须训练一千五百至二千五百人。当今约集各关系方面商讨决定，连前奉核定计划大纲中规定之七千名，应于五年内训成一万人，明年度应照原定人数增训八百人。而训练技工之经费，系由技工训练处按照实际训练人数发给，委托滇、黔、湘、桂、川及西北等地代办训练之国营、民营各厂代发，代办训练之各厂本身并无特别预算可供支付。而各厂供给训练材料及设备，已有相当负担，亦难再负责其额外负担。且此项经费乃用之于每一艺徒食宿、制服等费，各地物价日趋高涨，自亦无法削减。凡此均系实际支出，□如普通行政机关概算之尚有伸缩余地。故明年度该处经费所需之四千一百余万元，经核实估计，委属再难核减。若照一般通案核编，明年度概算不惟无法扩充，无以副钧座重视技工训练之至意及实现原定计划，即维持现状亦有困难。拟请俯准饬知行政院，准照技工训练处原列明年度概算数从宽核定。当否，理合检同该处三十三年度岁出概算书呈请核鉴。谨呈

总裁蒋

附呈国防工业设计委员会技工训练处三十三年度岁出概算书一份。

中央设计局秘书长　熊式辉

国防工业设计委员会主任委员　翁文灏　谨呈

三十三年十月二十一日

附　国防工业设计委员会技工训练处三十三年度岁出概算书

岁出经常门

款	项	目	科　目	概算分配数	备　考
一			技工及机师训练费	41862555.00	
	一		开办费	2400000.00	扩训技工八百名，每名以三千元计算。
		一	扩训技工设备费	2400000.00	为配合将来工业起见，对技工训练加以扩充。经召集各有关机关商讨，三十三年度增训技工八百名。兹估其设备费照三十二年度数目增加百分之五十计算，每名三千元。其用途包括教室、宿舍之建筑及工具用品之购置。至实习工厂及办公室等，则就担任训练之厂中原有设备利用，不计算在内。
	二		经常费	37294100.00	
		一	扩训技工经费	6540000.00	训练技工八百名。昆明区二三〇名，每名以一万元计。川西北区四一〇名，每名以八千元计。湘桂黔区一六〇名，每名以六千元计。合计如上数。
		二	原训技工经费	30350000.00	计三千八百名。昆明区八二〇名，每名以一万元计。川西北区二二三五名，每名以八千元计。湘桂黔区八四五名，每名以六千元计。合计如上数。
		三	技工训练处	404100.00	按本处上年度经常费，照物价增涨指数增加百分之五十计算。
	三		其它	175000.00	
		一	训练班视察费	80000.00	较上年度预算原额增列二万元。
		二	教材编审委员会交通费	20000.00	按上年度预算原额列入。
		三	适性心理测验费	60000.00	按上年度预算原额列入。
		四	技工成绩展览会	15000.00	按上年度预算原额列入。
	四		预备基金	1993455.00	
		一	预备基金	1993455.00	按规定依上列各项总数百分之五列为预备基金。

拟办：谨查国防最高委员会所规定明年度各机关预算，一律增加三成，系指经常费而言。技工训练费为事业费用，似无须受三成之限制，事实上亦无法遵此限制。据技工训练处计划，明年度拟于原核定三千八百人之外增训八百人，如荷核准，其训练经费自应酌予增列，拟交行政院遵照办理。陈布雷（印）

批示：如拟。

〔《国防工业（三）》（1941 年 9 月 20 日至 1947 年 7 月 9 日）：1120/6070.01 - 03/210/001112000A012〕

（三）西南国防三年计划实施事项

翁文灏呈西南国防三年计划实施困难原因
（1941 年 2 月 21 日）

谨签呈者：顷奉钧座二月十四日机秘（甲）第四一六三号手谕内开："去年所定之西南国防三年计划，去年度已实施至何程度？以及本年度之实施计划如何？希详报"等因。奉此，自应遵办。查国防工业三年计划系于去年三月间拟定，于三月底奉钧座核准，而各项经费透支合约至八月初始陆续签定竣事，开始支用。一部分事业在经费未曾领到前，业经筹备进行，但正式积极推动，仍不能不在七、八月领到经费之后。复以预算手续较为繁复，正式预算成立之日，年度已经过去。国库上年度应拨之经费尚有六百余万元须待核拨，而上年七月以后，国内、国外变动甚多，越南、缅甸之禁运，物价之腾涨，尤为主要，各项计划不得不加以调整。经于上年十月十五日条陈理由，将三年计划二十九年度国营工业部分酌加修正，并经呈奉钧座核准。际此年度更迭之时，对于以往实施情况以及本年工作计划，自应切实检讨。除关于本年度工作计划正在核订，拟另文陈复外，兹谨先行编就国营工业三年计划二十九年度实施概况表一份附呈鉴核。其中一部分工作尚能按照原定计划如期完成，但一部分工作则未能达到预期之目标，其主要原因大别有三，分陈如次：

一、运输困难。新兴事业固赖国外器材，而旧有事业一部分原料亦须购自舶来。越南未禁运时，工业建设所需器材按月尚能运进三、五百吨，虽距需要数量相差甚远，尚能勉为应付。滇越路阻，存〔海〕防器材不克运入。缅甸禁运虽于十月内重行开放，但开放后又以军品运输拥挤，每月能运入之建设器材平均不及百吨。是以已有事业因原料不足而不克充分生产，而新办事业亦以机器不能及时运入而延期完成。现资源委员会为运输矿产出口，已呈准在美购车五百辆，预计六月以前可运仰〔光〕装配完毕。届时进口器材自可利用回空装运，但上半年内拟恳钧座令知运输统制局增拨吨位以资促进生产。

二、物价变动。三年计划系于上年三月间拟具，各项预算均以当时物价为准。而下半年物价增涨何止倍蓰，尤以建设所需建筑及五金材料增涨更烈，而预算数额并未增加。是以对于工程进行，自不能不分别缓急，次第举办。而原料之采购，亦以资金不足而不克尽量储备。产额感受影响，自不待言。再则运输改道，途远费增，以往二、三千元一吨运费，现则增至万元左右。本年度预算系于上年四、五月间所编拟，自更有捉襟见肘之苦。但年度伊始，尚难预计经费不敷之确切数目，拟在年中再为斟酌实际情形，请求追加。

三、经费不足。三年计划所需创业经费，国币、外汇均经钧座批定照发。四行联合办事处亦体承钧座注重建设、切谋自给之至意，对此项经费规定五分之二先由四行垫拨，但以手续较繁，故至六月中始得先行透支五百万元，七月中签定正式合同。至其它五分之三，规定正式预算成立再为拨款。而预算之成立延至今年年初，中间经行政院颁发紧急命令拨发一千万元，余款千余万元不得不迟至本年一、二、三月陆续补发，而工作进行亦受相当影响。在此期间，物价增长甚速，经费拨发之迟早，价值相差甚多。再关于营业流动资金，规定由四行拨借，以物价之高涨，所定数额，自感不足。

综上三项，因物价之高涨、运费之陡增，使原有预算不克如期实现，而最大之困难仍在运输能力之脆弱。虽在此种困难情形之下，在事

人员勉力支持，尚能略有功效，继续前进，当有成绩可期。所有办理情形，理合据实上陈，伏乞鉴核。谨呈

委员长蒋

职 翁文灏（印）谨呈

三十年二月二十一日

附呈实施概况表一份。

〔《国防工业（二）》（1941 年 2 月 15 日至 1941 年 9 月 14 日）：1120/6070.01 - 02/209/001112000A011〕

翁文灏电呈西南国防三年计划二十九年度
实施程度及三十年度实施计划
（1941 年 4 月 1 日）

委员长蒋钧鉴：前奉钧座机秘（甲）第四一六三号钧令，饬将去年所定西南国防三年计划去年实施至何程度及本年度实施计划详报等因。遵经将国营事业部分先行呈复在案。兹谨将协助民营事业部分缮具详表附呈钧鉴查。该项计划自去年四月底呈奉核准，即经转饬原有各厂筹备扩充，新添各厂亦即着手筹办。其间受有时局之影响者，厥有数端：一为六至九月四个月间重庆所受空袭计共三十八次，且多以工厂为目标，救护补葺颇费时日，十月以后始克继进行扩展。一为六月以后海防道阻，器材不及运入。又因由湘经鄂入川水运断阻，长沙电机无法运达。以此诸事，经营建置为时略须延长，但仍认真促助，得有相当成绩。奉令前因，理合将实在情形列表附呈，谨祈鉴核。职翁文灏。东卯。附表一份

拟办：此案经济部已呈到，待并案审核。

附表

名厂	地址	二十九年度			三十年度计划
		原拟计划	进行概况	贷款情况	
(一)钢料					
中国兴业公司钢铁部	江北及涪陵	江北厂三十吨炼铁炉一座，拟六月出货十吨。马丁炉一座，拟十二月出货一吨。电炉一座，十英寸轧钢机五部，拟四月完成。涪陵厂十五吨炼铁炉一座，拟九月出货。	三十吨炼铁炉建造完成，但因鼓风机滞阻海防，未及运入，嗣即在渝赶造，制竣安装，即可试炉开工。十吨马丁炉候炼铁炉出铁，可充原料，亦可开工。轧钢机已如期完成，用电炉炼钢轧制钢料，现时产量为每月工具钢十吨。涪陵厂炼铁炉亦正赶筑，须迟至三十年夏开工。该公司于本年内接办永川铁厂。	四行贷款壹仟万元，由经济部担保。	江北三十吨炼铁炉、涪陵十五吨炼铁炉均拟于六月间完成。炼铁炉出铁后两个月，即拟将马丁炉开工。在本年初即鉴于马丁炉开工有待，另已装毕斯麦炼钢铁炉，期于五月间开炼，以增轧制普通钢料之产量。原计划第二年度拟添设之炼铁炉及马丁炉候将已着手各炉完成，再行举办。
渝鑫钢铁厂	重庆	一吨电炉原有两座，拟添两座。十英寸轧钢机二部，锡铁炉一部，炭电极厂，以上三项均拟本年度完成。	该厂在本年夏秋间前后被炸三次，经本处允后予以协助，已将新添电炉两座移设长寿分厂，候该处永电厂发电，即可应用。炭电极厂机件正在设计。经工矿调整处在美信贷案内拨贰万伍仟美金定购炭极、铬铁、锰铁等，购料单于五月间送世界贸易公司洽购中。	四行贷款陆拾万元于十月间签约拨款。	炭电极厂已饬令赶办，期于八月间完成。钢铁料仍就已成设备尽量生产。增设电力厂及电炉因电机无着，本年度缓办。
中国电力制钢厂	昆明	十英寸轧钢机一座，一吨电炉一座，一吨半吹风炼铁炉一部。均由国外购入。原估计五、六月到齐，即进行安装。	电炉及轧钢机系向美购运，适本年六月间海防道阻，该件略有失落，须再行补购，未克装竣。吹风炼铁炉在国内自行配装，可望完成。		本年度五月期能完成出钢，以后继续出产。

名厂	地址	二十九年度			三十年度计划
		原拟计划	进行概况	贷款情况	
(二)铁料					
灰口铁	江北	人和制铁公司五吨炉两座。	十二月间已开一炉,日产五吨,工作良好,产铁含锡甚高。	上列各厂因多在建筑时期,本年内已由本部钢铁管理委员会协助,利用购买预铁方法收取定金。	本年度在报告时已开工者有人和、大昌、矿冶研究所三厂,成绩颇佳。其它各新建未成铁厂均可开工,每日产量可达六十吨。
	合川	大昌矿冶公司五吨炉一座。	安装工程已完竣。		
	江北	矿冶研究所五吨炉一座。	工程已完成四分之三,尚余动力部分未完成。		
	荣昌	荣昌铁厂五吨炉一座。	工程已完成,但曾试车三次,均因动力配备不宜未能顺利出铁,仍在改造中。		
	永川	福昌铁厂五吨炉一座。	安装工程已竣,火砖未齐。		
	永川	永川铁厂五吨炉一座。	工程完竣后试车失败,改由中国兴业公司接办,在修建中。		
	江北	清平炼铁厂五吨炉一座。	安装工程大致完竣。		
	江北	蜀江铁厂三吨炉一座。	每月产壹百吨,虽无热风设备,成色亦较前进步。		
	江北	协和铁厂十吨炉一座。	工程完成十分之六。		
	威远	新威碳冶公司十五吨炉一座。	工程完成十分之四,因鼓风机系由国外购入,颇受运输困难之影响。		
白口铁		原计划分为(1)綦江南川、(2)万源宣汉、(3)威远乐山、(4)广元江北、(5)永川荣昌、(6)荥经天全、(7)涪陵彭水等七区督促生产。	经钢铁管理委员会于本年内先设綦江南川,万源宣汉,威远乐山,万县云阳(原计划之涪陵彭水改称)等四处,督促生产,并代兵工署收购。总计产额全年已达四万五千吨,代兵工署购运者达二万吨。	除綦江区东原公司等于年底呈请四行借款一百万元,已由钢铁管理委员会转商核借外,其余各区所有铁炉均由钢铁管理委员会土铁管理处付定金方式协助各厂生产。	本年督促生产总量至五万吨,以灰口铁产量日见增加,兵工需要可期适应,该项白口铁于本年内可多数拨给民用。

名厂	地址	二十九年度			三十年度计划
		原拟计划	进行概况	贷款情况	
（三）机械工业					
渝鑫钢铁厂机械部	重庆	原定拉丝厂于二十九年上半年完成。制造轧钢设备及炼炉设备。	拉钉丝机三套于二十九年九月全部完成，完成轧钢机一部。	四行贷款陆拾万元已于十月间签约拟款。	
顺昌铁工厂	江北	增设制造纺织机器设备、水泥机器、各种工具机器、各项合作工程。	地下发电设备已装置七十五开维爱发电机一部、自制四十三英寸顶针高落地车床二部，原料已准备齐全，图样模型亦完成，铸件已开始铸制。 自制六十五公斤空气钟一具。 铸工房之三吨熔铁炉、烘砂模房号、鼓风机及起重机均按预定计划完成。 地下工厂除已开工者外，其扩充部分即将竣工，两个月可将机件迁入。 关于超大牵伸纺纱机，现正设计制图。 本年计完成印度纺纱机两套、水泥球磨机一套、鼓风机二十套，并协助龙章纸厂添配造纸机件。 经工矿调整处在美信贷案内拨五万美金定购精准工作母机等，购料单于五月间送由世界贸易公司洽购中。	四行贷款五十万元，于十二月间签约拨款，由经济部担保。	水泥球磨机四部、鼓风机二十部，本年可完成。继续完成超大牵伸纺纱设计工作暨其它工业用机器（如造纸等项设备）。

64

名厂	地址	二十九年度			三十年度计划
		原拟计划	进行概况	贷款情况	
恒顺机器厂	巴县	制造五百匹马力以下各种汽力或煤气发动机矿用机件、各种工具机器。	机器厂房铁架及砖瓦材料已购齐,土方平妥,正兴建底脚。翻锡厂一吨半熔铁炉已正式使用,起重机正装置中,六英尺车库十四部购妥交运中,八英尺车库十部材料备齐,正设计自行制造中。经工矿调整处在美信贷案内拨贰万伍仟美金定购工具及车床、刨床等,购料单于五月间送由世界贸易公司洽购中。	四行贷款二十万元,已签约拨款,经济部担保。	制造一百八十匹马力蒸汽机十六部、八英尺车床十部、煤气机一千马力及各种矿用机件。
新中工程公司	祁阳	增添设备制造汽车煤气引擎,以每月能产十具为标准,同时制造各种汽车零件。	本年内制成四十五匹马力煤气引擎二十五部,当以后方需要小型动力机甚亟,已将该项煤气机运川,分配各厂矿应用。经工矿调整处在美信贷案内拨伍万美金定购精确工具等,购料单于五月间送世界贸易公司洽购中。	四行贷款伍拾万元,已与四行衡阳分处商定借款合约。	制造煤气引擎三千马力。
上海机器厂		增添设备制造水力发动机,承制兵工厂用之特种工具机器及普通工具机器。	本年内制成车床二十三部、二十四匹水力发动机贰部、大小水泵四十具。经工矿调整处在美信贷案内拨伍万美金定购电炉、铣床、车床等,购料单于五月间送世界贸易公司洽购中。	四行贷款二十万元,已签定借款合约。	制造水轮机十二部、八英尺车床四十部、八马力煤气机二十四部、各级抽水机一百具。

名厂	地址	二十九年度			三十年度计划
		原拟计划	进行概况	贷款情况	
（四）电力事业					
成都启明电气公司	成都	建筑高板桥分厂，装置一千瓩电机并与总厂联接高压线，于本年完成。	围墙七月完成，库房十月完成，工人宿舍十一月完成，厂房已砌墙，电机地脚已砌就。该厂在贷款签约后物价已涨，工程颇受影响，须延至三十年内完成。经工矿调整处在美信贷案内拨三万美金购电气材料，购料单于五月间送世界贸易公司洽购中。	四行贷款壹百肆拾万元，由经济部担保。另为购煤周转，经工矿调整处另商四行押借八十六万元整。	麻柳湾分厂拟于三十年六月完成。
重庆电力公司	重庆	购运长沙电灯公司电机装置发电。	经工矿调整处派员与长沙电灯公司商购电机，议妥价格二百六十万元。宜昌遽于六月间失陷，水运路阻，电机过重，公路无法运川，事遂中止。嗣经改向英信贷款购较小电机六套，共一万一瓩，但因欧战关系亦迄未得函复。	四行贷款贰百万元，于二十九年三月、九月签约，各贷一百万元，工矿调整处担保。	仍继续催询英信贷电机，订购办妥后等添分厂。
广西水力厂电厂	桂林	利用萍乡煤矿拆运之电机装置广西水泥厂内，供给该厂及桂林附郊电力。	广西水泥厂改变计划，拟用梧州电厂电机。		

续表

名厂	地址	二十九年度			三十年度计划
		原拟计划	进行概况	贷款情况	
（五）化学工业					
云南橡胶厂	昆明	年底完成设厂，制造车胎，每日十五套。	大中华橡胶厂拆迁机械一部分已达海防，英信贷机器亦已进行订购。六月间海防道阻，机件既无法运入，而生胶必须取给国外，原料来源堪虞。大中华商股认为，虽以继续，公司组织遂暂告解散，现厂址仍予保留。英信贷购机尚未停顿，须视技术主持有人，再由机进行。所有美信贷案内原拟拨柒万美金暂为保留，改由工矿调整处材料库向美补充。购料单于五月间送出。		
电石及硝酸厂	长寿	年底完成设厂，日产电石六吨、硝酸十吨或氰氨化钙十二吨。	电石厂设长寿，已由中国炼气公司主办，已将主要厂房完成。电流配件及炭精电极均已运抵长寿，下年度开始即可安装。用电石制硝酸，在国内尚为创举，须待电石出品后，试制硝酸成功，再行设厂。其电石部分，经工矿调整处在美信贷案内拨二千美金定购电极，惟因价格过昂，现改购制氧机器，正洽购中。其硝酸部分保留五万八千美金。		因后方土硝缺乏，固定氮气工业之机件太过笨重，未能运入。故拟改由油饼中提炼氮气氧化以之制硝酸。氧化氮气之设备已运抵腊戌，如运输无阻，可望于年底试工。

名厂	地址	二十九年度			三十年度计划
		原拟计划	进行概况	贷款情况	
油漆颜料厂	重庆及衡阳	年内完成设厂，日产各色颜料五吨。	由中国植物油料厂主办，本年度已有出品。计有群青、铁红、锌白等十余种，惟近来销路未畅，未能大量生产。	四行贷款五十万元，尚未签约。	该项制造尚属轻而易举，可随时视需要情形扩充产量，并于年内完成飞机翼用喷漆之制造。
甘油厂	重庆	用肥皂废液提炼甘油，共设两厂，共日产四吨。	原约定永新化学公司提炼甘油，机件在海防被阻，现正另行设法购运。西南化学公司在渝订制甘油机器，业已制成并已试车。	四行贷款二十五万元协助永新公司完成设厂及购料之需，于十月间签约，工矿调整处担保。	西南化学公司开始制造甘油。永新化学公司之机件如运输无阻，亦可完成设备。候硝酸厂之出品增加，即可供给硝化甘油之制造。
小型水泥厂	昆明 贵阳 重庆	用真窑法制水泥，先设两厂（原拟兰州及宜宾）。	贵阳厂已备齐磨机，其厂房正积极建筑，出货须在下年度。昆明水泥厂已完成试车，下年初即正式出货。除小型水泥厂外，并已筹设建成木灰厂，其制造较易，性质与水泥相近，十二月出货，日产水灰一百担。		贵阳水泥厂可于三十年下半年出货，日可产五十桶，增加设备可达一百桶。昆明水泥厂于三十年一月份正式出货，日可产五十桶至一百桶。建成水灰厂，三十年继续出货并设法增产至二百担。
低温蒸溜厂		以烟煤为原料制造汽油、柴油及臭水等。	查资源委员会国营事业内已有该项工厂，民营事业内尚未进行。		

（六）纺织工业

| 棉纺织类 | 重庆 宝鸡 及 昆明 | 整理修配内迁川陕两省尚未开工之纱锭，于本年底全部开工。 | 内迁川省之豫丰、裕华、申新三厂，本预定本年底全部开工，共有纱锭十二万枚，在五月间已达五万余锭。乃自五月起至九月底止空袭频仍，三厂均罹重灾。在此数月内 | | |

厂名	地址	二十九年度			三十年度计划
		原拟计划	进行概况	贷款情况	
棉纺织类	重庆 宝鸡 及昆明		补充损失,复经本处督促建筑分厂,在九月以后经三个月之努力,年底已达七万锭,超过五月间数量。又沙市纱厂亦已排就六千锭,待接电后可以开工。内迁陕西之咸阳,申新两厂共有纱锭三万三千锭,但因动力不足,本年仅开一万三千锭,俟申新自备之三千瓩电机装就,即可开足。西安之大华纱厂于二十八年十月间被炸后,本年内已复工,开工一万三千锭并移二万锭设广元分厂,正建筑中。湖南第一纱厂迁出一万锭,已在安江开工五千锭。桂林广西纺织厂已开工一千三百锭,并自制印度式纺织机三套,计共五〇四锭。昆明之裕滇纱厂已开工四千锭,云南纱厂原有五千锭,照常出货。所需零件之补充,经在英美信贷案内拨十二万八千四百五十美金及二万四千英金,于五月间将购料单送世界贸易公司,又于十二月间送购料单至伦敦大使馆,分别洽购。		在报告时,开工锭数已逾去年首者未受空袭以前之锭数。本年度内应将川、陕、湘、桂、滇各处纱厂全部二十一万锭(军政部纱厂不在内)开足。后方衣料不足,棉花尚多,本年度内拟购印度式小型机及迁运沪港各处纱锭后在后方筹制纱,期于本年内增加十万锭。

续表

名厂	地址	二十九年度			三十年度计划
		原拟计划	进行概况	贷款情况	
（七）五金材料					
工矿调整处		采购钢铁、铜料、管子、电料、杂项、油类及染料、橡皮原料等。	补充该处材料库各项材料，供应各厂矿之需，经在美信贷案内拨三十万美金，于五月间将购料送由世界贸易公司洽购，已于十二月间签定购料合同。又云南橡胶厂暂缓设立，原拟购料美金七万亦改拨该处，一并采购五金材料，总数三十七万元美金。		

〔《国防工业（二）》（1941 年 2 月 15 日至 1941 年 9 月 14 日）：1120/
6070. 01 – 02/209/001112000A011〕

（四）工业建设计划会议筹备与召开

翁文灏呈重要工业建设根本方针之意见
（1942 年 11 月 12 日）

窃职迭奉钧座手令，筹订战后工业建设计划。兹将钢铁、机械及电工器材三项工业计划纲要先行拟具说明及附表检呈钧鉴，其它各业，俟续编补呈。对于各项重要工业之认真建设，实为建国工作中不可或缓之要举，惟根本方针有宜早为筹定者，计为建设规模、中外合作及国营标准三要端。兹就筹虑所及，择要陈述，以供钧座之采择。

一、建设规模。工业生产为近代国家之立国要素，亦为吾国战后应行努力之最大任务，由此途径，方能刷新全国之人心，振兴国家之实力。惟工业规模不宜过小，不但欧美各大国工业生产之伟大，远过吾国，即欧洲之捷克、东方之印度，其工业化之程度亦已在吾国之上。中国地大人众，势必须有相当规模之建设，始足符复兴自强之目的。但吾国向来工业计划，其规模实失之过小。例如国民政府成立以后迭经筹建之钢铁厂，每日产量仅为五百吨，按之汉冶萍公司之旧事业不过三分之一，比之战前全国实际用钢数量不过四分之一，其有未足，自甚显然。因此，为实际进行及兼顾各大区域起见，此次钢铁计划拟定第一五年计划，每年出钢二百五十万吨以上，第二五年计划则出至五百万吨以上，较之各大国先例数已甚低。按之吾国实情，虽已甚费经营，而事实上尚能办到。机械厂范围内，不但各大工业之设备均经顾及，而船舶、机车、飞机、汽车等重要运输工具，悉为国家发展所必需，实具有根本关系，自皆须充分准备。电工器材方面，对于工业动力之设置及电报、电话之设备，皆并应有适当之供应。亦惟如此，庶中国经济确有可以自立之基础。

二、中外合作。上拟规模仅求大致可行，并非过分宏大，但建设所需之资金，已共需美金五亿八千余万元及国币八亿三千余万元，共合国币二十六亿九千余万元。其它创建炼焦工厂以及开采煤铁各矿，皆需用相当资金。如合算在内，约计总数在美金八亿元、国币十亿元左右，合成国币总数当不下三十五亿元（皆按战前汇兑率核算）。如作为平均三年间开支，则每年应行付出十一亿七千万元。复加以化工、纺织等其它工业之建置，海港、铁道等运输途径之开辟，每年建设费用为数自颇可观。欲求工作之迅速观成，负担之适可而止，势非有赖于工业化已高之其它国家公平协助不可。总理所著《实业计划》之英文名目，原为《用国际力量发展中国》，至今外国学者犹咸佩为杰作。美国工业生产原本冠于全球，此次世界大战更充分发挥其生产及制造能力，以占战争之优势。战后决无用如许巨量设备，必有一部分可以协助的精神、公平的条件移至吾国。为维持远东和平起见，亦必须增强中国工业，俾能自行开发与利用农矿资源，同时并宜解除日本之武装，及限制其过分发展之重工业，方能防止其侵略阴谋之再发。在此意义之下，英、比、捷克诸国有若干工业设备及经验可以移助，中国要在吾国于不失主权之中，力图开诚合作之法，庶能赖钧座之主持，成总理物质建设之大计。

三、国营标准。建设之要首在民生，总理昭示实行民生主义之法，原在节制资本、平均地权与发展国家资本，实则论其实际关键，亦唯有国家资本确能发展，然后政府方有所凭藉，以节制私人资本与实行平均地权。国家资本何由养成，则端须将重大集中之事业，如基本工业、铁路、海港等悉归国营，由中央政府以国家利益为最高前提，缔造经营，庶足以确定前进之方向，而迅速实现宏大之事功。依此方针，钢铁厂每日出产在二百五十吨者一律应为国营，规模较小者可特许民营；机器厂计划中，凡专门机器厂皆应为国营，其普通机械厂则可酌为特许民营；电工器械原则上应为国营，惟遇有确具学验之人民，在相当规模以下亦可准许民营。但无论国营或民营，其发展方法，皆须依照政府所规定之全盘计划，共同推进。

以上各项，敬陈大纲，是否有当，理合检同战后钢铁、机械、电器工业建设计划纲要共三册，呈请钧座鉴核，指示遵行。谨呈
委员长蒋

职 翁文灏（印）

三十一年十一月十二日

附呈三册。

〔《工业建设（三）》（1941 年 2 月 13 日至 1943 年 6 月 7 日）：1120/1032. 01 – 03/201/001112000A003〕

蒋中正为重工业计划致翁文灏代电

（1942 年 11 月 29 日）

翁部长：前屡请对重工业计划之研究与设计，未知现在如何？此项工作似应设一机构负责，并由该机构对于以后重工业之设施，尤其关于制造钢铁及发动机、电气与化学等工业，应即详拟项目及计划，并指派专家主持。如何进行，并希呈报。中○。十一．廿九．

〔《工业建设（三）》（1941 年 2 月 13 日至 1943 年 6 月 7 日）：1120/1032. 01 – 03/201/001112000A003〕

陈布雷对翁文灏重要工业建设根本方针之拟办意见

（1942 年 11 月 30 日）

谨按：翁部长此三种计划，其工厂设备、资金估计、地点分布，均须专门学识，未敢轻下评断。惟就其整个规模及进行方针两点，加以研究，似尚有可商榷之处。

（一）在整个规模方面。其钢铁与机械工厂之建设，虽据称以配合国父《实业计划》为准，然机械部分之生产能力是否足够需要，尤其战后十年中之国防建设，就所拟计划，似太过薄弱，未足完成现代国家之要求。虽曰其计划系斟酌国家之财力人力而定，终似稍嫌迟缓，应再加强，并加速时效。

（二）在进行方针方面。原计划系专重政府举办，对于准许民营之事业，限制过严，此实该计划不能加强及加速时效之症结所在。窃意我国战后必需施行"计划经济"，则一切建设，政府在有控制性之计划中，自可放宽门限，准许人民参加经营，使人民游资有出路，逃避在国外之外汇可以吸回，则政府对建设之负担既可减轻，而建设之实力必克加大，此实一举两得。不观英美以自由主义之国家，一切飞机、造船、汽车等工业均属民营，及有战事，皆为国用。然则，我国更何必严防民营，而自束缚其建设之进程？此外，另有一部分本党同志，亦常顾虑重要工业民营有造成资本主义之虞，殊不知我国之急需者，为保障民族生存之国防建设，吾人必须千方百计以求其成。若产业发达之后，所有资本仍在我国境之内国民之手，彼时尽可根据遗教，以所得遗产等税加以节制，运用之妙，政府自可因时制宜，实无顾虑必要。犹忆钧座上年曾令翁部长对甘肃油矿准人民投资，虽此议认为不可行，然此意确为最远大之见。似宜本此要旨，再令翁部长对各计划之民营范围，再加研究，推广办法，则于上陈"整个规模"之问题，亦克改进。合附陈所见，以供参考核批。

陈布雷（印）

十一．卅．

批示：如拟。中〇。

〔《工业建设（三）》（1941 年 2 月 13 日至 1943 年 6 月 7 日）：1120/
1032. 01 – 03/201/001112000A003〕

蒋中正为筹备重工业专家会议致翁文灏陈立夫代电
（1942 年 12 月 23 日）

经济部翁部长、教育部陈部长：最近拟召集重工业专家会议（约
一月底），以工业学校校长、工业学院院长以及各兵工厂、炼钢厂、化
学工业厂、飞机制造厂及发动机制造厂等厂长与著名重工业学者、专家
等参加之，其讨论议程，希即设计准备，并将召集办法拟具呈报为要。
中〇手启。亥漾侍秘。

〔《工业建设（三）》（1941 年 2 月 13 日至 1943 年 6 月 7 日）：1120/
1032. 01 – 03/201/001112000A003〕

翁文灏呈拟重要工业建设方案目次及各种工业
主要产品产量与需要资金表
（1943 年 2 月 9 日）

谨签呈者：窃文灏前奉钧命，拟具战后工业建设计划，经已拟成钢
铁工业、机械工业、电器工业呈核在案，嗣再督饬资源委员会、工矿调
整处、中央工业试验所分别筹拟。其中资源委员会所担任者为基本工
业，工矿调整处所担任者为主要轻工业，中央工业试验所所担任者则为
国防示范工业，均经先后拟具完成。谨将已完成方案目次及各种方案中
所拟之主要产品、产量及需要资金数目列如另表。此项方案虽经遴选专
家审慎编拟，仍恐或不无疏漏，拟于奉命会同教育部召集之重工业会议
中详加讨论，集思广益，加以修订再行缮呈。理合检同已完成计划目次
及各工业之主要产品、产量与需要资金表，签请鉴核。谨呈
委员长蒋

职 翁文灏（印）

三十二年二月九日

附呈目次一份、表四份。

拟办：所陈拟具各项之建设方案，拟准交将举行之"重工业会议"讨论，当否，请批示。陈布雷。二．十一．

附件一　　　　　重要工业建设方案目次

一、基本工业建设方案（资源委员会拟）

　　战后钢铁工业建设计划纲要

　　战后机械工业建设计划纲要

　　战后电工器材工业建设计划纲要

　　战后化学工业建设计划纲要

　　战后煤矿业建设计划纲要

　　战后石油业建设计划纲要

　　战后特种矿品（钨锑锡汞等）建设计划纲要

　　战后各种矿业（铜铅锌铝锰硫等）建设计划纲要

　　战后电气事业建设计划纲要

二、主要轻工业建设方案（工矿调整处拟）

　　战后轻工业建设计划纲要

　　此计划已包涵：（一）纺织工业（棉毛麻丝）；（二）化学工业；（三）其它工业

三、国防示范工厂建设方案（中央工业试验所拟）

　　战后国防示范工厂计划纲要

　　内分：（一）机电仪器；（二）纯粹化学药品；（三）化学纤维；（四）可塑体；（五）皮革；（六）陶瓷；（七）发酵；（八）桐油加工；（九）淀粉；（十）国防木材

附件二　　　战后五年基本工业建设需用资金总表

	美金	国币
基本工业	1215000000	2913000000
主要轻工业	542600000	884040000
国防示范工业	41040000	357350000
总　　计	1798640000	4154390000

附件三　　　战后五年基本工业建设需用资金表

	主要物品	每年产量		美金	国币
钢铁工业	钢品	2780000 吨		289000000	469000000
机械工业	蒸汽□平	395000 瓩	专门机器厂	156400000	211000000
	锅炉	917000 马力			
	工具机	4000 部			
	内燃机	118000 马力			
	轮船	295000 吨			
	机车货车	4000 辆			
	汽车	7500 辆			
	飞机	1000 架			
	普通机器厂十四处			34000000	34000000
电工器材业	电机厂	发电机	378000 瓩	31500000	47500000
		电动机	750000 马力		
		变压器	1020000KVA		
	电线电厂	电线	3200 吨	26400000	44000000
		电缆	3600 公里		
		电话机	260000 具		
		电报机	116000 架		
	管泡电表电池厂			10400000	17200000
	绝缘品厂			3100000	9000000
化学工业	酸碱厂	硫酸铔	360000 吨	77200000	91500000
		硝酸	18000 吨		
		纯碱	140000 吨		
		烧碱	62000 吨		
	水泥厂共制水泥	12500000 桶		16000000	30000000
	副产焦厂（焦）	5200000 吨		6000000	50000000
	煤炼油厂（汽油）	48000000 加仑		25000000	30000000
	油脂厂			13200000	61800000
	木粕造纸厂（纸）	2200000 吨		38000000	450000000
	橡胶厂（汽车胎）	400000 枚		4000000	36000000
	模塑品厂（电木粉）	280000 吨		30000000	90000000
	人造纤维厂（人造丝）	20000 吨		4000000	30000000
	其它各厂			27000000	102500000
煤矿业	国营煤矿（煤）	39000000 吨		34500000	79000000
	民营煤矿（煤）	41000000 吨		36000000	80000000

	主要物品	每年产量		美金	国币
石油矿业	国内原油产汽油	2000000 桶		60000000	50000000
	国外原油产汽油	4000000 桶		80000000	70000000
特种矿业	钨砂	15000 吨		51000000	164500000
	纯锑	10000 吨			
	精锡	30000 吨			
	精汞	500 吨			
各种矿业	铜	25000 吨		19000000	100000000
	铅	13000 吨			
	锌	600 吨			
	铝	11500 吨			
	锰砂	240000 吨			
	硫	78000 吨			
电气事业	新添	1500000 瓩		143030000	566000000
共　计				1215000000	2913000000

附件四　　战后五年主要轻工业建设需用资金表

		主要物品每年产量		美金	国币
纺织工业	棉	纺机 6500000 锭	织机 323000 台	246000000	23400000
		棉纱 4586000 件	棉布 169700000 疋		
	毛	呢纱 28800000 磅	哔叽 14760000 磅	6500000	9200000
	麻	麻布 900000 疋	麻袋 5000000 只	3200000	7400000
	丝	织机 35000 台		16000000	22800000
化学工业	硫酸 900000 吨		12000000	15600000	
	食盐电解槽 12500 个		制烧碱、漂精各 150000 吨	12000000	31600000
	纯碱 450000 吨		玻璃 1000000 吨	34500000	56100000
	硫酸铔 450000 吨		硝酸 160000 吨		
	电石 400000 吨		氢氰化钙 270000 吨	19000000	39200000
	过磷酸钙 316000 吨		赤磷 2100 吨	3000000	10400000
	副产炼焦、煤膏 90000 吨 并产染料及综合药			41600000	45600000
	木材干馏、醋酸、甲醛			1800000	14200000
	人造丝 7500 吨			14000000	5000000
	造纸增制 600000 吨			30000000	84000000
	可塑型 42000 吨			3800000	7800000

续表

	主要物品每年产量			美金	国币
化学工业	油脂	油漆 500000 吨	肥皂 900000 吨	7300000	35200000
		甘油 30000 吨	硬化油 100000 吨		
	制革 600000 吨			12000000	41600000
	制糖 300000 吨并产酒精			4800000	14640000
	水泥新增 7600000 吨			14000000	29200000
	瓷器 840000 吨			1000000	16800000
其它工业	面粉 1200000000 吨			50000000	359500000
	榨油 1000000 吨			10000000	8000000
	猪鬃 18000 吨			100000	6800000
共　　计				542600000	884040000

附件五　　战后五年国防示范工业建设需用资金表

	主要物品每年产量		美金	国币
机电仪器	特种仪器 5000 件	理化仪器 20000 件	7500000	30000000
	电气仪器 500000 只	工业试验仪器 50000 件		
	精密工具 5000 件	精密机件 10000 件		
纯粹化学药品	酸类 50 吨	纯碱 300 吨	2500000	21000000
	盐类 300 吨			
化学纤维	粘液法人造丝 6000 吨		9000000	18000000
	醋酸法人造丝 1800 吨			
	亚硫酸纤维素			
可塑体物品	电工绝缘器材、飞机零件 300 吨		1000000	6000000
皮革及毛皮	军用革 840000 张	日用革 2725000 张	4100000	75200000
	轮带革 35000 张	毛皮革 2000000 张		
陶瓷工业	陶瓷 3000 吨	玻璃 300 吨	2500000	99000000
	耐火材料 30000 吨			
有机酸高级醇类发酵工业	丙酮、丁醇、乳酸、醋酸、甘精、酒精各 3600 吨		2700000	30000000
桐油加工	油漆涂料 300 吨	桐碱 100 吨	2500000	10000000

续表

	主要物品每年产量		美金	国币
淀粉工业	硝化淀粉 720 吨	防雨布 480000 疋	600000	26000000
	普通淀粉 480000 袋			
国防木材	胶板、枕木、防腐、铅笔杆、飞机木材、锯木、伐木		8640000	42150000
共　计			41040000	357350000

〔《工业建设（三）》（1941 年 2 月 13 日至 1943 年 6 月 7 日）：1120/1032.01 - 03/201/001112000A003〕

陈立夫翁文灏呈筹备工业建设计划会议办法

（1943 年 2 月 10 日）

谨签呈者：窃奉钧座机秘甲字第七三三二号手令，以"将召集重工业专家会议饬设计准备讨论议程并拟具召集办法具报"等因。自应遵办。当经先将各种重工业计划预为准备，以便开会时提出讨论。兹各项计划已遵照钧座前令拟订完成，经文灏另呈节要陈报。关于会议事，经会同商讨，试拟工业建设计划会议办法大纲一种。目前交通不畅，各重要工业厂场或专家大多散处各地，集合需时，故所拟会议日期较原期限略为展缓。如奉核定，当即分别函电召集，并请钧座于开会时莅临训示。所有筹拟以上工业建设计划会议办法大纲是否可行，理合具文赍呈，敬祈鉴核示遵。谨呈

委员长蒋

　　　　　　　　　　　　　职 陈立夫（印）、翁文灏（印）

　　　　　　　　　　　　　　　　　三十二年二月十日

附一件。

拟办：（一）所拟会议办法，似尚妥洽，拟准照办。

　　　　（二）惟所拟会期展至三月十五日一节，是否相宜，请钧核。

　　　　　　　　　　　　　　　　　　　　　　陈布雷

　　　　　　　　　　　　　　　　　　　　　　二月十二日

批示：会期应改为四月二十日至三十日，会前应有十分准备为要。

〔《工业建设（三）》（1941 年 2 月 13 日至 1943 年 6 月 7 日）：1120/1032. 01 –03/201/001112000A003〕

蒋中正为工业计划纲要及对重要工业建设之根本方针致翁文灏代电

（1943 年 2 月 22 日）

经济部翁部长勋鉴：三十一年十一月十二日呈件均悉。兹核示要点如次：（一）所拟钢铁与机械部分之计划似太过薄弱，未足完成现代国家之要求，应再加强并加速时效。（二）关于准许民营之事业限制过严，亦即该计划不能加强及加速时效之主因。我国战后一切建设，政府不妨在有控制性之计划中放宽门限，准许人民参加经营，使人民游资有出路，逃避在国外之外汇可以吸回，则政府对建设之负担既可减轻，而建设之实力必克加大。希对各计划之民营范围再加研究推广办法，并借以改进整个建设规模为要。中〇。丑养侍秘。

〔《工业建设（三）》（1941 年 2 月 13 日至 1943 年 6 月 7 日）：1120/1032. 01 –03/201/001112000A003〕

翁文灏陈立夫呈工业建设计划会议办法大纲

（1943 年 3 月 8 日）

案查前奉钧长三十一年十二月二十二日机秘甲字第七三三二号手令内开："最近拟召集重工业专家会议，以工业学校校长、工业学院院长以及各兵工厂、炼钢厂及化学工业厂、飞机制造厂及发动机制造厂等厂长与著名重工业学者专家等参加之。其谈论议程希即设计准备，立将召集办法拟具呈报为要"等因。遵即拟具《工业建设计划会议办法大纲》于本年二月十日呈复钧长核示。奉同月二十日侍秘字第八七〇二号代电饬知："会呈及附件均悉，工业建设计划会议会期应改为四月二十日至三十日，会前应有十分准备"等因各在案。兹为积极进行筹备起见，拟定筹备办法一种，理合具文赍呈，敬祈鉴核备案。谨呈

国防最高委员会委员长蒋

附呈《工业建设计划会议办法》一份。

经济部部长　翁文灏（印）

教育部部长　陈立夫（印）

三十二年三月八日

拟办：拟准照办。

批示：如拟。可于会前分电各会员，原定研究专门一节之工作计划与意见，到会时金送。建议以备采用。

〔《工业建设（三）》（1941 年 2 月 13 日至 1943 年 6 月 7 日）：1120/1032.01－03/201/001112000A003〕

翁文灏陈立夫为工业建设计划会议筹备情况呈蒋中正
（1943 年 4 月）

谨签呈者：前奉钧座手令，饬召集工业建设计划会议，经已拟具会议办法大纲及筹备办法，先后呈奉核定施行在案。当经遵照指示积极筹备进行。关于会员人选，业经选聘各有关机关专家、负责人员、主要兵工厂及国营重工业工厂厂长、重要民营工厂厂长、各工学院院长、各工业专科学校校长及科学研究团体代表等，共为一百一十五人。关于各种工业建设计划方案，除遵照钧座侍秘一六五三八号代电指示各点，分知各会员各就专门问题预为详细研究，以备建议采纳外，职等已备有计划方案十一种，以为讨论之基础。关于将来议案之处理、审查等事项，已拟定议事规则。对于外来会员食宿招待等项，业亦准备就绪。会场地址择定两浮支路中央图书馆。遵照钧座手令指示，拟于四月二十日上午九时举行开幕典礼，敬请钧座届时莅临致训，俾资遵循。理合检同工业建设计划会议议事规则、会员名录及计划目录等件，呈祈鉴核。谨呈

委员长蒋

职 翁文灏（印）

陈立夫（印）

三十二年四月

附呈工业建设计划会议议事规则、会员名录、计划目录各一份。

拟办：列呈。计划目录、会员名录、附呈议事规则存处。核。

一、所拟计划目录、会员名录及议事规则等拟准照办。

二、拟请钧座亲自莅临训话。

批示：如拟。

〔《工业建设（三）》（1941 年 2 月 13 日至 1943 年 6 月 7 日）：1120/1032.01－03/201/001112000A003〕

翁文灏呈请准予中央训练团高级班学员庄智焕
包可永参加工业建设计划会议
（1943 年 4 月 10 日）

谨签呈者：窃查工业建设计划会议筹备大致就绪，拟于四月二十日开会，业经检同会员名录及议事规则等件签请鉴核在案。查会员中有经济部企业司司长庄智焕及资源委员会简任技正包可永两君，均为工业专家，富于经验，现在中央训练团高级训练班受训。此次会议期间拟请钧座准予参加，饬知该班，俾可到会。是否可行，理合签乞鉴核。谨呈

委员长蒋

职 翁文灏（印）谨呈

三十二年四月十日

〔《工业建设（三）》（1941 年 2 月 13 日至 1943 年 6 月 7 日）：1120/1032.01－03/201/001112000A003〕

翁文灏呈拟工业建设计划会议讨论重心五点
（1943 年 4 月 11 日）

窃此次奉钧座上年十二月二十二日机秘甲字第七三三二号手令，召集之工业建设计划会议（原令称为重工业专家会议）。所有参加会员，业经遵照钧示，就国内实际办理重工业、兵工及飞机等厂人员及著名工程专家，陆续聘定。有关工业建设之具体方案，亦正在积极筹备进行。此次会议就其性质及参加之人员言之，其重要之任务，殆为战后重工业建设计划及其有关办法之研讨。为使此次会议能达预期目的并发挥其最

大之效能起见，将来讨论之议题及范围，似应预为确定，否则讨论不能集中，结果难免空洞。依职管见，此次会议似可以下列各点之讨论为重心。

一、生产质量标准。战后重工业建设自趋向于较大规模，足以供应国防需要之生产。因此关于生产物品之品质及数量不得不预定标准，俾能适合具体需要，尽量供应，而供需之间亦得密切之配合。

二、各业配合。重工业门类不一，性质各别。各业之间关系至密，不宜自相纷歧，而必须有适当之配合，始能相辅为用，发挥最大效力。而如何配合，有待各方专家集思广益，共为商讨。

三、区域分布。将来重要工业建设之地域分布，实为一至关重要之问题。各项工业性质既互不相同，其原料之取给、工人之来源、产品之运输、市场之远近以及战时之威胁等，在在均将影响其地域之选择，实应预先妥为筹划，俾将来建设时得以按照进行，不至紊乱。

四、经费估计。将来建设所需经费总额当属不赀，其中一部分需要国外机材，须用外币计值。一部分则以国币支给，均须预拟数目，以为将来筹措之依据。故各项建设所需经费数额，亦宜加以研讨，俾更切合实际。

五、人才培养。将来大规模建设时，人才之缺乏实为一严重问题。应如何分门别类，积极培养，宜由有关工业之各校教育人员及工业专材互相研讨，共同商订具体办法，以期克能实行。

以上所拟，是否有当，敬祈鉴核，并乞早赐批示，俾有遵循。谨呈委员长蒋

职 翁文灏（印）

三十二年四月十一日

拟办：拟准照办。

批示：如拟。应将科学技术运动列入。

〔《工业建设（三）》（1941 年 2 月 13 日至 1943 年 6 月 7 日）：1120/1032.01－03/201/001112000A003〕

蒋中正准予庄智焕等参加工业建设计划会议致张治中代电
（1943 年 4 月 13 日）

中央训练团党政高级班张主任：据经济部翁部长签呈略称："工业建设会议将于四月二十日开会，查会员中有经济部企业司司长庄智焕及资源委员会技正包可永，现在中央训练团高级班受训，拟请饬知，俾可到会"等语。除复照准外，希准该两员届时到会，并转知遵照为盼。中〇。卯元侍秘。

〔《工业建设（三）》（1941 年 2 月 13 日至 1943 年 6 月 7 日）：1120/1032.01 – 03/201/001112000A003〕

蒋中正准予庄智焕包可永两员参加工业建设
计划会议致翁文灏代电
（1943 年 4 月 13 日）

经济部翁部长勋鉴：四月十日签呈悉，庄智焕、包可永两员已转知党政高级班，准其出席工业建设计划会议矣。中〇。卯元侍秘。

〔《工业建设（三）》（1941 年 2 月 13 日至 1943 年 6 月 7 日）：1120/1032.01 – 03/201/001112000A003〕

蒋中正关于工业建设计划会议讨论重点致翁文灏代电
（1943 年 4 月 15 日）

经济部翁部长：四月十一日签呈悉。所拟工业建设计划会议讨论重心五点可准照办。惟第二项标题应注明"现在及将来"、"战时及战后"之□，应将科学技术运动工作列入会议重心之一，拟定具体实施方案为要。中〇。卯删侍秘。

〔《工业建设（三）》（1941 年 2 月 13 日至 1943 年 6 月 7 日）：1120/1032.01 – 03/201/001112000A003〕

军事委员会侍从室致翁文灏陈立夫函
（1943 年 4 月 15 日）

径启者：此次工业建设计划会议奉谕："侍从室应有人列席以资联

系，并指定陈组长方①、沈参事宗濂②前往"等因。相应函达，即请查
照为荷。此致

翁部长咏霓

陈部长立夫

〔《工业建设（三）》（1941 年 2 月 13 日至 1943 年 6 月 7 日）：1120/
1032. 01 - 03/201/001112000A003〕

蒋中正为军令部派员参加工业建设计划会议致徐永昌代电
（1943 年 4 月 18 日）

军令部徐部长勋鉴：本月十四日一贞签字五八号签呈悉。所请派员
参加本月二十日举行之工业建设计划会议一节可予照准，除分电翁部长
咏霓、陈部长立夫外，即希径洽为盼。中〇。卯巧侍秘。

〔《工业建设（三）》（1941 年 2 月 13 日至 1943 年 6 月 7 日）：1120/
1032. 01 - 03/201/001112000A003〕

蒋中正为派员参加工业建设计划会议致翁文灏陈立夫代电
（1943 年 4 月 18 日）

经济部翁部长、教育部陈部长钧鉴：工业建设计划会议可由军令部
派员出席，并增派熊委员天翼③亦参加会议。再该会议讨论范围，对于
重工业地区之选定、建造之程序、各种工业品之规制格式并与相关联之
交通建设，均应列入研究为要。中〇。卯巧侍秘。

〔《工业建设（三）》（1941 年 2 月 13 日至 1943 年 6 月 7 日）：1120/
1032. 01 - 03/201/001112000A003〕

---

① 陈方，时任军事委员会委员长侍从室第四组组长。
② 沈宗濂，时任军事委员会参事室参事。
③ 熊式辉，时任国防最高委员会委员。

翁文灏陈立夫为工业专家会议召开致魏怀①函

（1943 年 4 月 17 日）

子杞先生大鉴：

弟等奉委座手令，召集工业专家举行会议，商订战后工业计划。依据经济、教育、交通、军政各部以及航空委员会、中央研究院、兵工署等机关之推荐，聘定会员一百二十余人，定于本月二十日上午九时在中央图书馆举行开幕会式。拟恳转陈主席②莅临或惠赐训词，俾有遵循，专函奉商。益颂

勋绥

弟 翁文灏（印）、陈立夫拜上

四月十七日

〔《工业建设计划会议》（1943 年 4 月 17 日至 1943 年 4 月 19 日）：
1100. 53/1032. 01 – 01/126/001110053A001〕

魏怀为工业专家会议召开致翁文灏陈立夫函

（1943 年 4 月 19 日）

詠霓、祖燕部长吾兄勋鉴：

大函敬悉。关于本月二十日上午九时在中央图书馆举行之工业专家会议，请转陈主席莅临或惠赐训词一节，经即转陈。兹奉发下训词一件，相函备出送达，即希察收为荷，专此祈颂

勋绥

计附训词乙件。

弟 魏子杞拜启

四．十九．

〔《工业建设计划会议》（1943 年 4 月 17 日至 1943 年 4 月 19 日）：
1100. 53/1032. 01 – 01/126/001110053A001〕

---

① 魏怀，字子杞，时任国民政府文官处文官长。
② 蒋介石时兼任国民政府主席。

翁文灏陈立夫电呈工业计划与会人员下周日
上午不及参加党政班纪念周

（1943 年 4 月 23 日）

委员长蒋钧鉴：奉手谕："工业计划会议到会人员请于下星期日上午九时参加党政班纪念周，何如？"等因。查工业建设计划会原定于星期日参观渝市附近之工厂，分为嘉陵江及李家沱大渡口二队，星期［一］日上午在会场举行纪念周，请熊委员式辉讲演。如果依照实行，似下星期日上午九时不及参加党政班纪念周，如果有变更之必要时，仍请专为训示，以便遵行。职翁文灏、陈立夫叩。梗秘印。

〔《工业建设（三）》（1941 年 2 月 13 日至 1943 年 6 月 7 日）：1120/ 1032. 01 – 03/201/001112000A003〕

翁文灏陈立夫呈报工业建设计划会议经过及讨论结果

（1943 年 5 月 26 日）

谨签呈者：窃工业建设计划会议遵命召集，于四月二十日开会，中间审查讨论凡历十日。会员共一百二十八人，各机关参加人员共七人。处理议案一百四十起，于四月三十日闭会。综会议之结果，约可分为四项：

一、战后工业建设纲领之建议。此次各会员提案中，关于战后工业建设应取之方针政策者颇多。经为整理，归纳成十六条，其中注重工业建设之目标、国营民营之分野、财政金融与工业计划之配合，以及工业标准之设定、工业人才之训练、科学研究之提倡、外资与技术之利用等等，拟为纲领，议决通过，备供政府采择。

二、战后重要工业建设计划之拟定。按工业之种类，分为冶炼、燃料、电力、机械、电器（内分为机器及运输工具、电工器材等三类）、化学及民生工业等六种，各拟具战后建设计划。关于各种工业产品之种类、数量、价值及所需之资金、人员等，均为分别筹划。

三、培养经济建设干部人才及训练技术员工计划之拟定。根据钧座所著《中国之命运》中人才之需要，并参考此次会议各种工业所需要之人数，设各级学校训练人才计划及技术员工训练，以应工业建设及一般建设之需。

四、其它参考意见之提供。除以上范围外，此次会议中，各会员提出与工业建设有关之议案颇多，其中经会议议决送请政府参考者，亦有多起。所有会议经过情形及各项讨论结果，兹谨编具报告，缮呈钧核。附陈明者：（一）此次各种工业生产计划分为两期，期各五年。前五年规划较详，以期切近事实，可以依照实行；后五年规划较简，注重设定目标，其具体办法尚待续筹。（二）此次各种工业建设及人才培养训练计划，系由经济、教育两部分别筹拟初稿，提出讨论，故较易获得具体结果。然会议中，各专家对于计划内容亦颇有贡献，修正之结果与原案颇有出入。其各种方案间之详细配合，因会议期间有限，已经大会决议，于会后另行调整。惟各种计划，息息相关，全部配合，稍需时日，兹先以原议定计划呈报。其配合修正之案，俟整理就绪，另行陈明。（三）此次计划仅限于工业之本身，其与农林、交通等方面之配合，自属极为重要。计划时虽曾加以考虑，仍恐未能周详。现在正依据计划，估计详细需要之中。将来拟再与有关部分取得联络或举行会议，以期得一完整之方案。（四）此次计划虽以战后建设为目标，而若干准备工作，如资源之勘测、交通之筹划、动力之准备、人才之训练等，皆不能不于战时即行着手，而战后建设可以顺利进展。所有工业建设计划会议经过情形，理合检同报告，签请鉴核。谨呈

委员长蒋

职 翁文灏（印）

陈立夫（印）

三十二年五月二十六日

〔《工业建设（三）》（1941 年 2 月 13 日至 1943 年 6 月 7 日）：1120/1032.01－03/201/001112000A003〕

翁文灏呈拟工业建设计划会议内容对外对内发表方法

(1943 年 6 月 1 日)

谨签呈者：窃工业建设计划会议结果，业经缮具报告签请鉴核在案。此次会议各方面期待甚殷，欲知计划内容者颇众。美国国务卿曾电美大使馆派商务随员至职处询问。惟所议方案尚未至正式决定之期，亦不宜轻为发表。熊委员式辉奉命参加会议时，尤郑重说明工业建设之具体计划不宜全部宣扬国外，以致对将来磋商进行转增困难。因此，职对外人询及，仅告以"吾国政府决于战后认真为工业建设，此时召集专家先作准备，其具体方案现尚不便发表。但对于合作促进之方法，则颇愿推诚商洽"。如此应付，是否有当，尚祈核示。至对于国内各方面关系，兹拟具慎重处理办法如下：

一、会议所得战后工业建设计划纲领十六条，及工业建设计划总则八条，此时即宜参照，且其性质亦无秘密之必要。拟缮送行政院备案，并分送经济、交通、教育、粮食、社会、军政、军令各部、国家总动员会议及航空委员会、中央设计局等有关机关查照。

二、会议报告全文（内附各方案数字）拟以密件分送孔副院长①、何参谋总长②、军令部徐部长③、交通部曾部长④、教育部陈部长、外交部宋部长⑤、中央设计局王秘书长等有关人员每人各一份，慎密参考。

三、工业建设具体方案此次所得自系初稿，尚待继续研商，更求进步。拟按照事业性质，分约专家，各就专长，续为研拟。但每员仅交给方案中之有关部分，且作为密件，并不交给全案。俟汇集考核，再为陈报。

---

① 孔祥熙。
② 何应钦。
③ 徐永昌。
④ 曾养甫。
⑤ 宋子文。

以上所拟分别缮送及继续研拟办法，是否有当，谨候鉴核示遵。

谨呈

委员长蒋

职 翁文灏（印）

三十二年六月一日

附件一　　　　战后工业建设纲领[①]

（一）工业建设应兼顾国防与经济两大条件，而为有计划的设施，由政府统筹之。若二者不能同时兼顾时，则以国防为先。

（二）政府根据国防与经济之需要，计划在一定时期内，所需要之各部门工业产量妥为配合，分年、分地实施其建设，以求国富民安之增进。

（三）工业建设区域应由中央根据国防条件、交通状况及资源分布情形，作通盘之规定，不宜以省行政区域为界限，致造成经济〔紊乱〕现象。

（四）工业之技术标准，应由政府统一〔制定〕。

（五）在战后十年内，政府应采取国营、民营同时并进之政策，在整个工业建设计划下，分二〔期运〕作，以期确实达到各部门预定〔目标〕。

（六）战后工业之建设，应着重□□与民生之工业□□予以列举之规定。但根本工业、关键工业经政府之许可或委托，亦得国营。民生工业如□□不胜时，亦得国营。

（七）国营与民营工业，均应力求增进工作效率，采用最新技术，减低出品成本，提高品质标准，以求巩固事业之基础，达到迎头赶上之目的。

（八）民营工业□□工业建设计划之需要者，政府应特别奖掖资助之，并予以技术上及运输上之便利，使之依照计划，如期发展。

（九）政府对于手工业及工业合作组织，应予以扶助，推进与改良，使人民充分利用余暇，从事于工业生产。

（十）出口工业应提倡扶植，以增进国际贸易，消费产品当设法缩减，并以鼓励人民小规模制造为原则。

---

① 档案原件多有损毁。

（十一）政府与社会应以种种有效方法，鼓励人民节储资力，投诸工业，并督导、奖励工业利润再投资□其本身或其它工业。

（十二）国家财政与金融政策，必须与国家工业建设计划全盘配合，其各种税制与金融制度，应积极辅助发展国家工业建设。

（十三）国家工业教育计划必须与国家工业建设计划全盘配合，每一工业并应依照政府所规定之办法，负责训练工业人才。

（十四）政府与社会应以种种有效方法，奖励□□工业之发明及创造，并加强国防□□技术策进□□。

（十五）全国与工业建设有关之研究……。（略）

（十六）……工业建设计划之……。（略）

附件二　　　　　　**工业建设计划总则**

一、战后工业建设应以奠定我国工业之基础为基本任务，故所定计划，应特着重钢铁、煤、石油及铜、铅、锌、铝、机器、电器、电力、基本化学、水泥等根本工业及关键工业之发展。同时，各项民生工业，如纺织、□□、皮革、木粕、化学纤维、木材、□□、油脂、制糖、印刷等亦关重要，应予以兼顾。民生工业中，如生丝、地毯、桐油等，均系大宗出口物品，应尽先发展，以增进对外支付能力。其它大量供给国外市场之物资，如云南、江苏及海南岛等处之磷矿，亦应大量开发，以利出口。

二、动力工业为工业建设之先决条件，战后应依照计划，尽先筹设，从早完成。至后方各地水力发电之详细勘测及设计工作，更应于战时开始举办。其已设计妥善者，并不妨立即开始一部分准备工程，以缩短战后之筹建时间。

三、交通建设计划必须与工业建设计划密切配合，并应尽先实施。尤以各铁路运输能力，应尽量依照各工业计划中之工矿生产数量拖尾设计，或扩充路线或增设双轨，或另筑新路，务使货运畅通，以便利工业计划施行。

四、国内缺乏之主要物资，应妥谋切实□□救办法，如铜、硫、橡胶等，因限于天然条件，自产不易，战后应有计划的奖励进口。以□□□南□铁砂、□国废铁，应与有关欧美各国分别协商购买办法。又铝除为飞机制造□□□原料□，并可□□铜之一部分用途。云南、贵州、山东、河南、辽宁等地之水矾、土矿及浙江平阳、安徽庐江等地之明矾石矿，均可□铝，亦应分□□开采。

五、国内一部分实□之矿产资□，□□□□有限，□沦陷各地经敌人大事掠夺……务须注意保留，勿使□□□。如可炼金焦之煤矿及挥发性高之煤矿实属寥寥一数，皆应□为工业上之正当用途。□□轻易消耗由。国内重要油矿，自应认真采炼，但亦应相当保留，战后不妨输入一部分原油，从事提炼，以补国产之不足。

六、战后第一个五年计划所需要之工业产品，尚远不能自为供应。在此期间内，不但主要机器须向工业□□国家输入，即大部分工业产品，□□须继续仰给海外。俟第一个五年计划完成后，我国工矿生产之力量，始能大为提高。

七、五年计划逐步实施后，各种器材及工业制品之生产必与年俱增，政府应统筹擘划，妥为督导，务使各重要产品之制造与销售，能彼此呼应而不脱节。各厂矿所需之器材及市场所需之制品，其质量在国内能供给者，应尽先采用国产，以巩固自产自立之基础。

八、钨、锑、锡、汞等出口矿产为我国出口主要物资，战后自应善为发展，此□□因时间匆促，未及提出具体议案，其发展计划当另定之。

拟办：谨按：该会议全案报告业已呈到。惟因卷帙浩繁，尚在研究审核中。翁部长此呈所拟对外表示及对内处理办法尚属恰当，拟准照办。陈布雷。

批示：可照另附之意见修正为要。中正。

〔《工业建设（三）》（1941 年 2 月 13 日至 1943 年 6 月 7 日）：1120/1032.01－03/201/001112000A003〕

蒋中正为工业建设计划会议内容对外对内
发表方法致翁文灏代电
（1943 年 6 月 7 日）

经济部翁部长勋鉴：六月一日签呈悉。关于战后工业建设计划，对外应少说"国防",则外资较易吸收,外力较易利用,外人妒视较易减轻,外国障碍较易避免。对内应多说"民营",则社会疑虑较易消除,人民竞争较易踊跃,工业建设之进步常较迅速。兹本此要领,将所拟战后工业建设纲领第一、第二、第六、第十四各条及工业建设计划总则第一条条文分别修正附发,希即遵照办理为要。中○。巳阳侍秘。

附抄修正条文二件(已抄)。

〔《工业建设(三)》(1941年2月13日至1943年6月7日):1120/1032.01-03/201/001112000A003〕

沈鸿烈翁文灏呈请第二次全国生产会议延长会期
(1943年6月5日)

(事由)为生产会议因提案过多,拟将会期延长两日,并将六月四日以后会议日程表重予改订,理合检附改订日程表签报鉴核由。

窃查第二次全国生产会议原定会期自六月一日起至七日止,计共七日。兹因各方提案已达四百四十五件之多,为求缜密研讨起见,原定会期实嫌过于迫促。爰拟将会期延长两日,至六月九日为止,并将六月四日以后之会议日程表重予改订,俾利进行。除分函各有关机关查照外,理合检同改订会议日程表一份,签报鉴核。谨呈

兼院长蒋

附改订会议日程表一份。

国家总动员会议秘书长 沈鸿烈(印)

经济部部长 翁文灏(印)谨呈

三十二年六月五日

附 第二次全国生产会议六月四日至六月九日止改订日程表

日期	星期	改定日期	备考
六月四日	五	上午八时至十二时卅分:各组审查会。 下午三时至六时:各组审查会。	原定上午开第二次大会。

续表

日期	星期	改定日期	备考
五日	六	上午八时至十一时卅分：各组继续审查，并由召集人等草拟报告及总建议案。 下午三时至六时：同上。	原定第三次大会。
六日	日	上午八时至十时卅分：由主席团会同各组召集人及议案整理委员会，整理各组议案，会员休息。 下午三时至六时：同上。	原定上午各组审查会。 下午休息。
七日	一	上午八时至十一时卅分：扩大纪念周。 下午三时至六时：第二次大会（以讨论第一、二组提案为主）。	原定第四次大会。 原定大会闭幕式。
八日	二	上午八时至十一时卅分：第三次大会（以讨论第三、四组提案为主）。 下午三时至六时：第四次大会（以讨论五、六组提案为主）。	
九日	三	上午八时至十一时三十分：第五次大会（讨论未了各案及大会宣言）。 下午三时至六时：闭幕式。	

批示：复"悉"。陈布雷、陈方。六月六日。

〔《农林渔畜牧业保护与发展》（1936 年 6 月 24 日至 1944 年 6 月 17 日）：1100/5544.01 - 04/163/001111000A006〕

翁文灏呈工业建设计划书编订办法
及分组整理起草委员名单
（1944 年 1 月 5 日）

案奉钧座三十二年十一月八日侍秘字第二○二○五号代电以"据会呈附送工业建设计划会议报告书，经已审阅完竣，核示各节饬分别遵办"等因。奉此，自应遵照办理。关于分送原报告书者，已于三十二年十一月十三日分别函送中央设计局熊秘书长、农林部沈部长①及交通部曾部长察研参考。关于会拟培养建设技术人才计划者，本部于三十二

---

① 沈鸿烈。

年十二月间奉院令饬办，遵将本部对造就技术人员意见，以及造就技术人员之种类、人数与进度必须与工业建设计划密切配合各项，于三十二年十二月十一日函请教育部查酌主稿呈复。关于技工训练处改隶本部者，经参照原有编制，订定本部技工训练处组织规程，呈院备案，并于三十二年十二月二十四日以（卅二）职字第六二二一五号呈请鉴核，一俟奉准备案，即可公布施行，指派人员认真办理。为遵令从早改隶起见，并于三十二年十二月三十一日饬令该处先照原有组织，自本年一月份起秉承本部办理。至关于各类建设方案之继续勘测研拟者，经于三十二年十二月二十七日召集有关专家二十余人在本部举行工业建设计划分组整理起草会议，详为研讨，商定工业建设计划书编订办法一种，决定对十年计划中之第一个五年特为注意。各组计划于计划原则及计划概要之外，加列建设程序及生产效能两项，并分列较高及较低标准与建设先后次序，以便将来择要施行。又就总表及分表，重新拟定格式，以资划一。当场推定整理起草委员分冶炼、矿产、电力、机械电器、化学工业、民生实用品工业、技术员工训练及综合八组，分类拟具计划，于本年三月下旬密送本部整理汇编，以为召集第二次工业建设计划会议之准备。奉令前因，除俟□期召集会议再行呈报外，理合先将遵办情形并检同工业建设计划书编订办法及工业建设计划分组整理起草委员名单具文呈报，仰祈鉴核。谨呈

委员长蒋

附呈《工业建设计划书编订办法》及《工业建设计划分组整理起草委员名单》各一件。

职 翁文灏谨呈（印）

三十三年元月五日

拟办：摘要列呈。拟复"悉"。并抄送设计局知照。

批示：如拟。

附件一　　　　工业建设计划书编订办法

一、十年计划分为两个五年，对于第一个五年特为注重，所拟办法

较为详确。

二、各组计划应分列：（一）计划原则；（二）计划概要；（三）建设程序；（四）生产效能。

三、各组计划书应分列较高及较低标准与建设先后次序分别开列。

四、各组计划书应附列总表及分表多种。总表中对于各业产量表、产值资金表、员工需用动力表、机械表、原料表等均应分别开列，分表则系就各业产品之种类分别开列（格式另送）。

五、建设所需资金依照购用外货所需之美金（所用外资皆合为美金）及国内开支之国币分别计算，两者间之汇率以美金一元合国币三元二角计。

六、机料价格及工资等均以战前数目为标准，但如认为战后必当增涨者，宜于计划书内估计列入。

七、对于国营、民营之分配及使用外资与外国技术之方式，如有意见，宜另件说明，以便综合编列。

八、综合组审订各项计划原则，并参考各组意见，编拟关于工业建设之综合方案。

九、各组计划时应注意实际需要之数量，本国原料之来源，如有必需输入外国资料或有余量输往外国时，均宜分别叙明。

十、各稿均宜慎密处理，不可宣泄，并于三十三年三月下旬密送经济部收启。

附件二　　工业建设计划分组整理起草委员名单

冶炼组：郑葆成（召集人）、胡博渊、陈大受

矿产组：孙越崎（召集人）、朱玉仑、许本纯

电力组：陈中熙（召集人）、潘铭新

机械电器组：

1. 机器：高礼谨（召集人）、郑家俊、张传琦

2. 运输工具：韦以黻（召集人）、程孝刚、庄智焕、包可永

3. 电工器材：包可永（召集人）、朱其清

化学工业组：徐名材（召集人）、杜长明、姚文林

民生实用品工业组：张兹闿（召集人）、顾毓琭、章剑慧、陆绍云

技术员工训练组：高许培（召集人）、杨家瑜、吕持平

综合组委员：翁文灏、谭伯羽、徐恩曾、彭学沛、钱昌照、叶秀峰、何廉、杨继曾、王守竞、郑家俊

干事：雷宝华

〔《工业建设（四）》（1943 年 11 月 4 日至 1944 年 6 月 26 日）：1120/1032.01 - 04/202/001112000A004〕

蒋中正指示检讨去年工业建设计划会议决议案实施情形并召集第二次会议

（1944 年 1 月 18 日）

设计局熊秘书长、经济部翁部长、教育部陈部长：对于去年工业建设计划会议各决议案之实施情形应详加检讨报核，并希策划准备于八月间再召集第二次会议，以研讨今后工业建设之计划为要。中〇手启。子巧侍秘丙。

附注：原手谕已送交熊秘书长。

〔《工业建设（四）》（1943 年 11 月 4 日至 1944 年 6 月 26 日）：1120/1032.01 - 04/202/001112000A004〕

翁文灏电呈召集第二次工业建设计划会议之准备

（1944 年 1 月 29 日）

军事委员会委员长蒋钧鉴：本年一月侍秘字第二一一二号巧代电奉悉。查去年四月间举行工业建设计划会议结果，前奉钧座去年十一月侍秘字第二零二零五号庚代电以"经已审阅完毕，核饬各节，饬分别遵办"等因。关于各类建设方案应继续勘测研拟一节，本部遵于去年十二月二十七日召集有关专家举行工业建设计划分组整理起草会议，详为研讨，商定《工业建设计划书编订办法》，并推定整理起草委员，分

类拟具计划，限期送部整理汇编，以为召集第二次工业建设计划会议之准备。所有上项办法暨名单以及办理其它各节情形，经于本年一月五日以（卅三）工字第一零一七九号折呈。奉钧座本年一月侍秘字第二一一三六号箇代电以"本月五日折呈及工业建设计划书编订办法均悉"等因各在案。奉饬前因，除遵令准备于八月间召集第二次会议外，谨肃电复，仰祈鉴核。职翁文灏叩。艳印。

拟办：先查经济部一月五日代电曾否列呈，如未列，可检出补呈，并将本代电所称准备八月间召集第二次会议一语注入拟办栏。陈布雷。

暂存，待熊、陈复列再并办。陈方。一·卅．

〔《工业建设（四）》（1943 年 11 月 4 日至 1944 年 6 月 26 日）：1120/1032.01－04/202/001112000A004〕

翁文灏呈资源委员会三十二年办理重工业成绩及三十三年办理方针与计划
（1944 年 1 月 19 日）

谨签呈者：案奉本年一月七日钧座机秘（甲）第八三〇二号手令饬内开："资源委员会去年办理重工业之成绩如何？希即查报，并将其及今年办理之方针与计划一并拟具呈报为要"等因。奉此，仰见钧座重视国营工业建设之至意，际此新岁开始，自应检讨过去，策励将来。兹谨遵将资委会去年办理重工业之成绩及今年办理之方针与计划分别缕陈，敬祈鉴核。

（一）去年办理成绩

去年一年之中，各地物价波动甚烈，银行利率亦继长增高。工矿事业一方面为生产成本之加增，一方面为周转资金之不足，而商业利润远过工业利润，经营工矿事业者，类皆拮据万状，勉强维持。特别生产物品，如钢铁、机械，销路迟滞。同时国际通道几濒隔绝，中印空运吨位有限，工矿器材输入甚微。在此工业一般衰退局面之下，资委会经办各事业，幸赖员工知国家整个局面之困难，后方需要物资之迫切，奋勉从事，一年以来仍有进步。大多数物资之生产仍能如计进行，而创建工作之推动，亦多能如期完成。对于代用品之创制，品质之改进，尤能获有显著成就。兹再分段说明，以见梗概。

（甲）重要物资之增产。资委会所办冶炼、机械、电工、化工、煤、油、电力以及铜、铝、锌等事业，类皆与军事、交通有密切关系，其中特别重要之物品，均切实督促增加产量。如酒精，全年共出二百七十五万加仑，占后方总生产百分之四十以上，西南公路局代运美军物资，其车辆所需燃料大半取给于此。甘肃油矿之汽油，因大水冲刷及各机关提油能力之限制，产量略受影响，然仍能超出三百万加仑，较三十一年产量增加百分之五十以上。目前西北卡车燃料供应有余，截至上年年底为止，矿上存油尚达六十五万加仑。该矿现在产油能力，月出五十万加仑，足敷土西铁路开通后哈广间每月来回程运输二千吨物资之需。煤矿产量视三十一年亦有增加，而各矿准备增产工作，上年年底大抵完竣。如湖南之祁零、江西之天河、云南之明良。本年再为增强运输能力后，产量必可大为加多。电工器材大部分均供应航委会交通司及交通部之用，一部分并供应美国空军需要。各项产品，如电动机、变压器、收发报机、收音机、铜铁电线、电话机、电子管、电瓷等，均能大量出品。除一部分产品因国外原料未能充分购得，如变压器、电动机去年产量较前年略少外，其余均视前年产量为多。机械部分之产品主要者，如动力机、工具机产量亦较前年为大。资委会所办钢铁事业，在滇有云南钢铁厂，在川有资渝炼钢厂、威远铁厂、资和炼铁厂、陵江铁厂、电化冶炼厂，在桂有丰路墟炼铁厂，在赣有江西炼铁厂。除陵江前年业已出货，电化冶炼厂本年可正式出品外，其余各厂均于去年先后建设完成，开炉出货。惟适值经济不振，形成滞销之象。如能与交通方面切实取得联系，如船舶之制造、轻便钢铁之轧制，则各钢铁工厂必可有所贡献。以上各项主要产品之三十一年及三十二年产量另编一表，附呈钧察。

（乙）工业电力之加强。后方各地电力需要大多供不应求，资委会对于兵工及重要工业用电向所注意，竭力筹供。去年除各厂原有机器继续供电外，复利用后方可用之旧机及自制之新机增添设备，一年之中，装置完成。正式供电者共增发电容量六千八百瓩，其中火力发电五千二百二十瓩，水力发电一千五百八十瓩。本年初即可完成者，尚有泸县及柳州两厂各二千瓩。在国外器材无法输入之时，后方可以利用之机件，实已充分利用。兹再将增加设备之各厂分别简述，以明崖略。昆湖电厂增加二千瓩汽轮发电设备，供给昆市兵工厂及其它工厂用电。西昌完成水力发电八十瓩，供应航委会及广播无线电台之用电。宜宾电厂三千瓩汽轮发电设备亦于年底以前装竣供电，该厂所发电力主要供给中元纸厂之需要，对于钞券之供应有密切关系。长寿龙溪河水电厂亦增加一千五百瓩，业于去年年底试车，本年年初即可正式供电。该厂电力一部分系供给当地兵工厂之需要。此外如汉中电厂增加一百六十瓩，王曲电厂完成六十瓩，而自流井电厂、井宜高压输电线路亦于去年十月间完成。以往自流井煤价特高，井宜线路完成后即可以宜宾廉价电力供应自流井、盐井汲盐之用。如此长距离之输电，国内尚属创举，可使发电成本低廉，电力使用经济，实有其特殊之意义。

（丙）代用物品之创制。去年中外通路全恃空运，工业器材输入较微。以往若干原料之必须舶来者，自非急起直追，努力自造不可。资委会鉴于此项工作之重要，一面通令所属机关切实注意代用品之制造，一面并制定奖励员工发明创作办法，公布施行。一年以来，成效甚彰，举例言之：中央电工器材厂试制云母片、云母纸、绝缘清漆、胶木粉、黄蜡布、黄蜡纸等均告成功；中央无线电器材厂自制电表，并利用国产原料创制皱纹漆；动力油料厂之利用桐油裂化时所生之废气制造胶木粉，以竹制酒精，由植物油制成矿物性润滑油；泸县酒精厂之以发酵方法制造正丁醇及水醋酸；江西硫酸厂之以锡铬混合体代替制造浓硫酸所必需之铂金；重庆耐火材料厂发明提高白云石中镁氧含量方法，均足称述。

（丁）特种产品之制造。资委会为应国内迫切之需要，对于特种产品亦曾加意努力。如中央电工器材厂应川康盐务管理局之委托，试制盐井用之汲卤钢丝绳业已成功，并已正式出品十九股钢丝绳三吨余，本年起可正常出产，经常供应。该厂制造灯泡部分，试制热阴极及冷阴极冷光灯，亦已成功。冷光灯之发光效率特高，而寿命则较普通灯泡为长，在国外流行不过六载，国内能试制成功，实属难能。中央无线电器材厂制造航空用收发报机，成绩甚为优良，获得友邦空军之赞许。中央电瓷厂高压绝缘子制造，最高电压已可达三万三千伏，超过以往制造纪录。动力油料厂试制汽油精，经多番之实验，经已成功，本年开始正式制造。普通汽油加入汽油精后，其辛烷数可大为增高。如甘肃油矿局汽油之辛烷数为四五，加入该厂制造之汽油精后，可增高至七十左右，行车效率大为增强。机械方面，中央机器厂二百二十匹马力煤气机之制造，上年完成四部。此项动力机之制造，需要特殊技术，为国内自造内燃动力机之最大者，本年可多量出产。一百五十匹马力水力发电机亦自制成功。此外，昆明炼铜厂试验炼铝亦告成功。铝为飞机工业主要原料，我国对于此项工业，允宜及早着手准备。该厂初次所出电铝，含铝成份为九十七点五，合于飞机工业之标准。

（戊）产品品质之改良。资委会对产品品质之改良，经不断努力进步甚速。其成绩特著者，有云南之锡从九九成份提高至九九点九五，超过新嘉坡标准锡之精度。该公司复在以往废弃不用之尾砂内提出精锡，去年美国矿业专家马理斯到矿考察，大为赞赏。甘肃油矿所出汽油，前年以设备所限，产品质地较次。去年经努力改善，已适合一般标准。川康铜铝锌矿物局改良土法炼锌，由百分之九十五增至百分之九九点八，而炼锌所耗之燃料及其它器材反减少百分之五十以上。其它各项工业产品均能适合标准，获有信誉。再则中央电工器材厂研究节省电话机用磁钢，原仅能制造电话机六百部者，经此技术改进，增制甚多；各酒精厂所用原料亦较前年为少，均足征效率之提高。

（己）出口矿产之增供。资委会管理之出口矿产，主要者有钨、锑、锡、汞四种，均为军需工业必要原料。除锑品以国外价值太低，运出亏蚀过巨外，其余钨、锡及汞，盟邦需求至为迫切。去年以各地米价、工价激涨，运输费用亦复上扬，国库预算不敷支出，故生产有减退之象。以上三种矿产，国外需要以钨为最。对于钨之产量，虽在极度艰困之下，尚能达到八千六百吨之数，同时运出数量则以努力输送，全年共运交美、苏两国钨、锡、汞，合计一万八千三百余吨，较三十一年超出七千余吨。对于还债所需，得以供应无缺。分别言之，在昆明交美接收者，有钨砂六千六百三十一吨，锡三千九百二十四吨；交苏钨九百零六吨，锡四千一百零五吨，汞九十六吨。在猩猩峡①交苏者，有钨二千七百十吨，汞一吨。

此外，对于训练人才方面，则已定有"与各大学合作奖助工矿技术办法"、"招收大学毕业生在厂矿实习办法"、"大学三年级学生参加厂矿实习办法"、"艺徒训练办法"、"派员出国考察及实习办法"，次第实行，务使高、中、低三级人才皆能陆续培养，蔚为国营重工业建设之用。

对于战后工业建设已经拟具初步计划，并奉命在去年四月间召集工业建设计划会议，详细研究。沦陷区工矿事业处理，亦经着手拟定办法。以上二事，关系战后复员、建设二大时期之基本工作，本年度内自应赓续加紧，缜密筹画，得有成果。

（二）本年方针及计画

本年远东战局当为大规模发动反攻时期，而国际水陆通道之开辟，恐非最短时期内所能实现。故在上半年内，后方经济困难或将更增。国内需要物品之输入，除直接军用品外，仍不能大量加多，而国内因反攻关系所需各种物资之供应，势将陡增。同时以反攻军事之推进，复员工作必须随之逐步进行。故资委会本年之方针，即拟配合以上局势，着重（甲）加强作战物资之供应。（乙）复员准备工作之推动。同时（丙）对战后建设计画则再检讨，拟具定稿，呈请核夺，并对人才之培养加以注意，以为战后建设之准备。（丁）盟国所需之矿产自仍照旧进行，并向盟邦商洽减轻我方困难之办法。（戊）建立国营事业之制度。兹再分别将计画列陈如次：

（甲）加强作战物资之供应。资委会主管范围以内，生产与作战密切有关之物资计有（一）运输燃料（包括煤、汽油及酒精）、（二）电

---

① 即今星星峡。下同。

讯器材（包括有线电、无线电器材）、（三）钢铁、（四）机械、（五）电力五类。反攻开始，军队给养之运输，铁道与公路最关重要，故煤、汽油及酒精之供应不容或缓。上年煤产七十四万五千吨，本年拟增至一百零九万四千二百吨。上年汽油三百十三万加仑，本年拟增至六百二十五万加仑。上年酒精共产二百七十六万加仑，本年视实际需要加以增产。煤之产量特别注重湖南及云南二省，以期铁路用煤得以充分供应。同时对贵州煤矿亦加紧开采，以为黔桂铁路延伸至贵阳之需。汽油拟以土西路开通进出口物资二千吨，西北所需之油为准，同时并拟将一部分运至重庆，以供西南急需。目前西南公路卡车运输大体均用酒精，而美国军品内运数量日增，故滇、黔、川三省所办酒精事业当亟谋增产。唯是欲图生产之供应不断，必须生产费用之源源接济。以往资委会所需生产费用均向银行息借而来，不仅利率高昂，抑且往往缓急不能相应。如能一面规定产额，一面将生产费用按月预为拨给，如款项接济无缺，而生产不足额，则生产事业机关主持人员自应加以处分。此款最好分于一、四、七、十各月拨交资委会，视每月厂矿实际产量，按月核实转发。如此，经费与生产可以切实配合，而利息等费用亦可减除，成本支出因以降低，间接减少国库负担。而国库方面似亦无须另行筹措，只须将需用机关原拟购买汽油、酒精等等预算划扣转帐，自无不便。电讯器材之增产，除资金周转外，尚须有少数必需外购器材，盼能向美国购运来华。原则如蒙批准，当再编列清单呈请察核。钢铁可以制造炸弹壳，以减少空运输入炸弹之吨位，实宜从速着手。如能成功，并盼航委会方面能拨款预订，以利进行。后方机器工厂设备较为完善者，首推中央机器厂。美国空军及运输方面已屡与资委会商洽，由该厂代制机件，自应竭诚照办。电力需要远过现在发电能力，上年在艰难困苦之中，竟能增加设备六千八百瓩，实非易事。本年上半年更可完成约七千五百瓩，并拟将兵工及空军需要尽先供给。现在后方各大城市，除重庆、桂林、成都三地之外，几全由资委会电厂供电。本年预计产量另附一表，呈请察核。

（乙）复员准备工作之推动。本年反攻军队推进时，各主要工矿事业，如电厂、煤矿倘不立即恢复，不但当地秩序无法维持，即军队之进展亦将受严重之影响。此外，机器修配部分亦属需要。凡此诸项，洵宜及早准备，庶可以随军推进，不误戎机。电厂方面，因正式电厂、电机装置费时，动需一载，缓不济急，拟向美英洽购火车及船上电厂流动设备，以期运输便易，发电迅速。兹已在接洽中者，共有二十九套，计向美洽购者十九套，向英洽购者十套。此事本年必须积极办成。另拟利用国内现有小型机件装成流动电厂二、三套，以备紧急需要。为谋铁路电厂必需燃料，自宜预为准备，拟向美国订购采煤机件若干套，早日运华，俾免临事张罗，补苴不及。其它如机器修配部分，亦当妥为拟具办法，籍可随时实行。而此类工作所需之经费，均未列入本年预算，拟请准予临时请拨，以利事功。

（丙）战后建设计画及之调整。战后建设上年已拟有计画草案，但其中舛误疏漏之处，自尚不少，而与其它部门，如交通、农林、金融、财政等之配合联系，亦未能完全顾到。凡此均为极关重要之问题，允宜彼此接洽，再加详密研讨，以期完成一国家经济建设之整个计画。同时，为实现此计画所需之干部，不论高、中、初级人员，均应拟具具体办法，切实进行。高级人员应在国外训练者，亦应及早派赴国外，进入外国著名厂矿参加工作，使能实际获有经验。此种人员之派遣，必须根据计画，指定学科、指定厂矿、确实研习，使返国之后即可自行设厂、自行制造。如派遣并无计画，恐陷昔年勤工俭学之覆辙，且为外人讥评，不可不防。

（丁）盟邦军用物资之运供。出口物资钨、锡、锑、汞四项，锑当注意。锑品之制造，并推广内销用途，以维事业之支持。其余钨、锡、汞三种仍在政府财力可能范围之内，继续产运。惟为减轻成本起见，拟商请美方将交货地点由昆明改为桂林，俾免长途卡车运费之负担。在西北方面，如土西铁路不能通行，拟尽量减少运往对苏应交之货，改在西南运交，以节运费。同时，试向美方接洽，以钨、锡易其黄金，转售中央银行易取国币，以维事业之进行。关于易取黄金及改交货地点为桂林二事，美国派来矿业专家马理斯亦甚赞同。经呈奉孔副院长核定进行，拟于本年年初切实商洽，期其成功。

（戊）建立国营事业之制度。资委会经营国营事业为期尚不为久，但有若干良好风气已确立，若干基本规章亦在逐渐订定施行。其中最主要者：第一为资委会之员工一律不得参加资委会所办事业之资本，以避免官僚资本之产生。盖必须公私分明，然后瞻情徇私之风可免。清末政府举办事业之覆败，全由于经办人员之视为私产，任意吞蚀，可为殷鉴。第二为所有员工视同一体，以隐弭劳资意识之滋生。良以国营事业，如有劳资之分，资方应为政府，所有员工，无论总经理、经理、厂长以至普通工人，实均为政府之雇员。其所任之工作性质，固大有不同，而其它地位则全然一致。故经通令各厂矿一律组织员工励进会，使工作之余所有游戏、读书以及其它业余活动，员工得以共同参加。国营事业原无劳资之分，今更使员工镕为一体，自可消除阶级观念之产生。如仿照私人企业组织工会，恐易形成员工对立之局，反致纠纷，似宜设法避免。第三为健全事业之组织。已由资委会规定各事业组织之通则，以为一般之标准。而对各种特殊之事业，仍参照其特殊之性质，分别规定其合理之组织。第四为树立进步之人事制度。我国工业原不发达，旧有技术专才为数无多，欲求今后大规模之建设，势非提拔新进，奖引后来，不易奏功。而安于故习、不求进步之人不能不加以淘汰，对勤奋工作之士则予以确切保障。因事业性质之不同，其任用、甄别、奖励、保恤等事，自与一般行政机关有异，不能不另定办法。第五为推行重工业之会计制度。此项制度对于成本会计特为注重，业经主计处准予试办，正在尽力推行，并将已有经验对原定制度陆续修正，以期完善。第六为确定统筹各事业盈亏拨补之办法。本会各事业每年决算，因事业之互异，盈亏各有不同。如一事业单位略有亏损，动须请求国库拨款弥补，不仅手续繁琐，抑且不甚合理。故经拟定办法，对各单位之盈亏，由资委会先为统筹拨补，以盈补亏，再有盈亏，然后缴解国库，或呈请弥补。按之实际，自民国二十九年至今，每年尚有余款解交国库。以上诸多，均为事业根本所关，除已分别试行外，仍赓续研讨，逐渐改进，并与有关机关密切联系，务于战事结束以前，完成各项主要办法，以为战后建设之准绳。

总之，为期工业建设之迅速实现，为使工业计画之适合整个国家之需要，为避免私人资本主义之重演，均非认真推行国营工矿事业不为功。国父遗训，钧座昭示，剀切详明，中外共晓。职深凛职责之重大，时恐覆餗之堪虞，黾勉前进，未敢或懈。兹奉钧命，检讨过去成绩，拟定来年方针。用陈所见，是否有当，理合检呈书表，敬祈指示祗遵。谨呈

委员长蒋

    附呈 三十一年及三十二年资委会各厂矿产生数量比较表；

        三十一年及三十二年资委会经办出口矿产生产交货数量比较表；

        三十三年资委会各厂矿产量预计表；

        资委会重工业会计制度；

        资委会统筹盈亏拨补办法。

职 翁文灏（印）

拟办：

翁部长所陈述本年方针及计划（甲）点："加强作战物资之供应"内，请求将本年度酒精、煤及汽油等厂矿生产费用，按日或分一、四、七、十等月，预为拨发，以配合计划，增加产量，拟交孔副院长核办。救济钢铁事业制造炸弹壳一层，拟饬与航委会会商进行。

（丁）点："盟邦军用物资之运供"内有试向美方接洽，以钨、锡易其黄金，转售中央银行，易取法币之建议。谨查此项办法，仅能使钨、锡价格随黄金之市价而变化，并不减少法币之流通数量。自美国售与我大量黄金后，中央银行并不需要黄金。似不如令饬与美方交涉，以钨、锡易取民生日用物资，如纱布、药品，而以民生物资易取法币，反能增加国内有用之物资，间接收收缩通货、平抑物价之效。当否，祗候钧裁。

〔陈〕方

三·六·

〔《国防工业（三）》（1941年9月20日至1947年7月9日）：1120/6070.01-03/210/001112000A012〕

（五）战后工业计划会议筹划与设想

蒋中正为召集工业建设计划会议致翁文灏陈立夫电
（1944 年 4 月 17 日）

翁部长詠霓、陈部长立夫：工业建设计划会议预定本年十月间召集，请先设题通报各会员研究。中正手启。卯筱侍秘丁。

〔《工业建设（五）》（1942 年 12 月 29 日至 1944 年 12 月 12 日）：1120/1032.01 - 05/203/001112000A005〕

翁文灏呈请暂缓召集工业建设计划会议
（1944 年 9 月 27 日）

拟议战后工业建设计划继续拟订方式呈请核示事。查吾国战后工业建设计划，前遵钧谕先由职部拟具计划草案，并于上年四月间会同教育部召集会议，加以讨论修正，所得结果业经专册缮呈在案。嗣又奉钧谕："各项计划应再指定专人妥为研究，于本年十月间再行召集会议"等因。目前各项计划业已分别筹划，并正在设法增订，所有增订部分，关系颇为重大，另折陈明之。扬子峡口水力电厂即其一例，此项目具体工程实非由美国方面认真协助不易观成。工业计划中之其它中心部门，亦须与美国专门人员酌为商洽，方能得有实行之把握，不易纯凭如上次会议方式即可完全决定。故上年会议已得有初步之统筹，现在办法宜更重实际之执行。因此，原拟下月举行之会议，似可暂从缓办。此时先由职部依照工矿电业之重大业别，与各该事业之主管人员详加商洽，并俟美国战时生产局长纳尔逊偕同工业专门人员至华时择要面洽，藉以制成确可实施之方案，呈请钧核。届时如果认有仍行举行会议之必要时，再为定期召集，如此办理，似更为切实可靠。是否有当，仍候鉴核示遵。谨呈

委员长蒋

职 翁文灏（印）

拟办：拟准从缓召集，俟纳尔逊偕专家来华时，再会商详拟。陈布雷。

批示：如拟。

〔《工业建设（五）》（1942 年 12 月 29 日至 1944 年 12 月 12 日）：
1120/1032.01 –05/203/001112000A005〕

蒋中正为暂缓召集工业建设计划会议复翁文灏代电
(1944 年 10 月 20 日)

经济部翁部长勋鉴：资机字第一〇二二号九月廿七日签呈悉。原拟
本月举行之战后工业建设计划会议可准从缓召集，俟纳尔逊偕专家来华
时再会商详拟可也。中〇。酉哿侍秘。

〔《工业建设（五）》（1942 年 12 月 29 日至 1944 年 12 月 12 日）：
1120/1032.01 –05/203/001112000A005〕

翁文灏呈召集战后工业建设计划纺织业组会议情形
(1944 年 10 月 30 日)

战后工业建设计划，前经上年四月遵奉钧座令举行会议，拟定初
稿。唯限于会员人数，未能普遍邀集实际从事本业人员参加。在民营事
业成效已著之工业中，如纺织、面粉等厂重要主持人之见解，尤宜设法
征询。故拟分为纺织及食品二组，分组洽商，以期集思广益，更臻完
善。所有纺织组，经于十月九日起，由本部工矿调整处邀集具有实际经
验人士，集议讨论，共计商议四次，决议要点计有：（一）棉纺业战前
已有基础，棉花供应充足，战后尚可增产，亟应于战后扩充，使棉织品
不仅可充裕供应国内需要，且能成为重要输出品。尤以日本在战时毁去
纱锭为数甚多，宜趁其未能恢复之际，迎头赶上，以夺取战前敌货倾销
之南洋市场。故总锭数必须增加。第一期五年拟定七百万锭，第二期五
年再增六百万锭，共为一千三百万锭。至于毛、麻两项，亦经讨论，就
初稿修改之处尚不多。（二）发展纺织业所需之机械数量极大，其来源
有国内制造及国外购置两途。惟国内制造工作极属艰巨，国外购置头绪
亦极纷繁。在战时，则英美盟邦正集中力量制造军器，无暇及此。在战
后，则除尽先供应其本国纱厂之需要外，尚有南美各国之棉纺业亦正方

兴未艾，竞购必烈。而国外购置所需资金为额过巨，亦须详为筹划。为针对此种情形，迅谋我国纺织业之发展起见，金拟应采集体购买办法，并为便利统筹募集资金与国内制造之进行，经决议组织"中国纺织业建设委员会"，拟定章程草案，呈送本部核办。所有召集战后工业建设计划纺织业组会议经过情形，理合检同附件，呈请鉴核。谨呈

委员长蒋

职 翁文灏（印）谨呈

十月三十日

附呈 邀请参加会议人员名单一份；

　　　历次会议纪录四份；

　　　《中国纺织业建设委员会章程草案》一份。

附件一　　　　　　纺织组会议参加人员名单

姓名	现任职务	备注
束云章	豫丰和记纱厂总经理	由厂长毛翼丰代表
潘仰山	豫丰和记纱厂经理	
郑彦之	豫丰和记纱厂副经理	
苏汰余	汉口裕华纺织公司董事长	由孙瑞麟代
祝士纲	汉口裕华纺织公司重庆分厂厂长	由汪文竹代
萧伦豫	沙市纺织公司经理	
李国伟	上海申新纺织公司第四厂总经理	
章剑慧	上海申新纺织公司第四厂协理	
荣尔仁	上海申新纺织公司总管理处协理	
刘国钧	大成纺织公司总经理	
刘鸿生	中国毛纺织公司总经理	
徐谟君	中国毛纺织公司厂长	
高士愚	民治纺织染公司总经理	
盛绍章	川康毛纺织公司经理	由陈观之代
陆绍云	维昌纺织厂经理	
吴味经	中国纺织公司总经理	
薛明剑	前申新纺织公司无锡三厂厂长	
高惜冰	中央设计局设计委员	
李轫哉	交通银行设计处副处长	

姓名	现任职务	备注
蒋迪先	上海纱厂联合会驻重庆代表	
任尚武	花纱布管制局技正	
李升伯	诚孚纱厂经理	未到
徐景薇	经纬纺织机械制造厂董事	未到
黄朴奇	经纬纺织机械制造厂经理	未到
桂季恒	前华新纱厂厂长	
朱仙舫	建成纺织厂经理	未到
欧阳仑	经济部工业司司长	
秦宏济	经济部工业司科长	
雷宝华	经济部专门委员	
王子建	经济部管制司科长	
张兹闿	工矿调整处副处长	
陈体荣	工矿调整处业务组组长	
张传琦	工矿调整处业务组副组长	
李充国	工矿调整处专门委员	
刘文腾	工矿调整处专门委员	
吴文建	工矿调整处统计主任	
赵星艺	工矿调整处组员	

附件二　战后民生工业建设计划纺织业组会议第一次会议纪录

时间：三十三年十月九日下午二时三十分

地点：重庆九尺坎三十四号

出席：翁部长、盛绍章（陈观之代）、章剑慧、桂季恒、雷宝华、高惜冰、欧阳仑、刘鸿生、秦宏济、潘仰山、王子建、郑彦之、李充国、徐谟君、荣尔仁、刘国钧、萧伦豫、陆绍云、张兹闿、刘文腾、张传琦、吴文建、赵星艺、陈体荣、任尚武、吴味经、苏汰余（孙瑞麟代）、薛明剑、高士愚、蒋迪先

主席：翁部长

行礼如仪。

主席报告开会宗旨：政府曾于去年四月召开战后工业建设计划会议，拟定工业建设纲领及工业各部门之建设计划。关于工业建设纲领，

经送请十一中全会决议通过。关于工业各部门之建设计划尚属初稿，亦正经分别广征各方意见，详为探讨。查在去年四月间开会时，限于会员人数，所讨论亦仅及技术范围，未及普遍邀请实际从事各业之企业家。兹当战后工业建设计划正在缜密修订之际，而纺织工业既为民生所必需，战前即已具有基础。将来建设拓展，不仅国民生活标准可以提高，且可将剩余成品出口换取外汇，国计民生，均属切要，特约集诸位先生共同探讨。诸位先生对于纺织工业识验均丰，幸不吝赐教，使此战后纺织工业十年计划草案缜密周详，提供政府采择，则有裨于我国战后纺织工业之前途端非浅鲜。本日为第一次开会，所拟讨论者为棉纺织业建设计划，请诸君发抒意见。

张兹闿先生报告：原拟战后纺织工业五年计划草案编制之标准，系按（一）第五年达到每人消费量为每年四十五市尺即十五公尺；（二）总锭数八百万锭；（三）估计战后存余三百万锭，故应于五年内增设五百万锭；（四）第五年需原棉二千四百万市担，较战前（民二十五）最高额一千七百万市担，尚须增产七百万市担；（五）力织机用纱量为纱之总产量百分之二十五，余归农主织机织成布疋。以上为设计时主要标准数字，此外锭数分布及其它详细数字可参阅计划各表。

主席提出如何进行讨论，征询众意，均赞同按拟定之议事日程进行。

（一）案由：估计棉纺织品国内消费数量

讨论经过：王子建先生提出，战前及战后国内棉纱、棉布供给及需要两项估计数字因布疋宽窄不等，故按方码计算，认为每人每年需要棉布十方码（附录一），请予讨论。继经刘文腾、刘国钧诸先生发言，以为战后国民生活必较战前提高，故消费数量亦须增加。且都市人民对于针织品之需要势将增多，每人每年十方码之数，似嫌过低，故以最低计算必需每人每年十五公尺始敷需要。结论为每人每年消费棉布数量应为十五公尺，以此标准再行计算棉纱消费量，作为本计划之根据。

（二）案由：拟订棉纺织品出口数量并估定各销区之数量分配

讨论经过：本案经刘鸿生、刘国钧、陆绍云、萧伦豫、吴味经诸先生相继发言归纳，所提意见计有三项，即（一）如何决定棉纺织品出口数量与生产数量之比例；（二）决定何处为出口之对象；及（三）如何限制外货竞争之办法。

经讨论后结论为：（一）关于出口数量与生产数量之比例，须视战后国内消费量及可能生产量而定。按战前棉纱业情形言之，暂先以全国总生产量，提出百分之二十作为出口数量之标准，如将来生产有余，再酌予增加。（二）关于出口地区之对象，就国际环境及市场条件而论，本计划自先应以南洋群岛为初步之对象。（三）关于限制外货竞争之办法事关国家政策，但亦不妨提请政府考虑规定"限制输入额"办法以资保护。

（三）案由：拟订两个五年计划之分年进度并估定各生产地区产量之分配

讨论经过：查本案归纳所提意见可别为四项：（一）决定战后尚可利用之纱锭之估计数字以为增设新锭之根据；（二）决定本计划两个五年纱锭之总数；（三）棉纺厂区位之确定；及（四）规定布机之数量及力织机与手织机之比例。

关于第一项，张兹闿先生提供我国前向联合国善后救济总署提出战后存余纱锭数字为二百万锭之数，可供参考。章剑慧先生则认为，我国战前共有纱锭五百万锭，其中二百余万锭为日人所经营。现因日人缺乏钢铁，已将大部纱锭毁坏作为钢铁原料。上海一地，据本席所知已毁七十万锭，并有继续毁坏趋势，而国人经营之纱锭将来势有被毁可能，且战后日人撤退时及盟军轰炸之破坏损失已属意料。故本席以为，战后全国可利用之纱锭数目估计约在壹百万至二百万锭之间。吴味经先生亦同意此数。荣尔仁先生认为，战后余存纱锭数字既难十分确定，不如不予估计。薛明剑先生则以为战后存余纱锭可不必列入本计划纱锭总数之内，如有余存固佳，如无余存亦不致影响本计划纱锭之总数。结论以战后尚不致全部无存，仍以一百万锭为估计存余之锭数，但不单列一行，将此数列入第一年锭数栏内。

关于第二项，按原拟五年计划草案为八百万锭，经陆绍云、章剑慧、吴咮经诸先生发表意见。章剑慧先生认为，战前棉纱产量手纺者约占百分之十七，战后第一期五年手纺仍不能完全消灭，因农村人民仍多其余暇可以利用，故不如第一期五年总数配减为六百万锭。假定余存一百万锭则新增五百万锭，六百万锭产纱尚虞不足，可由百分之十七之手纺补足之。陆绍云先生以为，第一五年新增六百万锭，第二五年新增四百万锭，沦陷区纱锭之可能留存之数暂不计算在内。如有存余，则在第二五年之四百万锭中，即可按存余之数以为伸缩。吴咮经先生认为，假定战后存余一百万锭，则本计划第一五年新增七百万锭，第二五年再增二百万锭。经讨论后，结论佥认战后第一五年七百万锭内新增六百万锭，第二五年新增六百万锭，十年总数共为一千三百万锭。

关于第三项区位问题发表意见者，计有陆绍云、张兹闿、高士愚、荣尔仁、刘国钧、刘文腾、薛明剑、吴咮经、李充国诸先生。所提意见可归纳为：（一）全国按地理划分为若干区，每区分配纱锭数额；（二）以为棉纺织工业之区位应考虑接近产区、国防安全及工人体力等条件；（三）以销场及交通、动力等条件为设厂标准；（四）以所产纱支之粗细，如上海为细纱区，扬子江流域为二十支纱区，内地为粗纱区为划分标准。但关于每一地点设厂锭数，则众意均认为不必具体规定。经讨论后，佥认区位及纱锭之分配必须视各种条件而作合理之决定，经公推吴咮经、章剑慧、刘国钧三先生研究拟定，于下次会议提出具体分区办法，再行讨论。

关于第四项布机之数量及力机与手织之比例，佥认布机数量因国内已能自造，如棉纱供应无缺，当无问题，故数量可由人民自由支配。唯本计划力织机与手织机之比例，亦请刘、章、吴三君研究，下次开会提出讨论。

散会：五点四十分。

附件三　　　国内棉纱棉布供给及需要量之估计

战前
棉纱总生产量（单位：千公担）5934
棉纱总需要量 5800
出超 134
棉布总生产量（单位：百万方码）3800
棉布总消费量（东四省未包括在内，以四万万人口计算，每人每年消费 10 方码）3860
入超 60
资料：《中国棉业之发展》
战后（假设第一五年计划完成 8000000 锭）
1. 棉纱总生产量（每锭每日以一磅计，每年 300 天）10909（千公担）
2. 棉布总消费量（四万万五千万人口计，每人每年十方码）4500（百万方码）
＝6136 千公担
3. 帆布、水龙布、帐棚布等以棉布消费量二十分之一计算 36 千公担
输出（1－2－3）＝4737 公担

附件四　战后民生工业建设计划纺织业组会议第二次会议纪录

时间：三十三年十月十一日下午二时三十分

地点：重庆九尺坎三十四号

出席：翁部长、雷宝华、秦宏济、蒋迪先、王子建、高惜冰、刘鸿生、潘仰山、刘国钧、萧伦豫、李充国、徐谟君、高士愚、张兹闿、陆绍云、吴味经、刘文腾、陈体荣、张传琦、任尚武、苏汰余（孙瑞麟代）、薛明剑、赵星艺、汪文竹、吴文建、荣尔仁、章剑慧、桂季恒、郑彦之

主席：翁部长

行礼如仪。

（甲）报告事项

首由吴味经先生报告上次会议所交研究设置纱厂划分区域问题研究结果，列表宣读拟定之区位，请予讨论。继由高惜冰先生提供资料，并建议以为东北四省现已达四十六万锭，故连战后可能存余旧锭计算，原表所列东北区战后目标仅十万锭一节似应修改。当经决议东北区列为四十万锭，其余各区之地点及锭数亦均有修正（附录二）。次由章剑慧先

生报告织机配合问题研究结果，谓关于织机配合问题，战后两个五年计划所产棉纱用途之分配，织布应占百分之八十，针织占百分之二十。至织布部分因农村织机战后必仍多存在，故在第一期五年内力织机所占成份不宜过高，约为百分之三十，至第二期五年再提高至百分之六十，上列二项均经通过。

（乙）讨论事项

主题：棉纺织设备及原料之供应问题

（一）案由：估计战后余存可用之设备

查本案经由上次会议估为一百万锭，列入第一年总锭数之内，不再讨论。

（二）案由：向国外购置设备之标准及办法

讨论经过：荣尔仁、刘鸿生、章剑慧三先生提议，谓购置机器设备技术问题颇多，集体购买尤属必要。而战前全世界纺机制造每年不过二百四十万锭，在战时日本及中国沦陷区纱机均继续拆毁，虽印度颇有增加，但在亚洲整个情形而论，纱锭大为减少。而南美各国亦在力谋建立棉纺工业，各方争购纱机亦必激烈，且购置机器亦必连带涉及筹措资金问题。故为谋我国棉纺业迅速进行购置设备起见，似应组织委员会司理其事，俾有专责以收事功。当经一致赞同，并推举吴味经、刘鸿生、荣尔仁、潘仰山、刘国钧、陆绍云、高惜冰、薛明剑、萧伦豫、张兹闿诸先生负责起草办法，于下次会议提出讨论。

（三）案由：扩大国内自制纺织设备之办法

讨论经过：由张传琦先生提出扩大制造纺纱机初步计划（附录三），请予讨论。当经张兹闿、薛明剑、荣尔仁诸先生认为，原列五年内制造纺纱机一百另五万锭之数，似嫌过少，然因限于环境亦未能过分大量制造。揆诸目前制造能力，似可将原计划五年内第一年制造五万锭修正为十万锭，第二年为二十万锭，第三年三十万锭，第四年四十万锭，第五年五十万锭，五年共达一百五十万锭之数，似此情形则第一期五年如留存一百万锭，则自制一百五十万锭，向国外购置四百五十万锭，似属合理。当经通过，采用此项标准将本计划修订。

（四）案由：原料供应问题

讨论经过：吴味经先生发表意见，以为我国战前棉花尚有输出，倘战后能利用荒地植棉增产更非困难。故在战时，沦陷区虽在减产，但在战后，棉花增产实较增设纱厂为速。所应注意者为战时减产，则棉农所存棉籽实极缺乏，故亟应向盟邦洽商大量供应棉籽。如此则更可趁此时机由美国将棉种输入，则棉花之品质亦可改进矣。继经蒋迪先先生发表意见，以为中国可植棉花之荒地颇多，若战后加以充分利用，据本席实际调查，黄河以北棉花产量尚可增加。战前为民国二十年至二十六年之平均产量之三倍，江苏省长江以北一带平均亦可增产二倍半。若就二十五年全国棉花产量一千七百万市担计算，则战后可能增至四千万担，故将来棉花之供应本席亦认为无大问题。

散会：五时十分。

附件五　战后民生工业建设计划纺织业组会议第三次会议纪录

时间：三十三年十月十四日下午二时三十分

地点：重庆九尺坎三十四号

出席：翁部长、雷宝华、张兹闿、刘国钧、束云章、薛明剑、章剑慧、欧阳仑、刘鸿生、李轫哉、徐谟君、高士愚、汪文竹、潘仰山、吴味经、陆绍云、萧伦豫、荣尔仁、蒋迪先、秦宏济、王子建、刘文腾、李充国、陈体荣、张传琦、任尚武、桂季恒、孙瑞麟、赵星艺、吴文建

主席：翁部长

行礼如仪。

（甲）讨论事项

（一）主席宣读上次推定潘仰山、刘国钧、陆绍云、高惜冰、薛明剑、萧伦豫、荣尔仁、刘鸿生、吴味经、张兹闿诸先生会商拟定之《中国纺织业建设委员会章程》草案，逐条经出席诸君研讨，发表意见后，当经修正通过（附件四）。

（二）继讨论本日议程所列主题：毛纺织业建设计划

案由：拟订两个五年计划之分年进度并估定各产区产量之分配

讨论经过：首由刘文腾先生说明原编五年毛纺织工业建设计划编制之意义及标准。（一）原计划第一期五年可达三十万锭，第二期五年再添三十万锭，均粗呢锭、哔叽锭各半。（二）照原料情形，我国羊毛年产约为六十余万市担，用途分配为地毯 30%，床毯 30%，呢绒（woolen）30%，哔叽 10%。至哔叽锭数全部所需之原料当不止此数，原计划系拟以地毯出口所获外汇购取外国羊毛输入本国，专供哔叽纺锭之原料。（三）照此原则地毯出口，细羊毛或毛条入口相抵，尚可出超三百五十余万元（按战前价格）。各点提请参考。继由徐谟君先生发言，我国每年羊毛产量虽可达六十万担，但因运输困难，目前实际能供毛纺织业之用者只三十万市担，如连东三省在内亦不过三十五万市担。假定六十万市担皆能供给毛纺织业，恐亦不敷用，且国内羊毛品质不如外毛，哔叽原料仍赖输入。至在交通进步后及注意羊毛生产，可用之羊毛数量自能由三十五万市担增至两倍，超过一百万市担亦属可能。刘文腾先生发言，按海关纪录，我国羊毛出口数量平均每年十六万公担以上，陆地出口者尚不在内。故如国内自用不将羊毛输出，则数量自可达三十余万市担以上，此点可供参考。高士愚先生发言，战后建设毛纺锭五十万锭并不为过大，至国内羊毛供应恐虞不继，故战后毛条之进口似毋须加以限制，俾能配合需要。刘鸿生先生发言，以为国产羊毛之不足及品质之欠佳可由增加羊毛产量及改良羊种着手，促请农林部普遍改良羊种以资配合。至万一不足必须进口，亦以进口羊毛为限，而毛条进口则须加以限制，俾国内毛纺织业基础可以奠定。因制毛条之"精梳"工作为极基本之步骤，不宜仰赖国外也，此点似可建议政府参考。

经讨论后结论为：（一）目前羊毛原料虽不过三十余万市担，但原计划系至第五年始达二十万锭所需羊毛为八十九万余市担，在此五年内，羊毛当可由三十余万市担增至八十九万市担，原计划第一期五年达到二十万锭仍照旧，无须更改。关于区域问题及哔叽锭与呢锭之分配比例，仍援棉纺织业例，推举刘鸿生、高士愚、徐谟君、刘文腾四先生研究起草，提出下次会议讨论。三［二］国外购置及国内自制机器等节，与棉纺织业汇案进行。

（三）继讨论麻纺织建设计划

刘文腾先生说明原拟计划要点，麻纺织工业分为麻布制造与麻袋制造两种。前者在欧美各国多用亚麻为原料，后者多用黄麻为原料，但我国亚麻产量极少，黄麻产量亦极有限，故拟利用本国苎麻及大麻代替亚麻、黄麻为原料之用。吾人原起草第一期五年计划设麻布纱锭五万锭，麻袋纱锭八千一百锭；第二期五年计划设麻布纱锭七万五千锭，麻袋一万二千锭。十年完成麻布纱锭共为十二万五千锭，麻袋纱锭共为二万锭。按照第一期计划进行，需要用苎麻原麻四十四万八千市担，大麻七十七万五千市担。据二十八年全国麻产统计，苎麻可产一百六十余市担，大麻可产一百三十余万市担，原料供给当无问题。经讨论后推举荣尔仁、陆绍云、李充国三先生研究，将所得结果于下次开会提出讨论。

附件六　战后民生工业建设计划纺织业组会议第四次会议纪录

时间：三十三年十月十六日下午二时三十分

地点：重庆九尺坎三十四号

出席：翁部长、潘仰山、张兹闿、刘鸿生、荣尔仁、徐谟君、王子建、陆绍云、刘文腾、雷宝华、李充国、章剑慧、苏汰余（孙瑞麟代）、萧伦豫、汪文竹、刘国钧、任尚武、束云章（毛翼丰代）、蒋迪先、张传琦、李轫哉、高士愚、桂季恒、高惜冰、吴味经、赵星艺、吴文建

主席：翁部长

行礼如仪。

（甲）报告事项

（一）首由刘鸿生、高士愚、徐谟君、刘文腾四先生提出《建设战后毛纺织工业之意见》，经主席逐条宣读，征询众意。当经刘鸿生先生提出补充意见，以为关于羊只数量，如能提倡每家均能普遍养羊若干只，则集腋成裘，本计划第一五年所需羊毛二十六万五千市担之差额当可自给。同时对于羊之卫生及剪毛方法亦悉应予改良，俾增加羊毛之产量。关于羊种之改良，查美利奴羊种与我国之气候不适，不宜豢养，但我国宁夏、河南密县及山东寒阳之羊种均极优良，可资推广。继由徐谟

君先生补充意见，以为"公母分群"亦对增加羊毛产量有关。结论认为原意见第三条 A 项应修正为：（一）就国内优良羊种，如宁夏、河南密县、山东寒阳之羊种应予积极提倡推广；（二）公母分群及（三）改良剪毛方法，其余各条均决议通过（附件五）。

至毛纺织工业之区位问题，由刘、高、徐、刘四先生提出《战后毛纺织工业第一次五年计划各区毛锭数量分配表》请予讨论。首由高惜冰先生发言，以第三区原列地点长春不如改列热河赤峰或简称热河，因赤峰现已有毛锭一万锭，将来发展较易为力，当经众意赞同修正。继由毛翼丰先生认为，表列第五区系我国产毛最多区域，而纺锭仅占总数十分之一稍强，原表所列锭数似应酌予增加。旋由徐谟君先生答复，以为该区目前交通、人工均极缺乏，若再增加势所不许，不如在第二五年计划内再予扩大。旋经吴味经先生提议原表第五区山西应改列第一区内，以示与棉纺织所分区划一，亦经通过（附件六）。

（二）关于麻纺织之区位及锭数分配，由荣尔仁、陆绍云、李充国三先生提出《战后苎麻大麻纺织工业第一次五年计划建设纱锭织机表》，并经陆绍云先生说明。因我国亚麻与黄麻产量有限，故本计划只提及苎麻、大麻两种。查我国苎麻每年产量平均约为一百七十万市担，大麻约为一百四十万市担，若以一半供给机织，则原五年计划之锭数似嫌稍小，经本席等研讨结果，将第一五年内苎麻纱锭由五万锭增至八万锭，大麻纱锭由八千一百锭增至一万锭，俾与原料之供应配合，当经众意赞同通过（附件七）。至机器设备之国外购置及自制办法与原料供应问题两项，亦经决议交由将来拟组织之中国纺织业建设委员会并案办理。

（乙）讨论事项

主席宣布继续讨论下列各案。

（一）案由：纺织业资金筹措问题

讨论经过：查本案讨论极为详尽，但归纳各方意见，可分为二大类：（一）利用社会资金；（二）国外购置机器之资金来源。

关于第一类利用社会资金问题，刘鸿生、荣尔仁、萧伦豫、刘国钧诸先生发言，结论为：中国工业资金之筹措，一般情形虽由集股，而股东仅属诸少数之人，并无公开证券市场藉以普遍流通。故战后欲求社会资金投诸工业，则有公开证券市场，使国民均有投资工业之机会，庶资金之来源可大量增加。又公司法及施行法对于公司注册，须将股东名册及无记名股票之发行日期及号数全案列报，于股票流通束缚过甚，盼政府妥为修正。又刘国钧先生主张酌为限制分红，采用以盈余增发股票，少分现金办法。多数意见不赞成限制分红，但以盈余扩充事业亦须有证券市场，使分得之股票可以流通，随时变成现金，亦为必须之先决条件。

关于第二类国外购置机器之资金来源问题，由潘仰山先生发言，以为战后纺织工业所需机器，请政府协助。至资金来源，目前花纱布管制局管制办法，就豫丰纱厂一厂而言，该局已全年可获盈余四万八千万元以上，此项因管制而得之盈余自宜全数用以协助纺织业建设。刘鸿生先生认为，仍以按法价核给外汇购置机器为适宜。

依据上列讨论议定意见如下：

一、向国外购置机器应用之款项，请政府妥定办法，优为垫助，花纱布统制盈余，尽先拨供此用。

二、请政府就战时在后方之纺织厂核准按法价购买战后建设必需之外汇。

（二）案由：纺织技术员工训练问题

讨论经过：本案经徐谟君、刘鸿生、陆绍云、高士愚、刘国钧、荣尔仁、任尚武、李轫哉诸先生先后发言，佥认战后人员之训练綦为重要，必需及早准备。但归纳各君意见，在训练机构方面：（一）造就纺织人才之学校，应与纺织工厂善为联系，以期适合实用；（二）工厂学校化，由厂方与机械业合作，就各厂之设备，一面实习一面训练，则实施较为简便；（三）就政府现有技工训练办法增加科目班次，在教材方面亦佥认必须划一，其机械之基本知识务宜重视，而对于国外新知识，如电影、通俗小册子等之介绍尤应注意。结论：将本案意见，提付将来拟设之中国纺织工业建设委员会负责起草具体办法。

散会：五点三十分。

附件七 战后毛纺织工业第一次五年计划各区毛锭数量分配表

区域	地点	精纺锭	粗纺锭	合计
第一区 （华北）	北平	3000	17000	20000
	天津	10000	20000	30000
	济南	3000	2000	5000
	山西	1000	1000	2000
第二区 （华东）	上海	30000	4000	34000
	江苏	8000	2000	10000
第三区 （东北）	辽宁	15000	5000	20000
	哈尔滨	9000	6000	15000
	热河	3000	2000	5000
第四区 （华西）	四川	10000	20000	30000
	西康		2000	2000
第五区 （西北）	兰州	1500	8500	10000
	陕西	2000	3000	5000
	宁夏	1000	1000	2000
	新疆	2000	3000	5000
第六区 （华南）	广州	4000	1000	5000
总　计		102500	97500	200000

附件八 战后苎麻大麻纺织工业第一次五年计划建设纱锭织机表

区别	省别	苎麻		大麻		适于设厂地点
		纺锭数	织机数	纺锭数	织机数	
第一区 （华东）	江苏	5000	200			上海
	安徽	5000	200	1000	20	芜湖
	浙江					
第二区 （华北）	河北	5000	200	2000	40	天津
	山东					
	青岛市					
	山西					
	河南					

续表

区别	省别	苎麻		大麻		适于设厂地点
		纺锭数	织机数	纺锭数	织机数	
第三区 （华中）	湖北	20000	800	2000	40	武汉,武穴
	湖南	5000	280	1000	20	长沙,衡阳
	江西	20000	800			九江
第四区 （西北）	陕西					
	甘肃					
	新疆					
第五区 （东北）	辽宁					
第六区 （华西）	四川	10000	400	2000	40	万县,重庆,成都
	西康					
第七区 （西南）	云南					
	贵州					
第八区 （华南）	广东	10000	320	2000	40	广州
	广西					
	福建					
总　　计		80000	3200	10000	200	

注：大麻每千锭为单位，每千锭布机20台。

〔《工业建设（五）》（1942年12月29日至1944年12月12日）：
1120/1032.01－05/203/001112000A005〕

蒋中正为召集战后工业建设计划纺织业组会议致翁文灏代电
（1944年12月12日）

经济部翁部长：十月卅日呈报召集战后工业建设计划纺织业组会议经过情形已悉，兹分别指示如次：（一）该组会议讨论各案应抄送中央设计局参考。（二）关于中国纺织业建设委员会人选，并应在章程中补列农林部及财政部花纱布管制局遴派之人员，以资联系。以上两项统希遵照为要。中〇。亥侵侍秘。

〔《工业建设（五）》（1942年12月29日至1944年12月12日）：
1120/1032.01－05/203/001112000A005〕

二 吸引和利用外资

（一）吸引侨胞回国投资

陈荣芳呈请转让部分工厂矿务号召侨胞回国投资
（1940 年 3 月 22 日）

窃芳此次奉命为航建协会特派员，遄往南洋各属视察各支会并慰问侨胞，敬当遵命，早日首途。惟行程所至，拟便中灌注侨胞集资回国举办实业，用襄抗建大业之成功，区区之心，敢陈钧座。溯侨胞一向薰陶于异俗文化，关念祖国，虽不落人后，而对于投资之举，尚少兴趣，缘其久处他邦，对于祖国之确切情形似欠明了也。为欲释其疑虑，树之事实，改变其心理，踊跃于投资，为祖国与侨胞利益计，拟请就中央经济机关所主办之有商业性之各种工厂、矿务，在可能及需要时转让一二予侨胞承办经营，示作号召，为侨胞回国投资之模范。鄙见所及，是否有当，敬请鉴核示遵。谨呈

总裁蒋

职 陈荣芳（印）谨呈

三月二十二日

拟办：谨按：此次国防工业建设三年计划所需资金共计国币二万零二百余万元，美金一千零七十余万元，在国家财力言，此数字自属不少。然在国家之需要言，则即照现额再加一倍，恐仍相差悬远。长此迁缓迁延，实难达成建国使命。而当前唯一难题，即在外汇缺乏。故吸收华侨固有外汇，奖励其投资有关国防工业之建设，而由政府一面予以保息及保障各种优利，一方由政府规定管理，俾能供应国家缓急之需。此事实为促进建设之有效办法，实值注意。政府过去所采统制政策，确有急速转变之必要。陈荣芳此呈意见，确有可取。拟联同所陈拟议并转经济部核议整个办法，并速拟定数项实施办法，加紧推行，以资号召。当否，请批示。〔陈〕方。三．廿七．陈布雷（印）

附　　　　　　　　**康泽呈陈布雷函**
（1940 年 3 月 26 日）

布雷先生赐鉴：

兹有侨胞陈荣芳同志上呈委座一缄，谨此奉达，祈转请鉴核赐示为祷。肃此。恭颂

尊安

附函一件。

生　康泽（印）

三月廿六日

〔《经济措施（七）》（1937 年 3 月 13 日至 1940 年 5 月 28 日）：
1100.10/2130.01 – 07/40/001110010A007〕

蒋中正为陈荣芳呈请转让部分工厂矿务号召侨胞
回国投资事致翁文灏代电
（1940 年 4 月 13 日）

经济部翁部长勋鉴：据航空建设协会特派员陈荣芳君呈报，奉派往南洋各属视察慰问侨胞，拟劝勉侨胞集资，回国举办实业，用襄抗建大业之成功，拟请就中央主办之有商业性之各种工厂、矿务，在可能及需要时转让一二予侨胞承办经营，示作号召等语。查政府过去所采统制政策之施行方法，急应速图改进，以招致并奖助民营协力建设。业经另电该部会商有关各部会处切实核办有案，兹据前情，即希速照前电方针，拟定数项实施办法，加紧推行，以资号召。关于陈君所请之指示，并希径约面谈，以昭真相，参酌办理为要。中○。卯元侍秘渝。

送附注陈君住址：青年会照字四三号

〔《经济措施（七）》（1937 年 3 月 13 日至 1940 年 5 月 28 日）：
1100.10/2130.01 – 07/40/001110010A007〕

蒋中正致陈荣芳代电
（1940 年 4 月 13 日）

陈荣芳同志大鉴：三月廿二日函呈悉，所请由中央主办之工矿事业中转让一二予侨胞承办经营，示作号召一节，可准照办。已交主管各机关筹拟整个办法，加紧推行，希即向经济部翁部长商陈请示可也。中○。卯元侍秘渝。

〔《经济措施（七）》（1937 年 3 月 13 日至 1940 年 5 月 28 日）：1100. 10/2130. 01 – 07/40/001110010A007〕

蒋中正指示财政经济等部研讨改善统制方法
吸收外资侨资投资工矿建设
（1940 年 4 月 13 日）

经济部、财政部、资源委员会、贸易委员会、四联总处同鉴：查统制经济之实施，其最大目的，在使生产、分配、贸易等项，均能适应国家、人民之需要，各得合理之发展。国家有取给不匮之益，人民获生计发荣之效。故无论任何事业，凡为人民力量所能办者，自可在国家统筹管制原则之下，尽量开放。奖励人民投资经营，并予以扶助，畀以优利，藉期人民踊跃从事，努力生产，而后各项事业始能从群策群力、众擎易举之中，获得蓬勃迅速之发展。在政府方面，亦可费力少而成功多。若泥于统制经济之名，而将各项重大事业，均以政府自行经营为主，不谋促进人民举办之道，则散布民间广大之力量弃而不用，同时政府之力又属有限，在事实上又不克遍举，势必永久不能达成现代国家经济建设之目的。即如此次经济部所拟三年工业建设计划，资金总数国币二万零四百余万元、美金一千零七十六万元，此在政府当前之财力言，数额不为不巨。然按诸国计民生实际之需要，则且相悬天壤。同时所谓奖励民营事业之投资国币三千八百万元、美金二百八十四万元，更属微夫〔乎〕其微，未足为广大普遍之推动。兴言及此，实为建国前途抱无限之焦忧。反之检讨近数年来施行统制经济之利弊，征诸社会一般舆论之批评，更发生下列数种现象：（一）若干工业、矿业规定以国营为主体。在数年以来，比诸以前漫无计划之生产情形，固已有极显著之进步。顾以政府财力有限，致主办当局虽竭尽智能，努力促进，而事实上仍不易获长足之发展。例如石油矿、钨、锑、铜、锡、锌各种矿产之开采增产及汽车厂、水力电厂之建设，仍难急速程〔成〕功。而人民亦鉴于政府政策所在，亦无人敢于问津投资。故为求重要工矿积极完成，吾人已往所定政策，似有重加检讨开展之必要。（二）又有若干事业，人民业已举办，略有成绩，而因政府施行统制，驯至不能自存，卒由政府收归官办。而收管之际，往往人民遭受损折，举其多年经营之心血尽付流水，致社会上一般有资力之人民，动辄引为鉴戒，稍涉资力重大之事业，皆望而却步，不敢尝试。但观近数年来，由人民投资五百万或千万元以上之事业，渺不可睹，则所谓误于此种心理，要似无可讳言。（三）自抗战以来，政府因应付国际易货及管理外汇，在事实上应由政府厉行统制，固无疑义。然各主管机关往往专狃一时之近利，并不顾及未来之生产，常将物资押〔压〕低收价，至使生产者无利可图，甚或且有亏折。矿产如赣钨、桂锡，农产如茶叶、桐油、棉花、猪鬃、生丝、药材等，均有此现象。于是奸民则逞巧走私，良民则弃物停产，结果国家欲求充实易货而来源转枯，欲求增加外汇而物资日少。此在去年贸易委员会之事业中，已充分暴露此种恶劣趋势。凡上三点，在社会批评，虽不无隔膜过甚之处，然政府当局未能达到由统制以合理增产之任务。则固应深自反省，必须急起直追，以求补救者也。故为适应当前抗战之急需计，为完成建国大业之建设计，对于统制政策之施行方法，惩前毖后，至少应本下列之原则进行：第一，亟应积极设法吸收外人之资本。第二，亟应设法吸收华侨回国投资。以上两项，为补救工矿建设在外汇之困难，以纾我国当前财力之所不及。第三，亟应积极设法奖励国内人民投资工矿事业，以辅助政府预定计划之扩大进行，加速进行。如国内人民能自筹购办机器、原料之外汇兴办者，尤应特别予以奖励。第四，经济部亟应制定奖励华侨及国内人民投资工矿事业之办法，并每年发表各种待办工矿事业之项目，指明其地区所在及其应需资金、人力之计划，政府可予协助之程度，尤其将来可得利益之估计，更须详确明告。如此，则华侨与国内人民皆得凭以研究，分别选择举办，藉以吸收散漫逃避之游资与外汇，转作实业建设之贡献。第五，对于现有民营工矿出品及农产资源，虽应受政府之统制管理，但必须准酌实情，保障其生存，扶助其发展。决不可陷其亏折，致趋于生产萎缩，藉以改变人民观感，激励其从事生产之兴趣。总之，统制政策在所必行，但统制方法必须改善。凡上所言，尤非对于过去任何一方有所不满，其目的全在阐明统制政策，期求全国内外同胞共同推行，在政府合理计划之下，分头策进。人民致力建设以为国助，国家尽力提携确予保障，上下相维而不相制，官民相利以图相成。希即本此要旨，由经济部、财政部、资源委员会、贸易委员会、四联总处等机关切实研讨，拟定实施计划及创业保息与补助生产各种办法，分工合作，共同策进。此次四行金融会议，对于争取物资，应不惜成本，促进生产。业有具体决定，实属应时要图，务须加紧施行。倘目前各该机关现办业务，如有不合上项方针者，尤应坦白自承，迅谋改善，亡羊补牢，犹未为晚。须知国家一切事业之进步，本赖因时因地，补弊救偏，逐步改进，以制其宜，俾臻允当。抗建前途，唯兹是赖。务希深体斯旨，迅速筹维，以宏经济建设之实效，至所企盼。中正。元侍秘渝。

〔《经济措施（七）》（1937 年 3 月 13 日至 1940 年 5 月 28 日）：1100.10/2130.01－07/40/001110010A007〕

翁文灏电呈奖励民营建设等事
（1940 年 4 月 19 日）

军事委员会委员长蒋钧鉴：卯元侍秘渝代电敬悉。关于改进过去统制政策及奖助民营协力建设等项，正遵照前电指示方针与有关各部会处切实商订实施办法。陈君荣芳处，经饬主管司司长前往商洽。据陈君称："本人即须于十八日回港，转赴南洋各地向侨胞募集资金，约四五个月后回国。对于承办工矿事项，届时再作具体决定"等语。谨先电复，敬祈鉴核。经济部部长翁文灏叩。皓工印。

〔《经济措施（七）》（1937 年 3 月 13 日至 1940 年 5 月 28 日）：1100.10/2130.01－07/40/001110010A007〕

翁文灏呈统制经济四点意见

（1940 年 5 月 25 日）

委员长蒋钧鉴：

奉钧座元侍秘渝代电，阐明统制经济要旨，列举应改正之现象三端，应注重之原则五项，务仰深体斯旨，迅速筹维等因。仰见励精图治，训诲周详，自当切实省察，妥慎办理。兹就事实所在及考虑所及，分陈如左：

一、对于民营事业应积极奖助保障者。职部及所属之资源委员会对于国防所急需之工矿事业认真办理，以后自仍当继续促进，以供要需。惟同时对于民营事业并未轻视，先就事实之数量言之。自抗战开始以来，缔造经营之国营厂矿共七十处，经政府协助内迁之民营工矿事业则共达四百十八家，创办之民营事业（内有一部分政府资本参加）一百廿二家，原设内地之民营工矿经政府协助款项及设备者亦有相当数量。更就已成之各工矿事业估计，本年产生物品之价值，国营事业产品总值约五千万元，经政府直接贷款或用他种方法协助之民营工矿，则其产品总值约近三万万元。又就所投之资本数额言之，资委会所营国营工矿事业，截至上年年底止，已投资本共五千六百五十余万元，内迁及创设之民营事业之资本总额则达一万五千万元。国营事业之机械设备约共一万吨，假定每吨平均价值三千元，即总值三千万元。内迁及创设之民营工矿，所有机料总量则约共八万吨，以每吨平均值三千元计，总值约二万四千万元。又内迁汉冶萍机械约四万吨，约值一万二千万元。由以上各数字观之，可见近年以来，政府对于国营及民营工矿事业兼顾并重，并未以国营妨碍民营。不仅不相妨碍，实且互相协助。例如《矿业法》规定油、铁、铜及炼焦、烟煤应归国营，近已颁布《国营矿区管理规则》，使可组织公司，招纳商股。又如选定工业中心，创设动力电厂，使民营工厂所需之电力皆可于焉取给。近复公布《特种公司组织条例》，使官商合股之公司中，官股地位应得之董监名额，按股分配，发起机关并不得享受特殊利益。凡此设施，皆所以融通国营、民营之非必要的壁垒，而使成为我国整个的经济建设。近时川省偶有流言，谓中央假国营为名，将川省原有之民生电力、水泥各公司一一收归官办。此皆毫无根据之谣言，中央从未有此拟议，正宜据实声明，以释群疑，决不可轻加听信也。

二、关于经济统制应慎重进行者。中国旧习政府与民营事业绝少联系关系。自抗战开始，鉴于动员物力、加强生产之必要，政府公布《农矿工商管理条例》，选定若干重要事业酌加管理。目前已有具体办法加以管理之物资为钢铁、水泥、煤炭、钨、锑、锡、汞、铜、粮食、棉花、棉纱等物。管理方法对于各种物资因事制宜，略有不同，均各规定专章，分别妥慎施行。其目标大致可分为二类：一为国内市场之调剂，期使供需相应，价格平衡；二为国外贸易之销路，并以供易货或借款之需要。社会论议，对于市价，多以为飞涨太速，政府正在奖助生产，平价购销，以资补救。对于收价，又以为定价太低，致苦民生，兹谨择要说明。在职部职掌内各货收价，如棉花，廿八年十月农本局在陕西收价为每担七十二元三角，嗣已逐渐提高至一百零八元。在湖北沙市开收每担五十四元，现已提升至一百六十元。资委会收购各种矿产，办法因省因类，各有规定。就钨价言，诚系赣钨收价最低，其原因良由赣省产钨之地距运输出口之海防程途遥远，每吨运费至少三千元。赣省收钨办法又与他省不同。他省多由商人设立公司，领区采售，故钨砂定价较高。赣省则由钨业管理处径向矿口收买，并无中间人之营利，收购价格，系估计矿工成本，酌加利益而定。以前收价原为九百元，兹已商定改为一千八百五十元，估计成本约为一千二百元，其间已有相当余利。另由资委会拨款六十万元为本年度赣钨员工福利之用。桂锡在桂省贸易处管理时代收价为三千元，资委会收管后渐加至六千元，现已洽议，拟加至七千四百元。滇锡质分略次而成本较高，滇省管理时收价九千六百余元，资委会接管时定价照旧，兹又加为一万零六百元，凡此皆为办理经过之实在情形。综计政府规定收价办法，系由主管机关查明生产成本，加以合理应得之利润，使生产者有利可图，因以规定价格。如果生产成本加高，则一经查明，价格亦随之提高。惟维护生产之中，宜严防收购机关层层剥削，及居间商人从中贸利，庶使款项不至中漏，实惠克以及民。此则各机关办法，容尚有应行改良之处，自当加意督察，力求改善。又因沿海各处不易完全控制，故近来走私之风，愈见炽盛，现正商同其它有关机关加紧查缉，以塞漏卮。

三、关于外人及华侨资本应积极设法吸收者。关于友邦资本合作者，如湖南之湘潭煤矿、四川之天府嘉阳煤矿，皆有英国资本加入。近复与法国银行团签定叙昆铁路矿业合作合同，派员分出探检矿产。关于水力发电事业，如四川之长寿、犍为等处，曾与英、美、瑞士三国商洽投资或借款，现尚在接洽之中。关于金矿，采金局曾与外商马斯门公司订立采矿合同，将有美国工程师来华襄助推进。凡此皆见外邦人士对于襄助开发尚具热忱。惟因欧战爆发，国际局面深受影响，海内外运输又极不便，故充分进行，不免略需时间耳。至优待华侨回国投资，职部曾经制订《非常时期华侨投资国内经济事业奖助办法》，并著文在海外刊印，劝告侨商。此次华侨慰劳团回国考察，即曾商定合资创设中南橡胶厂股份有限公司，华侨投资七成，计七十万元，现已着手实行。此例实为华侨返国投资之先河，继续劝洽，可望续有效果。惟事实上华侨返国人地生疏，必须主管机关多予指导，国内企业人士热心合作，庶能共策进行耳。

四、关于奖助民营工矿事业各办法应更加努力者。关于民营工矿事业，积极奖助，已略具前节。惟详考实行情形，各项办法亦诚有尚需更为促进之处，择要言之。（一）政府虽颁有《特种工业保息补助条例》，惟审查手续过为繁重，保息预算为数过小，故用意虽属周详，而实效尚未显著。似应酌增预算，加速办理。（二）工业技术日趋进步，凡有斩新方法，例应准予专利。中国对于技术专利，尚未订定专行法规，仅于奖励办法中规定，对本国人民得给短期专利，而西人发明并不能依例请求，致少推广参考之材料，似应设法补充。（三）陆地兵险虽已由中央信托局举办，但每年最高保费达百分之九点六，各厂矿多以为担负过高，意存观望。对于生产事业，既因恐惧兵火损失而趑趄不前，则所有游资自不免倾向投机囤积，似应令该局减轻保费推广营业，以安人心，而宏生产。（四）职部对于后方民营工矿之直接协助，以工矿调整处司其枢纽，所有内迁创办以及供给必要机件工具等事，均赖该处基金以供调剂。以前协助厂矿，如贷借资金、订购机料等，共用基金二千万元。按照目前所需及近时呈奉核定之工矿建设三年计划，该处基金尚有未足，盼能增拨一千万元，以资应付。（五）物尽其用必须货畅其流，近时运输不便，实为经济事业之极大障碍。最近运输统制局规定，六、七两月中自海防至昆明运输，只运兵工器材，其它物品一概停运。此诚系鉴于国际局势必不容己之办法，然进口机械即因此暂停。即如国内运输亦多不便，故大宗生产亦因以为难。惟有就事实能行之处，勉为设法，艰苦进行耳。（六）关于筹划各种待办事业，宣示企业人士，俾其选择投资一节，已令饬主管人员切实拟定。以前亦曾有若干类似工作，例如邀约上海大中华橡胶厂合资设立公司，在滇省制造轮胎；邀约章华织呢厂人员合资设立公司，在川省设立毛纺织厂。以后自当本此意旨加意推进，以策成效。

奉电前因，理合撮陈所见，呈请鉴核。

职 翁文灏谨呈（经济部印）

五月二十五日

〔《经济措施（七）》（1937 年 3 月 13 日至 1940 年 5 月 28 日）：1100. 10/2130. 01－07/40/001110010A007〕

（二）利用外资发展工业

翁文灏呈拟利用外资举办重要建设事业计划
方案及建议发行工业债券条件
（1943 年 9 月 7 日）

奉钧座八月十七日机秘字（甲）第七九三六号手令内开："我国战后拟利用外资举办之建设事业，关于工矿事业方面应注重于：（一）建设最大电气事业。（二）开采主要矿产与扩展炼油工业与（三）举办机械制造事业（包括发动机及各种机具等）。希照此研拟具体方案，并将其设备地点、规模大小、生产数量、经费数目以及将来还本付息计划等，详加规定为要"等因。谨查利用外资举办重要建设事业办法如何，对于国家权益关系至为宏大，自宜通盘研究，妥为规定。对于外人在华经营工业，职前已拟具原则呈报，兹更就建设工业需用外资如何筹划，分别陈明。

一、需要外币之事业

本年四月间工业建设计划会议拟订五年建设之工业计划，所有重要厂矿均拟有具体地点，详载报告，兹不复述。兹惟就各种事业估计需用外币数量，择要列表如左：

事业	每年生产能力摘要	需用外币数额 *（以美金计）
钢铁工业	生铁二百七十万吨,钢品二百万吨,锰、铁等三万余吨	201600000
非铁金属工业	铜一万五千吨,铅二万五千吨,锌四千六百吨,铝五万五千吨,硫十万吨,及锰砂等	71250000
煤矿	煤八千万吨	54800000
石油矿厂	汽油四百五十万桶,柴油二十三万吨,以及滑油一千三百六十余加仑	22500000
炼油工厂	各种炼油厂共产汽油二千零二十万桶,柴油八十万吨	55500000
电力厂	火力发电二百六十四万七千瓩,水力发电九十八万八千瓩	500000000
机械工业	原动机六十五万瓩,二十二万马力工具机一万部,工具五百余万件,纺织机六十万锭,及其它机器	179000000
运输工具业	汽车三万辆,自行车一百万辆,机车五百辆,客货车六千辆,船舶二十五万吨,飞机七百架	133500000
电工器材	发电机七十万瓩,十万马力电动机、变压机及整流机等,电话机二十万具,电报机一千五百具,无线电收发报机一万七千余具,收音机四十万具,电线四万吨,灯泡五千万只,电子管、电池等	117170000
化学工业	硫及氮制品六十三万吨,磷及磷肥二十四万吨,盐碱一百十六万吨,颜料四十二万吨,有机化学原料三十二万吨,水泥一千二百七十七万桶,炸药六万吨,橡胶轮胎三百四十万枚	190500000

续表

事业	每年生产能力摘要	需用外币数额（以美金计）
纺织工业	棉纱四百五十八万六千件，棉布一亿六千九百六十八万疋，毛呢九百万公尺，地毯二百四十七万方公尺，哔叽一千二百万公尺，麻袋一千一百万只，生丝二十五万二千担，丝绸三百零二万余担	82680000
面粉及碾米工业	面粉二万万袋，米三千万石	5000000
制革工业	皮革二十万吨，皮鞋七千五百万双	6400000
制纸及纤维工业	木粕六十四万吨，纸张一百万吨，人造纤维四万七千吨	228000000
油脂工业	食油二百二十五万吨，肥皂四十五万吨，油漆十五万吨，桐油十五万吨，豆油二百万吨	50000000
制糖工业	糖八十五万吨，淀粉十万吨	30000000
木材工业	木材八千一百万立方公尺	25000000
冷藏及罐头业	冷藏二万二千吨，罐头八百万个	1350000
印刷工业	能用纸八十万吨	23000000
共　计	每年各种产品照战前价格估计共值国币 12242640000 元	1977150000

＊各项之和与共计不符。原文如此。

照上估计，第一次五年建设共需外汇约二十亿美金，依战前汇率合成国币六十六亿元。此外，在国内建置厂矿、雇用员工所费国币亦去此不远。查战前国库实际年支出约达十亿元，估计全国国民盈余总额约达一百六十亿元。如以此数之一成收为建设工业之用，即可年得十六亿元。以此相较可见，依照近拟工业建设计划所需外汇为数颇不为少，不得不招致若干外国资本，以促建设之成功。兹试研究此项外汇如何取给，谨建议下列原则作为标准。

二、利用外资与筹集外汇之原则

外汇来源大致不外利用外资与国人自筹二途，但如何支配关系颇巨。兹试拟原则如下：

原则一，建设工业所需外汇总额中，可许外国资本家直接投资合办，但直接投资之数量宜不使超过总额之半数。如上估计需要外汇总数为二十亿美金，外人直接投资总数最多不宜在美金十亿以上。良以国籍不同关系，究不易完全一致，吾国固不复蹈闭关自固之故辙，但亦不宜过收藩篱尽失之流弊。故矫枉不宜过正，办法仍宜特为审慎。

原则二，有关国家基础之基本工矿事业，于招致外资竭诚合作之中，仍宜保全本国控制之权，并避免私人主持之弊。依此原则，上表所列钢铁工业至化学工业十大项，共需外币十五亿金元。此为关系国防最重要之事业，宜由政府主办或使政府确有控制支配之权，不宜任由私人与外国商人全权经办。在此外币数目中，如有一部分事业与外股合办时，宜仿照国营矿区管理规则，订明董事长由中国政府派任并对政府负责。此外，外币宜由政府向外国发行工业债券例，如发行总额十亿美金，由政府就需用外币之工矿事业，善为分配，并规定各事业分期偿还办法，以便依约履行，确保债信。用此方法，则政府对外国既昭负责之信用，对国内并得充分控制之机会。

盖利用外资当以借用外款为主要途径，但如尽由私人自行经办，则一切行动不免因私利而失国权。例如从前汉冶萍公司借用日款，以致丧失煤铁矿权，成为重大国耻；即如鞍山、本溪湖各厂矿亦皆大权旁落，损失甚多。前车覆辙，不应重蹈，故目前办法，必须由政府取得充分控制之权，方免太阿倒持、国权动摇之弊。

原则三，外资合办事业所订契约及条款，皆应预经政府主管机关核准，未经核准者不能有效。依上所拟分配，除借款十亿美金外，尚有十大项基本事业需用美金五亿，及九大项民生事业亦约需美金五亿，共计美金十亿尚待筹集。此类事业当依照事业之性质、规模及其地位分别考虑。有若干事业可全由吾国自行投资，其它则招收外股，中外合办。合并计算，假若就此总数三分之一，即美金三亿三千万招收外股，当可足用。依照上拟办法，即建设所需外币以美金十亿取之债券，美金三亿三千万得之外股，即共取得外国资金之总数为十三亿三千万美金。而由中国政府及人民自行投资外汇六亿七千万美金（照战前汇率约合国币二十二亿一千一百万元），以对外贸易所得外币抵付，当可足用。

照此办法，外人来华加股经营工业之资本总额，共为美金三亿三千万，约合战前国币十亿零八千九百万元，远在中国自身投资之下，对于中国权利当可不至损失。但就具体事业言之，则对于外股尽可酌为优待，不必限制过严，俾克尽其所长，早睹合作促成之实效。

原则四，招致外股合办工业于股本外，并宜重视要点如下：（一）不使有政治侵略或经济垄断之意义。（二）避免二个以上外国在吾国政治争斗之行为。（三）外国厂家宜确有技术专长，使吾国员工取得实际工作之能力，并使吾国材料得有尽先使用之销路。（四）奉行吾国有关之正当法令，磋商合作办法时，对此诸点均当特为尊重。

凡此用意，皆为世界共有之正当主张，以此衡量，各国皆当承认，而吾国亦克有保障。

三、发行工业债券条件之建议

以上建议发行工业债券美金十亿，为吾国建设工业外币来源之主要关键，自宜对于吾国主权及外资利益并皆切实保障，庶期双方有益。其重要条款筹拟如下：

用途。中国政府有权善为分配，最大部分用以建设上表所列十项基本工矿事业。但遇有必要，亦可酌以余裕拨助重要民生事业。其具体用途，自当充分注重购买国外器材、聘用外籍专材、酬偿外国专用之技术方法等项，并不虚糜于国内无需外币之地。

还本付息。最初五年为吾国建设时期，故对债款并不还本，仅付利息利率三厘。自第六年起分为三十年，分年付还本息，其按年摊还款数列表规定而公布之。

偿债款项。由此种债券所得之外币，由政府依照分配清单，转行贷给于各事业，订定贷款契约，将各事业应偿本息，均行明白规订，依期缴付，政府即藉以对外如约清偿。万一收回款项为数不足时，政府应将不足之数由国库负责补付。如此办法，则大部款项确有来源，而政府完全负责，亦可取得对外信用。

债款稽核。债款之支付、调拨必须认真稽核，以免流弊。当由政府派任中外专门人员主持其事，妥订规章，切实执行。每年造具报告，分送中外有关各方，以昭信用。

以上所拟，是否有当，理合具呈陈请鉴核示遵。谨呈

委员长蒋

职 翁文灏（印）谨呈

三十二年九月七日

拟办：谨查翁部长所举利用外资之原则、需要外资数量之估计及筹集外资之方式，大致尚属妥善。目前最感重要者，为筹设一对外接洽、对内统筹支配之机构。盖战事结束为期非遥，战后建设必须于此时着手准备。此项机构应如何组织，拟交设计局熊秘书长草拟呈核。

陈布雷（印）

批示：如拟。第一期五年计划规模数量应尽量缩减至三分或五分之一，并另立虽无外资而亦能自筹经费之办法为要，或减少建设之项目，选定重点先办亦可。

〔《工业建设（七）》（1943 年 5 月 19 日至 1945 年 11 月 26 日）：1120/1032.01 −07/205/001112000A007〕

蒋中正为战后利用外资举办建设事业致熊式辉代电

（1943 年 10 月 7 日）

中央设计局熊秘书长勋鉴：查战后利用外资举办之建设事业，关于工矿方面，经令翁部长研拟具体方案，兹据呈拟计划方案及发行工业债券之条件前来。查目前推进建设工作最感重要者，为筹设一对外接洽、对内统筹支配之机构。现战事结束为期非遥，战后建设必须于此时着手准备。此项机构应如何组织，兹将原拟方案随文附发，希即详加研究，拟具办法呈核。又第一期五年计划规模数量应尽量缩减至原拟计划三分或五分之一，并另拟虽无外资而亦能自筹经费之办法，或减少事业之项目，选定重点先办亦可。此节除另令翁部长重拟外，特并知照。中正。酉虞侍秘。

〔《工业建设（七）》（1943 年 5 月 19 日至 1945 年 11 月 26 日）：1120/1032.01 −07/205/001112000A007〕

蒋中正为战后利用外资举办建设事业致翁文灏代电
（1943 年 10 月 7 日）

经济部翁部长勋鉴：密。世秘字第二三一号折呈悉。战后第一期五年计划规模数量应尽量缩减至三分或五分之一，并另立虽无外资而亦能自筹经费之办法为要，或减少建设之项目，选定重点先办亦可。如何？希再切实研议具报为盼。中○。酉虞侍秘丙。

〔《工业建设（七）》（1943 年 5 月 19 日至 1945 年 11 月 26 日）：1120/1032. 01 – 07/205/001112000A007〕

蒋中正为战后利用外资举办建设事业致翁文灏熊式辉代电
（1943 年 11 月 10 日）

经济部翁部长、中央设计局熊秘书长：对于利用外资建设经济事业之种类与名称，以及依照商业原则估计逐年纯利数目，以拟订分期还本付息之办法与每一事业资本之筹备，均希会拟具体方案呈报为要。又此项方案可于将来正式公布，使外籍公司或财团乐于向我投资也。中正手启。戌灰侍秘。

〔《工业建设（七）》（1943 年 5 月 19 日至 1945 年 11 月 26 日）：1120/1032. 01 – 07/205/001112000A007〕

三　战时矿业管理

（一）打击矿警走私

翁文灏呈查惩矿警走私舞弊与敲诈等不法行为
（1941 年 11 月 14 日）

窃奉钧座三十年十一月十日机秘（甲）第四九七六号手令开："对于各地矿警之走私舞弊与敲诈等不法行为，希切实查惩并严加防范为要"等因。奉此，查公营、民营各矿场内矿警之设置，向系依照《矿业警察规程》办理。遵经分令资源委员会及采金局，并分咨各省政府，对于该会局经办各矿，及各省政府辖境内设有矿警之各矿场，严防该项矿警有走私舞弊及敲诈包庇等情事。如发觉有上项不法行为，即行切实查禁，从严惩处，以儆效尤，而资整饬。并对于矿警之招募、官长之任用，慎重处理。奉令前因，理合将遵办情形，呈复鉴核。谨呈

军事委员会委员长蒋

经济部部长 翁文灏（印）

三十年十一月十四日

〔《矿业管理（三）》（1941 年 5 月 29 日至 1944 年 12 月 10 日）：1131/1032.01－03/245/001113100A003〕

翁文灏呈非常时期矿警走私舞弊惩治条例
（1942 年 3 月 3 日）

案奉钧会三十年十一月二十九日侍秘字第一〇二六三号艳代电，以"关于本部呈复奉饬严密查惩防范各地矿警之走私舞弊与敲诈等不法行为一案办理情形，尚应另拟整顿实施办法"等因。奉此，谨当遵办。查关于矿业警察之设置编制与所长之任用及其职权一切规定，曾由前实业部与内政部会同订定《矿业警察规程》，公布施行有案。奉饬前因，遵经由本部与内政部往复咨商，以矿业警察乃属特种警察之一种，除经常训练应由各级官长负责外，为严防各地矿警走私舞弊与敲诈等不法行为起见，应行订定惩治条例，以示儆戒而便实施。本部特与内政部会同拟订《非常时期矿警走私舞弊惩治条例草案》凡八条，以为执行之依据。除会呈行政院鉴核施行外，理合缮同原草案，备文呈复鉴核指令祗遵。谨呈

军事委员会

附缮呈《非常时期矿警走私舞弊惩治条例草案》一份。

经济部（印）部长 翁文灏

三十一年三月三日

附　　　**非常时期矿警走私舞弊惩治条例草案**

第一条　非常时期矿业警察之警官、警长、警士犯本条例之罪者，

依本条例处断。

第二条　私通匪类、扰乱矿场秩序或危害矿场安全者，处死刑、无期徒刑或十年以上有期徒刑。

第三条　将矿产品包庇走私者，处十年以下五年以上有期徒刑。

第四条　有左列行为之一者，处五年以下一年以上有期徒刑。

一、押运矿产品从中舞弊者。

二、对于矿工或人民任意敲诈者。

第五条　前三条之未遂罪罚之。

第六条　除本条例规定外，触犯刑法或《惩治贪污暂行条例》或其它法律之罪者，各从其规定。

第七条　诬告他人犯本条例之罪者，依刑法处断。

第八条　本条例自公布日施行。

〔《矿业管理（三）》（1941 年 5 月 29 日至 1944 年 12 月 10 日）：1131/1032.01－03/245/001113100A003〕

蒋中正为颁行非常时期矿警走私舞弊
惩治条例草案复翁文灏代电
（1942 年 4 月 22 日）

经济部翁部长勋鉴：前据卅一矿字第三七二二号呈附送《非常时期矿警走私舞弊惩治条例草案》前来。经转交行政院予以核准，并以侍秘川字第一一四九五号寅佳代电复知各在案。兹据签复，略称"该草案所列各项犯罪行为，在《惩治盗匪暂行办法》及《惩治贪污暂行条例》已有相当之规定，其所定罪刑且较草案所定者为重。例如（一）……（二）……（三）……（均照原文各条全抄）。据上所述，该草案所规定者，其它法律已有处刑较重之规定，不仅召涉纷歧之嫌，且与订定该草案之原义相反，似无另订必要"等语。特电转达，即希比照以上所拟各条汇编为惩处规则颁行，严格执行，俾各矿厂员警知所警惕可也。中○。卯养侍秘。

〔《矿业管理（三）》（1941 年 5 月 29 日至 1944 年 12 月 10 日）：1131/1032.01－03/245/001113100A003〕

蒋中正为严惩矿警走私舞弊致陈仪代电

（1942 年 4 月 22 日）

行政院陈秘书长①勋鉴：四月十七日顺十一字第六九二八号签呈悉。查矿警走私舞弊，为害矿业至为重大，非特定严法，不足以示儆戒，已将核议意见转知翁部长，嘱即比照所拟各条，汇编为惩处规则颁行矣。中○。卯养侍秘。

〔《矿业管理（三）》（1941 年 5 月 29 日至 1944 年 12 月 10 日）：1131/1032.01－03/245/001113100A003〕

翁文灏为非常时期矿警走私舞弊惩治条例呈军事委员会

（1942 年 7 月 2 日）

案查关于矿警通匪、走私舞弊等事，前经拟具惩治条例草案八条，于本年三月三日呈报钧会鉴核令遵，并分呈行政院在案。嗣奉钧会四月卯养侍秘代电，以本案经行政院签复，原草案第二、第三、第四各条所列犯罪行为，在《惩治盗匪暂行办法》及《惩治贪污暂行条例》已有相当之规定，照原草案所定罪刑，且有较该项办法及条例为轻，似无另订必要等语。饬比照《惩治盗匪暂行办法》第三条第十七款，及《惩治贪污暂行条例》第三条第二款、第二条第四款，汇编为惩处规则，严格执行等因。奉此，自应遵办。兹依据上项办法及条例，拟具惩治条文四款于次：

一、凡各矿矿业警察（包括警官、警长、警士。下同）如私通匪类，扰乱矿场秩序或危害矿场安全者，依《惩治盗匪暂行办法》第三条第十七款之规定处理。

二、凡各矿矿业警察将矿产品包庇走私，或押运矿产品从中舞弊者，依《惩治贪污暂行条例》第三条第二款之规定处理。

三、凡各矿矿业警察对于矿工或当地人民任意敲诈，或藉端勒索者，依《惩治贪污暂行条例》第二条第四款之规定处理。

四、前三款之未遂罪及诬告罪，各从该办法该条例之规定。

---

① 陈仪，时任国民政府行政院秘书长。

以上四款，均系遵照指示各点，分别拟订，惟所援引之法令及其所定罪刑，均系属军法机关审判，拟请钧会核定，通令各省军事主管机关遵照办理，以昭慎重，而资炯戒。除呈报行政院外，理合呈请鉴核施行，并乞令遵，以便分咨内政部及各省政府查照。谨呈

军事委员会

经济部（印）部长 翁文灏

三十一年七月二日

〔《矿业管理（三）》（1941 年 5 月 29 日至 1944 年 12 月 10 日）：1131/1032.01－03/245/001113100A003〕

国民政府军事委员会训令
（1942 年 7 月 20 日）

（事由）为据经济部呈拟《防止矿警走私舞弊惩处规则》令仰遵照饬遵由。

令侍从室第二处

据经济部部长翁文灏呈拟《防止矿警走私舞弊惩处规则》，请核准施行等情前来。核尚可行，除分令外，合行抄附原规则，令仰遵照并转饬所属一体遵照。

此令。

附抄《防止矿警走私舞弊惩处规则》一份。

委员长 蒋中正

三十一年七月二十日

附　　　　防止矿警走私舞弊惩处规则

一、凡各矿矿业警察（包括警官、警长、警士。下同）如私通匪类，扰乱矿场秩序，或危害矿场安全者，依《惩治盗匪暂行办法》第三条第十七款之规定处理。

二、凡各矿矿业警察将矿产品包庇走私，或押运矿产品从中舞弊者，依《惩治贪污暂行条例》第三条第二款之规定处理。

三、凡各矿矿业警察对于矿工或当地人民任意敲诈，或藉端勒索者，依《惩治贪污暂行条例》第二条第四款之规定处理。

四、前三款之未遂罪及诬告罪，各从该办法该条例之规定。

〔《矿业管理（三）》（1941 年 5 月 29 日至 1944 年 12 月 10 日）：1131/1032. 01 - 03/245/001113100A003〕

（二）工矿贷款稽核

蒋中正为稽核工矿贷款运用情形致翁文灏等代电

（1943 年 3 月 15 日）

经济部翁部长、四联总处刘秘书长①：据报经济部与四行所放工矿各厂之款项，其对方多有于贷得款项后不即投资于其所经营之事业，而以此款购货囤积，或转用他途，藉图重利。此种行为，殊违政府扶持工业之本旨。去年经济部与四行所介绍与担保之工矿贷款共计多少？对于贷款各厂处，应即派员调查，以考核其贷款是否用于本厂业务？以及其业务推进之状况是否适合其借得款项之程度，并将此项调查结果于四月底以前呈报为要。中〇手令。寅删侍秘。

附注：原手谕已送翁部长。

〔《工矿事业（一）》（1941 年 6 月 12 日至 1945 年 12 月 4 日）：1122. 70/1010. 01 - 01/228/001112270A001〕

翁文灏刘攻芸呈工矿贷款稽核情形

（1943 年 4 月 30 日）

案奉钧座三月十五日侍秘字第一六五六号代电略开："据报各工矿贷得款项，多有不即投资于所经营事业，而购货囤积或转用他途，藉图重利。饬将去年工矿贷款数额查明，并派员考核各厂矿业务，于四月底前将调查结果呈报"等因。奉此，遵将办理情形报告如左：

————————

① 刘攻芸，时任四行联合总办事处秘书长。

（一）去年工矿贷款截至三十一年底止，本部工矿贷款余额为六〇，九一三，二一四元。四行两局工矿贷款余额为一，六〇九，九八〇，〇〇〇元，共计一，六七〇，八九三，二一四元。详见附表。

（二）关于派员调查一节，遵经本部、处会同办理所有重庆附近各借款工矿。由本部派员十五人、本处派员十八人混合编组，分区考核。凡借款数额在五万元以上者，一律予以调查，并限于三月二十六日起至四月十六日止办竣。又外埠各借款工矿亦经本部、处分电当地工矿调整处各区办事处及四联分支处就近派员办理，仍限期将调查结果电复各在卷。兹据先后具报前来，计共调查厂矿，在重庆一四五家，外埠计五七家。经查，各借款工矿之资金运用及业务推进情形，其能仰体钧座扶植工业、宏奖生产之至意，努力推进工作者，仍属多数。而业务推进未能达借款时预计之程度者，亦有中国机器铸造厂一家；帐册不全、借款用途无从查核者，有敦煌印书局、中央文具厂及裕隆铁号、群力工厂等四家；于借款后转存其它行庄再行支用者，有新昌实业公司、大昌矿冶公司、中复兴业公司、远成实业公司等四家；借款后未能依照原定用途支用者，有和丰玉实业公司一家。所有具体情形，详见附表。此各厂矿虽在全数中为数较少，其所有借款总额在借款全数中仅占百分之〇·三三。但为防微杜渐，以儆效尤起见，自应分别议处，俾资儆惕。拟即照放款章则：凡成绩欠佳者，得提前收回贷款之规定，饬由贷放机关限期提前收回借款；其帐簿欠全及未照借款用途支用两种，尤为不合，并应严加警告，以昭炯戒。

复查本部、处对于贷款之稽核，均照现有规章，切实办理。惟以前工商业之帐目簿据，多欠完善，在执行稽核工作时，难期周密。为加强稽核起见，尤应对下列各点特加注意。

1. 核定贷款以后，应注意厂矿帐目必须采取新式簿记制度。

2. 前经本部颁布《非常时期商业帐簿登记盖印暂行办法》，工商业均需将帐簿送地方主管机关盖章，已自本年一月施行，自可防止窜易更改帐目之流弊，贷款各厂矿，尤当切实照办。

3. 凡向部、处贷得之款，应限各厂矿仍在四行两局立户往来，非经核准不得转存其它行庄。

4. 各厂矿对所贷款项，均应照约定正当用途支用，不得另充他用，尤不得转行贷放，图谋高利。

5. 各厂矿不得利用借款购储货物，囤积居奇。

以上各点如奉钧座核定，当由本部、处制定规章，通行各厂矿切实遵照，并通知各物资主管机关共为查察，遇有违犯者，依照情节轻重，依法惩处。所有调查各厂矿贷款办理情形及所拟防止弊端办法，理合折呈鉴核训示。谨呈

委员长蒋

　　附表：（一）经济部与四行两局三十一年底工矿贷款余额表；

　　　　　（二）贷款厂矿办理未能尽善情形报告表。

经济部部长 翁文灏（印）

四联总处秘书长 刘攻芸（印）

三十二年四月三十日

拟办：

（一）所拟加强稽核办法五项，拟准照办。

（二）对办理未善各厂号，除收回贷款及警告外，并应视其情节轻重，分别依法惩处。

批示：如拟。

〔《工矿事业（一）》（1941 年 6 月 12 日至 1945 年 12 月 4 日）：1122.70/1010.01 −01/228/001112270A001〕

蒋中正为加强工矿贷款稽核五项办法复翁文灏刘攻芸代电

（1943 年 5 月 8 日）

经济部翁部长、四联总处刘秘书长：四月三十日会呈及附表均悉。所拟加强工矿贷款稽核办法五项，准予照办。至各借款工矿之资金运用不当，以及业务帐册函〔含〕混不清者，除收回贷款及警告外，并应视其情节轻重，分别依法惩处为要。中○。辰庚侍秘。

〔《工矿事业（一）》（1941 年 6 月 12 日至 1945 年 12 月 4 日）：1122.70/1010.01 −01/228/001112270A001〕

翁文灏刘攻芸会呈监督工矿贷款办法
（1943 年 7 月 1 日）

案奉钧座卅二年五月八日侍秘字第一七三六九号代电略开："据会呈所拟加强工矿贷款稽核办法五项，准予照办。至各借款工矿之资金运用不当，以及业务帐册含混不清者，除收回贷款及警告外，并应视其情节轻重，分别依法惩处"等因。奉此，自应遵办。除遵将各借款工矿资金运用不当，及业务帐册含混不清者，先由本部分别予以警告并另案依法惩处，至所贷款项，亦经本部、处分别转行原贷款机关限期收回外，并为防止将来再有类似情事发生起见，谨就原奉核定办法五项，会拟本部、处监督工矿贷款办法八项，分饬知照，并转行贷款各厂矿遵办。奉电前因，理合将遵办情形并检同该项监督办法呈请鉴核备案。谨呈
委员长蒋

附呈《经济部中中交农四银行联合办事总处监督工矿贷款办法》一份。

经济部部长 翁文灏（印）

四联总处秘书长 刘攻芸（印）谨呈

中华民国三十二年七月一日

拟办：查核所拟八项办法，尚属周妥，拟准备案。但阻止工矿非法运用借款，非徒订颁数条空文所能奏效。拟复令对借款厂矿随时派人监察其工作，稽核其帐目，务使所借款项能切实用于增产之途。

批示：如拟。

〔《工矿事业（一）》（1941 年 6 月 12 日至 1945 年 12 月 4 日）：
1122.70/1010.01－01/228/001112270A001〕

（三）出口矿产品管理

翁文灏为出口矿产品产运销统归资委会办理等情呈蒋中正代电
（1941 年 5 月 29 日）

委员长蒋钧鉴：查钨、锑、锡、汞等出口矿产品，自经资源委员会

先后管理以来，关于产、运、销三方面均经积极推进。近年我国对外借款，均系指定全部或一部以矿产品抵付，由资源委员会统筹支配。际此非常时期，虽生产运输各方面在在均有困难，幸赖机构统一，运用较易，一切尚能顺利进行，对外债信亦得以维持不坠。至于对外易货偿债之办理，主要者为对苏、对美两国。对苏自二十七年十月第一还款年度开始，迄今已届第三年度。在此三年内，资委会曾遵照钧谕，与苏方之苏联协会逐年订立交货合同，规定各该年内应供矿产品之种类、数量及运交手续等。第一、第二两年度所运矿品，均已足敷清偿各该年度债务之用。第三年度应交矿品，现正在积极筹运之中。对美方面，则前后已订有有关合约三种：一为二十九年三月复兴商业公司与世界贸易公司所订之"售锡"合约；一为同年十月资委会与美国金属准备公司所订之"售钨"合约；一为三十年一月资委会与美国金属准备公司所订之"金属"合约。此三种合约中，后两种均系由资委会直接与美国方面订立。第一种系由复兴公司所订，实际上仍由资委会负责筹运滇锡供应，复兴公司仅名义上经手。苏联对我交运矿产，以往责难较少；而美国对于钨、锡供运，均能按期交付，屡表满意。"售锡"合约截止本年四月底第一年度终了时，所交锡品已超过预定数量。至"售钨"合约，截止目前为止，所有应交矿品亦已全数按时照运。为实行对美交付矿产起见，已派得力人员在美专责处理。综观数年来资委会管理钨、锑、锡、汞矿产品及办理易货偿债各事，虽在艰困环境之下，能以顺利进行，端赖机构之统一及产、运、销之集中管理。产、运、销之关系密切，平时已然，际此非常时期，尤非通盘支配，不足以收统制之效。倘或产、运与销各自为政，势必窒碍丛生，颠蹶立见。因此管见所及，认为矿产品对外易货偿债与贸易各事，惟有仍在资源委员会同一机构之下办理，始能顺利推进，克赴事功。此项机构之树立，事经数年，历有经验。近时政府调整组织，自极有需要，但对于已具基础之机构，似宜加以维持。事关对外债信，不敢缄默，肃电奉陈，伏祈鉴核示遵为祷。职翁文灏（印）叩。艳资。

〔《矿业管理（三）》（1941 年 5 月 29 日至 1944 年 12 月 10 日）：1131/1032.01-03/245/001113100A003〕

蒋中正为出口矿产品产运销统归资委会办理

等情致孔祥熙代电

（1941 年 6 月 8 日）

行政院孔副院长勋鉴：据翁部长詠霓艳资代电"以矿产品对外易货偿债与贸易，过去数年来，端赖机构统一，已具基础，产、运、销各事均集中管理，始克顺利进行。际此非常时期，尤非通盘支配不足以收统制之效。倘或产、运与经销各自为政，势必窒碍丛生。近时政府调整组织，对于矿产品之产运销事宜，拟仍请准在资源委员会同一机构之下照常办理"等语。特转核办。中〇。已齐侍秘川。

附抄发原代电一件。

〔《矿业管理（三）》（1941 年 5 月 29 日至 1944 年 12 月 10 日）：1131/1032.01 - 03/245/001113100A003〕

（四）战时工矿经费拨发

翁文灏钱昌照呈请令财政部拨工矿电建设事业营业资金

（1940 年 3 月 21 日）

查资源委员会经营工、矿、电建设事业，以往所列预算均系事业建设经费，仅敷开矿、设厂、购买机器、基地建筑及其它筹备费用。而建设完成后，如无营业资金以供购买材料、支付工资之用，仍不能积极生产。前此资委会各厂矿需要资金，均勉向银行筹借，惟以所属事业众多而借款为数无几，不敷周转，以致原有生产能力不能充分发挥。上年厂矿之正式生产者尚少，银行借款差可应付。本年大部分厂矿均已正式生产，若非政府加拨营业资金，则非但增产无法实现，即维持原来产量，亦有为难。现本年度工、矿、电三部分已成事业，按照切实计算，共需营业资金国币三千五百万元。拟恳特准，令知财政部照拨。万一国库筹拨不易，拟请饬由四行联合办事总处以最低利率贷与本会，并准由政府担保还本付息，以利生产。再，近闻四行农业放贷在三万万以上，对于工业方面，三千五百万元似不为多。敬乞核

夺，照准指令祗遵。谨呈

委员长蒋

职 翁文灏（印）、钱昌照（印）

二十九年三月二十一日

拟办：拟准转财政部核定照数加拨资金之办法。

批示：如拟。

〔《经费拨发》（1937 年 7 月 4 日至 1946 年 8 月 6 日）：0832/2155.01 -
01/122/001083200A001〕

蒋中正为加拨工矿电建设事业营业资金致孔祥熙代电
（1940 年 3 月 27 日）

财政部孔部长勋鉴：案接资源委员会翁兼主任委员、钱副主任委员
呈称：资源委员会经营工矿电建设事业，所列预算仅敷开矿、设厂、购
买机器、基地建筑及其它筹备费用。而建设完成后，如无营业资金以供
购买材料、支付工资之用，仍不能积极生产。前此均勉向银行筹备，以
借款无几，不敷周转，生产能力不能充分发挥。本年大部分厂矿均已正
式生产，若非政府加拨营业资金，则非但增产无法实现，即维持亦有
为难。本年度工、矿、电三部分所需营业资金，按照切实计算，共国
币叁仟伍佰万元，拟恳特准照拨。万一国库筹拨不易，拟请饬由四行
以最低利率贷与本会，并准由政府担保还本付息，以利生产。闻四行
农业放贷已达三万万以上，对于工业方面，三千五百万元当亦乐予投
资等语。查现时各项国营、民营工、矿、电建设事业之增加生产，最
为急需，亦即增强抗战资源及减少外汇消耗之唯一有效办法，迭经严
令督促，毋许延玩。据呈前情，此项营业资金自有必要，即希准予核
定，照数加拨资金，或由四行低利借贷之办法为盼。中○。寅感侍
秘渝。

〔《经费拨发》（1937 年 7 月 4 日至 1946 年 8 月 6 日）：0832/2155.01 -
01/122/001083200A001〕

蒋中正为加拨工矿电建设事业营业资金致翁文灏等代电
（1940 年 3 月 27 日）

资源委员会翁兼主任委员、钱副主任委员均鉴：三月廿一日呈悉。所请拨给本年度工、矿、电三部分营业资金三千五百万元一节，自属必需。已转财政部准予核定照数加拨资金，或由四行低利借贷之办法。即希径行商洽办理，并督率各矿厂加紧进行，依照预定计划，积极增产为要。中○。寅感侍秘渝。

〔《经费拨发》（1937 年 7 月 4 日至 1946 年 8 月 6 日）：0832/2155.01 - 01/122/001083200A001〕

四 拨款订购工业器材

翁文灏电呈请将资委会主办事业所需补充之
器材列入美国租借法案内
（1941 年 7 月 1 日）

委员会长蒋钧鉴：查资源委员会经办国营工、矿、电建设事业日益扩展，所需国外器材，虽历经奉准在国外借款内酌为列购，但以限于借款支配数额离开实际需要甚远，因之一部分生产能力较大之矿厂，为器材之缺乏，未能充分生产出货。若不及早补充，更将影响工作。资委会主办各事业，直接、间接均与国防有关。在此抗建期间，自应加紧生产，而各项必需器材之购置，实属刻不容缓。兹经拟定待购器材清单一份，计共需美金一千七百万元，所列各项均与偿付外债或军用品之供给有关。最近美国方面通过对我军火租借法案，该项器材依照租借法案之规定，可以包括在内。再我国于租借法案内可以得到之物资为数必大，本会此次所拟购置之器材为数有限，决不致影响其它军用品之订购。理合检同拟购器材清单一份，电呈钧座，务恳准列入此次美国军火租借法案内，训示知照，以便电美洽订。是否有当，敬祈鉴核示遵。单内所列各项，一部分为前呈国防工业三年计划所列入，而为目前所特为急需者；又一部分则为各厂矿所必需之器材，均已在单内分别注明，并以附陈。职翁文灏叩。东资。

附清单一份。

拟办：此次美国租借法案对于我国抗战必需重工业之建设材料，似宜积极争取。拟准交孔副院长与翁部长切实商洽，先择最急要应用者分别电美洽订。可否，请批示。

批示：照办。

附　　经济部资源委员会拟向美国购置之器材清单

（一）工业部分（I. Industry Enterprises）

品名 Description	估价 Estimated Price	总价 Total Price
（1）钢铁制品 Plain Iron and Steel Products		950000
A. Plates and sheets	400000	
B. Structural Sections	250000	
C. Pipes and Fittings	100000	
D. Wire rods, wires, wire ropes	150000	
E. Welding rods	50000	
（2）合金钢制品 Alloy Steel Products		750000
A. Magnetdic steel forms for meters and communication machinery	100000	
B. Stainless steel sheets, bars, pipes and fittings	90000	
C. Silicon steel sheets for transformers and dynamos	250000	
D. Tool steels	190000	
E. Alloy steel welding rods	20000	
F. Chromium steel products for oil cracking plant	100000	
（3）制钢用之铁合金及特种金属 Ferro – alloys and special metals for steel making		200000
（4）铜制品 Copper, brass and bronze products		1600000
A. Plates and sheets	250000	
B. Condenser tubes	50000	
C. Electrical wires and cables	200000	
D. Wire rods	1000000	

品名 Description	估价 Estimated Price	总价 Total Price
E. Pipes and fittings	60000	
F. Rolled sections	40000	
（5）铝制品 Aluminum Products		150000
A. Ingots	50000	
B. Sheets and plates	50000	
C. Pipes	48000	
D. Welding rods	2000	
（6）其它金属制品 Other Metal Products		360000
A. Lead sheets and pipes	90000	
B. Zinc sheets	80000	
C. Nickel sheets	50000	
D. Tungsten filaments molybdenum filament, platinite wires for lamp leads	80000	
E. Nichrome, constantan, alumal, chromel and other wires	40000	
F. Evadur products	20000	
（7）绝缘材料 Insulating Materials：		380000
A. Bakelite powder, sheets and rods	65000	
B. Fish paper, insulating cardboard, etc.	50000	
C. Insulating cloth	40000	
D. Rubber(crepe latex and ribbed sheets)	90000	
E. Paints, varnishes, enamels	60000	
F. Oils	60000	
G. Asbestos products	15000	
（8）耐火材料 Refractory Materials：		200000
A. Chrome bricks and cement	95000	
B. Magnesite bricks and dead-burned Magnesite	93000	
C. Insulating bricks	10000	
D. Seger cones	2000	
（9）炭及石墨制品 Carbon and graphite Products		50000
A. Carbon electrodes	10000	

品名 Description	估价 Estimated Price	总价 Total Price
B. Carbon paste	5000	
C. Graphite electrodes	20000	
D. Graphite flakes, granules, etc.	10000	
E. Graphite brushes, etc.	5000	
(10)无线电零件 Radio Parts		390000
A. Transmitting and receiving tubes	120000	
B. Condensers resistors sockets, etc.	140000	
C. Meters, loudspeakers, microphones, etc.	60000	
D. Hand-generators and other power equipments	50000	
E. Testing equipment	20000	
(11)仪器及器皿 Instruments and Apparatus		280000
A. Chemical laboratory equipment	80000	
B. Mechanical and physical testing equipment	80000	
C. Electrical meters, etc.	50000	
D. Metallurgical measuring apparatus	70000	
(12)化学药品 chemicals		160000
(13)机器 Machinery		1100000
A. Machine tools and machine-shop equipment	430000	
B. Electrical machines	50000	
C. Boilers and accessories	150000	
D. Power plant equipment	200000	
E. Pumps, compressors, fans	200000	
F. Ore dressing equipment	50000	
G. Welding machines	20000	
(14)杂项 Miscellaneous		30000
工业部分合计 Total for Industrial Enterprises		US $ 6600000

上列第一至第十及第十二各项均系已设各厂所需添置之材料，未经列入最近呈核之国防工业三年计划之内。第十一及十三两项系新办各厂拟购之机器设备，均已列入该项三年计划。

（二）矿业部分（II. Mining Enterprises）

品名 Description	数量 Quantity	总价 Total Price	备注 Remarks
（1）钨、锡、钼、铜等之探矿、选洗、冶炼、提净设备 （Ⅰ）For Mining, Dressing, Smelting and Refining of Tungsten, Tin, Molybdenum and Copper			
Mineral dressing plant for treatment of complex ore of Wolframite, Cassiterites, Molybdenite, etc., and Copper ore	3 sets	US $ 600000	
Structural steel of various shapes and sizes for construction of shaft or reverberatory furnaces for tin, copper and antimony smelory	300 tons	30000	
Cottrel electric precipitator	3 sets	50000	
Exhaust fans, each coupled with an induction motor	3 sets	20000	
Gas producers, each with rotary automatic feeder	3 sets	120000	
200 Kw. Electric generating plants	3 sets	150000	
a) 65% Gelatine dynamite	50 tons		
b) 75% Gelatine dynamite	100 tons	150000	
c) No. 6 Detonators	3000000 pcs		
d) Waterproof fuse	5000000 ft.		
a) 7/8″Octagonal drill steel	100 tons	50000	
b) 3/4″Octagonal drill steel	100 tons		
a) 12 1bs/yd. steel rails	3300 tons		
b) 16 1bs/yd. steel rails	2600 tons	750000	
c) 32 1bs/yd. steel rails	3350 tons		
Complete with necessary amount of fish plates, bolts & nuts, and dogspikes			
a) Wheels & axles for mine tubs of 24″guage	2000 sets		
b) $2'' \times 2'' \times \frac{1}{4}''$steel angles	50 tons		
c) $2'' \times \frac{1}{4}''$steel flat bars	50 tons	80000	
d) 1/″,5/8″,3/4″, 7/8″,1″steel round bars（10 tons each）	50 tons		
a) 3/4″steel wire rope, 6×19, 1,440 ft. long	20 coils		
b) Ditto, but 7/8″dia.	20 coils	25000	
c) Ditto, but 1″dia.	10 coils		
d) 7/8″steel wire rope, 6×7, 1,440 ft, long	20 coils		

品名 Description	数量 Quantity	总价 Total Price	备注 Remarks
Lubricating oil of diff. kinds	200 tons	15000	
Total for(I)		2040000	
(2)甘肃油矿局增产设备 (II) For oil Production of Kansu oil Fiedld			
Rotary drills for boring of oil wells, capacity 800M., with accessories	15 sets	850000	
Oil pumping system and accessories	80 sets	400000	
2000bbl. Steel oil tanks with accessories	20 pcs.	30000	
125 KVA electric generators driven by diesel engines	6 sets	70000	
Pipes and fittings	40000 ft.	100000	
Drilling pipes, casing pipes and other accessories for the rotary drills		200000	
All sizes of steel angles, round bars and flat bars	500 tons	50000	
All kinds of electric materials	20 tons	50000	
Machine shop	100	100000	
Total for(II)		1850000	
(3)甘肃油矿局飞机及马达汽油精炼设备 (III) For oil Refinery (Producing both Aviation and Motor Gasoline by Houdry Process)			

A. Description of the Process

Charging 2850 BPSD (barrels per stream day) of crude to a topping tower, 18% of the crude being taken overhead as gasoline and gas, 35% of gas oil being taken as a side stream and 47% bottom being made. The 35% gas oil side stream amounting to 1000 BPSD is charged to the Houdry Unit and to the catalytic cracking cases. The aviation gasoline produced by this scheme most likely will not require further treating except doctor sweetening or a light caustic wash

B. Products yield

charge	Vol. % 100	Wt. % 100	BPSD 2850	GPSD 119700
Yield				
Total Gas		4. 25		
Aviation Gasoline	11. 22	9. 18	320	13440

品名 Description			数量 Quantity	总价 Total Price	备注 Remarks
Motor Gasoline	25.8	22.85	735	30870	
Cracked Gas Oil	11.6	11.98	330	13860	
47% Reduced Crude	47.0	50.28	1340	56280	
Cat. Dep.		1.45			

（GPSD-gallons per stream day）

The 47% reduced crude or bottoms can be also cracked in thermal cracking unit to produce more gasoline and light fractions

C. Estimated cost		
Houdry Unit（Catalytic Cracking）	900000	
Topping Unit	100000	
Gas Recovery Unit	50000	
Stabilization & Gasoline Treating Unit	50000	
Contractor's Overhead & Profit	215000	
Power, Water & Electricity Equipments	150000	
Tankage, Piping and pumpint	85000	
Catalyst and Special Salt	80000	
Shops, tools and apare parts Control Laboratory Apparatus and Machinery	120000 100000	
Total for（Ⅲ）	US $ 1850000	
（4）四川油气矿钻采及利用设备 （Ⅳ）For Szechuen Oil & Gas Exploitation Corps		
Steel c ylinders for compressed gas, complete with valve & cap	2000 pcs.	50000	
Drilling pipers, casing pipes and other accessories for the Rotary drills	150000	
Total for（Ⅳ）	200000	
Total…	5940000	
Packings, Insurance, Freights, ect. …	460000	
矿业部分合计 Total for Mining Enterprises	US $ 6400000	

　　上列第一类除第一项由之铜矿运矿机（约值美金四十万元）外，其余各项及第二类内各项均已列入国防工业三年计划，第三及第四类未列入。

（三）电业部分（Ⅲ. Electrical Enterprises）

品名 Description	数量 Quantity	总价 Total Price	备注 Remarks
（1）蒸汽发电设备 Steam Power Plants			
（A）2000 Kw. Unit Steam Power Plant, want one boiler, one turbo-generator set and other accessories	4 sets	1100000	See Attached Specification
（B）1000 Kw. Unit Steam Power Plant, want one boiler, one turbo-generator set and other accessories	7 sets	1260000	See Attached Specification
Total…		2360000	
（2）柴油发电设备 Diesel Power Plants			
300 H. P. Diesel Electric Plants	6 sets	180000	See Attached Specification
（3）水力发电设备 Water Power Plants			
（A）1600 H. P. Water Wheel Generating set for Lungchiho Elec. Works	2 sets	240000	See Attached Specification
（B）500 H. P. Water Wheel Generating set for Lungchiho Elec. Works	2 sets	80000	See Attached Specification
Total…		320000	
（4）线路设备 Electrical Distribution			
（A）Power Transformers	10000 KVA	50000	See Attached Specification
（B）distribution Transformers	40000 KVA	200000	See Attached Specification
（C）Wires	1200 tons	350000	See Attached Specification
（D）Rubber Covered Wires	600000 yds.	30000	See Attached Specification
（E）Circuit Breakers and Switches	60 pcs.	40000	See Attached Specification
（F）Instruments	Lot	40000	See Attached Specification
（G）Porcelain Insulators	26000 pcs.	50000	See Attached Specification
（H）Lightning Accessories	1410 pcs.	75000	See Attached Specification
（I）Fuse Cutouts	600 pcs.	10000	See Attached Specification
（J）Relays	200 pcs.	5000	See Attached Specification
Total…		850000	
（5）集项 Miscellaneous			
（A）Lubricating & Transformer oils	100 tons	20000	See Attached Specification

品名 Description	数量 Quantity	总价 Total Price	备注 Remarks
（B）Tool steels	30 tons	6000	See Attached Specification
（C）Structural steels	2200 tons	110000	See Attached Specification
（D）Pipes Valves & Fittings	Lot	70000	See Attached Specification
（E）Oil-testing Outfits	8 sets	6000	See Attached Specification
（F）Oil Purfiers	6 sets	10000	See Attached Specification
（G）Boiler Water Level Glass Tubes	400 sets	3000	See Attached Specification
（H）Babbitt Metals	6000 lbs.	6000	See Attached Specification
（I）Insulating materials	Lot	4000	See Attached Specification
（J）Packings	Lot	4000	See Attached Specification
（K）Transits	10 sets	15000	See Attached Specification
（L）Levels	4 sets	2000	See Attached Specification
（M）Welding sets	8 sets	4000	See Attached Specification
（N）Drilling sets	6 sets	30000	See Attached Specification
Total		US$ 290000	
电业部分合计 Total for Electrical Enterprises		US$ 4000000	
总 计 Grand Total for above three enterprises		US$ 17000000	

上列第一及第二两项未经列入国防工业三年计划，第三项已列入该计划，第四及第五两项均各列入五分之三。

〔《国防工业（二）》（1941 年 2 月 15 日至 1941 年 9 月 14 日）：1120/6070.01 -02/209/001112000A011〕

翁文灏呈请由第四次美借款内拨付订购国营
工矿电建设及国防计划所需器材
（1941 年 9 月 20 日）

查资源委员会经办国营工、矿、电建设事业，急需向国外订购器材，共计美金一千七百万元。前经呈奉钧座侍秘川字第八一八四号代电，核准列入美国租借法案内拨款订购在案。现器材清单及详细规范均已陆续寄美洽购。惟据该会驻美人员报告：最近我国在美国租借法案内所得款项已分配用途，重工业建设所需器材恐不易列入。又职奉谕举办国防工业三年计划，现已着手积极准备，以期明年一月起正式实行。第一年所需向外订购器材，共计美金一千五百二十万零三千元。连同前项核准列入美国租借法案之器材，两项合计为数甚巨，恐一时不易全数筹拨。兹经再三考虑，需要最为迫切、非迅速向外订购不可之器材，约计美金八百万元。拟请准予转饬由第四次美借款内即为拨付，以便早日订购。余数仍请准由美国租借法案及新款内陆续筹拨，俾原定计划得以顺利进行。是否有当，理合签请鉴核示遵。谨呈

委员长蒋

职 翁文灏（印）

卅年九月二十日

〔《国防工业（三）》（1941 年 9 月 20 日至 1947 年 7 月 9 日）：1120/6070.01－03/210/001112000A012〕

蒋中正关于资委会请由第四次美借款内拨付订购国营工矿电建设及国防计划所需器材致孔祥熙代电

（1941 年 9 月 26 日）

行政院孔副院长钧鉴：据经济部翁部长呈称：资源委员会经办国营工、矿、电建设事业，急需向国外订购器材，共计美金一千七百万美元。前奉核准列入美国租借法案内拨款订购。惟据该会驻美人员报告，租借法案所得款项已分配用途，重工业建设所需器材恐不易列入。国防工业三年计划明年一月起正式实行，第一年所需订购器材共计美金一千五百二十万三千元。连同前项核准器材，合计为数甚巨，恐不易全数筹拨。兹就最为迫切需要之器材，约计美金捌百万元。拟请准予饬由第四次美借款内即为拨付，以便早日订购，余数仍请准由美国租借法案及新借款内陆续筹拨，俾原定计划得以顺利进行等语。查国营建设事业及国防工业三年计划，所需器材为建国事业之主要事项，尤与抗战军资有重大关系。所有必须迅速订购之器材八百万元美金，应予迅速列入拨付。

除复电外，即希照办为盼。中○。申宥侍秘川。

〔《国防工业（三）》（1941 年 9 月 20 日至 1947 年 7 月 9 日）：1120/6070. 01 - 03/210/001112000A012〕

蒋中正关于由第四次美借款内拨付美金八百万元
订购国防工业器材致翁文灏代电
（1941 年 9 月 26 日）

经济部翁部长勋鉴：九月二十日签呈悉。所请将国营工、矿、电建设事业及国防工业三年计划两年内最为迫切需要之器材，共计美金捌百万元列入第四次美借款内，即为拨付订购一节，应予照准。已电孔副院长迅速列入拨付矣。中○。申宥侍秘川。

〔《国防工业（三）》（1941 年 9 月 20 日至 1947 年 7 月 9 日）：1120/6070. 01 - 03/210/001112000A012〕

孔祥熙电呈由第四次美借款内拨付美金
八百万元订购国防工业器材事
（1941 年 10 月 1 日）

院长赐鉴：申宥侍秘川字第九三一三号代电敬悉。翁部长所请准第四次美借款内拨付美金八百万元，以应最迫切之需要一节。查第四次美借款已无余额可资拨付。闻美国政府近为加强援助民主国家，计已向国会提出第二次租借法案追加预算案。是该项所需之器材八百万元美金，似应仍向美方交涉，由租借法案内洽购。且如不利用租借法案而以他款订购，因美政府统制物资，则定货及运输反将发生困难。当否，敬乞示遵。弟祥熙叩。东院机。

拟办：摘叙经过并说明第二次租借专案内有无拨付可能，此时尚无把握，应如何弥补，使既定计划可以进行，请委座亲核。陈布雷。十·二·

〔《国防工业（三）》（1941 年 9 月 20 日至 1947 年 7 月 9 日）：1120/6070. 01 - 03/210/001112000A012〕

翁文灏钱昌照呈资源委员会第二次三年计划三十一年度经费预算

（1942 年 1 月 7 日）

委座钧鉴：资源委员会第二次三年计划三十一年度经费，前奉核定国币四五二，五七七，〇〇〇元及美金一三，九七〇，〇〇〇元，经已遵编概算，依法呈转。除美金部分已奉政府准暂照例外，国币部分则以财政困难，现经核减，改列国币三五〇，九二〇，〇〇〇元。职等以太平洋战启，各厂矿所需外购器材一部分暂难购办，原定计划亦惟有斟酌缓急，择要进行，自当遵照政府核定数额，妥为分配；一面转饬各事业机关，尽量利用现有设备及国内可用之原料加紧生产。总期尽一切可能之途径，增多战时物资之供应。兹特检呈本会最后奉准之预算及职等就核定数额内修整数目暨本年事业进行之准则全份，电请察核备案。职翁文灏、钱昌照叩。虞机。

拟办：拟复：准照所拟呈请行政院核定备案可也。

批示：如拟。

附件一　资源委员会三十一年度事业计划进行准则

一、积极进行必要物品之生产，但全部器材设备购自外国不能运到者，应停办；局部设备不能自外国运到者，局部停办。

二、工业原料应待外货供给者（例如电工器材厂、机器厂、无线电机厂等所需之五金器材），应设法抢运，但尽量利用本国出品。

三、凡抗战时期所亟需生产之事业，而全部或大部分之设备为国内所能取给者（例如钢铁材料等），应从速装建，限期完成。

四、充分利用国内已有之发电设备，迅行装置，供给工业所需之动力。

五、已成工矿事业，其（一）容量尚未能充分利用、（二）大部分原材料仰给国外不易运到及（三）地点临近战线者，暂停扩充。

六、不能在短时期内实行生产之事业，或其举办非抗战时期所需要者，应暂停办。

七、出口矿产之采收运输，在外运可能时期，仍应努力推进，并积极提高品质。

附件二　　　　　　资源委员会三十一年度建设费概算表

机关名称	行政院改定数 （单位：元）	修整数 （单位：元）	备注
工业	国币 121360000 美元 3160000	国币 116930000	
冶炼	国币 47120000 美元 600000	国币 51730000	
陵江炼铁厂	国币 1000000	国币 1000000	
资和钢铁公司	国币 2000000 美元 5000	国币 2500000	
江北铁厂			
大华铸造厂有限公司	国币 1000000 美元 5000	国币 300000	
石油沟炼钢厂	国币 3500000 美元 30000	国币 3500000	
资渝炼钢厂	国币 22000000 美元 300000	国币 26000000	
威远钢铁厂	国币 1700000 美元 10000	国币 2000000	
云南钢铁厂工程处	国币 14000000 美元 250000	国币 14000000	
甘肃炼钢厂			
西康钢铁厂筹备处		国币 400000	
康东熔铸股份有限公司			
粤北铁工厂（炼铁部）			
江西铁厂	国币 1500000	国币 1500000	
钨铁厂筹备会	国币 10000		
中央钢铁厂保管处	国币 10000	国币 30000	
昆明炼铜厂	国币 400000	国币 500000	
化工	国币 36300000 美元 1070000	国币 34700000	
泸县硫厂			
江西硫酸厂	国币 300000		
化工材料厂	国币 1500000 美元 10000	国币 2000000	
四川氮气制品公司	国币 8500000 美元 30000	国币 3500000	

续表

机关名称	行政院改定数 （单位:元）	修整数 （单位:元）	备注
动力油料厂	国币 2000000 美元 50000	国币 3500000	
犍为焦油厂	国币 1000000 美元 10000	国币 1500000	
四川酒精厂			
资中酒精厂			
泸县酒精厂		国币 500000	
简阳酒精厂		国币 500000	
北泉酒精厂	国币 4000000	国币 500000	
遵义酒精厂		国币 1000000	
云南酒精厂		国币 1000000	
咸阳酒精厂		国币 750000	
甘肃酒精厂		国币 700000	
溶剂制造厂			
电化冶炼厂	国币 15000000 美元 950000	国币 14000000	
重庆火砖厂	国币 4000000 美元 20000	国币 3500000	
甘肃水泥公司		国币 1750000	
机械	国币 25000000 美元 1000000	国币 15500000	
中央机器厂		国币 5000000	
中央机器厂四川分厂		国币 6000000	
重庆汽车配件修造厂	国币 25000000		
甘肃机器厂	美元 1000000	美元 3000000	
江西机器厂		国币 1500000	
粤北铁工厂（机械部）			
电工	国币 12940000 美元 490000	国币 15000000	
中央电工器材厂		国币 8000000	
中央电工器材厂（西北分厂）			
西北电机厂			
中央无线电器材厂	国币 12940000 美元 490000	国币 4000000	

机关名称	行政院改定数 （单位：元）	修整数 （单位：元）	备注
西北无线电机制造厂			
中央电瓷制造厂		国币 2000000	
华亭电瓷厂		国币 1000000	
矿业	国币 185210000 美元 7353000	国币 182250000	
金属	国币 14750000 美元 558000	国币 16800000	
彭县铜矿筹备处		国币 2000000	
川康铜业管理处（自产部分）		国币 3500000	
滇北矿务局		国币 1500000	
易门铁矿局		国币 1000000	
黔西铁矿筹备处		国币 400000	
四川矿业公司	国币 14750000		
钨业管理处（自产部分）	美元 558000	国币 2400000	
钨业管理处粤分处（自产部分）		国币 600000	
锑业管理处（自产部分）		国币 1800000	
锡业管理处（自产部分）		国币 600000	
锡业管理处赣分处（自产部分）		国币 600000	
汞业管理处		国币 2400000	
煤	国币 19560000 美元 295000	国币 11250000	
嘉阳煤矿公司			
威远煤矿公司			
建川煤矿公司	国币 2000000	国币 1000000	
贵州煤矿公司	国币 1560000		
明良煤矿公司	国币 3000000 美元 100000	国币 2400000	
宣明煤矿公司	国币 5000000 美元 80000	国币 1500000	
祥云煤矿	国币 2000000 美元 10000	国币 2000000	
云县煤矿	国币 1500000 美元 20000	国币 2000000	
永仁煤矿			
祁零煤矿局	国币 600000 美元 20000	国币 600000	

续表

机关名称	行政院改定数 （单位:元）	修整数 （单位:元）	备注
湘南矿务局	国币 1000000	国币 10000000	
辰黔煤矿公司	国币 350000 美元 15000		
天河煤矿局	国币 750000 美元 30000	国币 750000	
八字岭煤矿			
宜洛煤矿局			
永登煤矿局	国币 300000 美元 10000		
益门煤矿	国币 1500000 美元 10000		
油	国币 150000000 美元 6500000	国币 153000000	
四川油矿采勘处	国币 150000000 美元 6500000	国币 3000000	
甘肃油矿局		国币 150000000	
其它	国币 900000	国币 1200000	
西南矿产测勘处	国币 900000	国币 1200000	
出口矿产品检查所			
电业	国币 44350000 美元 1180000	国币 45100000	
电力	国币 44350000 美元 1180000		
衡阳电厂			
浙东电力厂			
龙溪河水力发电厂工程处	国币 9000000 美元 300000	国币 9000000	
万县水电厂	国币 3500000 美元 100000	国币 3300000	
岷江电厂	国币 6000000 美元 50000	国币 6000000	
宜宾电厂	国币 2500000 美元 50000	国币 4000000	

续表

机关名称	行政院改定数 （单位：元）	修整数 （单位：元）	备注
自流井电厂	国币 2500000 美元 100000	国币 2000000	
泸县电厂	国币 3000000 美元 50000	国币 2300000	
广元电厂			
贵阳电厂	国币 3500000 美元 50000	国币 1500000	
昆湖电厂	国币 4000000 美元 100000	国币 4000000	
柳州电厂	国币 1500000 美元 100000	国币 3300000	
湘中电厂		国币 1500000	
湘西电厂			
西京电厂		国币 600000	
宝鸡电厂	国币 600000 美元 10000		
汉中电厂	国币 1000000 美元 20000	国币 1000000	
兰州电厂	国币 3000000 美元 200000	国币 1300000	
天水电厂	国币 1000000 美元 10000	国币 1000000	
西宁电厂	国币 700000 美元 10000	国币 700000	
西昌电厂	国币 2000000 美元 30000	国币 3000000	
柳江水力发电勘测队	国币 100000	国币 100000	
水力发电勘测总队	国币 450000	国币 500000	
国营事业建设管理费			
预备费		国币 6640000	
利息			
总　　计	国币 350920000 美元 11693000	国币 350920000	

〔《各机关预算》（1941 年 11 月 29 日 1948 年 5 月 31 日）：0210/
2742.01 - 01/32/001021000A025〕

五 工业燃料和工业标准化事项

翁文灏电呈本年内生产各种液体燃料预估数量

（1942 年 6 月 2 日）

委员长蒋钧鉴：自抗战以还，液体燃料之进口日益艰困。迄今滇缅路断，外洋汽油输入更为不易。在此期内，资源委员会对于液体燃料之自造，曾积极筹划，努力进行，以期供应抗建之急需，稍补外来燃料之不足。目前燃料问题更感严重，所有各项液体燃料之生产正由本会加紧促进。根据现时生产情形，本年内可能生产各种液体燃料之数量约计如下：（一）酒精——资源委员会所办酒精厂现已达十所，散布于川、滇、贵、甘、陕等省，各厂本年总产量可达二百八十五万七千五百加仑，其中有五十万加仑可炼成无水酒精，供参加汽油驾驶飞机之用。（二）汽油——甘肃油矿预计可产一百八十万加仑。（三）煤油——甘肃油矿预计可产一百万加仑。（四）柴油——甘肃油矿、动力油料及犍为焦油厂，三方共计可产一百二十万加仑。（五）汽油代用品——动力油料厂及犍为焦油厂共计可产十二万加仑。现并正在与运输统制局商洽合作设厂，由桐油提炼汽油以增产量。此外四川油矿尚产有天然气，可供驶行汽车之用，本年可产十五万立方公尺。以上除天然气外，其它各项油料计共达六百九十七万七千五百加仑。除资委会本身运务，酌留相当数量外，其它均可供军事、交通方面应用。在目前燃料极度缺乏之际，对于抗建急需之供应，当不无裨助。理合专电陈报，谨乞鉴核。职翁文灏（印）叩。冬资机。

拟办：列呈阅。拟酌复嘉勉。

批示：如拟。

〔《经济措施（八）》（1941 年 9 月 13 日至 1944 年 3 月 23 日）：1100.10/2130.01－08/41/001110010A008〕

蒋中正为本年内生产各种液体燃料预估数量致翁文灏代电
（1942 年 6 月 7 日）

资源委员会翁主任委员勋鉴：冬资机代电悉。国内液体燃料生产增加，供应有赖，良深嘉慰。仍盼督饬所司加倍努力，提高效率，以济要需为幸。中○。巳阳侍秘。

〔《经济措施（八）》（1941 年 9 月 13 日至 1944 年 3 月 23 日）：1100. 10/2130. 01 － 08/41/001110010A008〕

蒋中正为工业标准化致翁文灏代电
（1943 年 8 月 16 日）

经济部翁部长勋鉴：前据党政高级班学员向贤德君面陈工业标准化问题，当嘱拟具书面报呈。兹据呈送前来。查我国在实施工业建设计划之前，亟应整订工业之标准。兹将所呈《工业标准化》原件随文转发参考，并希拟订《实施工业标准化之方案》为盼。中○。未铣侍秘。

附发工业标准化一份。

〔《工业建设（七）》（1943 年 5 月 19 日至 1945 年 11 月 26 日）：1120/1032. 01 － 07/205/001112000A007〕

翁文灏为办理工业标准情形呈蒋中正
（1943 年 9 月 3 日）

案奉钧座三十二年八月十六日侍秘字第一八九四三号铣代电，检发向贤德原呈工业标准化提要，饬参考并拟订实施工业标准化之方案等因。查工业标准有关工业建设计划者甚大，本部早经注意办理，并责成本部全国度量衡局筹划实施。惟拟订标准必先参考各国成规，译成国文研究比较。继须斟酌国内情形及其需要之缓急，召集专家，分别先后拟订工业各部门之标准草案。以上各项工作均在继续进行之中。截至现在止，该局共征集英、美、德、法、日、波、苏等二十余国标准约一万九千种，译述各国标准三千八百余种，拟订各种标准七百号。本部并为积极推动起见，订于九月九日至十一日召集本部及附属机关之技术人员开会，讨论有关工业标准各事项，以资策进。奉令前因，除俟研讨完毕再行呈报鉴核外，理合将办理工业标准情形先行呈复，仰祈鉴核。谨呈

委员长蒋

经济部部长 翁文灏（印）
三十二年九月三日

拟办：暂存。待续呈并办。

〔《工业建设（七）》（1943 年 5 月 19 日至 1945 年 11 月 26 日）：1120/1032.01－07/205/001112000A007〕

翁文灏呈草拟及推行工业标准方案与工业标准委员会规程
（1943 年 10 月 11 日）

案查前奉钧座三十二年八月十六日侍秘字第一八九四三号铣代电，检发向贤德原呈工业标准化提要，饬参考并拟订实施工业标准化之方案等因。遵经于本年九月三日以（卅二）工字第五五九六九号呈，缕述办理工业标准情形，先行复祈鉴核在案。查本部为促进标准工作起见，曾于九月九日召集专门人员举行工业标准筹备会，集议三日。讨论结果，一致认为工业标准关系国防民生至深且巨，我国工业标准之拟订，实属刻不容缓，有将从前办理程序酌为修正之必要。本部依照此项方针，经将《工业标准委员会简章》修正为《工业标准委员会规程》，于本年十月二日由部修正公布。委员会重新组织人员，更加充实。派次长谭伯羽兼任主任委员，督率各员，将已草拟完成之各项工业标准，迅即完成核定程序，并将各种最急需之标准，赶速草拟，以利施行。奉令前因，理合检同《草拟及推行工业标准方案》并《工业标准委员会规程》各一份，备文呈报，仰祈鉴核。谨呈

委员长蒋

附呈《草拟及推行工业标准方案》暨《工业标准委员会规程》各一份。

经济部部长 翁文灏
三十二年十月十一日

拟办：列呈核。附原件。

〔《工业建设（七）》（1943 年 5 月 19 日至 1945 年 11 月 26 日）：
1120/1032. 01 – 07/205/001112000A007〕

蒋中正为推行工业标准致翁文灏代电
（1943 年 10 月 13 日）

经济部翁部长勋鉴：卅二年工字第五八一一七号呈件均悉。查推行
工业标准于工业建设前途关系甚大，所拟方案应提请行政院会议核定施行，
俾其注意，并应与中央设计局随时采取密切联系为要。中〇。西元侍秘。

〔《工业建设（七）》（1943 年 5 月 19 日至 1945 年 11 月 26 日）：
1120/1032. 01 – 07/205/001112000A007〕

六 奖励工业技术发明与专利申请

蒋中正为奖励工业技术发明与申请专利致翁文灏等代电
（1940 年 8 月 8 日）

行政院魏秘书长[①]、经济部翁部长勋鉴：对于发明各种机械工具之
特别奖励与准其专利之办法及组织应特别注重，希速将从前对于发明权
利与承接机关等过去各种办法，应调查汇集，设法整顿，使能迅速而有
效为要。中〇手启。未齐侍秘渝。

〔《工业建设（二）》（1940 年 8 月 8 日至 1943 年 2 月 28 日）：1120/
1032. 01 – 02/200/001112000A002〕

翁文灏电呈修正奖励工业技术暂行条例及施行细则等
（1940 年 8 月 17 日）

军事委员会委员长蒋钧鉴：二十九年八月八日未齐侍秘渝字第三〇

---

① 魏道明，时任行政院秘书长。

六四号代电奉悉。查我国对于奖励国内工业技术上之发明与改良，自民国成立以来，政府历有规定，其奖励范围及核准专利期限屡有改进。二十一年九月三十日，国民政府公布《奖励工业技术暂行条例》，对于工业物品或方法之首先发明者，给予五年或十年之专利权；设置审查委员会办理审查事项，施行以来渐著成效。抗战以来，本部以欲适应非常时期之需要，促进工业之建设对于国人工业技术之贡献，允宜宽其范围，广予奖励。经呈转奉，国民政府于二十八年四月六日修正该条例公布施行。除原有关于物品或方法之首先发明者外，对于创作合于实用之新型，及适于美感之新式样两者，亦均分别给予专利权，以资鼓励。专利期限规定三年、五年、十年三种。同年九月十一日，由部将该条例施行细则修正公布。改组奖励工业技术审查委员会，规定审查程序，以为处理案件之准绳。并订定呈请须知，以便呈请人遵循办理。奉凡呈请案件之手续完备者，悉依规定程序，迅予审查核定准驳。其经核准专利者，即按期公告发证，督促制销。同年十二月十四日，通饬各已得专利权人，将开始制造日期、制造经过及销售数量详细呈报。□自二十一年九月至今，先后核准专利案件共一百六十八起。其中徐秀棠之制造织布用边撑棍机器，构造精良，便利纺织；如陈筱舫之中国照相印像纸，堪以抵制外货，减少漏卮；中华书局之两用蜡纸，有裨文化事业；舒震东之中文打字机，高曙青之天璇打字机，运用均称灵捷；谭庆蓬之气化柴油机，设计新颖；陈立夫之铅字架，增进排版效率；尹总川之强光植物油灯及金栋用灯草为灯芯之植物油灯，构造优良，甚合实用；陆子冬之大中式煤气炉，各部结构颇具匠心。当此非常时期，允为交通利器，实各有其特殊价值。正由各已得专利权人，积极制销。此过去办理专利案件之大概情形也。奉电前因。除嗣后对于专利案件，遵当特加注重，妥速办理，期收速效，并将有关法规检送魏秘书长查照外，理合检呈修正奖励工业技术暂行条例及施行细则、审查委员会规则、呈请须知各一份电请鉴核。经济部部长翁文灏叩。筱工印。附条例施行细则、委员会规则及呈请须知共四件。

〔《工业建设（二）》（1940 年 8 月 8 日至 1943 年 2 月 28 日）：1120/1032. 01－02/200/001112000A002〕

翁文灏电呈设立发明专研机关

（1940 年 11 月 23 日）

军事委员会委员长蒋钧鉴：顷奉机秘（甲）第三四三四号手令，为关于人民发明之物品应如何设法奖进，及如何设立发明专研机关以劝发明，饬速定方案详报等因。窃查前奉钧长本年八月未齐侍秘渝字第三〇六四号代电，饬将从前对于发明专利与承接机关等过去各种办法调查汇集，设法整顿一案。经于同月筱工代电将奖励发明创作法规沿革，及本部办理经过情形呈报，并检同现行专利法规，复请鉴核。嗣准行政院秘书处九月阳叁一九一〇四号代电以奉钧长分令到处，由处提出意见五点。其要义为：（一）凡国人有发明具体计划而无力实验完成者，本部如认为确有研究价值，由部酌给费用并供给设备，予以继续研究之机会。（二）已完成之发明呈请奖励时，手续宜求简单，审查宜求敏捷。（三）免费发给专利证书。（四）有关国防民生之发明，由部呈院褒奖或发给奖状、奖章等。（五）有关国防民生之发明品欲在内地制造者，予以运输上之便利及低利贷款，嘱参酌办理等由。当由本部参酌现行法令，审察实际需要，将第（一）（四）（五）各点及其它应行注意奖励事项合并，拟定《奖励工业技术补充办法》一种计七条，以补救现行奖励法令之不足。已呈奉行政院核准备案，由部于二十九年十一月二十日公布施行，并通行中央及地方各机关团体、学校，转为晓谕，俾便周知。其第（二）点在本部工业司处理奖励工业技术案件程序本有规定，以后自当力求简单敏捷。第（三）点因变更现行法令规定，业已专案呈由行政院转请国民政府明令免费给证各在案。谨按本部自成立之日起至本年十月底止，呈请专利案件共三百三十四件，均经依照规定，妥速办理。经已审核完竣、准予专利者计有五十五件。其中或系首先发明或系新型、新式样之创作，于工业技术多所贡献。此后对于已完成之发明或创作，当仍依现行《奖励工业技术暂行条例》继续办理。其研究尚未完成而确有成功希望者，即以《奖励工业技术补充办法》普予奖进。关于如何设立发明专研机关一节，本部曾已注意研究，惟专研机关之设立，须以专利法为依据。我国现行《奖励工业技术暂行条例》原属临时性质，规定尚有未周允，宜制定正式专利法以期完备。欧美各国对于奖励发明特许专利，施行已久，成规颇多，亟应汇集研究，广为参考，再行草拟。当于本年九月间，分电我国驻英、美、法、苏、德及瑞士各使馆，请其搜集各该国现行专利法规，从速寄部应用。一面先就本部现有之英国、捷克、意大利等国专利法规，从事翻译参考。最近为使专利法从速完成、专利机关早日设立起见，复又制订《经济部工业专利办法筹议委员会章程》及该会进行步骤，规定专利法草案于六个月内完成，其它法规草案于八个月内完成，以求速效。现已依照章程及进行步骤积极施行，奉谕前因。除现行《奖励工业技术暂行条例》及其它施行细则等，前已于本年八月筱工代电附呈处，理合检呈《奖励工业技术补充办法》、《经济部工业专利办法筹议委员会章程》及进行步骤各一份，敬乞鉴核示遵。经济部部长翁文灏叩，梗工印。附呈办法、章程及进行步骤共三份。

〔《工业建设（二）》（1940 年 8 月 8 日至 1943 年 2 月 28 日）：1120/1032. 01 - 02/200/001112000A002〕

陈布雷呈拟对翁文灏设立发明专研机关之意见
（1940 年 12 月 7 日）

谨按：所订办法，尚属周妥。惟查过去机关，对于主管事业之有发明者，多因主管人员学派畛域关系，虽有特殊发明，故为刁难或苛刻吹求，甚至取得发明者之秘密后，故意破坏，不久且窃为己有。此则风气腐败，非关法令之有无。拟再切实训戒，并令加订"审查发明人员溺职、渎职之处罚办法"加入条例中，俾知儆惕。

又按：阻碍发明风气，以医药及工业两界最坏。例如我国各种优良药物之经西医采用者，如大黄、麻黄、大蒜精等类（其它尚多），均系外人研究发明，我国西医始予引用。并非中医皆无学术，实由中医中即有发明，无论是否有效，一入卫生署，即因其为中医而弃置不顾。此外西医中又有德日派、英美派等类门户之见，彼此水火不容，贻误学术，实可概叹。钧座注意发明，对此关系民族健康之国粹医药，似亦宜一体奖励。可否饬卫生署规定奖励办法，破除成见，虚心审查之处，请批示。

批示：如拟。（蒋中正）

〔《工业建设（二）》（1940年8月8日至1943年2月28日）：1120/1032.01－02/200/001112000A002〕

蒋中正为设立发明专研机关复翁文灏代电
（1940年12月17日）

经济部翁部长：工字第七三六七一号梗工代电暨各附件均悉。查所订各项办法尚属周妥，惟查过去机关对于主管事业之有发明者，间因主管人员学派畛域关系，往往遇有特殊发明，故为苛刻吹求，坐令有志灰心。比年以来，我国发明无多，成绩不著，实与此种风气不无连带关系。发明之本亟应设法切实改善。希即转饬主管员司，恪切遵照，并应加订"审查人员溺职、渎职之处罚办法"加入条例中，俾知儆惕为要。中〇。亥筱侍秘渝。

〔《工业建设（二）》（1940年8月8日至1943年2月28日）：1120/1032.01－02/200/001112000A002〕

蒋中正关于设立发明专研机关致卫生署代电
（1940年12月17日）

卫生署金署长[①]：查中国医学肇自岐黄，历史悠久，效验宏伟。而我国西医对于中药之发明不独不加重视，即或确有特效之优良药品，亦皆弃置不顾，似对中药根本缺乏信念，而不愿加以深切研究。顾欧美医药界中则反积极注意，如大黄、麻黄、大蒜精等类，均先后研究，发明精制。而我国习西医者，则必待欧美发明，始予引用。数典忘祖，舍己耘人，实可概叹。现值抗战期间，舶来药物路远费昂，艰难倍甚。该署负有领导全国医药人才宏古吸新、发扬国粹、健强民族之责务。盼于此注意，勉励属内员司化除学派畛域及中外成见，无论中药、西药及中西

---

① 卫生署长金宝善。

医学原理，均应特别奖励发明。如国内医士确有特效，应即一体接受，虚心审查，切实化验，并以和蔼诚恳之态度，对原发明人优加挟助明申，以期我国医药事业克以日趋光大。除关于奖励工业发明条例已饬经济部拟订须知外，关于奖励医药发明办法应即由该署切实拟具，并将审查发明人员溺职、渎职之处罚一并详密订入，并将遵办情形呈报为要。中〇。亥筱侍秘渝。

〔《工业建设（二）》（1940 年 8 月 8 日至 1943 年 2 月 28 日）：1120/1032. 01 - 02/200/001112000A002〕

经济部为奖励工业技术发明致行政院秘书处函
（1940 年 12 月）

准贵处二十九年十一月二十九日阳字第二四八一二号函以关于非常时期奖励各种工业技术上之发明一案，经签奉院长手批嘱查照办理。又本部过去有无对于发明者呈报日久不理或故意批驳情事并嘱查明迅复等由。准此，查工业技术上之发明，有关工业进步者甚大，本部对于发明专利案件向皆依照《奖励工业技术暂行条例及其施行细则》迅予处理。抗战以来，凡与国防民生有关各案，尤复从宽办理，以期普为奖进。依《奖励工业技术暂行条例施行细则》第七条之规定，受理各案须交由奖励工业技术审查委员会审查。审查委员会规则第七条规定：对于呈请奖励案件，先由主席指定委员作初步审查，输送各委员签注意见后，再行开会决定。每次会议纪录均呈由部长亲自核阅，以昭郑重。会议决定后，复交原审查委员作成决定书，再送各委员签注，最后由主席核签方成定案。法定手续如此，处理自需相当时日。本部为缩短时间、迅赴事功起见，新经规定：工业司处理奖励工业技术案件程序，规定呈请案件自到司分科之日起，至中经审查、签注、开会、作决定书等程序公告及通知之日止，至多不得超过一个半月。至呈请人间有不明规定，未能依照《奖励工业技术暂行条例施行细则》第一条之规定，检附说明书、图式及模型或样品；或只送图说，未具模型或样品；或只有说明而无图式；或其说明仅寥寥数语，含混不明，均足使审查工作进行困难。但本部仍体察实际情形，尽其可能先加审核，一面饬送应备各件，以资参证。其依照细则第五条之规定，于六个月内补呈者，仍依照规定程序，迅予处理；不遵规定期限送到者，在现行细则未修改前，自不能不认为失效。审查标准悉依《奖励工业技术暂行条例》第一条之规定，凡确系首先发明，或合于实用之创作，或适于美感之新式样，无不宽其范围，广为奖励。惟对于仅有肤浅意见，不合科学原理，难达实用阶段；或原系公知、公用之事物，已有人发明创作在先；或就前人已经弃置不用之方法重行制造，诸类情事，为求免去呈请人徒耗精神财力，妨害公众利益，阻碍后方生产起见，不能准予专利，均列举理由，或指示错误，以冀呈请人知所改正。如有不服，许其依照法定程序，请求再审查。如所提理由正当，本部可变更原决定，准其专利请求再审查。案经再核驳后而仍不服者，更可依照诉愿法、行政诉讼法提起诉愿、再诉愿及行政诉讼。本部受理诉愿案件，亦均依法处理，并不固持成见。总之，本部对于发明呈请专利案件，纯以呈请人之利益为前提，处理办法力求周至。既使有合理之答复，并许有申诉之机会，事实上并无日久不理，或故意核驳情事。准函前由，除遵照办理外，相应检附《奖励工业技术暂行条例及施行细则》、《处理程序》及《奖励工业技术审查委员会规则》各一份，复请查照转陈为荷。此致
行政院秘书处。

附《奖励工业技术暂行条例及施行细则》、《处理程序》及《奖励工业技术审查委员会规则》各一份。

部长 翁文灏

〔《工业建设（二）》（1940 年 8 月 8 日至 1943 年 2 月 28 日）：1120/
1032.01－02/200/001112000A002〕

翁文灏电呈经济部处理工业发明专利案件情形
（1941 年 1 月 31 日）

军事委员会委员长蒋钧鉴：奉侍秘渝字第五二一九号亥筱侍秘渝代电，以过去机关对于主管事业之有发明者，间因主管人员学派畛域关

系，往往遇有特殊发明，故为苛刻吹求情事，亟应设法切实改善，令转
饬专管员司恪切遵照等因。奉此，查本部对于工业发明专利案件向系依
法审慎办理，并叠经令饬奖励工业技术审查委员会各委员对呈请各案，
均应迅予审查公平处理，不得稍执成见，致碍工业进步。各审查委员尚
能仰体斯旨，妥慎办理。奉电前因，除再严饬仰体钧座提倡工业之至
意，恪切遵照，毋得延忽外，理合呈复敬祈均察。经济部部长翁文灏
叩。世工印。

〔《工业建设（二）》（1940 年 8 月 8 日至 1943 年 2 月 28 日）：1120/
1032.01 - 02/200/001112000A002〕

翁文灏呈设立发明专研机关办理经过暨专利法草案
（1942 年 12 月 12 日）

关于设立发明专研机关一案，前奉钧座二十九年十一月机秘甲字第
三四三四号手令，饬速定方案详报等因。遵经于同年十一月以梗工字第
七三六七一号代电，将以往办理情形，以及发明专研机关之设立，必须
先定专利法；专利法之拟订，必须先参考成法，拟具进行办法。呈奉钧
座亥筱侍秘渝代电，略以"所订各项办法尚属周妥"等因在案。随于
部内设置工业专利办法筹议委员会负责进行，分别函电我国驻外使馆及
有关各方，继续搜集各国有关法规。计三十年①间先后收集材料，连前
共有英、美、德、苏、日本、捷、意、瑞士、印度、荷兰等十个单位专
利法及其附属法规，并英、德、法、日等国文字参考书二十余种。经翻
译为国文之外国专利法规共六十五件，都二千三百余条。当以立法为国
家百年大计，未可操切从事。中外情形不同，如何斟酌去留，以期适合
国情，并有博采众议、集思广益之必要。经饬编印专利法重要问题十
项，及专利法参考材料四十六号，连同现行条例，两度送请国内各有关
机构、学术团体及各专家等核示意见去后，旋准各方陆续开列意见，共
一百六十五件。迨三十年年终，各项参考材料之翻译、整理大致就绪。

---

① 指 1941 年。

爱斟酌各国成规及参考国内各方意见，由该会先行拟成专利法初稿，迭经讨论，修正作成草案。计分发明、新型及新式样三篇，都一百四十一条。对于有关专利各要点如（一）呈请、（二）审查及再审查、（三）专利权、（四）实施、（五）纳费、（六）侵害赔偿及诉讼、（七）罚则等项，均有详细规定。对于核准专利之发明已满三年，无正当理由，未在国内实施，或正当实施者，并于（四）实施章各条，确定强迫实施之办法，以防流弊。除分呈行政院核转立法院外，理合胪陈办理经过，并检附专利法草案一件，备文呈报，仰祈鉴核。谨呈

委员长蒋

附呈专利法草案一件。

职 翁文灏（印）谨呈

十二月

〔《工业建设（二）》（1940 年 8 月 8 日至 1943 年 2 月 28 日）：1120/1032.01－02/200/001112000A002〕

蒋中正为设立发明专研机关办理经过暨专利法
草案复翁文灏代电
（1942 年 12 月 18 日）

经济部翁部长勋鉴：呈复设立发明专研机关办理经过暨所附专利法草案均悉。中〇。亥巧侍秘。

〔《工业建设（二）》（1940 年 8 月 8 日至 1943 年 2 月 28 日）：1120/1032.01－02/200/001112000A002〕

翁文灏呈拟加强组织专利事业机构办法办理情形
（1943 年 1 月 30 日）

案奉钧座机秘甲字第七三九六号手令，以专利事业之发展与奖进，对于工业之进步关系最大。对于专利特许权之申请及审核之组织，应切实加强，如何筹办，饬即拟定办法呈核等因。奉此，查本部前于二十九年十一月间，奉钧座机秘甲字第三四三四号手令，为如何设立发明专研

机关，以劝奖进，饬速定方案详报等因。当以设立发明专研机关，必须先订专利法；专利法之拟订，必须先参考各国成法。遵经分别函电有关各方，继续搜集各国有关法规，研究翻译，并编印专利法重要问题及参考材料等，送请国内各有关机关、学术团体及工业技术专家等，核示意见。最后乃斟酌各国成规及参考国内各方意见，作成专利法草案，计分发明、新型及新式样三篇，都一百四十一条。对于呈请审查及利用方法，均有详细规定；专利年限，并予加长；外国人亦可在我国呈请专利；我国人民自亦可依照外国法律，向外国政府呈请专利。随于上年十二月间，呈请行政院核准。立法院审议并呈奉钧座亥巧侍秘字第一五〇九一号代电开：呈复设立发明专研机关办理经过及所附专利法草案均悉等因在案。兹奉前因，自当积极进行。惟办理专利事业机构之加强组织，必须先公布专利法，再依专利法设置专利局，专办奖励发明特许专利等事项，以专责成。各工业先进国家莫不如此，我国亟宜按步进行。至专利局组织法及专利法施行条例等草案，正由本部草拟，合并陈明，奉令前因。理合具文呈复，仰祈鉴核。谨呈

委员长蒋

职 翁文灏（印）谨呈

三十二年一月三十日

拟办：谨按：经济部所拟之《专利法草案》内容甚为详细，系于上年十二月间呈到，业经奉批复"悉"在案。关于加强此项组织，似可候专利法颁行后，再行筹办，较为妥善。此件拟复"悉"。

批示：专利法何日颁行？查报。

〔《工业建设（二）》（1940 年 8 月 8 日至 1943 年 2 月 28 日）：1120/1032.01－02/200/001112000A002〕

蒋中正为专利法颁行事宜致翁文灏代电

（1943 年 2 月 28 日）

经济部翁部长：一月卅日（卅二）工四二一三二号折呈，以发明专研机关须俟专利法公布后再依法设置专利局一案已悉。现该项专利法

既经呈请核转立法院审议，究需若干时日始能颁行，希即查明具报为要。中〇。丑俭侍秘。

〔《工业建设（二）》（1940 年 8 月 8 日至 1943 年 2 月 28 日）：1120/1032.01 - 02/200/001112000A002〕

翁文灏电呈专利法草案
(1943 年 4 月 14 日)

案查前奉钧座本年二月侍秘字第一六二五二号俭代电，以专利法草案既经呈请核转立法院审议，究需若干时日始能颁行，饬查明具报等因。奉此，遵经呈请行政院将该项专利法草案迅赐核转立法院审议，早日公布施行。旋奉行政院本年四月五日仁十一字第七八三八号指令，为案经提出本院第六零七次会议决议通过，送立法院审议，除函立法院查照审议外，饬即知照等因。并经函请立法院孙院长[1]提前审议。兹奉函复，业经提前办理等因各在案。是此项草案已正在立法院审查之中，理合具文呈报，仰祈鉴核。谨呈

委员长蒋

职 翁文灏（印）谨呈

三十二年四月十四日

〔《工业建设（二）》（1940 年 8 月 8 日至 1943 年 2 月 28 日）：1120/1032.01 - 02/200/001112000A002〕

七 机器工厂办理与调整

翁文灏钱昌照呈商请转让缅甸炼油厂机件接洽情形
(1942 年 2 月 18 日)

委员长蒋钧鉴：窃查甘肃油矿自上年十月间新开第八井猛烈喷油

---

① 孙科。

后，所有炼油、储油设备立感缺乏。以往虽曾在美订有炼储机件一批，但以容量及能力计算，即全部运到后，仍将不敷，需要甚巨。爰续奉准继续在美订购大量炼储机件，已在积极进行。惟太平洋战争爆发以后，海运多阻，外来器材大有困难，诚恐缓不济急。职等因悉缅甸境内设有炼油厂数处，战事爆发后，缅境易受威胁，因曾于上年十二月中旬试洽英大使卡尔转电缅甸当局，商请转让仰光炼油厂之一二单位，由我方备款承购。迭经催询，于本年一月二十二日始得缅督复电，谓不能转让。目前仰光军事紧急，情势已非，该地炼油厂此时是否尚能拆运，已成问题。如尚能拆运，本会拟重申前议。如不能拆运，闻八募附近尚有较小炼油厂，缅甸方面倘肯价让或租借，本会亦拟接受，以应急需。顷已商请何总长应钦转商英国军事代表转电缅方，如能有成，本会拟即派妥员飞往缅甸，就地洽商。办理结果如何，容续陈报。理合先将以往及目前接洽情形电呈钧鉴。职翁文灏、钱昌照叩。巧机。

拟办：复"悉"。拟简摘电呈委座，请示意缅方即让。

批示：闻。已由何总长电呈。

〔《工业建设（三）》（1941 年 2 月 13 日至 1943 年 6 月 7 日）：1120/1032. 01 – 03/201/001112000A003〕

翁文灏钱昌照呈中央机器厂办理经过及目前整饬情形
（1942 年 12 月 29 日）

查中央机器厂于民国二十五年奉命筹办之初，原系由资源委员会与航空委员会合办，以制造飞机发动机为目的。当时所有机器之选购工作之计划，皆以此为标准，并经派员赴美与泼来挥脱纳（Fratt and Whitney）厂接洽技术合作。合约已有成议，所需机器亦已订购。嗣接航空委员会函，以国库支绌，将制造发动机案暂缓办理。同时本会亦奉命改变计划，以该厂改制他种机器，并改由本会单独经营，先以制造蒸汽汽轮机、煤气机、蒸气锅炉等为目标。为推进此项制造起见，复经本会与瑞士卜郎比厂、瑞士机车厂分别签定技术合作合同，但该厂任务虽有变更，而其设备仍不得不以利用原已购到之机器为主。其后战事变化，重要海港均被封锁，该厂因时势之需要，为辅助国内工业及交通计，又添制工具机、纺织机及煤气、车用煤气炉等，并为兵工厂制造机枪零件、炮弹引信等，以协助兵器之生产。该厂生产计划即迭有变更，故机器设备之配合未能悉臻合理，但对于各种已有机器，尚能充分利用。又该厂制造机件中包括二千瓩之发电设备（现拟用于泸县电厂），此为我国自制同类机件之规模最大者，因之费时较久，与仅制小件之工厂相较，出品数量似若不及。但此种工作实为吾国工业进程中应有之努力，且该厂产品方面向采质、量并重主义，每一物品之制造在各过程中均有精确之检查，制造完毕以后并施行全部检验，故其成品在技术上之水准实较一般为高。关于价格方面，该厂因流动资金多系向银行贷借，不得不于材料、工资及管理等费成本以外，稍加些微利润，而其材料价值，因须顾及新材料之补充，亦不得不按照实际市价为计算标准，与各兵工厂之以法定外汇价格折合计算者不同。因之该厂出品价目在数字上较之兵工器材略高，然较一般工厂之产品，仍属价廉而物美。若不如此办理，则该厂势必日益赔累，国库既无法补偿损失，工作必有停顿之虞。最近本会为更谋提高该厂工作效率起见，已将该厂内部组织酌加调整，俾于设备、人员种种方面，均得妥切之配合，今后工作得以更有进步。所有中央机器厂办理经过及目前整饬情形，理合备文呈报。敬祈鉴核。

谨呈

委员长蒋

职 翁文灏（印）、钱昌照（印）

批示：复"悉"。

〔《工业建设（五）》（1942 年 12 月 29 日至 1944 年 12 月 12 日）：1120/1032.01 - 05/203/001112000A005〕

翁文灏呈拟加强管制工业器材实施限价办法
及加强工业机器设备计划
（1943 年 1 月 11 日）

案奉钧座三十一年十二月八日机密（甲）第七二四七号手令开：

"目前官商工厂之现有机器，皆无详细之统计与充分之利用，饬即将全国现有之各种机器详为调查统计，并统盘筹划，设法调整，俾增进其生产之效率。如何办理并饬查报"等因。奉此，查国营工厂由本部资源委员会主办者，大多属于重工业，其机器设备，早由该会注意利用，提高生产效能。至于民营工厂，为数甚多，分布于各省市，制品种类亦颇繁复，自须统盘筹划，调整增进。遵经令据本部工矿调整处三十一年十二月三十一日呈称："遵查本处主管民营工厂，向有调查表由各厂填报。本年奉令办理管理工业器材，复经规定各工厂机器登记办法，兹谨将各种机器纪录，分别编成统计表三种。就各种机械性质言之，可分为三大类：（一）动力机；（二）工具机；（三）作业机（其详细名称与种类详见附表）。关于（一）动力机一项，最重要者为陪都及成都、昆明、桂林等处公用电厂之设备。目前各该地供电能力已感不足，现正设法节制用电，以期适应。其它厂矿自用电厂之设备，则多系本处督促内迁，多已装成自供电力。惟中国汽车公司之一千瓩电机，尚未安装，已经由本处利用该项电机，倡立巴县电力厂，以供给李家沱工业区之用电。现正积极推进关于（二）工具机一项。现共有三千四百三十二部，其中百分之九十四系配用于各机器工厂。此种机器工厂大都有制造能力。至于附属于他种工厂仅作修配之用者，仅占百分之六。本处对于有制造能力之工厂，导使专精一艺，各尽所长，并使规格渐趋精密之标准，复以定货之方式，助使充分集中制造。核计民营机器工厂于内迁后，已增加设备至三倍。关于（三）作业机一项，则部门众多，情形不同。概括言之，则如：（1）矿冶工业之煤矿机器，于内迁后已用以开发民营。四川之天府、石燕、义大、建川，陕西之新生，广西之合山，及国营四川之嘉阳、威远，湖南之湘南、辰谿等煤矿，其产量约占后方产煤总量百分之六十。但后方工业，逐渐发展，产煤仍感不敷，对于煤矿作业机实有增加之必要。又钢铁冶炼所用之鼓风机、炼铁炉、炼钢炉、轧钢机，抗战以还，皆能自制。但钢铁事业，究属重工业最繁难之部门，短期内尚不易达到逐步配合之境地。目前已由冶炼逐步解决，而达于轧制成品之阶段，故轧钢设备之增加实为必要。（2）机器工业

（包括电气设备）配置尚嫌不足，尤以精密工具机及铸制巨件之设备，尤感切要。（3）化学工业。食盐电解设备，现在谋扩充，以增加烧碱、漂粉及火柴原料之供应。水泥制造之设备，则正常出品者已有五厂，在试车中者二厂，安装者一厂。造纸机器已有正常出品者计有七厂，在安装者二厂。酒精蒸馏设备之利用，则每月产量已超过六十万加仑以上。植物油、炼汽油设备，因尚属新兴工业，配置尚未周备，亟须积极督促完成。（4）纺织工业。则棉纺机器内迁及原有，共有二十八万锭，现已开足十八万锭。尚未开足之部分中，有五万二千余锭系于缅甸撤守时运入。因抢运得力，损失尚微，但运输困难，至今仍络绎在途，尚未达安装阶段。其余四万余锭，有拆迁湖北官纱居停开数十年及山东成通纱厂未完成之机器，又有湖南第一纱厂及大华、裕华等厂曾被火灾之纱锭，历年修配安装，极费周章。此实为最后修整之一批。至毛纺织厂，则全属抗战后设立，已有三厂装置完成，正式开工。（5）其余作业机器，如面粉、碾米、印刷、铅笔等项配备、补充，尚能裕如。自当遵照委员长'统盘筹划、设法调整，俾增进其生产效率'之指示，积极推进，全盘筹划。语其要点，一为加强管制，一为增加生产工具。关于加强管制，则除登记及采许可制造制外，更须与实施限价相配合；关于增加生产工具，则（一）为后方动力供给，已因工业逐渐发展，而虞不足，亟须尽最大可能，设法制造。（二）为钢铁冶炼，亟须增置轧钢设备，以竟全功。（三）为机械工业，须增加工具机，以扩大制造能力。（四）制造作业机种类，应对于棉纺织及煤矿与电冶设备，特加注重。目前在国际运输困难之状况下，后方自制机器，尤属急要之图。兹谨拟具增加工业机器设备计划，期于三十二年度实现。惟所需资金为额较巨，计达二万万元。拟请转呈奉核定后，再商四行，分别以贷款及定货办法，推进办理。所拟是否有当，理合检同《加强管制工业器材实施限价办法》及《增加工业机器设备计划》暨各附表，呈请鉴核示遵"等情。并附办法及计划暨各附表据此。理合据情并抄同原附各件，备文呈请钧座鉴核示遵。谨呈

委员长蒋

附呈工业机器统计表三份、《加强管制工业器材实施限价办法》一份、《增加工业机器设备计划》一份，附表三份。

经济部部长 翁文灏（印）

拟办：所拟《加强管制工业器材实施限价办法》及《增加工业机器设备计划》，均已抄交国家总动员会议核议办理，合附陈明。

批示：此复文与我所要将各公私工厂机器切实调整与增进数量之方案不合，仍照原意拟定具体方案呈报为要。

〔《工业建设（五）》（1942 年 12 月 29 日至 1944 年 12 月 12 日）：1120/1032.01 - 05/203/001112000A005〕

蒋中正为加强管制工业器材等致翁文灏代电
（1943 年 2 月 24 日）

经济部翁部长勋鉴：三十二年一月十一日工字第四○六○一号呈暨附件均悉。查所陈各情与原文所指将各公私工厂机器切实调整，增进其生产效率之意旨不符，希仍照原意拟定具体方案呈报为要。中○手启。丑敬侍秘。

〔《工业建设（五）》（1942 年 12 月 29 日至 1944 年 12 月 12 日）：1120/1032.01 - 05/203/001112000A005〕

翁文灏呈报上年各省公私轻重工业工作进展及改进办法
（1943 年 3 月 3 日）

委员长蒋钧鉴：一月杪奉机秘甲字第七四零九号手令，各省公私轻重工业其去年工作之进展与其出品之成绩以及其经费之支出等，皆希切实加以检讨，并拟具改进意见，于一个月内呈报为要等因。遵经就国营、民营各厂矿出品数量、促进情形，分项列表附具简说。关于国营者，将上年营业损益分类，估计本年物品产量预定数目；关于民营者，将本部协助资金及四行贷放款项及各厂矿上年出品数量，分别列举，以供查考，并就目前所拟实行之改进办法，共分八条，缕晰陈明。理合附具报告书一份、附表六种，一并呈请鉴核。职翁文灏叩。

梗印。

拟办：谨按：翁部长原报告文字颇长，并附有国营、民营各厂矿之产量及资金详数目表。上件系摘要列呈，总括其□情况。三十一年度产量大部分较以前均有增加，国营事业之营业盈余虽不甚丰，但工业重在生产，盈余多寡，似属次要问题。至三十二年度预定增产数字较三十一年度亦均有增进，其中以油产增数最大，盖玉门油矿出产激增之故也。惟产金方面，则因收金官价过低，官营、民营，均不敷成本，致进度不速。此事钧座最近曾手谕孔副院长与翁部长，饬其对金产大量增产，并详拟五年计划呈核。关于金矿部分，似可候其计划呈复，再行核示。

至民营事业方面，凡已具有成绩之厂矿，似应特别提高其贷款额，同时并奖励人民投资于生产事业。在本年度内，须有一切实有效办法，付诸实施。

陈布雷呈

批示：据报工矿事业有借名借款，而其款借到不用于工矿，而为投机之用者。应切实监察其借款各工矿事业有否此弊。

附　　国营民营轻重工业办理状况报告（附表六种）

国营事业状况

国营生产事业由资源委员会主管，惟采金则由采金局办理。抗战期内各项主要产品，历年均有加增。去年度各项产品，除一小部分物品（如铜、铅等限于矿源，锑、锡等因出口滞运，传电铜线限于原料供给）无法加增产量外，其余大多数之物品产量，较之三十年度增加颇多。例如汽油、酒精、钢铁、电工器材、电力，皆有重大进步。兹将抗战期内历年生产情形，列表以供比较，见附表一。

三十一年度国营工矿事业经费，连采金在内，共计四四八，三五〇，〇〇〇元。其支配情形：约二分之一用于石油、酒精及人造汽油等液体燃料；约四分之一用于钢铁及电铜之冶炼与金属矿；约八分之一用于电力；其余分配于电工器材、机械工业及煤矿等事业。所有各业经费分配情形，见附表二。

关于营业状况，各事业决算尚难立即完成。初步计算结果，资源委员会所管各厂矿收入约共四万二千八百万元，支出约共三万九千三百万元，盈余约三千七百万元。惟所有盈余，大部系存货、存料或其它资产，而非全为实际现金。估计除留存公积、福利金及盈亏拨补外，可缴国库官息及盈余约为六百万元，见附表三（略）。采金局收金一千五百零七两，照银行牌价每两六百八十元计，共值一百零二十四万元。

三十一年度之生产数字，虽较以前加增，三十二年度所悬生产目标，仍拟较三十一年度更为增多。各生产单位自当以此为鹄，努力以赴。兹将三十一年度实际生产数量与三十二年度预定生产数量，以各厂矿为单位，列表比较，见附表四（略）。

附表一　　　　　　国营厂矿主要产品历年产量表

产品种类		单位	历年产量				
			二十七年	二十八年	二十九年	三十年	三十一年
燃料	烟煤	吨	258132	175479	301609	493243	787101
	汽油	加仑		5406	86800	242921	1959317
	柴油	加仑		8212	150235	356630	142617
	动力酒精	加仑	73620	270775	632224	1291437	2354524
金属	生铁	吨			2979	4340	13991
	钢	吨				134	1686
	精粗铜	吨	1072	1060	1029	893	676
	电铜	吨		437	1240	697	556
	精炼铅	吨		270	309	150	62
	精炼锌	吨		40	12	80	174
	金	两	218	1017	6536	6424	1507
出口矿产	钨	吨	12556	11509	9543	12392	11936
	锑	吨	9436	12017	9073	7789	4423
	锡	吨		1840	16497	6994	7216
	汞	吨		169	97	120	163
机械	动力机	瓩		87	1758	2481	3003
	工具机	部		40	41	104	120

产品种类		单位	历年产量				
			二十七年	二十八年	二十九年	三十年	三十一年
电工器材	铜铁电线	吨		40	191	571	402
	灯泡	只	70000	206700	264371	230000	637062
	电子管	只	600	5960	36990	3683	20432
	电话机	具		3500	1650	3169	1265
	交换机	门			2770	1110	6305
	电动机	马力	24	2994	1550	3609	7059
	变压器	千伏安	4	8	1340	6978	10936
	收发报机	架	84	1171	1324	1725	1357
	干电池	只	101861	23200	395639	851359	448203
	蓄电池	只		50	183	458	865
	瓷碍子	件		360815	1248241	1739145	1401710
其它	润滑油	加仑		8528	39924	51085	35908
	纯碱	吨			18	76	151
	耐火材料	吨		968	3826	3361	4888
电力	电度	度	4046969	7091218	11132800	17784000	23217196

附表二　　　　　三十一年度重工业经费预算简表

事业种类	原预算	追加预算	合计
煤矿	11590000	1000000	12590000
石油	153350000	40000000	193350000
钢铁及电铜冶炼	65180000	34340000	99520000
铜、铅、锌等矿	13000000	300000	13300000
电力	47415150	7200000	54615150
酒精、人造汽油及其它化学工业	23430422	2000000	25430422
机械工业	17800000		17800000
电工器材	17350000	3000000	20350000
金矿	9390000		9390000
其它	1804428	200000	2004428
共　　计	360310000	88040000	448350000

民营事业状况

民营生产事业，本部除时加直接督导外，并督令工矿调整处负实际协助之责。该处对于民营事业，除供应器材、训练技工及技术指导外，对于资金之协助尤所致意。如该处不能尽量供给，亦必介绍其向四行贷款。揆其鹄的，乃在使各业厂矿，藉各方面之协助，扩大其生产能力，增加其生产数量。历年以来，各种重要物品之生产数量，均有加增。以三十一年度与三十年度比较，除电动机、肥皂、皮革等少数产品因原料缺乏，产量略见减退外，余如棉纱、呢毯、面粉、酒精、生铁、烧碱、水泥、发电机、动力机等均有显著之增加，见附表五。

三十一年对于民营各业资金之协助，本部及所属工矿调整处、燃料管理处各单位放款余额，至去年十二月底止，计七千一百余万元；四行贷款截至去年十月底止，共计三万四千四百余万元。两项合计，共为四万一千五百余万元。如分业观察，则矿冶工业所得放款及贷款占总数三分之一；纺织工业占总数四分之一；机器及电器工业、化学工业及公用事业各占八分之一；饮食工业仅占全数百分之三。各厂矿所得放款及贷款详数及其生产数量，见附表六（略）。

附表五　　　　　民营工业主要产品历年产量表

产品类别	单位	历年产量				
		二十七年	二十八年	二十九年	三十年	三十一年
电力	度	66860000	90850000	126000000	156750000	171880000
燃料						
煤	吨	2448679	2885385	2939951	4050139	4625130
酒精	加仑	232000	532000	3920800	4110000	5489000
钢铁						
灰口铁	吨	800	950	2190	7339	11983
钢	吨	180	380	631	1988	2300
机械						
工具机	部	332	639	902	1148	1011
动力机	马力	610	870	1801	3187	3758
发电机	KVA	299	350	1517	2850	3000
电动机	马力	60	7500	1551	7999	3300
变压器	KVA	4395	6500	4500	5000	5200
作业机						
鼓风机	部		385	72	188	127
离心机	部				67	32

续表

产品类别	单位	历年产量				
		二十七年	二十八年	二十九年	三十年	三十一年
球磨机	部				10	6
纺纱机	部		153	731	322	191
印刷机	部		24	122	142	78
抽水机	部		385	488	194	791
造纸机	部		3	3	34	5
起重机	部			4	3	20
其它	部		562	2272	1496	1200
化学产品						
纯碱	吨	320	940	1259	1332	1360
烧碱	吨			209	628	750
漂白粉	吨			147	521	660
硫酸	吨	170	124	428	504	666
盐酸	吨	99	72	151	130	300
硝酸	吨	3	2	16	12	17
水泥	桶	120460	287024	296940	149584	233487
机纸	吨	492	526	660	4200	4250
皮革	张	56944	42969	49045	132000	112500
肥皂	箱	82000	98970	279900	401000	320000
铅笔	箩	38290	47840	46392	33270	35334
服食日用品						
棉纱	件	24515	27451	29518	111500	114100
呢毯	公尺				10000	95432
面粉	袋	1513000	1926000	3339200	4510000	4880000

〔《工业建设（六）》（1943 年 1 月 29 日至 1943 年 7 月 29 日）：1120/
1032. 01 - 06/204/001112000A006〕

蒋中正为民营事业发展等复翁文灏代电

（1943 年 4 月 13 日）

经济部翁部长：三月三日（卅二）工四四三五六号梗代电暨附件

均悉。民营事业方面，凡已具有成绩之厂矿，应特别提高其贷款额。同时并奖励人民投资于生产事业，在本年度内须有一切实有效办法付诸实施。惟据报，各厂矿有借名借款，将借得之款不用于工矿，而用之于投机，应切实监察。凡借款各厂矿有否此种弊端，统希遵照办理为要。中○。卯元侍秘。

〔《工业建设（六）》（1943年1月29日至1943年7月29日）：1120/1032.01－06/204/001112000A006〕

翁文灏呈经济部工矿调整处管制工业器材报告

（1943年9月4日）

前奉钧座侍秘字第一六一六五号丑敬代电及一六二八四号寅东代电，令将工厂机器切实调整，以增进其生产效率（原档损坏）……窃查振作鼓励之关键，将办理效率与管制□能树立基础，管制能有途辙可循，庶使政令易有实效可睹。惟工业器材种类繁多，用途实行管制，在吾国实属创举。自宜审慎办理所有工作，如登记给证、审核购运，手续颇为纷繁，而促进生产、分配数量、核定价格、提高标准各事，又须学有专长，方能处理得当。此项具体任务，职部系交由工矿调整处负责办理。该处并附设中南、西南、西北三区办事处，就地执行管制工作。窃将实时实施状况汇编报告，其中对于（一）金属材料、（二）非金属材料及（三）工业机器三大类中管制物品之数量、价格以及登记存购情形，均经择要叙述，于增进工厂效率具有密切关系。谨将抄具一份呈备鉴核。谨呈

委员长蒋

附一册。

职 翁文灏（印）呈

三十二年九月四日

〔《工业建设（五）》（1942年12月29日至1944年12月12日）：1120/1032.01－05/203/001112000A005〕

八 航空工业改进和基本政策

何应钦翁文灏王世杰呈请各飞机工厂拟先集中力量
从事于飞机之研究与改良
（1943 年 6 月）

窃应钦、世杰奉钧座四月间卯元侍秘字第一六九四二号代电，据航委会周主任①会参癸渝四三六号报告，在抗战期中，各飞机厂拟先集中力量从事于飞机之研究及改良工作，使将来可以不藉外力自制优良飞机。实行方面则充实各厂之各级专门技师。本年度即以扩充训练人才为主要工作，即希核议具复等因。职文灏亦曾奉谕研议此事。职等业经共相商研，并曾约集航空委员会专门人员详细询商。兹谨将职等筹议办法纲要四项，陈述如左：

一、与美国飞机工厂发生密切联系。航空工厂之重要目标在能于国内制造优良飞机。此项基础如能树立，则人才、材料等事自可逐步解决。此项基础如不能树立，则训练工作少所凭藉，造就具体实用之员工仍感不易。欲达此目的，则在创建时期，宜与美国经验有素之飞机工厂发生密切之联系，方能事半功倍。我航空委员会对于目前及将来如何与美国特定飞机工厂发生充分联系之问题，应即妥订具体方案，并应趁现时中美合作空气浓厚之时机，会同我驻美主持接洽此类事件之机构，迅向美国政府及美国厂家切商，俾该项方案从早见诸实施。

二、目前联系办法。由吾国派各级人员在美国工厂参加工作自属必要，但如此办理，必仍感人才之不足与训练之不易充分。故目前联系办法，宜商取全部图样及一切必要工具，并宜由美国工厂派遣学验丰富之技术人员来华工作，庶可藉为中心，早睹成效。

三、训练人才。目前工作允宜以人才之训练为主，惟训练不能脱离工厂，故目前航空委员会不宜停止制造仅办训练，致受训员工缺少实际

---

① 周至柔，时任军事委员会航空委员会主任。

学习之机会。

　　四、飞机制造材料。飞机工厂所需材料种类甚多，势不能尽由航委会自给自足。应由航委会开具所需各种材料之规范，送由经济部逐步规划供应。其中一部分国内骤难生产者，只得暂购外材，但同时应在国内各厂努力制造，以图供应。

　　以上所拟办法纲要四项是否有当，敬候察核施行。谨呈

总裁蒋

　　　　　　　　　　职

　　　　　　　　军事委员会参谋总长 何应钦（印）

　　　　　　　　　经济部部长 翁文灏（印）

　　　　　　　中央设计局秘书长 王世杰（印）

　　　　　　　　　　　　　三十二年六月

　　拟办：谨查美国飞机工厂在战时积极增产，战后复员之时，一部分飞机工厂必然废弃，一部分技术人员必然失业。我国正宜掌握时机，在战事未终之时，与美国政府及厂家磋商，将战后势必减工之机厂及缩余之技师，移建邀聘来华，协助我空中建设。何总长等会拟之办法纲要第一、二两项与美国飞机工厂密切联系一节，似宜本上陈意旨。事先准备接洽，运用乃更切实。拟密令宋部长与航委会驻美代表筹划进行。

　　第三项拟令航委会遵办。第四项拟由航委会与经济部会商办理。

　　　　　　　　　　　　职 陈布雷（印）附签

　　　　　　　　　　　　　　六·十五·

　　批示：如拟。中正。

　　〔《工业建设（六）》（1943年1月29日至1943年7月29日）：1120/1032.01－06/204/001112000A006〕

蒋中正为航空工业改进意见致周至柔代电

（1943年6月20日）

　　航空委员会周主任：卯元侍秘一六九四一号代电计达。关于航空工业改进意见各点，兹再分别指示如次：（一）查美国飞机工厂在

战时积极增产，战后复员之时，一部分飞机工厂自必废弃，一部分技术人员亦必多失业。我国正宜掌握时机，一方面即在目前与美国经验有素之飞机工厂发生密切联系，商取其全部图样及一切必要工具，并请其派遣学验丰富之技术人员来华工作，俾可藉为中心，早睹成效。与美国政府及厂家磋商，将战后势必减工之机厂及缩余之技师，移建邀聘来华，以为战后协助我空中建设之准备。应即由航委会分别拟具方案，电请宋部长及该会驻美代表筹划进行。（二）目前工作虽以训练人才为主，惟训练不能脱离工厂。故目前航委会之制造工作，仍宜勉力维持，以为受训员工实习之配合。（三）飞机工厂所需材料种类甚多，航委会不能自给自足，应由该会开具所需各种材料之规范，送由经济部逐步规划供应。其中一部分国内骤难生产者，只得暂购外材，但同时应在国内各厂努力制造，以图供应。希与经济部会商办理为要。以上各点，统希分别遵办具报为要。中〇。已哿侍秘。

〔《工业建设（六）》（1943 年 1 月 29 日至 1943 年 7 月 29 日）：1120/1032.01 − 06/204/001112000A006〕

蒋中正为航空工业改进意见致何应钦翁文灏王世杰代电
（1943 年 6 月 20 日）

本会何总长、经济部翁部长、中央设计局王秘书长均鉴：设签字第六八号会呈悉。兹分别核示如次：第（一）（二）两项与美国飞机工厂密切联系一节，除应如拟照办外，我国并宜在战事未终之时，与美国政府及厂家磋商，将战后势必减工之机厂及缩余之技师，移建邀聘来华，协助我空中建设。已电令航委会拟具方案，电请宋部长与航委会驻美代表筹划进行。第三项训练人才一节，已如拟令航委会遵办。第四项飞机制造材料一节，已令航委会与经济部会商办理。特复知照。中〇。已哿侍秘。

〔《工业建设（六）》（1943 年 1 月 29 日至 1943 年 7 月 29 日）：1120/1032.01 − 06/204/001112000A006〕

九　战时金矿开采

翁文灏呈湘西金矿及黔湘汞矿进行及管理情形
（1940 年 6 月 17 日）

　　案奉钧座二十九年六月七日手谕："湘西黔阳、会同等县之金矿与贵州之水银矿，现在如何进行与管理？望详报为盼"等因。奉此，查本部开发湘西金矿，现由采金局设有沅桃区采金处经办。又开发黔湘水银矿，系由资源委员会设有贵州矿务局及湖南汞业管理处经办。其进行经过及管理情形，兹谨分别陈述如次：

　　一、湘西金矿。湘西金矿之开发，原系资源委员会于二十七年九月设立湖南金矿探测队，先后派员在沅陵县柳林汊及会同县漠滨两脉金矿区考察，认为有开采价值。二十八年一月即组织柳林汊及漠滨金矿采矿工程处，实行施工开窿。在柳林汊者，系与利源公司商矿合作，改组为资利公司，由该队派经理一人主持其事；此外，并由该工程处另在崩土坑地方开辟新窿。二十八年七月起，该探采队改隶采金局。是年十月，该队改为沅桃区采金处，规划办理沅陵、桃源、常德、汉寿、益阳、安化、溆浦等县金矿，并兼办会同、靖县、黔阳、芷江、晃县等县金矿探采事宜；该处除继续办理沅陵县柳林汊、会同县漠滨两金厂外，又派员开采黔阳之托口镇与江市街两处砂金厂。综计，现时采金局在湘西一带实行开采之金矿计有四厂。最初皆系注重探勘工作，俾能确知其矿床价值，以决定整个施工计划，故对于采矿工作未经积极进行。计沅桃区采金处在柳林汊一处，先后已采金二百余两；漠滨一处先后已采金一百五十余两；江市街一处先后已采金一百二十余两；托口一处先后已采金四十余两。惟采金局在湘西开采之金矿，不过仅占一小部分，另一部分则由省政府经营，其余概属民营。湘西民营金矿，向无系统，亦无组织，且多自由开采，并不依法设权，而已经设权者又或搁置不采。本部前经先后制定《非常时期采金暂行办法》暨《增加金产办法》，加紧民矿采金实施方案。一方面力谋人民施工之便利，一方面取缔矿商之垄断。采金局对于湘西各民营金矿在未经推动以前，每月产金不过由二千五百市两至三千五百市两；在既经推动以后，则每月产金已由五千市两增多至七千市两。至于收兑金类，其采金较为畅旺之沅陵、桃源、常德、汉寿、益阳、黔阳、会同等县，系由四行收兑金银处委派裕沅、大业等商号办理。该采金局沅桃区采金处虽受有四行收兑金银处之委托，办理收金事项，但其收金区域，除自营矿区外，则为湘西之慈利、溆浦、晃县、靖县，湘中之安化等县，并非重要产金区域。而本年春间，四行收兑金银处对于靖县、安化等县复重委大业、开源等公司代兑金类。沅桃区采金处曾一度因划区开采问题，被当地莠民鼓动风潮，捣毁黔阳托口采金厂，殴伤矿工，绑架职员。旋经本部分电湖南省政府及宪兵司令部转饬当地官厅、军警迅行制止，该风潮始告平息。现时采金局对于湘西金矿之开发，除在大量新式机械未能向外洋购运以前，当继续增招工人，在国内添置机械，积极开采自营金矿，并注意推动民营金矿，或贷款扶助，或予以技术指导，或使其组织健全，俾能大量增产。

二、黔湘汞矿（即水银矿）。我国黔湘汞矿，向由各省设局开采。在第一次欧洲大战时期，合计每年最大产额达三四百吨。嗣以时局及治安等人事不藏，致产额衰微，年产几不及百吨。资源委员会鉴于水银为兵工主要原料，各国军备竞争剧烈之际，亟应设法开发，以应世界需求。乃于二十七年七月间，派员查勘黔、湘两省汞矿区，筹设贵州矿务局及贵阳水银炼厂，并与贵州省政府商订《合办贵州矿业办法大纲》，规定生产费为四十万元，管理费为二十万元，于二十八年一月正式成立局厂，先后在省溪县①岩屋坪及大硐喇、万山各矿厂积极开采。二十八年二月与湖南省政府订定《管理湖南省汞业合作办法》，规定事业费二十万元，旋于五月间成立湖南汞业管理处，开发湘西凤凰县猴子坪汞矿，并依照部颁《管理汞业实施办法》，办理黔、湘两省汞业商户存汞登记，并贷款汞商，以扶植民营事业，藉增生产。总计上年收产水银共约一百六十余吨，陆续运销国外。本年为扩大矿区，俾能增产计，经分

---

① 1913年设省溪县，1941年撤销，即今贵州省铜仁市万山区。

别派员探勘黔西南各汞矿区，现已在贵州成立贞册矿厂，开发贞丰、册亨两县汞矿；三八矿厂开发三合、八寨两县汞矿；关于开阳汞矿，亦在筹办中。关于商汞收价，二十八年六月至十二月原定每公吨为五千二百余元，嗣以生活日高，成本增巨，本年一、二两月增加收价每公吨为七千五百余元。近因物价有增无已，汞商确感困难，复经于三月份起增定每公吨收价为一万元，并转饬经办局处改善统制办法，奖励生产。查各该矿区僻处山陬，多属苗民，向为匪徒盘踞之所。虽经清剿抚辑，但以幅员辽阔，驻军力薄，余匪滋扰，在在堪虞，影响生产，关系甚巨。近由湘鄂川黔边区绥靖司令部编训新兵一营，派赴各矿厂驻防，以策安全。关于生产方面，除贷款扶助商矿外，分饬在黔、湘各该矿厂积极开采。倘能治安不生问题，本年出产计可达四百吨，并仍随时派员探勘，以备开发。

以上金、汞两矿，皆在湘西或湘黔边境。该地方治安时常发生问题，一切进行，仍赖地方军政机关与以协助。除一面督促本部所属机关在该地方积极增加金、汞两项产量外，理合遵谕将进行及管理各情形，具文呈报，仰祈鉴核。谨呈

军事委员会委员长蒋

经济部部长 翁文灏（印）

二十九年六月十七日

〔《矿业管理（二）》（1940 年 6 月 17 日至 1942 年 8 月 2 日）：1131/1032. 01 - 02/244/001113100A002〕

翁文灏呈复推进采金工作情形
（1940 年 6 月 29 日）

案奉钧座本年四月四日机秘甲字第二七三九号手令内开："各地采金，应注重当地人士与政府所派人员不能合作，多起纠纷，而且当地土劣把持金矿与人工，作各种之阻碍。务望切实研究改革，务设各种方法，除去障碍，期增产量"等因。奉此，遵即转饬本部采金局切实注意，并按照各地实际情形，研究有效办法具报去后。兹据该局呈复，经就所属

各采金处、局、队进行上所受一切障碍困难各点，详加研究。计有（一）矿区问题；（二）地价问题；（三）矿工问题；（四）走私问题；（五）特殊问题等五项，分别拟具有效改革办法，缮具节略，呈请鉴核前来。

查川、康、湘、青等省素以产金著名。从前各地金矿，向由地方人民自由淘采，地方政府仅从事抽取课金，未能督促指导，使其遵章设权，人民对于法令亦殊不明了。凡系地面业主，群认其地内所产之金，应为私产，尤属错误。《矿业法》颁行后，虽经前实业部竭力督促，只以地处边陲，而砂金矿之分布又极散漫，仍未尽依法划区领照。抗战以来，黄金生产关系国库准备与外汇基金，其需要至为迫切，应由中央督导进行。本部为统筹管理采金事业，与扩大人民淘采起见，特于去年五月成立采金局，并制定《非常时期采金暂行办法》公布施行。该项办法即系矫正人民从前认金产属于地面业权之误会，使其依照法律范围划区呈请，而仍予采矿者以提早施工之便利。在采金局成立之初，即本国家与人民同时分途并举之旨，而尤注意于各地实际情形，以期一致推进，免除障碍。如对于西康金矿，系由采金局与省府合作办理。对于湖南原有省营金矿，则由采金局选择三区，与省府合办。对于川省南溪金矿，亦经与省府订约办理。对于青海金矿，迭经派员与省府商酌合作办理，尚未能具体解决。其关于人民方面者，则对于呈请优权概予尊重。如采金局依法划定矿区后，其原在区内自由淘采之金户，仍准其继续开采，将所得之金交兑，不愿因划区之故，阻碍生产，或致有所纷扰。该局为便利土著起见，并先后订定《招商包采金矿暂行办法》、《招募人民采金暂行办法》、《民营金矿业监督办法》及《协助民营金矿办法》，均经本部核准备案，先后施行。其主旨一在推动民营金矿，一在调和地方感情，免除障碍。

总之，乡僻民智未尽开发，而边远省份又复交通闭塞，或囿于地域之见，或惑于风水之说，地方土劣为便利私图，对于采金不惜从中阻挠，仍属所在多有。自宜再加设法改革，以期促增金产。此次该局所拟有效改革办法：（一）矿区问题。关于切实执行法令一项，所拟责成地方乡镇公所对于依法取得矿权者协助保护，严格制止土劣把持阻挠，及规定协助开发金矿列为地方行政考成各节，经已另呈行政院，请通令各省政府遵照，并转饬各县政府一体遵办。关于取缔不积极开采之金矿一项，经已分咨各省政府转饬主管厅遵照本部前定《处理已设权金矿办法》，督促生产，认真办理。（二）地价问题。用地给价在办理金矿尤为困难，为体恤民情及免除要挟外，应酌为采用当地习惯办法，并由地方政府协助评价，或酌为参用提成办法，使少争执。经已指令采金局，拟订妥当规则呈核施行。（三）矿工问题。关于现时服务各金矿之工人，及未中签之壮丁应募采金者，准予暂缓服役一节，经已咨请军政部查核办理。至提高工人待遇，免除劳资纠纷，并经指令采金局转饬所属各采金机关，对于办理自营金矿及推动民营金矿时，切实注意调剂。（四）走私问题。除关于采金方面经指令照所定监督稽查各办法，切实办理外，至于收兑方面，如湖南省各县产金走私问题，业由财政部函请四行联合办事总处，转饬收兑金银处迅行彻查，并咨湖南省政府转饬所属，一体彻查究办。本部复经令饬采金局与四行收兑处切商办理。（五）特殊问题。边省情势特殊，以言语、风俗习惯、宗教种种关系，对于采金事业诚为一大障碍。除指令准照所拟治标办法办理外，拟乞钧座令行青海、西康两省军政长官，对于本部采金事业，予以切实协助。同时责成地方官厅，对于人民妥为晓谕，务使融洽一致，免生阻格。又矿区治安，亦属重要问题。该局原有警力薄弱，亟应充实自卫能力，而利工作。本部迭据该局呈请价拨枪弹，节经咨准军政部咨复，多以库存缺乏，未允照办。其准拨者，亦为数不敷分配。拟并乞钧座令行军政部，对于该局所需枪弹，尽量设法价拨，以资应用。

采金事业原为第二期抗战中重要工作之一。本部自该局成立以来，经即督饬积极进行，统筹办理，仰副钧座眷怀增产之至意。综计其工作进行可分为：（一）调查金矿；（二）探勘金矿；（三）督促自办金矿；（四）策划新办金矿；（五）协助民营金矿；（六）协助收金等六项。该局现在各省设有采金处六处，金矿局一处，探勘队三处（参见附表一），以发展自营金矿，及推动民营金矿为要旨。本年采金局自营各矿产量较去年已逐渐增加，预计二十九年度可产金达一万市两。至民营方面，历经该局各采金处依照所定监督查编各办法，予以指导协助，促进生产。就四行收兑金类之统计，二十八年度已达三十一万余两，二十九年度估计可达三十五万两（参见附表二）。今后如能排除一切障碍，照预定计划增加经费，扩充工程设备，提高生产效能，则产量之增加，当更属有望。至青、康边省产金业，素称丰富，如能化除畛域，改革习向，则收复自必较多，此则尤应特加注意者。奉令前因，所有关于推进采金工作各改革办法，及拟请令行青海、西康两省军政当局积极协助，排除采金障碍，暨令行军政部价拨金矿矿警枪弹各节，是否有当，理合缮同原节略一份、统计表二纸及《民营金矿业监督办法》、《招商包采金矿暂行办法》、《招募人民采金暂行办法》、《查编民矿金床办法》、《协助民营金矿办法》各一份，具文呈请钧座鉴核施行，并赐予备查，实为公便。谨呈

军事委员会委员长蒋

　　附呈节略一份、统计表二纸及《民营金矿业监督办法》、《招商包采金矿暂行办法》、《招募人民采金暂行办法》、《查编民矿金床办法》、《协助民营金矿办法》各一份。

经济部部长　翁文灏（印）

二十九年六月二十九日

附件一　　　经济部采金局附属金矿机关一览表

机关名称	改组或新设	成立时间	办理金矿区域
沅桃区采金处	原湖南金矿探采队改组	二十八年十一月五日	湖南省：沅陵、桃源、常德、汉寿、益阳、慈利、安化、溆浦、会同、靖县、黔阳、芷江、晃县等县
松潘区采金处	原四川金矿办事处改组	二十八年十一月三十日	四川省：松潘、理番、茂县、懋功、汶川等县
南溪区采金处	新设	二十八年十月十六日	四川省：南溪、江安、宜宾、泸县、犍为、乐山、峨边等县
南部区采金处	新设	二十八年十月一日	四川省：南部、南充、蓬安、关中、苍溪、广元、昭化等县

续表

机关名称	改组或新设	成立时间	办理金矿区域
青海东区采金处	原青海金矿办事处改组	二十八年十月十二日	青海省：湟源、大通、乐都、民和、共和、化隆、同德等县
豫陕鄂边区采金处	原河南金矿探采队改组	二十九年一月二十四日	河南省：浙川、嵩县。 陕西省：商南、洛南、白河、洵阳、安康。 湖北省：郧县等县。
西康金矿局	仍旧	仍旧	随时与康省政府商定
云南省金矿探勘队	新设	二十九年一月五日	云南省：宾川、祥云、凤仪、姚安、蒙化、丽江、永胜、剑川、屏边、蒙自、洱源、中甸、维西、德钦、保山、永平、腾冲、石屏、文山、墨江、建水、元江、江域、宁洱、思茅、禄劝、武定、永善、巧家等县
江西省金矿探勘队	新设	二十九年二月二十六日	江西省：南康、赣县、会昌、瑞金、上犹、崇义、云都、兴国、万安、泰和、吉安、吉水、峡江、分宜、宜春等县
四川省安平区金矿探勘队	新设	二十九年三月二十一日	四川省：北川、安县、绵阳、彰明、江油、平武等县

经济部采金局制

附件二　二十九年度全国产金量预计表（单位：两）

	采金机关	最低数	最高数*	备考
国营金矿	西康金矿局	600	800	
	松潘区采金处	480	720	
	南部区采金处	700	1500	
	南溪区采金处	1600	2400	
	沅桃区采金处	1800	2400	
	青海东区采金处	500	700	
	豫陕鄂边区采金处	260	300	
	黔会区采金处	1200	1400	拟设以八个月计算
	安平区采金处	60	90	拟设以六个月计算
	羢屏区采金处	40	60	拟设以四个月计算
	总　　计	7240	10370	

续表

省别	最低数	最高数	备考
西康	20000	25000	
四川	50000	70000	
青海	20000	30000	
云南	20000	30000	
贵州	5000	7000	
湖南	40000	50000	
湖北	10000	15000	
河南	5000	7000	
陕西	4000	5000	
广西	30000	40000	
广东	15000	20000	
江西	10000	15000	
甘肃	5000	10000	
总计	234000	354000	

（左侧纵向表头：民营金矿）

*各项之和与总计不符。原文如此。

经济部采金局制

拟办：所请令行青海、西康两省军政当局积极协助，排除采金障碍，及令行军政部价拨金矿矿警枪弹各节，拟准照办并复。

批示：如拟。

〔《矿业管理（二）》（1940年6月17日至1942年8月2日）：1131/1032.01－02/244/001113100A002〕

蒋中正为协助青康两省采金事业致刘文辉等电
（1940年7月14日）

西宁〔青海〕省政府马主席〔暨〕第八十二军马军长①、西康省政府刘主席〔暨〕第五军团刘军团长②勋鉴：密。查青、康省产金丰

---

① 马步芳，时任青海省政府主席、陆军第八十二军军长。
② 刘文辉，时任西康省政府主席兼陆军第五军团军团长。

富，实乃国家重要资源所在。现值抗战时期，亟宜加紧开发，以资充实国库，协应军需。中央经济部为统筹管理采金事业与扩大人民淘采起见，业于本年五月成立采金局，并制定《非常时期采金暂行办法》及各种有关法令，公布施行。使人民依照法律范围划区，呈请仍予以提早施工之便利，即本国家与人民分途并举之旨，以期一致推进。该采金局对于青海金矿，迭经派员与省府商酌合作办法；对于西康金矿，业与省府合作，办理合作办法。关于人民方面，呈请优先权概予尊重，其原在区内自由淘采之金户，仍准其继续开采，收所得之金交兑，以期一面推动民营金矿增加生产，一面调和地方感情，免除障碍。惟因边省交通闭塞，民智未尽开发，或惑于风水之说，或囿于习俗之见，地方土劣不无从中阻挠情事。除已由经济部尽量设法改善法令办法，以利推行外，尚希转饬所属对于采金事业，应一体予以切实协助，并责成地方机关对于人民妥为晓谕，务使融洽一致，免生阻格为要。中○。午寒侍秘渝。

〔《矿业管理（二）》（1940 年 6 月 17 日至 1942 年 8 月 2 日）：1131/1032.01－02/244/001113100A002〕

蒋中正为提供矿警枪弹协助采金事业致何应钦代电
（1940 年 7 月 15 日）

军政部何部长勋鉴：查采金事业关系抗战资源，迭经手令经济部研究有效办法，切实推进，以应要需。兹据翁部长呈报各地采金所生之阻碍问题及解决办法前来。查所称矿区治安问题，采金局原有警力薄弱，亟应充实自卫能力，以利工作。拟请准由军政部对于该区所需枪弹，尽量设法价拨，以资应用等语。查各地矿区地域僻远，地方军警往往保护难周。该局所请充实自卫能力一节，自属要者，希准价拨矿警枪弹，俾资应用为盼。中○。午删侍秘渝。

〔《矿业管理（二）》（1940 年 6 月 17 日至 1942 年 8 月 2 日）：1131/1032.01－02/244/001113100A002〕

蒋中正为协助采金事业致翁文灏代电
（1940 年 7 月 15 日）

经济部翁部长勋鉴：七月一日矿字第六二八六九号呈件均悉。所请令行青、康两省军政当局积极协助采金，并令军政部价拨采金局矿警枪弹各节，已准分电照办，希即洽办进行为要。中○。午删侍秘渝。

〔《矿业管理（二）》（1940 年 6 月 17 日至 1942 年 8 月 2 日）：1131/1032.01－02/244/001113100A002〕

翁文灏呈报采金局与青海省政府开发青海金矿合作办法草案
（1941 年 9 月 25 日）

案奉钧会二十九年八月二十四日川侍六第二七五二号敬代电开："查青海省蕴藏金矿甚富，亟应大规模从事开采，以裕国库。即希缜密计议，统筹开采，并希拟具详细办法呈核为要"等因。奉此，查本部对于黄金生产，自抗战以来，即特加注意，而对于青海产金，亦经预为筹划。特于二十七年由资源委员会设立青海金矿探勘队，从事探勘青省东部民和、大通、化隆等区金矿。二十八年五月采金局成立，复于是年十一月间，将原有探勘队改组为青海东区采金处，继续探勘工作，并略有采金。就二十九年度言之，从一月份至五月份止，计产收金量为二百八十余两。惟就经验所得，在青省采金非与省政府诚切合作不可。省方希望中央与省合办，资本各半，但省方资本于必要时，仍由中央垫发，采得之金亦由中央与省各半平分。在省方所得半数之金，分出一半售于中央，其又一半则归省自留。此项办法，职部初以与中央所定全部归中央银行收购之方针，不甚相符，颇为迟疑。但默察青省情形，地处僻远，且据称回教信徒年须往麦加朝拜，旅费亦需现金。如允以四分之一金产留归省内，而能使中央所得金额大为增加，则揆之事实，亦尚有益。且事关采金人之分配，中央银行全部收购之权依然有效。因由采金局刘局长①于本年春间，与来渝之青海省政府委员谢刚哲、建设厅长马

---

① 刘荫茀，时任经济部采金局局长。

骥数度商谈，大致依照上述意义，草拟省局合作办法（原拟办法附呈），由其携交马主席，仍尚未能协商解决。本部特于本年六月二十九日于呈复遵令，设法革除采金障碍案内，请钧座令行青海省军政长官，对于本部采金事业，一体予以切实协助。嗣奉钧座七月侍秘渝字第二六九八号午删代电开："经已电饬遵照"等因。现时采金局仍在饬催青海东区采金处俞处长物恒向省政府协商解决。为促成此事起见，拟恳钧座电告青海省政府马主席迅与本部商洽施行，是否可行，理合缮同原拟《开发青海金矿合作办法》草案，备文呈请鉴核令遵。谨呈

军事委员会委员长蒋

　　附呈《开发青海金矿合作办法》草案一份。

经济部长 翁文灏（印）

二十九年九月二十五日

〔《矿业管理（二）》（1940 年 6 月 17 日至 1942 年 8 月 2 日）：1131/
1032. 01 – 02/244/001113100A002〕

翁文灏呈报采金局工作情形
（1941 年 11 月 15 日）

　　本部秦次长汾①陈称：奉钧座面谕，饬"将本部采金局工作概况暨产金数量具报"等因。窃查采金局系于民国二十八年五月成立，其任务为探采自营金矿，并推动民营金矿。在成立之初，先从川、湘、康、青着手，嗣即推广至豫、陕、鄂、滇、赣、桂等省。本年内该局所属各省采金机关，计有湖南沅桃区、会靖区两采金处，四川松潘区、南溪区、南部区三采金处，豫陕鄂边区及川陕甘边区两采金处，青海东区采金处，并在云南、江西、广西、贵州、甘肃及四川江津各区各设有金矿探勘队。此外又有局省合办之西康金矿局、湖南金矿局、赣南采金厂及局商合办之四川国福公司、湖南兴华公司。该局并将所划矿区一部分募民采金。又得受四行收兑金银处之委托，代收自营矿区附近之民矿产

---

　　① 秦汾，时任经济部政务次长。

金。(一)关于探采自营金矿部分。该局在二十八年度(由五月成立时至十二月)计产金量一千九百零一市两,二十九年度计产金量一万零七百二十三市两,三十年度(截止八月底止)计产金量六千四百六十九市两(参见附表一),至本年年底止,当可达到一万市两以上。(二)关于推动民营金矿部分。在民国二十八年及二十九年之间,各民营金矿因采金局之推动,相继开发,颇有进步。二十九年度民营金矿产金数量已达三十七万七千余市两(参见附表二)。就四行收兑金银处之统计,该处在民国二十八及二十九两年内共收金五十八万余市两。近以粮工物价增涨,生产成本大为增加,如四川省内每产金一市两,成本需一千二百元,但收金官价每市两仍为六百八十元,不敷成本,致民矿产金日渐减少,其它各省亦复有此趋势。本部近曾拟有提高金价意见,分函财政部及四行联合办事总处。嗣惟财政部咨复以黄金为法币基金之一部分,限于外汇关系,不能任意提高。而事实上收价如不提高,金之产量又势必减少。现正由采金局与四行收兑金银处商拟于收价外,酌增补助费,以资救济。应俟四联总处与财政部商洽同意后,方能实行。奉谕前因,理合将采金局工作经过情形缮同产量清表二份,呈报鉴核。谨呈

军事委员会委员长蒋

经济部部长 翁文灏(印)

三十年十一月十五日

附表一　　　经济部采金局历年各金矿产金数量表

数量 市两 年度 矿区地点	二十八年	二十九年	三十年 (截至八月底止)
青海东区	222.3270	803.9675	127.1800
四川松潘区	418.2894	1856.7094	295.0160
四川南溪区	89.0820	940.6855	150.3240
四川南部区	6.3220	304.9965	251.4503
四川江津区	—	35.9720	5.9000
湖南沅桃区	457.9670	4236.8208	3389.8887
西康金矿局	228.4580	1484.9960	671.9910
豫陕鄂边区	479.0500	1041.8190	1340.3810

续表

数量 年度 市两 矿区地点	二十八年	二十九年	三十年（截至八月底止）
川陕甘边区	—	—	58.8780
江西金矿	—	8.1190	55.6965
云南金矿	—	8.7560	51.6920
本局金矿探勘队			71.0030
合　计	1901.4954（市两）	10722.8417（市两）	6469.4005（市两）

附表二　　　二十九度后方各省金矿产金量估计表

省别	产量（市两）	省别	产量（市两）
西康	25000	河南	10000
四川	80000	陕西	10000
青海	30000	广西	40000
云南	40000	广东	20000
贵州	7000	江西	30000
湖南	60000	甘肃	10000
湖北	15000	总计	377000

〔《矿业管理（二）》（1940 年 6 月 17 日至 1942 年 8 月 2 日）：1131/
1032.01 – 02/244/001113100A002〕

蒋中正为研拟加强金矿开采方案致孔祥熙翁文灏代电
（1943 年 3 月 1 日）

行政院孔副院长、经济部翁部长：对于金矿之开采，今后应扩大范围与加强工作，使其大量增产，用以稳定金融。去年金矿开采成绩如何？其经费共计若干？今年计划产量若干？经费多少？而明年度必须积极设法大量增产，并望详订五年计划。希即研拟详细方案呈核为要。中〇手启。寅东侍秘。

附注：原手谕已送孔副院长。

〔《矿业管理（四）》（1943 年 3 月 19 日至 1947 年 1 月 21 日）：1131/
1032.01 – 04/246/001113100A004〕

军事委员会侍从室第三处为蒋中正电令翁文灏
对采金事业严加督促致侍从室第二处函
（1943 年 3 月 19 日）

前据湖南工作之同志报告"湖南采金局每日开支五万元，产金不过二三两"等情。经本处于三十一年十二月五日报告委座，奉批"抄送经济部查报，并令财政与经济部本年采金总数量限下月杪呈报，并定分别奖惩办法"等因。当即分别令知遵照办理去后。复据经济部呈复及经济部与财政部会同呈复前来，经本处于本年二月十九日再行摘呈委座。奉批"此事经济部应特别负责，严加督促，期其有效。如果像去年与前年之成绩，则该部不仅不尽职责，而且主管人员玩忽不忠，消耗公费，应照国法惩处。此项采金工作，经济部可说毫无成绩。此事为建国最要之一部分，必须严厉执行，并将本年整个采金工作计划与预定总数呈报勿误"等因。除承办代电令经济部翁部长詠霓遵办外，相应将办理本案经过情形函请查照为荷。此致

本室第二处

国民政府军事委员会

委员长侍从室第三处

三月十九日

〔《矿业管理（四）》（1943 年 3 月 19 日至 1947 年 1 月 21 日）：1131/
1032.01－04/246/001113100A004〕

翁文灏呈报采金事业面临之困局及相应参考办法
（1943 年 3 月 27 日）

查关于开采金矿事，近奉钧座三月寅东侍秘手令："以金矿之开采，今后应扩大范围与加强工作，使其大量增产，用以稳定金融。饬即研拟方案呈核"等因。正研拟呈复间，又奉侍仁书寅皓代电："以采金为建国重要工作之一，经济部应特别负责，严加督促。各采金主管人员有玩忽职务、虚耗公帑、遗误生产者，应尽法惩处，重者撤革讯办，无稍瞻徇。本年度整个采金工作计划与预定采金总数仰详细具报，所拟

《金矿事业奖惩办法》，并仰切实执行为要"等因。仰见钧座重视采金、积极促进之至意。惟目前办理困难，不易推进，情形不敢不据实陈明，以期得明实情，然后进研办法。

一、银行收金牌价远不及采金成本。查政府提倡采金之用意，端在稳定金融。但目前国家银行方针则并不重视收金，而重在节省纸币之使用。因银行收金牌价迄今仍为每市两值国币六百八十元，财政部即据此定为官价。而采金成本则据采金局长刘荫茀呈报，每市两皆在三千五百元至四千元以上，收价与成本相去数倍之多，遂至公私金矿亏损甚巨，相率停顿。产金之数年益渐少，诚系价格过低，无可为力，并非金矿办事者存心贻误。如果必欲使金矿勉可推进，则必须将收金牌价提高至每市两四千元。依照此价，如银行收金三十万市两（民国二十八年间曾收购略逾此数），即须使用国币十二万万元。在银行方面，以为目前现金有美金借款存美可用，并不急于增加。而开支浩大，纸币散发，不宜无故增多，若增多愈甚，物价愈贵，于大局并无裨益。故目前形势，牌价一日不提高，即采金事业一日不易扩张。

二、美国金矿现状之借鉴。采金事业关系金融至为宏大，吾国处于上述困难情形之中，应否提高牌价，以促进行，职时加考虑，不易取决。近曾与熟悉金融之李卓敏及美人爱德乐（平准基金委员会委员）商谈及此，二君皆以为向重采金如美国者，近在战时，亦已暂缓促进，一部分金矿现亦多归停顿。中国目前应力求减低纸币暴增之害，以此作为急务。至认真采金，不妨略缓而俟之异日。此盖熟权利弊、以分缓急，不得已而为战期暂时之计，似尚有参考之价值。

为慎重考量计，似可请由钧座令行财政部及四联总处与职部再为会商，参照金融需要及采金成本，能否提高牌价以增金产？万一可能，职部自当选用得力人才，励行奖惩办法，以期努力推进采金事业。万一认为限于外汇比率及缓急形势，不易提高牌价，则事实上金矿事业不易推进。职部所属采金局似惟有缩小规模，节省开支，酌留专门人员从事于探勘工作，以为将来开发之准备。所有具体办法届时再当开呈鉴核。至近数年来采金数量及采金局收支情形，兹并据实列表附呈。惟在此特别困难情形之下，所拟请由钧座令行有关机关就今后金融方面重加考量，以便决定推进采金或暂时收缩之具体方针，是否有当，伫候察夺示遵。

谨呈

委员长蒋

　　附呈 《战时后方各省产金表》一份；

　　　　《采金局采金事业收支表》一份。

职 翁文灏（印）谨呈

三十二年三月二十七日

附件一　　　　　　战时后方各省产金表

年　份	民营金矿产量（市两）	采金局采收量（市两）	共计（市两）
二十七年	31247.17612	217.6980	31464.87412
二十八年	313015.87493	1901.4954	314917.37033
二十九年	256423.31848	10725.5316	267148.85008
三十年	76309.54557	7835.5219	84145.06747
三十一年	2743.28846	1575.5876	4318.87606
共　　计	679739.20356	22255.8345	701995.03806

附件二　　　经济部采金局采金事业收支表

年度	事业费（元）			营业基金（元）		
	预算数	支出数	收入数	预算数	支出数	收入数
二十八	1170372	设备费 63874.62 探采费 965900.90	474411.89			
二十九	3860000	设备费 532309.66 探采费 2939586.96	1330643.81			
三十	5160000	探采费 1754403.98	181114.24	7000000	设备费 1412571.94 营业费 6866737.16	3848254.20
三十一	4000000	设备费 924238.37 探采费 2576544.86	155263.24	5000000	设备费 548342.77 营业费 4789639.00	1037373.00
合计	14190372	设备费 1520422.65 探采费 8236436.70	2141433.18	12000000	设备费 1960914.71 营业费 11656376.16	4885627.20

年度	事业费（元）			营业基金（元）		
	预算数	支出数	收入数	预算数	支出数	收入数
		（一）三十年度事业费内有合作资金3000000元，为与公私方面合作投资之用，已先后拨作湖南省金矿局、江西金矿厂、国福、国大、国新等公司局方资本。（二）该项事业费内在二八、二九、三十三年支出尚有节余数934259元解还国库，又三十一年节余数尚未清结。	以上采金收入数解还国库			以上采金收入数留各采金处为经营周转之用。各矿现有资产约值一千万元

拟办：谨按：年来采金工作停顿，兑换牌价过低，不敷开采成本，确为最大原因。而财部方面所以不愿提高兑价，除本呈中所述（一）因无换取外汇需要；（二）因牌价过高，法币支出太多两种原因外，尚有法币价值关系。盖如将收金之价提高，即无异将金本位之美金、英镑价格提高，而将法币贬值（例如按现在外汇价格，美金三十四元左右应合现金一两，合法币六百八十元，即美金一元合法币二十元。若将收金价如所拟提高至现金一两兑法币四千元，即无异将美金一元合法币一百一十余元，法币价值愈低）。其中困难，亦确系实情，所请令饬财政部提高金价一节，在目前情势，似亦确多窒碍，拟先交财政部核议具报再酌。

批示：如拟。

〔《矿业管理（四）》（1943 年 3 月 19 日至 1947 年 1 月 21 日）：1131/1032.01－04/246/001113100A004〕

蒋中正为核议具体补救采金事业办法致孔祥熙代电

(1943 年 4 月 13 日)

财政部孔部长勋鉴：前以采金事业与战时及战后之金融稳定均有关系。经手令经济部翁部长详订计划，扩大采金范围，使其大量增产。兹据呈复略称：采金事业之不易发展，乃以银行收金牌价过低，远不及采金成本，致公私金矿相率停顿。如能提高牌价，则职部自当选用得力人才，努力推进等语。现时政府采金工作，因牌价关系，几同完全停顿，财部对此有无补救办法及将来如何计划？兹将原呈抄发，希即核议具报为要。中○。卯元侍秘。附抄件一份。

〔《矿业管理（四）》(1943 年 3 月 19 日至 1947 年 1 月 21 日)：1131/1032.01 - 04/246/001113100A004〕

孔祥熙呈报采金事业改革办法之紧要点

(1943 年 4 月 28 日)

介兄委座钧鉴：

敬陈者：关于扩大采金范围，增加生产一案，迳奉令饬核议，重劳钧注，自当遵办。惟以限于实际情形，尚有应行从长考虑者数点，除将详情另以俭渝钱币代电奉陈请示外，第〔弟〕恐原文过长，有渎尊神，谨将紧要之点摘陈如下：

（一）国内产金为数本极有限。过去政府收购黄金，其主要目的乃在充实准备，换取外汇。目下所定收金牌价，每两国币六百八十元，系以世界金价为根据，并与外汇牌价相适应。现在美国金价每两美金三十五元，照牌价折合国币七百元，尚须连同运杂各费计算在内，在美交金。而查国内实际采金成本，每两则在三千五百元至四千元以上，而黑市则在六千元左右。此时如须大量开采，势非提高收价不可，既与世界金价相脱节，亦与稳定外汇之旨未符，且虑巨额亏损加重国库负担，增加发行数额影响物价。再四考虑，殊觉有百弊而无一利。况自太平洋战争发生，巨额借款成立，我国外汇汇率，美元合国币二十元，是黄金一两只卖国币七百元，而买价则需四五千元，是此时采购黄金决不可办。

（二）采金局产量极微，经费颇巨，似属得不偿失。查三十一年度采金局事业费及营业费基金，实际支出共计七百七十五万元，而产金数量则仅一千五百七十五两，为数殊属有限。故本年办理方针重在择优开发，注重于设备及探勘方面，以为将来大量开采之基础。

（三）默察世界大势，对于黄金价值，有渐趋放弃趋势，不至如以往之重视。

（四）为遵照钧座意旨，兼顾事实起见，此时权宜之计，惟有准许人民自由采金，在国内自由出售（目下市价每两约在六千元以上）。如是，则金富仍藏于民。除携运出国及前往沦陷区域仍予禁止外，原须取缔买卖黄金法令，暂时停止执行。如此办法，虽与黄金集中政策不无出入，而售金利益尚可为国库增加收益，采金事业亦可继续扩充。俟环境转变，自可随时变更办法，伸缩仍得自如，否则亦只能注重探勘工作，以为异日开采之基础。究竟如何办理？仍乞钧裁示遵。敬颂

崇绥

弟 祥熙谨启

四．二八．

〔《矿业管理（四）》（1943 年 3 月 19 日至 1947 年 1 月 21 日）：1131/1032.01－04/246/001113100A004〕

蒋中正为将原颁取缔买卖黄金法令暂停执行致孔祥熙代电
（1943 年 5 月 2 日）

孔副院长勋鉴：四月二十八日函悉，所拟将原颁《取缔买卖黄金》法令暂时停止执行，准许人民自由采金，除携运出国及前往沦陷区仍予禁止外，在国内准许人民自由出售。等情。可准照办。中〇。辰冬侍秘二。

〔《矿业管理（四）》（1943 年 3 月 19 日至 1947 年 1 月 21 日）：1131/1032.01－04/246/001113100A004〕

孔祥熙为采金事业改革办法呈蒋中正代电

(1943 年 5 月 2 日)

军事委员会蒋委员长钧鉴：三十二年四月十三日侍秘字第一六九四四号卯元代电奉悉。查此案前奉钧座本年三月一日机秘（甲）第七五三八号手令，指示今后应扩大范围开采金矿，并详订五年计划呈核等因。遵即商准经济部函复，目前采金成本，据采金局局长刘荫弗呈报，每市两皆在三千五百元至四千元以上。但收金牌价，则每市两仍为六百八十元。收价与成本相去数倍之多，遂至公私金矿，亏损甚巨。似应参照金融需要及采金成本，重加考量，以便决定推进采金或暂时收缩具体方针，并请察核能否依照采金成本将收金牌价提高见复，以资准备等语。经查，中央银行规定收金价格，系以世界金价为根据，并与外汇牌价相适应。故就金融需要言，收金价格似无法提高，免使我国金价与世界金价脱离关系，而影响于外汇牌价，并与英美贷我外汇平准基金稳定汇价之意相违。但采金事业因受工价及物价渐涨影响，成本激增，与收金价格相距悬殊。如果不提高收金价格，则采金自亦无法进行。故本年度采金方针曾由经济部核定，责成采金局集中力量择尤［优］开发，并注重于设备及探勘方面，以为将来大量开采之基础，即系兼顾现实情形而拟订。兹奉钧示，积极开采金矿，自应以能否提高收金价格为先决问题，但提高收金价格，使与采金成本相若。除上述各项顾虑外，如产量不多，对于充实准备为效甚微。如产量增多，而所增收价，既与中央银行现时挂牌价格相差至十倍之多，亏损势必甚巨，国库难于负担。同时增发大批法币，影响尤多。权益之法，惟有由采金局将所采之金，在国内自由出售，虽不必由中央银行收购，而仍藏富于民。除携运出国及前往沦陷区仍予禁止外，所有本部原颁取缔买卖黄金法令，暂时停止执行。其采金局售金手续，由本部会同经济部规定办法，予以查核，虽与黄金集中政策不无出入，而采金售金价格所获差额利益，尚可为国库增加收益。采金局之规模亦可继续扩充，俟环境转变，自可随时停止出售，伸缩仍得自如。否则，惟有照经济部核定本年度采金方针，择优开发，注重于设备及探勘方面，以为将来大量开采之基础，不必亟谋大量开发。究竟如何办理？敬乞核示实行。再查中中交农四行自民国二十七年至三十一年止，历年兑收支之金，共计七十万零二千五百五十九两，同时期国营金矿产金总量仅为一万五千七百一十两（经济部附表采金局采收量五年合计共为二万二千二百五十五两，系指自采及代收两项而言），所采金量占收兑数量极为微末。谨检呈详表二件，并请鉴核。兼财政部长孔祥熙叩。渝钱币 8345.01 印。

附件一　中中交农四行历年收金数量表（以市两为单位）

年份	收金数量	年份	收金数量
二十七年六月至十二月	31464. 87412	三十年全年	84152. 20047
二十八年全年	314917. 370335	三十一年全年	4875. 9914
二十九年全年	267148. 8500864	共　计	702559. 2864114

附件二　国营金矿历年产金概数表（以市两为单位）

年份	产金数量	年份	产金数量
二十七年全年	210	三十年全年	6400
二十八年全年	1000	三十一年全年	1600
二十九年全年	6500	共　计	15710

〔《矿业管理（四）》（1943 年 3 月 19 日至 1947 年 1 月 21 日）：1131/1032. 01－04/246/001113100A004〕

翁文灏呈暂停采金计划及拟裁撤采金局
（1944 年 8 月 31 日）

窃奉钧座三十三年八月二十七日机秘甲字第八一八六号手令，饬将目前采金计划及收金计划进行情形查报，并饬以后加紧积极进行等因。奉此，查黄金关系国库准备与外汇基金，职部自二十七年成立以来，即着重采金事业，并经特设采金局，以探采国营金矿、推动民营金矿。同时，四行规定取缔黄金买卖办法，特设收兑金银处办理收金事宜。当时后方各省产金共达四十余万两，四行收金约达三十万两。嗣后，因物价涨高，采金成本亦增，而银行牌价系按照外汇比额规定，每两金价仍为六百八十元，不能再增，收价与成本相去数倍之多，逐至公私金矿亏损甚巨，相率停顿。上年三月间，本部曾将此项困难情形呈请钧座，嗣于去年五月准财政部来咨，以关于此案业经呈奉钧座，三十三年辰冬侍秘二代电准将原颁《取缔黄金买卖法令》暂行停止执行，准许人民自由采金，除携运出国及前往沦陷区仍予禁止外，在国内准许人民自由出售。因银行牌价虽未提高，而黄金售卖可听自由，职部经即令饬采金局对于采金事业仍继续推进。惟自去年冬间，因从美国运回黄金定价出售，政府方针重在藉黄金以收回法币，而不愿糜法币以收购黄金。在此项财政政策之下，国内自不宜更为多采金矿。故本部三十三年度预算在国防最高委员会审查时，即认为采金事业不甚需要，该局经费应予剔除。职部因即遵奉行政院令，准将采金局裁撤，所有设备及矿区交由资源委员会接管，俟战后币制稳定时，再行增加金矿。凡此皆因抗战时代逐期金融需要之变迁而致，对于采金办法按时改革之经过，以前每期均经据实呈报有案。奉令前因，除关于收金事项已函请财政部径行呈复外，理合撮要叙明，呈请鉴核。谨呈

委员长蒋

职 翁文灏（印）谨呈

三十三年八月三十一日

　　拟办：谨按：关于后方采金、收金事，去年曾经财政部、经济部与四联总处详细研讨，认为储积黄金于充实外汇基金虽极重要，而目前国外借款成功，基金已不虞匮乏。反之，国内方病游资充□，采金多用人工，□有放出法币，提高工价、粮价之弊，政府方议出售黄金，并采各种□□□，使法币回笼，国家采金、收金事业即不能不暂行停止。经已呈奉钧座批示照准。今日国内外经济及金融情况与去年似无大异，减少发行之政策似仍待推行，各项必要工程所需人工仍然甚夥，采金事业似无于此时恢复之必要，本件拟复"悉"，当否，敬请批示。

批示：阅，如拟。

〔《矿业管理（四）》（1943 年 3 月 19 日至 1947 年 1 月 21 日）：1131/1032.01－04/246/001113100A004〕

俞鸿钧[①]为目前采金计划及收金计划呈复蒋中正
（1944 年 9 月 6 日）

军事委员会蒋委员长钧鉴：奉钧座本年八月二十七日机秘甲字第八一八六号手令，饬将目前采金计划及收金计划进行情形查报，并饬以后加紧积极进行等因。奉此，遵即商洽经济部会同呈复。嗣准经济部函以关于采金事业办理情形，已撮要陈报，嘱将收支事项径陈复等由。查前奉钧座三十二年四月十三日侍秘字第一六九四四号卯元代电内开："现时政府采金工作，因牌价关系，几同完全停顿，财部对此有无补救办法及将来如何计划，饬核议具报"等因到部。当与经济部会商，以采金事业因受物价、工价渐涨影响，成本激增，与收金价格相去悬殊。而收金价格系以世界金价为根据，并与外汇牌价相适应，未便任意提高。权益之法，惟有由采金局将所采之金在国内自由出售，不必由中央银行收购，而藏富于民。除携运出国及前往沦陷区仍予禁止外，所有原颁《取缔买卖黄金法令》暂时停止执行，俟环境转变，自可随时停止出售，伸缩仍得自如等语。由本部于是年五月一日以代电详细呈复，并另以函呈摘要撮陈。旋奉钧座辰冬侍秘代电开："所拟将原颁《取缔买卖黄金法令》暂时停止执行，准许人民自由采金。除携运出国及前往沦陷区仍予禁止外，在国内准许人民自由出售等情。可准照办"等因。历经遵办在案。兹奉前因，查目前环境，仍以准许人民在国内自由买卖黄金为宜，且正在此政策下，利用美借黄金以收缩通货。关于原定收金计划，似仍应暂时停止。至控制黄金一事，业经由部规定《黄金存款办法》，由中央银行委托五行局办理，合并陈明。除函经济部外，谨电陈鉴察。职俞鸿钧叩。渝钱乙 1036 印。

---

① 时任财政部政务次长。

〔《矿业管理（四）》（1943 年 3 月 19 日至 1947 年 1 月 21 日）：1131/
1032. 01 – 04/246/001113100A004〕

十 西北油矿探勘及开采

（一）甘肃玉门油矿之开发、筹设及初步运行

翁文灏呈报与苏联合作探采玉门县一带及甘新青三省油矿
（1938 年 4 月 23 日）

委员长钧鉴：

甘肃油矿日前苏联大使馆梅参事面言，该国拟先行派员前往查勘，
然后再商合作办法。职已回允，并拟派熟悉该矿情形之中国人员陪同前
往。兹因管理中美庚款之中华教育文化基金会在香港开会，职明日飞港
参加，并拟顺便接洽公务，拟于二十九日返汉。在出行期内，经济部事
务交由次长秦汾暂行照料，专此陈明。谨颂

崇安

职 翁文灏（印）谨上

四月二十三日

〔《油矿探勘与开采（一）》（1937 年 4 月 23 日至 1942 年 4 月 22 日）：
1132. 30/3510. 01 – 01/258/001113230A001〕

翁文灏呈报与苏联合作探采玉门县及甘新青三省油矿
（1938 年 5 月 27 日）

敬密陈者：查近来中苏两国货物往来频繁，类以汽车输运所用汽油
为量甚多，需费极巨。如能在西北地方启发油矿，交通费用方能节省。
苏联卢大使[①]前建议开采甘肃油矿，职曾遵奉钧谕，迭与商谈。我国前
经查勘，玉门县一带油矿尚有经营价值，拟由资源委员会先行移用陕北

---

① 卢幹滋，时任苏联驻华大使。

钻机前往钻探。苏联方面不久即可派员前往考察，并商定需用采炼机件，设法协助。详细办法俟届时再行商拟，呈请核定。再甘、新、青三省油矿，曾于二十四年十一月经前实业部特许顾少川①等设立公司专探及承租有案。以上所陈由政府先行探采，并酌量与苏联合作方针，如蒙核准，当再与顾少川等洽商办法，或官商合办，或取消原给甘肃省特许权，由四川省内已定官矿区中酌发一部分归该公司探采。相机洽定，再行呈报。所拟是否有当，理合具折密陈，敬祈鉴核训示。谨呈

委员长

职 翁文灏（印）谨呈

五月二十七日

〔《油矿探勘与开采（一）》（1937 年 4 月 23 日至 1942 年 4 月 22 日）：1132.30/3510.01 - 01/258/001113230A001〕

翁文灏呈报运送钻机至玉门装设方案
（1938 年 6 月 24 日）

案据本部资源委员会呈称："本会奉军事委员会委员长蒋谕：甘肃玉门油矿关系重要，饬即日派员开采等因。当以油矿开始，首重钻机。本会从前备有钻机五部，留存陕西延长及永平地方，现尚可资利用。遵即调派四川油钻探勘处机务工程师张心田暂充甘肃油矿筹备处机务工程师，并兼代甘肃油矿筹备处主任，即日前往陕西，持带本会函件，向当地驻军洽商，将前存钻机选配二部，运送甘肃玉门地方装设，赶速探勘。除分别函令外，理合具文呈报"等情。据此，除指令外，理合具文呈报，伏祈鉴核。谨呈

委员长蒋

职 翁文灏（印）谨呈

六月二十四日

〔《油矿探勘与开采（一）》（1937 年 4 月 23 日至 1942 年 4 月 22 日）：1132.30/3510.01 - 01/258/001113230A001〕

---

① 顾维钧，字少川。

翁文灏钱昌照电呈请马步芳令所部保护酒泉玉门一带勘探人员
(1938 年 10 月 1 日)

武昌委员长蒋钧鉴：兹密。前奉钧命筹办甘肃油矿，业经勘定酒泉、玉门一带设处钻探，以备大量开采，并派严爽为主任，率同员工由陕迁运机械前往工作。据报该地驻军系青海马步芳军长所属马步康旅长部队。为工作推进顺利起见，拟请钧座电令马军长转饬马旅长对于该处员工切实保护，并予以便利。职翁文灏、钱昌照叩。东印。

〔《油矿探勘与开采（一）》（1937 年 4 月 23 日至 1942 年 4 月 22 日）：1132. 30/3510. 01 – 01/258/001113230A001〕

蒋中正为保护酒泉玉门地区钻探人员致马步芳电
(1938 年 10 月 4 日)

西宁马主席子香兄勋鉴：密。据资源委员会东电略称：甘肃油矿业经勘定，酒泉、玉门一带设处钻探，并派严爽为主任，率同员工迁运机械，前往工作。拟请电令驻军切实保护，并予以便利等语。所请自应照办。查该地驻军系贵军马旅长步康所部，特电转达，即希转饬该旅长遵照，切实保护该队员、工员，并予以种种便利，俾钻探工作得以顺利推进为要。中○〔西〕支侍秘鄂印。

批示：请机要室将四〇八七八号来电中"马步芳军长"之芳字加以复核，有无译差？

〔《油矿探勘与开采（一）》（1937 年 4 月 23 日至 1942 年 4 月 22 日）：1132. 30/3510. 01 – 01/258/001113230A001〕

翁文灏呈报中苏合作开发甘肃玉门油矿事宜
(1939 年[①])

谨呈者：查甘肃玉门油矿自奉命筹办以来，即由资源委员会于上年夏间派员赴甘，积极进行，并经拆迁前陕北油矿旧钻机二架运矿应急。

---

① 该呈落款月日损毁，据内容推测应为 1939 年 9 月。

惟以甘肃油矿油层甚深，原有钻机能力不足。因商请苏联大使转请苏联政府供给新式钻机，并协助技术，旋于上年十一月间由苏方派工程师谢里根（Charigin）及聂柯维林（Necovirim）二人来华，与甘肃油矿主任严爽、工程师孙健初叠次会谈。苏联工程师认为该矿极有希望，所需钻机当经商定清单，并言只须双方政府交涉妥当，即可代为选配运华云云。经再三函商苏联大使，迄今未获具体答复。嗣以孙院长赴苏，当托代为催办。兹奉行政院转交孙院长自莫斯科来电略谓：经济部前托催办玉门油矿钻井机，苏方因协助新疆开发油矿，对于玉门未及兼顾。如须进行，应由经济部将开发玉门整个计划拟好，派专家来莫洽商，可望促成等语。查甘肃油矿关系西北交通燃料甚巨，职鉴于该矿地位之重要，故在苏联钻机未到之前，已数次严饬办理人员，即用原有钻机先行加以钻探。幸赖员工用命，于本年四月初即开始出油，现已得有十四万斤左右。终以新钻未到，无从加深钻探，不能大量出油。复查以往因甘肃地近苏联，机件运输较为便捷，且中苏交谊敦笃，爰与苏方商洽协助。今蒙孙院长电告苏方似有尽先协助新疆采油之意，玉门油矿如亦请其协助，彼方当有相当条件提出。我方如改向美国购置机件赶速运华，虽亦可行，但运输困难，为时较久，且须筹集外汇，自以能得苏方协助最为便利。兹拟电复孙院长，苏方协助新疆开发油矿，中央自乐观其成，请将合作办法及办理情形见告。甘肃油矿仍盼苏方速运机件，并请孙院长就近探明苏方能否将此项机件价值归入易货案内。告其提其它办法先行电示，以便陈明钧座规定方针，秉承办理，以上所拟是否可行，敬候钧裁。谨呈

委员长

职 翁文灏（印）谨呈

二十八年□□□

〔《油矿探勘与开采（一）》（1937 年 4 月 23 日至 1942 年 4 月 22 日）：
1132. 30/3510. 01 – 01/258/001113230A001〕

蒋中正为玉门油矿机器运输事宜致翁文灏代电

(1940 年 3 月 31 日)

经济部翁部长勋鉴：三月二十日呈悉。所送《民营各厂二十九年度生产价值表》及《资源委员会所办事业二十九年度工作预计表》，希即补抄一份，送由四行办事总处存查为要。又玉门油矿机器务速运完，已严令西北运输总处负责协助，望详报运输完毕计划为盼。中○。寅世侍秘渝。

原件见经济门 6/109。

工作报告：国营民营事业办理大要情形。

〔《交通措施》(1940 年 4 月 4 日至 1946 年 12 月 30 日)：1200.01/0037.01 -01/4/001120001A001〕

翁文灏电呈甘肃油矿机件运输情形

(1940 年 4 月 4 日)

委员长蒋钧鉴：案奉钧座本年三月三十一日侍秘渝字第一一八八号寅世代电，令将前呈之《民营各厂二十九年度生产价值表》及《资源委员会所办事业二十九年度工作预计表》补抄一份送由四行办事总处存查。又玉门油矿机器务速运完，已严令西北运输总处负责协助，望详报运输完毕计划等因。奉此，自应遵办。关于《民营各厂二十九年度生产价值表》及《资源委员会所办事业二十九年度工作预计表》各一份，业经另函送请四行办事总处存查。至玉门油矿机器运输办法，遵经编具运输状况表一份，随文附呈。查：（一）该矿各项机件总重约一二九二吨。除业经运抵矿区一八二吨外，粗笨机件已由船运至广元者四一五吨；在渝精细之件，急待起运者三七○吨；尚未到渝者三二五吨。计目前在运及待运者，合共一一一○吨。（二）前经商准西北公路局拨车代运，恳乞转饬该局自四月份起：A. 按月拨车十五辆来渝装运机件赴矿；B. 拨车四十辆按月由广元装运机件赴矿，直至机件运完为止。（三）汽油由公路局先筹，俟该矿产量增加后，再行尽量供给该局应用。（四）至该矿自有之运输汽车，除回程系用自产汽油外，由渝赴矿所需汽油，已向液体燃料管理委员会商购。若西北公路局车辆能如数拨到，液委会之汽油亦能如数交足，则该矿所有机件，本年年底当可全部运抵矿区。奉电前因，理合电陈，鉴核示遵。职翁文灏叩。支资。

附《甘肃油矿机件运输状况表》一份。

附　　　　　　甘肃油矿机件运输状况表

	起运状况	器材说明	吨数	需二吨汽车数	需汽油数（加仑）*	附
1	业经运到矿区者	轻便钻机二部、采油钻一部、炼油炉一座、柴油机二部、电机一部、油罐钢板及五金材料等	182			
2	由渝水路运广元急待装车起运者	1200公尺探油钻机一部	246	123	27060	尚未抵广元即可到达200吨
		水泥（做油池用）700桶	120	60	13200	尚未抵广元即可到达60吨
		做炼油锅用钢板材料	20	10	2200	
		第一部800公尺钻机井架	15	7	1540	
		机器厂用生铁、生铜	14	7	1540	
	合计		415	207	45540	
3	由渝急待装车起运者	第一部800公尺探油钻机等件	20	10	2600	
		修理厂用机件	60	30	7800	
		第一炼油厂全部机件	110	55	14300	
		1200公尺探测钻机零件	40	20	5200	
		由湘运来钢板及渝购材料	140	70	18200	
	合计		370	185	48100	
4	业经到宜昌急待转渝起运者	第一部800公尺探油钻机一部分	70	35	9100	
		第二部800公尺探油钻机一部分	105	52	13520	
	合计		175	87	22620	
5	由港购办尚未内运抵渝者	凿井及采油机件	50	25	6500	
		工具、五金材料等	80	40	10400	
		其它各矿拨交器材	20	10	2600	
	合计		150	75	19500	
	待运机料总计		1110	554	135600	

* 各项之和与总计不符。原文如此。

〔《交通措施》(1940 年 4 月 4 日至 1946 年 12 月 30 日)：1200.01/
0037.01 - 01/4/001120001A001〕

何应钦呈报甘肃玉门油矿钻油机件运输事宜
(1940 年 4 月 19 日)

案奉钧座卯灰侍秘渝第一三五六号代电，以据经济部翁部长呈报，
甘肃玉门油矿钻油机件由船运至广元待运者四一五吨，在渝待运者三七
零吨。请转令西北路局自四月份起，按月在广〔元〕拨车四十辆，在
渝拨车十五辆，装运机件赴矿，直至运完为止等情。除电西北路局遵照
外，饬即按月照拨车辆，限期运完等因。奉此，遵经与西北公路局、经
济部资源委员会分别洽定：（一）水运广元之粗笨机件四一五吨已有半
数到达广元，即由西北公路局于四月份起每月拨车四十辆运送至矿。
（二）在渝待运之精细机件三七零吨，自四月份起每月由经济部自备车
二十辆、后方勤务部借十辆。前由经济部与后方勤务部洽定拨车十辆，
由渝运广六次。已开行两次，尚有四次。油由经济部供给。西北公路局
拨〔车〕十五辆，共四十五辆轮流运送。惟西北公路局允拨之车，系
订定油由经济部供给。此次因经济部缺乏油料，由西北公路局暂为垫
借。该路局要求：（一）经济部应于玉门油矿所出之油尽先拨还。（二）
以后该矿出产之油应充分供给西北公路局应用。除分电经济部、西北公
路局查照外，理合备文呈复，敬祈鉴核。谨呈
委员长蒋

运输统制局主任 何应钦（印）

〔《交通措施》(1940 年 4 月 4 日至 1946 年 12 月 30 日)：1200.01/
0037.01 - 01/4/001120001A001〕

蒋中正为优先供应西北运输局油料事宜致翁文灏代电
(1940 年 4 月 22 日)

经济部翁部长勋鉴：关于装运玉门油矿机件一案，前接支资代电，
业以卯灰电分饬本会运输统制局何主任及西北公路局拨车，限期运送各

在案。兹接西北公路局宋局长希尚卯筱电复称：谨当遵命拨车，专事运输军品机件。惟西北运输日趋繁重，而油料补充益见艰困，拟请转知经济部以玉油优先供应权给予本局，庶符互惠原则。再本局前以资委会自备汽车担任渝广运输机件，缺乏油料，曾由职在渝借拨存昆汽油八千加仑。现在运输机件，车油既统一由本局筹拨，而本局川境内实无一滴存油，恳请一并饬交本局在渝应用等语。特电转达，即希核办径复为要。中○。卯养侍秘渝。

〔《交通措施》（1940 年 4 月 4 日至 1946 年 12 月 30 日）：1200.01/0037.01－01/4/001120001A001〕

宋希尚电呈请将玉油优先供应西北运输管理局
（1940 年 4 月 26 日）

军事委员会委员长蒋钧鉴：前奉钧令饬尽量拨车接运甘肃玉门油矿机器，以期早日出油。遵即调集大批车辆，勉供油料，分派渝、广接运，并专与经济部资源委员会商订互助合约，以示信守。计自本年四月至十月，按约分批拨车接运。原定由重庆至玉门矿地者，需车一百零五辆，由广元至玉门矿地者，需车二百二十辆。运输开始以后，复徇该会之请，将原订自广〔元〕接运之车数中，抽拨六十辆展驶至渝接运。故由渝至矿者改为一百六十五辆，由广至矿者改为一百六十辆，共计需车三百二十五辆。兹将该项矿机运输情形，分报如次：（一）目前已分期派赴渝、广两处接运之车，计二百六十六辆。（二）最近统计已由渝、广两处先后起运者，计一百五十八辆，余正陆续洽装中。（三）已运达矿地者，计九十八辆。其应续派之车仍当照约按期派运。此外，该矿应需之洋灰及工人等由西安、宝鸡、兰州等处起运者，计十九车，均已随时另为派车装运。惟查本局集中力量，负担矿机运输，原为恪〔恪〕遵钧旨，开发抗战资源，故此项车辆自以专运矿机为限。拟恳转饬经济部对于派赴渝、广两处队车尽量装运矿机器材，该会如有他项物资需车载运，可另向本局洽拨车辆，以免延滞，而赴事功。是否有当，理合电乞鉴核示遵。交通部西北公路运输管理局局长宋希尚叩。业营寝（3）印。

〔《交通措施》(1940 年 4 月 4 日至 1946 年 12 月 30 日):1200.01/
0037.01 - 01/4/001120001A001〕

翁文灏电呈甘肃油矿采炼情形
(1940 年 7 月 20 日)

委员长蒋钧鉴:甘肃玉门油矿迭经督促办理人员认真产炼,际此内
地燃料缺乏之时,尤感急待推进。兹将近时出产情形及短时期内增产数
量节要陈报,检呈鉴核。职翁文灏叩。(印)号资。

附呈节略一件、图一幅。

附　　　　甘肃油矿采炼情形（节略）

甘肃油田位于甘肃酒泉、玉门两县之间,距离西北公路惠回堡车站
约三十公里。油田分布长达十五公里,宽二公里,分石油河、乾油泉、
三橛湾三区。全油田原油储量,据专家估计,至少达二万万桶,即四十
二万万加仑。

资委会筹办以来,即由陕北延长拆卸小钻机两部,运往石油河区应
用。至民国二十八年二月开始凿井,三月出油,随即用简单方法试炼。
截至现在止,在石油河区共凿井七口,其中五口出油;平巷三座,其中
二座出油。炼油方面,共有大小炼油炉五座。每月出产原油五万加仑,
炼成汽油一万加仑、柴油二万五千加仑。(钻井地位及炼厂布置详附
图)

为增产起见,近又由湖南、江西、四川境内各矿拆运大钻机、套
管、抽油机等件约一千吨,已先后运达矿地。初步新式炼油设备亦分别
在矿地、重庆两处制造,一部分现已完成,即可装用。故自本年九月
起,每月可产原油十二万加仑,即可炼成汽油二万五千加仑、柴油六万
加仑。悉数用以开驶卡车,可行驶八十五万公里。换言之,可供卡车三
百三十五辆,自重庆开往玉门油矿(距离二千五百五十公里)一次之
用。此项产量,除供该矿运输器材之用外,尚可供给自广元开往兰州
(距离九百公里)运货卡车三百三十辆之燃料。

自明年五月起，补充器材约一千吨亦可运到，原油产量及炼油能力，均可比本年九月数量增加一倍。故所得汽油及柴油用以开驶卡车，可行一百七十万公里。

以上所言设备，均系利用国内已有材料及本国工厂所能制造之机器。用此项方法炼油，所得汽油仅达原油百分之二十，若改用最新式方法制炼，应达百分之七十。但制炼技术及机器设备，均须向国外厂家洽购。故于本年五月间，曾由本会派遣炼油工程师一人赴美，详细洽询，正在分头洽办。俟有具体结果，续行呈报。

〔《油矿探勘与开采（一）》（1937 年 4 月 23 日至 1942 年 4 月 22 日）：1132. 30/3510. 01 - 01/258/001113230A001〕

蒋中正为优先供应西北运输局油料事宜致翁文灏代电
（1940 年 8 月 29 日）

经济部翁部长勋鉴：关于装运玉门油矿机件一案，前接宋局长希尚来电，业以卯养侍秘渝代电转达核办，径复在案。兹续接该局长未迴电略称：玉矿机件运输，遵令集中车辆，计派赴渝、广者，先后达二百六十六辆。渝方机件已装完，垫用汽油约四万余介仑①，现本局存油仅剩十万介仑，散布三千余公里，至感竭蹶。目下玉门产油月约二万加仑，长途运输损耗极巨，似非经济之道，本局垫油则无着落。拟恳赐由玉矿自九月份起将所产汽油悉数拨供本局，俾以西北之油供西北之用，并符互助原旨，而免南运损耗等语。查此案前接该部四月支资代电略称：汽油由该局先为筹垫，矿产增加再尽量供给该局应用等语。经转知有案，兹接前情，即希核办径复为要。中〇。未艳侍秘渝。

〔《交通措施》（1940 年 4 月 4 日至 1946 年 12 月 30 日）：1200. 01/0037. 01 - 01/4/001120001A001〕

---

① 即加仑。下同。

翁文灏呈报玉门油矿本年下半年供油分配办法

(1940 年 11 月 2 日)

案奉钧会二十九年八月二十九日侍秘渝字第三三八四号未艳代电，以据西北公路局宋局长未迥电称：关于玉门油矿机件，已遵令集中车辆转运，计垫用汽油约四万余介仑，拟恳饬由玉矿自九月份起，将所产汽油悉数拨供本局等语。饬核办径复等因。奉此，当以油料现归液体燃料管理委员会统制，关于公路用油，如玉矿产量增加，自可陆续接济。经即令饬资源委员会与液委会会商，统筹核拟办法，径与宋局长接洽，并由部先电复宋局长在案。兹据资源委员会本年十月十五日密渝秘字第二一二六号呈复称："遵经饬据甘肃油矿筹备处估报自本年九月份起至年底止各项油料产量，并视各方需要缓急轻重情形，统筹酌定供油之先后如次：一、自用运输机件。二、还西北公路局垫用汽油。三、已经允让各军事机关及照约应交西北公路局之油。四、本会自用运输矿品。五、液体燃料管理委员会合约内应付之油。爰按上列次序，暂定本年度产油分配表，令发甘肃油矿筹备处切实遵照执行。所欠西北公路局垫用汽油约四万介仑，于本年底可以还清，并另行供给如表次各项油料。至液体燃料管理委员会合约内应付而短交之油，已商准该会延缓补偿。奉令前因，除已径函西北公路局宋局长外，理合抄奉《暂定玉门油矿产油分配表》，备文呈请鉴核"等情。附呈《暂定玉门油矿产油分配表》一纸到部。查表列玉矿产油分配数量，对于西北公路局垫用之汽油四万介仑，可于本年年底还清。且除拨还上项汽油外，并可由该矿从本年九月至十二月底，另供给汽油约三万介仑，柴油约一万四千介仑，以为该路局行车燃料。再以所余者供给其它机关及该会之用。其分配方法，尚属适合缓急。此案并已由该会径函宋局长。除指令外，理合缮同《暂定玉门油矿产油分配表》，呈复钧会鉴核。谨呈

军事委员会委员长蒋

附抄呈《暂定玉门油矿产油分配表》一份。

经济部部长 翁文灏（印）

二十九年十一月二日

附　　　　　　暂定玉门油矿产油分配表

单位：加仑

月份	油类	产量	自用	假定运西北公路局垫油	第八战区	34集团军	军委会调计局	西北防疫处	西北公路局	会方运矿品	液委会	附注
九月份	汽油	20000	12500	5000	100			200	2200			表内会方运矿品所列项下,倘军事机关需用甚急,可酌量于此数内拨给。
	柴油	6600			500	2000	900		3200			
	煤油	6000			100						1500	
十月份	汽油	30000	12500	10000	100			200	7200			
	柴油	6600			500	2000	900		3200			
	煤油	上存4400＋本月6000			100						10000	
十一月份	汽油	40000	12500	12500	100			200	10000	4700		
	柴油	7800			500	2000	700		4000		400	
	煤油	上存300＋本月7000			100							
十二月份	汽油	48000	12500	12500	100			200	10000	12700	7200	
	柴油	10800			500	2000	900		4000		3400	
	煤油	10000			100						9900	

〔《油矿探勘与开采（一）》（1937年4月23日至1942年4月22日）：1132.30/3510.01－01/258/001113230A001〕

翁文灏钱昌照呈报甘肃油矿赶速运输机件努力增产事
（1941年7月2日）

谨签呈者：查甘肃油矿自创办以来，甫历二载。迄在建设时期，一切产油及炼油机器材料，初期需要约达四千五百吨以上，均待由美国购运入口，尽一年内加紧赶运矿场装用。该矿现在所采原油，全系试钻时附带产出；所提汽油亦系就国内已有简陋器材设计制造，并用简单方法试炼而得，产量为数尚不甚多。计现时月产原油约二十七万加仑，可提汽油四万五千加仑。此项产品用于该矿输运器材尚感不敷。过去各军事机关，时以军运紧急，需油迫切，商请分让。本会本尽先供应军需要用之旨，均经饬由该矿，勉为抽拨。现计业已允拨者已达每月贰万加仑。此外，油量仍须保留作为运输该矿器材之用。良以该矿在今后一年以内，尚在设备增产时期，须将器材如期内运、应用，否则产量难以遽增。故对于各方面用途之供应，不能不酌有限制。除随时督导该矿赶速运输机件，努力增产外，理合缕陈该矿产油及供应其它急用情形，仰祈鉴核备查。谨呈

委员长蒋

职 翁文灏（印）、钱昌照（印）谨呈

三十年七月二日

〔《油矿探勘与开采（一）》（1937 年 4 月 23 日至 1942 年 4 月 22 日）：1132.30／3510.01－01／258／001113230A001〕

翁文灏电呈扩充甘肃油矿储炼油设备
（1941 年 10 月 28 日）

委员长蒋钧鉴：资源委员会所办甘肃油矿一切均在顺利进行。钻探工作正积极推进，炼油设备亦已在美订购，陆续运华。顷据该矿来电：谓新开第八井于深达四百四十九公尺时，又发现新油层，一昼夜间喷油达二十四万加仑。普通油井每日出油不过数千加仑，外国优良油井大多亦日出不过十万加仑，而该井产量竟远超此数，洵为国家之福。目前主要关键在于炼油机器之迅速运华，转运矿区装配，俾能及早提油。现在骤增油量，炼、储均成问题，该井只得暂时停钻，俟将来机件运到即可大量生产。将来西北油量可以正常出产时，对于军事方面亦甚有裨益。谨此电呈，伏祈钧鉴。职翁文灏叩（印）。俭资机。

〔《油矿探勘与开采（一）》（1937 年 4 月 23 日至 1942 年 4 月 22 日）：1132.30／3510.01－01／258／001113230A001〕

翁文灏电呈甘肃油矿第八井油量宏富恳饬扩充炼储
设备增强空防及延长陇海铁路至肃州等
（1941 年 10 月 30 日）

委员长钧鉴：资源委员会所办甘肃油矿新开第八井出油丰富情形，

前经以俭资机代电呈报，谅邀钧察。该井自二十四日起至二十八日为止，喷油已逾一百万加仑，油量之丰可与世界各国最优油井相埒。现在尚在继续出油，所有储油地点均已贮满，如不速将储炼设备大加扩充，不仅生产无法利用，抑且易滋危险。目前要事约有二端：（一）该矿生产，现已超过初步计划预计之数，但储炼设备虽早已订购，一小部分尚在美国待运，大部分则滞留仰光。在美之件，已电美设法提前启运。到仰之件已达三千余吨，其中最急要者，炼油及储油器材约二千五百吨，必须即为运矿。该矿运输工具前经钧座核准，在美购办卡车二百六十辆，现已陆续抵仰。叠经俞部长①及宋董事长②电告，拨借龙主席③五十辆、滇缅铁路一百辆，所存仅一百十辆，相差甚多，实属不敷应用。兹已电商俞部长及宋董事长尽先拨还，拟恳电饬俞部长多拨车辆协助运输，期于两个月内全数运达昆明。（二）该矿产量既增，我方虽力求保守秘密，难免不为敌人侦悉，将来空袭危险势必增加。该地一片戈壁，毫无隐蔽，且所出之油，如敌机投掷燃烧弹，被焚可虞。除已叠令该矿将器材尽量存放山洞外，拟请令饬防空主管机关指拨防空部队，连同高射炮四尊及高射机关枪若干，开赴矿区，俾资防护。抑有进者，石油为国家最要资源，亦为立国条件，对于军事、交通关系特为密切，此项资源自宜充分开发。该矿远处西北，如交通问题不能解决，则油料无法大量外运。现交通三年计划，陇海铁路仅延筑至天水为止，似亟宜责成交通主管机关于最短期内延筑至甘肃肃州。所需钢轨，一部分即可由陇海路东段拆除移充。此路如果完成，不仅甘矿产油可供西北、西南各省之用，对于西北其它工矿事业亦大有裨益。将来机械化及航空部队或亦可调派一部分前往矿区附近训练，俾可就地利用油料。以上二项，事属迫要，用敢缕陈，是否可行，敬祈迅赐察核，转知有关部分，并祈示遵为叩。职翁文灏叩。卅资机。

〔《油矿探勘与开采（一）》（1937 年 4 月 23 日至 1942 年 4 月 22 日）：1132. 30/3510. 01 – 01/258/001113230A001〕

---

① 俞飞鹏，时任军事委员会后方勤务部部长。
② 宋子文，当时兼任中国银行董事长。
③ 云南省主席龙云。

蒋中正为将甘肃油矿储炼设备列为最急要之
军器限期内运致何应钦俞飞鹏代电
（1941 年 11 月 8 日）

本会何总长、后方勤务部俞部长：据资源委员会翁兼主任委员文灏卅资机代电称：甘肃油矿新开第八井，出油丰富，自十月二十四日起至二十八日为止，喷油已逾一百万加仑，油量之丰可与世界各国最优油井相埒。现尚在继续出油，所有储油地点均已贮满，如不速将储炼设备大加扩充，不仅生产无法利用，抑且易滋危险。而该矿生产现已超过初步计划预计之数，但储炼设备虽早已订购，一小部分尚在美国待运，大部分则滞留仰光。在美之件已电美设法提前启运。到仰之件已达三千余吨，其中最急要者，炼油及储油器材约二千五百吨，必须即为运矿。该矿运输工具前经钧座核准，在美购办卡车二百六十辆，现已陆续抵仰。叠经俞部长及宋董事长电告，拨借龙主席五十辆、滇缅铁路一百辆，所存仅一百十辆。相差甚多，实属不敷应用。兹已电商俞部长及宋董事长尽先拨还，拟恳电饬俞部长多拨车辆，协助运输，期于最短期内全数运达昆明等语。查该矿既有此种特殊发现，实于抗战军需及国家经济有莫大裨助，自宜全力赶成一切设备，俾能立即正式出油，以供需要。所有此项待运之炼油、储油器材，应即列入最急要之军器内，于一个月内运入国内安全地点，俾得加紧扩充设备，以增出产。除电复外，希即遵照办理为要。中〇。戍齐侍秘。

〔《油矿探勘与开采（一）》（1937 年 4 月 23 日至 1942 年 4 月 22 日）：1132. 30/3510. 01 – 01/258/001113230A001〕

蒋中正为甘肃油矿防空事宜致黄镇球代电
（1941 年 11 月 8 日）

防空总监部黄总监[①]：据资源委员会翁兼主任委员文灏卅代电称：甘肃油矿新开第八井每日出油达二十余万加仑，可与世界各国最优油井

---

① 黄镇球。

相埒。现产量既增，难免不为敌人侦悉，将来空袭危险势必增加。该地一片戈壁，毫无隐蔽，且所出之油，如敌机投掷燃烧弹，被焚可虞。除已叠令该矿将器材尽量存放山洞外，拟请令饬防空主管机关指拨防空部队，连同高射炮四尊及高射机关枪若干，开赴矿区，俾资防护等语。查该矿今有特殊发现，于资源及军事需要均有极大价值，自宜特别保护，俾免疏虞。所请应准照办。除电复外，希即切实遵照，迅予指拨防空部队前往防护为要。中〇。戌齐侍秘。

批示：极密。

〔《油矿探勘与开采（一）》（1937年4月23日至1942年4月22日）：1132.30/3510.01-01/258/001113230A001〕

蒋中正为陇海铁路延筑至甘肃肃州致张嘉璈代电
（1941年11月8日）

交通部张部长①：据资源委员会翁兼主任委员文灏卅代电称：甘肃油矿新开第八井出油特别丰富，可与世界各国最优油井相埒。现尚在继续出油。惟石油为国家最重要资源，亦为立国条件，对于军事、交通关系特为密切，此项资源自宜充分开发。该矿远处西北，如交通问题不能解决，则油料无法大量外运。现交通三年计划，陇海铁路仅延筑至天水为止，似亟宜责成交通主管机关于最短期内延筑至甘肃肃州。所需钢轨，一部分即可由陇海路东段拆除，移充此路。如果完成，不仅甘矿产油可供西北、西南各省之用，对于西北其它工矿事业亦大有裨益等语。查所请确有必要。现该矿既出油丰富，尤应加速完成该段路线，俾利油料外运，务希赶速筹办为要。中〇。戌齐侍秘。

〔《油矿探勘与开采（一）》（1937年4月23日至1942年4月22日）：1132.30/3510.01-01/258/001113230A001〕

---

① 张嘉璈。

蒋中正为甘肃油矿机器内运陇海铁路延长等事宜致翁文灏电

（1941 年 11 月 8 日）

资源委员会翁兼主任委员：俭资机代电及卅资机代电均悉。第八井得一特殊发现，极为欣慰，所请各节兹分别核示如下：（一）所请饬令赶运甘肃油矿炼油、储油器材一节，已密令何总长、俞部长应将其列入最急要之军器内，于一个月内运入国内安全地点，陆续转运。（二）所请饬令指拨防空部队前往矿区防护一节，已密令防空总监部黄总监切实遵照办理。（三）所请将陇海铁路延筑至甘肃肃州一节，已密令交通部张部长赶速筹办矣。特复知照，希即分别速为洽办。又此井发现后原油骤增，该矿原有设备每日究能提炼若干，俾应急需。在新机器未到以前，对于此项原油有无其它利用方法，以减汽油耗量，希再详实具报为要。中〇。戌齐侍秘。

〔《油矿探勘与开采（一）》（1937 年 4 月 23 日至 1942 年 4 月 22 日）：1132. 30/3510. 01 - 01/258/001113230A001〕

翁文灏呈复甘肃油矿炼油情况并请令胡适[①]
向美国借款以续订机件

（1941 年 11 月 14 日）

案奉钧座本年十一月八日侍秘字第九九四五号戌齐代电，关于甘肃油矿第八井大量出油所请各节，已分饬办理，并饬将该矿原有设备每日提炼数量及新机器未到前所出原油有无其它利用方法，详速具报等因。奉此，兹谨遵令呈复如左：

一、经过概况。查甘肃油矿于二十七年七月开始筹备，当即派遣地质家及探油工程师等前往玉门矿区探勘，并由陕北运去浅油层钻机两架及湘潭、萍乡、高坑各煤矿与四川油矿等钻机四架，以资利用。探到油层后，需要炼油机器，又由重庆等处搜购材料运矿，自行制造。此外，一切初步应用机器亦均陆续运去，勉强凑集，均属旧货，效能较低。因

[①]　时任驻美大使。

系试办时期，油田情形不明，未敢遽斥巨资订购国外新式机器。至二十九年十月，经钻探结果详细研究，认为有大规模开采之价值，曾拟具扩充计划，呈奉钧座核准后，乃派员赴美订购新式采油、输油、储油及炼油各种设备，共计四千五百吨。至本年十月底，由美运仰〔光〕约三千吨，其余正在陆续交货，雇船装运中。本年三月间为油矿扩充计划起见，在重庆设立甘肃油矿局，置总经理一人，筹划全局事宜，办理运输及购买器材，与各方接洽等事。肃州矿厂方面，设矿长一人，主持工程事宜。计自筹备起，至本年十月底止，共计三年，运进矿厂各种器材重量，约共一千六百吨；职工总数达二千九百余人；产出原油二百八十万加仑；炼出汽油二十四万加仑、煤油十四万加仑、柴油二十万加仑，大部供给西北运输军品之用。剩余油渣，挖池储藏，以待美国新式炼厂运到装成后，再行提炼，以免损失。

二、采油工程。至本年十月底止，共凿井九口。其中五井均因机器能力不足，仅深至二百公尺为止，均遇油层，惟不甚丰，每日出油有数百至一二千加仑不等。其它四井内有一井现深至三百五十公尺，又一井至二百五十公尺，尚在继续下凿中。此外，第四井于本年四月间，凿至四百四十五公尺，遇到大油层，每日喷油五、六万加仑。第八井于十月二十四日深至四百五十公尺，亦遇大油层猛烈上喷，每日约二十余万加仑。因储油、炼油等设备不足，不独不能尽量利用，且危险极大，现正一面设法暂行堵塞，以便管制；一面严令矿厂工程人员竭力防护，以免意外。但其喷油之多，储量之丰，实堪与世界著名油田相埒，前途发展已具十分把握。国家得此油田，实堪庆幸。至喷出之油，因西北天气较寒，内中所含汽油尚不致自行蒸发耗失，不□□设法堵塞，可以管制，不再外流。已流出者，逐渐交炼，当不致有重大之损失。惟因炼厂能力不足，不能尽量利用地利，为可惜耳。

三、炼油工程。原油生产后，必须经过提炼，分成汽油、煤油及柴油等，方可利用。该矿于前年初次出油后，即在玉门矿区设立炼厂一座，今名为第一炼厂，每日原仅能炼原油四千加仑，去年九月间扩充至每日能炼原油八千加仑。本年四月间再扩充，预计本年年底完成，每日可炼原油二万加仑。第二炼厂设在嘉峪关，于去年八月开工，预期至本年底亦可完成，每日能炼原油一万加仑，故目下每日尚仅能炼原油八千加仑。至本年年底，上述第二炼厂及第一炼厂扩充部分同时完成后，每日可炼原油三万加仑，炼出汽油约占原油百分之二十，即每日可得汽油六千加仑。全年以工作三百天计算，共可炼成汽油一百八十万加仑。此外，尚可炼出煤油一百万加仑及柴油一百万加仑以上。两厂皆系勉强利用国内现存材料自行制造，此后因国内材料关系，非待美购新式炼油设备运到装置，恐无增加炼量之希望。

四、美购器材。去年十月，资源委员会拟具扩充该矿计划，所有采油、输油、储油及炼油等设备，均向美国订购新式机器。呈奉钧座核准，即于年底派员赴美，三、四月间全部订妥，共计四千五百吨。六、七月间已陆续由美起运来仰，其中半数为炼油、储油等设备。计炼油厂一座，每日能炼原油一千五百桶，计六万三千加仑，炼出汽油，占原油百分之六十四，较之国内自装者多出三倍。全年以工作三百天计算，可炼成汽油一千二百万加仑（每吨三百加仑，合四万吨）。该项设备已到仰光者，业蒙钧座赐电俞部长迅速运进，但矿区距重庆尚有二千五百五十公里，辗转运输，又需时日。全部到矿后，装置亦需十个月。故预计三十二年春季该矿当可装配完成，开始出产。三十二年全年可出汽油八百八十万加仑，飞机汽油一百万加仑，柴油二百万加仑，煤油约为一百万加仑。

五、新拟扩充炼油计划。本年九月间，编造三十年度预算时，资源委员会在重工业预算中列入该矿美金四百万元，其中二百五十万元为买日炼原油三千五百桶，即十四万七千加仑之炼油设备（其中一部分可炼飞机汽油，每日约有五千加仑）。现仅第八井即已日产原油二十万加仑，而其它两井不久亦可到达油层（现因无处存储及不及提炼，已令暂停，以免露天存油，十分危险）。故三十一年度预算拟购之炼油设备仍属不敷应用。拟请再增加美金二百五十万元，加倍购买炼油设备，即美金由四百万元增至六百五十万元。所有需要情形已分向孔副院长陈明，仍恳钧座赐予核准。此项计划完成后，制炼原油设备由每日一千五百桶增至八千五百桶，即三十五万七千加仑。每年所产成品估计如左（以工作三百天计算）：

（一）普通汽油：五五，〇〇〇，〇〇〇加仑

（二）飞机汽油：三，〇〇〇，〇〇〇加仑

（三）煤油：一，九〇〇，〇〇〇加仑

（四）柴油：一〇，四〇〇，〇〇〇加仑

（五）滑油：一，〇〇〇，〇〇〇加仑

共计：七一，三〇〇，〇〇〇加仑

查民国二十六年，我国汽油进口数量为五五，〇〇〇，〇〇〇加仑，适与上列所产普通汽油数量相同，另增飞机汽油于我国空军不无裨益。惟美国现在重要机件之定装及外运，须待美政府正式允许，并由中国大使馆说明需要理由。拟请钧座电令胡大使向美政府提出，兹附呈拟致胡大使电稿一件，并祈鉴核饬发。其具体情形及机件种类等项，当由职径函胡大使查照。所有该矿经过、现在实况及需要增加设备各情形，理合缕陈，仰祈鉴核示遵。谨呈

委员长蒋

职 翁文灏（印）谨呈

卅年十一月十四日

附呈拟致胡大使电稿一件。

附　　　　　　　　**拟致胡大使电**

华盛顿胡大使适之兄：密。资源委员会甘肃油矿出油陡增，该矿拟在美续订机件，应得美政府允准。具体材料已令翁部长径寄，届时希向美政府提出。中〇。

拟办：据呈情形，该矿原油生产量已足供全国军事与交通之用，但该矿目前设备太过简陋。即至本年年底，第一、二两炼厂完成，亦仅能日炼汽油六千加仑，仅用生产原油十分之一。一方弃利于地，而莫能用；一方国有急需而仰赖于外，实属令人焦急。故目前建设工作，窃意宜集力移此。

一、拟饬俞部长对该矿到仰之机件，务照前令一个月之限期全部运入。

二、拟饬翁部长：1. 应派人至昆明、仰光协助赶运。2. 其余在美已定购机件，应严催加速装运。3. 已运入之机件，应研究加速运甘装设办法，并由部切实督促赶办，扫除过去因循迁延之弊。

三、所请加拨贰百五十万美金一节，拟准电孔副院长迅速照拨。致胡大使电稿，拟准照发，并另电宋子文先生知照。

〔《油矿探勘与开采（一）》（1937 年 4 月 23 日至 1942 年 4 月 22 日）：1132. 30/3510. 01 - 01/258/001113230A001〕

金慎①呈报甘肃油矿局管理欠善致物资损耗情形
(1941 年 11 月 17 日)

一、资源委员会甘肃油矿局第八号油井于十月二十一日凿至四四一公尺后，即发现一大油层。继钻至四四九公尺时，尚未钻穿透油层。彼时因油气过大，无法再凿，即试拔钻杆，遂于当夜九时半开始大量喷油。油水泵开关此时被油气冲毁，原油遂顺井口直喷而出，高达数十丈。经积极施救，始将开关修好。至二十二日晨四时，以井内沥青胶着钻孔，始告停喷。计喷油六小时，约重十万加仑。然因该井负责人于事前未作准备（油管不敷应用，原土质油池制造不善，及水泵开关不良），致损失约四万加仑，喷入油池及洒于地上尚能取用者约六万加仑。

二、购运之井架，运时不从底座运起，而从尖头运起，以致非俟整个井架到齐后不能装设。倘至〔自〕底座运起，则随到随装，在工作效率上不致浪费。又由美订购之发电机，不先自锅炉、磨电机运起，而先自零件运起，以致材料运来，仍搁置不能用，殊不经济。

拟办：第二项抄转经济部切实注意。对于运转机件及装置设备，应特别注意合理支配，提高效率。〔陈〕方。十一．十九．

---

① 军事委员会调查统计局驻兰州特工。

〔《油矿探勘与开采（一）》（1937年4月23日至1942年4月22日）：
1132.30/3510.01 – 01/258/001113230A001〕

孔祥熙呈请督令甘肃军政长官对甘肃油矿事宜绝对保密
（1941年11月20日）

介兄院长钧鉴：敬陈者：甘肃油矿产量极丰，炼油设备完成，每日可炼原油三十五万七千加仑，全年统计，足供抗战开始全年全国需要之数。在此抗战紧要时间，得闻此讯，深为可庆。月前该厂孙厂长岳〔越〕崎①来谒，面陈油量详情，弟已酌予指示，并加勖勉。顷接翁部长密函，请求添购炼油设备。除三十一年度资源委员会重工业预算内原列美金四百万元，其中二百五十万元系为添购炼油设备外，兹以出油激增，该项添购炼油设备仍属不敷应用。拟再添购日炼原油三千五百桶之炼油设备全套，应较原预算增加美金二百五十万元，即美金预算共为六百五十万元，请予鉴核，准予照列前来。弟以此事关系抗建前途，确属需要，已予照准，并电子文利用租借法案迅予洽办，以赴事功。伏念此项资源关系国家生存要素，自美实行禁运以来，敌国正感困窘，亟图南进，目的亦在于此。我方办理此事务须绝对严密，切忌铺张，倘为敌人侦悉，以其需要殷切，势必举兵进攻，图谋侵占，损失事小，资敌实大。除已将此意面告翁部长、孙厂长外，拟请通令甘省军政长官切实遵照办理。抗建前途，实深利赖。专此敬请

崇安

弟 祥熙（印）谨上

十一.二十.

〔《油矿探勘与开采（一）》（1937年4月23日至1942年4月22日）：
1132.30/3510.01 – 01/258/001113230A001〕

---

① 孙越崎，时任经济部资源委员会甘肃油矿局总经理。

蒋中正为加拨甘肃油矿美金二百五十万元致孔祥熙代电
（1941 年 11 月 21 日）

行政院孔副院长勋鉴：据经济部翁部长呈报：（一）甘肃油矿第八井发现大油层猛烈上喷，每日出油约二十万加仑之多，堪与世界著名油田相埒。但因储藏及炼油等设备不足，不独不能尽量利用，且危险极大，不得不暂行堵塞，待新式炼厂装成后再行提炼。（二）该厂原有器材约共一千六百吨，三年来共计产出原油二百八十万加仑，炼出汽油二十四万加仑、煤油十四万加仑、柴油二十万加仑，剩余油渣均储藏待炼。（三）自去年十月拟定扩充厂矿计划奉准后，始向美订购机器四千五百吨，已有三千吨到仰，余正由美装运中。（四）已购美国器材装配完成后，每年亦仅可出汽油八百八十万加仑、柴油二百万加仑、煤油一百万加仑。本年九月资委会虽在重工业预算中列入该矿美金四百万元，仍属不敷应用。拟请再加美金二百五十万元，加倍购买炼油设备，即美金四百万元增至六百五十万元。所有需要情形已分向孔副院长陈明，恳赐核准等语。据此，查该矿原油生产量已足供全国军事与交通之用，徒以机器设备不敷，仅能炼出原油生产量十分之一，以致一面弃利于地而莫能用，一面仰给外油，消耗外汇，殊属可惜。该部长所请加拨二百五十万美金增购机器一节，应予照准，希即迅速照拨，俾利进行为盼。中〇。戌马侍秘。

〔《油矿探勘与开采（一）》（1937 年 4 月 23 日至 1942 年 4 月 22 日）：1132. 30/3510. 01 – 01/258/001113230A001〕

蒋中正为甘肃油矿机件购运装设事宜致翁文灏代电
（1941 年 11 月 21 日）

经济部翁部长钧鉴：本月十四日折呈及附件均悉。（一）所拟电稿准已照发。（二）所请加拨美金二百五十万元增购机器一节，已电孔副院长迅予照拨。（三）已到仰机器应由该部派人至昆明、仰光协助赶运；其余已在美定购之机件，并应严催加速装运。（四）已运入之机件应研究加速运甘装设办法，并由部切实督促赶办，扫除过去迁延之弊。

（五）另据报告：该矿前次购运之井架，运时不从底座运起，而从尖头运起，以致非俟整个井架到齐后不能装设。倘自底座运起，则随到随装，在工作效率上不致浪费。又由美订购之发电机，不先自磨电机运起，而先自零件运起，以致材料运来，仍搁置不能用，殊不经济等语。并希切实注意。对于运输机件及装置设备，应特别注意合理支配，提高效率为要。中〇。戌马侍秘。

〔《油矿探勘与开采（一）》（1937 年 4 月 23 日至 1942 年 4 月 22 日）：1132.30/3510.01－01/258/001113230A001〕

翁文灏钱昌照呈复加紧抢运甘肃油矿设备事
（1941 年 11 月 24 日）

案奉钧座本年十一月二十一日侍秘字第一〇一四六号戌马代电，饬知核准甘肃油矿增加设备案，并饬改善器材运输及设备等因。查此案前奉钧座电令，限一个月内赶运内地，经已转饬所属，加紧抢运。兹奉前因，除再饬甘肃油矿局迅派妥员飞滇洽运，并饬切实改善器材运输程序及设备装置办法，并另电饬本会运务处会同该局派员前往，与中缅运输局洽定尽先赶运外，理合先行呈复，仰祈鉴核。谨呈

委员长蒋

资源委员会主任委员 翁文灏（印）

副主任委员 钱昌照（印）

三十年十一月二十四日

〔《油矿探勘与开采（一）》（1937 年 4 月 23 日至 1942 年 4 月 22 日）：1132.30/3510.01－01/258/001113230A001〕

蒋中正为拨借防空部队卡车事致翁文灏代电
（1941 年 11 月 30 日）

资源委员会翁兼主任委员勋鉴：戌齐侍秘代电计达。兹据防空总监

黄镇球渝战（三〇）字第三二九号报告略称：遵派驻兰炮四十四团第二营第六连张连长亲率二公分炮及七九机枪各两门，及第五连四公分炮两门，驰往该第八井防护。惟防空学校卡车不敷调用，拟请拨借卡车六辆，交由驻兰该营李营长澜波使用，俾能早日开拨等情前来。此项卡车应即由该会设法拨借应用，除电复外，即希遵照，径行洽拨为要。中〇。戌陷侍秘。

〔《油矿探勘与开采（一）》（1937 年 4 月 23 日至 1942 年 4 月 22 日）：1132. 30/3510. 01 – 01/258/001113230A001〕

翁文灏钱昌照呈报拨借防空部队车辆事
（1941 年 12 月 3 日）

案奉钧座本年十一月三十日侍秘字第一〇二七九号戌陷代电，以据黄总监报告，已派防空部队前往甘肃油矿防护，饬径洽拨借车辆应用等因。奉此，除转饬甘肃油矿局遵照径洽拨借外，理合呈复，敬请鉴核备查。谨呈

委员长蒋

资源委员会主任委员 翁文灏 （印）

副主任委员 钱昌照 （印）

三十年十二月三日

〔《油矿探勘与开采（一）》（1937 年 4 月 23 日至 1942 年 4 月 22 日）：1132. 30/3510. 01 – 01/258/001113230A001〕

翁文灏呈复筹研玉门油矿招收商股吸收外资之利弊
（1941 年 12 月 11 日）

顷奉十二月八日机秘（甲）第五〇五六号手谕令：就玉门油矿之开发，是否可筹设公司招收商股与吸收外资？及利弊如何？研究详报等因。奉此，查玉门油矿藏量丰富，将来开发完成后，所出汽油可望供给全国用途，并可炼制飞机汽油，尤与国防有关。此种重要事业，应以完全国营最为妥适，即按之《矿业法》，亦经明文定为国营。事实上，近

代各国对于油田特为重视。例如墨西哥油田形为英、美两国角逐之场，至因此迭次引起国内纷争。近年该国一律收归国营，竟引起英国宣布绝交，犹不愿收回成命。罗马尼亚为东欧产油之邦，英、德、苏三国争思染指，但该国尽力保为已有。凡此皆见，油为国宝，不宜轻弃。其有力量较弱国家，如伊朗，其矿油实权几全操之英国。伊拉克油矿则为英、法二国所得，其国家政治亦因之不能脱此厄围。玉门油矿为我国储油之最大富源，亦即为此后产油之根本。对外关系必须审慎于此日，以免贻患于将来。美国对于我国绝无领土野心，可以深信，但美国为世界产油最多之国，除自用外，余量甚多。故美方种种设法以争取国际市场，并不愿他国多产以妨碍美油销路。在此方针之下，如果中美合办甘肃油矿，势不能不有事实影响。此矿如产量不多，尚不至［致］引起觊觎，但此矿储量丰富，足比世界上等油田，自难保美方不为上述方针而有特殊企划。又美方油业，或注重于生产，或致力于推销，其利益既不尽同，其办法亦不一律。从前北京政府曾由熊希龄主持与美孚公司合办陕北油矿，钻井七口未成，而停所有文卷。职曾参加接收□□要点。当时颇有人疑美孚欲知陕北油矿实情□□□□□来开发，此或为专任推销者可有之思想。若在热□□成功之望，故其来华参加后，共同开发，与我方利害相同，应考其资格及利害。我国即使诚意合办，亦须详细考研美方之负责生产之公司，则后方可决定。就一般国策言之，对此油田实宜保存为完全国有，然不可轻易接受外国参加，以免将来有掣肘之苦。至美国当局此次派员前来，职等自当竭诚欢迎，妥为接待。关于此后中美关系，当特为慎重，随时秉承钧座方针办理。至国内商股，自不妨酌为招收。但此时方值投资建设，新式炼厂尚未完成，恐事实上尚非实行时代。筹研所及，仅以奉陈，仍候钧裁核夺为叩。谨呈

委员长蒋

职 翁文灏（印）

三十年十二月十一日

〔《油矿探勘与开采（二）》（1941 年 12 月 11 日至 1943 年 1 月 21日）：1132. 30/3510. 01－02/259/001113230A002〕

贺耀组戴笠转呈金慎报告甘肃玉门油矿三年来
出产原油数量及最近工作情形
（1942 年 1 月 29 日）

兰州金慎于三十一年一月二十五日呈报"甘肃玉门油矿三年来出产原油数量及最近工作情形"。

一、三年来出产原油数量（单位：加仑）

出产井名	产量		
	二十八年	二十九年	三十年
第一井	52460	60561	29678
第二井	54818	75936	397214
第三井	0	108209	90289
第四井	883	937	205744
第五井	6715	30244	9780
第六井	8638	33406	104488
第七井	3337	16144	34678
第八井			2042690
第一平巷		2185	32
第二平巷		50493	38774
第三平巷		35170	8981
合　计	126851	413285	2962348

二、炼油情形：现矿方原油产量大增，该厂第一炼油厂每日可炼出汽油一千余加仑，第二炼油厂每日可炼出汽油二千余加仑。

三、矿方自第八井喷油后，因设备不良及储油问题无法解决，加以太平洋大战爆发后由美所购机器无法内运，致陷停顿。且对汽车队管理无方，纪律太坏，致使由渝或外国启运之新机件运抵矿厂后，则变为半旧，甚至因缺一二零件无法装置。

批示：拟摘呈并抄知经部。

〔《油矿探勘与开采（一）》（1937 年 4 月 23 日至 1942 年 4 月 22 日）：1132.30/3510.01 - 01/258/001113230A001〕

蒋中正为玉门油矿不良情况致翁文灏代电
（1942 年 2 月 2 日）

资源委员会翁主任委员勋鉴：据报玉门油矿自第八井喷油后，因设备不良及储油问题未能解决，加以太平洋大战爆发，由美所购机器无法内运，致进展停顿。又该矿厂对汽车队管理无方，外来新机件运抵矿厂，多已半旧，甚至因缺乏一二零件无法装置等情。即希查报为要。中〇。丑冬侍六。

〔《油矿探勘与开采（一）》（1937 年 4 月 23 日至 1942 年 4 月 22 日）：1132. 30/3510. 01 −01/258/001113230A001〕

贺耀组戴笠转呈金慎报告甘肃玉门油矿第十井
喷油状况及局一般工作情形
（1942 年 3 月 10 日）

兰州金慎于三十一年三月五日呈报"甘肃玉门油矿第十井喷油状况及局一般工作情形"。

关于玉门油矿第八油井喷油情形，经于卅年十一月十七日情渝五二八〇号呈报在卷，兹据续报称：

一、甘肃玉门油矿第十井凿至四百余公尺时，突然大量喷油，状如瀑布。自元月十九日上午十一时起至下午四时止，计喷油五十余万加仑。四时停止后，时喷时停，至廿三日始将井口用土石填塞，意欲防止喷涌。而井口被堵塞后，则油气不能外射，致将地皮迸裂，自井口起成一公尺宽、二百余公尺之长裂口，井内之油即顺裂口而出，横流成河。据事后统计，可收用之油约三〇〇万加仑，其损失数目约六〇〇万加仑。现井口下陷约廿余公尺，井架斜歪，岌岌欲倒，故目前第八、第十两井均不能用，以致前功尽弃。

二、该矿局总经理孙越崎原拟将第一炼厂与第二炼厂于本年（卅一）一月份开工，并将炼油列为卅一年度主要工作，预定炼成汽油一百八十万加仑、柴油一百万加仑、煤油一百万加仑。故将炼一厂设备加以扩充，原拟一月份开炼，因总经理事忙，矿事无人督促，致扩充部分迄今尚未完工。

三、该矿局职工指导委员会本由孙越崎负责，因孙常不在厂，实由该会委员张剑白负责。自该会成立，迄今半载，毫无成绩，而张某又不常在矿。该会本年预算为八十四万余元，经费如此之多，而实际之工作则甚少表现。又据张某云："我们的工作计划大都是装装门面。"观此可见一般也。

四、该矿局于卅年春季在甘州向驻甘八二军之一百师师长韩起功订购大小木料七万余根，付国币十万元，限去年（卅年）十一月底全部运至盐池。因无人催促，迄今尚未起运。

五、三十年十二月份该局出产原油六七二，二三〇加仑、汽油四三，七六〇加仑、灯油五，六五二加仑、柴油六，八三七加仑、白腊三六八公斤、蜡烛一，六三一包。

批示：抄送翁部长查察。中正。

〔《油矿探勘与开采（一）》（1937 年 4 月 23 日至 1942 年 4 月 22 日）：1132.30/3510.01 - 01/258/001113230A001〕

军事委员会调查统计局呈报甘肃玉门油矿第十井
喷油状况及一般工作情形
（1942 年 3 月 10 日）

关于玉门油矿第八油井喷油情形经于卅年十一月十七日情渝五二八〇号呈报在卷，兹据续报称：

一、甘肃玉门油矿第十井凿至四百余公尺时，突然大量喷油，状如瀑布。自元月十九日上午十一时起至下午四时止，计喷油五十余万加仑。四时停止后，时喷时停，至廿三日始将井口用土石填塞，意欲防止喷涌。而井口被堵塞后，则油气不能外射，致将地皮迸裂，自井口起成一公尺宽、二百余公尺之长裂口，井内之油即顺裂口而出，横流成河。据事后统计，可收用之油约三〇〇万加仑，其损失数目约六〇〇万加仑。现井口下陷约廿余公尺，井架斜歪岌岌欲倒，故目前第八、第十两井均不能用，以致前功尽弃。

二、该矿局总经理孙越崎原拟将第一炼厂与第二炼厂于本（卅一）年一月份开工，并将炼油列为卅一年度主要工作，预定炼成汽油一百八十万加仑、柴油一百万加仑、煤油一百万加仑。故将炼一厂设备加以扩充，原拟一月份开炼，因总经理事忙，矿事无人督促，致扩充部分迄今尚未完工。

三、该矿局职工指导委员会本由孙越崎负责，因孙常不在厂，实由该会委员张剑白负责。自该会成立，迄今半载毫无成绩，而张某又不常在矿。该会本年预算为八十四万余元，经费如此之多，而实际之工作则甚少表现。又据张某云："我们的工作计划大都是装装门面。"观此可见一般也。

四、该矿局于卅年春季在甘州向驻甘八二军之一百师师长韩起功订购大小木料七万余根，付国币十万元，限去年（卅年）十一月底全部运至盐池。因无人催促，迄今尚未起运。

五、三十年十二月份该局出产原油六七二，二三〇加仑、汽油四三，七六〇加仑、灯油五，六五二加仑、柴油六，八三七加仑、白腊三六八公斤、蜡烛一，六三一包。

批示：抄送翁部长查察。

〔《油矿探勘与开采（二）》（1941 年 12 月 11 日至 1943 年 1 月 21 日）：1132. 30/3510. 01 – 02/259/001113230A002〕

翁文灏为甘肃玉门油矿一般工作情形呈蒋中正代电
（1942 年 3 月 23 日）

军事委员会蒋委员长钧鉴：接奉本年三月巧侍六第五二〇四号代电，附发甘肃玉门油矿局一般工作情形报告一份，饬查察注意等因。遵当加意查察，并已令行资源委员会转饬甘肃油矿局更加认真办理。奉饬前因，理合呈复鉴核。经济部部长翁文灏叩。梗矿印。

〔《油矿探勘与开采（一）》（1937 年 4 月 23 日至 1942 年 4 月 22 日）：1132. 30/3510. 01 – 01/258/001113230A001〕

翁文灏呈报甘肃玉门油矿井喷器材装配等事
（1942 年 4 月 17 日）

前奉钧会三十一年三月十八日侍六第五二〇四号巧代电，抄发甘肃玉门油矿局一般工作情形报告，饬查察注意等因。遵经令行资源委员会转饬甘肃油矿局更加认真办理，并以（卅一）矿字第四九一三号梗代电呈复鉴核在案。兹据资源委员会本年四月十三日密渝秘字第三九二二号呈复称："案奉钧部本年三月二十三日（卅一）矿字第四九一三号密令，以奉委员长蒋代电抄发甘肃油矿一般工作情形报告一份，饬查察注意一案，令发原件。饬转行切实注意，更加认真办理，并将重要情形随时据实呈报等因。遵经转饬甘肃油矿局查复去后，兹据该局本年四月四日渝肃秘字第四三四二号呈称：'兹谨就令发报告内列各项，据实分别陈复：（一）查第十井油层，按照第八井油层深度及地层倾斜推算，须至四百九十公尺方能达到。故预定钻至四百四十公尺时，再下第二套套管装置、防喷器等设备，然后停钻。待炼厂需要原油时再行钻透油层，以备应用。不料钻至三百九十七公尺时，已达油层，大量喷出（先后三次仅共达一百余万加仑）。因第一套套管下红土层井眼被油气冲大，套管外之水泥被冲毁，致套管落入井内八公尺。又因方井砂砾层之结合力太弱，油气压力剧烈，致将接近地面之砂砾层冲开裂缝，其最宽处竟达一英尺余。但在井口附近裂缝甚小，井架均系钢制井架，地脚亦系用钢骨水泥造成，承受压力在二百吨以上。而地脚间及井架四柱又均用钢筋拉紧，井架下粗上细，重心在中，故地脚毫未下落，井架仍垂直不移，并无歪斜岌岌欲倒之状。至含油层高低不平，经第十井之证明，知油层为一不整之合层，影响将来钻井工程甚巨。所幸该井喷出之油因在冬季，均经凝结，临时筑坝堵住，仍供炼厂之用，损失甚少。（二）查第一炼厂扩充部分，本年一月间确已完工，但未开炉炼油，亦系实情。因自石油河至炼厂之输油管设备尚未装置完成，时值天寒，原油冻结成块，不易装运。且又缺乏盛油五十三加仑之空桶，致使原油不能及时装运供炼，实则即以现有空桶全数装运，原油尚不足供应旧有炼油设备之需。前经呈请转商航空委员会、军政部交通司及各公路局，将所存之空油桶尽先售予本局，以济急需者，此亦为原因之一。（三）查职工指导委员会系由本局与社会部共同组织而成，由职兼主任委员。职因统筹调度全局一切事宜，故在重庆总局办公。酒泉矿厂工程事务由严矿长爽主持，该会会务则由社会部代表张委员剑白负责。至该会本年经费预算，虽列为八十三万余元，正在审核，即当呈请钧会核示。（四）查本局矿厂向驻甘韩师长起功代表复与木厂订购所存甘峻堡木料七万余根，系于三十年十月九日订约，载明同年十一月由水运运至盐池交货。但因乃时天寒，河水已结薄冰，韩师长要求缓期交货，屡经派员磋商，总无结果'等情。经核所陈各情似与报告内列各项略有出入，除嗣后将重要情形随时呈报外，理合呈复，仰祈鉴核"等情到部，复核所陈尚属实情。理合再行具文，转呈钧会鉴核。谨呈

军事委员会委员长蒋

经济部部长 翁文灏（印）

三十一年四月十七日

〔《油矿探勘与开采（一）》（1937 年 4 月 23 日至 1942 年 4 月 22 日）：1132. 30/3510. 01 – 01/258/001113230A001〕

翁文灏电呈甘肃油矿防卫情形
（1942 年 4 月 29 日）

资源委员会送呈委员长蒋钧鉴：密。甘肃油矿自承钧座令派防空部队至矿后，现已有防校（44）团（2）营（6）连携带高射炮四尊、重机枪二挺，来矿驻防。地面保卫现有骑五军（75）师派步兵一连、骑兵一排在矿驻扎。矿中为维持工人秩序起见，现拟编练矿警百余名。此矿为国内唯一油区，地居荒漠，伪装困难，深恐敌仍前来破坏，职已令矿厂主管人员，对空袭妥为注意。谨为呈报，职翁文灏叩。艳二。

〔《油矿探勘与开采（二）》（1941 年 12 月 11 日至 1943 年 1 月 21 日）：1132. 30/3510. 01 – 02/259/001113230A002〕

（二）甘肃油矿局油品储运相关事宜

翁文灏钱昌照呈办理以油换桶及空桶收购情况
（1941 年 4 月 28 日）

（事由）报告甘肃油矿缺乏空桶装油，影响生产。拟具补救办法，请饬各主管机关照办。

甘肃油矿产量丰富，近以所产汽油缺乏空桶盛装，以致炼油工作几将被迫停顿。迭经令饬各有关机关供给空桶，交换汽油，以资两利。兹据该会呈报：数月以来，与各机关商换油桶，获效甚微。现矿局存桶无多，至多只能维持至四月底，情形严重，已达极点。按该局拟订产量目标，自本年五月至十二月止，至少需五十三加仑空桶六万只。而该项空桶，现多留不出让，或高索代价，最近每只竟有索售价达三百元以上者。六万只空桶，则需款约一千八百万元，且仍有续涨趋势。而该局预算购置空桶费仅有三百万元，不敷甚巨。查国内各用油机关，现存空桶当有百余万只之多，除复兴公司以少数装运桐油外，现均不能运送国外，装油内运。如能指拨六万只交矿局利用，则政府收集之油桶既可用得其所，而该矿缺桶恐慌可以迎刃而解。惟该局现有车辆无多，空桶运输问题亦极严重。前拟以油换桶办法，曾订有请各机关将桶运送矿厂之规定。实为希望各机关本互助精神，分任一部分运输负担，以期油桶早日到矿应用。为此拟恳俯赐：

（一）分令运输统制局及军政部各筹五十三加仑以上之空桶三万只，拨交该局应用。在本年五、六、七三个月内，每月各拨一万只。拨交地点最好能在西北一带，最远亦须在贵阳以北，以便迅速运矿应用。

（二）拨交该局利用之油桶最好作为借用，如必须付款，拟恳按该局购置空桶经费三百万元范围之内，规定每只空桶作价五十元，以便遵办。

（三）规定拨交该局利用之油桶为紧急军用品，令知后方勤务部、交通部及贸易委员会等转饬各所属军运及驿运机关，尽量协助运输，俾将六万只空桶得以如期运达矿厂。庶几，该局炼出油有桶盛转，不致因缺桶而影响生产。

翁文灏、钱昌照

拟办：呈阅。

查核所陈，确属迫切，已准如所拟分饬各主管机关切实遵办，无许延玩。

〔《油矿探勘与开采（二）》（1941 年 12 月 11 日至 1943 年 1 月 21 日）：1132.30/3510.01 - 02/259/001113230A002〕

翁文灏钱昌照呈报玉门油矿各项问题并恳准转饬
有关机关优先售予矿区油桶等事
（1942 年 2 月 15 日）

案奉钧座本年二月三日第五〇〇九号冬侍六代电开，据报：玉门油矿自第八井喷油后，因设备不良及储油问题未能解决，加以太平洋大战爆发后，由美所购机器无法内运，致进展停顿。又该矿对汽车队管理无方，外来新机件运抵矿厂，多已半旧，甚至因缺乏一二零件无法装置等情，即希查报为要等因。奉此，查甘肃油矿经钻探结果，业经证明储量宏富，战时固可补充外来之不足，战后更可达到油料之自给。职等深知关系重要，对于该矿进行特为注意。对于该矿主持人员，并经慎重遴选孙越崎担任该员，即系前奉钧座核派，继职担任中福公司整理专员者，办矿经验丰富，精诚任事，为一不可多得之人才。该矿于上年三月正式成立，矿局后对于钻炼之推进及机料之购运，均经积极擘画，切实进行。惟因时间及环境关系，各事一时尚未能即臻完善之境。

钧座垂询各点，就（一）设备不良；（二）储油问题无法解决；（三）太平洋大战爆发后由美所购机器无法内运，致进展停顿；（四）运输管理无方等四点，分别呈复于后。

（一）设备不良。该矿矿厂目前设备不良，确属实情。因前在筹备期间，油田蕴藏量未能确定，经费亦属有限，故未购备大量机件，一切设施因陋就简，勉强应用。迨二十九年秒，因探明油田，希望渐大，而新式产炼机件制造复杂，国内无法购备，乃扩充预算，派遣工程师赴美洽购，期能大量产炼。至三十年三月正式设局时，业已订妥钻炼等最新式机件四千五百吨，于五月间陆续由美起运。至本年一月底止，已抵仰器材共约四千吨左右，现正急于抢离仰光，昼夜办理。其最大部分已经离仰，但运抵矿厂，因程途遥远，尚需时日，一俟运达即当积极装置。

（二）储油问题无法解决。查上年十月间该矿第八井大量喷油，本年一月间第十井喷油更多，其油井压力之大，油量之丰，为世界所罕有，非普通机件所可控制。喷出原油有二百万介仑之多，而矿厂原有储油铁池储量仅约二十四万介仑，骤感不敷应用。惟该局事先已在美订有储原油铁池三十具，可盛原油一百八十九万介仑，储成品铁池大小十余具，可盛成品二百一十万介仑。现在该项油池材料均经先后运至仰光，大部分最近且已运达腊戍。此项油池铆装极费工程，年内可先完成一部分，明年继续装置。同特经向重庆中国植物油料厂购得二百二十吨之储油池一具、五十吨铁池二具，不日即可运矿装置。此外，亚细亚公司在渝设有大油池数具，亦正在洽购中。再该局去岁曾向招商局购有轮船钢板甚多，现亦拟改制油池，分设矿厂及兰州、广元、重庆等地，作存储油料之用。故储油方面目前虽有问题，但已确有切实办法，不久即可解决。

（三）太平洋战争爆发，由美所购机器无法内运，致进展停顿。太平洋大战爆发后，该局一面派运输主管人员飞仰协助检运留仰器材，一面为预防美购器材无法内运，迅谋补救起见，决在国内各地搜购器材，自行制造炼油、储油机件。虽效能不高，品质较次，然为争取时间，早日出油起见，亦不容不办。现在留仰器材中，已有三千数百吨运至腊戍，存仰者为数无多，日内可望全部运出。惟仰光迭遭敌机轰炸，据西南运输处报告：该局器材于二月二十三日〔被〕炸毁八十吨左右，一部为炼油设备。详细物件正在清查，俟查明，拟电美将所毁器材重予购配，以资补充。

关于自行制造炼油、储油器材方面，进展颇为迅捷，一切图样均已完成，本年一月初即已着手购置。又为加速工程起见，乃在重庆、昆明分包各工厂同时制造。现在渝、昆等地工厂代产该局机件者，有三十余家之多，本会方面有中央机器厂、中央电工器材厂、中央电瓷厂、中央无线电机制造厂及动力油料厂等五家，其它有经济部中央工业试验所、中国植物油料厂、兵工署第二十四工厂、交通部汽车配件厂、永利化学公司铁工厂、民生机器厂、渝鑫钢铁厂、上海机器厂、新民机器厂等二十余家代制机器，有各种炼、储机件、锅炉、帮浦凡，等四、五月间可以全部完成，运矿应用。

又查机油（如马达油、红车油、汽缸油等）亦为石油工业重要产品之一。虽制造方法至繁，且设备不易，化学药品缺乏，但将来一旦来源断绝，则虽有汽油、柴油，而各种车辆及动力机件必至无法开动。故决自制机件，试炼业已开始设计，预计本年内可以完成。其它如柏油及蜡烛等副产品，均拟从事增产及改良，一切均积极设计及督造中。故自太平洋大战爆发后，该局工作并未有所停顿，且为谋自力更生起见，工作实益加紧张。

（四）运输管理无方。该局器材运输自仰至渝，系由西南运输处统筹，由本会运务处负责运输。自渝至矿，系由该局自办，分段运输。各段之间并分设若干站，俾各有专责，管理较易。现筹设伊始，正在认真促进，最近并添设修机厂及仓库，各项工程亦惟在分别赶建。所有该局自购车辆，去年年底始陆续到渝。前经钧座核准拨之美租借案卡车二百六十辆，最近方在仰光接收。大批零件尚在腊戍，预计至本年三四月间新车抵达后，沿线各段站房屋及修机厂、仓库、停车场等设备亦可同时告成，加以严密管理，一切均可改善。

以上所陈努力进行各点，均系实情，伏乞鉴察，以后遇有重要事项，自当随时陈报。目前该矿需要最切且最感困难者，除以上所陈关于炼、储器材之购运外，尚有装运成品油桶及零碎五金材料之添购补充两问题。该矿装运成品油用五十三介仑油桶，目前该局成品运输因车辆不敷，大部分需用驿运，一次往返需八个月。本年秋冬，拟月产汽油、煤油及柴油三十五万介仑，约需五十三介仑油桶五万六千个。查此项油桶，航空委员会、军政部、交通司及各公路局目前存贮甚多，拟恳钧座转令各有关机关尽先售予该局应用。此外，关于五金材料之购买。目前渝市重要五金器材，曾奉钧座令，应尽兵工署先行收购。窃以该矿产油对于军用与兵工器材之实属同样重要，拟并恳特准该局就五金材料择要购用，以利工作推进。是否可行，敬乞鉴核示遵。谨呈

委员长蒋

职 翁文灏（印）、钱昌照（印）

三十一年二月十五日

批示：阅。所请饬航委会、军政部，各机关油桶尽先售与该局一节，拟为照办。

〔《油矿探勘与开采（一）》（1937 年 4 月 23 日至 1942 年 4 月 22 日）：1132. 30/3510. 01 -.01/258/001113230A001〕

翁文灏呈玉门油矿近时办理情况请电饬各统制机关让售五金器材与空桶

(1942 年 3 月 29 日)

为呈报甘肃油矿近时办理情形，仰祈鉴核事。查该矿重要工作，计分为五部分，分别陈明如左：

一、矿地油品之储运设备。上年第八井凿至油层时，大量喷油及堵御维护情形，前已呈报。本年初第十井又复喷油，为量更巨。经在矿员工认真维护，积存原油现已达二百八十余万加仑，为数颇巨。故油井生产及油藏丰厚，已无问题，惟原油及成品之储运设备，必须早为建置。该矿局根本设备，赖由美购置之储油铁池四十余具，自抢离仰光后，正在运输途中，又向亚细亚公司商购油池二套。一俟以上设备运装完竣，共可储油四百万加仑。但装置费时，本年内尚难全部完成。故目前特赖每只盛油五十三加仑之油桶，正在向航委会、军政部及西北公路局分别商购，以期集成巨数，克应急需。

二、运输自美订购之采炼设备。自美订购采、炼、储设备器材，前已运抵仰光者计共三千零七吨，尚在运途及抵仰者约六百吨。其中关于炼油、储油者约一千五百吨，已运入者约一千二百吨。经商同俞部长尽力抢运，据最近报告，计在仰被敌机炸毁者约八十吨，未及抢出者约二百六十吨，在畹町因附近货站失火延烧者二十余吨。此外，计在腊戌以东公路运输途中者约一千七百五十吨，自八莫内运者约八百五十吨。所有器材种类及件数均甚繁多，虽经在腊戌大致检查，但究竟应行补充何件，须俟运抵矿厂，方能逐件查清。加以此项炼油设备，原派萧工程师之谦赴美订购，不幸该员于上年夏间在美病故，故查点亦因之不易。但为油矿整个前途起见，新式设备实为必要，如俟全部抵矿查点完后，深恐需时太久。兹拟估计已受损失及可受损之各部分，一律先行向美订购，随时筹划运输办法，以后再为按时报告。此项实际困难，使新厂何日完成，现时不易确有把握。在事人员实已认真办理，但因缅甸敌军□□法□□，全照原定计划依时完竣，惟有及早补充，以资挽救。

三、商购苏联炼油设备经过。美购机件困难情形既如上述，因此颇盼能得苏联机件，由陆路运至矿厂，俾可提先应用。因曾电请宋部长在美向苏联驻美大使李维诺夫商购炼油机件，经李大使电询苏联政府，旋接复电谓："苏联设备此时全供自用，无法分运。定制新件应以美国为佳。"云云。是该方目前似又不能〔购〕得。

四、商购缅甸炼油设备办理情形。缅甸亦有油矿而受敌压迫，形势颇紧张。迭请英前大使卡尔电商缅甸总督，并由何总长电请俞部长就近与缅油公司洽购，均未能成。近又与英国驻渝军事代表 Baird 面商，承其商由英大使具函，介绍夏工程师□□前往缅甸，秉承俞部长再行商洽。日内即可出发前往，是否能成，不易预定。

五、国内自行装备增产汽油办法。关于炼油设备，国外分头洽购，成功与否，尚少把握。主要途径仍靠向美订购新式炼厂完成，因运输不易，为期又难预，必已如上述。但该矿汽油生产又为刻不可缓之事，因此必须注重国内自行装备，以期赶速见效。该矿目前在甘肃已设有炼厂三座，内有在矿地者二座，在嘉峪关旁者一座。在矿地一座早已出油，又一座四月份内即可开工，在嘉峪关旁者预计一月内开工，总计届时每月能产出汽油十五万加仑。为增加提炼石油起见，业已在四川省内各机器厂定制炼炉三全座，自三月份陆续交货。第一座设备现已全数自渝起运，约计俟九月下旬方可将该三座设备全部装就。届时连同原设三座，每月应共出汽油三十万加仑。如此进行，原拟本年度共产汽油一百八十万加仑之计划当可实现。至原油生产，自可充分供应炼油之用，不成问题。如此看来，在未得美购炼油设备之前，此矿汽油亦有相当数量，足供此前一部分之急需。

除上述办法外，现并筹划在国内搜购制造炼炉之材料，如钢板等，再行定造炼炉三座。如无意外阻碍，明春三月应可完成。届时合计原有及新设各炉，每月应可共出汽油四十五万加仑，即约等于年产五百万加仑。

就上述情形，可见自川至矿之运输关系极为重大。因路途遥远，往返需时，目前该矿局自渝至矿运输能力尚仅每月二百吨左右。川省自制炼炉三座，全部重量共达一千余吨，为先其所急起见，该矿局不能不就实际急需，妥定运输先后次序。故国内定制之件，目前尽先运输，一面仍设法增多运输工具，以期数量可以提高。

炼油方法大致分为二种，一为蒸馏，得汽油较少；二为裂化，得汽油较多。甘肃油矿自制炼炉，仅嘉峪关一座为半裂化式，因材料缺乏且建设需时，故一时不易增设，其余各座皆为蒸馏式蒸馏炉，自原油炼得汽油仅百分之十八，且品质略低。嘉峪关半裂化炉可得百分之三十六。原订美购炼炉为新式裂化法，能得百分之六十四，此其优劣之别，灼然可见。因此目前进行途径计分二种：一为赶速完成自制炼炉，以睹速效，而供急需；二□为向美继续订购，以期造成新式规模，树立根本事业。

再当此外油输入日形困难之际，甘肃油矿、汽油之增产益成为不可或缓之急事。关于制运订购各项设备，已在渝督责油矿局详细筹划，切实推进。更应就甘肃矿地采炼工程力加促进，以期汽油产量能迅速增加。文灏拟于四月间飞往矿地，就近督责任事人员，规定进程，认真办理，合并陈明。谨呈

委员长蒋

职 翁文灏（印）

三十一年三月二十九日

〔《油矿探勘与开采（二）》（1941 年 12 月 11 日至 1943 年 1 月 21日）：1132.30/3510.01 – 02/259/001113230A002〕

翁文灏钱昌照呈请饬各统制机关让售五金器材

（1942 年 4 月 13 日）

查职等前以甘肃油矿局需用空油桶及五金器材，曾呈请钧座分别转饬照让。旋奉钧座本年三月十二日第五一八一号尤侍六代电准予照办，并以据报该矿局炼油机器，除已到缅者外，尚不齐全，在仰炸毁机件究有若干？是否无〔法〕工作？饬速详报等因。查甘肃油矿局向美国订购采炼设备之运输情形，及在仰光、畹町两地损失约数暨国内自制炼油设备以资补救各情，经于本年三月二十九日以密渝秘字第三八八九号签呈第二、第五两项内详细陈明在案。现在该局所需五金材料，自奉钧座电饬，遵向各统制机关商购，仍以未奉明令为词，拒不让售。兹以大小

五金及电气器材，矿厂一切设备，亟待应用。而电讯器材及汽车配件则以该局矿场位于僻地，距渝达二千五百余公里，运输工具及通讯设备亦均不可或缺。拟恳钧座□赐令饬军政部、运输统制局、交通部及重庆卫戍总司令部等转饬各该所属关系机关，嗣后对于该局购买大小五金、电气、电讯器材及汽车配件等，均与军事机关享有同等待遇，俾可及时充实各种设备，而期迅赴事功。是否有当，敬乞鉴核示遵。谨呈

委员长蒋

资源委员会主任委员 翁文灏（印）

副主任委员 钱昌照（印）

三十一年四月十三日

〔《油矿探勘与开采（二）》（1941 年 12 月 11 日至 1943 年 1 月 21 日）：1132.30/3510.01－02/259/001113230A002〕

蒋中正为切实售予玉门油矿局需用器材致运输
统制局军政部航空委员会代电
（1942 年 4 月 24 日）

运输统制局何兼主任、军政部何部长、航空委员会周主任勋鉴：查资源委员会请求尽先售与甘肃玉门油矿局需用器材一案，前经核准，并以三月尤侍六代电饬遵照在案。顷据该会四月十三日呈以向各统制机关商购所需器材，仍以未奉明令为词，拒不让售，请饬照办，以期迅赴事功等情前来。查甘肃油矿关系国防建设，各该机关竟未能充分予以协助，殊有未合，仰再转饬，切实遵照前电办理，毋得藉词推诿为要。中〇。卯敬侍六。

〔《油矿探勘与开采（二）》（1941 年 12 月 11 日至 1943 年 1 月 21 日）：1132.30/3510.01－02/259/001113230A002〕

翁文灏电呈甘肃油矿产油情况并请交通
统制局及军政部交拨油桶
（1942 年 4 月 29 日）

资源委员会送呈委员长蒋钧鉴：密。职至甘肃油矿考察，采炼工程

正在妥速进行。本年一至三月，每月产汽油二万至三万加仑，四月份已增至六万加仑，以后尚可加多。本年度生产汽油一百八十万加仑之预算计可实现，同时制炼煤油、柴油。现正尽力建设，期于下年度出汽油五百万加仑。但矿中储油设备甚不充足，非有大量油桶，恐有停炼之虞。近已奉钧令将各机关所有空油桶统交运输统制局及军政部收管，拟恳钧座令饬该二机关将空油桶六万只，于五、六、七三个月内拨交油矿应用，所有运费均由油矿缴纳。再油矿所产汽油，除自用外，五月份可供分配者至少五万加仑，以后逐年增加。在此外油内运困难之时，此项汽油自当尽先供应军用，拟恳钧座令行军政部交通司派车至矿购运。至办理详细情形，容职随时呈报。职翁文灏叩。艳。

〔《油矿探勘与开采（二）》（1941 年 12 月 11 日至 1943 年 1 月 21 日）：1132.30/3510.01－02/259/001113230A002〕

蒋中正为切实拨发油桶给甘肃油矿事饬运输
统制局军政部交通部等机关代电
（1942 年 5 月 2 日）

本会运输统制局何兼主任、军政部何部长、后方勤务部俞部长、交通部张部长、贸易委员会邹主任委员①均鉴：查国内汽油来源缺乏，亟应设法在国内增产，以应急需。资源委员会甘肃油矿产量丰富，近以所产汽油缺乏空桶盛装，以致炼油工作几将被迫停顿。迭经令饬各有关机关供给空桶交换汽油，以资福利。兹据该会呈报：数月以来与各机关商换油桶，获效甚微。现矿局存桶无多，至多只能维持至四月底，情形严重，已达极点。按该局拟订产量目标，自本年五月至十二月止，至少需五十三加仑空桶六万只。而该项空桶，现多留不出让，或高索代价，最近每只竟有索售价达三百元以上者。六万只空桶，则需款约一千八百万元，且仍呈续涨趋势。而该局预算购置空桶费仅有三百万元，不敷甚巨。查国内各用油机关现存空桶当有百余万只之多，除复兴公司以少数

---

① 邹琳，时任财政部贸易委员会主任。

装运桐油外，现均不能运送国外，装油内运。如能指拨六万只交矿局利用，则政府收集之油桶既可用得其所，而该矿缺桶恐慌可以迎刃而解。惟该局现有车辆无多，空桶运输问题亦极严重。前拟以油换桶办法，曾订有请各机关将桶运送矿厂之规定。实为希望各机关本互助精神，分任一部分运输负担，以期油桶早日到矿应用。为此拟恳俯赐：（一）分令运输统制局及军政部各筹五十三加仑以上之空桶三万只，拨交该局应用。在本年五、六、七三个月内，每月各拨一万只。拨交地点最好能在西北一带，最远亦须在贵阳以北，以便迅速运矿应用。（二）拨交该局利用之油桶最好作为借用，如必须付款，拟恳按该局购置油桶经费三百万元范围之内规定，每只空桶作价五十元，以便遵办。（三）规定拨交该局利用之油桶为紧急军用品，令知后方勤务部、交通部及贸易委员会等转饬各所属军运及驿运机关，尽量协助运输，俾将六万只空桶得以如期运达矿厂。庶几，该局炼出之油有桶盛转，不致因缺桶而影响生产等语。据此，查该矿局现当积极增产之际，如缺乏空桶，则直接足以阻损生产，间接足以影响军用。各军事机关之原有空桶，现时既不能外运装油，散存各地，非被下级人员偷漏私售，即必坐令弃置锈烂，均属暴殄公物，而且有妨国防生产。务盼对于该矿局空桶之供应，必须本彼此一体之旨，由各级主管严切督责，依照所请各项，分别妥办，尽力互助协济，俾利增产，而应军需。据呈前情，除分电外，仰即切实遵照洽办，毋许延玩，并限于文到一星期内具复如要。中○。辰冬侍秘。

〔《油矿探勘与开采（二）》（1941 年 12 月 11 日至 1943 年 1 月 21 日）：1132. 30/3510. 01－02/259/001113230A002〕

蒋中正为拨发油桶事致翁文灏等代电
（1942 年 5 月 2 日）

资源委员会翁兼主任委员、钱副主任委员均鉴：四月二十八日签呈悉。所请分令运输统制局及军政部各拨空桶三万只，并令后方勤务部、交通部、贸易委员会等转饬各该所属协助运输各节，已准如所拟各项办法，分饬各该主管机关切实遵照洽办，毋许延玩，并限令于文到一星期内具复。希径速分别洽办可也。中〇。辰冬侍秘。

〔《油矿探勘与开采（二）》（1941 年 12 月 11 日至 1943 年 1 月 21 日）：1132. 30/3510. 01 - 02/259/001113230A002〕

翁文灏钱昌照呈报各机关拨交油桶方案
（1942 年 5 月）

查甘肃油矿局急需空桶贮油，前经呈奉钧座本年五月二日〔日〕秘字第一二二五七号辰冬侍秘代电，已分令运输统制局、军政部各拨空桶三万只，暨令后方勤务部、交通部、贸易委员会等转饬各该所属协助运输，并分饬各该主管机关切实遵照洽办，毋许延玩，限令于文到一星期内具复，饬径速分别洽办等因。并由运输统制局于五月六日下午召集有关各机关在液体燃料管理委员会开会商讨，本会当派技正曹诚克等随同出席。兹谨将会议结果分陈如次：

（一）数量：1. 在运输统制局所辖各路局方面，拟筹拨两万只。2. 军政部方面，交通司可立即在桂林交桶一万只。又西北公路局及陕甘线区提还俄来军用汽油所借航委会汽油之空桶，可以全数（约一万只）拨去。3. 航委会在西北方面所剩飞机，汽油空桶尚多，似可请由委座令饬筹拨两万只。

（二）交桶地点：1. 运输统制局方面指定在昆明、泸州、贵阳、重庆、成都、广元等地交桶。2. 军政部方面在桂林、天水、双石铺、兰州等地交桶。3. 航委会方面由该会另行指定。

（三）运输：铁路、水路、驿运由交通部办理，公路利用回空车辆搭载，由后方勤务部运输统制局办理，由本会随时洽办。

（四）运费：自交桶地点起，所有运费由本会担负，分别向承运机关洽办。

（五）桶价：除军政部作为拨借及航委会由本会另行洽商外，所有运统局拨付之桶，每桶作价二百元，由本会付现。

上述会议结果，对各机关分拨油桶数量，似已略有头绪。惟甘肃油矿局需桶之紧急，以及经费与运输之困难，虽当时经本会各代表婉转详陈，各机关因立场不同，尚难深切了解。故办法犹嫌空泛，未易切合实际。欲求在预定期内将六万只空桶运矿应用，殊无把握。思维再四，惟有再将本会意见，□陈察夺：

（一）拨桶数量：从议决案表面观察，六万只空桶虽似已有着落，但将来能否如数拨交，尚难预断。似宜□请由运输统制局、军政部及航空委员会各负责筹足两万只，所拨之桶，均须完整无疵，盖该矿厂修桶设备简陋，倘所拨交为损坏渗漏者，则仍不□□□于事无补。

（二）拨桶地点：该矿局运输困难，各方所交空桶，自应力图距矿近便，俾可迅速运达。运统局及军政部定在昆明、桂林交桶，路程过远，运送实太困难，均拟请在贵阳以北，分地拨交。航委会拨桶地点，请尽量在西北一带，如因西北方面不敷时，亦请以重庆以北为限。

（三）拨桶时间：原请由运输统制局及军政部于五、六、七三个月内各拨一万只，现既改由运统局、军政部及航委会三方各筹二万只，则各该机关每月拨桶数量似应改定为五月份各拨六千只，六、七两个月每月各拨七千只，并请拨桶机关将各该月在各地拨桶数目，尽速径行通知该矿局，俾便派员接收。

（四）运输办法：该矿局运输困难，现有车辆赶运矿厂急用器材，犹感不敷，实无余力运送空桶。仍拟请由交通部、后方勤务部、运输统制局及贸易委员会负责筹划，分饬各该所属驿运总管理处、川陕、兰双两公路线区司令部运务总处、西北公路局西北运输处等机关由船运、驿运及利用回空汽车作为紧急军用品，尽速运交该矿局矿厂，并由交通部主持办理，随时与该矿局洽办。

（五）昆明自贵阳或重庆以北各地运桶至交运□□处，按照承运军用品运价计算，由该矿局洽付。

（六）空桶价格：该矿局限于经费，上项油桶运费筹拨极其困难，若所拨空桶，再须作价付现，尤觉力有不逮。如照所议，每桶作价二百元，除军政部筹拨之两万只已允拨借外，其余四万只，尚须八百万元之巨，按该矿局预算，实无应付之方。拟请运统局及航委会亦照军政部例将所拨之桶，一律作为拨借。

以上所请各节，倘不即促实现，则该局缺桶恐慌仍未能解决，增产之使命亦难迅速完成。职等懔于所关至巨，理合备文，呈请钧座俯赐主持核办，指令祗遵，实为公便。谨呈

委员长蒋

资源委员会主任委员 翁文灏（印）

副主任委员 钱昌照（印）

中华民国三十一年五月

〔《油矿探勘与开采（二）》（1941 年 12 月 11 日至 1943 年 1 月 21 日）：1132.30/3510.01－02/259/001113230A002〕

何应钦呈报筹供甘肃油矿局空桶办理情形
（1942 年 5 月）

案奉钧座卯敬侍六代电，以资源委员会请求尽先售与甘肃玉门油矿局需用器材一案，各统制机关未予充分协助，仰再转饬切实遵照办理等因。正遵办间，又奉钧座辰冬侍秘代电，以甘肃油矿局需要空桶迫切，饬照资源委员会所陈办法三点，切实遵照洽办，毋许延玩，并限于文到一星期内具复等因。当以事关重要，即经并案召集军政部、交通部、后方勤务部、贸易委员会、资源委员会等机关开会商讨，决定具体办法如下：

（一）筹拨桶数。（1）运输统制局方面饬由所辖各公路局筹拨二万只。（2）军政部方面由交通司筹拨二万只。（3）查航空委员会在西北所存空桶尚多，拟请由钧座饬该会筹拨二万只。

（二）交桶地点。（1）运输统制局方面指定在昆明、泸县、贵阳、重庆、成都、广元等地拨交。（2）军政部方面指定在桂林、天水、双石铺、兰州等地拨交。（3）航空委员会方面由该会指定拨交地点。

（三）运输问题。铁路、水路及驿运运输由交通部担任，公路运输利用回空，由运输统制局及后方勤务部担任。

（四）运费问题。自交桶地点起，所有运费由资源委员会负担，分别向承运机关洽付。

（五）桶价问题。除军政部交桶作为拨借，及航空委员会交桶由资

源委员会另行洽商外，所有运输统制局拨付之桶，每只作价二百元，由资委会付现。

以上议定各点，除由各有关机关分别切实办理，并由资源委员会径向各机关接洽拨桶、托运等事宜，以期迅赴事功外，理合将奉饬办理本案情形备文呈复，仰祈鉴核。谨呈

委员长蒋

职 何应钦（印）

批示：阅。

〔《油矿探勘与开采（二）》（1941 年 12 月 11 日至 1943 年 1 月 21 日）：1132.30/3510.01－02/259/001113230A002〕

何应钦呈报拨借甘肃油矿空桶情况
（1942 年 5 月 14 日）

（事由）为拟在桂林库拨借甘肃油料空桶一万只，又西北路局领用油料附借空桶为数甚巨，拟待缴还后再拨一万只由。

案奉钧座侍秘字第一二二五六号辰冬侍秘代电内开：据资源委员会呈报，甘肃油矿产量丰富，惟以缺乏空桶盛装，致有停顿之势。而该项空桶现多留不出让，或高索代价。拟请俯赐：（一）分令运统局及军政部各筹空桶三万只拨交该局应用。（二）拨交该局空桶最好作为借用，或每只作价五十元。（三）规定拨交该局之油桶，令知后勤部、交通部、贸委会等转饬尽量协助等语。仰即切实遵照洽办，并限一星期内具复等因。奉此，自应遵办。查本部空桶仅七八六七二只，锈漏者约占大半，拟在桂林库拨借一万只，由该局负责提运。又本部西北存桶奇缺，无法径拨。惟西北路局领用本部油料，附借空桶为数甚巨，久未缴还。已请由该局径向路局洽拨一万只作为本部拨借之数，俾可就近拨交应急，是否得当，理合具文，呈请鉴核。谨呈

委员长蒋

军政部部长 何应钦

〔《油矿探勘与开采（二）》（1941 年 12 月 11 日至 1943 年 1 月 21 日）：1132.30/3510.01－02/259/001113230A002〕

陈布雷为各机关油桶拨借运输情形致蒋中正签呈

(1942年5月17日)

前据翁部长亲往甘肃油矿考察来电报告，以矿中储油设备甚不充足，非有大量油桶，恐有停炼之虞。拟请钧座令饬运输统制局、军政部交通司各拨空桶三万只，并令交通部、后方勤务部及贸易委员会协助运输，于五、六、七三个月内交矿应用等情。以事属切要，且彼时适钧座未暇披阅公文，经照所拟办法，于本月初分令各主管机关照办，并限于一星期内将办理情形具复。嗣据运输统制局呈报会集各机关代表，商洽决定拨交办法，业将原报告呈奉批阅有案。惟资委会方面，以甘矿需桶紧急，经费及运输均甚困难，所有商洽办法尚嫌空泛，能否按时拨足，殊难预断。拟请：

一、由运输统制局、军政部及航委会各负责筹足两万只完整无疵之空桶，均在贵阳以北分地拨交。拨桶时间定为六月份各拨六千只，七、八两月各拨七千只。

二、由交通部、后勤部、运统局、贸委会分饬所属负责运输，作为紧急军用品尽速运矿，所需运费按照军用品运价，由矿局洽办。

三、空桶价格，除军政部之两万只已允拨借外，其余四万只，议价每只二百元，共须八百万元。该局预算仅三百万元，除付运费外，相差甚巨，实属无力应付。拟请令运输统制局及航委会亦照军政部例，将所拨之桶一律作为拨借。

谨按：该矿所出汽油，军政部业经呈奉核准，尽数拨充军用，并据翁部长电告，所产汽油除自用外，五月份可供军用者，至少五万加仑，以后逐步增加，期于下年度出汽油五百万加仑。但目前因缺乏盛油空桶，几将被迫停炼，而各用油机关现存空桶，照统计应不下百余万只，除复兴公司以少数装运桐油外，现均不能运送国外，装油内运。徒以桶价高涨，多留不出让，或高索代价。而实际各机关留此空桶毫无实用，非坐令锈烂废弃，即为下级员役偷漏私卖。讵此次洽商结果，仍须每只二百元之巨，以本属公家之物，供应公家之用，而各机关尚如此严分畛域，不能互助协济，实大背物资总动员之旨。似此陋习若不痛切铲除，何能动员民众物资。本案关系该油矿增产前途，既极重大，复甚迫切，万不容各机关辗转磋商，延误时效。拟请钧座赐予主持，准照资委会所请各节，再行严令各主管机关切实照办，无许稍涉延玩，是否有当，理合将经过情形签请鉴核，批示祗遵。谨呈

委员长

职 陈布雷谨呈

批示：可。中正。

〔《油矿探勘与开采（二）》（1941 年 12 月 11 日至 1943 年 1 月 21 日）：1132. 30/3510. 01 - 02/259/001113230A002〕

翁文灏电呈甘肃油矿美购器材损失情况及预计炼油产量
（1942 年 5 月 17 日）

资源委员会送呈委员长蒋钧鉴：密。艳及艳二两电计先奉鉴。甘肃油矿美购器材千余吨，近在八莫、腊戌、畹町等处相继损失，以致所有设备须就国内原有者尽量装置。现经在矿与孙总经理等详商，原定产量仍可办到，即本年度共炼汽油一百八十万加仑，明年度五百万加仑。惟程途遥远，仍赖早得大量空桶以利接运。近时祁连山中哈萨，因驻军移防，向油矿区附近移动，旱峡过期煤矿已被占据，油矿骡马常被掳掠。朱长官①现在西安，文灏定明日赴陕西商保护办法，一俟商毕，当即返渝。职翁文灏叩。筱。

〔《油矿探勘与开采（二）》（1941 年 12 月 11 日至 1943 年 1 月 21 日）：1132. 30/3510. 01 - 02/259/001113230A002〕

蒋中正为军政部运输统制局航空委员会等机关
限期拨借油桶事致翁文灏等代电
（1942 年 5 月 19 日）

资源委员会翁主任委员、钱副主任委员均鉴：据呈请再令各机关限

---

① 第八战区司令长官朱绍良。

期拨借油桶等情。查所订拨桶时间定为五月份各拨六千只，现时间有限，过于迫促，势难办到，应改为六月份各拨六千只，七、八两月各拨七千只。其余各项已照所拟，分令军政部、运输统制局、航委会、贸易委员会、交通部、后勤部等机关切实照办，即希径行洽拨可也。中○。辰皓侍秘。

附抄发令军政部、运输统制局等代电三件。

注意：以下（二）、（三）、（四）各件均须遵批抄附张附发资委会，可于复写时垫白纸一层作附张。

（二）蒋中正为军政部等机关限期拨借油桶事致何应钦代电
（1942 年 5 月 19 日）

军政部何部长勋鉴：交燃世渝字第四九九一号签呈悉。运输统制局何兼主任勋鉴：五月八日一三一九八号签呈悉。查甘肃油矿所产汽油已令尽数拨充军用，并饬积极增产，以济油荒。但目前该矿因缺乏盛油空桶，几将被迫停炼。而各机关现存空桶毫无实用，徒以桶价高涨，多留不出让。据报除军政部外，仍议价至每只二百元之巨，殊属不合。各机关所存空桶原系公家之物，以之供应公家之用，尚如此严分畛域，不能互助协济，实大背物资总动员之旨。似此陋习，若不痛切铲除，何能动员民众物资。现该矿需桶迫切，决不容再行辗转磋商，延误时效。兹特规定办法如次：（一）该矿所需空桶六万只。应即由运输统制局、军政部及航空委员会各负责筹足完整合用者两万只拨交，不得以损坏渗漏者充数。（二）上项空桶最好应就各该机关存置西北及蓉、渝等地者尽数拨交，最远亦不能逾越贵阳以外。原拟在桂林、昆明等地交拨之桶，运道太远，不足应急，应无庸议。（三）拨桶时间限于六月底以前各拨六千只，七、八两月每月各拨七千只，并由各原拨机关将各该月在各地拨桶数目，尽速径行通知该矿局派员接收。（四）所拨之桶仍由交通部、后方勤务部、运输统制局及贸易委员会负责筹划，分饬各该所属驿运总管理处、川陕、兰双两公路线区司令部运务总处、西北公路局西北运输处等机关，作为紧急军用品，尽速运交该矿局矿厂，并由交通部主持办理，随时与该矿局洽办。（五）自贵阳或重庆以北各地运桶至矿之运费，准按照承运军用品运价计算，由该局给付。（六）上项油桶，除军政部筹拨之两万只已洽定拨借外，其余由运输统制局及航委会筹拨之四万只，亦应一律作为拨借，不得索取代价。以上六项，除分令外，即希仍由运输统制局负责召集各有关机关会商，切实遵照办理，并将详细进行办法随时具报，毋许稍涉延玩为要。中○。辰皓侍秘。

（三）蒋中正为运输统制局等机关限期拨借油桶事致周至柔代电
（1942 年 5 月 19 日）

航空委员会周主任勋鉴：据资源委员会呈报，甘肃油矿现正积极增产，惟目前因缺乏储油设备，以致炼油工作几将被迫停顿，情形至为严重。按照该矿局拟订产量目标，自本年五月至十二月止，至少需五十三加仑空桶六万只，拟请令饬国内各用油机关借拨六万只空桶，交该矿局利用，则该矿缺桶恐慌即可迎刃而解等语。据此，查所请为增加国防资源，济助军用起见，应准照办。除分令运输统制局及军政部各拨五十三加仑空桶二万只外，即希由该会在西北一带，选择完整合用空桶二万只，拨借该矿局应用。如因西北方面不足二万只之数，则应在重庆以北各地拨足，限于六月底以前拨交六千只，七、八两月每月各拨七千只，以应急需。所有各月份在各地拨桶数目，并希尽速径行通知该矿局派员接收，由该局自行运矿。此事为动员公家物资，供应公家急用，务望切实遵照，依限办理，不得需索代价，或以损坏渗漏之桶充数，致干咎责。所有办理情形并希随时具报候核为盼。中○。辰皓侍秘。

（四）蒋中正为运输统制局等机关限期拨借油桶事
致邹琳张嘉璈俞飞鹏代电
（1942 年 5 月 19 日）

贸易委员会邹主任委员勋鉴：出四 05.12 代电悉。交通部张部长、后方勤务部俞部长勋鉴：辰冬侍秘代电计达。关于甘肃油矿需要空桶六万只一案，兹据运输统制局呈报会商办理情形，查所拟办法尚欠切实。除分令运输统制局、军政部、航委会各予无代价拨借空桶二万只外，并规定：（一）拨桶地点最远亦应在贵阳以北分地拨交。（二）拨桶时间限于六月底以前，每一机关各拨六千只，七、八两月每月各拨七千只。（三）所拨之桶仍由交通部、后方勤务部、运输统制局及贸易委员会负责筹划，分饬各该所属驿运总管理处、川陕、兰双两公路线区司令部运输总处、西北公路局西北运输处等机关由船运、驿运及利用回空汽车，作为紧急军用品，尽速运交该矿局矿厂，并由交通部主持办理，随时与该局洽办。（四）所需运桶之运费，准按照承运军用品运价计算，由该矿局洽付。以上各项除分令外，即希切实遵办为要。中〇。辰皓侍秘。

（五）附表 运输统制局航委会军政部拨让甘肃油矿局空桶分配表

机构名称		运输统制局			航空委员会		军政部	
第一期	桶数	6000 只			19087 只		16000 只	
	地点	西北成都	重庆泸州	贵阳等地	成都16203 只	重庆2884 只	贵阳10000 只	兰双线6000 只
	日期	六月底前			六月底前		六月底前	
第二期	桶数	7000 只			913 只			
	地点	贵阳			成都、重庆或贵阳			
	日期	七月底前			七月底前			
第三期	桶数	7000 只					4000 只	
	地点	贵阳					川陕线	
	日期	八月底前					八月底前	

备考：运输统制局前以向缅甸购买缅油，大部分空桶运至昆明以西。现拟负责运回贵阳以北，空桶所需运费请特准开支。

〔《油矿探勘与开采（二）》（1941 年 12 月 11 日至 1943 年 1 月 21 日）：1132.30/3510.01 – 02/259/001113230A002〕

蒋中正为航委会拨借油桶事致翁文灏代电

（1942 年 7 月 1 日）

资源委员会翁主任委员勋鉴：巳迥侍秘代电计达。兹续接航委会俭会参壬渝代电，转据空军总指挥部报告，以该军现存渝、蓉一带空桶，除六月份已拨甘肃油矿局者外，计完好者八，七八五只、待修者五，五四五只，合计一四，三二九只。拟即将现有完好者八，七八五只悉数拨交该局，所呈不敷五，二一五只，拟即以待修空桶如数凑足，以应该局急需等语转报前来。查该军七、八两月补拨该局空桶一万四千只，前据呈报不敷情形，经令航委会切实查明，酌为调剂，并准展至重庆以南、贵阳以北点交在案。兹据呈报，拟在渝、蓉间搭配待修空桶五，二一五只，如限于七、八两月份内交清，如该项待修之桶甘局自能修理，似可照数洽收，否则可令该会仍照前令，在渝、筑间补拨完好者五，二一五只。如何？即希核议具复，以凭核办。中〇。午东侍秘。

〔《油矿探勘与开采（二）》（1941 年 12 月 11 日至 1943 年 1 月 21 日）：1132.30/3510.01 – 02/259/001113230A002〕

何应钦请饬西北路局拨借油桶一万只致蒋中正签呈
（1942 年 7 月 2 日）

（事由）为拨借甘油矿空桶，本部除在筑拨借一万只外，余一万只拟由西北路局借本部空桶内借给，已再电该局，无论如何仍应遵照规定拨借，呈请鉴核由。

查关于拨借甘肃油矿局汽油空桶一案，业经运输编制局依照五月二十三日各有关机关会商结果，本部应筹拨二万只。除在贵阳拨借一万只外，余一万只拟由西北路局借本部空桶内照拨。兹准该局电称：千吨军油附桶自应拨还，惟查本局目下全路所存空桶使用年久，多半损坏，以焊补材料缺乏，不能修复。其余部分空桶，因本局油荒，不得不运至玉矿换油，现存可用者仅一、二千只，不敷周转等语。查该局领用俄油二千吨及航委会汽油一千五百桶，所借空桶为数不为不多，始终未见发还，且本部除此项空桶外，另无余桶可拨。已再电该局，无论如何仍应遵照规定拨借。理合具文，呈请鉴核。谨呈

委员长蒋

军政部部长 何应钦（印）

附件一 七月份拨给甘肃油矿局五十五介仑空桶地点数量分配表

地点	拨发机关	现存数量			拨发数量	备考
		完好	待修	合计		
成都	第十四油弹库	2617 只	1147 只	3764 只	3700 只	已饬拨中华厂桶除外
温江	第一总站	937 只	1005 只	1942 只	1900 只	
凤凰山	第六十八站	924 只	318 只	1242 只	1200 只	
邛崃	第三十五站	108 只	129 只	237 只	200 只	六月份拨该局桶除外
合　计		4586 只	2599 只	7185 只	7000 只	

附件二 八月份拨给甘肃油矿局五十五介仑空桶地点数量分配表

地点	拨发机关	现存数量			拨发数量	备考
		完好	待修	合计		
新津	第十一总站		231 只	231 只	230 只	六月份饬拨该桶除外
双流	第五十五站	1245 只	231 只	1476 只	1470 只	
太平寺	军士学校		708 只	708 只	700 只	饬拨复与交通司桶除外；六月份拨该局桶办除外
太平寺	第二十四站	1066 只	142 只	1208 只	1200 只	
白市驿	第二总站	329 只	402 只	731 只	730 只	已饬拨交日复与桶除外
宜宾	第一站	877 只	28 只	905 只	900 只	
广阳坝	第六十四站	256 只	39 只	295 只	280 只	
遂宁	第一二四站	377 只	195 只	572 只	540 只	
泸州	第二十一油弹库	49 只	969 只	1018 只	950 只	
合　计		4199 只	2945 只	7144 只	7000 只	

〔《油矿探勘与开采（二）》（1941 年 12 月 11 日至 1943 年 1 月 21 日）：1132.30/3510.01－02/259/001113230A002〕

何应钦为拨交油桶情况致蒋中正签呈

（1942 年 9 月 13 日）

（事由）呈报本局拨交甘肃油矿局空桶情形，仰祈鉴核。

案查关于钧座辰皓侍秘代电饬拨甘肃油矿局空桶一案，其中应由本局拨借之空桶二万只，经先后据报，已由液体燃料管理委员会在渝交一千只；西北公路局在兰交四百只，又小听二万五千只；中国运输公司在筑交五百只。另由本局向空军总指挥部在筑借拨三千只，以上共计大桶四千九百只、小听二万五千只。惟自八月份起，本局按月筹集酒精四十万加仑供应抢运存滇物资之用。此项酒精约需空桶一万六千只方敷周转装盛，各路局存桶业已尽先调拨应急，故对其余未交甘肃油矿局之桶，目前暂难续拨。除饬各路局于酒精所用空桶之外，对原定应交甘肃油矿局空桶仍须设法照数拨足，并电达该矿局外，理合备文呈报，仰祈鉴核。谨呈委员长蒋

兼运输统制局主任 何应钦（印）

拟办：存。

〔《油矿探勘与开采（二）》（1941 年 12 月 11 日至 1943 年 1 月 21 日）：1132.30/3510.01–02/259/001113230A002〕

翁文灏电呈玉门油矿局铁桶漏油原因

（1942 年 11 月 7 日）

委员长蒋钧鉴：案奉钧座十月二十九日侍秘字第一四三八七号酉艳代电，以据外人目见玉门油矿局所用铁桶多有漏洞，以致沿途损油甚多，甚至每桶抵兰，所剩几无，究竟如何，令注意改正等因。奉此，经即转电该矿局查明究竟，并设法改正去后。顷据电复称：该局所用油桶系由各机关拨交，破漏殊多，均经该局极力挑选洗刷，并用电焊修补后，始行装油。自用油料运出后，因车辆颠荡之故，少量漏耗固所难免，然亦未据报有大量损失，平均漏耗程度不足百分之一。至各机关来矿提油，因该局油产激增，存储容器尚感不敷，故原则上多系由各机关自带油桶。此种原桶实际漏耗情形，该局未能详悉等情。查上述各点，当属实情，除续饬该局对于外运油桶务须特别注意坚固严密外，理合据情转陈鉴核。职翁文灏叩。虞资机。

〔《油矿探勘与开采（三）》（1942 年 6 月 23 日至 1942 年 12 月 26 日）：1132.30/3510.01–03/260/001113230A003〕

蒋中正严令改善油桶破漏情形致液体燃料委员会代电
(1942 年 12 月 15 日)

液体燃料管理委员会秦主任委员景阳①兄勋鉴：据外人目见，玉门油矿方面运油所用铁桶多有漏洞，以致沿途损油甚多。经询据资源委员会转据该矿局复称：该矿局所用油桶由各机关拨交时虽多破漏，但均经极力挑选，洗刷修补后，始行装油。虽中途因车辆颠荡之故，少有漏耗，然平均漏耗程度不足百分之一。惟各机关来矿提油，其自带之油桶实际漏耗情形，矿局未能详悉等语特陈前来。合亟电达，转知分配得油各机关切实改善，并于装油时规定检查办法，具报为要。中〇。亥删侍秘。

〔《油矿探勘与开采（三）》（1942 年 6 月 23 日至 1942 年 12 月 26 日）：1132.30/3510.01－03/260/001113230A003〕

蒋中正严令改善油桶破漏情形致何应钦代电
(1942 年 12 月 15 日)

军政部何部长、运输统制局何兼主任钧鉴：查玉门油矿前请拨用空桶一案，经规定由军政部、运输统制局及航空委员会各拨二万只，并限期拨清，暨指定不得以破漏油桶充数各有案。兹经查悉，该项油桶除航委会业已如数依限照拨外，军政部及运输统制局限满均未拨清，且所拨之油桶仍多破漏待修者。足见主管人员玩忽命令，并未切实负责遵办。查近年来各机关由国外运入油量，计应有油桶二百万只以上。今多任意散失，致区区之六万只油桶尚未依限交齐，且所交者多为破漏，实属太不爱惜公物。应即切实追查缴还公家，以应此后油矿生产之需。希即查明过去购拨汽油应存铁桶数量，规定各机关应缴数目与日期，分别饬遵并据报为要。中〇。亥删侍秘。

〔《油矿探勘与开采（三）》（1942 年 6 月 23 日至 1942 年 12 月 26 日）：1132.30/3510.01－03/260/001113230A003〕

---

① 秦汾，字景阳。

蒋中正严令改善油桶破漏情形致翁文灏代电
（1942 年 12 月 15 日）

资源委员会翁文灏主任钧鉴：密。渝秘字第四四三〇号虞资机代电悉。关于各机关赴矿提油，自带油桶有无漏耗一节，已令液体燃料管理委员会转知分配得油各机关切实改善，并于装油时规定检查办法具报。至前令军政部运输统制局各拨矿局油桶二万只未曾依限拨清，并多破漏充数等情，已再分电训诫，并嘱转饬各用油机关严切追查历年购用油桶具报矣。中〇。亥删侍秘。

〔《油矿探勘与开采（三）》（1942 年 6 月 23 日至 1942 年 12 月 26 日）：1132. 30/3510. 01 – 03/260/001113230A003〕

秦汾呈装运玉门油料防止漏耗办法
（1942 年 12 月 19 日）

案奉钧座第一五〇二六号亥删侍秘代电，以据外人目见玉门油矿方面运油所用铁桶，多有漏洞，以致沿途损油甚多。饬转知分配得油各机关切实改善，并于装油时规定检查办法具报等因。查本会职司管理油料，对于储运汽油如何避免危险，减少漏耗，向极注意，并经订有汽油储运守则，行之已久。兹奉前因，遵经拟定《装运玉门油料防止漏耗办法》六条，除由本会将办法分送各用油机关切实照办外，理合检同该项办法一份，具文呈复，仰祈鉴核。谨呈

委员长蒋

附《装运玉门油料防止漏耗办法》一份。

液体燃料管理委员会主任 秦汾（印）

三十一年十二月十九日

附　　　　装运玉门油料防止漏耗办法

一、各机关提运玉门油矿所产油料，必须严格选择好桶盛装，不得以残缺破漏之桶充数。

二、油矿装油时，应先将空桶洗涤干净，并检查确属完整不漏之

桶，方予装油。遇有缺盖或桶身渗漏者，应剔出，焊补后再装。

三、油料装桶后，载入车船内转运，务须直放，排列整齐，勿使颠倒乱置。每层列中间及空隙处，须用草垫，藉以减少冲撞。

四、油料装载车船起运后，每逢到达膳宿站停驶时，押运人员或司机应加检查，如发现漏桶，应即设法换桶，或先用皂涂补渗漏之处，以免再漏。

五、各机关沿途接转站所于油料运输过站时，站方人员应逐桶详为检查，如有漏桶，应立施补救工作。

六、规定运油漏耗以不超过百分之一为标准。

〔《油矿探勘与开采（三）》（1942 年 6 月 23 日至 1942 年 12 月 26 日）：1132.30/3510.01－03/260/001113230A003〕

何应钦为办理拨供玉门油矿空桶一案经过情形致蒋中正签呈
（1942 年 12 月 25 日）

（事由）呈复关于办理拨供玉门油矿空桶一案经过情形，仰祈鉴核。

案奉钧座第一五〇二七号亥删侍秘代电，以前规定应交玉门油矿空桶六万只，据报尚未交清，所拨之桶多有破漏待修者。饬查明购拨汽油应存桶数，规定各机关应缴数目与日期，分别饬遵具报等因。遵查前次规定应交玉门油矿空桶六万只一案内，除航空委员会二万只已悉数拨清外，军政部已先拨一万只，其余一万只正由该部设法续交。至本局二万只，系由本局所属各机关分别派拨。前经据报，共已交大铁桶五千二百二十只、小听二万五千只，嗣以本局筹供抢运存滇物质所需酒精一百六十万加仑，需桶迫切，乃不得不将各路局所有空桶搜集应急，致对其余未交玉门油矿之桶，一时未能兼顾。业于本年九月十三日将此项情形备文呈报钧核。又本局鉴于目前玉门油矿所产汽油及川省各酒精厂所产酒精，均需桶殷切，经于十一月三日呈由钧座以戌江代电分饬军政部、交通部、航空委员会、昆明行营、桂林办公厅、滇黔绥靖公署及滇、黔、湘、桂各省政府、各公路局等机关，尽量将散存滇、黔、湘、桂等地之空桶，迅采有效方法，限期集中蓉、渝一带，以应急需各在案。兹再拟分别办理如下：

（一）所有军政部欠交玉门油矿空桶一万只，及本局所属各路局欠交玉门油矿空桶一万四千七百八十只，当再分别饬速交清。

（二）查历来购拨油料，以军政部、交通部、航空委员会及各公路局数量最多，所存空桶自亦以各该机关为多。前既由钧座电令集中渝、蓉一带备用，拟俟各机关将可交之桶报告前来，当尽先拨与玉门油矿应用。

（三）各机关嗣后缴桶，自应饬其选择完整不漏者照交。惟国内现有空桶，多系历年积存旧物，几经往复装运，间有少数锈蚀，在所不免。油矿方面，似宜加强修桶设备，俾可尽量修焊利用。奉电前因，理合将办理情形具文呈复，仰祈鉴核。谨呈

委员长蒋

兼运输统制局主任 何应钦（印）

陈布雷拟文：

复：二项所陈各交通机关存桶数目，应根据近二年来购拨汽油数量严查应存空桶。不得含糊了事，以重公物为要。

〔《油矿探勘与开采（二）》（1941 年 12 月 11 日至 1943 年 1 月 21 日）：1132. 30/3510. 01－02/259/001113230A002〕

何应钦为拨交油桶情形致蒋中正签呈
（1943 年 1 月 20 日）

（事由）奉电饬查各机关应存桶数核实追缴一案，遵经办理。谨先将军政部所报桶数及核办情形呈祈鉴核。

案奉钧座侍秘字第一五二九六号亥俭侍秘代电，以关于各运输交通机关存桶数目，应根据近三年来购拨汽油数量，严查应存空桶，核实缴拨等因。奉此，遵经分电军政部、交通部、航空委员会等机关将应存桶数查报去后。兹据军政部交通司文燃代电检送油桶收发统计表一份到局，经核表列购拨油量与空桶数目，尚属相符。现该司结存空桶尚有九万九千四百八十七只，兹已电饬该司应将前案应拨未拨甘肃油矿局之一万只速予拨清。余桶除该司必须自用者外，并应尽量拨给油矿局以应生

产需要。至交通部及航空委员会应存桶数，俟报告到局，即行具报，理合抄同交通司收入发出油料空桶统计表，备文呈报，仰祈鉴核。谨呈

委员长蒋

附抄《交通司收入发出油料空桶统计表》一纸。

兼运输统制局主任　何应钦（印）

拟办：已另案办理，本件拟存。

附　　军政部交通司收入发出油料空桶统计表

（三十二年一月交通司燃料科制）

收方		付方	
接收七百四十万介仓案内	140000 只	拨交西南公路局	20000 只
接收美案由海防内运	35500 只	拨交资源委员会	2000 只
接由美案由仰光内运	139552 只	内运时西南运输处扣用	18000 只
接收由宁波购入五十万介仓案内	10000 只	各机关领用	8746 只
		价拨	7360 只
		暂借	158444 只
		由滇缅路撤退及各沦陷区损失	11015 只
总计	325052 只		225565 只
收发结存			99487 只

附注：1. 付方价发部分之空桶数，系随同本部价发油料发出而未能收回之数。

2. 付方暂借部分之空桶，系随同本部转发各兵站部队用油时发出而未据缴回之数。

〔《油矿探勘与开采（二）》（1941 年 12 月 11 日至 1943 年 1 月 21日）：1132. 30/3510. 01－02/259/001113230A002〕

翁文灏钱昌照请饬公路总局酌拨滇缅公路

移交车辆供甘肃油矿局应用

（1943 年 6 月 11 日）

查本会甘肃油矿局本年奉令增加油产，矿厂所需急要器材存渝约九百余吨，必须于最近三个月内扫数运矿应用。该局现有运输车共计五三七辆，各车已经行驶里程多在二万公里以上，平日因运务繁忙，均不能

及时检修，其因损坏过重报废者已十七辆，运力原已不敷。现因赶运上项急要器材，更无暇妥为修理。此项急要器材运完以后，大部分势须停驶拆修，故届时必须增置车辆补充。加以本年度矿厂所需必要建筑材料及给养等项，共达七千吨之多，而北运器材、空桶及南运油品，仍需经常维持，原有车辆实不足以应需要，设法补充，益不容缓。目前外购既不可能，前奉钧座代电，抄发党政工作考核委员会陈秘书长①等考察该局业务报告及改进意见，建议将滇缅铁路存车三百余辆调拨该局应用。经由本会致函洽商，旋准函复，已将车辆移交公路总局。职等经加考虑，深觉该矿车辆之补充关系整个生产效率之巨，拟恳钧座俯准转饬公路总局，将滇缅路移交车辆中，酌予调拨车辆供给该局应用，俾生产运输得以配合进展，是否有当，理合备文，呈请鉴核指示祗遵。谨呈

委员长蒋

经济部资源委员会主任委员 翁文灏（印）

副主任委员 钱昌照（印）

三十二年六月十一日

〔《油矿探勘与开采（四）》（1942 年 11 月 23 日至 1947 年 10 月 24
日）：1132.30/3510.01－04/261/001113230A004〕

曾养甫呈复奉饬酌拨甘肃油矿局卡车代电

（1943 年 6 月 28 日）

军事委员会委员长蒋钧鉴：奉钧座侍秘字第一八〇二三号巳巧侍代电，以据资源委员会翁主任委员、钱副主任委员呈为甘肃油矿局存渝急要器材亟须运矿应用，自车不敷，请俯准转饬将滇缅铁路移交公路总局之汽车，酌拨一部分供给该矿局应用等语。饬即照办。俟急用器材运竣，仍将该项车辆拨还等因。自应遵办。惟查自国外新车来源中断后，各路车辆迄未补充，致运输陷于极端困难之中。最近美方复嘱本部在滇缅路布置卡车共一千四百辆备运。原由滇缅铁路拟拨公路总局之卡车已

---

① 应为陈布雷。

决定全数拨作接运空运到昆物资，及办理战区补给运输之用，尚感不足。甘肃油矿局由渝运矿器材，拟请转饬随时径洽各地公商车辆管制站尽先拨车代运，似无庸专拨车辆，以免贻误空运接转。奉饬前因，理合呈请鉴核。交通部部长曾养甫。公运业已勘。

〔《油矿探勘与开采（四）》（1942 年 11 月 23 日至 1947 年 10 月 24 日）：1132.30/3510.01－04/261/001113230A004〕

陈布雷转呈戴笠研究内地舟车检查制度报告
（1943 年 7 月 6 日）

内容摘要：（戴副局长于 1943 年 6 月 10 日）报告研究内地舟车检查制度意见，祈鉴核。

奉钧座辰文侍秘代电开："舟车检查手续繁重，关卡重复，运输不能畅通，影响必需物品之增产。经令行政院议复，拟请改在接近前线及陕北各地点施行。其在后方内地之舟车，不必定期检查，应改为临时或紧急检查或巡回检查，所有检查员应一律撤销。希即研究具报"等因。遵将研究结果分呈如次：

甲、生产低落非关运输检查。试以棉、煤、酒精为证，原料缺乏、供求不均、币值波动、价格失调及其它经济方面各种原因，未能配合尽善，虽有良好之运输，亦不能使生产增加。自荆、宜沦陷，鄂棉几全入敌手。陕西棉区二十九年产八十万担，三十年产五十万担，三十一年产三十万担，因农民以其它产品价值较昂，不愿种棉。以有限之棉花供应大后方军民之需要，自感不足。以煤炭言，近以工资、物料增值，煤斤成本不增，煤商无利可图，纷纷停业。再以酒精言，内、资两县，年产糖密〔蜜〕三十六万二千五百市担，全供酒精原料，每日亦不过能产酒精三千七百加仑。近年提倡改植食粮，约减蔗田三分之一，糖密〔蜜〕不敷供应，酒精之产量遑言增产也。

又据统计，全国空驶车辆，其数实足惊人，此又可证明物资系根本缺乏，并非运输阻滞，更非因检查妨碍运输，而影响及于生产也。

乙、现行统一检查，非惟不阻碍运输，且于运输上以极大便利。

（一）检查机构减少。最近一年，经取缔撤销之非法检查机构，有八十五处；商请参加统一检查者，有四百零八处。今之言检查不便，阻碍运输者，诚如何总长报告所谓"或许由〔于〕他们本身已忘记过去检查之麻烦，或许由于他们图私人便利之心太切，而忘记了严格实施运输检查为战时所必需"。至前监察处检查所站，经总动员会核准为四十三个所，皆为全国税收、交通、治安各必要之查验机关，事实上无可再减。

（二）检查手续简单。凡车船、物资、客商、行李经起点所站检查后，填发表证，注明到达所站，在中途不得再行检查。施行以来极称便利，如中途再有其它机构、部门检查情事，客商尽可不加接受，并应向政府举发，依法取缔也。

（三）检查组织统一。检查所之组织，将各税务、交通及宪兵、治安等机关各检查人员合并在一个检查所内工作，免蹈过去各自为政之覆辙。

（四）检查办法改善。

1. 实行检查人员值班检查，随到随检。规定检查时间，不使车船因等候而延误行程。

2. 继续彻底推行查验表，务使车船经起点检查后，即可凭表通行，直达终点站，中间不再检查。

3. 统一车船稽征手续，以免车船因办理手续，延误时间。

4. 严格监督各股检查人员执行检查，以免有留难需索，而使车船行程遭受意外阻滞情事。

丙、目前运输不能畅通之原因。

（一）燃料缺乏，致使车辆停驶。

（二）运输管制、税务查验之各机构与手续复杂。

1. 现在各公路握有管制权之机关有：交通部公路总局之公商车辆管制站、汽车牌照管理所、后方勤务部之车站司令、行政院之液委会及工务局之路捐征收机关。所发行车证照有：军车通行证（车站司令办公室）、公商车准行证（管制站）、汽油车行驶证（公路总局）、牌照

（牌照管理处）、服务簿（管制站）、干线通行证（公路总局）、汽车配件准运证（配件管理委员会）、汽油准行证（液委会）等。以言手续，有物资托运、车辆支配、物资装载、卸库及运费、收料等。一车之行驶，必须先向有关各机关办理有关证件，再依照运输程序，完备手续，方能载货。

2. 税收方面。中央有海关统税、直接税、营业税等机关，尚有纸烟、食糖、食盐专卖及花纱布管制、钢铁铜锡管理，并各省县特定物品管制等手续。一车之货，如商品种类繁多，又须向各该管机关缴纳捐税，办理手续。

为求减少手续，以利运输之迅速计，实有亟谋改进必要。

（三）运输管制机关，未能尽善利用，浪费运力。本会制颁《取缔空驶办法》，规定完密，但各管制机关多未能善为利用。而公、商车管制机关与军车管制机关缺少联系，不能互相协调或双方空驶，不予利用，虚耗物力或将车辆停放数年，不予利用，无形浪费运输力量。

（四）运输管制人员对商车每多留难，需索在所难免。

丁、撤销内地统一检查后，可能发生之流弊。

（一）非法检查机构，势将死灰复燃，海关缉私、交通管制、人事治安、捐税稽征等，皆为国家推行政策必要之措施。如海关缉私不执行查验，则税收何由稽征？走私漏税，势必接踵而起，妨碍国家财政之收入。交通运输管制如不执行查验，则交通无法管理。如治安机关不执行查验，则奸究何由防止？治安何由牢固？尚认上列各机关查验仍应执行，而任其各自为政，势必恢复昔日关卡林立、检查重复之纷乱状态。

（二）军政人员夹私舞弊，势将变本加厉。违章、违法运输案件属于军公车辆与军政人员者占全数百分之六十，如统一检查撤销，则不肖军政人员肆无忌惮，贩烟走私，生产之运输，亦将被其阻滞。

（三）商车逃避管制，势将影响军运。

戊、定期检查与临时检查之利弊。无论定期与临时检查，皆须有经验之检查员以执行之。定期检查在车船方面受检有一定之地点（起讫站），无中途或随时受检之烦。交通运输机关对车辆有定期之考察，使军公车不敢偷运私货，商车不能逃避服务，检查人员亦不能滥用职权，随地迫使车船停驶受检。若将定期检查废止，不但走私舞弊，逃避管制，即检查人员亦难免不藉口随时随地施检，以妨碍运输，甚至敲索商旅，弊端百出。

己、关于便利运输及彻底实行统一检查之建议事项。

（一）运输管制机构、税务查验机构与手续，力求简单化。各公路握有管制车辆职权之机关太多，而车辆行驶应备证照亦将及十种，税务查验之机关与证照又极繁杂，首宜力求管制运输与检查税务之机构与手续简单化。其办法：

1. 公、商车辆管制站与车站司令办事之联系。各路线运输，无论交通部所属之运输局或管制站，及后勤部之车站司令，应切实归并为一个机构。所有军、公、商车行驶，一律由该机构负责指挥管理。军公物资与客货，亦均由该机构详为登记配运。商车领油、换照、缴纳捐税等等手续，亦统由该机构负责代办，以免商人辗转托办，延误时期，致予不肖人员以留难敲诈之机会。

2. 一切行驶、装运证照，应研究归并为一种或二种，并由交通部统一核发。

（二）增加燃料生产。

1. 责成甘肃油矿局设法提高玉门等油矿之生产，并设法解决油料转运至消费地区之困难。

2. 责成液委会迅速实现在重庆附近大规模设厂，提炼代汽油之计划。

3. 改善液体燃料生产之奖励办法，核定官价务须顾及成本与厂商之合法利得。

（三）确定日用品与生产物资优先配运权。拟请由运输会议详细确定日用品与生产物资种类、名称及优先配运权，并随时明令水陆交通统一检查处免检放行。

（四）保留内地统一检查所之定期检查，并彻底执行统一检查制度。

1. 各机关参加统一检查人员，应求其健全。统一检查所所长如发现各检查员有单独施检、重复检查、或藉故留难、或拖延时间等情弊时，应有取缔或撤惩之权。

2. 全国各交通路线，除水陆交通统一检查处外，不得有任何机关、部队擅自施检。过去虽曾严厉取缔，但仍有以少数部队不遵命令，各自检查。虽曰仅盘查逃兵，而实际影响运输。又配属各车站服务之宪兵，则曰停车登记，竟不参加统一检查。现修正之《水陆统检条例》，已将宪兵列为检查股之一，自不应再单独施检。拟请令饬军风纪巡察团会同水陆交通统一检查处就地拘捕非法检查人员，交付军法机关惩办，使统一检查制度彻底实行。

（五）延伸战区与陕北之检查。战区与陕北各自为政，检查繁复，致无知商旅有认政府为苛细、奸区为自由，实宜从速改进。拟于总动员会议核定四十三个检查所外，视各战区军事上之需要，设置若干检查所，兼受战区司令长官之指挥，执行检查，并于陕北增设若干检查所，统一办理封锁事宜。

上列各项，均根据事实研究所得，是否有当，敬乞钧裁。

拟办：谨按：戴副局长此呈，对于（一）现行检查制度之纠纷情形、（二）现在运输阻碍之症结、（三）取消固定检查之弊害、（四）今后改善检查便利运输之对策，均有坦诚精详之检讨（原文过长，不能全抄）。兹谨拟办如次：

一、巡回检查，确多流弊，拟准仍维固定检查制度。

二、关于尽量合并领取照证机构及彻底〔统一〕各方检查机构暨其余建议各点，拟统交本会运输会议，约同有关机构商讨，彻底改善。并限于一个月内办毕，将办理结果具报。

三、关于检查人员对客货之留难索诈，拟并饬运输会议应再行严密之检举稽查方法，并指定客商告密之机关，在每站显明公布。

批示：如拟。

〔《交通措施》（1940 年 4 月 4 日至 1946 年 12 月 30 日）：1200. 01/
0037. 01 – 01/4/001120001A001〕

何应钦呈报改善交通检查制度严密检举稽查方法

（1943 年 8 月 12 日）

（事由）为奉令改善检查制度、严密检举稽查方法，经拟具意见，
提出运输会议讨论。谨将拟议各项列表报请鉴核。

奉钧座侍秘第一八三八三号午真代电，以：

1. 统一检查制度实施以来，运输仍未畅通。经饬据戴处长研究改
善办法，应约同有关机关彻底研究，以求改进。

2. 检查人员留难索诈，应拟具严密检举稽查方法，并指定告密机
关，每站显明公布。

等因。遵经拟具办法，召集运输会议商讨。兹将拟议各项列表呈
报，敬请鉴核！谨呈

委员长蒋

附表一纸。

职 何应钦（印）

三十二年八月十二日

附　　奉饬改善检查制度严密检举稽查方法拟议意见案

第一项，改善办法：

戴处长所陈原因	戴处长建议	拟议意见
（一）燃料缺乏，车辆停驶，官价油不易购得，黑市油价太高，不敷成本。	（一）增加燃料生产。 A. 甘肃油矿增产，并应运至消费地区。 B. 液委会在渝设大规模炼油厂。 C. 改善燃料生产奖励办法。	（一）甘矿产油为设备所限，军、公用外尚不能普遍供应。据称此后可逐渐增产。至玉油之运输，以装桶缺乏，不无困难。现能筹供之桶仅勉应军、公用油。 （二）代汽油及酒精厂之生产限制，一在设备简陋，一在原料缺乏，兼以资金周转不灵。以上增产部分由经济部设法促进，分配部分由液委会统筹办理，油桶制造问题尚在研究中。

戴处长所陈原因	戴处长建议	拟议意见
（二）"运输管制"、"税务查验"之各机构与手续过于复杂。	（二）机构与手续力求简单。 A. 管制站与车站司令应归并为一机构，一切手续统由该机构负责办理。 B. 一切行驶、装运证照应并为一种或二种，由交通部统一核发。	（一）简化管制及证照。 甲、行车、装运各项证照等分别"军"、"公商"，各并为一种。公商车由交通部发，军车由后勤部发。 乙、管制站与车站司令联合办公，各项手续亦联合办理。 （二）简化检查程序。 甲、检查务于起讫站行之，中途站除特殊情形，不再检查（中途站十六处已于本年五月十九日撤销）。 乙、检查手续。客货车每辆不得超过一小时，且不得因此延误规定开车时刻。船于开行前检查完毕。 丙、起点站检出之一切过误事件即予纠正，其它检获之一切违法事件，应即移送就近执法机关审之。 （三）税务查验机构之调整，由财政部统筹。
（三）运输管制未能尽量利用运力，故空驶车辆甚多。		严禁空驶已由后勤、交通各部严饬遵办。
（四）运输管制人员对商车每多留难。 A. 管制站与车站司令调度不一，彼此参差。 B. 管制站积欠运费，久不核发。		（一）管制站与车站司令联合办公，当能调度一致。 （二）留难事件应准告密，严查惩办。 （三）运费发付办法由交通部、后勤部重行检讨。
	（三）确定日用品与生产物资优先配运权。	按运输程序，军品第一，公物次之，生产物资及日用品又次之，历经照此办理。但各种待运物资必须先向起运站登记，方可依次配运。
	（四）彻底执行统一检查制度。 A. 健全检查人员。 B. 统一检查机构。	统一检查案正由国家总动员会议修正，条例送该会议并案核办。
	（五）延伸战区与陕北之检查。	似属可行。拟移送国家总动员会议核办。

第二项，检举稽查办法：

1. 检举办法已于修正。《统一检查条例》第十四条中规定，受害人得向军委会、行政院告发，应以布告张贴各站周知。

2. 上级交通及检查机关应随时派员至各路站稽察，所有舞弊、不法苛扰情事及改善意见，应报上级主管机关立予核办。

拟办：

（一）谨查第一项改善办法中，业经决定之事项，如简化管制及证照、简化检查程序等，拟复准照办，并饬将实施日期呈报。其尚待筹商之事项，如调整税务之查验机构、严禁空车行驶、发付管制站积欠运费等，拟复仍应限期督促进行，并将实施日期具报。

（二）第二项检举查办法，规定受害人得向军委会及行政院告发，拟复军委会、行政院应指定专人主管，并按月稽核该主管人之处理情形。

（三）运输检查迭经钧座严令改善，至今检查之组织及条例均已相当简化。为明了实际情形，督促贯彻起见，拟由本室第一处派遣人员出外考核手令事务时，并饬对于运输检查之改善情形一并严密考核。

（四）舟、车辆停驶，其原因为缺乏燃料。民间对液体燃料委员会之工作訾议甚多，例如官价油不易购到，而黑市油甚为充斥，致若干非军政机关之车辆仍在行驶，消耗油料。拟饬该会将汽油、代汽油、酒精、机械之输入数量、国内生产设备及产量与本年度每月之分配数量详细呈报，以凭考核整顿。

职 布雷（印）谨签

八·十九·

批示：如拟。中正。

〔《交通措施》（1940 年 4 月 4 日至 1946 年 12 月 30 日）：1200.01/0037.01－01/4/001120001A001〕

何应钦呈报交通改善措施之办理情形
（1943 年 10 月 18 日）

（事由）呈报未卅侍秘电令指示各点遵办情形由。

前奉钧座未卅侍秘电，令饬将简化管制及证照、简化检查程序、调整税务检查机构、严禁空车行驶、发付管制站积欠运费等督促进行，具报实施日期，并饬由军委会及行政院指定专人主管检举告发事项等因。谨将遵办情形陈报如下：

一、简化管制及证照。业经拟具《运货汽车统一管制实施办法纲要》及"货车统一准行证"，格式奉准本月颁布施行，并即派员实地督促。

二、改善检查制度。业已遵照核定各点，将《水陆交通统一检查条例》于本年八月修正公布。

三、调整税务检查机构。据财政部函称，已遵照统一检查条例，由税务缉私机关参加统一检查工作。

四、严禁空车行驶。后勤部拟订《回空军车及军用公商车辆装运公商物资规则》，交通部拟订《公商车辆空驶处理办法》，均经奉准，予本年七、八月先后公布施行。

五、发付积欠运费。正由交通部清查中。

六、检举告发之主管人。行政院由诉愿审议委员会受理，军委会由运输会议负责。

以上报请鉴核。谨呈

委员长蒋

职 何应钦（印）呈

三十二年十月十八日

〔《交通措施》（1940 年 4 月 4 日至 1946 年 12 月 30 日）：1200.01/0037.01－01/4/001120001A001〕

翁文灏呈请免予征用资委会及甘肃油矿局自有运油车辆
（1944 年 4 月 2 日）

谨呈者：查甘肃油矿局本年汽油产量经预定，如土西铁路开通，以全年六百万加仑为目标，否则四百万加仑应可足用。目前该局最大问题在于产油无法外运，以至矿场存油越积越多，而西南方面需油孔亟，反不克接济。实则该局汽油定价甚廉，运来重庆应用，所需全部运费连同生产成本，尚较此间所产酒精价格为低，而酒精行车效能仅及汽油百分之六十。此项供需不能相应之情形，如不设法改善，实至可惜。该局有鉴于此，曾于上年十二月邀请交通部、水陆空联运委员会、公路总局、驿运总管理处、液体燃料管理委员会等机关会商，议决分别配运，每月共二百五十吨。经该局依议，一再分电商洽拨车，未获实现。至本年二月间，美空军及液委会等复因急需加运甘肃汽油至川，提由军委会运输会议拟具西北运油计划，规定每月自玉门矿场运达广元或重庆至少十万加仑，所需车辆三分之一由该局自备，三分之二由西北公路局指派自有车或商车协助。此项办法果能实行，则甘肃汽油之疏运，当可顺利解决。惟迩来西南、西北各区，均纷纷征用公商车辆，非惟依照原办法由西北公路局协助运油之车辆无法获得，即甘肃油矿局自有车辆，亦迭经公路总局及西北公路局纷行调用。该局已先后调拨三十辆应征，目前油车已无法自由行驶。在此情形之下，甘矿汽油外运，势必无法进行，至感焦灼。该局汽油产运，素蒙钧座重视，用敢将近时运油困难情形，陈报鉴察。如运输会议原拟由西北公路局协助之车辆，在目前军运较忙，一时不能办到，可否特准资委会运务处及甘肃油矿局自有车辆行驶西北、西南各区运油南下，免予征扣之处，敬祈核示祗遵。谨呈

主席蒋

职　翁文灏（印）

三十三年四月二日

〔《油矿探勘与开采（四）》（1942 年 11 月 23 日至 1947 年 10 月 24 日）：1132. 30/3510. 01－04/261/001113230A004〕

蒋中正为免予征调甘肃油矿局运油车辆致何应钦代电

（1944 年 4 月 7 日）

本会何总长勋鉴：据经济部翁部长呈报，略以迩来西南、西北各区均纷纷征用公商车辆，甘肃油矿局车辆迭被征用，目前油车已无法自由行驶，甘矿汽油无法外运，至感焦灼。拟请特准资委会运务处及甘肃油矿局自有车辆行驶西北、西南各区运油，应免予征扣等情。查甘肃油矿

既经规定供应数量维持运输并协助空军，则关于征调车辆，应顾及该矿必需之运力，以免影响产运。据呈前情，兹将原呈随文抄转，即希切实核办为要。中〇。卯虞侍秘。附抄件一份。

〔《油矿探勘与开采（四）》（1942 年 11 月 23 日至 1947 年 10 月 24 日）：1132.30/3510.01－04/261/001113230A004〕

（三）甘肃油矿局油品质量、分配及增产等事宜

蒋中正为甘肃油矿局汽油品质情况致翁文灏钱昌照代电
（1942 年 5 月 31 日）

资源委员会翁兼主任委员、钱副主任委员均鉴：关于该会甘肃油矿局前请向各机关购用空桶一部，迭经分令饬遵，并复知各在案。兹据航空委员会感会参壬渝代电呈复，本年三月尤侍六代电及四月卯敬侍六代电略称：经饬，据空军总指挥部蓉皓代电复称：本部已先后拨交空桶七百五十只，并由该局拨给本部汽油二千五百加仑，惟据十四总站报称，该局出产之汽油提炼欠佳，品质不良，不合汽车使用。除饬该总站速运该项汽油一桶来蓉化验外，请转达该矿局设法改良品质，以合应用，并指定按月拨售本军数量等语。据此除（一）关于拨交空桶数量一节，已复令务须依照辰皓侍秘代电规定，在本年六、七、八三个月内拨足二万只之数，不得延玩。（二）关于拨售该军油量一节，已复令径与军政部及资委会接洽外，所陈关于汽油品质一节，实情如何？希即切实查报为盼。中〇。辰引侍秘。

〔《油矿探勘与开采（二）》（1941 年 12 月 11 日至 1943 年 1 月 21 日）：1132.30/3510.01－02/259/001113230A002〕

翁文灏电呈甘肃油矿汽油品质不合格之原因
（1942 年 6 月 3 日）

委员长蒋钧鉴：五月三十一日侍秘字第一二五九二号辰引代电谨悉。关于本会甘肃油矿局需用空桶一案，前经钧座令饬各有关机关尽量拨交，

并饬即与各机关径洽接运后，现正积极进行。所有已交空桶，尽速赶运至矿以济急需。至于空军总指挥部十四总站所报该矿所产汽油品质欠佳一节，查该矿本年三月份所产汽油一批，因储存原油之设备装置未竣，故以前大量喷发之原油露存较久，以致较轻油份以自然蒸发而损失，故提炼以后所得汽油难达标准品质。惟该批汽油为数无多，此后提炼汽油，均当选用较佳原油，储存方法亦正在尽力改良，以后汽油品质自可提高，不致再有同样情形发生。目前甘矿自有车辆往返矿渝之间，每月运输器材在二百四十吨以上，均用自产汽油，并无困难，可见此项汽油确可应用。理合陈复，敬乞鉴核。职翁文灏叩。宥资机。

〔《油矿探勘与开采（二）》（1941 年 12 月 11 日至 1943 年 1 月 21 日）：1132. 30/3510. 01 – 02/259/001113230A002〕

翁文灏呈甘肃油矿局办理提高汽油品质增加产量改善设备情形
（1942 年 6 月 22 日）

委员长蒋钧鉴：窃查甘肃油矿本年三月间所产汽油，因所用原油露存较久，以致较轻油份以自然蒸发而损失，故所得品质难达标准。前经于本年六月三日以宥资代电呈报钧座鉴核。旋奉六月五日侍秘字第一二六六三号代电批示，应督促该矿克日提高制油品质为要等因。奉此，自应遵办。经即转令该矿切实提高品质后，顷据呈复称：旧存原油因露天多日，汽油成份减少，势将影响品质，已自本月九日起完全改用新原油，品质已确见改善。此后所出汽油品质经规定以波美表五十四为准，随时检验。如有不合，即予重炼，俾品质可以较为一致等情。除仍由职随时督促，切实办理外，理合将提高品质情形专电呈报，敬祈鉴核。职翁文灏叩。养资机。

〔《油矿探勘与开采（三）》（1942 年 6 月 23 日至 1942 年 12 月 26 日）：1132. 30/3510. 01 – 03/260/001113230A003〕

翁文灏呈报甘肃油矿局溢油燃烧抢救情况
（1942 年 8 月 26 日）

委员长蒋钧鉴：案据本会甘肃油矿局孙总经理本月二十四日电称：

该矿自本月二十一日下午起大雨，至二十四日已三日三夜未止。雨量之大与时间之久，为该矿开办以来所未有。各原油池积水日多，无从放出，且堤岸已为雨水浸透。二十三日夜，东山坡上小油池内积水与原油溢出池边，冲破护堤，原油顺水下流至东山脚下。该处为小工所住土窑区域，地势低洼，油触灶火，遂致燃烧。其时天仍大雨不止，当即一面派人抢堵堤岸，以杜其源，一面分人抢救已燃部分。至九时三十分将油池堤岸堵住，十时将火全部扑灭。自起火至救熄，为时一小时另三十分，计共焚去原油六万加仑。当燃烧之际，油随水下延及该矿所办小学校一所，焚毁校舍房屋九间及小汽车一辆、骡车一辆，又东山坡小工驻土窑十六间，此外别无损失。该矿现正连夜冒风雨，将山上西边大油池修堤加坝，并为彻底安全计，自该油池挖掘油沟一道，通至河边，以便放油入河，拟牺牲原油十万加仑，以减轻油池护堤所受之压力，免再倒塌酿祸，致因小失大等情前来。除电令对于出油及制炼工作仍积极促进外，理合将所报各请专电呈报，仰祈鉴核。职翁文灏叩。宥资机。

〔《油矿探勘与开采（三）》（1942 年 6 月 23 日至 1942 年 12 月 26 日）：1132. 30/3510. 01 - 03/260/001113230A003〕

翁文灏呈甘肃油矿局汽油柴油暂行分配办法
(1942 年 9 月 15 日)

查甘肃油矿局出产汽油、柴油现已日渐增多，自应善为分配，以求适当利用。运输统制局液体燃料管理委员会原负管理油料之责，因经会同该会商订《资源委员会甘肃油矿局汽油、柴油暂行分配办法》，定自本月份起实行，理合抄附上项办法，呈请钧长鉴核备案，批示祗遵。谨呈

委员长蒋

附呈办法一份。

经济部部长 翁文灏（印）

三十一年九月十五日

〔《油矿探勘与开采（三）》（1942 年 6 月 23 日至 1942 年 12 月 26 日）：1132. 30/3510. 01 - 03/260/001113230A003〕

翁文灏呈据报甘肃油矿局为纪念委员长莅矿
于国庆日在矿举行两命名典礼
（1942 年 10 月 20 日）

案据资源委员会呈转甘肃油矿局真电称："本局为纪念委座莅矿，谨于国庆日在老君庙矿厂举行两个典礼。一为中正路命名礼：自矿厂大门至河沿之大道计长三公里，命名为中正路。又一为委座莅矿纪念碑坡〔破〕土礼：拟在办公厅前竖碑勒石，以垂永久。同时将委座前犒赏工人一万元购买羊只，分发全体工人，同深感奋。谨此电请转呈鉴察"等情。据此，理合具文呈报，仰祈钧察。谨呈

委员长蒋

经济部部长 翁文灏（印）

三十一年十月二十日

〔《油矿探勘与开采（三）》（1942 年 6 月 23 日至 1942 年 12 月 26 日）：1132.30/3510.01－03/260/001113230A003〕

翁文灏钱昌照电呈甘肃油矿局提早完成年度汽油生产目标
（1942 年 11 月 16 日）

委员长蒋钧鉴：案据本会甘肃油矿局总经理孙越崎电称，本年度原定汽油生产目标一百八十万加仑，已于本月十日下午 19：30 时提早完成。除仍继续产炼外，谨电奉闻等情。查该矿本年度汽油产额度原由本会规定为一百八十万加仑，旋以国际路线阻滞，外来器材无望，几经克服困难，自行设计，由国内各厂制造简单器材，始得凑用产炼，加以运输艰远，进行过程，确属非易。兹据报称，竟能提前达到预定产量，足证该局员工努力从事。除电复嘉慰，并饬继续增产，以供抗建要需外，理合电陈鉴核。职翁文灏、钱昌照叩。铣。

〔《油矿探勘与开采（三）》（1942 年 6 月 23 日至 1942 年 12 月 26 日）：1132.30/3510.01－03/260/001113230A003〕

翁文灏电呈甘肃油矿局加炼飞机汽油计划

（1943 年 1 月 10 日）

委员长蒋钧鉴：查资源委员会甘肃油矿局采炼情形，叠经呈报在案。为积极推动提炼工作，并加炼飞机汽油，经饬由资委会驻美人员洽订必需设备，兹接报告略称：（一）所订炼油、产油设备均已获得最高优先率，本年五月间可交货。关于运华办法，史蒂威[①]将军意最好由西北运入。（二）现同时进行飞机汽油〔生产〕，设备利用现购炼油机。所余重油日产飞机油五百桶，即月产一千八百吨。此项设备重仅三千五百吨。此外，（三）关于聘请外国技术人员事，亦与美方洽请产油及炼油工程师各一人。采油工程师 Bush 已于上年十二月三十日离美飞华。（四）至前荷兰公使介绍石油工程师，尚未觅得适当人选，兹既已在美聘得优良采油人员，拟即中止进行。谨此奉陈，敬祈鉴核。职翁文灏叩。蒸资机。

〔《油矿探勘与开采（三）》（1942 年 6 月 23 日至 1942 年 12 月 26 日）：1132.30/3510.01－03/260/001113230A003〕

翁文灏钱昌照呈甘肃油矿局三十二年度工作计划

（1943 年 1 月 22 日）

查甘肃油矿局三十二年度工作计划拟定目标有二：一为增加产量，一为改善品质。

（一）关于增加产量。因国外器材本年内仍少运入，希望拟照旧利用三十一年度在国内自制之器材，并予以添配，力谋增产。规定全年以产汽油五百万介仑、柴油一百二十万介仑、煤油二百五十万介仑为目标。

（二）关于改善品质。因现时美购新式炼油机尚未能运入，国内所产汽油之品质自难与外油相埒。年前限于人力、物力，不能不专注及增产急供需要，现拟就已有设备加以改善，力图提高品质，一俟美购机器

---

① 即史迪威。

到矿，当可与外油标准相合。

所有预定该局三十二年度生产目标及设法改善汽油品质情形，理合备文呈报，鉴核备案。谨呈

委员长蒋

资源委员会主任委员 翁文灏（印）

副主任委员 钱昌照（印）

民国三十二年一月二十二日

〔《油矿探勘与开采（三）》（1942 年 6 月 23 日至 1942 年 12 月 26 日）：1132.30/3510.01 –03/260/001113230A003〕

翁文灏钱昌照呈请追加甘肃油矿局经费预算以增产汽油
（1943 年 2 月 10 日）

查甘肃油矿局本年预定汽油产量，前经本会呈奉钧座本年一月二十七日侍秘字第一五七八五号代电，指示该局本年汽油产量应以八百万加仑为目标，最低亦不得少于六百万加仑，饬即加紧督励各级员工，一致努力，务期能如去年提早完成预定目标之成绩，以副厚望等因。奉此，自应切实遵办。惟查该局三十二年度工作计划，除设法提高汽油品质外，原订汽油产量为五百万加仑，已须尽最大努力。今增产至八百万加仑，其工程及运输上之困难，凡人力可以克服者，自当竭力以赴。惟经费一项，势非酌为增加，不克有济。兹谨核按实际情形拟陈办法如下：

一、该局利用历年投资所购置之设备，并以本年核定预算一万一千万元，及移用本年营业进款所补充之设备，勉可生产汽油五百万加仑。今增加为八百万加仑，即须增产三百万加仑，此项增产设备之购买、运输及装置，须完全从新配备。工程之浩大，不啻从新创设生产三百万加仑之新油矿一处。以今日物价之高昂，非二万五千万元不能举办，经竭力搏节，至少需二万万余元。为遵令完成八百万加仑产量起见，拟请准予追加创业经费国币二万零一百二十六万元、美金二十五万元，共计国币二万零六百二十六万元，并请准以

紧急命令支付。

二、矿区辽远，一切五金器材因须由重庆或重庆以南运往，其购买、运输、装置等项，时间上最速亦须半年。即木料一项，虽可就河西一带采购，但大车陆地运输，亦远在四百公里以外，而增产工程大部分必须在六月以前告一段落，八月以前全部完成，则后半年可以利用产油。若待年底完成，则年度增加产量无法达到，因此上项追加预算二万万零一百二十六万元，必须于二三月间一次拨发一万五千万元，六月间再一次续拨五千万元，以利事功。

三、前项美金二十五万元，系备向美国及波斯湾百林岛美国油矿公司购买钻机及井口控制器等紧要机件之价款及国外运费之用。除已由该局美籍工程师蒲舒于一月三十一日飞印转赴波斯湾采购外，该款请于二月份内一次拨足，以便即日购妥起运。

以上三项实为增加汽油生产必要之图，在追加款额上实减无可减，在拨款时间上亦缓无可缓。明知国库负担，不应无故增加，所有工矿事业之经费，向皆极端撙节，力避浪费。惟甘肃油矿创办伊始，正待认真促进，审虑再三，所有实际需要，不敢不据实陈报。

再该局矿场位居边远，每一工程之设备经购买、运输、装置等手续，恒于八个月或一年以后方能充分使用。故去年一百八十万加仑汽油之产额，其所需设备，自年初开始购置，至八月始获完成，除用以达到一百八十万加仑标准外，今年则可籍以预定产额五百万加仑。如今年以八百万加仑为产量目标，自须更加设备，而此项设备其实在使用之期，亦必在八、九个月以后。除赶完本年产额外，则炼厂设备大致告成，明年仅须补充采油及输油设备，即可生产汽油一千二百万加仑。在抗战时期，吾国运输所需汽油，已可由该油矿充分供应。是目前投资额虽巨，而利用增产设备，其效用实至宏大。理合缮具该局三十二年度创业经费追加概算书及计划书暨营业基金岁入岁出总表及附表，备文呈请鉴核示遵。谨呈

委员长蒋

附呈该局三十二年度创业经费追加概算书及计划书暨营业基金岁入

岁出总表、损益对照表及盈亏拨补表各一份。

经济部资源委员会主任委员 翁文灏（印）

副主任委员 钱昌照（印）

民国三十二年二月十日

〔《油矿探勘与开采（三）》（1942 年 6 月 23 日至 1942 年 12 月 26日）：1132. 30/3510. 01 - 03/260/001113230A003〕

沈宗濂呈拟追加甘肃油矿局经费预算方案

（1943 年 2 月 11 日）

一、据调查，甘肃油矿局在上年十月份生产汽油五十万加仑。是以往设备，每年按十个月工作计算，已敷年产五百万加仑之需。本年预算一万一千万元及营业进款，其中一部分似应可移作扩充配备之用。拟饬资源委员将甘肃油矿局本年营业预算呈核，并饬体察国家财政之困难，竭力撙节开支，将本年预算及营业进款一部分移用增产之需。

二、查核追加经费概算细目中，所列办公费用，本年度原拟概数为二百万元，因增产改列七百五十八万元；特别办公费用本年度原拟概数为一百五十万元，因增产改列一千〇五十八万元。该局原定生产汽油五百万加仑，论理增产三百万加仑，仅应追加设备费用，至办公费及特别办公费，仅能按产量比例追加，似不应骤增四倍至七倍之多，拟饬资委会切实核减。

三、钻机及井口控制器，据呈称矿场需要，极为迫切，所请美金二十五万元，拟令财政部以紧急命令先行拨发。石油增产，固为抗建必要之图，但据闻玉门油矿去年所产之油，因装运困难，多半储积在矿。本年如空桶及运输仍无法解决，增产亦等于无用。在核准增添三百万加仑之生产设备之前，鄙见似宜先（正式或私人）征询翁、钱二位，装运有无问题。如果有法装运利用，再行核准。原请二、三月间拨发一万五千万元，六月续拨五千万元，二月份内并拨发美金二十五万元。现在国库支绌，拟准追加国币一万万元、美金二十五万元，余国币一万万元，交四联总处借垫，并以紧急命令一次拨付国币五千万元、美金二十五万元，以免延误工程，当否，候芷公组长卓夺。

宗濂谨签

二月十一日

〔《油矿探勘与开采（三）》（1942 年 6 月 23 日至 1942 年 12 月 26 日）：1132.30/3510.01－03/260/001113230A003〕

沈宗濂为翁文灏等呈请追加玉门油矿经费预算所拟批文
（1943 年 2 月 19 日）

一、前据该矿报告，本年度就已有设备加以改善，全年可望提炼汽油五百万加仑。奉批本年汽油产量应以八百万加仑为目标，最低不得少于六百万加仑，经饬知遵办在案。兹据资源委员会复称：该矿增加汽油产量，须增添提炼等新设备。此项新设备，八、九个月内可以完成。完成之后，除赶足本年预定之产额八百万加仑外，明年仅须补充采油及输油设备，即可生产汽油一千二百加仑等语。谨查玉门油矿蕴量丰富，只因设备简陋，未能充分利用。据陈上项增加预算、设备之后，不惟本年汽油产量可达八百万加仑，且即完成明年生产一千二百万加仑之设备，实于抗战建设事业争取时效之旨极为吻合。故其所需增加经费亦似不能认为本年超支。如邀俯准，所需创业经费国币二万〇一百二十六万元、美金二十五万元，为数甚巨。拟由国库拨发国币一万万元，分三月、六月两期，每次发给五千万元。另由该矿向四联总处借贷一万万元，以一年为期，自明年三月份起，分十个月从营业款项下，摊还本息。俾能一面减轻国库负担，一面加速事业进行。

二、美金二十五万元，据呈称系为购置钻机及井口控制器之用，此项设备为开采新油井必需之品，矿场需要，极为追切，吨位极小，可能运入，且已派美国工程师飞往波斯湾争取。拟饬令财政部以紧急命令先行拨发。

宗濂

二.十九.

〔《油矿探勘与开采（三）》（1942 年 6 月 23 日至 1942 年 12 月 26 日）：1132.30/3510.01－03/260/001113230A003〕

蒋中正为追加甘肃油矿局经费预算致孔祥熙代电

（1943 年 2 月 25 日）

　　行政院孔副院长勋鉴：查甘肃油矿局产量丰富，只因提炼设备尚系粗具规模，未能充分利用。前据资源委员会呈报，本年度该矿生产计划，拟以出产汽油五百万加仑为目标。当以该矿去年十二月底，已能月产五十万加仑，本年应作更进一步之计划，以期增加产量，供应抗战要需。经复令，本年应以八百万加仑为目标，饬即加紧督励，务期提早完成去后。兹据呈复，略以提高产量为八百万加仑，即须增加三百万加仑之设备。此项增产设备之购买、运输及装置，须完全从新配备，且矿区辽远，一切五金器材之购买、运输、装置，最速亦须半年，而增产工程必须在六月以前告一段落，八月以前全部完成，方可以利用产油。谨缮具该局卅二年度创业经费追加概算书及计划书暨营业基金岁入岁出总表及附表，请准将追加预算国币二万万零一百二十六万元，于二、三月间一次拨发一万五千万元，六月间再一次续拨五千万元。又美金二十五万元，系备向美国及波斯湾百林岛美国油矿公司购买钻井机及井口控制器等紧要机件之价款及国外运费之用，除已由该局美籍工程师萧舒于一月卅一日飞印转赴波斯湾采购外，该款请于二月份内一次拨足，以便即日购妥起运等语。查所拟增添提炼等设备完成之后，不仅可以赶足本年八百万加仑之产量，而且即就本年所完成之设备，此后即可充分供应抗战时期运输所需汽油。现该局且已派员赴波斯湾采购机件，实于抗战时期建设事业争取时效之旨极为吻合。所需增加经费应准在管制物价预备费拾亿元内拨出一万万元，为该矿增产费用，其余之一万万元或可由该矿向四联总处贷借，以期减轻国库负担，加速事业运行。及所急需之美金部分，除复令与兄妥商核办外，兹将所送追加预算等随文转发，即希照此意旨速予核定为要。中〇。丑有侍秘。

　　附发原追加概算及计划书暨营业基金岁入岁出总表、损益对照表及盈亏拨补表各一份。

　　〔《油矿探勘与开采（三）》（1942 年 6 月 23 日至 1942 年 12 月 26 日）：1132. 30/3510. 01－03/260/001113230A003〕

蒋中正为追加甘肃油矿局经费预算致翁文灏等代电

（1943 年 2 月 25 日）

资源委员会翁兼主任委员、钱副主任委员均鉴：密。渝秘四五八三签呈及附件均悉。甘肃油矿本年度增产追加经费，准在管制物价预备费内拨发一万万元，为该矿增产之用，其余所需美金及国币，可与孔副院长妥商核办。国币部分或另向四联总处借贷亦可。除分电孔副院长外，即希径行商陈洽办可也。中〇。丑有侍秘。

〔《油矿探勘与开采（三）》（1942 年 6 月 23 日至 1942 年 12 月 26 日）：1132.30/3510.01 - 03/260/001113230A003〕

翁文灏钱昌照呈报第六号甘肃油矿局简报及战时生产计划书

（1943 年 3 月 1 日）

查本会甘肃油矿局为便利检讨过去工作概况，籍资策进战时增产计划起见，经编具简报及战时生产计划书各一种。关于该计划书内所列之拟购设备，除甲项补充急需器材，拟请最近由空运入境外，其它各项，须俟土西铁路畅通后，或缅甸收复，滇缅公路重开后，始能依次实现。该矿创办工作，诚极艰巨，但吾国西北油矿，具有发展之前途。该矿导其始基，自宜继续努力。理合检同该局简报及战时生产计划书各一份，赍呈鉴核。谨呈

委员长蒋

附呈第六号《甘肃油矿局简报》及《战时生产计划书》各一份。

经济部资源委会会主任委员 翁文灏

副主任委员 钱昌照

三十二年三月一日

附件一　　甘肃油矿局简报（民国三十一年八月）

敬呈

委员长蒋

孙越崎谨呈

（一）创办经过

本矿位于甘肃省玉门县之石油河，东距兰州八百三十六公里，西距猩猩峡三百八十五公里，在祁连山北麓，拔海二千四百公尺。地势既高，天气严寒，戈壁不毛之地，而蕴藏石油，虽早见史载，然以荒漠僻壤，工业条件，百无一备，且西北公路未成，交通尤感不便，无从兴工开采。

迨抗战军兴，汽油来源日形严重，国防资源急待开发。资源委员会有鉴于此，遂于民国二十七年十二月，选派采矿及地质专家等前来玉门矿区探勘。同时派员赴陕北拆运前国防设计委员会在陕北之钻机，并组织甘肃油矿筹备处，以严爽为主任。当即着手调查地质，勘探油苗，测量地形，择地开凿。至二十八年四月开始出油，数量虽微，对于工作人员鼓励甚大。乃一面修筑公路，伐木运料，建造房屋；一面搜购器材，招聘员工来矿工作；同时并向湘赣各煤矿调拨采煤钻机，以资利用。二十九年初，以原油产量日多，炼油工程渐感需要，乃分别在石油河及嘉峪关各建炼厂一所，以金开英为厂长。惟以在试办期间，油田蕴藏量尚未确定，未敢骤斥巨资，向国外订购新式机件，一切设备，均利用国内器材自制。至二十九年杪，因勘得油田，希望渐大，而新式采炼机件，制造复杂，国内无法购办，经呈准扩充预算，先后派遣工程师二人赴美，订购采油、炼油各种新式机器，以期大量采炼。三十年三月取消筹备处，组织甘肃油矿局，派孙越崎为总经理，局址设重庆。盖矿区一无所有，一切器材之购运，员工之招致，款项之领拨，以及与有关各方之接洽，均非株守矿厂所能办理者也。玉门矿厂由矿场长、炼厂厂长及总务处长等负责主持。

矿厂方面。在二十九年以前，先后凿成六井，惟以陕北钻机能力太小，深度均在二百公尺以内，故仅达浅油层，出油较少。嗣后湘赣等煤矿钻机运到，深度可达六百公尺，故第八井于钻至四百四十公尺时，即遇重大油层，大量喷油，其压力之大，油量之丰，不亚于世界重要油田。原有机件均无法控制，旬日之内，所出原油达二百万加仑之多，可见油田藏量之丰富，允宜大事开发。至炼厂设备，亦一再扩充，积极推进。美购炼厂址，亦经在石油河沿勘定山洞，兴工开凿，预定本年秋冬完成开采。但因今春该项机件多在缅境内损失，遂致暂时停顿。

为厘定工作进度，以期一致努力起见，本局于去岁十二月一日拟定三十一年度汽油产量，以一百八十万加仑为目标，并规定全体员工奖惩办法，以资策励。讵料未及旬日，太平洋战事爆发，香港、仰光先后沦陷。美购机件损失重大，完成无望。故即改变计划，在国内各地搜购器材，加紧运输，积极建设，以期自力更生，完成使命。半年以来，动员全体，粗具成效。然国内物资缺乏，矿区辽远，困难丛生，自不免有顾此失彼之虞。至于矿厂一般建设以及员工福利等等，一时无法兼顾矣。

运输工具。在三十年夏秋之间，先后购到卡车二百六十辆，同时并请拨给美国租借法案内卡车二百六十辆，亦于本年春夏陆续收到。年来渝矿间器材运输，全恃此项卡车办理。

综计三年半以来，运达矿厂各种器材，重量共约三千吨，员工总数已达七千余人，产出原油约一千万加仑，炼成汽油九十余万加仑、煤油四十余万加仑、柴油二十余万加仑。

（二）原定开发本油矿步骤

（甲）第一步：利用国内器材初步生产

本局创办之初，一切钻机机件，均系向国内各煤矿拨用，炼油设备亦系利用国内器材自行制造，因陋就简，势所不免。钻机方面，先在陕北拆移旧钻机二架，非独过于陈旧，且仅能钻凿浅井。嗣拨到湘潭、萍乡、高坑等地煤矿及四川油矿钻机各一架，虽深度均可达六百公尺以上，然除四川油矿一架外，余均为采煤机件，用于采油自欠适宜。

炼油方面。石油河炼厂完全用蒸馏方法提炼，可产汽油百分之十四至百分之十八。最先每日仅炼原油三、四千加仑，嗣经扩充至每日炼量一万加仑。自第八井出油后，又扩充至日炼原油三万加仑，现已扩充至日炼原油八万加仑，一月以后可至日炼原油十五万加仑。嘉峪关炼厂按日炼原油一万加仑设计，采用半裂法，汽油产量较多，约在百分之三十四左右。该项机件亦系自行设计制造，惟机件复杂，装置较为费时，且以缺乏特种材料，不能持久。凡此种种，皆系过渡时期之办法，目的在早日出油耳。

（乙）第二步：向美定购新式钻机及炼厂

二十九年杪，经详细研究，认为有大量开采价值，乃决定派员赴美探购机件。当经订妥新式钻机十二架，炼厂一所（每日能炼原油一千五百桶，每桶四十二加仑，即六万三千加仑，可产汽油占原油百分之六十四。一年以三百天算，可产汽油一千二百万加仑）及储油、输油等设备，共重约四千吨。于三十年五月间即分批由美起运，至十一月运抵仰光者，已达三千余吨。不久仰光告急，军运迫切。本局器材经呈准视同最急要军用品抢运，损失仅四百余吨，尚无大碍。至本年四月，缅局逆转，而本局器材犹滞留八莫、腊戍、畹町一带，以事出仓卒，抢救不及，总计损失约在一千六、七百吨之巨。尚有五、六百吨，现在印度，整套机器已无装成之望。此项计划原定今年秋、冬完成，现已暂告失败。

（丙）第三步：兰州设立大炼厂

据地质家估计，石油河、石油沟一带，原油藏量约在三万万桶左右，其附近文殊山等地，亦有极大希望。故如钻机充足，日产原油一万桶（即四十二万加仑）并非难事。而前购日炼原油一千五百桶炼厂，已感炼量太小。且为谋战后自给自足计，决定添购日炼原油一万桶炼厂一所，预计可年产汽油七千万加仑、飞机汽油七百万加仑、机油三百五十万加仑。惟用油多在内地，矿区遥远，产品内运，极不经济。故为一劳永逸计，决定将炼厂设在兰州附近，将来由矿至兰，原油用油管输送。此厂原拟在此次美租借法案款内购办，藉此抗战期间，在美设计制造。一俟抗战结束，即可内运装置，大量生产，建立国防工业。乃上月接宋部长来电，谓美方以此厂未能在抗战期间应用，不允列入租借法案内，本计划遂又暂时搁浅。

（三）现在办法

（甲）原定计划第三步既暂时搁浅，第二步又因器材损失而失败，不得已只有延长上述初步生产办法，搜罗国内器材，拼凑利用，暂定两年计划。本年产汽油一百八十万加仑，明年五百万加仑，以应抗战急需。惟如此办法，炼油方面，汽油产量成份较少，品质较低；钻井方面，井口喷油不易管制；以及储油、输油等设备，亦均未能完善。工程进行，自不免常有困难。

（乙）两年计划以后，万一抗战延长，不能预为策划。故在六月间电致美国，将缅境损失之炼厂及钻井器材，请用租借法案款项，按照原来图样，重新购置全份。至本月初接到复电，以吨量太多，空运困难，未允所请。仅允供给蒸馏炼炉两套，重约三、四百吨。考虑结果，蒸馏方法消耗原油太大，所产汽油太少，与本局现有设备情形相同。故最近再电美国，除接受蒸馏炼炉外，仍请美方供给裂炼炉主要设备一套，减去各种附属机件，重约五百吨。并另请供给钻井必需之套管等件，重约二、三百吨。共约八百吨，以继两年计划之不足。此电去后，尚未获复。

（四）困难情形

（甲）运输

矿厂所需机件材料，或由川、陕购办，或由湘、桂拆移，甚至须向港、仰接运，辗转运矿。因缺乏铁路、水道，一切全恃公路运输，即以自渝至矿一线而论，亦长达二千五百余公里，转折既多，管理不易。且矿区四周，人烟荒凉，给养亦难，费钱既多，需时亦久，真有事半工倍之感。

（乙）器材

油矿为新式工业，必须机器采炼，而大量生产，尤非土法所能办理。美购器材既多损失，不能装成，国内物资又极缺乏，困难之多，可以想见。惟抗战方殷，需油甚切，自应竭力设法，克服苦难，务使今年生产汽油一百八十万加仑，明年五百万加仑。

（丙）气候

矿厂因地势高，故气候寒，自十月至四月皆严寒异常。土木工程无法兴工，原油尤易冻结。即在盛夏时期，一旦气候骤变，即结成胶液状态，不能流动，致无法由油井输送至炼厂提炼，最为痛苦。今年冬季输油问题必须解决，但因搜购铁管至今，尚不敷一万余英尺，而保温用之锅炉，亦不敷用，实深焦虑。

（丁）粮食

草木不生之处，更无菜蔬农产可言，数千员工每日生活必需之菜蔬、肉类，均须从酒泉运来。人口既多，数量可观，往往供不应求。至于粮食一项，更须远至张掖、临泽等县购运。千里馈粮，困难重重，遇有天旱歉收，数千员之食粮供应，更为严重。本局有鉴于此，对于菜蔬、肉类方面，特设农场，自行生产。惟以员工众多，尚待扩充。粮食方面，为预防未然计，于去年冬即分头向粮食部及甘肃省政府洽购张掖、临泽等县小麦一万余担，但运输又成问题。

（戊）木料

矿厂周围数百里，极目荒凉，已如上述。其间毫无民房可以利用，任何大小房屋，均须一一自建。所需木料，须远自张掖、敦煌运来，均有三百余公里之遥。大车往返，动辄数月。近来一方面赶办工程，一方面员工增加，住宿亦成问题，处处须用木料，而木料之采购与运输，均不能得心运手。

（己）工人

在此创办时期，工人需要最多，尤以小工为甚。矿厂普通小工，在二十九年底，由资源委员会与军政部商定，将矿厂邻近之酒泉、高台、金塔等三县，每月应征壮丁拨给本矿工作。原定以三年为期，迨去年十二月军政部以兵役重要，停止拨用。而今年矿厂工程，正待扩充，需人孔急。经一再洽商，于本年六月方蒙继续拨用，以一年为期，工程得以进行。然因各种工程均须赶办，实际尚不敷用。至其它技术工人，均远自陕、川、湘、桂招来，大半携老带幼，旅费甚巨。

（庚）哈萨

河西一带，哈萨为患，历时已久。政府虽恩威并施，因民族性格关系，迄无成效，以致矿厂附近出没无常。本局煤矿煤运，以及砖窑、灰窑，时遭抢掠，使煤斤、砖灰等矿厂不可少之物资，常有中断之虑。

（辛）防空

矿厂空防，已由政府派遣防空部队一连驻矿保护。但矿场一片戈壁，孤独建设，目标难掩。故各种房屋，仍作有规则之建造，以期转移工程目标，而将炼厂设在河下，以期隐蔽，而策安全。究竟能否避免，仍无把握。

（壬）油桶

本局成品储存设备，多在缅境损失。近虽向重庆亚细亚及美孚二公司购有储油铁池数具，可容成品二、三百万加仑。然以拆运装置，周折费时，至明年春夏方可利用。应急之计，厥惟收集国内所存空桶盛装。当经呈准由军政部、运输统制局及航空委员会各筹拨二万只。最近业已在蓉、渝、筑等地交到一部分，正由本局卡车及驿运处大车陆续运矿途中。惟运量仍属有限，而本局目前每日平均产汽油一万余加仑、煤油四千余加仑，日需空桶约三百只。嗣后新炉相继完成，则需量尤多。空桶运输缓不济急，而购油机关，亦以路途遥远，未能按时提货，以致矿厂无桶可盛，常有被迫停炼之虞。

（五）我国油矿前途之展望

（甲）祁连山北麓石油河、石油沟一带油田，业已证实储量丰富，酒泉以南文殊山一带，按照地质结构亦极有希望。

（乙）武威、永昌之间北山北麓青土井一带，甘肃与宁夏交界处，亦已发现油苗。曾经化验，品质尚佳，并经派员两次查勘，认为可以开采。惟照地质结构，希望不如石油河一带之大，又因水源较远，开办不易，拟待抗战以后，器材充裕，再行开办。

（丙）青海民和县与甘肃交界处，在湟水两岸亦有油苗发现，经派员查察，未得确实结果，尚待详细续勘。

以上河西区域，石油河在祁连山之北，青土井在北山之北，民和在祁连山之南均有油田。以此三处为据点，似祁连山与北山南北二麓，尚有继续发现油田之可能。

（丁）陕北油田分布甚广，陕北二十一县几乎均有发现。惟地层平缓，油不集中，但经多年试探，证明将来中小规模之开采，必有可能。

（戊）陕甘之间均为黄土掩盖，惟六盘山为隆起之石山，其地质构造，系一背斜形，为石油储藏之良好结构，又于河西、陕北两油田之间，故旗下有油田发现之可能。

（己）新疆天山北麓，迪化以西乌苏、绥来等县，石油露头及天然沥青多处发现。乌苏独山子油田，且已有相当规模之开发。天山南麓库车、温宿一带，油苗亦旺。据新疆志所载，库车西北一百五十里山中，油泉流出长约二里，再入土中云云。

据上述情形，天山、祁连山、北山及陕北均有油田。六盘山虽仅有学理之推测，尚待事实之证实。如此东西横亘新疆、陕甘数千里，为中国油矿最有希望之区域。抗战以后，积极开发，必能自给自足，前途展望未有限也。

附件二　甘肃油矿局历年油品产量表（单位：美加仑）

年度 月份 油品	二十八年			二十九年			三十年			三十一年		
	汽油	煤油	柴油	汽油	煤油	柴油	汽油	煤油	柴油	汽油	煤油	柴油
一月				834	639	1826	8061	3551	6122	31805	6755	5033
二月				918	698	1632	6360	3364	4918	32173	1327	1007
三月				5209	574	1700	17755	6229	7678	20695	318	1275
四月				6594	716	2576	16006	8480	8738	56380	32145	1622
五月	88	100	110	8485	1464	4155	16693	9437	9227	76704	50684	250
六月	159	191	205	7469	2021	4804	9361	12293	16174	153399	37555	3970
七月	112	136	152	10563	4427	8666	20940	10335	16079	116651	83956	400
八月	284	338	376	7817	3856	6916	14587	11298	16000	219270（截至本月二十八日止）	89311	8663
九月	418	454	597	5014	4372	7118	21410	13784	18355			
十月	1007	1064	1820	6738	5088	8154	18700	14782	18524			
十一月	1007	1044	1972	6289	4505	7512	15688	13385	12473			
十二月	1085	774	2161	7533	3975	6476	43760	5652	6837			
合计	4160	4101	7393	73463	32335	61535	209321	112590	141125	707077（截至本年八月二十八日）	302051	22220

附件三　　　**甘肃油矿局历年汽油产量比较图**

（单位：美加仑）

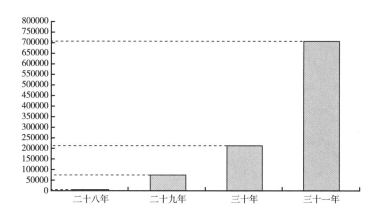

〔《油矿探勘与开采（三）》（1942 年 6 月 23 日至 1942 年 12 月 26 日）：1132.30/3510.01 − 03/260/001113230A003〕

孔祥熙呈复甘肃油矿局追加经费办理情形

（1943 年 3 月 12 日）

院长赐鉴：二月二十五日侍秘字第一六一八四号丑有侍秘代电奉悉。甘肃油矿局本年度因增产需追加经费，已以紧急命令饬财政部在管制物价预备费项下，于本月内一次拨出壹亿元，并由国库拨发美金贰拾伍万元，其余由该矿向四联总处洽借，采购设备器材，并饬会同中央信托局及四联总处办理，已并分行知照。除追加概算另案办理外，理合电复鉴核。祥熙。文院。

〔《油矿探勘与开采（三）》（1942 年 6 月 23 日至 1942 年 12 月 26 日）：1132.30/3510.01 − 03/260/001113230A003〕

翁文灏钱昌照呈向美国订购飞机汽油炼炉无法运华情形

（1943 年 4 月 9 日）

窃资源委员会所办甘肃油矿已在积极增产，为期于最近之将来能自行供应一部分飞机汽油起见，前经商请宋部长由中国国防物资供应公司向美方接洽，在租借法案内列购飞机汽油炼炉一套。该项炼炉每日可生产飞机汽油一百桶，即月产约四百吨。炼炉总重量为六百三十九吨，如即行订购，明年一月间可交货。惟近日叠接宋部长电告："美国陆军部以据史迪威将军意见，目前暂无空运吨位可以供运该项机件，因而拒绝该案，未能照订"等语。职等当以产炼飞机汽油，原在甘肃油矿计划之中，如国内能自行生产，至少可以解决一部分飞机汽油之供应问题。且目前炼炉机件内运，固将占用空运吨位六百余吨。但该项炼炉运入，开始生产以后，在两月以内，所产飞机汽油即可超过机件本身之吨量，实际上尚无不合算之处。业将此意函达史迪威将军，请其转电美国陆军部准予照购。顷接复函，以目前空运吨位将全部供运军需品，该项炼炉一时无法运华，仍难同意等语。窃以飞机汽油实有及早自行生产之必要，目前本会所洽订之炼炉，总重不过六百余吨，所占空运吨位较为有限，且将来运进开工以后，不两月所产汽油即足抵偿该炉内运所占之吨位。故就远大方面着想，该项炼炉似有订购内运之必要，可否恳请钧座赐予转知史迪威将军准予照购，以利进行之处。理合签请鉴核，仍祈示遵。谨呈

委员长蒋

职 翁文灏（印）、钱昌照（印）

三十二年四月九日

〔《油矿探勘与开采（四）》（1942 年 11 月 23 日至 1947 年 10 月 24 日）：1132. 30/3510. 01－04/261/001113230A004〕

翁文灏钱昌照呈向美国订购飞机汽油炼炉案
已商得史迪威同意可即购运
（1943 年 4 月 22 日）

查关于拟向美国订购飞机汽油炼炉，以便将来甘肃油矿自炼飞机汽油一案，前因史迪威将军向美国陆军部建议缓办，致未能立即照购，业经将经过情形于本月九日签报钧座有案。兹经会同中国国防物资供应公司方面续向史迪威将军磋商，已得其同意，可即行照购。惟

运输办法须改由伊朗经西北陆路运入，不能空运，已由史迪威将军致电美陆军部说明此意。除另电告宋部长即予洽购外，理合签陈钧鉴。谨呈

委员长蒋

职 翁文灏（印）、钱昌照（印）

三十二年四月二十二日

〔《油矿探勘与开采（四）》（1942 年 11 月 23 日至 1947 年 10 月 24 日）：1132. 30/3510. 01 – 04/261/001113230A004〕

翁文灏钱昌照电呈甘肃油矿局增产与减产情形
（1943 年 4 月 9 日）

委员长蒋钧鉴：本会甘肃油矿因增加产量，必须开凿新井。兹据报称："第十四井于三月十六日喷油起，初每小时油量在一万加仑以上，经十二小时后，因钻杆为油砂堵塞，出油减少，并一度停止。嗣将钻杆完全拔出，冲开油砂，重钻两昼夜，又继续喷油。又第十五井即该油田最南一井，于三月三十日夜间十一时钻深至四百公尺，出油压力甚大，油量甚旺。开始每小时流量一万三千加仑，每日三十万加仑，流量甚匀，毫无间断。至四月二日每小时流量为一万五千加仑；三日出油情势略缓，每小时流量平均一万四千加仑；四日流量每小时一万二千加仑；五日流量平均每小时七千加仑。该井已流六日之久，喷油达一百八十万加仑，为以前各井所无。"除督饬该矿员工妥慎办理外，理合电陈鉴核备查。职翁文灏、钱昌照叩。佳资机。

〔《油矿探勘与开采（四）》（1942 年 11 月 23 日至 1947 年 10 月 24 日）：1132. 30/3510. 01 – 04/261/001113230A004〕

翁文灏呈甘肃油矿局因应物价运费上涨拟提高油价格
（1943 年 6 月 1 日）

案据资源委员会甘肃油矿局呈称："查本局汽油价格自上年九月改为每加仑三十元以来，各项物价、运价上涨不已，开支随之增加。

油价迄未提高，收支相衡，早感维持困难。本年奉令增产，达上年三倍之多，材料之购运增繁，益感物价、运价上涨之严重。诚以本局矿厂远在甘肃玉门，一切生产物资均须由重庆或湘、桂、滇、黔各省采购运往。即员工生活所需之食米及日常用品亦须自西安、兰州及河西各县运往，距离既远，购运供应遂为本局重要工作，而运费一项，支出尤巨。

按去年八月间之公路运价，整车货运一等品为每吨公里十一元七角六分，三等品为九元九角。彼时本局运矿器材，其每吨运费即较购入原价超出三倍至五倍。嗣公路货运价格一涨再涨，本年一月间一等品每吨公里已改为十九元八角，三等品十六元七角，养路费及驿运运价亦几上涨一倍。而本局器材到矿运费遂有较其原价超出十倍者，殊为始料所不及。年内本局矿厂需用物资预计约二万八千吨，其中约一千五百吨可以本局自有车辆载运，其余二万六千五百吨则须全部雇用商车，所需运费约共四万万元，此诚为本局经济上之最大负担。

至于各项物价上涨情形，一如运价以言，各种钢铁器材目前即较去秋增涨三、四倍，其它涨约一、二倍不等。本局因增产关系，须加凿油井五口，并增置各种采炼设备，需用器材既多，购料支出亦随物价上涨，而增加甚巨。同时，生产及管理等费用因亦超出原来预算，两项支出共约需三万五千万元。加之上述，实支运费共达七万五千万元之巨。

本局今年创业预算原为一万一千万元，本为支绌。嗣以奉令增产，各种设备因须重加配置，请求追加二万万零一百二十六万元（其中一万万元奉批向四联总处洽借，利息负担即在一千万元以上），共计三万一千一百余万元。若本局年内可出售汽油六百万加仑，仍照上年定价，按每加仑三十元计算，则仅得一万八千万元，其余副产品所得至为有限。故全部收入可供运用者不足五万万元，较之需要支出之数不敷甚巨。际此国用浩繁，财政困难，本局实不能再请拨款，重增政府负担。惟计年内生产目标提高，责任重大，诚恐因资金不足影响产量，不得已拟自七月一日起，将汽油价格改计成本，增为每加仑六十元；纯军用汽油（前奉核定军政部交通司及航空委员会之用油）每加仑五十五元；其它柴油、煤油售价，亦参酌成本略予提高。则照此改订价格，如能于年内出售汽油六百万加仑，另加柴油、煤油售价收入，约可增收二万万元。虽仍不足尽维支出，然一面搏节费用，一面多此二万万元之周转，收支尚可相抵。查本局油价自去年九月间改订，迄今未稍变动。九个月来，苦心支持，力求稳定。今物价、运价均已上涨数倍，本局实感无法维持，所请增价，务恳赐予核准，用维生产"等情。据此，查该局奉令增产，资金不敷，请求调整油价，始足稍资补助各节，确属实情。经查其它液体燃料，如代汽油及酒精两项，上年九月重庆官价为每加仑九十二元及九十四元，而目前已分别涨至每加仑二百四十八元及二百二十元，上涨已达一倍有奇。该局汽油价格如压制过低，恐不独影响其本身生产，且对于其它液体燃料之产销，因价格悬殊亦将不易管制。此次拟请增加汽油价格为每加仑六十元，即以此项价格为准，运至重庆，每加仑连同运、杂各费，约为二百元，仍较重庆酒精及代汽油价格为低。且酒精之行车效率仅及汽油百分之六十，如此计算，则汽油价格更属便宜。故增价一方面固可以维持其生产成本，同时亦可保持各种液体燃料价格之平衡，免碍代用品之增产。复查苏联汽油去年每吨为美金一百十九元，本年亦已增至一百六十六元，上涨达百分之五十。苏联物价较称稳定，尤有此显著之增涨，我国年来物价波动较剧，而该局所请调整价格，其比率亦尚较运价为低，实属必要，请赐准照办，俾利增产。是否有当，理合签请鉴核示遵。

谨呈

委员长蒋

职　翁文灏（印）

三十二年六月一日

〔《油矿探勘与开采（四）》（1942年11月23日至1947年10月24日）：1132.30/3510.01－04/261/001113230A004〕

翁文灏钱昌照电呈甘肃油矿局厂房遭山洪冲毁及恢复情形
（1943 年 7 月 31 日）

委员长蒋钧鉴：案据甘肃油矿局先后转据矿厂电称："本月二十一日晚六时，山洪暴发，河流湍急，形势之猛，为自油矿开办以来所未有。而炼油各组因需要河水关系，地位较低，以致河西管二组炼油河傍冷却器均冲倒，该炼厂被迫停工。自二十四日午后五时半起，水势益猛，西岸管炼厂一所及锅炼厂三所悉被冲毁，沿河其它建筑设备亦均大部分损失。除认真防护补救外，谨先电陈"等情。即电查详细情形，藉知此次水患，河西被毁各厂每日炼制汽油能力为二万加仑。幸河东业已设成之炼二组，因在厂员工抢救得力，并未冲毁，尚可利用。每日能炼汽油一万二千加仑，即每月能出汽油约三十万加仑。目前西北运输用油，仍能充分供应。又现正在设备中之管三组预计九月秒可以完工，产力较大，每日能出汽油二万五千加仑，加以折合（月以二十日计）即每月约出五十万加仑。届时如土西铁路运输实行开通，所需汽油亦仅能供应。除电令该局对于现在厂址认真防护，被毁炉座迅速修复外，所有该矿水冲情形及实际状况，理合电陈鉴核备案。职翁文灏、钱昌照叩。世资机。

〔《油矿探勘与开采（四）》（1942 年 11 月 23 日至 1947 年 10 月 24 日）：1132. 30/3510. 01 - 04/261/001113230A004〕

翁文灏呈拟修改甘肃油矿局三十二年度预计汽油产额
（1943 年 10 月 13 日）

前据资源委员会本年七月三十一日世代电呈报：甘肃油矿局河西炼厂因山洪暴发，被水冲毁，其水势之猛，为自油矿开办以来所未有，已在认真防护补救。至河东炼厂仍能每月出油三十万加仑，并经径呈钧座鉴核等情到部。经即指令该会转饬该油矿局迅将被毁炉座修妥复工，并电达液体燃料管理委员会查照在案。兹据资源委员会本年十月八日呈略称：

"遵经饬据甘肃油矿局渝肃业字第七一九八号呈称：'查本局三十

二年度工作计划书所订各项计划内，矿场部分及储油、输油等工作现均仍照原计划逐步施行，并无变更。惟炼厂部分因七、八月间山洪暴发，炼油锅炉设备大部分为激流冲毁，所有原订炼厂工作计划不得不酌予变更。河西锅式一、二两组炼炉拟予停工；河西管状第二组及锅式第三组炼炉仍在原址修复，于九月底开炼；河西锅式第四组移建河东山上，拟定十月一日起开炼；管状第三组炼炉移建山上，新址本年已不能利用，预计须至明年五月底试炉。至本年汽油生产量，照炼厂工作计划变更情形，预计至九月底止可达一百八十万加仑，如原油充足，全年可达三百万加仑。准电前由，理合将本局本年度工作计划及产量预计应须修改之处，备文呈请鉴赐核转'各等情。查该局自经前次水患，损失甚巨。原定本年六百万加仑汽油之生产目标，实有重加修改必要。据称本年如原油充足，全年汽油可达三百万加仑一节，核尚属实。除拟准将该局本年度汽油预计产额改订为三百万加仑外，理合呈请鉴核备案。"

等情前来。查此次甘肃油矿局河西炼厂被山洪冲毁，事出意外，幸抢救得力，河东炼厂尚可产油。现在河西炼厂已有一部分修复开炼，所拟将该局本年度汽油预计产额改订为三百万加仑各节，尚属实在，较诸去年该局汽油一百九十二万加仑之产量，已增加一半。除指令准予备案，仍督促该局对于移建工程加紧进行，务即如期完成，以利生产，并电达液体燃料管理委员会外，理合呈报钧座鉴核。谨呈

军事委员会委员长蒋

经济部部长　翁文灏（印）

三十二年十月十三日

〔《油矿探勘与开采（四）》（1942 年 11 月 23 日至 1947 年 10 月 24日）：1132.30/3510.01－04/261/001113230A004〕

翁文灏呈甘肃油矿局改定三十二年度汽油产额情形

（1944 年 1 月 6 日）

案查关于甘肃油矿局三十二年度预计汽油产额改定为三百万加仑一

节，前经于上年十月十三日以（卅二）矿字第五八二七〇号呈陈明原委，报请鉴核，并奉酉铣侍秘字第一九八三三号代电指复已悉等因在案。兹据资源委员会三十二年十二月三十日呈称："案据甘肃油矿局呈，以本年度汽油产量前奉核准，改定为三百万加仑。兹据矿场电，已于十二月十一日晨九时十分达到。又矿厂截至该日止，共存汽油八十万零五十九加仑等情。理合转呈鉴核备案"等情到部。除指令外，理合转呈钧座鉴核备案。谨呈

军事委员会委员长蒋

经济部部长 翁文灏（印）

三十三年元月六日

〔《油矿探勘与开采（四）》（1942 年 11 月 23 日至 1947 年 10 月 24 日）：1132.30/3510.01－04/261/001113230A004〕

翁文灏呈三十三年甘肃油矿拟向美国购置炼油器材
（1944 年 3 月 4 日）

谨呈者：前奉钧座面谕：在开罗会议时与美国总统罗斯福面谈中国油矿亟需新式器材，以供急用。罗总统面允悉由租借法案供给运华，故甘肃、新疆油矿所需设备，应速开单送请宋部长即向美国商订等因。遵经饬由甘肃油矿局拟具该局及新疆油矿目前急需购置之器材清单一份，并经与宋部长接洽，此次所拟购置之器材，系以甘肃油矿所急用者为主，并兼及建设新疆油矿，以期及早生产。但在战时，空运吨位为数有限，为实际上较易运入起见，全部器材之数量自不能不有相当限度。兹拟商请在陆运未通以前，从速运入者约共三千四百吨，价值约美金三百五十万元，事实上当不致有何困难，宋部长亦以为然。一俟钧座核定后，宋部长允即迅向美国政府洽订。此项设备全部装置后，其生产能力每年可达汽油二千万加仑，并能制炼飞机汽油每年二百五十万加仑。为数虽不甚多，但亦可供给国内急要用途，并节省国外油料内运之吨量不少。凡此尚系为目前对外陆路封锁时之可能增添设备，将来滇缅路通后，当另谋在兰州建设较大规模之油厂，

并铺设由矿场至兰州八百余里之油管。所有全部设备，均拟在租借法案内订购，合并陈明。以上所拟先行在租借法案内购置之急用设备，是否可行，理合检呈清单一份，敬祈鉴核，迅赐核定，以便转请宋部长洽订，实为公便。谨呈

主席蒋

　　　　　　　　　　　　　　　　职　翁文灏（印）

　　　　　　　　　　　　　　　　三十三年三月四日

附呈清单一份。

附　民国三十三年甘肃油矿局拟向美国经租借法案购置器材清单

项别	器材名称及规范	已申请（重量）	未申请（重量）
（一）	采油及钻井器材		
1	拟开十八个油井所需器材	六〇〇吨	
2	采油器材零件	一八吨	
3	二吋半油管一一〇〇〇呎	三五吨	
4	钻头、油管、油井控制器、地质仪器及深油井用之套管等		
（二）	炼油器材		一〇〇〇吨
1	飞机汽油厂全套，日产二百桶辛烷值一〇〇之飞机汽油及二百桶普通汽油（已在美设计完毕）	七六三吨	
2	真空设备日产机油三十二桶	五二吨	
3	补购 J－1732 合同之一千五百桶裂炼厂在缅损失器材，可提炼百分之六十四之普通汽油	四〇〇吨	
4	一五〇〇桶低效裂炼厂（提炼百分之四十普通汽油）之最急需器材		三〇吨
（三）	其它器材		
1	汽油精（可敷一年半之用）	五〇吨	
	共重	一九一八吨	一〇三〇吨

总重二九四八吨

连已购待运之去氢蒸馏炉两套，重量三百八十吨，约共重三千四百吨

附注：

　　（一）民国三十一年在租借法案内订购之去氢蒸馏炉两套，共重三百八十吨，业在纽约交货，正待运输中。

（二）新式炼油器材至为急需，盖较国内自制之炼油设备，其效率可增加三倍，且较耐用。

（三）本单所列拟经租借法案获得之全部器材（包括上述已交货之去氢蒸馏厂两套），其价值约计美金三百五十万元。

（四）本单器材希望于民国三十三年四月在纽约开始交货，至十二月陆续交完。每月平均内运重量以四百吨为标准，到达装置后即可生产。每年各种产品总量约计七万吨，可予盟军以极大之助力。

（五）目前虽尚受敌方之封锁，但上列器材每件之重量，均可由飞机载运。本单全部器材运到装置后，每年可产普通汽油约二千万加仑（四十七万六千桶）及飞机汽油二百五十万加仑（六万桶）。

（六）为增加产量，以应需要及便利产品之运输起见，于对封锁开放，陆运畅通之后，拟请再经租借法案获得钻井、炼油及由矿区至兰州所需之输油管等设备，其详情容后拟奉。

〔《油矿探勘与开采（四）》（1942 年 11 月 23 日至 1947 年 10 月 24 日）：1132.30/3510.01 – 04/261/001113230A004〕

翁文灏呈报哈丁汉轮焚毁甘肃油矿局器材损失案
（1945 年 5 月 5 日）

案准资源委员会甘肃油矿局本年四月三十日渝肃（卅四）业字第二八〇五号代电开：

"顷据本局驻印代表郁仁长电称：据交〔通〕部面知，获德里电报，HARDINGHAM（哈丁汉）轮在哥伦布附近，因失火自行凿沉。该轮装有本局 Req. No. C – 1089N 半裂化炉器材 Return Bend① 约一吨，Req. No. C – 1095N 打井零件约四吨。除分别调查损失、交涉赔偿外，谨先电报等情。又据本局驻美工程师邹明电称：HARDINGHAM 轮被焚，本局器材 Return Bend 等损失。除 Return Bend 拟洽用现款购买，仍须三个月后始可交货外，其它器材拟洽 FEA② 补购等情。据此。查

---

① 回路弯管接头。
② Foreign Economic Administration，美国对外经济局。

Return Bend 一项为设立半裂炼厂不可缺少之器材，质料系属合金，国内无法自制。现虽设法补购，惟交货、转运，在在需时，恐难及时赶运抵矿，对于本局本年增产计划影响甚大。除随电检奉该轮装运之本局器材清单一份，即请察核转洽，以最高优先率补购，将来交货后，由美以航空径运兰州转矿，以期能于冬季到达，俾前述炼厂能如期完工外，并恳将影响本局本年增产计划一项，转呈层峰鉴核。"

等由。附器材清单一份。准此。查该局请购之半裂化炉器材之弯管接头等件（Return Bends）遭遇海损，对于本年油矿增产影响殊巨，除已函美中国物资供应委员会洽购有效补充办法，并就近转洽美国对外经济事务局迅予优先补定，以利增产外，理合将轮船失火凿沉，致损失一部分重要器材事由备文，呈请钧座鉴核备查。谨呈

委员长蒋

职 翁文灏（印）

三十四年五月五日

〔《油矿探勘与开采（四）》（1942 年 11 月 23 日至 1947 年 10 月 24 日）：1132. 30/3510. 01－04/261/001113230A004〕

翁文灏呈报美国油矿专家考察甘肃油矿之意见
（1945 年 4 月 17 日）

（事由）为报告美国油矿专家考察甘肃油矿陈述意见，呈请鉴核。

查美国国务院在战时设有石油局，统筹国内外石油开发工作。兹派该局国外油矿处副处长贾文（Gavin）专程来华考察甘肃油矿。又美国在华后勤司令齐福士将军，亦派上校安德士（Andrus）往该矿视察。因由甘肃油矿局孙总经理越崎专机陪同前往，详为接洽，兹已协调返渝。经职分别晤谈，该二员对于甘肃油矿地处偏远，交通困难，而采炼工作已具基础，均认为满意。对于实际进行办法、洽谈要点并及建议、意见，谨特分项陈明如左：

（一）近时美国美孚公司、塔克萨斯公司等私人组织，均有商请入股之意。英商亚细亚公司亦愿加入。美国油矿局副处长贾文谈及此事

315

时，曾谓中国油矿矿权宜由中国自为保留。至技术及设备协助，自可充分与美国商洽，不致有何困难。工程上遇有需要，亦可短期聘用美国专家。此项意见纯为护助吾国之好意，吾国对于油矿矿权自宜特为慎重，以期妥善。

（二）西北各地现尚设有检查站多处。贾文及安德士上校均谓迭次停车甚久，等候检查，损失时间，即等于虚废车辆。在此卡车缺乏时期，尤为可惜。且因检查人员往往托载乘客多人，超过重量，毁损卡车，熟权利害，甚愿建议中国政府毅然裁撤，以畅货物之转运。

（三）目前炼油设备，仅能从原油中提出汽油百分之二十，甘肃油矿局已向美国定制半裂化炼炉全套，亟待由印度内运。因中航机吨位不足，迄未实行。安德士上校已允即用美国军用机代为运至昆明，俾可从速运甘装置。如果照此实行，无甚意外阻碍，则半裂化炼炉在本年十月间可望装置完成，能从原油中提出汽油百分之四十四。此外，尚需采炼设备及自油矿通至酒泉之运油管，贾文允返美后代为筹洽，电商订制。

（四）目前甘肃油矿局旧有卡车，使用数年，路远车旧，困难日加。而运输任务南起昆明，北抵玉门，程途又至遥远。以前曾向齐福士将军商洽，盼于新到卡车内拨送三百三十五辆，以供此用。原则虽获同意，而实行不知何时。为此时速图补救起见，安德士上校允返昆提议速拨卡车二百辆、拖车三百辆，以供急用，并派具有运输经验之美国人员三、四人偕行，以资协助。

以上所陈各节中，除关于订制器材各事，当由职督同油矿局孙总经理随时洽办外，其美人所陈撤销检查站一节，事实上恐不便即为照办。但原则上站数似应尽量减少，检查手续应力从简化迅速，不得耽延行车时间，托带乘客，尤宜认真禁止。可否？恳请钧座令行主持，检查机关切实整饬，以期妥实。敬候鉴核示遵。谨呈

委员长蒋

职 翁文灏（印）谨呈

三十四年四月十七日

拟办：第二项各检查站所检查时不注重时间，其中流弊与复杂原因

甚多。钧座虽迭令积极改善，但以此种人员流品不齐，且远在外间，不易察觉。至检查人员对经过车辆强带乘客，则重庆附近，连同宪兵方面，亦属视为当然之事（但如质问其长官，必根本抵赖祖护，甚至认为毁坏其名誉）。惟目前因异党活动之故，彻底取消检查，自不可能。兹拟：

一、将此项报告抄交戴副局长[1]，责令减少检查站、所，并派人员负责密查各站，如再有此类情事，应予严惩，并另令宪兵张司令[2]不准宪兵在各站强搭乘客。

二、并知照战时运输管理局转饬各公路站所注意监察，如再有此类情形，准其随时密报。

陈布雷

四．廿七．

批示：如拟。

〔《油矿探勘与开采（四）》（1942 年 11 月 23 日至 1947 年 10 月 24 日）：1132.30/3510.01－04/261/001113230A004〕

蒋中正为美国油矿专家考察甘肃油矿意见致戴笠代电
（1945 年 6 月 12 日）

本会调查统计局戴副局长：据报西北各地现尚设有检查站多处，美国油矿专家贾文及美国在华后勤部安德士上校考察甘肃油矿，均谓迭次停车甚久，等候检查，损失时间，即等于虚费车辆。在此卡车缺乏时期，尤为可惜。且因检查人员往往托载乘客多人，超过重量，毁损卡车，甚愿建议中国政府毅然裁撤，以畅货物之转运。等语。查关于减少检查站、所，改善检查手续，近年迭经饬令切实办理有案，何以尚有所称情形？实属贻误事机。应急将所有检查站、所，尽量裁撤，并应派员负责密查。各站如再有此类耽延行车时间及强搭乘客情事，应立予严惩。中〇。巳文侍秘。

---

① 戴笠。
② 张镇，时任宪兵司令兼军事委员会军法执行副监。

〔《油矿探勘与开采（四）》（1942 年 11 月 23 日至 1947 年 10 月 24 日）：1132.30/3510.01 - 04/261/001113230A004〕

蒋中正为美国油矿专家考察甘肃油矿意见致翁文灏代电
（1945 年 6 月 14 日）

经济部翁部长勋鉴：四月十七日机渝秘字第二九〇号签呈悉。所陈第二项关于各检查站、所检查时耽延时间暨检查人员强搭乘客各节，已抄交军委会调查统计局戴副局长，责令减少检查站、所，并派人员负责密查各站，如再有此类情事，庶予严惩；并另令宪兵司令部张司令不准宪兵在各站强搭乘客；并知照战时运输管理局转饬各公路站、所注意监察，如再有此类情形，准其随时密报，藉凭惩办矣。中〇。已寒侍秘。

〔《油矿探勘与开采（四）》（1942 年 11 月 23 日至 1947 年 10 月 24 日）：1132.30/3510.01 - 04/261/001113230A004〕

翁文灏呈乌苏匪情紧张乌苏油矿员工撤退情形
（1945 年 9 月 18 日）

（事由）为乌苏匪情紧张，乌苏油矿员工已予撤退，呈报鉴核备案由。

案据甘肃油矿局本年九月五日及八日先后呈以乌苏匪情紧张，现已迫近乌苏矿区，携有新式燃烧炮弹等重武器，攻势极猛，乌苏油矿万分危急，一切工作无法进行。为保全国家生产力量计，经由局电令先行疏散眷属，并于军部密切连络，相机撤退。兹据该矿鱼电，妇孺已全部撤到绥来，李主任同照偕同全部员工亦于六日午步行撤退，暂以主任报务员周瑞述留守，与驻军同进退。报请鉴核备案各等情。除复准备案外，理合转呈，鉴核备案。谨呈

委员长蒋

资委会主任 翁文灏（印）

三十四年九月十八日

〔《油矿探勘与开采（四）》（1942 年 11 月 23 日至 1947 年 10 月 24 日）：1132.30/3510.01 - 04/261/001113230A004〕

（四）新疆地质考察局之筹建

陈布雷转呈盛世才拟在新疆组织地质考察局
呈请饬选矿业专家来新办理
（1942 年 11 月 23 日）

（事由）拟在新疆组织一地质考察局，请饬选矿业专家及技术人员来新办理，并先行开采库车油矿。

新省矿藏，五年以前有一苏联矿业博士曾对职云："青、宁、陕、甘四省矿产总和不及新省之丰。"现已开采者，仅有附山之金、独山之油。为消除侵略国家觊觎染指之野心计，惟有从速将各种矿产设法调查开采。按内地各省均有各项考察分局之设立，意在考察矿产，开辟富源。职拟在新疆亦组织一地质考察局。关于局长一职，即由建设厅长兼任。至于各种专家及技术人员，拟请钧座饬选矿业专家及技术优良人员来新办理。如蒙俯准，恳饬中央有关各机关从速遴派，以便成立，实地调查开采。

查在五年以前，该苏地质学博士谈及，考察南疆之油矿优于北疆油矿，特别是库车油矿比苏联巴库及美国各油矿质量较佳等语。当时苏联驻迪总领事不满意该博士谈露新省油矿富藏及质量优良情形。现查南疆油矿，除库车外，喀什尚有两三处，惟库车有此优良之油矿，拟请钧座准饬派专员筹备调查，先行开采。

拟办：拟密交经济部翁部长核议。

批示：如拟。

〔《油矿探勘与开采（四）》（1942 年 11 月 23 日至 1947 年 10 月 24 日）：1132.30/3510.01 - 04/261/001113230A004〕

陈布雷转呈翁文灏呈复盛世才拟设地质考察局
暨饬选矿业专家来新办理意见
（1942 年 12 月 14 日）

（事由）呈复盛主席拟设地质考察局任用专才，职似可代为物色、介绍前往，当否，候核示。

奉钧座代电，以盛主席电请在新组织地质考察局，请饬派矿业专家及技术人员赴新办理，并先行采库车油矿，饬核议具复等因。查此次为查测独山子油矿，职前已呈奉核准，派技正黄汲清等前往，现已行抵新疆。原拟俟独山子矿区工作完竣，即转往考察库车等油矿。

至新省金、煤、铁等重要矿产，盛主席现拟设立地质考察局，任用专材，认真查勘，自属可行。川、湘、赣、豫各省皆设有省立地质调查所，新疆地广人多，自宜参照办理。其所需专材，职似可代为物色、介绍前往，亦可对新省富源确知实情，以便统筹办法。当否，仍候核示。

拟办：前据盛督办电请设立地质考察局，调查全省矿产，局长由建设厅长兼任。经呈奉批交翁部长核议。兹据议复，尚属妥洽。惟对于设局一层，并未提及，拟照翁部长所议意见复知盛督办参照内地各省之例设立调查所，不必设局。所需专门人员，可由经济部物色介绍，并嘱其随时径与经济部洽商。并复知翁部长。

批示：如拟。

〔《油矿探勘与开采（四）》（1942 年 11 月 23 日至 1947 年 10 月 24 日）：1132.30/3510.01－04/261/001113230A004〕

蒋中正为翁文灏对于新疆省地质考察事宜意见致盛世才电
（1942 年 12 月 20 日）

迪化盛主席：戌哿秘电悉。密。查内地各省原有省立地质调查所之设，新省对于地质考察事，宜可照各省成例，设立地质调查所，不必设局。所需专门技术人员，可由经济部物色介绍。希随时径与翁部长诏霓洽商可也。中○。亥哿侍秘。

〔《油矿探勘与开采（四）》（1942 年 11 月 23 日至 1947 年 10 月 24
日）：1132.30/3510.01－04/261/001113230A004〕

十一 西南矿产管理与器材搜集

蒋中正为中美滇锡贷款致翁文灏代电

（1939 年 8 月 27 日）

经济部翁部长勋鉴：密。顷由顾大使①与美国驻法大使密商借款问
题，拟以锡品担保，借美金五千五百万元。按时价每吨美金一千一百
元计算，需锡五万吨，拟于订约后分五年交锡。第一年交五千吨，第
二年七千吨，第三年一万吨，第四年一万三千吨，第五年一万五千
吨。此事现拟极力接洽。惟目前滇省锡产尚未完全归中央统制，孔院
长现正与富滇新银行缪董事长②及滇省建设厅长等切实接洽中。顾以
目前交通及产量情形尚多困难，如借款能商洽成功，并拟补充开矿机
械及精炼设备，以期增加生产。所有应设炼冶炉及开矿器材、应用油
料等，其费用均可于借款成立后向美洽购。如用外籍技术人员，亦先
向美洽聘。一切统希研究计划，并随时与孔院长商陈办理为盼。中
○。沁侍秘渝。

〔《中美借款洽订》（1939 年 3 月 19 日至 1940 年 5 月 17 日）：
0882.01/5080.03－01/211/001088201A006〕

翁文灏电呈与滇省接洽收购滇锡事

（1939 年 9 月 28 日）

重庆委员长蒋钧鉴：八月二十七日侍秘渝字第七五二六号代电谨
悉。关于与滇省接洽收购滇锡一事，经职商承孔院长，叠与该省负责人

---

① 顾维钧，时任中国驻法国大使。
② 缪云台。

员切实洽谈。兹该省对政府收购该省全部农矿产品已表同意，惟须每年拨给该省外汇英金一百六十万镑，以为对外支付之需。现财政部拟组织贸易委员会云南分会办理该省物产收购事宜。查各省农产由贸易委员会及中央信托局收购，矿产由资源委员会统一收购，早经中央明白规定。资委会奉命管理各省矿产已历年所，最近桂省矿产亦归该会管理。如云南一省另定办法，深恐将来对于定价、运销等事，步伐分歧，难期一致，且与中央原定办法不符。为避免事实上之困难，并为增进办事效率起见，滇省矿产似宜仍由资源委员会负责办理，以收集中统筹之效。爰拟由资源委员会即在滇省设立矿产收购专处，主持其事。资委会所办事业向荷该省当局协助，此事当能取得合作，除与财政部商定派员赴滇接洽外，谨此电陈。事关统一收购矿产，务乞赐予维持，无任感祷。职翁文灏叩。俭资。

拟办：滇省矿产可否由资源委员会援例设处收购，请批示。

批办：行政院所以设置贸易委员会之原因，似系因滇省坚持办理外汇，主持机关为迁就事实之办法。若由资委会设处收购，恐于收购价格又多争执，难免窒碍此事之进行。希先密商孔院长详究应付方针后，再行拟定适合事实之办法候核可也。陈布雷。

细按：翁部长来文谓资委会所办事业向荷滇省当局协助，此事当能取得合作，并已与财政部商定派员赴滇接洽，云云。似委座不必明示阻止其在滇设处之意，免滋其误会，以为财部有意乘机侵权。文内"若由资委会设处收购，恐于收购价格又多争执，难免窒碍"以下各语，拟改为"若由资委会设处收购，关于收购价格，希先密商孔院长详究应付方针，免因价格问题致滋碍窒。所有进行办法，务期适切事实，并随时与财部切取联系为要"等语，并将此意转知孔院长。可否，乞核夺。

〔《中美借款洽订》（1939 年 3 月 19 日至 1940 年 5 月 17 日）：0882.01/5080.03－01/211/001088201A006〕

蒋中正为与滇省接洽收购滇锡事致翁文灏代电

（1939 年 9 月 30 日）

经济部资源委员会翁兼主任委员勋鉴：俭资代电悉。滇省矿产收购，行政院所以设置贸易委员会云南分会之原因，似系因滇省坚持办理外汇，主持机关为一种迁就事实之办法，与专门收购矿产性质颇有不同。将来该会是否另行由资委会设处收购，恐于收购价格又多争执，难免窒碍此处。抑或即参加于贸易委员会分会之内会同办理。究以何者为能适应事实，希先密商孔院长详究应付方针后，再行拟定适合事实之办法候核可也。中○。卅侍秘渝。

〔《中美借款洽订》（1939 年 3 月 19 日至 1940 年 5 月 17 日）：0882. 01/5080. 03 – 01/211/001088201A006〕

孔祥熙电呈与滇省接洽收购滇锡事

（1939 年 10 月 15 日）

前由部派庞会计赴滇省洽商由中央收买滇锡，用作美借款之抵押。具体办法，前日返渝，结果尚称圆满，暂可告一段落。主要条件：

（一）滇锡全部由中央收购，中央每年给予外汇一百六十万〔英〕镑，由滇省支配应用。

（二）由中央与滇省合组贸易委员会分会，管理进出口贸易事宜。

〔《中美借款洽订》（1939 年 3 月 19 日至 1940 年 5 月 17 日）：0882. 01/5080. 03 – 01/211/001088201A006〕

翁文灏呈派员勘查四川省江油县境油田情形

（1944 年 4 月 4 日）

查四川省江油县境内自发现石油油苗后，其情形报章迭有登载，四川省政府亦请资源委员会迅谋开发。资委会为明了该地实际情形起见，经于三月二日令饬所属四川油矿探勘处工程师沈乃菁，偕同中央地质调查所技师陈秉范前往勘查。沈、陈二君于三月三十日勘毕返渝。据称发现油苗地点，距绵阳至江油之公路最近处约十余公里。土人挖掘煤矿，深达七十余公尺，即见石油自坑内流出，每日可得油三百余斤，约合一大桶（五十加仑）。自出油至勘查时止，已历三个月，流量迄未少衰。复查该产油地点地质情形，其储油层大致属侏罗纪上部之砂页岩层，油层之覆盖为致密之页岩，所见之油系自岩石裂缝中渗流而出。地层构造成一完整之穹形向斜层位置，适当成都盆地之边缘，应为极合理想之储油区域。附近有沥青质薄层分布颇广，当为以前油泉蒸发所剩余之遗迹，亦为储油尚多之一证。为求进一步明了起见，亟须详为测勘等语。目前，资委员对该处油田，拟即饬四川油矿探勘处及中央地质调查所派员组织测勘队，先作地形、地质等详细测量。如果届时勘明确有探采之价值，再行勘定钻眼位置及运输钻机之公路路线，俾能修筑公路，将钻井机件运达矿地，准备施钻。理合先将派员调查该处油田及准备组织测勘队详勘各情形具文，呈请鉴核。谨呈

委员长蒋

职 翁文灏（印）

三十三年四月四日

〔《油矿探勘与开采（四）》（1942 年 11 月 23 日至 1947 年 10 月 24 日）：1132. 30/3510. 01 – 04/261/001113230A004〕

十二　电厂内迁与电力建设

翁文灏呈复重庆电力公司迁建工程进行情形

（1941 年 11 月 17 日）

（事由）呈报遵谕严饬重庆电力公司对于迁建工程务须依限完成情形。祈鉴核。

本部秦次长汾陈称：奉面谕："电灯厂迁建工程，应于本年年内完成，不得再延"等因。查重庆电力公司迁建工程，进度迟缓，迭经本部严饬该公司限于本年年内完成，并经呈报行政院在案。奉谕前因，遵

经严饬该公司加紧施工，务须遵限完成，不得延误，并将现在工程进行情形及预定完成工期，迅即详查具报。除派员随时严加督促外，理合具文呈报鉴核。谨呈

军事委员会委员长蒋

经济部部长 翁文灏（印）

三十年十一月十七日

拟办：电力公司迟延工程，似市政府亦负有督促责任，拟并饬市政府一体严加督责，依限完成。陈布雷。卅年十一月十八日。

批示：如拟。

〔《电厂建设与电力供应》（1937 年 6 月 18 日 1948 年 4 月 19 日）：1122.50/1071.01－01/226/001112250A001〕

翁文灏呈复重庆电力公司迁建工程延误原因

（1941 年 11 月 28 日）

前奉钧谕：重庆电力公司迁建工程限期完成等因。遵经饬知该公司切实遵照，不得延误，并经呈复各在案。顷据该公司三十年十一月二十五日电字第四六八七号呈复略称："鹅公岩迁建工程，原冀本年年底完成，因川康营造厂未能依照合同规定日期完工。其最大原因厥为石层关系，开辟后发觉脆弱部分，临时改向朝上开凿，工程拓展，此非预计所及。而工人不易招雇，传染疟痢者甚多，再加警报、雨天，在在皆感困难，公司虽随时督促，然终不免误期。现在锅炉洞已于本月十二日完成，刻正赶建底脚及出灰道。机器、锅炉亦于本月十八日及二十二日先后开始安装，机器约本年年底可以装竣。锅炉工程较费时间，安装及砌炉墙约需三个半月时间。准定于三十一年三月底前，全部完成发电、安装工程，不能草率从事。限期三个半月，实无法再事缩短，恳请核转"等情到部。查重庆电力公司迁建工程，曾由国库及四行分别拨借款项补助，并由本部督饬该公司负责积极办理，限期完成发电。施工以来，本部随时派员督促，未敢稍懈。而该公司一再迟延，致未能如限完成。兹据呈复各节，除严饬积极赶办外，理

合具文呈请鉴核。谨呈

军事委员会委员长蒋

经济部部长 翁文灏（印）

拟办：拟复"悉"。

〔《电厂建设与电力供应》（1937 年 6 月 18 日 1948 年 4 月 19 日）：
1122.50/1071.01 – 01/226/001112250A001〕

吴国桢①呈复电灯厂迁建工程完成期限
（1941 年 12 月 4 日）

案奉钧座戌逈待秘一二〇二三号代电内开："电灯厂迁建工程应于本年内完成，不得再延。希即严加督责，务望依限完成为要"等因。奉此，查电灯厂迁建工程，曾由经济部设立委员会主持其事。惟工程浩大，依照其二十九年十一月间所核定之工程进行表，全部工程应于三十一年四月完成。职奉令后，经召集经济部、兵工署及电力公司负责人员，商讨加速完成办法，并亲往鹅公岩迁建地点，会同工程司查勘。查得机器洞及锅炉洞业已完成，现正进行安装机器。惟安装锅炉及冷水塔等尚需相当期间，地点有限，加工亦无补于事。与电力公司程总工程司〔师〕本藏往返检讨，最早亦须明年三月底始能发电，但与原定工程进行表比较，尚略提前。谨呈

委员长蒋

拟办："列呈阅"。已据经济部报告列呈。可存。

〔《电厂建设与电力供应》（1937 年 6 月 18 日 1948 年 4 月 19 日）：
1122.50/1071.01 – 01/226/001112250A001〕

翁文灏呈重庆市供电紧急救济办法
（1942 年 12 月 19 日）

（事由）呈为重庆电力公司近以负荷超出机量，拟具《重庆市供电

---

① 时任重庆特别市市长。

紧急救济办法》，祈鉴核示遵由。

查重庆机关、学校、工厂、商店为数甚多，电流供应至为切要。重庆电力公司各发电厂，近以各处用电特多，负荷超过机量，晚间五时至十一时期间，情形尤甚，以致电压不足，灯光不明，不得已时，甚或一部分停电，以策安全。迭经本部督促改善，并经会商各有关机关，规定用电办法。同时复奉钧座面谕："饬即尽量减少电流之使用"等因。奉此，自应积极遵办。该公司原有发电设备，计四千五百瓩及一千瓩机炉各两部，本均装置大溪沟厂内，供应市电原有余裕。抗战期间，工厂及人口骤为增加，用电需要增多甚巨。又因避免空袭损害起见，除四千五百瓩一部仍留大溪沟厂内加装保护设备外（第一厂），经饬将一千瓩设备两部拆迁南岸，建立分厂（第二厂），并将四千五百瓩设备一部拆迁鹅公岩山洞（第三厂）。近时该三厂悉皆发电应用，电量尚感不足，遂使所有设备，毫无彻底修理机会。尤以锅炉使用过久，不免发生故障，必要时须短期停电修理。故本部于本年四月间曾经一再促请兵工署自有发电设备、各兵工厂及其它工厂从速加装设备，发电自给，俾便减轻电力公司负荷，并经呈准钧座转饬遵照在案。迄至现在，已发电自给者，有大渡口迁建委员会钢铁厂、兵工署所属之第二十四工厂、军政部第一纺织厂、中央造纸厂、裕华纱厂、豫丰纱厂等，共九千瓩。又兵工署第二十工厂及五十工厂，共能发电四千二百五十瓩，亦正在装置中，约计六个月内可以陆续发电，减轻电力公司之负荷。依照目前情形，电力公司尚须供给兵工、军需用电四千瓩，工厂用电六千瓩，市用电灯四千五百瓩，实已超出该公司发电能力。在增加电力尚未完成以前，自应遵照钧谕，拟具紧急救济办法，分为二部分，一为增加供电力量，二为减少电力公司负荷。在目前情况之下，并拟暂先分区轮流停电，以应急需。附所拟紧急救济办法，拟请钧座亲为核定，俾主管机关可能有力执行，以免辗转商榷，徒托空言。所拟办法分条附呈，是否有当，理合具文，呈请鉴核示遵。谨呈
委员长蒋

　　附呈《重庆市供电紧急救济办法》一份。

经济部部长　翁文灏（印）

拟办：附原附办法并登手令，谨按所照办法，周密可行。拟准交国家总动员会分令照办。

附 重庆市供电紧急救济办法

（甲）增加供电力量

（一）军政部第一纺织厂（一千瓩）及兵工署所属各兵工厂（第二十厂一千瓩、第二十一厂一千瓩、第五十厂三二五〇瓩）之发电设备，应速装置发电。除自用外，所有余电应由重庆电力公司购买转售。由军政部令行照装，并由经济部督责电力公司照办。

（二）中央造纸厂之发电设备（一千瓩）除自用外，所有余电应立即由重庆电力公司购买转售。由经济部办理。

（三）巴县电力厂最近筹建发电厂（一千瓩）应积极进行，于三十二年年底完成供给李家沱一带工业用电。由经济部督促办理。

（四）重庆电力公司与各自有发电设备之工厂，应互相联络供电。由经济部督促办理。

（乙）减少电力公司负荷

（一）除兵工、军需及重要工厂经政府特许外，无论电灯、电力，暂时一律停止装接新用户。由经济部办理。

（二）电炉、轻磅电灯泡及一切含有广告意义之电灯，应即禁止使用。电炉、轻磅灯泡之出售与制造，应予取缔。由市政府办理

（三）普通电灯用电，无论日夜，均应尽量节省，减少非必要之电灯。一般商店至迟应于每晚十时收市。机关由军委会令知，工厂由经济部通知，商店住户由市政府布告并督促实行。

（四）电灯电价在一百度以下者，电价仍旧，每度二元八角。自一百零一度起，超过度数，电价一律加倍，每度五元六角。由经济部办理。

（五）路灯在午前六时以后至午后五时以前，禁止开用，并减少不必要之路灯。由市政府办理。

（六）电力供给，除兵工、军需及重要工厂外，非必须二十四小时继续工作者，午后五时以后、十时以前，停止用电。凡工厂违反用电规

定者，电力公司呈准后，得停止供给该工厂之用电。由经济部办理。

（七）严厉取缔窃电及强用电流。查获后，依照《电气事业处理窃电规则》规定处罚。由卫戍司令部宪警机关办理。

〔《电厂建设与电力供应》（1937 年 6 月 18 日 1948 年 4 月 19 日）：1122.50/1071.01 - 01/226/001112250A001〕

陈布雷呈重庆市供电紧急救济办法之意见
（1942 年 12 月 24 日）

关于重庆市电力不敷供应一事，据经济部呈报，除兵工署第二十工厂及五十工厂正在装置四千二百五十瓩之发电机，约六个月内可以陆续发电外，目前电力公司尚须供给兵工、军需用电四千瓩，工厂用电六千瓩，市内电灯四千五百瓩，实已超出该公司原有一万一千瓩发电能力三千五百瓩之多。在增加电力尚未完成以前，业已遵照钧谕，拟具《紧急救济办法》，一为增加供电力量，二为减少电力公司负荷。请赐核定，俾可有力执行等语。经查，原拟《紧急救济办法》，尚属周密可行，除已交由国家总动员会分令照办，并令对于节约电力之管制，应责成市政府严切办理外，仅将原办法要点摘报如左：

《重庆市供电紧急救济办法》要点

甲、增加供电力量

一、军政部第一纺织厂及兵工署所属各兵工厂之发电设备，应速装置发电（共六千二百五十瓩）。除自用外，余电应由电力公司购买转售。

二、中央造纸厂之发电设备（一千瓩）除自用外，余电应即由电力公司购买转售。

三、巴县电力厂筹建发电厂（一千瓩）应积极进行，于三十二年底完成，供给李家沱一带工业用电。

乙、减少电力公司负荷

一、除兵工、军需及重要工厂经政府特许外，无论电灯、电力，一律暂停装接新用户。

二、电炉、轻磅电灯泡及一切含有广告意义之电灯，应即禁用禁售。

三、普通电灯用电，应尽量减少，一般商店限每晚十时收市。

四、电灯电价在一百度以下者，仍旧，超过百度者，一律加倍。

五、路灯自午前六时至午后五时，禁止开用，并减少不必要之路灯。

六、工厂非必需日夜工作者，夜间停止使用电力，违反规定者，停止其供电。

七、严厉取缔窃电及强用电流。

右呈

委员长

职 陈布雷（印）呈

十二月廿四日于侍二处

〔《电厂建设与电力供应》（1937 年 6 月 18 日 1948 年 4 月 19 日）：1122.50/1071.01 –01/226/001112250A001〕

翁文灏呈资源委员会与英国远东开发公司
合办云南富民峡水力发电厂
（1943 年 10 月 7 日）

谨呈者：窃本部前准外交部上年六月二日代电开：据驻英顾大使代电称，英国电力信托公司（Power Securities Corporation，Ltd.）及电工联合公司（Associated Electrical Industries，Ltd.）拟与我政府合作兴办建设及开发事业，并拟派代表团前来重庆。该公司在英享有盛名，经营事业遍及全球，以电气工程、公用事业、铁路及矿业为最著，其背后主持者为英国四大银行。电力信托公司拥有资本一百三十万镑，近年经理事业有四千三百余万镑。电工联合公司资本七百七十余万镑。其银行介绍书由著名之摩根公司（Morgan Grenfell & Co.）及格林米勒公司（Glyn Mills & Co.）开具，均谓该两公司财力丰富，技术人材充实，堪以承办任何国家之巨大及重要事业，嘱为查照办理等由。嗣又准外交部本年五月二十四日代电，以准英国大使馆来文，略以伦敦远东开发公司（系上开电力及电工两公司所合组）代表柏格斯屈朗（Erio M. Bergstrom）及杨格（H. C. Young）二君业于二星期前抵达重庆。两君均为电气工程专

330

家，对于我国建设事业当有贡献云云，嘱为查照核办等由到部。当经由部饬由资源委员会妥与洽议，已选经职及资委会主管人员与之洽谈，并陪同前往长寿、贵阳、昆明各地参观资委会所办电厂及一般水力情形。该员等因鉴于我国电气事业战后自将大规模发展，亟愿与我方试洽合作办法，助我建设。近经多次磋商，已就下列各点先行交换意见。

一、拟先择云南昆明附近富民县富民峡蔡家村地方，由双方试行合办一水力发电厂。

二、合办之方式由资委会与英方依照中国公司法合组一有限公司。关于公司之资本及股份以及发行债券与借款，等等，均由双方商定办理。我方意见，公司股份比例应仍照现行规定，外资最多百分之四十九，华资最少百分之五十一，公司董事长、总经理及会计并均由我方人员担任，英方人员表示可以同意。

三、将来该厂所发之电全部售予资委会所办之昆湖电厂。英方人员意见，该项电价除足敷该公司工程及管理方面开支外，酌加相当利润，并拟暂定为年息一分。

四、该公司所有资产及设备在一定年限——暂定十五年——以后，昆湖电厂有权收买之，其价格照公司资产及设备之总成本减去折旧计算。

五、为适应昆湖电厂已有之供电情形起见，该公司当接受昆湖电厂之指导。

六、合作办法商定后，双方拟先分头进行准备工作，俟战事结束再开始实际建设。

以上各点系双方初步商洽之意见，如我方同意，即可先订草纸，俟战事终了当即开始建厂工作。至正式合约，因目前工价、物价及币值之不稳定，只能于战事结束时行之。查上项磋商各点对我方似颇有利，合办之新公司所发之电全部售予资委会昆湖电厂，实际上不能对外营业，实受我方之控制。而于一定年限以后，新公司资产按合理之代价让售我方，更确定我方最终之主权。窃职前迭奉钧座手令，研拟战后利用外资兴办建设，特别注重大规模之电气事业。最近十一中全会复通过战后利用外资之方针。如能于此时期与外国投资方面洽定一具体事例，似可为与外资合作开一始基。此次所定区域限于一地，所办事业限于一事，且受我方之控制。英人远道来此，对我所提条件均能开诚磋议，故洽得结果，颇属切实可行。惟事关利用外资大计，应否即照上项原则与英方继续磋商，签定草约之处，敬祈鉴核示遵。谨呈

委员长蒋

职 翁文灏（印）

三十二年十月七日

〔《电厂建设与电力供应》（1937 年 6 月 18 日 1948 年 4 月 19 日）：1122. 50/1071. 01－01/226/001112250A001〕

熊式辉呈经济部与伦敦远东开发公司合办
富民峡水力发电厂之意见
（1943 年 11 月 11 日）

（事由）为奉饬审核经济部与伦敦远东开发公司代表商洽合办云南富民峡水力发电厂办法一案，谨签请鉴核由。

奉钧座侍秘字第一九九三七号代电内开："据经济部翁部长呈报，伦敦远东开发公司代表拟与我合办云南富民峡水力发电厂，经与商洽办法六项，请示可否洽定草纸等情前来。兹将原呈随文抄转，即希审核具报"等因。奉此，遵经将该项办法缜密研究。

窃以本党第五届中央执行委员会第十一次全会对于吸收外资已有"确定战后奖励外资发展实业方针"之决议，欢迎国际合作。现战事结束之期已近，外国企业家来华洽商投资者日多。若我国经济建设有一整个之总计划，以为发展实业、吸收外资之标准，则每遇外人来华洽商合办一种事业，即可根据整个总计划衡量其利弊，并可据以审查其办法。惜我国经济建设总计划尚付阙如，目前仍不得不对个别案件作个别之决定。

此次经济部与伦敦远东开发公司代表所商各点仅系初步交换意见，原则上可行，与我战后奖励外资、发展实业之方针亦无不合，其中如外商资本与我国资本之比例、重要职员规定由华籍人员担任、营业应受我方之指导以及十五年以后可由我方备价收回，等等重要条款，均与我方

有利。且此后亦可据以为与其它外人商订合作条款之好例，似可准其先订草约，进行准备工作。是否有当，敬祈鉴核。谨呈

总裁蒋

中央设计局秘书长 熊式辉（印）谨呈

三十二年十一月十一日

拟批：前据翁部长呈报伦敦远东开发公司拟与我国合办水力发电厂，经与商定办法六项，可否继续磋商，签定草纸，签请核示前来。奉批"交设计局审核"。兹据熊秘书长呈复：查核所商各点，原则上可行，各重要条款亦与我方有利，似可准其先订草约，进行准备等语。拟令经济部照办。

又熊秘书长签称："我国经济建设，应有一整个之总计划，以为发展实业、吸收外资之标准。"谨查本年六月廿八日，钧座曾令王秘书长亮畴①（机秘甲字七八三三号手令）会同有关各机关，拟具关于我国经济政策之具体方针，尚未据呈复。拟再令催，迅与熊秘书长、翁部长等会商，拟具经济建设之具体计划呈核。

陈布雷（印）

十一月十四日

批示：暂缓。

〔《电厂建设与电力供应》（1937 年 6 月 18 日 1948 年 4 月 19 日）：1122.50/1071.01－01/226/001112250A001〕

翁文灏电呈为配合军事反攻请准由美英租借

法案内供给发电机二十九座

（1943 年 12 月 8 日）

委员长蒋钧鉴：窃以我国对敌反攻之时已近。为配合军事需要，便利大军进展起见，前方各重要地点克复后之电力供应，确应有及早筹划之必要，期于敌人撤退以后，军事、兵工所必需之最低限度电力能以迅

---

① 王宠惠。

速供给。现美、英等国均建造移动式发电所，将发电设备装于轮船或火车之上任何处所，如有急需，即可驶往，立即发电，以济要需。苏联即由美、英在租借法案内获得移动式发电所几将百座，最近西线克复失地，其电力供应得以迅速恢复，于军事进展助力实多。兹经估计，我国在反攻开始至战争结束，立即需要之移动式发电所，计船上发电所一万瓩者五座、五千瓩者五座、二千瓩者十五座，备供沿江、沿海一带各城市，如上海、南京、芜湖、九江、汉口、武昌、宜昌、杭州、南昌、沙市、长沙、广州、连云港、青岛等处应用。又火车上发电所五千瓩者二座、二千瓩者二座，供沿铁路线一带各城市，如北平、天津、济南、徐州、郑州等处发电之需。此外，线路材料如铜线、变压器碍子等，除国内可以供应部分外，亦应预向国外洽购。上项移动式发电所之制造时间约需一年，线路材料之制造亦需相当时间，似宜立即向美、英订购，俟需要时，即可海运来华。其中一部分二千瓩电厂设备并宜提早空运来华，或俟滇缅路开通后即行内运，以便预在湖南或四川江内装配备用，藉以争取时间。以上所陈，关系协助反攻军事之进展，似亟宜从速推进，准予商由美英租借法案内如数供给，及早制造运华。是否可行，理合电请鉴核示遵。职翁文灏叩。齐资机。

拟办：列呈。核。发电设备于战事、复员均属重要。但来呈所列需要之数颇多，未知美国能否允全额由租借法案内供给。拟交宋部长与翁部长会商进行。

陈布雷呈

三十二年十二月十一日

批示：如拟。

〔《电厂建设与电力供应》（1937 年 6 月 18 日 1948 年 4 月 19 日）：1122.50/1071.01－01/226/001112250A001〕

宋子文电呈由美英租借法案内供给发电机事
（1943 年 12 月 29 日）

主席钧鉴：前奉亥啸侍秘字第二零六九五号代电，关于资源委员会翁主任委员请准商由美英租借法案内供给移动式发电所二十九座，俾于各重要地点克复后得迅速供应电力。案遵与翁主任委员会商后，业经电知华盛顿中国国防物资供应公司，向美方申贷。除另函翁主任委员查照外，谨录原电译文，呈请鉴核。职宋子文叩。亥艳。

附呈抄电一件。

附　　照抄致华盛顿中国国防物资供应公司电译文

奉委座谕，请按下列种类，代资源委员会在租贷法案项下向美申请移动式发电所十九个及其附属器材，备作将来沦陷区敌军撤退后供给各市镇电流之用。该项发电所与军事之推进有直接关系，希迅即洽办。

（一）乙［一］万瓩船上发电所五个——该发电所在美装置船上，将来驶华应用。

（二）式千瓩船上发电所拾个——该发电所将来由铁道运至内地，以备装置于国内预造之船只上应用。

（三）五千瓩车上发电所两个。

（四）式千瓩车上发电所两个。

（五）十二万开维爱变压器，散布电流之用。

（六）五百吨左右裸铜线等，散布电流之用。

上项发电所及器材，曾开列清单送交美国对外经济事务局驻华代表福勒君带美。

所有流动式发电所均须于一九四四年九月交货，在订购时除须具（一）六千九百电压、（二）五十周波及（三）烧煤锅炉外，其大小及种类可由美工厂就地决定。

据悉苏俄在美订购之三千瓩流动发电所正在制造中，我国如因紧急需要，是否可向其商洽拨借，希即电复。

宋子文（印）

〔《电厂建设与电力供应》（1937 年 6 月 18 日 1948 年 4 月 19 日）：1122.50/1071.01 – 01/226/001112250A001〕

翁文灏呈开发新疆省迪化红盐池水力发电预算表

（1944 年 2 月 4 日）

窃查新疆迪化附近工业逐渐发展，需要电力殊为殷迫。现有之新光电灯公司仅有发电容量二二四瓩，不敷应用，且机器陈旧，时生障故。前准新疆省政府函请合作开发迪化红盐池水力发电，以应该地之需要。当经派员前往勘测，拟具工程计划书及预算表，估计开发五百马力之水力发电，约需国币柒千五百万元。据盛督办意见，土木工程费用，可由该省政府或该地原有之电灯公司就地筹措。该项水力发电工程是否应予举办之处，尚祈核示祗遵。倘须进行，其创业经费，除土木工程部分约计国币式千叁佰万元，似可由该省政府或新光公司就地筹措外，尚需国币伍千式百万元，本会本年度预算内未曾列入，无法筹拨，拟请准予在西北建设费内拨付，以资应用。是否可行，理合缮具预算表备文，呈请鉴核。谨呈

委员长蒋

附呈预算表一份。

经济部资源委员会主任委员 翁文灏（印）

〔《电厂建设与电力供应》（1937 年 6 月 18 日 1948 年 4 月 19 日）：1122.50/1071.01 -01/226/001112250A001〕

翁文灏呈长江三峡水力发电计划

（1944 年 9 月 29 日）

（事由）呈为一国之经济建设须有中心事业为基础，关于水力发电并须对通航、灌溉及工业制造兼为注重，资委会现拟有开发长江三峡之计划，谨陈概要及建设步骤，敬祈鉴核由。

谨签呈者：窃查一国之经济建设，千头万绪，极为纷繁。政府统筹建置，必须能把定中心事业为基础，俾可提纲挈领，循序进行。美国工业发达冠宇各国，但其政府方针，对于水力发电厂尤为注重。目前举世共知之泰纳西河流域管理局，实即在一天然经济区域内，由美国政府特设机构，用提纲挈领之方法，以从事经济开发。该局成立于一九三三

年，其主要任务，第一为使泰纳西河之全部水力得以利用发电，藉以促进各种工业；第二为调节水流，俾利灌溉，并可终年畅通航运；第三为管制河水蓄放，以防水患而灌农田。此外如造林防疫、保持土壤及发展农产，均为该局之重要任务。行之十年，上述目的无不一一达到。吾国生产落后，此次抗战，元气尤多斲伤，将来战后复员及发展农业、工业，实多困难。故对于上述美国在重要河流区域内作提纲挈领之开发，实有足资效法之处。

我国长江三峡，水力最为丰富，非惟适宜发电，即通航、灌溉等问题，亦诸待开发。盖惟有水力发电与通航、灌溉及工业制造等兼为注重，其效用乃更为远大，而有符于建设近代国家之用意。惟长江流量巨大，断流筑坝、设电厂及建船闸，其工程实至为宏巨，以吾国资力之薄弱，实少独力举办之可能。近有美国对外经济事务局驻华代表处专家巴自克（Poschal）专研农业及航运经济，在华时经多时之研究，建议在长江三峡出口处建筑高坝，发电一千另五十万瓩，以所发电力之半数制造化学肥料，成本最轻，可以输往美国，作为向美借款兴建还本付息之用。此计划完成后，所有航运、灌溉及防洪诸问题，俱可一并解决，而五百余万瓩之多余电力，更可作为兴办其它工业之用。至对于此类大规模水力发电工程，则美国水力局高等技术主任萨凡奇（Savage）博士学验最为丰富。经由资源委员会与之商洽，来华考察重要水力发电地点，因将三峡计划一并请其研究。经搜集各方有关资料，并由萨君率同资委会专门人员亲往三斗坪至石门一带实地踏勘，认为天然条件十分优越，所有初步计算及设计正在进行之中。此项计划亦为美国国务院派华专家麦美伦教授所赞助，并于其回国后与美国战时生产局局长纳尔逊谈及。此次纳氏来华后，曾与职数度谈及该计划之开发，并亲向萨凡奇君详询工程方面诸问题。纳氏曾表示，战后开发中国，该计划实最为切实有效之办法。惟对于以制造化学肥料还本办法，认为美国战后剩余电力亦多，恐不能接受。职当即另拟开发及还本付息计划两种，除已提供纳氏参考外，谨将重要各点陈明如下：

事项	第一计划	第二计划
高坝地点	自葛洲至石门一带尚待再加研究	自葛洲至石门一带尚待再加研究
坝高	提高水面一百六十公尺	提高水面一百六十公尺
发电容量	元电力六百万瓩（元电力指终年可利用之电力），次电力四百五十万瓩（次电力指年内有二三个月因水小而不利供给之电力）	元电力五百万瓩，但仍可扩充至第一计划数量
开始发电	第六年底	第六年底
电力供给范围	西至重庆，东至武汉、南昌、长沙或南京	西至重庆，东至武汉、南昌、长沙或南京
宜昌以下最低流量	每秒六千立方公尺以上，较现在大一倍	每秒六千立方公尺以上，较现在大一倍
通航	一万吨海轮直达重庆	二千吨轮船直达重庆
灌溉	三峡以上可实行一年两熟之高地灌溉。湖北省内湖泊总面积达六百六十万亩，半数以上可利用耕种（在坝后约须淹没耕地一百五十万亩）。三峡以下亦可施行大规模灌溉	三峡以上可实行一年两熟之高地灌溉。湖北省内湖泊总面积达六百六十万亩，半数以上可利用耕种（在坝后约须淹没耕地一百五十万亩）。三峡以下亦可施行大规模灌溉
坝后蓄水量	可利用部分约四万立方公里（三七〇〇〇〇〇〇〇〇〇吨）不能利用部分亦约四万立方公里	可利用部分约四万立方公里（三七〇〇〇〇〇〇〇〇吨）不能利用部分亦约四万立方公里
防洪	民国二十及二十四年之水灾，其洪水顶点可以避免	民国二十及二十四年之水灾，其洪水顶点可以避免
经费	美金约十三万万元	美金约八万万五千元
来源	向美借贷，利息年息二厘半	六万万向美借贷，年息三厘；二万万五千万美金债券，年息五厘
每年还本付息总数	美金九千万元	美金五千五百万元
还本办法	以五百万瓩制造化学肥料作为还本付息	以二百五十万瓩制造化学肥料。每吨氮气照市价半数合美金九十元，销售于中国及国外市场。假定外销部分，每年可得外汇约二千万元。本计划完成后，我国每年可节省美金五千万元之棉花及粮食进口外汇。财政部应可准许以国内出售肥料所得价款购置美金二千五百万元，作为还本付息之一部分。以上共可得到外汇约美金四千五百万元，尚短外汇约一千万元，可用其它方法补足

续表

事项	第一计划	第二计划
还清年数	开工起二十五年	开工起三十年
可供工业及灌溉用电	元电力一百万瓩 次电力四百五十万瓩	元电力二百五十万瓩
电价	元电力每度美金二厘 次电力半厘	元电力每度美金二厘

此项计划实行以后，除完成其上述各主要任务外，尚可有下列各项效用及利益。第一，将来本利还清以后，电价更可减低其收入，并可供其它建设或本身扩充之用；第二，我国农产非特可以自给自足，且可有余裕运输出口；第三，各种工业将因大量低廉之电力迅速发展，成本甚轻；第四，电炉产品如电石矽铁、钨铁及需用大量电力之轻金属，如铝等，均可大量生产，并可出口；第五，该计划完成后，四川省航运便利不啻移至海边，使该省可适宜于兴办重工业；第六，该计划将成为世界最大水力计划，每年国外游客为数必多，直接、间接自游客方面所得之外汇收入，亦必有可观；第七，可以利用一部分收入在上游大规模造林，以解决吾国木材之不足，并减少长江含沙量，使下游水道可以改善；第八，如在乌江、金沙江、汉水再筑高坝，则长江水患可彻底免除，裨益国计民生，实至远大。

综上所陈，则吾国三峡水力所得之利益，较之美国泰纳西河流域管理局工作实更为宏大，而应作为我国复兴计划中之基本事业。目前此项计划之初步研究即将完成。萨凡奇君建议由资委会与美方水力局及泰纳西河流域管理局合作，进行设计工作。职因该项设计至少需时半年，并需工程师二百名以上，为争取时间计，拟即与美方开始初步接洽，俟商有具体办法，再为呈请钧座核定。事关战后建设大计，理合将筹划经过情形备文呈报，敬祈鉴核示遵。谨呈

主席蒋

职　翁文灏（印）

三十三年九月二十九日

339

拟办：呈报筹划长江三峡水力发电经过，拟请准与美方进行具体计划。可否，乞示。

批示：如拟。

〔《电厂建设与电力供应》（1937 年 6 月 18 日 1948 年 4 月 19 日）：1122.50/1071.01 – 01/226/001112250A001〕

十三　战时煤矿生产与调度

经济部国家总动员会议呈拟扶助嘉陵江区
煤矿生产稳定煤价办法大纲
（1944 年 9 月 23 日）

（事由）会商拟具《扶助嘉陵江区煤矿生产稳定煤价办法大纲》，并拟定暂由政府补贴数额，呈请鉴核示遵由。

查嘉陵江区煤矿业迭次呈称，以限价数目不足成本，请求救济。前经本经济部拟具提案，提奉本会议第五十五次常会决议，由政府拨款五千万元，收购各矿存煤四万吨，以裕周转，并经本会议承办院令，分行办理各在案。惟煤焦生产，关系国防民生至为重要。前次决议收购存煤，系属临时救济措置，爰经会同拟具《扶助嘉陵江区煤矿生产稳定煤价办法大纲》。依是项大纲，保障生产成本及合法利润之规定，现行价格或加以调整，或由政府补贴。但衡以目前一般物价均渐趋稳定之情势，并分析煤焦需用，以各兵工厂、轮船公司、电力公司等数量为较巨，如调整煤价，势将增加政府预算上之支出，似以暂取补贴办法为宜。据燃料管理处核计，今后各矿产量及生产成本，每月产煤总额为八万一千七百吨，每月需贴款五千一百三十二万三千九百四十元。目前实需数量较少，拟请暂按六万吨之产量，预拨九月份补贴款三千六百万元，以资救济，以后逐月按实况核计。是否有当，理合检同《扶助嘉陵江区煤矿生产稳定煤价办法大纲》及《补贴嘉陵江区煤矿业数额说明》各一份。敬祈鉴核示遵！

　　附呈：（1）《扶助嘉陵江区煤矿生产稳定煤价办法大纲》一份；

　　　　　（2）《拟补贴嘉陵江区煤矿业数额说明》一份。

经济部部长　翁文灏（印）

国家总动员会议秘书长　张厉生（印）

三十三年九月二十三日

附件一　扶助嘉陵江区煤矿生产稳定煤价办法大纲

　　一、确定需煤数量。由经济部燃料管理处与各公营私营工厂、轮船轮渡公司、机关、学校洽定每月需煤数量，并估计本市炊爨用煤数量，确定为每月共需数量计为七万七千八百三十吨（附表一）。

　　前项各大用户需煤数量经洽定后，届时即应提煤付价。如各户因临时需煤较少，仍应照洽定数量付价，以免矿商资金呆滞，影响继续生产。如各户临时需煤较洽定数量增加，准向政府储备项下加购。

　　二、配定各矿产额。需煤数量既经确定，由经济部燃料管理处依据各矿生产能力及其产煤品质，配定各矿逐月生产额数，计为八万一千七百吨。此项产量较前项需量超额，作为政府储额（附表二）。

　　前项配定生产数量，各矿应负生产足额之责，非有不可抵抗之特殊事故，不得减少生产，但其产量在配定额内，而不能悉数销售时，应由政府收购之。

　　三、保障生产成本及合法利润。产煤限价应以生产成本加合法利润为核计标准，如限价低于生产成本加合法利润时，得由政府斟酌当时经济、财政一般状况，或准予调整价格，或贴补其差额。如生产成本加合法利润低于限价时，应即减低限价。

　　前项生产成本，各矿应逐月详实列表，送由经济部燃料管理处切实考核其各项开支是否合理，计算是否正确，核转本会议，以为管制之依据，必要时本会议得抽查之。

　　四、提高经营效率，减低生产成本。各矿以煤层有厚薄之分，开采

341

方法有机器与人工之分，运输工具及运输设备各有不同，其成本自亦不免差异。但情事相同者，应以同业中成本最低之数为核计各矿成本一致之标准。管理费亦同，以期提高经营效率，降低生产成本。负有高利贷之矿，应先将本矿囤存不必需之货料，变价清偿债务，如无法脱售，由工矿调整处或四联总处予以收购，减轻子息负担。如仍不足，得请由政府核实洽商四联总处贷给款项。

　　五、划分运销区域。为节省人力、输力，应由经济部燃料管理处按照产需实际情形，划分各矿运销区域。

附件二　　　　拟补贴嘉陵江区煤矿业数额说明

　　据燃料管理处核定，今后各矿产量及生产成本，每月产煤总量为八万一千七百吨。依七月份产煤成本加合法利润计，若准予调整价格，则合槽粒煤大块一二三号岚炭，须照现行价格增加百分之四十；大河岚炭增加百分之五十。若由政府补贴，每月需款五千一百三十二万三千九百四十元。惟近月来各矿实际产量，当不及此核定之数，故补贴数额，应比例减少。拟请自九月份起，暂按六万吨之产量，预拨补贴三千六百万元，交由燃料管理处查明各矿出口地实际运出数量，核算其生产成本，转发各矿，并将核发实况，逐月表报经济部核转国家总动员会议备查。至十月份补贴，即按八月之产量及成本核计，依次顺推。另由燃料管理处依据办法大纲，拟具实施细则报会。

　　拟批：本案稳定煤价办法，一面估计需要，责成各矿依照认额生产；一面保障销场，切实核算各矿生产成本，予以必要之贴补，于挽救嘉陵江区煤矿业当前危机，尚属适宜之措置，拟请照准。惟原附办法核算各矿生产成本，情事相同者既系以同业中最低之数为标准，则对于实际成本较高之矿，自应由经济部继续督饬改进技术及管理，不可纯任自然，期能更进了解各矿之实情，拟并饬遵照。陈布雷。九·廿八·

　　批示：如拟。

〔《煤矿产销与用煤调度（一）》（1936 年 9 月 11 日至 1946 年 8 月 29 日）：1132.10/9410.01-01/255/001113210A001〕

蒋中正为补助嘉陵江区煤矿业致电张厉生代电
（1944 年 10 月 6 日）

行政院张秘书长[①]：据国家总动员会议张秘书长、经济部翁部长九月二十三日（卅三）管二三八二三审贰呈十二号会呈，以嘉陵江区煤矿生产限价数目不足成本，拟由政府补贴，请暂按各矿每月产煤总额六万吨计算，预拨九月份补贴款叁仟陆佰万元，以资救济，以后逐月按实况核计等语。查所陈扶助煤矿生产办法，颇属允当，除已复准外，即希转饬财政部将九月份补助款叁仟陆佰万元照数拨发为盼。中〇。酉麻侍秘。

〔《煤矿产销与用煤调度（一）》（1936 年 9 月 11 日至 1946 年 8 月 29 日）：1132.10/9410.01-01/255/001113210A001〕

蒋中正为扶助嘉陵江区煤矿生产致张厉生翁文灏代电
（1944 年 10 月 6 日）

国家总动员会议张秘书长、经济部翁部长均鉴：九月二十三日（卅三）管二三八二三审〔贰〕呈十二号及附件均悉。所陈扶助嘉陵江区煤矿生产、稳定煤价办法，可予照准。所请九月份补贴款三千六百万元并已分电行政院转饬财部照拨。惟原办法核算各矿生产成本情事相同者，现系以同业中最低之数为标准，则对于实际成本较高之矿，自应由经济部继续督饬改进技术及管理，不可纯任自然，期能更进了解各矿之实情，并希遵照为要。中〇。酉鱼侍秘。

〔《煤矿产销与用煤调度（一）》（1936 年 9 月 11 日至 1946 年 8 月 29 日）：1132.10/9410.01-01/255/001113210A001〕

[①]　张厉生，时任行政院秘书长兼国家总动员会议秘书长。

十四　西康矿业开发

张笃伦[1]呈宁属资源蕴藏情形及开采办法
（1940 年 4 月 27 日）

查宁属[2]资源蕴藏丰富。行辕成立后，经技术专员会同经济部及西康技专各专家调查考验，确具备重工业区之条件。如冕宁、泸沽之磁铁储量达二千余万吨，会理毛姑坝之磁铁达七百余万吨，白果湾之烟煤达八百余万吨，永仁之烟煤约一万万吨，会理天宝山之铜、锌、铅亦约五百余万吨，均可供国家百年或数十年之用。他如木里之金、安顺场之石棉及各地铅、锑、锰、锌、银、钨、铜、云母，实为西南之唯一宝藏。

惟该地夷人[3]二百余万，汉人仅八十余万。以故仅有狭小地区中通一线，矿藏与肥沃之地，均在夷区，任其荒废。汉人时遭劫杀，日趋削弱。因之劳力、食粮，均感不足，治安尤属可虑。故解决夷务，实为开发之先决条件，但需用军事、政治力量既多，需时甚久，在目前状况下，无彻底解决之可能。

兹斟酌环境，择要顺序开发。拟先设立鱼岔钢铁厂，使用毛姑坝之铁、白果湾之煤，每日出铁二十吨，制造生产工具及轻便铁道，使煤、铁产地互相联络。再进而修筑铁道以通川滇，为大规模之开发（钢铁厂计划正由经济部审核中）。但交通困难，筹设需时。在此期间，应先开发金、铜、锌、铅较为简易之矿，以应急需，并从事发展交通、垦荒、造林，充实工人，增加粮食。本下列两原则切实进行：

一、垦矿并进，工农配合，以解决食粮之不足。

二、生产力配合战斗力，工人军事化，以期进展地域与经营业务，确保安全，消除患害。

---

① 时任军事委员会委员长西昌行营主任。
② 宁属于 1939 年由四川省划归西康省，主要包括大凉山脉迤西之西昌、冕宁、泸沽、宁南、盐边、会理一线地区。
③ 即彝族。

谨依上列原则，拟定办法如下：

甲、组织垦殖队。本年暂定两万人，以西昌第十一补训处之士兵为基础，并招募当地夷民及他省有生产能力之难民、伤兵，编为两个总队（编制另定之），配合二分之一或三分之一武器，施以六个月军事及生产技术之训练后，分配垦矿工作。以后按实际需要，逐次增加员额。

乙、经费。请由军事费支给待遇。请俯念边地生活特别昂贵，为提高生产效率，应参照生产工人之薪给标准核定之。（给与表另定之）

丙、人事。因垦务、夷务属于省府职掌，且与地方政治关系密切，经与西康刘主席文辉商洽，关于经费、技术之管理，由行辕主持；关于员工之补充、选用，由省府参加。垦殖总队，拟设置督办、会办各一员，由西康省主席与西昌行辕主任分任之。

以上所陈，是否有当，伏候钧裁。谨呈

委员长蒋

西昌行辕主任 张笃伦（印）

廿九年四月二十七日

〔《矿业管理（三）》（1936 年 3 月 7 日至 1941 年 4 月 8 日）：1131/
1032.01－01/243/001113100A001〕

蒋中正为宁属资源蕴藏情形及开采办法致翁文灏代电
（1940 年 5 月 6 日）

经济部翁部长咏霓兄勋鉴：据西昌行辕张主任笃伦折呈称：宁属矿藏丰富，经派专员及各方专家调查考验，确具备重工业区之条件。兹斟酌环境，拟先设立鱼岔钢铁厂，制造生产工具及轻便铁道，使煤、铁产地互相联络，再进而修筑铁道以通川滇，为大规模之开发，并拟定开厂办法，请鉴核等语。查西昌各属矿产丰富，迭据各方报告，确有积极筹划开发之必要，特将原折呈随文附发，希即切实核办，妥筹进行，并与张主任洽商为盼。中〇。鱼侍秘蓉。

附张主任原折呈一件。

〔《矿业管理（三）》（1936 年 3 月 7 日至 1941 年 4 月 8 日）：1131／
1032.01 - 01／243／001113100A001〕

翁文灏呈开发西康及宁属矿藏意见书
（1940 年 5 月 13 日）

委员长蒋钧鉴：奉鱼侍秘蓉字第一一五号代电，附西昌行辕张主任
笃伦折呈一件，令切实核办，妥筹进行，并与张主任洽商为盼等因。遵
与张主任面洽，在蓉时并接西康省委兼保安处处长王靖宇面送意见书一
件，汇加考核，拟具意见如下：（一）工矿业办法。（甲）鱼岔钢铁厂。
利用泸沽磁铁，可办小规模之钢铁厂，拟由经济部与行辕及省政府共同
办理。经济部西昌办事处主任胡博渊尚有经验，已拟有具体办法，似可
责成张主任返康时与刘主席商定中央及地方合作办法，交由胡主任负责
实行。（乙）铜锌铅矿。经济部资源委员会设有川康铜业管理处，对于
西康省内雅属及宁属各矿已迭加查勘，并拟有具体采炼办法，拟商由张
主任向省府商定协助保护办法。其原则为，凡关于统制收购以供兵工要
需者，应归中央设立之川康铜业管理处依照规定负责办理，由省府协助
保护。但若干事业，省府原为参加经营者，则商定合作办法，共同办
理，由川康铜业管理处觅用专门人才负责推进。（丙）金矿。中央已与
西康省府合设西康金矿局，次第进行。为开采木里金矿起见，现并商组
公司，共同促进。以后仍宜加紧努力，以期从速增加产量。所产之金，
照章应悉由中央银行收购。（二）垦殖队办法。西康省内劳力、粮食均
感不足，且夷人数目超过汉人。张主任建议组织垦殖队，诚为扼要之
举，惟具体办法尚待核定。张主任拟以西昌第十一补训处之士兵为基
础，并招募当地夷民及他省有生产能力之难民、伤兵，为两个总队，配
合武器，以后逐次增加员额，由军事委员会支给经费。关于经费、技术
之管理，由行辕主持；关于员工之补充、运用，由省府参加；由省主席
与行辕主任分任督办及会办。王靖宇意见则对此办法有所修正。该员主
张垦殖队应以第十一补训处、保安团队、靖边部队、驻宁属廿四军刘旅

四者为基本，所需经费并宜提倡私人投资，办理机关则设立垦殖督察公署，以省主席及行辕主任为督、会办，经费、技术、人事、部队等统归公署办理。该二员意见虽略有异同，然大体主张尚为一致。详加审核，似（一）正式军队（如廿四军）责在保卫地方，不便令其兼任垦殖；（二）有生产能力之夷民及难民、伤兵，仍宜设法利用。统制、督导之责，宜由省主席及行辕主任共为负担。所有具体办法，似宜令由张主任拟具详确计划，附同与刘主席商洽意见，一并呈请钧座核定施行。以上意见是否有当，理合陈请鉴核。附还奉交张主任原折呈一件，并附呈王靖宇意见书一件。职翁文灏（印）叩。元渝资。

附　　　　抄呈王处长靖宇意见书

开发宁属资源确系紧要，从垦矿与夷务同时进行，亦甚赞成。惟宜就现有军事部队加以生产化，所谓前方抗战、后方建设是也。并同时对于军队本身，亦得经济上补助，若另外成立多数类似军队之垦殖队，殊不经济。

一、宁属资源之评价。原文所述至为合理，鄙意宜从金矿较好与铜质较良之地方着手。在铁路未修造以前，宜疏导金沙江，使能运输矿产至宜宾。

二、产业开发之顺序。鄙意目前宜注重夷、垦、矿、林四者，因宁属水患将来有甚于夷患故也。是造林实为急务，若不注意及此，恐将来所垦之田地不能抵偿被水冲坏之土地。

三、开发困难之点。原文所述解决夷务，实为开发之先决条件，确系至理。至低限度要夷务与生产同时并行，如离开夷务而专言生产，即使勉有生产，亦不稳当，或竟功亏一篑。反之，夷务问题能得解决，即无上生产也。故此问题不能因困难而忽之。

四、应采取之原则。

甲、垦矿并进。工农配合，颇为适当，但同时应使症结所在之夷务问题要得解决，否则根基不稳。

乙、生产力配合战斗力。鄙意应说为战斗力（军队）应配合生产力，庶能因势利导，事半功倍。

五、应采取之办法。鄙意宜拟组织垦殖总队四个（冠以一至四番号）。

1. 第十一补训处（以处长为第一总队长，以下为大队或独立中队）。

2. 保安团队（以保安司令为第二总队长）。

3. 靖边部队（以靖边司令为第三总队长）。

4. 驻宁属二十四军刘旅（以刘旅长为第四总队长）。

垦殖队之业务，可分为左列三种：

1. 专任警卫（适用于矿区地方）。

2. 专任工作（适用于以兵代工地方，如修筑公路等）。

3. 自身劳作、自身警卫（适用于垦场地方）。

经费来源。鄙见似宜如左：

1. 军事费补助一部。

盖以现在有饷部队从事垦殖，所费较少。如另新成军事化垦队，增加大部军事费，在事实上亦甚困难。

2. 由财政部与经济部专拨若干垦殖费。

3. 提倡私人投资（如公司等）。

如完全官营，效率必缓。应由政府指导担任，排除障碍。如夷务、治安问题，应由政府负责也。

六、人事。宜注重原定六项原则。设垦殖督察公署，由主席与主任分任督办、会办，在委员长行辕监督指导下，其经费、技术、人事、部队等，统归公署办理。盖开发宁属系国家百年大计，故组织与机构宜有永久性。

拟办：谨按翁部长审核意见，似颇得当。关于张主任原拟：（一）请设西康垦殖督办公署，以省主席任督办，行辕主任任会办，藉期中央地方融和合力；（二）以第十一补训处为基础，扩充组成垦殖总队，藉以保护开发，并使该队自身配合生产二节，尤为扼要。翁部长核拟两点，亦属正办。所拟先饬张主任拟具体、详确计划，与刘主席商洽后，再并呈钧座核定，自属可行。拟转张主任遵办，并转军政部知照，并复经济部。职陈布雷。廿九年五月十六日。

批示：如拟。

〔《矿业管理（三）》（1936 年 3 月 7 日至 1941 年 4 月 8 日）：1131/ 1032.01 - 01/243/001113100A001〕

蒋中正为开发西康案致张笃伦代电

（1940 年 5 月 18 日）

本市康宁路小园三号张主任伯常兄勋鉴：微侍秘蓉电计达。关于开发西康一案，经交经济部翁部长核议，兹据元渝资代电呈复：（一）工矿业办法。（甲）鱼岔钢铁厂。拟由经济部与行辕、省府共同办理。经济部西昌办事处主任胡博渊尚有经验，已拟有具体办法，拟请转知。张主任返康时与刘主席商定中央及地方合作办法，交由胡主任实行。（乙）铜锌铅矿。经济部资源委员会设有川康铜业管理处，对于西康省内雅属及宁属各矿已迭加查勘，并拟有具体采炼办法。拟请由张主任向省府商定协助保护办法，其原则为，凡关于统制收购以供兵工要需者，应归中央设立之川康铜业管理处依照规定负责办理，由省府协助保护。但若干事业，省府愿为参加经营者，则商定合作办法，共同办理，由川康铜业管理处觅用专门人才，负责推进。（丙）金矿。中央已与西康省府合设西康金矿局，次第进行。为开采木里金矿起见，现并商组公司，共同促进。以后仍宜加紧努力，以期从速增加产量。所产之金，照章应悉由中央银行收购。（二）垦殖队办法。张主任建议各项原则似可照办，所有具体办法，似宜由张主任拟具详确计划，附同与刘主席商洽意见，一并呈请核定施行等语。查所陈各项甚为恰当，应准照办。所拟设立西康垦殖督办公署主持开发事宜一节，亦属可行，除另电军政部知照及电复经济部外，即希返康后与刘主席分别洽定具体办法具报，一面径与经济部、军政部商洽进行为要。中〇。辰巧侍秘渝。

〔《矿业管理（三）》（1936 年 3 月 7 日至 1941 年 4 月 8 日）：1131/ 1032.01 - 01/243/001113100A001〕

蒋中正为开发西康案致何应钦代电

（1940 年 5 月 18 日）

军政部何部长勋鉴：案查前据西昌行辕张主任笃伦在蓉面呈开发宁属资源，拟先组织垦殖队意见前来，当经交由经济部翁部长核议办理去后。兹据翁部长呈报，关于工矿业方面，各钢铁厂及铜、锌、铅、金各矿之筹办开采，当由经济部分别办理，或会同省方合办。铜、锌、铅各矿之采炼，凡足供兵工需要者，应归中央统制收购，负责办理；至组织垦殖队办法，照张主任所拟，以西昌第十一补训处士兵为基础，并招募夷民及难民编为两个总队之原则，似可照办。所有具体办法，并由张主任拟具详确计划，附同与刘主席商洽意见，一并呈请核定施行等语。据此，查所陈意见，尚属允当。除分电张主任照办外，兹将张主任原呈随文抄转知照。将来关于垦殖队设置事宜之进行，并希查照，予以核办为盼。中○。辰巧侍秘渝。附抄张主任原呈一件。

〔《矿业管理（三）》（1936 年 3 月 7 日至 1941 年 4 月 8 日）：1131/1032.01 – 01/243/001113100A001〕

蒋中正为开发西康案致翁文灏代电

（1940 年 5 月 18 日）

经济部翁部长勋鉴：元渝资代电悉。所拟关于开康〔发〕西康工矿业及组织垦殖队各项意见，均甚得当，应准照办。已转令张主任分别遵照办理具报，并嘱与该部商洽进行矣。中○。辰巧秘渝。

〔《矿业管理（三）》（1936 年 3 月 7 日至 1941 年 4 月 8 日）：1131/1032.01 – 01/243/001113100A001〕

张笃伦刘文辉呈西康省宁属垦殖督办公署组织规程编制预算书等

（1940 年 9 月 8 日）

（事由）（一）请提前成立宁属垦殖督署暨指拨专款。恳祈核示。

（二）宁属垦殖督署拟请增设帮办一员，并以王靖宇兼充。乞准予任命。

（三）呈赍西康垦殖督署组织规程草案、预算书及事业计划，祈鉴核。

（一）西康省宁属垦殖，拟于三十年度一月在西昌成立督办公署，编组垦殖队，以便积极开发。惟着手之初，事务浩繁。如兵房之建筑、粮食之储备、官兵之技术训练等，势须先事筹备。拟请准予提前两月组织成立。

各项事业经费，如由各主管部分别核发，虑失时效，亦请指拨专款，俾易统筹进行。

（二）宁属垦殖督署组织规程草案，原设督办、会办各一员，综理全署事务。嗣经职等再三审度，以职文辉远驻康定，未克亲赴宁属就近督功，拟恳增设帮办一员，勷助会办处理署务。其帮办一职，查有西康保安处长王靖宇，治事精勤，堪以兼充，伏乞准予任命。

（三）前奉核准设立西康垦殖督署，饬与刘主席洽定具体办法。经拟具西康省宁属垦殖督办公署组织规程草案及预算书，复拟恳增设帮办一员，以资助佐，并就农垦、工矿等项，分别拟具事业计划书。除分呈国防会、行政院，并分电军政、经济、农林等部外，理合检同上项规程、预算及计划书，呈请鉴核示遵。

附呈

（1）西康宁属垦殖督办公署组织规程及编制草案要点：

1. 督署隶属行政院，办理宁属垦殖、工矿，协助国营、督导民营各项生产事业，并指导夷务之进行等。

2. 督署设督办一员，会办、帮办各一员，及秘书室、总务处、军务处、农垦事业处、工矿事业处、会计专员室、卫生专员室。

3. 督署设秘书长一人，及军法官、技正、技士、参事若干人。

4. 督署编制（如附表）拟设员额一百七十七名，预算俸给共计三万零九百二十五元。

（2）督署三十年度及三十一年度事业计划：

甲、主办事项（经费预算，三十年度须六百三十九万八千余元，三十一年度须五百三十一万七千余元）：

1. 设立垦殖队。　　　　2. 设立示范经济林场。

3. 设立蚕丝指导区。　　4. 设立兽疫血清制造所。

5. 设立示范制糖厂。　　6. 设立农家副业指导所。

7. 设立示范制盐厂。　　8. 设立小型示范冶铁厂。

9. 整理洼里金矿。　　　10. 探勘各地沙金矿。

11. 调查宁属资源。

乙、协助及建议事项（三十年度预算十二万二千一百元，三十一年度预算十八万四千四百元）：

1. 建议设置宁属气象及水象观测站，并组设河道地形测量队。

2. 建议设立边区农业试验所。

3. 建议协助宁属食粮及棉产之推广。

4. 建议推行宁属一般林业计划。

5. 建议设立病虫害虫防治所。

6. 协助办理鱼岔钢铁厂。

7. 协助开发铜锌铅矿。

8. 协助开发白果湾烟煤。

9. 建议设立中国工业合作协会西昌办事处。

10、建议协助设立宁属工业试验所。

丙、督促指导事项（三十年度预算三万九千二百元，三十一年度预算二万九千二百元）：

1. 蚕丝业之督导。　　　2. 畜产业之督导。

3. 蔗糖业之督导。　　　4. 园艺业之督导。

5. 蜡虫业之督导。　　　6. 家庭纺织业之督导。

7. 金矿之督导。　　　　8. 煤矿之督导。

9. 土法冶铁之指导。　　10. 食盐增产之督导。

11. 水银增产之指导。

丁、各项事业共需兵工（官长除外）一万九千九百八十人。

（3）预算总数

1. 督署官佐俸薪每月三万零九百二十五元。

2. 事业费计三十年六百五十五万九千余元，三十一年五百五十三万余元。

拟办：呈核。查设立西康垦殖督办公署，主办开发宁属经济建设，并设置垦殖总队，以为强化开发工作之基本劳力一案，原系本年四月间张笃伦来渝、蓉面陈，当经奉准，饬军政、经济两部会商原则呈奉拟定，由张笃伦再拟具体方案候核。兹据呈：一、事业计划一册；二、督办公署组织章程及编制预算各一份；三、请在督办署内除督办、会办之外，加设帮办一员，以王靖宇充任（实即代刘文辉之驻署负责之人）报告一件；四、请求核拨业务专款报告一件。综阅该项计划，内容甚为复杂，且全涉经济建设范围。关于该署应办事务之种类、步骤及编制经费等项，为期切实有效起见，实有精密研究之必要。拟将所呈各件，一并发交张秘书长会同主管机关详加核议具复，再行核夺。陈布雷呈。二十九年九月廿九日。

批示：如拟。

〔《矿业管理（三）》（1936 年 3 月 7 日至 1941 年 4 月 8 日）：1131/1032.01 - 01/243/001113100A001〕

蒋中正为营盘山等地发现磁铁矿致翁文灏代电
（1940 年 12 月 3 日）

经济部翁部长勋鉴：据本会西昌行辕张主任笃伦哿电，以该辕在盐边境攀枝花所属之营盘山、尖包包二处发现磁铁矿，成份在百分之六十以上，蕴量约共八百万吨。拟将前拟鱼岔钢铁厂计划所拟钢铁厂址改设于俣果下游之堆子附近，可否？请转知经济部并案审核等语前来。此项新发现，其可注意，兹将原电随文抄转核办为盼。中○。亥江侍秘渝。附抄发原电一件。

〔《矿业管理（三）》（1936 年 3 月 7 日至 1941 年 4 月 8 日）：1131/1032.01 - 01/243/001113100A001〕

翁文灏电呈筹办会理钢铁厂情形

（1941 年 11 月 5 日）

军事委员会委员长蒋钧鉴：窃关于建设西康会理钢铁厂，以树立宁属工业基础一案，前奉钧会上年秘渝字第五〇一一亥江代电，以西昌行辕在盐边攀枝花所属之营盘山、尖包包二处发现磁铁矿，拟将前拟鱼岔钢铁厂计划所拟钢铁厂址改设于倮果下游之堆子附近，饬核办等因。奉此，查关于建设西康会理钢铁厂一事，本部迭于前年令饬西昌办事处主任胡技监博渊负责研究计划实行，初拟利用会理毛姑坝铁矿、云南永仁煤矿，在鱼岔建设小规模钢铁厂。业于上年十月与西康省政府商定部省合办会理钢铁厂合作大纲，经本部核准备案。嗣于本年五月间，据该主任呈报调查盐边县攀枝花倒马坎红果铁矿及云南永仁县那拉菁与盐边县红果煤矿各情形，计划利用攀枝花倒马坎铁矿、永仁煤矿，在铁矿附近之鲊石地方建设二十吨炼铁炉一座、一·五吨栢塞麦炼钢炉一座，并附设电力炼钢炉、轧钢厂、机器厂、火砖厂等。该鲊石厂址即在倮果下游之堆子附近。本部业将该攀枝花倒马坎铁矿两区及云南省永仁县那拉菁等处煤矿一区，依法设定国营矿业权，呈报行政院备案，并抄发原计划书，令饬资源委员会即行筹办。该会现已成立会理钢铁厂筹备处，订定组织章程，着手积极进行。理合将筹办会理钢铁厂情形电呈鉴核。职翁文灏叩。微矿印。

〔《矿业管理（三）》（1936 年 3 月 7 日至 1941 年 4 月 8 日）：1131/1032.01 - 01/243/001113100A001〕

蒋中正为筹办会理钢铁厂情形致张笃伦代电

（1941 年 11 月 9 日）

西昌行辕张主任：案查前据二十九年十一月哿电报告盐边境攀枝花所属之营盘山、尖包包二处发现磁铁矿等情。当经转电经济部核办，并以亥冬侍秘渝电复在案。兹据经济部卅矿字第二一五七九号微矿代电，复陈筹办会理钢铁厂情形前来。合将原代电随文抄转知照。中〇。戌佳侍秘。附抄代电一件。

〔《矿业管理（三）》（1936 年 3 月 7 日至 1941 年 4 月 8 日）：1131/
1032.01 - 01/243/001113100A001〕

蒋中正为筹办会理钢铁厂情形致翁文灏代电
（1941 年 11 月 9 日）

经济部翁部长勋鉴：卅矿字第二一五七九号微代电悉，中〇。戌佳侍秘。

〔《矿业管理（三）》（1936 年 3 月 7 日至 1941 年 4 月 8 日）：1131/
1032.01 - 01/243/001113100A001〕

张笃伦转呈雷宝华拟试探宁属铁矿建议书
请饬资委会参照该书依限完成
（1941 年 11 月 12 日）

为签呈事：窃据本辕经济建设设计委员会主任委员雷宝华①签呈节
称：宁属矿产资源品类完备，质量优富。经两年来之调查，业已证明其价
值，允为国防重工业之策源地。而钢铁事业又为一切重工业之基础，故开
发步骤，尤宜注意煤铁之开采。在此铁路交通行将完成之际，急应从事探
卝②工作，以确定将来实施采冶计划之根据。特拟《试探宁属铁卝建议
书》呈核等语。查该项建议书颇属精当。刻值滇缅铁路、中印铁路积极
赶进，均将于两年内完成之际，开发工业资源必须不失时机，速完准备
工作。先行探卝，俾将来采冶计划得有确切之根据，而免投资设备之损
失，以收开发与交通配合进展之效。可否令知资源委员会参照该项建议书，
依限完成探卝工作，或由昌辕就近负责办理之处，伏乞钧核示遵。谨呈
委员长蒋

附呈建议书一份。

西昌行辕主任　张笃伦（印）

十月十二日

---

① 时任资源委员会专门委员、西昌行辕经济建设设计委员会主任委员。
② 古同"矿"。

〔《矿业管理（三）》（1936 年 3 月 7 日至 1941 年 4 月 8 日）：1131/
1032. 01 − 01/243/001113100A001〕

翁文灏呈军事委员会宁属铁矿开发案
（1941 年 11 月 15 日）

案奉钧会本年十一月三日侍秘川字第九八五八号戍江代电，以据西
昌行辕张主任笃伦呈转经济建设委员会主任委员雷宝华建议试探宁属铁
矿一案，抄发原建议书，饬迅即核议具复等因。奉此，查本部前为发展
西康宁属钢铁事业起见，对于会理之毛姑坝、盐边之攀枝花、冕宁之泸
沽等处铁矿，均经饬由本部中央地质调查所派员分别查勘，并将泸沽、
毛姑坝两处铁矿，施用磁性探测，以定矿量。又对于攀枝花铁矿，亦经
为初步之探测。现时资源委员会正在筹备之会理钢铁厂，即拟利用攀枝
花及其附近之倒马坎铁矿与云南永仁之煤矿，就鲊石地方设厂建炉。其
计划经过，业于本年十一月五日以（卅）矿字第二一五七九号代电呈报
鉴核在案。关于该攀枝花倒马坎及毛姑坝铁矿之探采，该会理钢铁厂筹
备处自应先行着手进行，以确定原料之能以充分供给，此次奉发原建议
书内所拟试探毛姑坝、攀枝花铁矿进行办法，用意甚善，但现时资源委
员会会理钢铁厂筹备处既须办理此事，自可由该会参照该项建议书，依限
完成。奉电前因，除抄发原建议书，令饬资源委员会转行会理钢铁厂筹备
处参照速办外，理合将核议意见及饬办情形，具文呈复钧会鉴核。谨呈
军事委员会

经济部部长 翁文灏 （印）

〔《矿业管理（三）》（1936 年 3 月 7 日至 1941 年 4 月 8 日）：1131/
1032. 01 − 01/243/001113100A001〕

陈布雷对宁属铁矿开发案之意见
（1941 年 11 月 18 日）

谨按：张主任伯常前呈此件，经先发经济部核议，据复如上。惟现
时正拟修筑康印公路，则西昌资源开发问题益关重要。前据张主任言，

西昌各属各种资源，均极丰蕴，惟经济部所设之会理钢铁厂筹备处，规模太小，专才有罕，设备亦不齐全，探矿并不实施钻探，实未足尽开发之责。拟饬经济部对于该方面资源之调查与探测设备，均应设法加强，以期早有准备。

并复张。

批示：如拟。

〔《矿业管理（三）》（1936 年 3 月 7 日至 1941 年 4 月 8 日）：1131/1032.01 -01/243/001113100A001〕

翁文灏呈加强西昌方面资源之调查与探测设备事宜
（1941 年 11 月 27 日）

军事委员会委员长蒋钧鉴：接奉钧座本年十一月二十三日侍秘字第一〇一八五号戌梗代电，饬对于西昌方面资源之调查与探测设备，均应设法加强，以期早有准备等因。奉此，自应遵办。经已分令资源委员会及中央地质调查所切遵办理，仍由职随时督促进行。理合呈复鉴核。经济部部长翁文灏叩。感矿印。

〔《矿业管理（三）》（1936 年 3 月 7 日至 1941 年 4 月 8 日）：1131/1032.01 -01/243/001113100A001〕

蒋中正为西昌行辕经济建设设计委员会充实组织致何应钦代电
（1941 年 12 月 10 日）

军政部何部长勋鉴：关于开发宁属资源一案，前据该部渝务整字第二二七四四号冬代电核复前来。经转据西昌行辕张主任电复，并据何总长廿九年七月十一日秘发字第一六八七号签呈申具意见前来。当以午哿侍秘渝代电复令暂缓，并另交成都行辕张主任核议各在案。兹据张主任岳军呈复，略称"目前开发事业，应着重有系统之调查研究"。查西昌行辕原有经济建设设计委员会，掌理关于资源之调查统计、公私企业之□□调整、中央各事业机关之联系，以及生产事业之设计、建议等事项。其委员人选，中央事业机关与地方政府人员及边区学术机关与企业家等，均罗致参加，以此统筹兼顾，既可集思广益，而各方意见沟通、联系密切，进行当更为便利。惟该会自二十八年成立以来，未立预算，委员及职员均系义务兼职，似须充实人事，确定经费，以求机构之健全，而收开发之宏效。兹据西昌行辕张主任拟具该会组织规程及经、临费预算书前来，查所拟亦尚核实，谨为转呈核示等情前来。查宁属土宜矿产均饶，经济价值实有为将来国防工业重镇之可能，统筹设计机构确有先行成立之必要。所拟就原有经济建设设计委员会组织稍加扩充一节，应准照办。所拟经常费每月壹万九千式百叁拾柒元、临时费壹拾壹万九千九百九十元，希即由该部照拨为要。中○。亥灰侍秘。附发原组织规程一份、经临预算各一份。

〔《矿业管理（三）》（1936 年 3 月 7 日至 1941 年 4 月 8 日）：1131/1032.01 - 01/243/001113100A001〕

蒋中正为西昌行辕经济建设设计委员会充实组织致张群代电
（1941 年 12 月 10 日）

成都行辕张主任勋鉴：十一月二十日第六九三八号呈件均悉。所拟将西昌行辕经济建设设计委员会充实组织，负责统筹调查研究宁属资源之开发事业一节，可准照办。所拟该会经常费每月壹万九千式百叁拾柒元、临时费壹拾壹万九千九百九十元，已饬由军政部如数照发矣。中○。亥灰侍秘。

〔《矿业管理（三）》（1936 年 3 月 7 日至 1941 年 4 月 8 日）：1131/1032.01 - 01/243/001113100A001〕

张笃伦呈报曾昭抡①考察宁属矿藏结果并拟赴渝商陈开采意见
（1942 年 2 月 24 日）

（事由）报告派曾昭抡考察宁属矿产结果，拟赴渝商陈开采意见。恳转饬主管切实商筹，并赐召见。

---

① 时任西南联大化学系教授。

宁属矿产丰富，今公路已通，应即利用。近派本辕经建委员会副主委曾昭抡深入考察，兹据复称："会理及盐边煤铁，质量均佳，价值远在綦江以上，且有钴、镍两矿及耐火材料；地形险要，易于隐蔽，实具兵工区域之条件。拟将考察结果及开采意见，赴渝面向兵工署俞署长商陈"等语。查该员精研兵工化学，历充中央研究院评议员及西南联大化学系主任，学行卓越，西康全境考察殆遍，所陈自较切实。除电兵工署及资委会径洽外，拟恳转令该署、会切实商筹。如能将应行迁移之兵工厂移设会理，则原料之取给与制品之分配，两较便利。如蒙垂询，乞赐召见。

拟办：（一）拟转兵工署、资委会切实洽商筹办；（二）可否召见，请批示。

陈布雷

卅一年三月三日

批示：如拟。

〔《矿业管理（三）》（1936 年 3 月 7 日至 1941 年 4 月 8 日）：1131/1032.01－01/243/001113100A001〕

蒋中正为曾昭抡考察宁属矿藏结果并拟赴渝商陈开采意见致翁文灏俞大维代电

（1942 年 3 月 15 日）

资源委员会翁兼主任委员、兵工署俞署长均鉴：据西昌行辕张主任笃伦敬清电略称：本辕经建委员会副主任委员曾昭抡精研兵工化学，历充中央研究院评议员及西南联大化学系主任，学行卓越，近派往宁属各地考察矿产资源。据报，会理及盐边煤铁质量均佳，且有钴、镍两矿及耐火材料，地形隐蔽，实具兵工区域之条件。拟将考察结果及开采意见，赴渝面向兵工署俞署长商陈等语。除电兵工署及资委会外，恳请转令切实筹商。如能将应行迁移之兵工厂移设会理，则原料之取给与制品之分配，两较便利等语。查宁属资源丰富，今公路已通，对于国防、兵工建设应即予以利用。据电前情，如该曾副主任委员到渝，希即切实洽商筹办，并嘱其来会一谈为盼。中〇。寅删侍秘。

〔《矿业管理（三）》（1936 年 3 月 7 日至 1941 年 4 月 8 日）：1131/
1032.01 - 01/243/001113100A001〕

翁文灏电呈宁属矿藏开发困难情形
（1942 年 4 月 4 日）

委员长蒋钧鉴：接奉三月十五日侍秘字第一一五七四号代电，以据
张主任笃伦报称：西康宁属会理及盐边煤铁质量均佳，且有钴、镍两矿
及耐火材料，实具兵工区域之条件等情。令即设法利用等因。窃查上提
诸矿中，以宁属铁矿及云南永仁县煤矿储量丰富，为最有价值。前曾派
员详细调查，并有详细报告。为积极开发起见，经于去冬组织西康钢铁
厂筹备处负责进行，并将所需资金列入本年度预算，提出行政院审查。
以政府履行紧缩，将该项预算全部撤消。职以原拟开发计划关系重要，
实不容中止，勉在其它事业经费项下，设法匀出国币四十万元，作为本
年度该钢铁厂工程设计及复勘该区资源之经费，并派本部技监胡博渊负
责办理，以便将来设厂之准备。惟因预算被删，目前勉为筹备，款数有
限，故逐步进行，程功不易甚速。奉电前因，理合复呈钧鉴。职翁文灏
（印）叩。支资机。

〔《矿业管理（三）》（1936 年 3 月 7 日至 1941 年 4 月 8 日）：1131/
1032.01 - 01/243/001113100A001〕

蒋中正为宁属矿藏开发情形致张笃伦代电
（1942 年 4 月 8 日）

西昌行辕张主任：前据二月敬清电，经已分转兵工署、资源委员会
切实洽商筹办，并以寅删侍秘电复知各在案。前据资源委员会翁主任委
员支资机代电陈复，略称：查所提诸矿中，以宁属铁矿及云南永仁县煤
矿储量丰富，为最有价值。经于去冬组织西康钢铁厂筹备处负责进行，
并将所需资金列入本年度预算，提出行政院审查。以政府履行紧缩，将
该项预算全部撤消。职以原拟开发计划关系重要，实不容中止，勉在其

它事业经费项下，设法匀出国币四十万元，作为本年度该钢铁厂工程设计及复勘该区资源之经费，并派本部技监胡博渊负责办理，以便将来设厂之准备。惟因预算被删，目前勉为筹备，款数有限，故逐步进行等语。特电知照。中〇。卯庚侍秘。

〔《矿业管理（三）》（1936 年 3 月 7 日至 1941 年 4 月 8 日）：1131/1032.01 - 01/243/001113100A001〕

十五 新疆、云南和江西矿业开发

翁文灏呈与新疆督办盛世才洽商接办伊犁钨矿情形
（1943 年 10 月 1 日）

谨呈者：查新疆省内矿产情形，近迭经各方面人员前往调查，藉悉在伊犁附近温泉县内产有钨矿，业经苏联方面大规模开采。惟苏联人员及机器设备等，已全部于本年五月中旬撤退回国，其所遗矿洞由苏方雇有当地哈萨人及归化人看守。窃以钨矿系政府规定统制之矿品之一，现各省钨矿均在资源委员会统一管理之下。新疆方面钨矿，俄人既经撤退，似亦宜由资源委员会前往接办。此事于最近盛督办世才来渝时，经已完全面商妥当，拟即由资源委员会派遣技术人员前往作初步勘察，然后决定具体进行办法。该矿如能继续生产，则我方将来对苏应交易货钨砂一部分，即可就近取给新疆，以免由西南辗转运往，多耗运费。理合将初步洽办情形呈报鉴核。谨呈

委员长蒋

职 翁文灏（印）

三十二年十月一日

拟办：呈阅，拟复"悉"。

批示：悉。

〔《矿业管理（四）》（1943 年 3 月 19 日至 1947 年 1 月 21 日）：1131/1032.01 - 04/246/001113100A004〕

蒋中正为查办个旧锡矿生产及矿工维持办法致翁文灏代电

（1944 年 1 月 22 日）

经济部翁部长勋鉴：据党政考核委员会陈秘书长忠政四六一九号报告转陈：目前个旧锡价成本每吨约国币卅余万元，而政府收价仅发十一万元，以致厂商亏折，相率倒闭。旧日矿工多至十余万，目下仅残存三四千人，厂房拆毁作为柴薪，工人失业流为盗匪，更有债台高筑迫而自杀者。旧日依锡为生者不下十数万人，若不早予设法救济，不仅治安可虑，而国防生产破坏后恢复尤为不易。该县政府曾以国际锡价每吨售得美金一千三百六十元，又以四十二元五角美金折合黄金一两计，每吨应换合黄金卅二两，再以现时黄金市价一万二千元计算，应合国币卅八万四千元。现美金运华尚待支配，经呈省府转呈中央，请按美金折合黄金换率，直以黄金卅二两收换个旧锡一吨，或将零数之二两作抵运费，每吨以卅两收换在案。查此项黄金换锡办法，应由主管机关详加审议，而该矿目前情形关系建设事业与地方治安，理合呈请鉴核等语。查原建议以黄金三十两收购钨一吨，自不可行，应无庸议。至关于该矿产锡及矿工维持办法，即希查酌办理，俾资救济为要。中○。子养侍秘。

〔《矿业管理（四）》（1943 年 3 月 19 日至 1947 年 1 月 21 日）：1131/1032. 01 - 04/246/001113100A004〕

翁文灏呈筹维云南省个旧锡矿事业之办法

（1944 年 2 月 2 日）

军事委员会委员长蒋钧鉴：三十三年一月二十二日侍秘字第二一一六六号子养侍秘代电奉悉。查原报告所称个旧锡业厂商亏折情形，尚属实情。究其症结，由于滇省生活程度在后方各省向较为高，个旧又较滇省各地为高。因之，滇锡生产单位成本几较桂锡高出一倍，故需要商业大量投资及国家贷给大量资金，俾得流通周转，减轻成本，乃能维持生产。本部资源委员会对于滇锡素极重视，三十二年度拨付滇省运销处收购款项，约达该会领到易货基金全数三分之一弱，已属特具维持苦心。

依照目前所付滇锡收价，早已远超国外售价。该会送向盟方商请增加售价，但以限于供求大势及国际行市关系，未有结果，因而国库方面负担过重。关于收价，该会仍于可能范围内不时设法调整。三十二年度内曾经呈准行政院增加收价两次，但所增锡价终不易赶上物价，此个锡衰落，一蹶不振总因之所在也。本部迭准云南省政府转据云南省参议会、个旧县政府及县参议会、县商会、县锡业同业公会等，纷纷请求救济前来，并准行政院秘书处抄发国民参政会建议改善钨、锡管制办法案，奉交"注意改进"等因到部。业经详加考虑，除所请以黄金易锡一节，事属财政部主管外，综合其它意见，计分三点：一、清付蒂欠锡款及收购付现。现业经本部饬据资源委员会呈复，以滇锡收价自三十二年一月增定每吨为七万元后，因收购资金不敷支配，间有积欠。截止是年十月底止，该处已拨付滇省运销处二万九千二百万元，而运销处欠付锡款约有四千万元。嗣后如国库方面每月应拨该会收购矿品资金能提前于每月初拨发，不必拘守常例，须至月终或次月初间方行拨发，该会即可将该额提前拨令运销处结清蒂欠，并可实行收购付现。本部已将上述情形电请财政部查照核办在案。二、调整收购价格。查三十二年度滇锡收价，自一月份起，经资源委员会调整每吨为七万元。自七月份起，又经该会调整每吨为十一万元。至目前，滇锡对美售价每磅为五角二分一厘二毫五美金，每吨为美金一千一百五十元，折合国币约为二万三千元，足征国内收价超过国外售价，而所付收价实际不敷生产成本。该会仍就力之所及，竭谋维持，订定《特许滇省粗锡内销办法》，冀以推广内销，藉资补救。惟个旧物价日见飞涨，锡价与物价终属距离甚远，本部现复令饬该会设法调整，酌予增加在案。三、划拨工矿贷款，以作采炼资金。查三十二年度每月收购滇锡平均约二百吨，每吨采炼资金约需贷款十万元，月共二千万元。若以半年计，共需贷款一万二千万元。曾经本部电请四联总处查酌贷款去后，旋准电复，以个锡恐非贷款所能救济，复经本部电请该处再行研讨、核定具体救济办法在案。奉电前因，除令资源委员会遵办外，理合将本部筹维个锡经过大概情形，电请鉴核示遵。经济部部长翁文灏叩。冬管印。

拟办：拟复"悉"。似仍未有切实救济办法。锡矿前途未许乐观，工人生活及个旧治安均堪顾虑。宗濂附注。二．四．

〔《矿业管理（四）》（1943 年 3 月 19 日至 1947 年 1 月 21 日）：1131/1032.01－04/246/001113100A004〕

翁文灏呈江西钨管处及锡赣分处停工停收办法
（1944 年 6 月 27 日）

（事由）呈报钨管处及锡赣分处停工事。

谨呈者：窃资源委员会管理钨、锑、锡、汞等特种矿产品，在江西省内设有钨业管理处及锡业管理处江西分处，办理产收工作。最近湘北战事日趋紧张，粤汉铁路南段拆至砰石为终点，赣省矿品现已无法运出。在此情形之下，如上述钨、锡两处继续进行产收，则所得矿品仅能稽存赣省，不能运出对外交货，资金稽压势将与时俱增，国库接济不易继续，事实上不能照常维持。为适应目前局势计，似惟有暂行停采、停收，俟将来情形好转，再图恢复。但大批矿工一旦遣散，深恐地方治安或有影响。爰经令饬钨、锡两处与当地军政长官妥商办法去后，顷据电称，已在准备一切，并经与当地四区蒋专员经国商定办法四项：（一）先停工，后停收，相隔七日。（二）招募失业矿工前往新城机场工作。（三）预留日后复工地步，矿山勿加破坏。（四）电饬所属各县协助。依照此项办法，目前停产、停收，既可免除大量资金之继续支出及积压，而矿山照旧维持，不加破坏，将来复工亦甚方便，矿工能有出路，生计可以维持，似可照为实行。惟在实行之初，拟将接近粤省之龙南、虔南两产钨地区暂为缓停，以防走私。以上所定办法，为事实所必需，理合报请鉴核备案。谨呈

主席蒋

职 翁文灏（印）

三十三年六二十七日

拟办：拟复"悉"。

批示：阅。

〔《矿业管理（四）》（1943 年 3 月 19 日至 1947 年 1 月 21 日）：1131/
1032.01 – 04/246/001113100A004〕

十六　豫湘桂会战期间厂矿内迁情形

翁文灏呈因应战事拆迁湘桂一带国民营
厂矿重要器材至后方情形
（1944 年 6 月 3 日）

（事由）密。

谨呈者：敌近在湘、鄂一带调集大军发动攻势，前日何总长向职面言，所有长沙、衡阳、桂林等地工矿事业应即设法拆迁，日昨又催速为饬办。查湘、桂一带，资源委员会所办及人民经营工厂事业，为数颇多，只能择要拆迁。铁路沿线之煤矿，则正须加强供应军运燃煤，仍须照常维持生产。只有必要时毁坏之一法，以免为敌利用。至较为重要之各厂矿，不论国营、民营，则机件器材之拆迁，似宜及早实行，以确保有用之物资。惟其拆迁顺序，亦宜加以规定。长、衡一带之厂矿，其机器材料可以拆迁者，拟即着手内移。桂林一带，则先注重材料成品之内移，至实际必要时，再为机器之拆迁。此外，钨、锡等矿品，亦尽量西运。关于迁移费用，资源委员会所办事业迁移款项约需九千七百余万元，拟请国库专案拨付；民营事业迁移费用约需一万四千万元，拟请国库垫付，交由工矿调整处拟定办法，借给有关工厂，协助迅速迁移。以上所陈，是否可行，理合检具《湘桂一带国营民营各厂矿紧急处置办法清表》一份，呈请迅赐鉴核示遵。谨呈

主席蒋

职　翁文灏（印）

卅三年六月三日

附 湘桂一带国营民营各厂矿紧急处置办法清表

一、国营厂矿（资源委员会所办）

地点	厂矿名称	紧急处置办法	拟迁主要器材	拆运吨位	迁往地点	拆迁经费（包括拆卸及装箱费用）
长沙	长沙电厂	即行拆迁。	二千瓩机炉已由长沙运至冷水滩，拟再内迁。此外，线路材料，尤其铜线及变压器宜提早内运。	机炉300吨，线路材料150吨。	机炉至独山，线路材料至贵阳。	13350000元
衡阳	衡阳电厂	继续供电，紧急时将重要轻件及线路材料尽量由水路抢出，再改装铁路内运，不能运出者破坏。	机炉主要轻件拆出，线路材料尽量抢运一部分，则先行运出。	150吨	贵阳	5850000元
衡阳	中央电瓷厂衡阳分厂	除轻便贵重器材外，暂不迁动，必要时予以毁坏。	仪器及轻便贵重器材。	约30吨	贵阳	1170000元
郴县	湘南矿务局	现有生产维持，不用器材拆迁。		约200吨	贵阳	7800000元
零陵	祁零煤矿局	现有生产维持，不用器材拆迁。	三百马力煤气炉及发电机、电料等。	100吨	独山	2500000元
桂林	中央无线电器材厂	除维持必要之生产外，尽量拆迁。	材料成品及目前不生产或可停止生产之机器。	250吨	重庆	16125000元
桂林	中央电工器材厂第二厂	同前	材料、重要成品及目前不生产或可停止生产之机器。	60吨	重庆	3870000元
桂林	中央电工器材厂第四厂	同前	材料、成品及目前不生产或可停止生产之机器。	250吨	贵阳	8625000元
八步	平桂矿务局	煤矿停产，所有器材运出。电厂迁出发电机炉一套，机器厂重要器材运出。	煤矿器材全套、一千六百瓦发电机一套、机器厂主要机器及材料。	600吨	煤矿器材至贵阳，余至独山	15000000元

续表

地点	厂矿名称	紧急处置办法	拟迁主要器材	拆运吨位	迁往地点	拆迁经费（包括拆卸及装箱费用）
柳州	柳州电厂	维持供电，紧急时将重要轻件及线路材料尽量内迁，不能运出者破坏。	机炉主要轻件拆出，线路材料尽量抢运，一部分则先行运出。	200 吨	贵阳	6500000 元
柳州	湖南电气公司之七千五百瓩机炉	内运。	全部设备材料。	900 吨	独山	16650000 元

共计 3190 吨 97440000 元

二、民营工厂择要内迁

地点	厂名	机料吨数（吨）	拟迁地点	迁移经费（元）
衡阳	华成电器厂	400	贵阳	16000000
衡阳	湖南第三纱厂	550	重庆	24000000
祁阳	新中工程公司	700	重庆	34000000
桂林	广西纺织机械厂	900	重庆	35000000
桂林	中国汽车制造公司	250	重庆	10000000
桂林	六河沟机器厂	150	贵阳	5000000
其它	各厂择要内迁	400	贵阳及重庆	16000000

共计 3350 吨 140000000 元

协助办法纲要：

（一）就指定应迁各厂实需款数，由工厂调整处低息拨借，限期内迁。

（二）商请财政部照以前迁厂例，准予免税放行。

（三）商请铁路局拨车助运，运费照付。

（四）商请地方政府保护照料。

〔《工矿事业（一）》（1941 年 6 月 12 日至 1945 年 12 月 4 日）：1122.70/1010.01－01/228/001112270A001〕

蒋中正为所请拨垫湘桂一带公私厂矿
机件器材拆迁费致翁文灏代电
（1944 年 6 月 5 日）

经济部翁部长勋鉴：资机字第一〇〇四号签呈及附表均悉。所请拨垫湘、桂一带公私厂矿机件器材拆迁费共计贰亿叁仟柒佰万元一节，已交孔副院长先行尽速垫付，以应急需，而防万一。即希径行商请孔副院长拨垫为要。中〇。已未侍秘。

〔《工矿事业（一）》（1941 年 6 月 12 日至 1945 年 12 月 4 日）：1122. 70/1010. 01 –01/228/001112270A001〕

翁文灏呈请转饬铁路局将资委会存桂器材及钨锡迅运独山
（1944 年 7 月 2 日）

（事由）为呈请电令桂林俞部长转饬铁路局将资源委员会存桂各厂矿最重要器材及钨锡二千四百吨迅运独山由。

谨签呈者：查资源委员会湘、桂一带厂矿自奉钧座核准拆迁后，当即已积极进行。惟以铁路车辆困难，目前大部分器材及钨、锡、锑矿品均尚稽存桂林未能西运。兹以桂林当局已在限期疏散，该项物资急待抢运。在此运输工具极端困难之际，特择定其中最关重要之一部分器材及钨、锡共约二千四百吨，务盼即能运出桂林。该项器材可供在后方增加生产之用，钨、锡矿品即可对外交货，以供盟邦之急需。否则，若不能运出，则桂林万一有事，资敌堪虑。因之上项物资，其重要性实不下军品，为便利疏运计，拟恳钧座电饬俞部长飞鹏，准将本会在桂重要物资二千四百吨，作为军品运输，暂以独山为终点。是否可行，理合签请鉴核办理示遵。谨呈

主席蒋

职 翁文灏（印）

三十三年七月二日

〔《工矿事业（一）》（1941 年 6 月 12 日至 1945 年 12 月 4 日）：1122. 70/1010. 01 –01/228/001112270A001〕

翁文灏呈报湘桂一带国营民营厂矿拆迁及运出器材物资情形
（1944 年 9 月 9 日）

（事由）呈报本年六月以来湘、桂一带国营、民营厂矿拆迁情形及运出器材、物资吨重，编具节略一件，敬祈鉴核备查由。

谨呈者：关于湘桂一带国营、民营厂矿拆迁一案，前于六月三日拟具拆迁办法及所需经费，呈奉钧座侍秘字第二二八八五号巳未侍秘代电准照拨款等因。遵即于六月初，分别由资源委员会及工矿调整处电知有关各厂矿依照指示，从速拆迁，并于独山觅地建仓，以为暂时存放器材之用。截至目前为止，各厂矿拆迁情形尚称顺利，所有应迁器材几已全部起运。初步运达地点原以独山为目的，乃因各路运输频繁，交通工具不敷应用，辗转接运较费时日，故现下运抵独山之器材尚仅一小部分，其余正在途中赶运。其大致情形：（一）国营厂矿在长沙、衡阳区域者，原定拟迁器材六百三十吨，实际迁出七百三十五吨；郴县、零陵区域，原定拟迁三百吨，实际二百二十吨；桂林拟迁五百六十吨，实迁一千一百四十七吨；八步平桂矿务局原定拆迁之六百吨，因该局系由资源委员会与广西省政府合办，叠准黄主席电请缓拆，故暂未进行。此外，柳州器材原拟迁运一千一百吨，现已运出九百四十吨，其余在陆续交运。总计原定应迁器材三千一百九十吨，除因特殊情形尚未迁动者外，其余已迁，各厂所运器材数量均较预定为多。（二）此外，赣、湘、粤、桂等省钨、锑、锡矿品，自六月初间以来，亦经积极疏运，计截至目前为止，已运过桂林以西之钨砂达一千九百余吨，锡品达三百七十余吨，锑品达一百五十余吨。锑品存湘数量远超此数，惟以其非盟邦急需之物资，且限于铁路运量，致运出较少，现分存冷水滩等郊区，一部分并已沉入江中，以免资敌。（三）至于民营工厂方面，衡阳一地迁出二十七厂，器材共二千二百六十四吨；祁阳迁出六厂，器材共一千五百六十七吨；桂林迁出三十八厂，器材共二千五百八十二吨；柳州迁出六厂，器材共六百一十八吨；又邵阳迁出二厂，器材共二百八十二吨。以上民营工厂共迁出七十九家，器材七千三百一十三吨。所有各该区域之较大工厂均已协助拆迁，目前各厂器材多尚在运输途中，此后仍当继续

督促赶运。理合将初步办理情形，编具湘、桂一带国营、民营各厂矿拆迁经过节略一份，随文附呈，敬祈鉴核备查。谨呈

主席蒋

职 翁文灏（印）

三十三年九月九日

〔《工矿事业（一）》（1941 年 6 月 12 日至 1945 年 12 月 4 日）：1122.70/1010.01 - 01/228/001112270A001〕

陈布雷转呈翁文灏报告湘桂一带国营民营
厂矿拆迁及运出器材物资情形
（1944 年 9 月 12 日）

湘、桂一带国营、民营厂矿拆迁一案，前奉钧座准照拨款，遵于六月初依照指示从速拆迁，并于独山觅地建仓，以为暂时存放器材之用。截至目前止，各厂矿拆迁情形，尚称顺利，所有应迁器材，几已全部起运。

初步运达地点原以独山为目的，乃因各路运输频繁，交通工具不敷应用，现下运抵独山之器材尚仅一小部分，其余正在赶运。

（一）国营厂矿如左表：

国营厂矿	原定拟迁器材	实际迁出
长沙衡阳区	630 吨	735 吨
彬县零陵区	300 吨	220 吨
桂林区	560 吨	1147 吨
八步平桂矿局	600 吨	黄主席请缓拆，故未进行
柳州区	1100 吨	940 吨

总计原定应迁器材三千一百九十吨，除因特殊情形尚未迁动者外，其余已迁。各厂所运器材数量，均较预定为多。

（二）赣、湘、粤、桂等省钨、锑、锡矿品已运过桂林以西者，钨砂一千九百余吨，锡品三百七十余吨，锑品一百五十余吨（锑品存湘数量远超此数，惟以非盟邦急需之物，且限于运量，致运出较少，现分

存冷水滩等郊区，一部分并已沉入江中）。

（三）民营工厂如左表：

民营工厂	迁出厂数(厂)	迁出器材(吨)
衡阳	27	2264
祁阳	6	1567
桂林	38	2582
柳州	6	618
邵阳	2	282
合计	79	7313

目前各厂器材，多尚在运输途中，此后仍当继续督促赶运，敬祈鉴核备查。

〔《工矿事业（一）》（1941 年 6 月 12 日至 1945 年 12 月 4 日）：1122.70/1010.01 - 01/228/001112270A001〕

翁文灏关于桂林国营厂矿拆迁情形的签呈
（1944 年 9 月 14 日）

（事由）呈为资委会在桂林各厂矿因当局明令疏散，已定十四日先迁柳州，各厂矿重要员工并拟尽量维持，俾继续为重工业效力由。

谨呈者：查自湘省局势紧张，所有湘、桂一带国营、民营厂矿，遵令拆迁情形，业经九月九日以资机字第一○一七号签呈报陈钧座鉴核在案。兹战局演变迫近桂境，桂林等地业已实行紧急疏散。资源委员会在桂各厂矿，除重要器材前已拆运完毕，一部分员工并已裁减遣散外，所有员工及重要文件，因桂林已明令强迫疏散，已令在桂各单位于十四日先迁柳州，再为内移。其无法迁运之不重要笨重机器以及房屋等，拟于必要时予以破坏。又各厂矿重要员工，对于将来工业复员之筹划及准备，均为不可缺少之干部，拟尽可能范围之内，予以维持，俾可继续为重工业效力。以上关于此次桂林国营厂矿拆迁情形，理合报陈钧鉴。谨呈

主席蒋

职 翁文灏（印）

三十三年九月十四日

拟办：兹战局演变，桂林等地业已实行紧急疏散。资委会在桂各厂矿，除重要器材前已拆运完毕，一部分员工并已裁减遣散外，所有员工及重要文件，已令在桂各单位于十四日先迁柳州，再为内移。其无法迁运之不重要笨重机器以及房屋等，拟予必要时，予以破坏。

又各厂矿重要员工，对于将来工业复员之筹划及准备，均为不可缺少之干部，拟尽可能范围之内，予以维持，俾可继续为重工业效力。理合报陈钧鉴。陈布雷。九月十四日呈。

批示：悉。

〔《工矿事业（一）》（1941 年 6 月 12 日至 1945 年 12 月 4 日）：1122.70/1010.01–01/228/001112270A001〕

翁文灏呈请令饬黔桂铁路多拨车辆疏运
资委会积存金城江物资
（1944 年 9 月 23 日）

（事由）呈为资委会现积存金城江各厂矿器材及矿品达一万一千吨，该项器材此间急待需用，矿品亦宜早为交运盟国，拟恳迅赐令饬黔桂铁路多拨车辆疏运该项物资由。

谨呈者：查自五月间湘北战事发动以来，资源委员会在湘、桂一带工矿事业，即经呈奉钧座核定拆迁。在八月初旬，大部分器材、矿品并已运过桂林。其办理情形前已呈报钧座有案。惟数月以来，湘桂、黔桂两路运务至为繁忙，故各项物资之疏运极为迟缓。最初资委会物资原定暂以独山为终点，惟迄今运抵独山者尚占极少数，而最大部分仍在柳州至金城江及金城江至独山途中。现金城江一地积存资委会各厂矿器材及钨、锑、锡矿品已达一万一千吨。此项器材多为此间各厂所急待需用，或可在其它地点迅速复工，以供给军公要需者。至于钨、锡矿品，则更为美、苏等国所急切需要，允宜及早运输出口。否则该项物资如继续积滞途中，匪惟失却利用机会，抑且损失堪虞。为加速疏运起见，除一面商请路局迅予多拨车辆外，拟恳钧座准予赐饬黔桂铁路局迅速多拨车辆，备装资委会在金城江

物资即为转运独山。事关紧急疏运重要物资，敬祈鉴核赐办，并乞示遵。谨呈

委员长蒋

职 翁文灏（印）

三十三年九月二十三日

拟办：呈阅。已分电后方勤务部俞部长、交通部曾部长照办。陈布雷呈。九月二十八日。

〔《工矿事业（一）》（1941 年 6 月 12 日至 1945 年 12 月 4 日）：1122. 70/1010. 01 - 01/228/001112270A001〕

蒋中正为运送资源委员会积存金城江物资致俞飞鹏曾养甫代电
（1944 年 9 月 26 日）

后方勤务部俞部长、交通部曾部长均鉴：前令资源委员会拆迁湘、桂一带厂矿，据翁部长呈报，最初原定暂以独山为终点，惟因湘桂、黔桂两路运务至为繁忙，迄今运抵独山者尚占极少数，而最大部分尚在柳州至金城江及金城江至独山途中。现金城江一地积存器材达一万一千吨，此项器材多为各厂所急待需用，或可在其它地点迅速复工以供军公要需者。其中钨、锡矿品则更为美、苏等国所急切需要，允宜及早运输出口。除商请路局迅予多拨车辆外，拟恳赐饬照办等语。查该项滞留中途之重要物资，应予设法提先紧急疏运，俾应需要。即希转饬黔桂铁路局注意迅速多拨车辆装运为要。中〇。申宥侍秘。

〔《工矿事业（一）》（1941 年 6 月 12 日至 1945 年 12 月 4 日）：1122. 70/1010. 01 - 01/228/001112270A001〕

蒋中正为运送资源委员会积存金城江物资复翁文灏代电
（1944 年 9 月 26 日）

经济部资源委员会翁兼主任委员勋鉴：九月二十三日签呈悉。已分电后方勤务部俞部长、交通部曾部长转饬黔桂铁路局迅予多拨车辆装运矣。中〇。申宥侍秘。

〔《工矿事业（一）》（1941 年 6 月 12 日至 1945 年 12 月 4 日）：
1122.70/1010.01 – 01/228/001112270A001〕

曾养甫为资源委员会存金城江等地物资呈蒋中正代电

（1944 年 9 月）

军事委员会委员长蒋钧鉴：案奉钧座三十三年九月二十六日申宥侍
秘字第二四二四〇号代电以据报："资源委员会拆迁湘桂一带厂矿器
材，尚有大批积滞柳州、金城江等地，应设法提先紧急疏运，饬即行局
迅速多拨车辆装运"等因。查黔桂路前曾一度因机煤缺乏致疏运稍有
停滞，刻正积极清运。奉电前因，遵再饬路提前拨车装运，谨电陈复，
伏乞鉴核。交通部部长曾养甫。

〔《工矿事业（一）》（1941 年 6 月 12 日至 1945 年 12 月 4 日）：
1122.70/1010.01 – 01/228/001112270A001〕

翁文灏钱昌照呈报焚毁金城江未及运送物资情形

（1944 年 12 月 5 日）

（事由）为湘、桂一带抢运器材，因交通工具困难，时间之迫促，
金城江尚存有器材、矿品一万余吨，现以局势改变，据报已由最后撤退
人员放火焚毁，以免资敌，理合据实报陈，敬祈鉴核由。

谨呈者：查资源委员会在湘桂一带各厂矿，自本年五月间敌人发动
攻势以来，即经积极拆迁。惟以交通工具极端困难，所有器材、人员之
运输至为缓慢。因此，大部分器材多仅抵达金城江，为数在一万三四千
吨左右，其前后经过情形迭经呈报钧座鉴核。本会当以各拆迁厂矿多需
在后方复工，所有运出器材不宜在途中久留，急待疏运内地。迭经与铁
路方面洽商拨车装运，迄无效果。为免延误时机起见，只得由资委会设
法抽派卡车，及调集渝昆各厂矿车辆自行抢运，并为加紧工作，特由运
务处处长莫衡率领高级职员多人，在金城江、独山一带昼夜督饬，随装
随运。所幸在事员工辛勤努力，前后得以抢出二千余吨，以卡车运力之
有限及时间之迫促，实属已尽最大之能事。惟经抢运以后，金城江尚存

有器材及矿品共一万余吨。今以局势改变，据报已由最后撤退人员放火焚毁，以免资敌。理合将经过情形据实报陈，敬祈鉴核。谨呈

委员长蒋

职 翁文灏（印）、钱昌照（印）

三十三年十二月五日

〔《工矿事业（一）》（1941 年 6 月 12 日至 1945 年 12 月 4 日）：1122.70/1010.01－01/228/001112270A001〕

翁文灏钱昌照为续运器材及员工来渝的签呈

（1944 年 12 月 7 日）

（事由）签为拟将抢运抵筑之轻贵器材及优良员工续运来渝，以供后方各事业之用，谨附呈预算，拟请核准以紧急命令转饬照拨，以应急需，乞示遵由。

谨签呈者：资源委员会在湘桂一带各厂矿拆迁情形暨卸存金城江之物资因无法后运损失各情，业经先后签报钧座鉴核。其在金城江失陷以前，经本会利用卡车抢出一部分之轻贵器材，现到达贵阳，共约九百二十六吨，员工及其眷属到贵阳者约二千零四十一人。查自金抢至贵阳之器材，均为各事业之精华。员工方面，几经疏散，现所保留者，亦均系经过多年训练，服务优良，为后方最需要之建设人才，至足珍贵。兹拟将湘、桂撤退在贵阳之器材，积极续运来渝，以供后方各事业之用。所有员工，现均已分配后方各事业工作，亦拟抢接至指定地点，俾令继续参加战时生产工作。又原在黔境之事业，其暂可不予利用之重要器材，亦拟酌量抽出一部分，运川供用。兹经估计，以上数项所需费用，约为国币捌仟柒佰玖拾玖万捌仟元。谨附呈预算表一份，拟请钧座核准，以紧急命令转饬财政部如数照拨，以应急需，并乞示遵。谨呈

委员长蒋

职 翁文灏（印）、钱昌照（印）

三十三年十二月七日

附清单一份。

〔《工矿事业（一）》（1941 年 6 月 12 日至 1945 年 12 月 4 日）：
1122.70/1010.01－01/228/001112270A001〕

翁文灏钱昌照呈请拨发经费以搜集金城江一带
遗留器材及恢复桂境各厂
（1945 年 7 月 4 日）

主席钧鉴：资源委员会湘桂各事业上年撤迁暨在金城江一带损失物资情形，前已陆续报请鉴核。现金城江、宜山等地业经我军先后克复。本会为搜集劫余物资，曾即时指派多员兼程前往。刻据报，前遗物资尚存者约达百分之六十以上，经已电令积极搜集、整理、保管，并组织两个小规模搜查队，自金城江分别南向宜山、大塘，北向独山，沿途搜集，俾所有重要物资仍能供用，不致抛废。此项物资内有一部分系属特种矿品，其处理办法容另签请核示。其属于各厂矿之器材者，现均拟暂行就地集中保管，俟军事胜利进展，随时迁返原地，重图恢复。估计各厂矿遗留金城江一带器材之整集、保管，初期三个月经费至少二千四百六十五万元。又目前桂境军事进展极速，柳州业已攻克，全、桂收复亦系指顾间事。其经我军收复之各重要城市，所有电力及工业用品，均立需设法供应。本会现拟尽先恢复柳州电厂，并局部恢复中央电工器材厂及中央无线电厂桂林部分暨在八步之平桂矿务局。除预料各该厂矿原所在地之厂房及重巨设备尚可利用一部分暨撤迁尚存之器材可以迁回利用外，估计该桂境四厂矿复工所需经费共计七亿元。此项费用大部分系属器材运费，如厂房设备全毁，此数仍属不敷。再连同湘、桂全部事业，在金器材整集经费，总计需要柒亿贰千肆百陆拾伍万元。此项经费系在本会本年重工业预算范围之外，且系紧急需要。理合肃电，恳请鉴核赐准，以紧急命令先行拨支，以备适应急迫需要为祷。职翁文灏、钱昌照叩。午支资机。附计算表一份。

拟办：

（一）关于搜集金城江一带遗留器材三个月之经费式千四百六十五万元，拟准交行政院以紧急命令支付。

（二）关于恢复柳州电厂及桂林电工器材厂、无线电器材厂、平桂矿务局等经费七亿元部分，应拟具计划，报请行政院核发。同时有关战时生产之业务，原来拨定战时生产局之事业费中，如有可以运用者，亦应该尽量设法挹注，以期减轻国库之担负。拟以此意复令遵照。

陈布雷呈
卅四年七月七日

批示：如拟。

〔《国防工业（四）》（1944 年 1 月 8 日至 1947 年 4 月 23 日）：1120/6070.01－04/211/001112000A013〕

蒋中正为拨发经费以搜集金城江一带遗留器材等事致宋子文等代电

（1945 年 7 月 12 日）

行政院宋院长、蒋秘书长①：据经济部资源委员会翁兼主任委员呈报，以该会湘、桂各事业上年撤遗金城江、宜山一带，物资现存者约达百分之六十以上，拟即整理保管，以备迁返原地，重图恢复，估计初期三个月经费至少式千四百六十五万元。此项经费系在预算范围之外，且系紧急需要，拟恳准以紧急命令先行拨支，以应急需等语。查所请应予照准，即希先以紧急命令照数拨支为要。中〇。午文侍秘。

〔《国防工业（四）》（1944 年 1 月 8 日至 1947 年 4 月 23 日）：1120/6070.01－04/211/001112000A013〕

蒋中正为拨发经费以搜集金城江一带遗留器材等事致翁文灏等代电

（1945 年 7 月 12 日）

资源委员会文翁兼主任委员、钱副主任委员均鉴：密渝财字第六一八七号午支资秘代电及附件均悉。（一）所请拨发搜集金城江一带遗留

---

① 蒋梦麟，时任行政院秘书长。

物资三个月之经费式千四百六十五万元一节，已交行政院准予照数以紧急命令拨支。（二）关于恢复桂境四厂矿经费七亿元一节，应拟具计划报请行政院核发。再此类有关战时生产之业务，原来拨定战时生产局之事业费中，如有可以运用者，亦应该尽量设法挹注，以期减轻国库之负担为要。中〇。午文侍秘。

〔《国防工业（四）》（1944 年 1 月 8 日至 1947 年 4 月 23 日）：1120/6070.01 - 04/211/001112000A013〕

十七　战时生产局运作情形

翁文灏呈将物资运输优先次序之职权移归战时生产局接办
（1944 年 11 月 23 日）

（事由）呈为战时生产局依照其组织法草案，有对军用、民用物资之国内、国际运输规定其优先次序之职权。此项工作现由运输会议经办，似宜移归本局接办，组织优先委员会。是否可行，敬祈鉴核由。

谨签呈者：查战时生产局根据组织法草案第三条，有对于军用及主要民用物资、国内及国际之运输规定其优先次序之职权，此项职权自包括国外物资之航空内运程序在内。目前，此项空运程序系由军事委员会运输会议之物资内运优先管制会议主管。现本局既经正式成立，其职权范围亦经确定，所有上项有关运输优先事项之工作，似宜即由运输会议移归本局接办，由本局依照组织法草案之规定，组织优先委员会办理其事，其参加机关及人员当尽量参照运输会议现行办法予以规定。以上所陈，是否可行，理合备文签请鉴核示遵。谨呈

委员长蒋

职 翁文灏（印）

三十三年十一月二十三日

拟办：原件呈核，拟准，令何总长照办。陈布雷。十一·廿五·

批示：如拟。

〔《战时生产局》(1944 年 11 月 23 日至 1945 年 4 月 4 日)：0420/
6364.01 - 01/122/001042000A017〕

蒋中正为物资运输优先次序之职权移归战时
生产局接办致何应钦代电
(1944 年 11 月 30 日)

本会何总长勋鉴：据战时生产局局长翁局长渝秘第二四号呈，以战时
生产局依照其组织法草案，有对军用、民用物资之国内、国际运输，规定
其优先次序之职权。此项工作现由运输会议经办，拟请移归本局接办，组
织优先委员会，其参加机关及人员当尽量参照运输会议现行办法予以规定
等语。查所请应予照准。除指复外，即希照办为要。中○。戌卅侍秘。

〔《战时生产局》(1944 年 11 月 23 日至 1945 年 4 月 4 日)：0420/
6364.01 - 01/122/001042000A017〕

蒋中正为物资运输优先次序之职权移归战时
生产局接办致翁文灏代电
(1944 年 11 月 30 日)

战时生产局翁局长：十一月廿三日渝秘字第二四号签呈悉。所请将
运输会议规定物资运输优先次序之职移归该局接办一节，可予照准，已
令何总长照办矣。中○。戌卅侍秘。

〔《战时生产局》(1944 年 11 月 23 日至 1945 年 4 月 4 日)：0420/
6364.01 - 01/122/001042000A017〕

翁文灏呈拟成立中美联合生产委员会
(1944 年 11 月 29 日)

(事由)呈为依照战时生产局组织法，得设立中美联合生产委员
会，兹拟乘纳尔逊返美前即将其成立，由职任主任委员，纳氏任副主任
委员，是否可行，敬乞核示由。

谨呈者：查战时生产局组织法第六条规定，为谋中美两国战时生产

之密切合作起见，得设中美联合生产委员会。关于设立此项委员会之拟议，上次纳尔逊来华，曾经面陈，并蒙钧座予以同意。兹以纳氏即将返国，该项机构，似以乘纳氏离华前即行成立，较为适宜。关于组织办法，为符合我国政府机关体制，拟由职担任主任委员，纳尔逊担任副主任委员。纳氏原定离华以后，由孔莱代表留华，杰克逊为其助理，爰拟约孔、杰二氏参加为委员。此外，中国人员方面，拟约经济部次长谭伯羽及资源委员会副主任委员钱昌照为委员。将来中美两方另有其它适当人员，再行续为约请参加。以上办法，面商纳尔逊，均为同意，是否可行，理合签请鉴核示遵。谨呈

委员长蒋

职 翁文灏（印）

三十三年十一月二十九日

拟办：原件呈核，拟准照办。陈布雷。十··廿九·

批办：如纳氏同意，则即可照办。中正。

〔《战时生产局》（1944 年 11 月 23 日至 1945 年 4 月 4 日）：0420/6364. 01 - 01/122/001042000A017〕

蒋中正为中美联合生产委员会正副主委人选致翁文灏代电
（1944 年 11 月 30 日）

战时生产局翁局长：十一月廿九日渝秘（卅字）第五二号签呈悉。所拟中美联合生产委员会正副主委人选，如纳氏同意，则即可照办。中〇。戌陷侍秘。

〔《战时生产局》（1944 年 11 月 23 日至 1945 年 4 月 4 日）：0420/6364. 01 - 01/122/001042000A017〕

翁文灏呈中美联合生产委员会正副主委人选
（1944 年 12 月 5 日）

（事由）呈复关于战时生产局设立中美联合生产委员会，由职任主任委员、纳尔逊任副主任委员一节，前已面征纳氏同意，奉批后即致送

聘书，已荷接受，伏乞鉴核由。

谨呈者：关于战时生产局设立中美联合生产委员会，由职任主任委员及纳尔逊氏任副主任委员一节，前经于十一月二十九日签请钧座鉴核，奉同月三十日侍秘字第二五二〇一号戌陷代电批示："所拟中美联合生产委员会正副主委人选，如纳氏同意，则即可照办"等因。奉此，查该委员会正副主任委员人选事，前业已面征纳氏同意，奉批以后，即将聘书照为致送，并已荷纳氏接受。理合备文呈复，敬祈鉴核。谨呈
委员长蒋

职　翁文灏（印）谨呈

三十三年十二月五日

拟办：拟存。

〔《战时生产局》（1944 年 11 月 23 日至 1945 年 4 月 4 日）：0420/
6364.01－01/122/001042000A017〕

翁文灏呈请核准严家淦优先搭乘军机来渝

（1944 年 12 月 6 日）

（事由）本局采办处长严家淦将由赣来渝任事，拟请俯准饬知航委会，准其优先搭乘军用飞机。可否，签请鉴核示遵。

谨签呈者：本局采办处处长一职，已奉准调派现任福建财政厅厅长严家淦担任。现严处长即拟偕家属一行九人随带行李等件，由闽赴赣州后搭乘军用机来渝。拟请钧座俯赐核准，饬知航空委员会准其优先搭乘军用飞机，俾能早日抵达，推动工作。可否之处，理合签请鉴核示遵。谨呈
委员长蒋

战时生产局局长　翁文灏（印）

三十三年十二月六日

拟办：拟俟刘主席呈电奉批后并办。陈布雷。十二．七．

批办：已奉批准。

〔《战时生产局》（1944 年 11 月 23 日至 1945 年 4 月 4 日）：0420/
6364.01－01/122/001042000A017〕

381

蒋中正为核准严家淦优先搭乘军机来渝事致周至柔代电

（1944 年 12 月 8 日）

航空委员会周主任勋鉴：据战时生产局翁局长呈报，该局采办处处长一职，奉准调福建财政厅长严家淦担任。现严厅长拟偕家属一行九人、随常行李等件，由闽赴赣州后搭乘军用机来渝，拟请准其优先搭乘等语。查所请可予照准，除电复外，即希照办为要。中○。亥齐侍秘。

〔《战时生产局》（1944 年 11 月 23 日至 1945 年 4 月 4 日）：0420/6364.01－01/122/001042000A017〕

蒋中正为核准严家淦优先搭乘军机来渝事致翁文灏代电

（1944 年 12 月 8 日）

战时生产局翁局长勋鉴：十二月六日渝秘字第八二号签呈悉。所拟请准严厅长及家属等九人乘机飞渝一节可予照准，已电航委会照办矣。中○。亥齐侍秘。

〔《战时生产局》（1944 年 11 月 23 日至 1945 年 4 月 4 日）：0420/6364.01－01/122/001042000A017〕

翁文灏呈刘主席①已同意调用严家淦来渝任职

（1945 年 1 月 8 日）

（事由）呈复关于本局拟调用福建财政厅厅长严家淦来渝任职一节，经再恳商刘主席，已获同意照调，签请鉴核由。

谨呈者：接奉钧座上年十二月十七日侍秘字第二五五二○号亥篠代电，关于本局拟调用福建财政厅厅长严家淦来渝任职一节，以据刘主席电陈严在闽任务重要，恳请缓调等情。是否本局职务可以先行派员代理，或另觅妥员充任，令先核复等因。窃本局采办处处长一职，经派定严家淦担任以后，一时难觅适当代替人选，经曾电商刘主席惠予同意，

---

① 福建省主席刘建绪。

兹已准刘主席复电同意照调，月内严处长当可乘机来渝。奉令前因，理合呈复鉴核。谨呈

委员长蒋

职 翁文灏（印）谨呈

三十四年一月八日

〔《战时生产局》（1944 年 11 月 23 日至 1945 年 4 月 4 日）：0420/
6364.01 - 01/122/001042000A017〕

蒋中正为严家淦可以来渝任职致翁文灏代电
(1945 年 1 月 11 日)

战时生产局翁局长：一月八日密渝秘字第一二号呈严家淦可来局任采办处长职等情已悉。中〇。子真侍秘。

〔《战时生产局》（1944 年 11 月 23 日至 1945 年 4 月 4 日）：0420/
6364.01 - 01/122/001042000A017〕

翁文灏呈增加工兵器材及炮弹增产拨款办法
(1944 年 12 月 9 日)

（事由）本局会同军政部，以增加工兵器材及炮弹增产签拟拨款办法呈奉委座批准。抄呈原签呈，敬祈鉴核备查。

查本局会同军政部于三十三年十二月六日为战时增产办法，经纳尔逊及美专家协助并参观军公、商营工厂后，确定先行增加工兵器材，次增加迫击炮弹。所有开支系在兵工署预算以外。经拟具拨款办法两种，签请钧座核示一案，兹奉本年十二月七日钧座手批"照办"等因。奉此，除将奉批原签留存本局，并分呈行政院及函达军政、财政两部外，理合抄附原签呈，敬祈鉴核备查。谨呈

军事委员会委员长蒋

附抄呈原签呈一件。

战时生产局局长 翁文灏（印）

三十三年十二月九日

383

附　　　　　　　　原签呈

查纳尔逊来华协助我方战时生产，经与各有关机关商洽，并由美专家视察军、公、商营工厂，决定增产办法，先增加工兵器材，次增加迫击炮弹之产量。现计划已达实施阶段，即须向各厂订货。惟关于此项增产开支系在军政部兵工制造预算以外者，故经会商，拟定办法如下：

（一）此项增产品名、数量，由职局与职部兵工署随时会同商订，由职局向增产之军、公、商营工厂订货。所需款项先由职局在周转金内支垫，经职部验收后分期（每期三个月）由国库拨专款归垫。

（二）每三个月由职局将造缴之器材名称、数量、价值列表呈报钧座备查，并将开支报销呈报行政院转由国库转帐。

以上所拟是否有当，谨请批示祗遵。谨呈

委员长蒋

军政部部长 陈诚（印）

战时生产局局长 翁文灏（印）

三十三年十二月六日

〔《战时生产局》（1944 年 11 月 23 日至 1945 年 4 月 4 日）：0420/6364.01－01/122/001042000A017〕

翁文灏呈增制兵工器材实施办法
（1944 年 12 月 14 日）

（事由）呈送拟定增制兵工器材实施办法，祈鉴核备查。

查本局会同军政部为增加工兵器材及迫击炮弹拟定拨款办法，于十二月六日签奉委员长蒋手批照办，并于十二月八日呈报钧会鉴核备查在案。兹经会商，拟定《战时生产局增制兵工器材实施办法》，除分别函达有关机关查照外，理合检同实施办法一份，呈请鉴核备查。谨呈

军事委员会

附呈实施办法一份。

战时生产局局长 翁文灏（印）

三十三年十二月十四日

〔《战时生产局》（1944 年 11 月 23 日至 1945 年 4 月 4 日）：0420/
6364.01 - 01/122/001042000A017〕

蒋中正为增制兵工器材实施办法致翁文灏代电
（1944 年 12 月 29 日）

战时生产局翁局长：十二月十四日渝秘（卅三）字第一二〇号呈
暨所附增制兵工器材实施办法均悉。中〇。亥艳侍秘。

〔《战时生产局》（1944 年 11 月 23 日至 1945 年 4 月 4 日）：0420/
6364.01 - 01/122/001042000A017〕

翁文灏呈与美国顾问商谈战时生产局工作主要意见
（1944 年 12 月 23 日）

（事由）为迭与美国顾问商谈主要意见，择要陈请鉴核。

查美国顾问纳尔逊、孔莱及助理顾问杰克逊等，对于战时生产局之
工作建议协助，极为尽力，职亦竭诚商谈，尚能合作进行。近时孔莱、
杰克逊二氏，每日会晤。关于具体工作之意见，已随时采纳推进，其有
关综括方针者，尤可注意。兹择要陈明如左：

一、机关职权。彼等以为战时生产局为综管战时生产及规定优先程
序之最高机构，其实际权力，应足以实行此职掌。战时生产局所规定之
办法，其它各机关均有依照执行之责。甚盼更为切实促进，认真合作，
以符设局之原意。

二、工作目标。战时生产局之主要目标，宜在充分提高中国作战之
实力，故有关此项意义之物品，应尽先制造，加多生产。至所得数量，
不宜过分隘小，而宜逐步加多，使中国确得反攻敌人之实力。故盼中国
确以此点为正当目标，认真推进，庶克见真实效果。亦因此生产局之工
作，宜特重根本的及积极的生产，而不宜消耗资力于枝节的救济。

三、国内生产与国外供应之配合。生产物品以及生产设备，或产自
本国，或取自国外。两者之间，宜由战时生产局统筹兼顾，善为配合，
不宜由各机关各自为政，纷歧复叠。国内之供应数量加多，即可腾出内

运吨位，使中国必需之其它物品内运数量为之加高；国内之供应减低过甚，即使中国必需物品之数量及种类均为减少。中国以前对于国内生产用力太少，以致工业停滞，全盘经济困难日增，实非善计。战时生产局宜力矫此弊，认真振作。

四、生产开支方法之改善。生产开支与非生产之消费，性质迥不相同。故中国若干人员所言，奖进生产即系增高膨胀，与美国人之见解实不相符，深恐有因噎废食之虞。甚盼生产局能有必需数量之资金，庶办法不致徒托空言。至资金种类，银行借款仅供周转，且利息颇高，如仅赖此借款，恐尚有不足，且利息担负，徒使成本加重。故借款之外，宜另有国库资金，分别用途，善为支用，庶更符奖进生产之意义。

五、中美经济合作之关键。彼等以为美国对此间经济之协助，当以战时生产局为中心，藉此以助中国之复兴，确具诚意。故生产局之重要会议以及工作方针，美国顾问热心参加，贡献意见，不遗余力。其它国家情形不同，不便一律援照。惟纯关技术方面，倘有英国技术人员参加之必要时，自亦可行。

以上各点，孔莱等迭次谈话，用意甚明，实出于认真协助之善意。吾国对于彼等，似惟有于尊重国权之中，力示精诚合作之意，以期巩固邦交，增进建设。仍乞钧座随时指示，以免陨越。谨呈
委员长蒋

职 翁文灏（印）

三十三年十二月二十三日

呈主任[1]：

查孔莱、杰克逊二氏所述意见，大致均为合理。惟第四项另拨国库资金一节，恐非目前国家财力所及。且国家银行贷款利息原甚低廉，生产事业对此虽略有负担，虽供给生于需要，仍不难从生产品售价中收回（军、公用品更不成问题，但国库一次拨发巨额资金，实属不易）。反

---

[1] 军委会侍从室第二处主任陈布雷。

之，如以国库资金津贴一般消费，亦非所宜也。本件拟复"悉"。惟饬关于国库资金一节，可从后议。

拟办：拟复"悉"，并抄送宋代院长。陈布雷。三十三年十二月三十日。

批示：如拟。

〔《战时生产局》（1944 年 11 月 23 日至 1945 年 4 月 4 日）：0420/6364.01-01/122/001042000A017〕

魏德迈为战时生产局受理租借法案作战物资之分配
及运输之优先程序等情呈翁文灏
（1944 年 12 月 25 日）

战时生产局翁局长文灏先生大鉴：

前接奉一九四四年十二月六日大札及附件《战时生产局组织法草案》，中以鄙人曾离渝数日，致未得暇对大札及附件中之繁复内容详加研究及复函。兹查尊方将计划管理租借法案作战物资之分配及运输之优先程序事项，此实为鄙人所不能亦不愿接受者，因此项管理权业已由美国政府训令鄙人行使。兹为遵照该训令计，拟凡由空运之吨位及以其它任何运输方式（水路或铁路运输在内）运来之吨位胥由鄙人分配之，并拟将此项物资存放于完全由美方监督及管理下之货栈内。若战时生产局或其它任何军政机关及民营机构需要作战物资或紧要之普通物资时，可向中国战区美军总司令请求供应，并说明使用该物资之方法，俾可有助于中国境内之战事也。

上述请求供应办法，系完全遵照中国政府与敝国大总统特别代表纳尔逊先生间近所成立之条文及谅解。纳尔逊先生离华前，曾将鄙人于处理所有输华租借物资中之地位及责任解释至为清晰，并有书面文字可资佐证，且与鄙人所接奉敝国政府之训令完全一致也。关于租借物资及供应物品之分配及其无论以何种方式（水、路〔陆〕、空或铁路运输在内）运入中国之优先程序，均由中国境内之美军总司令决定之。在此大前提之下，贵方可进行确定贵战时生产局之各项权衡。

为屏除误会及裨益事务之推行计，嗣后如贵局对于有关租借物资运输及美国协力在华战事有所审议时，希能邀请敝司令部指派代表参加会议。

鄙人亟愿与贵国任何之合法机构竭诚协助合作，俾有助于中国境内之战争。鄙人现既为委座之参谋长及中国战区美军总司令，如于分配租借物资及决定其运输优先程序无一绝对完整及赓续之管理权，则此二项责任重大之任务，不敢亦不能接受也。鄙人来华之使命，为尽最大之努力协助贵国及为委座与贵国人民服务，凡鄙人之一切作为均承敝国大总统及陆军部予以全面支持。为推动中美联合作战计，鄙人正竭诚实现双方合作与协调中。此复

顺颂

公祺

魏德迈谨启

一九四四年十二月廿五日

〔《战时生产局》（1944 年 11 月 23 日至 1945 年 4 月 4 日）：0420/6364.01－01/122/001042000A017〕

翁文灏孔莱等觐见主席请训纪录

（1945 年 1 月 17 日）

时间：三十四年一月十七日下午五时

地点：曾家岩主席官邸

人员：翁文灏、孔莱、杰克逊、彭学沛

列席者：皮宗敢、萧自诚

通译及纪录者：彭学沛

首寒暄毕。

翁局长：报告两个月来战时生产局工作情形，述及军用品生产之增加，已订造物品之价值，铜锌、煤焦、酒精等之计划与实施。

主席：中印路油管接通后，汽油供给量如何？

翁局长：将来内地用油恐不能靠油管。除中印路沿路及云南区所需汽油可由油管供给外，西北各省之动力油料将仰给于甘肃油矿，而川、

黔等区域则多恃酒精。观于美军今年订购一千六百万介仑，可见将来酒精之需要仍大。

孔莱顾问：近来生产局工作，除翁局长所报告者外，为各机关租借物资请求之审查。吾人应详慎审查，开出翔实可靠之请求单，方能使美国获得良好印象。目前本局工作虽正在进展，实际生产尚未有显著之增加。

又将来生产局恐须罗致社会上有能力之工业家，以为臂助。在美国，纳尔逊罗致社会有力人才，颇得罗斯福总统之助。将来中国生产局于此亦仰赖主席主持。

主席：自当扶助。

孔莱顾问：中国如能增加生产，可以减少空运之吨位，使中国能运入其所不能自制之器材。现在中国煤焦缺乏，动力亦感不足，运输之船舶须添制，棉布亦须加紧制造，故工作必须赶急。

微闻生产局最近向行政院提出本年度经常费预算，略为六千余万元，而行政院之审查小组会则核减为一千五百余万元。似此，恐有妨工作之推进。美国生产局每年之经常费达数万万美元之巨，翁局长用钱甚为谨慎，不致有所虚糜。

主席：可不必核减。

孔莱顾问：除经常费预算外，生产局为执行计划必须有适当数目之生产预算。现生产局已略加估计，惟一年中所需，目前颇难精确预计。据本人意见，本年初步估计恐需十五亿元之谱。中国必须不惜巨资，以增加生产，始能缩短战争。投资虽多，收利更宏，主席或愿一阅正月一日号《时报》中之一篇论文，其中叙述全世界正注意中国战时生产局之成就。

主席：可以，有需要时可以增加。

孔莱顾问：近闻战时生产局与战时运输管理局之关系，蒙主席批定两项办法，予以厘定，实属妥当。将来两机关必能密切圆满合作。

近接纳尔逊先生电报，询问中国将取得运货卡车一万五千辆，C-46 式运货机三十架。中国方面想正在准备一切，以充分运用此等运输工具。飞行人员及司机等应预事训练，此或为运输管制局之任务。闻宜宾飞机场不甚适用，以致运输吨位颇受影响。若能于泸县附近速建飞机场，必大有裨益，尤将便利 C-46 式之升降。

翁局长：请补充说明。由印度飞宜宾之航空线甚为便利，因器材由空运达昆明后，内运仍属困难。如由印度直飞宜宾，则宜宾至重庆可利用水运，较为便利价廉。惟宜宾飞机场跑道过短，四围地形亦多障碍，年中气候，尤多恶劣，往往飞机不能降落，折回昆明，运量损失不少。中航公司曾数往测勘，据报泸县附近地形及气候均较佳，宜新辟良好机场，并将宜宾机场跑道加长。

主席：应如此照办。

孔莱顾问：行政院各部对于生产局之措施能有深切之了解，实为重要。纳尔逊代表团选择专家数人来华协助生产局工作，此等专家在美国各厂矿均居相当负责之地位，不能久离其本职。当时彼此商定往来约三个月，现时期将满，纳尔逊先生正在慎选其它专家陆续来华，以继续工作。关于此项人选，均与宋代院长、翁局长详细商定。

主席：可照办。

孔莱顾问：本人两个月与宋先生、翁先生、彭先生等工作甚感愉快，彼此感情甚洽。近闻中国参加联合国各种组织，尤甚欣慰。例如，中国参加同盟国工业标准协会，此亦为一重要之工作，本人亦即为代表之一。又如美国有工业管理协会（Industrial Management Association）甚有贡献，将来中国亦自可有此种组织。如中国愿意，本人可与美国该会及哈佛大学之商业管理学院接洽，寄来有关文献，以助此种组织之成立。

主席：甚佳。

翁局长：关于预算一层，拟再稍加补充。生产局经费来源不外两种，一为银行借款，一为国库拨款。前者适于短期周转，至长期投资，则不适宜。且银行借款须付两分利息，国库拨款虽亦须向发行银行偿付若干利息，但为数甚微。故如着重国库拨款之办法，亦可减轻政府一笔利息负担。

主席：此点可以研究。

杰克逊助理顾问：如军事当局能制成计划，使生产局之生产计划与之配合，则最为便利，美国即如此办理而获成功。

主席：应如此办。

杰克逊助理顾问：尚有两点陈述，一、主席对生产局之工作有何指示否？

主席：余颇满意。

杰克逊助理顾问：第二、主席对纳尔逊先生有何欲嘱转达之件否？

主席：日前阅报，闻纳尔逊先生曾入医院检查血压，不知健康如何？

孔莱顾问：此为纳尔逊先生周期循例之检验，近接其来电，谓身体健旺。

主席：甚好，请代问候。

杰克逊助理顾问：感谢，自当转达。

主席：近魏德迈尔①将军曾有信询问租借法案物资处理权限，时接洽情形如何？

翁局长：二位顾问曾与魏将军作两小时长谈，魏将军表示，生产局可依向来办法继续进行，但未放弃其主张。稍缓仍将继续商谈。

孔莱顾问：本人与彭先生赴昆明视察之前得觐见主席，至深感谢。

主席：昆明天气好，请稍留数日。

孔莱顾问：赶速视察后，当于下星期四返渝。

生产局人员辞别。

〔《战时生产局》（1944 年 11 月 23 日至 1945 年 4 月 4 日）：0420/6364.01－01/122/001042000A017〕

翁文灏电呈战时生产局运输优先委员会组织规程

（1945 年 1 月 17 日）

委员长蒋钧鉴：子灰侍秘字第二五八一四号代电谨悉。（一）关于国际物资业务，业由本局向前运输会议国际物资组移转接办。（二）关于运输优先分配事宜，兹经遵照在本局内设立运输优先委员会，由陈部长②、

---

① 即魏德迈。
② 陈诚，时任军政部长。

俞局长①及职三人为常务委员，拟定组织规程，正式成立。奉电前因，除另行呈报宋代院长外，理合检具本局运输优先委员会组织规程一份，呈复鉴核备案。职翁文灏叩。子篠。

附　　　　战时生产局运输优先委员会组织规程

第一条　战时生产局为审定国内外物资运输优先分配事项，设运输优先委员会。

第二条　运输优先委员会之职掌如左：

一、关于国内军械以外物资运输优先分配之审定事项。

二、关于国外军械以外物资内运优先分配之审定事项。

三、关于出口军械以外物资运输优先分配之审定事项。

第三条　运输优先委员会设常务委员会三人，由战时生产局局长、军政部部长及战时运输管理局局长充任之，开会时战时生产局局长为主席。

第四条　运输优先委员会会议事项，常务委员有最后决定之权。如常务委员意见不能一致，或遇有必要时，得由常务委员呈请军事委员会委员长或行政院院长核定之。

第五条　运输优先委员会由左列机关各派代表一人为委员：

一、军政部。

二、航空委员会。

三、战时运输管理局。

四、交通部。

五、经济部。

六、财政部。

七、粮食部。

八、卫生署。

九、中央银行。

十、中国航空公司。

---

① 俞飞鹏，时任战时运输管理局长兼交通部长。

右列机关代表遇有必要，并得携同有关人员参加。

第六条　运输优先委员会得邀约战时生产局有关处处长及其它机关人员参加会议，其人选由常务委员决定之。

第七条　运输优先委员会得邀约战时生产局美籍顾问、美国军部代表及美国对外经济事务局代表参加会议。

第八条　运输优先委员会设秘书一人，由站时生产局运输处处长兼任之。

第九条　运输优先委员会每星期开会一次，必要时并得举行临时会议，由运输优先委员会常务委员召集之。

第十条　运输优先委员会会议常务委员决定事项，主管运输及物资执行机关及驻外代表，应依照实施。

第十一条　本规程自公布日施行。

拟办：拟电行政院并案办理（附件存查）。

〔《军事政策及方案》（1935 年 5 月 23 日至 1948 年 4 月 21 日）。全宗号：0700.01/3750.02 - 01/56/001070001A006〕

蒋中正为组织运输优先委员会事致行政院代电
（1945 年 1 月 20 日）

行政院宋代院长、张秘书长勋鉴：接战时生产局翁局长密渝字第二〇号子篠代电，呈报接办前运输会议国际物资组业务，并设立运输优先委员会，拟定组织规程，正式成立，请鉴核备案等情。分呈计达，希即并案办理为盼。中〇。子号侍秘丙。

〔《军事政策及方案》（1935 年 5 月 22 日至 1948 年 4 月 21 日）：0700.01/3750.02 - 01/56/001070001A006〕

翁文灏呈报运输优先委员会正式成立
（1945 年 2 月 28 日）

（事由）运输优先委员会正式成立，报请鉴察由。

查运输优先委员会组织规程前经以子篠代电呈送钧鉴，并经呈奉行政院元月二十九日平叁字第二○九五号指令准予备案等因。遵于二月十日在本局正式组织成立。理合检同该会成立会会议纪录一份，具文呈报。敬祈鉴察，准予备案。谨呈

委员长蒋

　　附呈运输优先委员会成立会纪录一份。

职 翁文灏（印）谨呈

三十四年二月二十八日

　　附　　　　战时生产局运输优先委员会成立会纪录

日期：三十四年二月十日上午九时

地点：战时生产局会议厅

出席：翁文灏

　　　陈诚

　　　俞飞鹏

　　　Mr. Howard Coonley[①]

　　　Mr. James A. Jacoleon[②]

　　　彭学沛　吴景超　吴兆洪　张兹闿

　　　包可永　杨继曾　王炳南

　　　龚学遂（战时运输管理局代表）

　　　沈怡（交通部代表）

　　　李景潞（经济部代表）

　　　赵桂森（军政部代表）

　　　邹琳（财政部代表）

　　　杨锐灵（粮食部代表）

　　　杨柳风（航空委员会代表）

　　　俞松筠（卫生署代表）

---

① 孔莱，时任战时生产局顾问。
② 雅各莱昂，时任战时生产局助理顾问。

陈菊如（中央银行代表）

沈德燮（高大经代，中国航空公司代表）

列席：张似旅　康燮宸　蒋易均　赵景明

谭耀宗　徐先诚　舒昌誉　任显群

Lt. col. Walter Sylvester, U. S. Army H. Q. [①]

Mr. Calvin Gaynor, F. E. A. [②]

Mr. William T. Stanton, F. E. A. [③]

主席：翁文灏

纪录：康燮宸、尹寿华

1. 主席致词

运输优先委员会组织规程已奉核定，如何实施，亟待详商。本日举行第一次运输优先委员会会议，意义重大。在美国，举凡订货、制造、运输，皆有优先程序之规定，彼此互相配合。我国情形稍有不同。例如，目前空运因运输量小而待运物资甚多，不能全照运输优先程序起运，而须同时采用百分比制度，以资兼顾。惟将来优先制度概须依照物资重要性办理，工作当较繁重。至国内运输物资繁复，优先问题更多为完成抗战建国任务。本会使命重大，希能详加检讨，俾能达到圆满结果，并请二位常委指示意见。

2. 陈常务委员致词

本人对于运输有几点感想：

（一）过去回空利用甚不经济。以往运输机构复杂，车辆回空未能善为利用，殊不经济。现战时运输管理局成立统筹后，空驶当可减少。

（二）应尽量增加其它运输工具。如西北卡车不敷应用，主要运输工具为胶轮大车，现民间者均已停顿，公家者亦未增加。如将胶胎低价贷与民间，可增加胶车一千辆，运量甚大，且公路、大路均可行驶。又路段之坡度大者及汽车燃料充足者，可用汽车；其坡度较小及燃料不足

---

① 美军总司令部陆军中校沃尔特·西尔威斯特。

② Foreign Economic Administration，美国对外经济局［署］卡尔文·盖诺。

③ 美国对外经济局［署］威廉·斯坦顿。

之段，则可使用胶轮车。两者配合，使用各得其长。

（三）严禁不要需运输。如西北常有以仅有之运输工具装运香烟等消费品，对财政税收固有关系，而实际整个言之，得不偿失，应予严禁。

（四）凡阻碍运输者，一定彻底取缔。如西北车辆行驶，办理手续非三日不能开出。此种情形务须彻底取缔。

（五）各种运输，除紧急应用命令行之者外，须有整个运输优先计划，其范围应以经常者为准。各线经常计划之运量，无妨规定稍低，留出百分之五或百分之几运量，另作预备计划，以为伸缩，不致因其它原因影响整个计划。运量不足时，必需之物资不能与各种物资一律比例减少。例如械弹、钞券等，非遇特别例外时，不能一律办理。至直接或间接作战运输均应统筹。

3. 俞常务委员致词

（一）目前运输工具，各机关均感不敷，运力与需要之比例甚为悬殊。如欲增加运量，必须增添新车。最近有租借法案新卡车五千辆，内运分配办法尚未确定。余意一部分应配备于前方，以后再到者，均用于后方。另有七千二百辆卡车内运，已分配者二千四百辆，其余未定，最好早为商定。

（二）驻美魏大使①曾电翁部长及本人谓：有一万五千辆卡车来华。美方拟在我国冲要地点设立修理厂十五个、配件库一个，另派技术人员五百四十名。纳尔逊先生协助盛意，殊为可感。

（三）目前生产方面进行甚速，运输能力仍不能配合，至为急虑。

4. 本局顾问 Mr. Howard Coonley 致词

本人代表纳尔逊顾问团全体团员，向三位部长、主席、常委表示敬意。以本人过去工作之经验，深知美国甚愿尽量协助中国解决运输问题。今日所提案件，容当研究后提出建议。

5. 本局助理顾问 Mr. James A. Jacoleon 致词

本人赞同 Mr. Coonley 意见，兹更有希望者数事：

---

① 魏道明。

（一）大量新卡车即将来华，其有关之修理及人员等问题，除美方所准备者外，请中国方面尽速准备。又 C – 46 运输机来华，所需机场设备是否充足及进行情形如何，均请随时见告。

（二）大量卡车来华所需燃料，除生产酒精外，希望能设法将甘肃矿油运出，以资供应。

（三）运输优先制度应从速建立。希望将在印度各地物资依照1. 前线作战；2. 战时生产；3. 民生必需之次序分别优先，尽速内运。

（四）希望能以重庆为中心，利用长江、嘉陵江水道建立水运优先办法。

今日参加运输优先委员会成立会，得睹目前中国生产及运输上之一最大进步，甚感愉快。

6. 美军总部代表 Lt. col. Walter Sylvester 致词

本委员会成立之重要性早已闻及。今后：1. 各种工作获得联系；2. 有确定之目标；3. 树立更完善之管制制度。本人亦赞成孔莱先生（Mr. Coonley）之意见，今后愿在美军总部尽最大努力，协助本会成功。

7. 报告事项

战时生产局（王处长炳南代表）

（一）本年一月份空运情形，以气候恶劣及宜宾机场修理，吨位较减，但仍运达一千八百零三吨。驻狄①周代表曾召集中央各机关驻狄代表会议，以运量不能达到两千吨，决定将各类物资比例减少。本局以械弹、兵工器材、钞券、航空汽油最关重要，电知仍应照运。故械弹一项，已运达九百三十七吨，照原规定一千吨相差不多。

（二）空运物资吨位申请单格式，业经依照前次会议议决修正，并通知各有关机关实行。各机关三月份申请单，希望能于本月十五日以前按照新单格式送交本局，俾利审核。至各机关每月存印急待内运物资清单托由中航公司飞机带寄一节，已洽准中国航空公司照办。印方检查手续，据驻狄周代表电报，已无困难，希望各机关速转在印代表洽办。

---

① 即印度阿萨姆邦首府迪斯布尔（Dispur）。

（三）本年内运物资计划及数量，已有初步检讨。计上半年度希望能内运四万五千吨，内三万吨拟洽美机运送，余为中航机装运，包括新飞机运量在内；下半年度希望能运十万吨，内美机运六万吨，中航机三万吨，中印公路一万吨。全年共计十四万五千吨。希望于美机协助者至大，现已进行洽商。果可得其同意及中航新机能如期达到，则存印美物资及本年租借法案物资可勉能内运。以上概以美吨计算。

战时运输管理局（龚副局长学遂代表）

本局系每月邀请各运输及物资机关会议，检讨待运物资数量及运输能力，两相配合，决定下一个月运输计划。研究结果，各机关运输能力与待运物资需要比较，约为一与三至一与五之比。关于回空问题，经已尽量利用。惟若干路线仍有空驶情形，实为运输条件之不足。现将三十四年二月份物资配运计划，详为报告。虽较零碎，但可见运输情形之全豹（数字从略）。

中国航空公司（高大经代表）

（一）本公司租借法案飞机运输量，本年一月份较上年十二月份为多，较十一月份为少，其原因由于天气恶劣及飞机减少。本月份运量一日至七日，共内运三百五十四吨。将来租借法案飞机增加，则运量可增。

（二）关于客运飞机油，原共核准二百八十八吨，内一百二十二吨用于印境，国内空运全恃所余一百六十六吨之供应，希望每月可能尽量运入。一月份仅运达六十五吨，相差甚巨。为维持国内空运交通起见，拟请协助。

8. 讨论事项

（一）魏大使在美，为配合物资运输，电询三十四年上半年自印内运物资优先次序，应如何规定案。

议决：先行调查存印及存美物资情形，拟定办法，再行决定。

（二）关于国内运输优先分配应如何推进，提请公决案（王处长炳南宣读《运输优先暂行办法草案》及《办理国内运输优先实施程序》，并阐述意义）。

议决：草案及程序交由战时生产局彭副局长学沛、王处长炳南、军政部杨副署长继曾、战时运输管理局龚副局长学遂举行小组审查，并以彭副局长为召集人。

9. 主席结语

今天第一次会议先将重要事项决定。不过今日所讨论者，均属机密性，请大家在会后不随便发表。此后各机关如有具体方案，请尽可能预先送交本会秘书，即本局运输处处长整理，编入议事日程，而便讨论。

10. 散会：上午十一时半。

拟办：复"悉"。

〔《军事政策及方案》（1935 年 5 月 23 日至 1948 年 4 月 21 日）。全宗号：0700.01/3750.02－01/56/001070001A006〕

蒋中正为运输优先委员会成立致翁文灏代电
（1945 年 3 月 3 日）

战时生产局翁部长勋鉴：二月廿八日机渝运一三八号呈报，运输优先委员会成立日期暨附会议纪录已悉。中〇。寅江侍秘。

〔《军事政策及方案》（1935 年 5 月 22 日至 1948 年 4 月 21 日）：0700.01/3750.02－01/56/001070001A006〕

翁文灏电呈在美订制汽轮发电机九具改装渝蓉昆三地应用
（1945 年 1 月 31 日）

委员长蒋钧鉴：查美国政府依照战时法案，对于各国在美定购机件，均有移用之权。我国前经世界贸易公司在美订制一千瓩汽轮发电机九具，配成三组：计云南锡业公司所定四具，兵工署所定三具及航空委员会所定二具，各为一组。今已制造完成，即可运华。惟美国适因艾森豪威将军由欧洲来电，急需电机，故美国政府拟将该项电机九具，转运欧洲装用。事为纳尔逊顾问所闻，经与职电商，盼由战时生产局迅即规定切合战时需要之用途，庶可保全。美籍顾问意见认为，原案兵工署所购一组，系为綦江铁矿及南桐煤矿之用。又云南锡业公司一组，系为供给矿山用电。此两项工程，目前并无增加电力之必要。而航委会所购一

399

组，系为大定飞机制造厂之用。美人意见：在短期间，中国决不易自制飞机。如果仍归原定用途，明与战时无关，恐难使美方了解我国较欧洲需要更殷。经在局洽商，金以渝、昆、蓉三地，均为后方工业中心，正在增加战时生产，而电力不敷，影响生产綦巨。拟将四千瓩者装设重庆，三千瓩者装设昆明，二千瓩者装设成都，以便增强电力供应，促进后方生产。惟此事必须钧座核定，方能生效。拟恳钧座令知航空委员会、兵工署及经济部知照，俾可电请顾问纳尔逊在美商定，迅即运华，以供此时渝、蓉、昆三地之急需。是否可行，理合电请鉴核示遵。战时生产局局长翁文灏叩。（子）（世）。

拟办：原件呈核，拟准照办。分电航委会、兵工署、经济部知照。陈布雷。二·一.

批办：如拟。

〔《战时生产局》（1944 年 11 月 23 日至 1945 年 4 月 4 日）：0420/6364. 01 – 01/122/001042000A017〕

蒋中正为在美订制汽轮发电机改装渝蓉昆应用致翁文灏等代电
（1945 年 2 月 3 日）

经济部翁部长、航空委员会周主任、兵工署俞署长均鉴：查我国前在美订制一千瓩汽轮发电机九具，配成三组：一为兵工署购备綦江铁矿及南桐煤矿之用，一为航委会购备大定飞机制造厂之用，一为经济部购备云南锡矿矿山之用，均已制造完成。惟美政府依照战时法案，对于各国在美定购机件均有移用之权。适因艾森豪威将军由欧去电，急需电机，故美政府拟将该项电机转运欧洲装用。经战时生产局与纳尔逊顾问电商，以我原定用途与战时无关，目前亦不易自制飞机，恐难使美方了解我国较欧洲需要更殷，必须迅予另行规定切合战时需要之用途，庶可保全等情。查渝、昆、蓉三地均为我后方工业中心，正在增加战时生产，而电力不敷，影响生产綦巨。经予核定，将该项电机改行分配：以四千瓩者装设重庆，三千瓩者装设昆明，二千瓩者装设成都，以便增强电力供应，促进后方生产。除以此意电令战时生产局转电纳尔逊顾问在

美商请迅即运华，以供此时渝、蓉、昆三地之急需外，特电知照。中
〇。丑江侍秘。

〔《战时生产局》（1944 年 11 月 23 日至 1945 年 4 月 4 日）：0420/
6364.01 -01/122/001042000A017〕

蒋中正为在美订制汽轮发电机改装渝蓉昆
致战时生产局翁文灏代电
（1945 年 2 月 3 日）

战时生产局翁局长勋鉴：一月卅一日密渝材字第四六号子世代电
悉。所拟将在美定制一千瓩汽轮发电机九具改装渝、蓉、昆三地，以应
战时需要一节，可准照办。除分令经济部、航委会、兵工署知照外，即
希转电纳尔逊顾问迅予商定运华应用为盼。中〇。丑江侍秘丙。

〔《战时生产局》（1944 年 11 月 23 日至 1945 年 4 月 4 日）：0420/
6364.01 -01/122/001042000A017〕

翁文灏呈经济部购备之汽轮发电机移设重庆应用
（1945 年 2 月 7 日）

（事由）呈复我国向美订制一千瓩发电机九具，因美政府有移用之
权，分配渝、蓉、昆三地应用一案。关于本部购备云南锡业公司之四千
瓩设备，经另行规定，移设重庆。呈请鉴核由。

案奉钧长侍秘字第二六二五九号丑江代电，关于我国在美订制一千
瓩汽轮发电机九具，分配各机关所属厂矿应用，均已制造完成。惟美政
府依照战时法案，对于各国定购机件均有移用之权。经将该项电机另行
分配渝、蓉、昆三地装设，以应急需等因。自应照办，关于本部购备云
南锡业公司应用之四千瓩设备，业经另行规定，移设重庆应用。除饬本
部资源委员会转饬遵照外，理合呈请鉴核。谨呈
委员长蒋

经济部部长 翁文灏（经济部印）

三十四年二月七日

〔《战时生产局》（1944 年 11 月 23 日至 1945 年 4 月 4 日）：0420/6364.01 – 01/122/001042000A017〕

翁文灏转呈彭学沛偕美籍顾问孔莱等视察昆明工矿报告

（1945 年 3 月 7 日）

（事由）查本局彭副局长学沛，于本年一月二十一日偕美籍顾问孔莱及专家等飞昆视察工矿事业，于当月二十五日返渝。兹经拟具视察报告一份，理合检呈钧鉴。

谨呈者：查本局彭副局长学沛，于本年一月二十一日偕美籍顾问孔莱及专家等飞昆视察工矿事业，于当月二十五日返渝。兹经拟具视察报告一份，理合检呈钧鉴。谨呈

委员长蒋

附呈视察报告一份。

职 翁文灏（印）谨呈

三十四年三月七日

附 　　　　　　　视察昆明工矿报告

三十四年二月八日　彭学沛

一、昆明美军日增，需用浩繁，采购物品及雇用人员均甚多，一般员工均争趋于美军之门。因此，一方面地方各界颇嫌其抬高物价与工资，他方面又多不肖之徒以捎客方式兜揽各种采购，夤缘牟利，又与美方以不良之印象。积久弊多，两方受害。补苴之方，似宜由我方驻昆最高军事机关网罗当地工矿负责人士，组织委员会，对美军努力供应，务求品质可靠与价格公平，不使美军受中间人之盘剥，亦不使美军之购买有扰乱市场之危险。对于雇用员工，亦予协助，不使中国各厂矿员工群趋美军，影响正常工作。

二、昆明将为美军之大本营，各种物材之需要日益繁多。此项需要之供应，即不能全恃国外输入，亦不能远远取给于四川，尤其煤、铁、酒精等等，必须就地生产，努力接济。

关于此点，战时生产局正在昆明组织办事处，拟纠合当地厂矿努力增产，以应急需。惟增产途中有二障碍，必须破除。

甲、电力不足。昆明因电力不足，故各兵工厂及各厂矿于下午六时以后，即须停工，影响生产至巨。战时生产局正在努力增添发电设备，以裕电源。同时命令当地耀龙、昆湖二电厂，对各重要厂矿优先供电，而减少普通用电之供给，以济眉急。

乙、运输不便。各工矿所需原料，以煤、铁为大宗。昆明附近最大煤矿为一平浪，其次为明良。一平浪距昆明约一二五公里，以前滇缅铁路本已修筑土石方，现倒坍甚多。明良煤矿距滇越铁路约二十四公里，原有轻便铁路直达矿场，但系单轨，且选线不佳，须加改筑，始可适应需要。铁矿在易门，距昆明约六十公里，但距滇缅铁路计划线仅十公里。

为解决昆明煤、铁之供给，使其价格低落，并节省汽车运输计，下列各项办法，似有考虑之价值。

A. 明良煤矿由可保村修一米突宽支线十公里，另将原有轻便铁路拆除改线，改成双轨，以与此支线衔接，则运量可大增（附计划及图），可暂时解决昆明煤炭供应之困难。

B. 从昆明向西，沿滇缅铁路线至一平浪煤矿，约一百二十五公里。俟中印公路运量大增时，即将存印钢轨及其它铁路器材运入，并整理旧筑之路基工程，修通至一平浪，以充裕昆明煤、铁之来源。

三、滇缅路上尚有昔日退军时遗留之器材万余吨，为昆明各兵工厂与厂矿所需要，至可宝贵。为预防盗窃散失计，应由运输机关努力清运应用。

四、酒精不足。据美国军部负责人见告，中印路之油管，只能供给飞机汽油与入境卡车之汽油。其余运输，全赖酒精，其数量多多益善，美军将尽量收买。除由生产局筹划增产外，同时似宜由滇省当局鼓励酒精原料高粱、白薯与洋薯之种植及酒精之增产，庶将来不致措手不及。

附二件。

附件一　　　　修筑滇越铁路宜良至二龙戏珠支线及延长滇缅

铁路至一平浪以解决云南煤铁供应之建议

提要：

（一）昆明煤、铁矿蕴藏均富，惟以运输不便，致感缺乏，而价格奇昂。

（二）铁路分两期修筑。第一期利用现存旧轨修筑支线二十四公里，以运明良煤矿之煤。第二期俟中印公路畅通时，利用存印钢轨延长滇缅铁路至一平浪，并修筑至钢铁厂及煤、铁矿三支线，以运易门铁矿局之铁矿及滇西企业局之煤焦。

一、概况

昆明为后方工业第二重心，仅次于重庆。其附近煤、铁矿蕴藏尚丰，惟以运输不便，以致煤、铁两者供应不足，运费既昂，成本益高，间接影响一般物价。现昆明已成为美军之后方策源地，今后一切物料需要必多，若不未雨绸缪，必致临事周章。故解决滇省煤、铁供应问题，应从改良运输着手。兹拟先择要修筑滇越铁路至明良煤矿支线二十四公里，以解决煤炭之需要。俟中印路畅通时，再延长滇缅铁路至一平浪，并修筑至煤、铁矿支线，共一百三十三公里，以解决昆明整个煤、铁之供应，分两期办理。

二、修筑路线

第一期先筑滇越铁路支线，由宜良至二龙戏珠，计二十四公里，以解决煤之供应。

甲、理由：昆明附近最大之煤矿首推明良，估计年可产煤十万吨。只以交通不便，平时由矿井运出，全赖轻便路分两段用人力推挽，运输效率既低，运费更高。若从滇越铁路之宜良站筑一支线至二龙戏珠，长二十四公里，即可直抵矿区山脚，使所采之煤迅速运出。兼以运输路线改变后，可以集中开采，更可减轻成本。

乙、办法：自宜良至二龙戏珠一段，地势平坦。前经测量估计，现拟利用现存钢轨，自宜良前进十公里，修筑一米突宽之铁路，以川滇、滇越两线积存之六十磅旧轨拼凑敷设。另十四公里即将明良煤矿现有之各种轻轨（十六磅、十四磅、十二磅者均有）移筑为双轨轻便路。如此，便可只须筹措建筑路基、桥梁及敷设轨道费用四万二千万元，即可施工。

丙、效果：目前明良煤矿所产之煤，自矿山以手推车运十四公里，倾下山坡，再行装车，以小车头与人推车运至可保村车站。其运费每公吨三千五百元（照去年十一月份运价）。若新路筑成后，则自矿山依轻轨以骡马拖运十四公里，然后由滇越支线运至宜良。其每公吨之运费只须一千四百元。以产煤十万吨计，年可节省运费三万一千万元。

再该矿现用土窑开采，矿井分散，兼无卷扬设备，全赖人力背运，故采煤成本甚高。新路筑成后，可放弃土窑，集中于平硐开采，不仅采煤费用每年可节省一万万元（每公吨减轻成本一千元，以十万公吨计算），且可较过去增加产量三万余公吨。

第二期延长滇缅铁路至一平浪，并修筑至煤、铁矿支线，以运出易门铁矿安宁分矿之铁，滇西企业局之煤焦，及沿线之日用重要物资。

甲、理由：云南铁钢厂所需之重要煤、铁原料距离匪遥，而以卡车运输，不独运费昂贵，且受运量之限制，钢铁产量难以增加。至沿线所产之食盐、木材等，更时虞壅塞，未能按时运输。为求货畅其流，并应军事需要起见，诚应将已备路基之昆明一平浪段尽早完成，以利运输。

乙、办法：现滇缅铁路昆明一平浪段路基、桥梁虽已大部完工，但仅昆明至石嘴间之十一公里敷轨通车。兹拟修整路基、桥梁，延长滇缅干线至一平浪，计一百十五公里，敷设六十磅钢轨；筑安宁车站至云南钢铁厂支线计二公里，敷设同样轨道；另筑草铺至王家滩矿场轻便铁路十公里、一平浪至乾海子煤矿区轻便铁路八公里，敷设十二磅轻轨。以上四线，其工程费用如路基、土方、桥梁工程等，据估计约需十三万万九千万元；所需六十磅钢轨及配件约八千一百九十吨，十二磅钢轨及配件约二百三十四吨。两项共计八千四百二十四吨，以每吨作价三十万元计，共需二十五万万二千七百二十万元。此外，机车、货车及车站装备等，平均以干线每公里需四百万元计，共需四万万六千八百万元。全线钢轨及工程费，共需四十三万万八千五百二十万元（六十磅钢轨如由国外购买，价值低廉，全部建设费当大为减少）。按目前昆明各厂设备，不能制造六十磅钢轨。重庆虽可制造，因炼钢能力有限，运输十分困难，欲于短期内生产钢轨八千余吨运昆济用，颇非易事。为顾全事实起见，拟先与美军洽商，在中印公路运输力量充沛、军用物资稍有存储时，即将滇缅铁路存印六十磅钢轨代为运入，不足数再由印度就近定制补充，以资敷设。如钢轨确有运入把握，再另筹全部工程费十三万九千万元及煤铁矿支线所需十八公里轻磅钢轨价款七千零二十万元，然后施工。不独可节支大宗款项，并较自制钢轨更为迅捷。

丙、效果：云南钢铁厂所需原料之运量在四万吨以上，而沿线物资若食盐、燃料、木材等待运入昆明者亦在一万五千吨以上。此类物资全赖卡车运输，照现在运价计算，年需运费七万五千万元。如上述四线修筑后，不仅烟煤亦可行销昆明，且年可减少运费六万三千三百五十九万元，仅当现在运价六分之一弱。以投资金额作比，可于两三年内无形收回。故应设法举办，但须以能否运入钢轨为先决条件耳。

三、结论

修筑滇越支线及延长滇缅铁路、加铺支线，各项均有其本身经济价值，尤在今日之昆明更具极大重要性。惟宜良至二龙戏珠一段，已有路规，施工较易，事半功倍，效用最宏，故列入第一期；至延长滇缅铁路至一平浪一段，问题在于钢轨若能在短期内运入，则亦可先行设法修筑。总计两路十八万八千另二十万元之工程费用，年可减除重要日用品浪费之运费九万四千三百五十九万元，且使生产增加，货运较畅，备军事之急需，平一般之物价，诚于战时裨益非浅也。

附注：如投资项下应加利息及折旧或修理费，则节省仍可在八万万左右。

附　　　　　　　　现在及筑路后运费对照表

运输段	筑路前运费	筑路后运费	备注
明良煤矿至滇越路车站	每吨 13500 元	每吨 1400 元	开采费每吨可节省一千元
一平浪、王家滩至安宁或昆明	每吨公里官价 147.90 元，市价 200.00 元	每吨公里 20 元	

附件二　　　　　　　　昆明重要厂矿表

(一)钢铁			
厂矿名称	负责人	主要业务及生产	厂矿地址
中国电力制钢厂	周仁、陈坦	制炼钢铁出品	安宁县桥头村
云南钢铁厂	严恩棫	钢铁	安宁
资源委员会昆明炼钢厂	阮鸿仪、施嘉福、黄士辉	冶炼电铜、电锌、纯铝并烧制耐火材料	昆明马街子
中南钢铁厂	徐宝山	建筑、五金钢窗、钢门、各种机器	昆明西车站四十七号
(二)纺织			
云南经济委员会纺织场	金龙章	纺织工业棉纱、棉布	昆明玉皇阁
裕滇纺织股份有限公司	王振芳、朱健飞、骆仰止	各种粗细棉纱	昆明玉皇阁
云南蚕业新村公司	葛敬中、杨士敏	蚕丝业及生丝	开远草坝
振昆实业公司	郭辉南	各色细布、软毛巾及被服	昆明西岳庙街
太业企业公司纺织厂	吴斌	棉纱、毛巾、帆布	昆明冈头村沙营
云南蚕丝股份有限公司	周君梅、王士强、陈召南	缫丝织航空降落伞网、普通各种绸缎	昆明乾沟尾
云南大道生庸民染织工厂	周润仓、杨汉辉	云南布、大生细布、经用布、卡机布	玉溪
中原公司纺织厂	迟镜海	纺织	昆明岗头村
(三)电力			
耀龙电力公司	金龙章	电力、电光、电热	昆明平定乡玉皇阁
资源委员会昆湖电厂	刘晋钰、桂乃黄	售电	昆明马街子杨林

厂矿名称	负责人	主要业务及生产	厂矿地址
（四）液体燃料			
利滇化工厂	张大煜、高警寒、朱鸿炳	液体燃料	宜良县凤鸣村
建业酒精厂	王仁里		昆明陆家村
仪康酒精厂	袁丕烈、汪叔仁	酒精	曲靖
云南酒精厂	黄杰人	动力酒精	昆明大板桥
云南经济委员会运输第一、二酒精厂	刘天达	酒精	昆明官渡镇 贵阳盘县
浙赣铁路业务处曲靖动力酒精厂	曾世荣、陈亦卿、杜远松	酒精	曲靖县
云南省粮政局宜良酒精厂	魏晶寿	酒精	宜良
安达炼油厂	龚介民	炼制代汽油、代柴油	昆明小石坝
云南恒通化学工业公司	苏国桢	动力酒精、方糖、白糖	昆明柳坝
（五）机器			
衡裕工程股份有限公司	徐佩璜、富良云	制造各种机器及汽车零件、药皂及特种药品、硫化碱	昆明环城东路一八四号
中国煤汽车制造厂	张维镛	煤气炉及附件	昆明环城东路一九九号
资源委员会中央机器厂	王守竞、费福焘	锅炉、内燃机、发电机、工具机、纺织〔机〕等	昆明次坝
云丰铁工厂	蒋贻福	车床、铇床、钻床、水邦银箱、库门、煤汽机件、五金	昆明拓东路三九四号
资源委员会中央无线电器材厂昆明分厂	余贤藻	无线电器材	昆明黑龙潭
德和机器厂	胡宗诠	工具机、化工皮带、陶瓷等机件	昆明绥靖路五五〇号
中央机器厂	杨栋珊	农田水利及染织机器	昆明石桥铺三号
中大机电制造厂	汪汉民、钱涵洲	工作母机、水利机、电机等	昆明西郊十二公里邮政信箱一〇二号
上海亚洲电业机器厂	胡汝棠		
大华机械厂	吴之凤、吴祥光	汽车零件、特种铸件及机器	昆明龙翔街一〇七号
裕云机器厂	连忠静	制造纺织机器	昆明西郊外

厂矿名称	负责人	主要业务及生产	厂矿地址
（六）电工			
资源委员会中央电工器材厂	恽震	电线、电话机件、电动机、变压器等	昆明马街子
（七）煤焦			
明良煤矿公司	王德滋	烟煤、焦煤	宜良可保村
滇西企业局	陆崇仁	盐煤、焦煤	广通县一平浪
昆华煤铁特种股份有限公司	王怀琛	生铁、焦炭	禄丰县、沪西县、路南县
（八）其它			
华新水泥股份有限公司	王涛	龙门牌水泥	海口
滇黔绥靖公署云南制革厂	苗天宝	制革、皮革制品	昆明书林街九九号
云丰造纸股份有限公司	褚凤章、徐眛生	各种纸张	昆阳海口中滩
云南科学玻璃厂	杨仲鸿、孙友柏、刘振武	日用玻璃器具、电料器具、医药器具及仪器	昆明西岳庙街七五号
云南锡业公司	缪嘉铭	锡业、精锡	个旧开远
香海化学工业股份有限公司	李南生、陈其昇	制皂及化学工业药皂	昆明金马寺下村
大成实业公司	董澄农	面粉、电石、钐铁、滑润油类、亚水泥	开远夏窑,昆明兴仁街四〇号
云南均益洋枧股份有限公司	陈德垒、范建民、马钟礼	洗衣肥皂	昆明金马下村东坡乡二五号
光华印书馆	童德华、徐修纲	印刷书籍	昆明龙院村
资源委员会昆明化工材料厂	张克忠	纯碱、烧碱	昆明普坪村
云南中国茶叶贸易股份有限公司	郑鹤春、董思训	设立茶场,并制造及输销各种茶叶	昆明北苍坡六号
云南印刷局	段雄飞、李其诚	印刷	昆明报国街报国巷一四号
模范医药实验厂	盛承楠、刘绍光	医疗药品	昆明西山小鼓浪
思普企业局	白孟愚、陈学诗	红绿茶、樟脑	佛海车里南峤
大利造酸厂	徐炳华、徐炳章、谭毓保	硫酸、硝酸、盐酸	昆明马街子
光华化学股份有限公司	龚介民、王学海	各种化学药品、火油、柴油等	平彝
云南纸烟厂	赵济	卷烟	昆明苍竹乡上庄村

厂矿名称	负责人	主要业务及生产	厂矿地址
云南矿业公司	邹世俊	锡业	个旧、蒙自、开远
冠生园公司昆明分店	陈际程	糖果、饼干	昆明西坝
云南五金器具制造厂	何瑶、陈凤仪	五金、木器	昆明小东城脚十一号
中央航空运输公司总修理厂	陈卓林、查镇湖	修理飞机	昆明巫家坝岗头村
宝元昆昆明制茶厂	狄蕴萍、周炳元	制造各种沱茶及散茶	昆明大树中营村
云南电气制铜厂	陈坦	承制滇黔绥靖公署指定之军用品	昆明西郊龙院村
工光企业股份有限公司	夏功模	代柏油、油毛毡、松节油、蓄电池、钢窗，并经营建筑、运输业务	昆明双龙桥、黄土坡
元丰油漆厂	孙孟刚	油漆	昆明跑马山
中国火柴原料厂昆明厂	王则浦	火柴原料	海口
华裕制钉厂	金裹七	制造洋钉	昆明黄土坡一二三号
卫生材料厂	缪安成	各种药品	昆明金碧公园
兴华锯木厂	沈荣伯	企口板及其它木料	曲靖瑞文街一二号
昆明制酸厂	张谨农	制造硫酸、硝酸、盐酸	昆明穿心鼓楼
滇新企业股份有限公司	胡子骝、沈艺香	机制面粉	昆明黑林铺海源支路

〔《战时生产局》（1944 年 11 月 23 日至 1945 年 4 月 4 日）：0420/6364. 01 – 01/122/001042000A017〕

十八　永利公司创建化工厂相关事项

钱昌照呈为范锐[①]战后拟向政府借款创办化学工业事
（1943 年 10 月 15 日）

密呈。

谨呈者：顷翁部长见告：永利化学工业公司总经理范锐近曾上呈钧

———————

① 范旭东，时任第三届国民参政会参政员。

座，为谋战后创办化学工业起见，商请政府借款国币一千五百万元及美金一千万元云云。窃以战后工业建设关系国家前途至巨，而其成败利钝，尤须视主持者之是否得人。范君本人过去颇博虚名，惟其实际行事，职因职务关系，与之多所接触，知之较稔。谨略举数端，为钧座陈之：

一、塘沽化学工厂当毁不毁。彼在塘沽所办化学工厂于华北局势紧张时，随时有陷入敌手可能，应即彻底破坏。当由职介绍范君晋谒钧座，并予以国币三百万元之补偿，而结果则该厂当毁不毁，沦为敌用。

二、浦口硫酸铔厂应迁不迁。彼在浦口所办硫酸铔厂，七七抗战以后，职主持京沪一带之工厂内迁。各厂多遵从政府指导，纷纷内迁，独该厂徘徊观望，应迁不迁，结果大好设备无疑资敌。

三、五通桥化学工厂说办不办。彼在后方筹办之五通桥化学工厂，政府拨给极大数目之国币及外汇资金，惟所购美国重大机件均滞留海外，事实上为交通关系，上项机件决非抗战期内所能运入者，结果该厂说办而不办。

以上种种，实业界公正人士皆所共知。将来我国战后工业建设，为国家复兴之最大关键，而建设初期，精神尤为重要。如有此种历史之私人，政府尚予以特别奖助，定将使自私取巧者更加发挥，而真正办事业者心灰气短。更有进者，范君原呈钧座计划，拟办工厂包括硫酸铔厂四所、纯碱厂二所及炼焦厂四所。此种工厂均为化学工业中最基本且与国防有密切关系之事业，如任一私人企业全部垄断，实与国家政策不合。职念及此事关系重大，心所为危，不敢不言，谨此密陈，敬祈鉴核。谨呈

委员长蒋

职 钱昌照（印）

三十二年十月十五日

〔《工业建设（九）》（1943 年 9 月 26 日至 1945 年 5 月 29 日）：1120/1032.01－09/207/001112000A009〕

411

翁文灏呈复永利化学公司呈请拨借资金战后设立化工厂事
（1943 年 10 月 21 日）

奉钧座十月七日西阳侍秘字第一九七〇〇号代电，以据永利化学工业公司总经理范锐呈为拟于战后筹设化工工厂十所，恳准由美国借款项下拨借资金壹仟万美元及向四行息借壹仟伍佰万元一案，抄发原呈，转饬知照，切商具体办法呈核等因。查永利化学工业公司前在塘沽设立碱厂，在浦口设立硫酸铔厂，皆能使用新法，为较大规模之生产，其成绩为国内所仅见。虽其筹集资金颇赖政府方面先后协助，但在技术及管理方面，该公司总经理范锐及总工程师侯德榜等认真经营，克见成效，自不愧为吾国民营事业中之中坚部分。自日寇侵略加深，塘沽及浦口两厂所有之设备，虽经政府切实劝催，该公司均未能及时内迁，以致沦为敌用，良为怅惜。但自抗战军兴，该公司即在川西五通桥附近勘定厂址，拟新建硫酸铔厂，附设碱厂。预计需要资金贰仟万元，于民国二十八年呈由政府核定，交由四行照借，嗣即照此实行贷给。该公司工程人员侯德榜等，因此长期寄居美国。范总经理亦经亲自赴美，旋即返国。但揆之事实，关于硫酸铔厂者，该公司所订器材全未运入。范总经理原呈所称"国内工程停顿，欲进无从，虽荷深厚同情，未予谴责，然国家切迫需求，卒无以应，良用疚心"等语，自与事实相符，亦因此贷款银行不无失望之意。惟该公司在此期间，并未自逸。目前业已建置告成者，如码头、道路、蓄水池及重要厂房，均已完成。开凿五千呎之深井以取盐卤，现已凿至三千四百余呎，已发见黑卤，可以熬盐。在鼎锅山开采煤矿，已正式出煤，据报每月能产煤二千吨，以供厂用。附设机器厂计有工作母机二十七部、电焊机七部，并有冶制钢铁及翻砂等设备。此项工作自皆为化学工业之所必需，其确在化学工业范围以内而现已大致建成者，现仅有碱厂一所。此厂创设之时，范总经理估计需资金五百余万元，请由政府补助三百万元。曾经行政院于二十七年四月间议决："一次拨足三百万元作为官股，交财政、经济两部与公司商洽进行办法呈核"等因。旋据该公司范总经理呈复："补助费改为官股一层，事关修改公司章程，必待股东大会通过。目前交通阻滞如此，多数人集会殆不可能，请准俟时局安定后再行提付讨论"等语。实际上所有三百万元，财政部业已如数照发，至碱厂办法，原拟用侯氏方法，利用钲、焦两厂之废气从事制造。嗣因此两厂并未办成，乃改用芒硝为原料制成纯碱，于三十一年十月开工，现时每月平均出纯碱四十四吨，供应川省用途，颇有裨益。综观上述该公司经过情形，因敌人侵迫，时局推移，所有事业由北而南，复由东而西，有时环境匆促，迁移建置不能依时实行，尽如人意。但该公司艰苦支持、认真办理，亦诚确有能力，可为重视。政府对于该公司向极扶助。如建设浦口硫酸钲厂之时，特许该公司举债在原有资本三倍以上，以及抗战时期中迭次贷款及补助，均已尽力辅助。又如官股改作补助等，亦均未予坚持初议，以尊重该总经理之意见，对于国内外运输亦经特予便利。此次该公司呈请钧座核拨美金壹仟万元、国币壹仟伍佰万元，以备战后五年内设立硫酸钲厂四所，每年产量五十万吨；纯碱厂二所，每年产量十二万吨；炼焦厂四所，每年产量二十四万吨。在该公司统筹全局，自具有见地。政府方面应为考虑者，似有下列各端：（一）该公司拟在全国重要地点设厂十所，所出硫酸钲为量颇巨，足供全国需要有余而无不足。如果准予实行，不啻准由一公司专营此项基本化学工业，而其资本来源，又几全赖政府协助，揆之总理凡有独占性质之事业应归国家经营之遗教，不无窒碍。且该公司技术方面诚有专材，但为数有限，能否于短时期内胜任举办十厂，亦不无问题。惟该公司对于化学工业具有经验，似可令其拟具具体地点及生产办法，就可准实行之部分，特予允许，并规定关于完成时间、联系进行等办法，以速实行，而免流弊。（二）该公司因化学工业之需要，注重炼焦，但中国可供炼焦之烟煤煤田，为数至为有限。钢铁及铜、锌等冶炼关系甚巨，均需炼焦。上次工业建设计划会商及此事，金主对于优良焦煤，势须依照整个建设计划，集中使用，以免因纷歧而致缺乏。因此对于该公司设立炼焦厂四所一节，亦须依照事实，分案核定。（三）至该公司所请拨发外币壹仟万美金一节。目前美、英各国皆在认真作战时期，一切制造、运输皆受政府管制，非经政府核准，厂商不易自行贸易，而政府方针又以供应军用为最高前提。对于外国接洽战后协助中国建设办法，闻外交部宋部长正在进行商洽。该公司所拟意见，似应由政府汇案考虑，一并办理，择其应为协助进行之部分，实行协助。（四）至该公司如有养成人才计划需要政府拨款协助者，似可令由该公司拟就训练专材之具体办法，开具训练地方、受训员数、需款数量呈候核定协助，以期实效。总之，该公司原呈办法、原述原则，未尽具体。故就大体而言，颇有考虑之地。而就实际言，又苦未知其实在计划。似宜复令就该公司实际所能经办之范围，拟呈具体计划，再为审核决定。审核之时，仍当于不妨大计之中，力重扶助促进之意，庶于该公司事业，克有实益，而于建设进程，亦确有益无损。愚陋之见，是否有当，仍候鉴核施行。谨呈

委员长蒋

职 翁文灏（印）谨呈

三十二年十月二十一日

拟办：谨查范君原呈所请核拨美金壹千万元、国币壹千五百万元，以备战后设立硫酸铔等化学工厂十所。其计划既有独占基本化学工业之嫌，与政府政策不合；而所需资金又需全部由政府补助，亦与奖助民营之方针，不尽相符。翁部长此项核议意见，极为平允。所拟办法：由政府就战后十年工业建设计划应设之基本化学工厂内，选其与范君经验才力相当者，指定数处，交范君经营。如此，范君仍有机会发展其怀抱，而所营事业亦能与国策相配合，亦属极力维护。拟准照所拟办理，由经济部径复范君知照。

职 陈布雷（印）呈

三十二年十一月十七日

批示：如拟。

〔《工业建设（九）》（1943 年 9 月 26 日至 1945 年 5 月 29 日）：1120/1032.01－09/207/001112000A009〕

蒋中正为永利化学公司呈请拨借资金
战后设立化工厂事致翁文灏代电
（1943 年 12 月 18 日）

经济部翁部长：十月廿一日密世秘二三四号折呈悉。关于永利化学

公司呈请拨借资金，战后设立化工厂案，准照该部所拟意见办理，并希径复范君知照可也。中〇。亥巧侍秘。

〔《工业建设（九）》（1943 年 9 月 26 日至 1945 年 5 月 29 日）：1120/1032.01 - 09/207/001112000A009〕

翁文灏呈永利化学公司创建化工工厂十所办法大纲
(1944 年 1 月 12 日)

永利化学工业公司总经理范旭东请拨资金以便战后设立工厂一案，奉钧座三十二年十二月十八日侍秘字第二〇六九〇号代电：准照该部所拟意见办理，并希径复范君知照等因。兹接该员函陈：此案去年奉钧座批示，原则可行，令与先生切商具体办法等因。兹特专折送呈，请即转呈裁夺等情。并附办法大纲一扣前来。范总经理面告：战后购置设备宜乘战时，先行在美商订，较为便利，深盼政府早予核定。似惟有就其所拟办法，即予审核知照。查该公司拟建新厂地址为：（一）湖南株州[洲]①；（二）云南盐兴县内；（三）陕西同官②或甘肃兰州；（四）西北碱区择地设厂；（五）河北井陉等处。查该公司对于西北及云南厂址，迄今尚未有任何具体材料，此时实无从筹办。河北工作似宜俟将来失地收复时，再为核办。惟湖南株洲设立钲厂，地点尚属相宜。该公司并已购有地亩。至附设炼焦厂一节，该公司在株洲、湘潭一带，并未领办煤矿，且炼焦事业应与钢铁厂互相配合，以免偏废。实在情形，既系如此，政府对该公司似可核示要点如下：

（一）湖南株洲设厂制钲及硫酸钲，可准予设立。该公司应拟具产量、规模及购置设备需用外汇数目，呈俟政府核助。其余各厂暂从缓议。

（二）该公司在四川五通桥设立硫酸钲厂，四行曾借巨款，尚未实行建设。又在该处设立碱厂，曾由政府拨款协助，亦尚未用侯氏方法制碱，此二厂战后皆应从速办成。

---

① 以下径改。
② 即今陕西铜川。

（三）该公司原有塘沽碱厂及浦口硫酸铔厂，战后土地收复时，皆应迅即接收生产。

（四）该公司万一有与外人商洽合办情事，所有条件，必须事先陈奉政府核准，方得签定。

上拟办法，如属可行，当由职部知照该公司查照。理合检同该公司建厂办法大纲一份，呈请鉴核指示祗遵。谨呈

委员长蒋

附一件。

职 翁文灏（印）谨呈

三十三年一月十二日

附　　永利化学工业公司创建化工工厂十所办法大纲

本公司战后化工建设目标，首在与政府战后整个建设方案相辅而行，而以继往开来为职志，故计划范围不出本公司力所能及之限度。新建十厂，如厂址之分布、初期规模之大小、出品种类、人员与器材之布置，均与旧有各厂相配合，尤注重确立国防之基础。意在粗具雏形，非敢云完善也。

一、设厂地点。场地选择，首重寓兵于工之大计，故宁肯牺牲一部分有利之工业条件，以求贯彻。湖南株洲，居湘江上游，离海口既远，且为产煤及其它化工原料之区域。二十七年，公司曾奉准在该处白石港购置厂地，嗣因接近战区，承示暂停兴工。战后决先从此地着手，设合成安摩尼亚厂、炼焦厂各一所。凡与国防化工有关之部门，在平时均集中此厂，作半工业试验，并择本公司其它安全厂址，预留战时大量生产之地步，俾能相互调剂，以提高效能。次则云南省沿滇缅路盐兴县属一带，以目前所知，殆为建立云贵两省及桂北、川南各县化工中心最适宜地点。重要原料如煤盐、灰石、净水，不仅丰富，而且集中。磷石矿脉在各省极少发见，此处则相隔不出二百公里之外，供给至便。公司一再派员实地勘查，均谓极合化工条件，故决设立合成安摩尼亚、纯碱、炼焦各一厂于此。西北各省化工中心，因交通之故，不便集中。淡气部门仍以迁就煤矿为主，拟设于陕西同官或甘肃之兰州，其出品则以供农植

之用。一俟勘测完成，设小规模合成安摩尼亚及炼焦厂各一所，徐图进展。西北有天然碱出产，只须精制，不必用盐制造。惟一缺点，大凡天然碱产地即无其它资源，故不宜兴办化工。本公司计划，拟择比较接近碱区、而有森林、硫黄相当出产之地，设提炼纯碱工厂一所，或可藉此启发中国纤维工业之端绪。正在派员踏查，不久当可决定。河北省井陉，为该省内地产煤要区，居鲁西、豫南、晋东之中心，地势扼要，交通称便。战前曾经勘查，且与公司素有关系。战后敌退，决即着手购地兴工，设合成安摩尼亚及炼焦厂各一所于此。十厂厂址之分布，略如上述，惟工业条件之外，有一二处人事问题，或不免稍有周折。交通亦颇待开拓，能否尽如公司所预期者实施，尚待政府赐予协助也。

二、工程设计之要点。创建基本化工，为一国永久事业。故首先当顾到平时与战时之生产方式，转变自如，而各部门所用之物料，尤宜做到相互调剂，务使无用者化为有用，始有特色。同一制品，因原料品性之不同，应不惜劳力、资金，采用适合原料条件之方法，否则勉强构成，终归失败。本公司塘沽碱厂用比国苏尔维法制碱，垂二十余年。因四川产盐方式特殊，成本特重，故毅然创用中国侯氏碱法，此一例也。此次创设各厂，自当贯彻始终，尽量预防中途修改之波折，期其必成。惟有一事，非吾人力量所能把握者。即此次战后，除美国外，全世界殆无一国不急待复兴。彼时器材之争夺，必异常热烈。吾国受战祸最深且久，牺牲最大，急待复兴，又比任何一国更为迫切。故化工建设之所需机器设备，既不能静候新造，惟有购取美国战后剩余设备之一法。此举似易，其实甚难。姑不论以中国人之力量不易购得，即能分得一二，而彼方之工程条件，完全与中国不同，将来之改装、添配之技术，尤极费心思。一有差池，即将遗误，此则本公司兢兢不敢或忘者。兹更分项说明如下：

甲、设计概略。淡气制品在平时为农肥，战时为军用。此次建设以淡气工业为主，取空中淡气，先制安摩尼亚，以为改造硫酸铔、硝酸、尿素等物之原料。美国战时新设各厂，其每日所产无水安摩尼亚，其比较小规模之厂，亦不下三百数十吨，设改成硫酸铔计算，每年约产五十万吨。如此巨额产量，在今日中国，欲集中于一厂制造，殆为不可能。

故公司拟购此种设备一套，分为四个单位应用，衡量各方原料及销市情形，以定各单位产量之大小。碱厂建设工程在本公司颇能调度自如，拟分二种。一种用食盐为原料，如云南之厂是；一厂用天然碱精制，则设于西北。设计绘图，只须斟酌地方情形修改，不必另绘。除特殊机器及动力装置须在国外购取，余皆待本厂自造。两厂每年产量合共十二万吨。炼焦厂建造程序，大致与碱厂相同。图样现成，器材只须补充，每年出产焦炭二十四万吨，分为四厂炼制，皆供本厂自用。惟所取附产，则制为炸药、染料、药品，应军民需求。

乙、完成期日。在战时预定完成期日，原属至难。但准备工作，如国外设计、采购与专门技术人员之训练，皆为成败所关之要图。而且极费时日，能赶急着手，成功愈可提早。加以战后交通之恢复，如不至太迟，人事上复无重大阻碍，相信自停战后，有五个整年，必可成功。

三、资金之筹划。公司自海岸撤退至今，先后将近七年。为国家、为事业维持一部分富有学术与实际工作之员工，未令分散。器材内运，虽一扼于越南，再困于缅甸，工作迄未中辍，实已竭尽最大努力矣。为集中力量，办事有效，故此次创建各厂，仍恳政府协助。准予援民国二十七年十一月最高国防会议议决，公司创造四川各厂成例，准予由美国借款项下借给美金一千万元，指由纽约世界公司或中国国防供应公司随时拨付；法币一千五百万元，仍请财政部担保，并准予保息，向四行息借。分别说明如下：

甲、用途。按照工程计划，创建基本化工大小十厂。在美国收购战后剩余器材，共需美金一千万元。其用途分配：淡气部分约五百万元，碱厂约一百五十万元，炼焦厂约二百万元，添配器材、拆卸、装运、人工各费约一百五十万元。其比例如此：以厂数及出量相较，收买旧物价不过新购器材五分之三，所省实巨。国内用款，目前不便估计。惟战时仅为购置厂地，及派遣专门技术员工出国实习之用，两共需法币一千五百万元，应可够用。十厂厂地，除湖南株洲业经购置三千亩外，其余尚待勘测圈购，约共一万数千亩，预定四百万元。员工出国实习拟分批前往，约一百名，预定旅费资斧八百万元。其它零星工程及费用开支，约三百万元。将来国际路线开通，器材内运，彼时大规模兴造，所需法币数目若干，当再核计，不在此内。

乙、担保及偿还办法。无论法币外汇，均以公司名义承借，即将所建造之工厂财产作抵，并恳财政部保息。工厂建造完成出货后，分年摊还本息。

以上办法大纲，系依据现时国内外情形与工程上实际需求拟定者，未尽精详，在所不免，大体应不至超出范围太多。是否有当，谨候卓裁。

永利化学工业公司总经理 范旭东具（印）

地址：重庆沙坪坝上中渡口六号永久村

三十三年一月四日

拟办：范旭东君前呈拟于战后创设化学工厂十所，请求政府补助。奉批与翁部长商具办法。兹据翁部长审核结果，拟具意见四项，呈请核示前来。谨分项核拟如次：

（一）谨查工业建设计划会议所定之化学工业建设计划，有在湖南湘潭设置硫酸铔厂之议。今翁部长拟准永利化学工业公司在株洲设厂制造硫酸铔，株洲是否优于湘潭？原定建设计划有无变更之必要？同时关于永利公司拟设之厂其设备产量，必须与整理建设计划相配合，拟并令翁部长注意。

（二）（三）两项，拟准照办。

（四）项似可作为一切民营事业与外人合资经营之原则，不独限于永利一公司。拟并令翁部长遵照。

职 陈布雷（印）呈

三十三年一月十日

批示：如拟。

〔《工业建设（九）》（1943 年 9 月 26 日至 1945 年 5 月 29 日）：1120/
1032.01 –09/207/001112000A009〕

蒋中正为永利化学公司创建化工厂事致翁文灏代电

（1944 年 1 月 31 日）

经济部翁部长：一月十二日呈复关于范旭东请拨贷金设立工厂一

案，拟定办法要点四项已悉。兹分别核示如次：（一）查工业建设计划会议所定之化学工业建设计划，有在湖南湘潭设置硫酸铔厂之议，第一项所拟准永利化学工业公司在株洲设厂，制造硫酸铔一节，株洲是否优于湘潭？原定建设计划有无变更之必要？同时，关于永利公司拟设之厂，其设备、产量必须与整个建设计划相配合。此点希予注意。（二）所拟办法要点第二、第三两项，可准照办。（三）所拟第四项可作为一切民营事业与外人合资经营之原则，不独限于永利一公司，特并知照。中〇。子引侍秘。

〔《工业建设（九）》（1943 年 9 月 26 日至 1945 年 5 月 29 日）：1120/1032.01－09/207/001112000A009〕

翁文灏再呈永利化学公司创建化工厂事宜
（1944 年 2 月 12 日）

案奉钧座三十三年元月三十一日子引侍秘字第二一二九二号代电，关于范旭东请拨贷金设立工厂一案，所拟办法四项分三点核示，饬予注意并知照等因。谨按核示第一点，关于在株洲设立硫酸铔厂是否优于湘潭？与工业建设计划会议在湘潭设厂计划有无变更必要？永利化学工业公司拟设之厂其设备、产量须与整个建设计划相配合，饬予注意各节。查株洲距湘潭县城仅六十华里，故事实上湘潭、株洲并无何项差异，其建厂实际办法，自当与整个建设计划善为配合。惟范总经理原呈系请由政府核拨美金并准向四行贷借国币，如果该公司呈送建厂办法核属可行时，是否可准酌助资金，尚祈钧座核示，以便知照该公司查照。理合再行呈请鉴核示遵。谨呈

委员长蒋

职 翁文灏（印）谨呈

三十三年二月十二日

拟办：谨查范君于二十八年在五通桥筹建硫酸铔厂，所需资金二千万元全数由政府贷给，嗣因交通发生困难，该厂至今尚未完成。此次呈准在株洲筹设制铔及硫酸铔厂，由政府拨借一部分资金，原则上似可照

准，但该厂建设之详细计划，必须先呈经政府核定。政府所允拨借之资金，亦必须于购置器材有需要时方得动用。拟照此复告翁部长，当否，乞核示。

陈布雷（印）呈

三十三年二月廿一日

批示：如拟。

〔《工业建设（九）》（1943 年 9 月 26 日至 1945 年 5 月 29 日）：1120/1032.01 – 09/207/001112000A009〕

<h3 align="center">蒋中正为范旭东在株洲筹设化工厂事致翁文灏代电</h3>
（1944 年 2 月 27 日）

经济部翁部长勋鉴：二月十二日卅三工字一二二〇六号折呈悉。范旭东君拟在株洲筹设制钡及硫酸钡厂，请由政府拨借一部分资金，原则上可予照准。但该厂建设之详细计划，必须先呈经政府核定。政府所允拨借之资金，亦必须于购置器材有需要时，方得动用。希即照此办理为要。中〇。丑沁侍秘。

〔《工业建设（九）》（1943 年 9 月 26 日至 1945 年 5 月 29 日）：1120/1032.01 – 09/207/001112000A009〕

<h3 align="center">范旭东呈为筹设化工厂十所事</h3>
（1944 年 3 月）

谨略陈者：关于复兴国防化工拟筹设工厂十所一案，去年十月奉侍秘一九七〇一号钧批，当即遵令分别进商，并递呈《办法大纲》，请予审核。近承翁部长指示，所拟办法核与政府战后整个建设方案尚称配合，似可采纳施行。至资助经费一节，以事关财政，究应如何指拨，尚待请示钧座，闻业经呈复在案，邀垂察。伏维吾国战后国防经济之建设，万绪千头，凡能及早准备者，必须争取时机，分途迈进。公司计划既与国策相辅而行，范围较小，似可提前着手，全体员工报国情殷，劳瘁在所不辞。设荷鼓励，尤足以振士风，于将来全局之推动，将亦不无

421

良好观感。所有奉令洽商经过，略如上陈，是否有当，敬乞批示祗遵。谨呈

国民政府军事委员会委员长蒋

国民参政会参政员

永利化学工业公司总经理 范锐具（范旭东印）

〔《工业建设（九）》（1943 年 9 月 26 日至 1945 年 5 月 29 日）：1120/
1032. 01－09/207/001112000A009〕

范旭东呈报创建化工工厂进行程序

（1944 年 3 月 15 日）

谨呈进行程序，恳赐协助，以利实施事。窃公司于本月二日奉经济部转抄子引侍秘丑沁侍秘代电大意，关于创建化工工厂十所一案，承示钧批，计分三项：

一、所拟新设各厂中，先核准株洲铔厂及硫酸铔厂，请由政府拨借一部分资金，原则上可予照准。但该厂建设之计划必须先呈经政府核定，政府所允借之资金亦必须于购置器材有需要时，方得动用。

二、永利公司所办川西各厂，希能至适当期内依照原定办法建设完成。

三、如与外人商订合作办法，均须先行呈请政府核办。

等因。日昨晋谒，面陈今后进行程序，复荷训勉有嘉。拜受之余，无任感奋。现决趁出国考察之前，亲赴株洲，切实调度，并将川西各厂之建造，遵令积极赶进，俾上副垂念之殷切。惟举措綦难，尚有待恳赐协助者，略陈于次：

一、株洲硫酸铔厂之筹备，属于国内部分者，自当以整理厂地为起点。查公司呈准在株洲白石港征购厂地，创建硫酸铔厂。远在汉口撤退之前，不幸未及兴工，即奉命暂停，于今六年矣。乃地方土劣，借口公司征地不用，讹言朋兴，矇请湖南地政局谕令退还原主，竟不许公司管业经营，纷扰不绝。奉令前因，拟恳电知湖南省政府，证明公司征购厂地，确为建设国防化工。因军事紧张，暂停营造，实出自政府通令，不

得与寻常征地不用情形并论。务请省府转令湖南地政局收回成命，准许公司管业，俾便如期施工。至此厂之建设计划，及须恳协助资金数目，因与原呈十厂同时并建之方针□有出入，拟重行计算，另呈请核。

二、公司川西各厂创建，先后六年，乃内困于交通之阻碍，外厄于越、缅之激变，加以物价飞腾，材料奇缺，全局几濒颠覆。员工爱国心长，自力更生之信念至切。故创办当时所借国家银行少数资金，辄未敢轻于动用，且每届还本付息之期，犹必勉力偿还，从未愆期失信。惟情势如此，在在影响工作之推进，光阴坐失，良用歉然。现在胜利在望，极当赶紧促成从前未完之工程。拟恳代请财政部准许公司以川厂全部资产作抵，向四行息借六千万元，其中以四千万元完成国内工程，二千万元准购美金一百万元汇去纽约，补购越、缅境内所损失之器材，以备海道开通时内运。经此调整，自可建设完成，殆无疑义。

三、设有利用外资之机会，自当于事前呈请核准。惟公司本意，固极不愿中国基本化工轻与外人合作，致将来国防经济间接受其牵掣也。

上陈各节，非恳俯赐协助，公司实无力自行解决。是否有当，敬候钧裁。谨呈

军事委员会委员长蒋

国民参政会参政员

永利化学工业公司总经理　范锐（范旭东印）具

三十三年三月十五日

拟办：范君请求二项：第一项：永利公司前在株洲征购之厂地，请令湖南省政府转令地政局收回成命，准许该公司重行管业。查该公司征购厂地，多年不行兴工，土地荒置，地政局谕令退还原主，似属正当措施。惟该公司如能将建厂计划加紧进行，开工有期，拟准嘱经济部行知湘省府予以维持使用。第二项：请求以川厂资产作抵，向四行息借六千万元及购外汇事，拟令与四联总处及孔副院长商洽。

职　陈布雷（印）呈

三十三年四月九日

批示：一、二两项均如拟。陈布雷代。四月十二日。

〔《工业建设（九）》（1943 年 9 月 26 日至 1945 年 5 月 29 日）：1120/
1032. 01 - 09/207/001112000A009〕

蒋中正为范旭东呈报创建化工工厂进行程序致翁文灏代电
（1944 年 4 月 14 日）

经济部翁部长：据永利化学工业公司总经理范锐三月十五日呈称：
关于创建化工工厂十所一案，承奉经济部转示钧批，现决亲赴株洲，切
实调度，并将川西各厂之建造，遵令积极赶进。惟举措綦难，恳赐协助
者尚有两点：（一）株洲硫酸铔厂之筹备，国内部分当以整理厂地为起
点。查公司呈准在株洲白石港征购厂地，远在汉口撤退之前，未及兴工
即奉命暂停。于今六年，地方土劣借口公司征地不用，曚请湖南地政局
谕令退还原主。拟恳电知湘省府证明公司征购厂地，确为建设国防化
工，因军事紧张，暂停营造，实出自政府通令，不得与寻常征地不用情
形并论。务请省府转令地政局收回成命，准许公司管业，俾便如期施
工。（二）公司川西各厂创建，先后六年。困于交通阻碍、物价飞腾、
材料奇缺，光阴坐失。拟恳代请财政部准许公司以川厂全部资产作抵，
向四行息借六千万元。其中以四千万元完成国内工程，二千万元准购美
金一百万元，汇去纽约，补购越、缅境内所损失之器材，以备海道开通
时内运等语。查该公司在株洲征购之厂地，当初既系政府命令停止建
造，准由部行知湘省府予以维持使用。惟须嘱该公司将建厂计划加紧进
行，定期开工。至所拟以川厂资产作抵，向四行息借六千万元及购外汇
事，并希转嘱径与四联总处及孔副院长商洽可也。中○。卯寒侍秘。

〔《工业建设（九）》（1943 年 9 月 26 日至 1945 年 5 月 29 日）：1120/
1032. 01 - 09/207/001112000A009〕

张厉生呈报永利化学工业公司请赐协助一案办理情形
（1944 年 9 月 22 日）

（事由）为永利化学工业公司请赐协助一案办理情形，签请鉴
核由。

前奉钧座三十二年十月七日侍秘字第一九七零零号代电为：据永利化学工业公司呈请协助，饬由院与经济部切商具体办法呈核等因。业经经济部翁部长将拟议情形呈复有案。嗣翁部长复奉钧座本年卯寒侍秘代电为：据该公司呈请维持该公司前在株洲所征厂地，并请向四行抵借六千万元，其中以四千万元完成国内工程，二千万元结购外汇，向美补购损失器材，饬洽办等因。查该公司前在株洲征购土地，原未依照土地法之规定办理。遵经函达经济部转饬该公司，另行依照土地法之规定呈院核办。至请向四行抵借六千万元及结购外汇一节，业经四联总处理事会决议，如该项器材能由政府利用租借法案订购，准照借四千万元，由原贷各行按原放比例摊借，以促成国防工业。惟转据该公司呈称：此种补充性质之器材，一部分且须特制，实不便利用租借法案，徒增烦琐，致失时机等语。似以仍由该公司拟具完成国内工程计划及拟向美购置器材种类列单，送由经济部审核，商洽财政部及四联总处，再由四行加借二千万元结购外汇为宜。除分行财政经济两部及四联总处洽办外，理合将本案办理情形签请鉴核。

职　张厉生（印）呈
三十三年九月二十三日

〔《工业建设（九）》（1943 年 9 月 26 日至 1945 年 5 月 29 日）：1120/1032.01－09/207/001112000A009〕

魏道明电呈永利公司在美设厂等事宜
（1944 年 11 月 27 日）

委员长蒋钧鉴：据永利公司范旭东、侯德榜两君称："有维司康逊大学达尼尔教授发明新法，用氮氧气直接制造硝酸。经美政府特许有案。该教授愿以特许权赠予该公司，在美设厂试验，约九个月，全部厂机运华制造，每月出硝酸十吨。俾我国轻军器弹药不必仰赖他国。试验期间六个月，所需器材、燃料计美金十二万元，拟请在租借法案下拨付云云。"查所陈均系实事，似可准予接受。如蒙核准，当与美方洽商。职魏道明感叩。

〔《工业建设（九）》（1943年9月26日至1945年5月29日）：1120/
1032.01－09/207/001112000A009〕

翁文灏电呈永利化学公司拟用新法制造硝酸等事
（1944年12月12日）

委员长蒋钧鉴：本月四日侍秘字第二五二六三号亥支侍秘代电谨
悉。查魏大使道明感电称：永利公司拟用达尼尔教授用氮氧直接制造硝
酸特许权，在美设厂，再运华制造。日出硝酸十吨，以供轻军器弹药之
用。需美金十三〔二〕万元，请由租借法案内拨付一案。经查甚合需
要，因普通制造硝酸先由氮氢气制阿摩尼亚，再行制酸。如用氮氢氧直
接制酸，则更为简捷。惟与现在重庆之美国对外经济局总工程师托柏面
谈，以设厂试验时应先注意此项机器设备能适合拆装、运输及到达后重
行装置，毫无困难，始能符原请求之目的。因此项制造在美国亦属创
举，如运返我国时重装发生困难，则此项经费徒供该教授试验，而不能
达到在我国设厂之目的，即与初旨相悖。拟请电令魏大使询明：上项设
备能否于短时期内拆运来华重装？如确为可能，再准其由美租借法案拨
付所需经费。是否有当，理合电请鉴核。职翁文灏（文）叩。（印）

拟办：拟就此项机器设备能否于短期内拆运来华，重装生产一节，
先行电询魏大使切实查复后，再行拟办。陈布雷。十二月十五日。

批办：如拟。

〔《工业建设（九）》（1943年9月26日至1945年5月29日）：1120/
1032.01－09/207/001112000A009〕

陈布雷呈报永利化学公司拟用新法制造硝酸等事办法
（1944年12月21日）

前据魏大使感电，经先转交战时生产局核议。据复如次：

（一）普通制造硝酸，先由氮氢气制阿摩尼亚，再行制酸。如用氮
氢氧直接制酸，则更为简捷，甚合需要。

（二）据现在重庆之美国对外经济局总工程师托柏面谈，以设厂试

验时，应先注意此项机器设备之制造，在美国亦属创举。如运返我国时重装发生困难，则此项经费徒供该教授试验，而不能达到在我国设厂之目的。拟请电令魏大使询明：上项设备能否于短时期内拆运来华重装？如确为可能，再准其由美租借法案拨付所需经费。

经再电询魏大使，据复：试用后可拆装空运中国重装，是与生产局核议相符。拟即转知该局，准予在美租借法案内拨付经费美金拾贰万元。当否，请核示。

职 陈布雷（印）呈

三十三年十二月二十一日

〔《工业建设（九）》（1943年9月26日至1945年5月29日）：1120/1032.01－09/207/001112000A009〕

蒋中正为拨付经费予永利公司等致翁文灏代电

（1945年1月11日）

战时生产局翁兼局长勋鉴：渝秘卅三字第一一一号文代电悉。经询据魏大使查复，称永利公司在美设厂，其机器设计准备试用后，可拆装空运回国重装，查无困难等语。所请在美租借法案内拨付经费美金拾贰万元一节，可准照办，即希由局办理，径复魏大使，仍希具报为盼。中○。子尤侍秘。

〔《工业建设（九）》（1943年9月26日至1945年5月29日）：1120/1032.01－09/207/001112000A009〕

翁文灏为拨付经费予永利公司事呈蒋中正代电

（1945年1月26日）

军事委员会委员长蒋钧鉴：接奉钧座侍秘字第二五八五一号子尤代电，饬知永利公司拟用氮氢直接制造硝酸法在美设厂，再行拆装空运回国，所请在美租借法案内拨付经费美金十二万，可准照办等因。奉此，正拟办间，复准魏大使本月文电内开："永利接受新法制造硝酸案，其设厂事经与美国国外经济局专家非正式交换意见。据研究结果：以达尼

427

尔教授新法在试验室内虽属成功，但大规模设厂生产，尚有技术困难。如高热度问题等，具有冒险性质，不易解决。如以他种资金援助，将来成功，成本当大减低。似此，接受特许权自无不可。惟租借款项，恐难拨用。除电知范君外，特电闻"等由。准此，查职前次电呈，亦深以安装试用后，必须能拆装运华重装并无困难，始能拨款。现魏大使既认为尚有技术困难，租借款项恐难拨用，除电告范君外，理合电请鉴核。战时生产局局长翁文灏。渝材子寝叩。

〔《工业建设（九）》（1943 年 9 月 26 日至 1945 年 5 月 29 日）：1120/1032.01 – 09/207/001112000A009〕

翁文灏与抗战档案史料汇编

陈谦平 编

【下册】

社会科学文献出版社

SOCIAL SCIENCES ACADEMIC PRESS (CHINA)

17

肆　战时政治、行政、科技、教育等

伍　复员计划与战后接收

叁
战时贸易与财政金融

一 中德易货贸易

叶琢堂①呈中德易货至七月底已运出及已订购货品数量价款表
(1937 年 8 月 5 日)

介公委员长钧鉴：

关于中德易货案，迄至七月份止，本局订购农矿品价款等共约国币叁千肆百伍拾余万元。除照原约叁千万元购足外，二十六年度加购之五百万元，所余不足五十万元。拟备付各项什费用将截至七月底止，已运出及已订购而尚未运出之货品数量价款详为列表，附奉察核存查。尚肃敬颂

公绥

附件。②

叶琢堂（印）谨启

廿六年八月五日

〔《中德及中苏易货（一）》（1937 年 8 月 12 日至 1938 年 10 月 12 日）：1150/5024.01 – 01/273/001115000A001〕

---

① 时任中央信托局局长。
② 附表见下页。

附

本局购运农矿原料总表（民国二十六年七月三十一日）

种类	已运德者			未运德者			总额		
	吨数（T）	价款（国币 \$）	价款（马克 RM）	吨数（T）	价款约计（国币 \$）	价款约计（马克 RM）	吨数（T）	价款（国币 \$）	价款（马克 RM）
蛋品	700	1117658.04	821478.67	—	—	—	700	1117658.04	821478.67
鲜蛋	—	1218595.73	895667.86	—	2489104.27	1829491.64	—	3707700.00	2725159.50
芝麻	14950	3981161.60	2926153.75	—	—	—	14950	3981161.60	2926153.75
豆油	850	334648.21	245966.43	—	—	—	850	334648.21	245966.43
棉籽油	3436	1599883.56	1175914.42	—	—	—	3436	1599883.56	1175914.42
桐油	1093	1095747.49	805374.42	500	450000.00	330750.00	1593	1545747.49	1136124.42
花生仁	15500	3831284.08	2815993.79	—	—	—	15500	3831284.08	2815993.79
花生油	8284	3998015.25	2938541.19	—	—	—	8284	3998015.25	2938541.19
蚕茧	290	1728388.35	1270365.45	424	2685000.00	1973475.00	714	4413388.35	3243840.45
钨砂	2500	4632709.23	3424809.68	750	2500000.00	1837500.00	3250	7132709.23	5262309.68
锡砂	160	701567.61	515652.20	—	—	—	160	701567.61	515652.20
锑砂	950	808036.58	593906.88	—	—	—	950	808036.58	593906.88
蚕豆	870	74443.91	54716.26	—	—	—	870	74443.91	54716.26
猪油	1120	955211.01	702080.09	—	—	—	1120	955211.01	702080.09
合计	50703	26077350.65	19186621.09	1674	8124104.27	5971216.64	52377	34201454.92	25157837.73
付南京合步楼公司	—	300000.00	220500.00	—	—	—	—	300000.00	220500.00
共　计	50703	26377350.65	19407121.09	1674	8124104.27	5971216.64	52377	34501454.92	25377837.73

备付各项什费	498545.08	366430.63
总计	35000000.00	25744768.36

叶琢堂呈中德易货至九月底已运出及已订购货品数量价款表

（1937年10月9日）

介公委员长钧鉴：

关于中德易货案，迄至九月份止，本局订购农矿品价款共计国币三千九百八十一万余元。其中业已运出者为二千八百十七万余元，未运出者为一千一百六十三万余元，连同拨付德方合步楼公司驻华办事处开支费四十万余元，合共国币四千零二十一万余元。用将截至九月底止，已运出及已订购而尚未运出之货品数量价款详为列表，附奉察核存查。尚肃敬颂

钧安

　　附件。①

叶琢堂（印）谨启

二十六年十月九日

〔《中德及中苏易货（一）》（1937年8月12日至1938年10月12日）：1150/5024.01－01/273/001115000A001〕

孔祥熙呈中央信托局办理中德易货事项情形

（1938年1月26日）

关于中央信托局办理中德易货事项，兹据该局陈报最近办理情形，兹特分别转报如左：

（一）已运出及已订购未运出各项货品之总值

中德易货截至二十六年十二月底止，已运出之货品计值国币三千五百九十万零二千余元，已订购而未运出之货品计值国币五百五十二万四千余元，连同拨付合步楼驻华办事处开支费五十五万元，总计国币四千一百九十七万六千余元。其中有一百四十万元为中央信托局在港设立通讯处后，于十二月份内所订购桐油一千四百二十吨之约值包括在内。

（二）广西、云南方面合作办法之推进

（甲）广西所产钨、锑、桐油、茴油等项，现均由该省省政府统

---

① 附表见下页。

附

本局购运农矿品总表（民国二十六年九月三十日）

种类	已运德者			未运德者			总额		
	吨数	价款（国币$）	价款（马克RM）	吨数（T）	价款约计（国币$）	价款约计（马克RM）	吨数	价款（国币$）	价款（马克RM）
蛋品	700	1117658.04	821478.67	—	—	—	700	1117658.04	821478.67
鲜蛋	—	1582684.73	1163273.27	—	2125015.27	1561886.23	—	3707700.00	2725159.50
芝麻	14950	3981161.60	2926153.75	—	—	—	14950	3981161.60	2926153.75
豆油	850	334648.21	245966.43	—	—	—	850	334648.21	245966.43
棉籽油	3436	1599883.56	1175914.42	—	—	—	3436	1599883.56	1175914.42
桐油	1093	1095747.49	805374.42	500	450000.00	330750.00	1593	1545747.49	1136124.42
花生仁	15500	3831284.08	2815993.79	—	—	—	15500	3831284.08	2815993.79
花生油	8284	3998015.25	2938541.19	—	—	—	8284	3998015.25	2938541.19
蚕茧	462	2854762.32	2098250.32	252	1881900.00	1383196.50	714	4736662.32	3481446.82
钨砂	2675	5170867.14	3820355.75	775	3435258.00	2524914.63	3450	8606125.14	6345270.38
锡砂	160	701567.61	515652.20	300	2998800.00	2204118.00	460	3700367.61	2719770.20
锑砂	1025	881636.64	648002.92	680	748145.00	549886.58	1705	1629781.64	1197889.50
蚕豆	870	74443.91	54716.26	—	—	—	870	74443.91	54716.26
猪油	1120	955211.01	702080.09	—	—	—	1120	955211.01	702080.09
合计	51125	28179571.59	20731753.48	2507	11639118.27	8554751.94	53632	39818689.86	29286505.42
付南京合步楼公司	—	400000.00	294000.00	—	—	—	—	400000.00	294000.00
共计	51125	28579571.59	21025753.48	2507	11639118.27	8554751.94	53632	40218689.86	29580505.42

制。迭经商洽，现在每月约可供给价值三百万元之产品，嗣后尚可望逐渐增加。关于合作办法，业经商定签定。（乙）云南方面收集锡砂事项，已派麦专员佐衡前往调查，就近洽商进行办法。

（三）关于翁秘书长①函送矿产品清单嘱即订购一案之接洽进行经过

查上年十二月间曾接翁秘书长函，略以对外易货事亟待加速进行，并附矿产品清单一份，列举锡、铜、铅、锌、钨、锑、锰及水银等项之产地、现存数量、价格及以后每月可交数量，嘱即汇款订购，运至香港转运出口等语。查清单内所列现货，约共需国币五百六十余万元。当即一面电知各关系机关接洽，一面电征合步楼意见。旋接该公司电复，对所开价格均未予接受。而该公司所提出之价格，又复过低。同时各机关已有复电者，非现货不足即质量不合出口标准，以致无从着手采购。近合步楼代表抵港建议，以双方货价磋商需时，难免不延误货品之装运。为求敏捷起见，拟将双方所需货品先行购运，所有货价容俟双方政府派员议定。如我方同意，彼即电征德政府意见等语。查核此项建议纯为谋交货迅速起见，尚属可行，当奉准照办。即由局嘱该代表电征德政府同意后，书面证明。不料该代表已先接克兰电话，略以我政府正在另商办法，所提建议暂缓进行等语。是以此项先交货、后议价之办法尚未实行，正在另拟办法中。

（四）国库拨款存汉备付货价之用

查易货案内所购货品，多属国内农矿产品，自应以国币在内地拨付为原则，初无在口岸拨付货款之必要。所有国库拨发一千万元，自以暂存汉口、广州代理处，备付货价之用，较为适当。

以上各节，即为中央信托局最近办理易货一案经过情形。兹特节录原报告暨检同附表，转报敬祈察核。谨上

委员长

孔祥熙（印）

二十七年一月二十六日

---

① 翁文灏时任行政院秘书长。

附

本局代德购运农矿原料总表
（民国二十六年十二月卅一日）

种类	已运德者			未运德者			总额		
	数量（吨）	价款（国币 $）	价款（马克 RM）	数量（吨）	价款约计（国币 $）	价款约计（马克 RM）	数量（吨）	价款（国币 $）	价款（马克 RM）
蛋品	700	1117658.04	821478.67	—	—	—	700	1117658.04	821478.67
鲜蛋	—	2532085.35	1861082.73	—	1224000.00	899640.00	—	3756085.35	2760722.73
芝麻	14950	3981161.60	2926153.75	—	—	—	14950	3981161.60	2926153.75
豆油	850	334648.21	245966.43	—	—	—	850	334648.21	245966.43
棉籽油	3436	1599883.56	1175914.42	—	—	—	3436	1599883.56	1175914.42
桐油	2929	3003989.09	2207932.00	1010	1046467.79	769153.83	3939	4050456.88	2977085.83
花生仁	15500	3831284.08	2815993.79	—	—	—	15500	3831284.08	2815993.79
花生油	8284	3998015.25	2938541.19	—	—	—	8284	3998015.25	2938541.19
蚕茧	655	4105215.47	3017333.37	159	943674.00	693600.39	814	5048889.47	3710933.76
钨砂	3357	7885453.55	5815576.77	200	1410048.00	1036385.28	3557	9295501.55	6851962.05
锡砂	185	784923.17	576918.54	275	900000.00	661500.00	460	1684923.17	1238418.54
锑砂	1755	1698739.47	1248573.51	—	—	—	1755	1698739.47	1248573.51
蚕豆	870	74443.91	54716.26	—	—	—	870	74443.91	54716.26
猪油	1120	955211.01	702080.09	—	—	—	1120	955211.01	702080.09
合计	54591	35902711.76	26408261.52	1644	5524189.79	4060279.50	56235	41426901.55	30468541.02
付合步楼公司开支	—	550000.00	404250.00				—	550000.00	404250.00
总计	54591	36452711.76	26812511.52	1644	5524189.79	4060279.50	56235	41976901.55	30872791.02

〔《中德及中苏易货（一）》（1937 年 8 月 12 日至 1938 年 10 月 12 日）：1150/5024.01 - 01/273/001115000A001〕

翁文灏呈拟订以钨锑锡三项矿产品适当数量与英苏德三国贸易
（1938 年 9 月 3 日）

武昌。

蒋委员长钧鉴：务密。（甲）兹由外交部转来英国大使馆说贴一件，建议由英国钢铁厂家供给中国钢铁制造品及其它材料，由我国运英钨、锑、锡三项矿产品，以资交换。职按英方此项办法，用意良善。彼方所可供给之钢料，如炮弹钢（须先得英政府允许）、钢条、铁轨、钢轮锅炉等，我方亦颇需要。如由我国政府与其订立正式合同，并要求英国政府确保障上项矿产品之权益，在此时局中似甚有利。再德国新派人员佛德①来华商洽易货办法，对于手续方面略有改进，可免德货价格过分抬高。惟所需我方供给之货物为数过多，揣其意，似欲将我国钨、锑、锡三项矿产全数运德。揆诸目前情势，英、苏等国更宜联络，如此办法似不相宜。如能与英、苏、德三国各订适当数量，似较妥善。以上所陈，是否有当，敬乞电示。（乙）近与英商福公司总经理商谈，由该公司代理赣、湘、粤三省钨砂对外贸易，略给佣金。仍由中国政府全权决定价格、数量、购主，规定不售敌国，并仍可交换及担保借款。惟要求英政府允许保证，万一产区沦陷时，仍设法实行；遇日人用武力强行时，英政府公开抗议。期使土地收复后，中国国民政府得不附任何条件，照旧管理。英政府现尚未允此事，可否进行，并恳电示为叩。职翁文灏叩。江资印。

拟办：（甲）所称对英国大使馆建议及所拟以钨、锑、锡与英、苏、德三国各订适当数量一节，可否照办，请批示。（乙）福公司代理钨矿贸易，虽来电有价格、数量、购主由中国全权决定一语，但究与前

---

① 即赫尔穆特·沃伊特（Hellmuth Woidt），德国经济部特派员，1938 年 8 月奉派来华担任合步楼公司全权代表。

（甲）项之支配有无抵触，未见说明。英政府又尚未允保证产区，则此举其利安在？又所谓仍可担保借款，其内容如何，电中亦欠详明。似应电翁查询再核。当否，请钧核。陈布雷。九.五.

〔《中德及中苏易货（一）》（1937 年 8 月 12 日至 1938 年 10 月 12 日）：1150/5024.01-01/273/001115000A001〕

齐焌①呈报德国佛德来华接洽中德易货互换合同扩充办法
（1938 年 9 月 5 日）

关于德国经济部、外交部派佛德博士代表合步楼公司来华，与我方接洽货物互换合同扩充办法一节。佛德博士已与合步楼驻华代表普莱②上校在渝谒见孔院长及翁部长，商谈一切。佛德君遂拟建议书一份，已由关德懋同志（行政院秘书）译成中文，除已分呈孔院长及翁部长外，拟请附呈钧座，以供考核。谨此附呈鉴察。据查，佛德君来华既有诚意，似应对其建议各端允予考虑，并予以答复，表明我方立场。最近佛德、普莱均在香港，专候我方表示并与中央信托局及兵工署俞署长接洽运货与军火事宜（关于军火供给一节，德政府已完全接受孔院长及俞署长之意见与办法。各种情形，俞署长知之甚详），均尚待最后解决之中。关于与佛德君等接洽各项详情，翁部长皆能洞悉，拟请钧座电讯种切。可否之处，谨请鉴核示遵。谨呈

委员长蒋

职 齐焌（印）谨呈

九月五日

附呈佛德意见书译文一份。

〔《中德及中苏易货（一）》（1937 年 8 月 12 日至 1938 年 10 月 12 日）：1150/5024.01-01/273/001115000A001〕

---

① 时任军事委员会秘书、德文翻译。
② 即库尔特·普莱（Curt Preu），德军退役上校，时任合步楼公司经理。

蒋中正为中外矿产合作等致翁文灏电

（1938 年 9 月 6 日）

重庆。

经济部翁部长勋鉴：江资电悉。○密。（一）所称对英大使馆建议订立合同，以钨、锑、锡交换钢铁材料，并要求英政府保障上项矿产品之权益，及所拟以钨、锑、锡与英、苏、德三国各订适当数量各节，可准照办。（二）福公司代理钨矿贸易一节，虽云价格、数量、购主仍由我决定，但究与前项英、德、苏三国各订适当数量之支配有无抵触？且保证产区一节，英政府既尚未允，则仅托福公司代理，在我究竟有何利益？又电中所谓仍可担保借款，其内容如何，亦未据说明。统希详细电告，候核为盼。中○。鱼侍秘鄂印。

〔《中德及中苏易货（一）》（1937 年 8 月 12 日至 1938 年 10 月 12 日）：1150/5024.01 - 01/273/001115000A001〕

孔祥熙电呈中德互换合同事宜

（1938 年 9 月 12 日）

武昌。

蒋委员长赐鉴：佳侍秘鄂电敬悉。务密。佛德博士前由德代办介绍来见，关于互换合同问题之调整，曾作大体商讨，颇为融洽。佛君现已赴港有所接洽，不久当可返渝。曾与约定继续详谈，至于建议书亦正在研究中。谨电奉复，请释廑念。弟熙叩。文院机印。

〔《中德及中苏易货（一）》（1937 年 8 月 12 日至 1938 年 10 月 12 日）：1150/5024.01 - 01/273/001115000A001〕

齐焌呈此次希特勒演讲未涉及东亚问题

与事先对克兰等之疏通情形

（1938 年 9 月 15 日）

（一）关于克兰先生友人一节，遵于八月三十一日复电克兰先生大意如下：请其婉谢其友，并本年内如其友来华，我国实无暇招待等语。

（二）前者因德国国社党在纽伦堡大会时，希特勒氏必有重要外交演讲。为避免其在演讲中对我有不利论调起见，职曾电请克兰先生切实注意，并托合步楼新来代表佛德博士（现在重庆。当即蒙其转电国社党秘书长赫思矣）及德大使馆转达一切。关于此节，复于九月七日接关德懋同志转来孔院长来电如下："院长谕以德政府一年以来，对我国抗战颇多不利措施，影响我国国民观感匪浅。近顷德政府为促进两国经济关系，派员来华，并解释德政府完全中立之立场。国社党大会在即，我所望于希氏讲演者：（一）应为中国民族抗战不屈之精神伸张正义；（二）否则亦应贯彻中立主张，对于远东问题勿再作偏论，更伤我国民情感，以助长暴焰。两国前途实多利赖，望兄速电克兰先生，转达其元首暨政府友人察夺为要"等语。奉电后于九月九日遵照各节，详电克兰先生，请其努力进行一切矣。窃查九月十二日希特勒氏讲演中，对各民主国家严词指责，但尚留商量余地。对意大利积极表示好感（讲词中谓德意邦交之坚固，等于欧史中古时代"大德意志民族之圣大罗马帝国"之恢复存在等语），对东亚问题则未提一字，亦不得不令人注意克兰先生、佛德博士及德大使馆对此皆曾努力，亦有关系焉。

上项两电去后，接到克兰先生来电如下：

（一）机密。九月一日来电奉悉。日内当可会晤敝友商谈一切。相信因欧洲情况极端危险，敝友之旅行计划无论如何亦须变更。惟敝友对于调解一节，实绝对无兴趣，因彼洞悉日人甚深。敝友所欲藉机急于首程之原因，实另有政治性，惟详情仅能面陈，本周内必可再电，奉告一切。

贵国友人对于贵国抗战前途极有把握，克兰暨敝友等闻下无任欣幸，切望抗战精神坚决不弛，尤以欧洲在最近期间，必有重大事变，切应注意等语。

（二）机密。九月九日电奉悉。请即转呈孔院长如下：院座意见实与克兰等一向立场不谋而合，已设法转呈。敝国负责诸公遵照来电，进行一切。惟欧洲政局，由于捷克问题之演进，极端危险，若不能在短期间设法调整，前途不堪设想，世界第二次大战将因此随时均可爆发。目前情况如是，德国对日本表示好感之外交政策，一时恐不易有所变动。因敝国仍有人尚相信日本足可助德抗俄，以致日本对此之态度与力量究竟如何，日内当可明了情况，既如上述。对于中德旧日签定各项合同，暂时似可不必大事更动，不若稍候为妥（佛德博士亦不欲更动原有合同，仅拟补充一二必要之实施办法，故与克兰先生意见无何冲突。职注）。电报阅后，予以焚去为要等语。谨呈

委员长蒋

职 齐焌（印）谨呈

二十七年九月十五日

〔《中德及中苏易货（一）》（1937 年 8 月 12 日至 1938 年 10 月 12 日）：1150/5024.01 - 01/273/001115000A001〕

孔祥熙电呈与德国代表佛德在渝所商易货问题情形
（1938 年 10 月 7 日）

武昌。

蒋委员长介兄赐鉴：迪密。德国经济部特派员佛德，明日飞汉晋谒。在渝与翁部长及弟派员所商继续易货问题，大致已有眉目，惟细节仍须考虑。弟意为联络德方感情计，只能大处着眼，至于将来如何实施，须看情形。该代表所陈主张：（一）军器限以现款购买。（二）以货易货只能交换商品、机器及兵工材料。（三）我方每月至少须运德价值八百万元之货物，其中矿砂须占半数。此层我方恐办不到，惟未对彼明言。（四）为便利运德货物计，我政府应给予补助金，以偿物价因外汇所受之损失，此项损失有时几达一倍。凡此四点，皆须详细考虑。且易货如不能得军械上之供给，我方损失至大。除将草约译邮外，特先电陈。弟祥熙。阳机渝印。

〔《中德及中苏易货（一）》（1937 年 8 月 12 日至 1938 年 10 月 12 日）：1150/5024.01 - 01/273/001115000A001〕

二　中苏易货贸易

（一）对苏易货贸易合同谈判、洽定、办理及还款情形

孔祥熙呈对苏易货情形

（1938 年 6 月 27 日）

介兄委员长钧鉴：

　　案查对苏易货案内，关于矿产品购运情形，前经报请钧核在案。现查该项矿产品业先后订购三批：第一批计价款二百四十三万四千一百一十一元；第二批计四百五十八万九千零零六元零三分；第三批计四百零二万六千元，共计一千一百零四万九千一百一十七元零三分。其先后订购之钨砂、锑、锡、锌等矿产品，均由资源委员会分批运至香港，交西南运输公司接洽转运赴俄。兹据翁部长函，关于矿产品均系在香港装船运至 Port Said[1] 交由 Albion Co. [2] 转运苏联。顷接宋主任子良[3]转来该公司复函略称，Agamenson 及 Bonte Verde 轮装运之矿产品两批，均已收到等语。谨以奉陈。再原定六月八日装由 Glenberg 轮运出之矿产品一批，计共一千七百五十吨，因该轮误期，延至二十一日始行运出，并以附陈等语。所有运苏矿产品先后收购、转运情形，谨请钧核。至贸易委员会收购茶叶，前已拨价款一百七十四万六千四百五十元，由该会陆续购运赴港，交俄方接运。据报俄方已雇定船只，于七月二十日由港出口，运出货物一千五百吨。嗣复据该会呈，俄方代表已得莫斯科同意，续订各省红、绿茶十万六千余公担，红、绿砖茶二十万五千箱，约共值一千四百余万元，复经拨交该会一千五百万元陆续订购、装运各在案。除仍随时督饬资源、贸易两委员会切实办

---

① 即埃及塞得港。

② 负责对外贸易的苏联外贸公司。

③ 时任交通部西南运输处主任。

理外，合并报请鉴核。敬颂

钧绥

弟 祥熙谨上（印）

二十七年六月廿七日

〔《中德及中苏易货（一）》（1937 年 8 月 12 日至 1938 年 10 月 12 日）：1150/5024.01 – 01/273/001115000A001〕

蒋中正为对苏华茶易货事致孔祥熙代电

（1938 年 9 月 9 日）

孔院长勋鉴：据俄使称，关于华茶易货事，我方不能照契约履行（据说是美金与法币关系），使俄国茶荒形成严重问题，未知究竟如何？为外交关系，只可政府贴本吃亏，免其藉口，务请从速解决为荷。中正叩。佳机鄂。

〔《中德及中苏易货（一）》（1937 年 8 月 12 日至 1938 年 10 月 12 日）：1150/5024.01 – 01/273/001115000A001〕

孔祥熙电呈对苏华茶易货事

（1938 年 9 月 15 日）

武昌蒋委员长：务密。佳机鄂电谨悉。查对俄易货茶叶，先后约定总值一千六百余万元，现在已交之货约值八百余万元。红茶大致交足，砖茶因原料与制厂远隔，加以燃料不敷，运输困难，而俄方技师复违反向例，须遴选定原料，乃许开制，每致延阻进行。第一批砖茶已经交货四分之三，第二批二十万余箱亦约定明年三月底交足。我方步步履约，并无违反情事，均为俄方所尽悉。绿茶部分，政府原拟运港交俄，嗣因茶商惑于私利，坚持运沪。复因浙皖陆运阻滞，温甬轮运缺乏，致绿茶运抵香港者，迄今虽有三万余箱，而俄方只接受一万余箱，其余尚在选择之中。本部深知对俄易货关系重大，迭饬主管机关，尽量贴放资金，以增产额，并大批收购现货，以济外销。所有以〔已〕交及约定之货，俄方所出价格远低于我方购价，政府亏折颇巨，只求履行原约，并不计较。且于货运万分艰困之中，仍能源源运港，履行俄约，实已尽最大之努力。今后自仍当恪遵钧谕，悉力以赴事机。除再饬贸易委员会加速赶制砖茶，并迅运绿茶赴港交货外，谨先将遵办情形报请钧核。至俄方所称美金与法币关系一节，绝非事实，并祈鉴察。兼财政部长孔祥熙。删渝资印。

〔《中德及中苏易货（一）》（1937 年 8 月 12 日至 1938 年 10 月 12 日）：1150/5024.01－01/273/001115000A001〕

翁文灏呈请中苏借款以农矿产品抵偿比例及方法
（1939 年 1 月 16 日）

委员长钧鉴：

顷准军政部何部长抄示中苏借款条约。其要点为：（一）第一次借款美金伍千万元，年利三厘。自一九三八年十月三十一日起，五年内偿还。每年偿付一千万元，并付清已挪用借款之利息。（二）上项借款由我国购运茶、丝、羊毛等农产品，钨、锑、锡等矿产品抵付，其运费亦由借款偿还额内拨付之。（三）所运物品种类、数量，于每年初按照苏联相当机关之指示，在每年偿还额内规定之等语。查依照"中苏借款条约"，我国应于上年十月底起开始偿还借款及利息。计第一年，即自上年十月底至本年十月底止，我国应运价值美金一千万元之农矿产品，以为偿还借款之用。同时并须另运相当数量，作为偿还已挪用之借款利息。假定第一年应付利息为美金一百五十万元，则第一年应偿还之借款及利息，共为美金一千一百五十万元。

最近苏联出口协会经理格鲁申科来函声称，一九三九年苏方需要钨、锑各五千吨，锡四千吨，锌二千吨，盼我方尽量供给，并将实际可以供给数量确数函告等语。窃按借款关系国际信用者綦巨，抗战期间尤为重要，自应遵照条约规定，妥为供给，切实履行。关于矿产部分，向由资源委员会经办。以后按月应供给若干，如何供给，允宜预先筹划。谨就计虑所及，条陈如左，伏祈垂察。

（一）应供数量及价值

（甲）依照上述估计，我方第一年应偿还美金一千一百五十万元。

如以农产品与矿产品各半交付，则应运矿产品价值为美金五百七十五万元。除上年十一月、十二月已运及本年一月将运矿产，连同运费约值美金二百万元外，尚须续运矿产价值美金三百七十五万元。即自二月至十月，每月约需购运钨砂二百吨、纯锑二百吨、锡二百吨。按照目前国际市场价香港交货，约值美金四十二万余元。

（乙）　如我方还款三分之一以农产品交付，三分之二以矿产品交付，则第一年运苏矿产总值应为美金七百六十六万余元，除去上年十一月、十二月及本年一月所运矿产外，尚须续运矿产价值美金五百六十六万余元。即自二月至十月，每月约需购运钨砂三百吨、纯锑三百吨、生锑一百吨、锡二百五十吨。按照目前国际市价香港交货，约值美金六十二万余元。

（丙）　按照格鲁申科来函所开需要数量，约值美金一千万元。

查苏方所开需要数目，超过我方应供数量甚多，自不宜以此为准。至矿产品应占偿还借款半数或三分之二，敬乞裁示。

（二）供给方法

粤南事变发生以后，各项矿产均须绕道，经由广州湾或海防出口，途远费增。且以往用火车运输者，现则改用卡车或帆船装运，运输能力相去倍蓰。故事变迄今，已经运抵出口地点矿产数量为数寥寥，此实当前最大问题。如运输不能畅通，生产势将停滞，供给亦难继续。钨、锑两项，已由资源委员会自备卡车尽速赶运，尽先供给每月二百吨至三百吨之数。如能由西南运输处拨车协运，当可如数供给。

锡系滇、桂二省所产。桂锡已确定由资源委员会收购，惟亦因改道关系，运输十分困难，且每月产量有限，即充分供给，亦不敷用。查滇省产锡较桂省为多，且原系海防出口，粤南事变所加诸其它各项矿产运输上之困难，并无影响，如能大量供给，自较便利。且目前钨砂内地运输，日加困难。故购锡关系亦日益加重，而滇省出锡最多，尤为重要。惟滇锡现由该省统制，政府无法收购，虽叠经磋商，卒无效果。借款偿还，债信攸关，且苏方屡次声言需锡最亟。可否请钧座电知龙主席转饬云南炼锡公司，对资源委员会每月特予照售一百五十吨。

以上所陈，均系对苏易货方面亟待解决之问题，敬乞迅赐核示，以

便遵办，并转达苏方。再以上所开矿产美金价值，均系约数，将来结帐时，自须另行核计，并此陈明。肃此敬请

钧安

职 翁文灏（印）敬叩

一月十六日

拟办：

一、农矿产品之偿还比例，依我国目前各矿生产能力，最多只能与农产品为各半数之比例，当否，请钧核。

二、收买滇锡，先向财政部查询与滇龙接洽收购结果如何，俟呈复，再酌定应否电龙。

职 陈布雷（印）呈

廿八年一月十八日

批示：交财政部孔院长核办可也。

〔《战时外债清结》（1939 年 1 月 18 日至 1948 年 11 月 1 日）：0883/6364.01 – 01/219/001088300A001〕

蒋中正为中苏借款农矿产品抵偿方法致孔祥熙代电
（1939 年 1 月 20 日）

行政院孔院长勋鉴：经济部翁部长呈报，查中苏所订借款条约，我国本年抵偿应运之农矿产品，苏方已有表示，亟应妥定适当办法施行。请兄即召翁部长诠霓详询实情，指示办理，迅予决定为荷。中○。哿侍秘渝。

〔《战时外债清结》（1939 年 1 月 18 日至 1948 年 11 月 1 日）：0883/6364.01 – 01/219/001088300A001〕

蒋中正为中苏借款农矿产品抵偿方法致翁文灏代电
（1939 年 1 月 20 日）

经济部资源委员会翁兼主任委员勋鉴：一月十六日函呈悉。关于运苏农矿产品之分配标准及滇锡如何收购、调剂等办法，已另嘱孔院长核办指示。即希将该案详情径行另报，商陈决定可也。中○。哿侍秘渝。

〔《战时外债清结》（1939 年 1 月 18 日至 1948 年 11 月 1 日）：
0883/6364.01 - 01/219/001088300A001〕

孔祥熙呈第一次中苏借款本年用农矿产品抵偿本息情形
（1939 年 2 月 3 日）

军事委员会委员长蒋钧鉴：极密。哿侍秘渝代电谨悉。查第一次中苏借款美金五千万元，年息三厘，自一九三八年十月三十一日起，五年内偿还。第一年须偿本息美金一千一百五十万元，拟用农产、矿产各半抵付，矿产部分归资源委员会负责办理。据翁部长函陈，除上年十一、十二两月已运及本年一月将运矿产，连同运费，约值美金二百万元外，其余三百七十五万元，即自本年二月至十月，每月供给钨砂二百吨、纯锑二百吨、锡二百吨。按照目前市价香港交货，每月约可抵值美金四十二万余元，拟即责成资源委员会照此办理。农产部分饬由贸易委员会供给。据陈，除上年十一、十二两月份交俄之货不计外，从本年一月起至十月止，约可运交红茶四千吨、绿茶五千吨、茶末二千五百吨、茯茶六万四千块、羊毛四万担、驼毛三千担、羊皮五十万张、猪鬃五百担，共约为抵值美金五百七十五万元。以上农、矿两项产品抵付第一年应还本息，美金一千一百五十万元之数，自当督饬切实办到。除分函翁部长，并饬贸易委员会与俄方商洽，切实办理，以便按期交货外，谨将遵办情形先行报请鉴核。财政部长孔祥熙。江渝资印。

〔《战时外债清结》（1939 年 1 月 18 日至 1948 年 11 月 1 日）：
0883/6364.01 - 01/219/001088300A001〕

陈布雷转呈苏联大使卢幹滋对苏交货合同实践状况备忘录[①]
（1939 年 3 月 2 日）

谨就十四日晋谒时所谈中苏订立之"对苏交货合同实践状况"，制定备忘录，呈请鉴核。乞令有关机关遵行为祈。

---

① 苏方递交该备忘录时间为 1939 年 2 月 27 日。

（一）自去年十月三十一日至本年十一月一日应付数目，本息共计美金一千三百八十八万四千八百元。苏方认华方于去年十月三十一日以后交付之货物，为本期应偿款项之一部分，至去年十月三十一日以前所交之货，拟作为一九四二年之付款。因后数年应付之数，比本期为大，且以后交货办法困难较多，希望中国政府能赞成此建议。

（二）贸易委员会遵行合同之状况。

（甲）茶。至本年二月廿四日止，已交之货仅合合同规定一百分之四十六半，此数实嫌不足。尤须注意者，绿茶砖系最重要部分，合同规定一一，〇七〇吨，至今丝毫未交。

（乙）其它各货。合同所订甘肃之羊毛四万三千担，仅交二万三千三百四十担；刚毛七十五吨，仅交五十五吨；羊皮四十万张，仅交三十六万一千张；牛皮三万张，仅交二万六千余张。

（丙）价目。按之合同货物价目，应为在俄境交货时之世界市场平均价目，贸委会对此原则，似未明了，常作有系统的价目抬高。例如羊皮价目二百元，香港市价仅一百三十五元，诸如此类，不一而足。

（丁）在上海购订之货物。由俄方派员赴沪，订购需要各货，贸委会曾复函同意，所购货值华币五十万元，均已购到，但贸委会拒不付款。俄国对于此种纠纷，殊为费解。贸委会欲藉此抬高其货值至六百万元至七百万元。

（三）本年交货合同之签定。去年十二月起至今尚未完成，贸委会对此问题似不重视。

贸委会去年十二月六日函，愿供给桐油二千吨，十二日忽称仅能供给一千吨，旋又称仅能供给五百吨。俄方租船开到，忽又减少至一百吨。经查知存油足够，提出交涉，始允交货三百吨。去年十二月三十一日来函，允给甘肃羊毛十万担，现又改为五万担。该会之一再食言，改变数字，均足破坏俄方之商业计划也。

（四）经济部资源委员会交货状况。资委会应交矿苗及金属，共计美金五百七十五万元。但借款总数已增，应偿之数似应酌加。锡之交货状况，殊难满意。希望钧座令饬改善，矿苗及金属，亦希望加速运输。

（五）俄方之建议。

（甲）拟恳钧座严令贸委会与资委会速签定交货合同，规定偿付之准确数字。

（乙）两委员会运输货物亟应加速。

（丙）拟恳严令货物及运输价目，应根据世界市场价目规定之。

（丁）拟恳饬新疆省政府退回此项抵偿借款之货物过境时所征之出口税。

（戊）必须向该委员会等解释清楚，货物最后之接受手续在俄国边境办理。但初步之质量接受，经双方同意，不妨在中国境内办理之。

（己）绿茶砖既未交货，必须令饬贸易委员会从速组织制砖厂，尽量利用福建、浙江之原料。如数量不足时，应在滇、川、康等省设立制砖厂，应用土产茶叶。俄方已于两月前向资［贸］委会提出此项意见，但至今迄未得复。

（庚）香港存茶，应即开始交与俄方，以补去年合同交货之不足，并履行今年合同。今年所产茶叶之大部分仅能作为一九四〇年之货物，因须待十月三十一日后始能开始交货也。

（六）其它问题。

（甲）现俄方需要大量之羊毛线，曾请贸委会代购美金十五万至二十万元，作为偿付借款之一部分。此种毛线，均为上海租界内厂家所制造，贸委会认为无法购订，谨请钧座考虑此事，赐给明白答复。

（乙）俄方每年在华采购胡椒、桂皮、香料，需要美金一万元至一万五千元之谱，恳饬代为购办。

（丙）对于将来用法币在上海购买货物问题，似须准备。

拟办：拟转贸易委员会及经济部资源委员会切实核办，与俄方商洽办理。

职 陈布雷呈
廿八年三月二日

批示：如拟。

〔《矿业管理》（1939 年 3 月 2 日至 1946 年 4 月 5 日）：1131/1032.01－08/250/001113100A008〕

蒋中正为卢大使对苏交货合同实践状况
备忘录致孔祥熙翁文灏代电
（1939 年 3 月 6 日）

财政部孔部长、经济部翁部长勋鉴：据俄大使卢幹滋呈报"对苏交货合同"实践状况，请令有关机关遵行等情前来。除将来文译送经济、财政部外，兹特随文抄发原备忘录译文一份，即希转饬贸易、资源委员会切实核办，即与俄方商洽办理。对于我方困难实情并应恳切解释，俾免误会为要。中〇。鱼侍秘渝。附抄备忘录译文一件。

〔《矿业管理》（1939 年 3 月 2 日至 1946 年 4 月 5 日）：1131/1032. 01 – 08/250/001113100A008〕

翁文灏为照办对苏交货合同事宜致蒋中正代电
（1939 年 3 月 7 日）

军事委员会委员长蒋钧鉴：鱼侍秘渝代电暨附件奉悉。遵已转令资源委员会照办。谨复。职翁文灏叩。阳秘印。

〔《矿业管理》（1939 年 3 月 2 日至 1946 年 4 月 5 日）：1131/1032. 01 – 08/250/001113100A008〕

邹秉文①呈报办理二十七年度茶叶对俄易货情形
（1939 年 3 月 8 日）

庸之院长钧鉴：

关于本会办理对俄茶叶易货情形，前于去年十二月二日经已拟具节略，说明办理经过情形暨所收成效呈报钧座，谅蒙鉴及。去年所订价值国币壹仟肆佰叁拾叁万余元茶叶易货合约，截至目前为止，已交红、绿茶价值已达国币壹仟贰佰零壹万余元。除砖茶贰佰玖拾玖万五千元外，红、绿茶计超出价值，已在六十七万元以上。是本会对于去年合约业已履行圆满。惟是俄方驻港办理鉴别茶叶技师，皆具商人头脑，曾不顾及

---

① 时任财政部贸易委员会副主任委员。

该国对我之国策是以，凡事必斤斤较量。该国驻华大使误信协助会茶师报告，亦常有微言。查本会自奉钧座九月十五日交下委员长佳电，嘱为外交关系，只可政府贴本吃亏，免其藉口。故于所订合约，凡就力之所及者，无不妥为履行。际此去年合约履行圆满、本年新约正在商定之时，谨将本会二十七年度办理茶叶易货情形、二十八年度对俄茶叶易货谈判经过及对俄易货价格问题，分别提具节略，谨呈察核。

本会政策以为，茶叶乃旺销货物，数百年来之英、美、非洲市场，不能轻易牺牲。在对俄合约既已履行之条件下，似须兼筹并顾。一以直接换取外汇，一以与日茶竞争于国际市场，即于对俄新约之订立，亦拟采取此原则。如钧座以为对俄情形特殊，而有另取其它途径之必要者，仰祈批示，俾有遵循。专此敬请

钧安

邹秉文谨启

二十八年三月八日

附：本会办理二十七年度茶叶对俄易货情形节略；

　　本会办理二十八年度茶叶对俄易货新约谈判经过节略。

附件一　本会办理二十七年度茶叶对俄易货情形节略

本会自去年六月间奉钧部令办理茶叶易货以来，当经与苏俄协助会订结价值国币一四，三三二，九〇〇元之合约，半年之间，经本会香港富华贸易公司陆续交予俄方。截至本年一月二十九日第十六批装船止，除砖茶二，九九五，〇〇〇元外，共计交俄各种红茶、绿茶，价值国币一二，〇一三，〇〇〇元。而代垫水脚、印花等费国币一，一七三，〇〇〇元尚不在内。计超出合约值国币六十七万余元。是就茶叶价值而言，本会不但业将合约履行圆满，抑且已逾原定数额矣。

至就茶叶数量而论。红茶部分：祁宁红茶早经逾额，两湖红茶虽因粤汉路中断，致有一部分未经运达香港，但所欠之数业以福建红茶及祁宁红茶作为替代，故自总数而论亦已足额。

茶末部分：宁州茶末早超原约数量，祁门茶末及两湖茶末因时局变

化，致有半数产量不及运出。但本会为履行合约计，不惜牺牲欧洲销路，将全部到港茶末悉数收买，交于俄方。不足之数，乃将原拟在闽出售之福建茶末六、七千箱运港，以作替代。乃俄方茶师因对闽末向无鉴别经验，故不收购，是我方对于茶末一项业已尽其力之所当尽矣。

绿茶部分：平水珠茶已逾额一万二千余担，珍眉、贡熙两种则以到数不多，前者计欠二万市担，后者计欠四千市担。我方曾以针眉、白毫及淮山等茶加以替代，而俄方坚要珍眉。现俄方业已谅解，正在以其它绿茶替交中。

砖茶部分向例于每年十月间开工庄制，以防天热发霉，故与俄方所订合约，亦定翌年三月以前陆续交货。本会为准备履行合约，早至去年九月间即行派员赴羊楼峒①，布置收买老青茶（制砖茶原料）及招商庄制砖茶事宜，并经呈准钧部，与义兴砖茶厂订约。每月庄制青砖三万篓及自资每月收买老青茶三万担至五万担，一面并请经济部按月拨运萍煤八百吨，专供制砖之用。是本会在军情紧急、环境恶劣之中，仍以最大之努力，以尽厥责。无如敌焰方张，汉市、羊楼峒两地相继失陷，致制造新砖茶计划无从进行。但在此山穷水尽之际，本会仍在设法向其它各省调查，俾便改制。而去年旧约订制青砖茶，老青茶洒面、洒底合计五万一千余市担，价值一百四十四万余元，业已交与俄方矣。

综上所陈，凡就本会力之所及、义所当尽者，可谓业已履行圆满。而最近俄大使对所谓停止交茶尚表不满者，想为珍眉绿茶一事。查珍眉高级货，我方业已缴足，低级货则因到数不多，故未交足。我方曾以大批平水珍眉交于俄方，而俄方则指定必须屯溪珍眉。按合约中并未订定珍眉必需屯溪货，本年屯溪珍眉到港总数仅八万六千箱，而交俄方者占六万八千余箱。在本会与俄订约之时，曾向施得拉沙夫申明合约精神：无论何种茶叶，为顾全欧美市场起见，我方须留到港半数售与其它出口商，双方均能谅解此意，故本会经售红、绿茶均本此精神办理。今交俄屯溪珍眉已在到港总数四分之三以上，其它外商不无责难。本会为兼顾

---

① 即湖北咸宁市赤壁羊楼洞，为青茶砖产地。

百年来华茶原有顾客起见，自不应将高级珍眉全部交与俄方，且此项绿茶北非需要极殷。本会对俄应交之数既已履行，自须供应其它各国，藉保原有市场，并以直接换取外汇。如钧部认为仍须将珍眉续交俄方者，祈即批示。至于其它绿茶，虽原约已满，而本会存货尚多者，如经俄方要求，固极愿继续供给也。

查本会富华贸易公司与俄方平时谈订易货价格，向以公正态度出之，而俄方则往往意气用事，致常有争执发生。然就过去经验言，如我方合理坚持，俄方每次必自觉理亏而表示遗憾。例如二月二十三日，俄方为争执等级事来函责难，措辞粗鲁，颇失理统，并将该副本寄重庆该会。我方二十五日复函则仍心平气和，而于事理不稍示屈。俄方自觉失态，特于二十四日来函道歉。兹将来往各函副本附奉，亦可明俄方与本会办理易货交涉之态度也。

附件：二十七年度交俄订约茶叶量值统计表一份；

二月二十三日俄协助会致本会富华贸易公司函副本一份；

二月二十五日本会富华贸易公司致俄协助会复函副本一份；

二月二十四日俄协助会致本会富华贸易公司道歉书副本一份。

附　　　　　**二十七年度交俄国订约茶叶量值统计表**

（截至廿八年一月二十九日第十六批装船止）

茶类		合约数额		已缴数额			差额	
		重量（市担）	金额（国币）	箱数	重量（市担）	金额（国币）	重量（市担）	金额（国币）
红茶	祁红	16000	1606000	33598	19753.81	2580950.15	(＋)3753.81	(＋)974950.15
	宁红	3000	169000	7672	4714.92	282648.15	(＋)1714.92	(＋)113648.15
	湖红	30000	1401400	33510	21179.36	925467.26	(－)8820.64	(－)475932.74
	闽红	24000	1475000	39662	21349.51	1563382.08	(－)2650.49	(＋)88382.08
	温红			1606	914.64	43598.30	(＋)914.64	(＋)43598.30
	小计	73000	4651400	116048	67912.24	5396045.94	(－)5087.76	(＋)744645.94
绿茶	平水	30000	1284000	73369	42542.76	2331360.86	(＋)12542.76	(＋)1047360.86
	珍眉	58000	3817500	61391	38052.56	3526122.37	(－)19947.44	(－)291377.63
	贡熙	9000	562500	8343	4226.97	263717.93	(－)4773.03	(－)298782.07
	小计	97000	5664000	143103	84822.29	6121201.16	(－)12177.71	(＋)457201.16

茶类		合约数额		已缴数额			差额	
		重量（市担）	金额（国币）	箱数	重量（市担）	金额（国币）	重量（市担）	金额（国币）
花香	祁末	20000	600000	16562	10688.46	320653.80	(－)9311.54	(－)279346.20
	宁末	2500	62500	7464	4913.22	122830.50	(＋)2413.22	(＋)60330.50
	湖末	20000	360000	528	477.01	8586.18	(－)19522.99	(－)351413.82
	闽末			4257	2644.53	43351.22	(＋)2644.53	(＋)43351.22
	小计	42500	1022500	28811	18723.22	495421.70	(－)23776.78	(－)527078.30
合计		212500	11337900	287962	171457.75	12012668.80	(－)41042.25	(＋)674768.80

附件二　本会办理二十八年度茶叶对俄易货新约谈判经过节略

查本会去年办理对俄茶叶易货合约经已履行圆满，所交茶叶价值亦已超出原定之数。至本年对俄茶叶易货新约，前奉钧座手谕，属积极进行。当即令香港富华公司就近与俄方谈判。兹据该公司报告，自二月六日与该会作初次谈判，至今业已数次，双方意见颇有出入。在此新约未签之前，为特将我方与俄方意见互异之点，先行扼要呈报于后，以供钧座参考。

（一）数量问题。俄方二月七日来函（附件一）与俄方二月十日复函（附件二）相差数量甚大（附件三）。综合不同之点，有如下述：

（甲）我国产量较小。本年因战事关系，运输不便或不易运到，香港之茶全部几为英美市场所需要，且可直接换得外汇者。俄方要求数量远过我方所能供给之数，其中包括皖赣之祁宁红茶，两湖之湘宜红茶、安徽之珍眉、贡熙等绿茶，我方正在竭力设法增加今年产量。然军事局面瞬息万变，究竟以绝大代价能运出多少，殊不可必（知）。故不得不审慎将事。我方所持理由为，我方事实上不能供给之数，俄方不能强我办到。惟到港数量若增至所拟一倍以上，则我方可加添供给之数量。俄方在合约内愿加"人力所不可抗"一条，以作我方因战局变化、交通阻碍而致茶叶不能出口时之保障。然就以往与俄方交易之经验观之，此条形同虚设。例如茶末、湖红两项，我方已以到港之货全部交俄，而俄方仍不顾粤汉路断之事实，一味催交。故我方主张本年所订新约中，应规定无论合约数量为若干，仅能以到港半数与之。假定祁红合约数为一万担，到港数仅为八千担，则我方仅能与之四千担，而以其余四千担供应欧美。俄方主张应先将约中订定之数全部交足，如有剩余，方能销售欧美市场。我方认为此点无异自闭苏联以外国际市场之销路，尤足以引起英美等国误认我国厚苏联而薄英美之反感，故有坚持原来主张之必要。

（乙）我国沿海各省产茶数量较多，交通比较便利，到港亦较有把握，而外销比较清淡者。此种茶叶我方愿多供给，而俄方反需要不多，其中包括江西之河口红茶，浙江之温州红茶、平水绿茶等，我方既不能强俄方接受不需要之货品，故于此点并无坚持之意。盖我方若能坚持甲项主张，则俄方为求达到二十八年度交足价值美金六百万元之茶叶，势非多受此种茶叶充数不可也。

（二）交货时间问题。俄方要求自七月起，每月装船七万箱，我方则以各路茶叶到港时期不能尽同，应予笼统规定。就估计所得，温、甬两处地近海口，到港较早，大概五月底时温红可以到港；六月间闽红可以到港；平水、屯溪两路绿茶七月间可以到港；其它各路茶叶则因产区远在内地，到港时期不能肯定。例如去年一部湘红，因战事关系，最初运至桂林，现又转运金华，至今尚未到港。且每月规定一定装船数量，事实上尤其不能办到。盖如此，内地茶商必将粗制滥造，以应需求，而蹈过去数十年来华茶叶品质日益低落之覆辙。甚且利用本会交茶迫切之弱点，故意抬高价格，任意要胁他方面。俄人时时催促，我将陷于应付为穷之困难。因此之故，我方主张交货时期应有伸缩性规定：温红自六月自（至）十月；闽红自六月至十一月；其它红茶自七月至十一月；绿茶自七月至十二月为交货时期，并望俄方每次于装船之前二星期，先行通知拟装之数，以免临时匆促。此点在我方极关重要，而必须力争者。

（三）等级问题。去年各种红绿茶叶，最多仅分五级，最少仅有一级。每级价格相差有多至七十元者。因此双方详定等级之时，往往争至面红耳赤。是以我方主张，本年应予每等之下复分五级（附件二），使每级差价最大仅二十元，最小仅五元，如此则盈亏差额减少，自然容易谈洽。俄方则要求原来分级，其理由谓：去年五级尚多争论，本年分级愈多，更不容易洽评。对于此点，拟双方预定标准茶，将来每等、每级各有标准，可资依据，评定时自少摩擦也。

（四）定价问题。俄方主张在渝谈判，我方则以茶叶市场在港而不在渝，且双方茶叶技术人员皆在香港，故主张在港谈判较便。此点不甚重要，盖即使在渝谈判时，渝方亦可以港方意见为根据也。姑无论谈判地点在港、在渝，揆诸去年易货所定茶价，系照过去三年平均市价酌加运输、保险等费，我方吃亏不少。本年运输成本增高，故茶价至少亦应照去年市价增加百分之二十，方不致过于亏蚀。

就上述各点而论，并据一年来本会所得经验，深以为茶叶对俄易货新约之谈判，我方似有采取下列政策之必要：

（一）本年茶叶产量如战局稳定，预计必可较去年增加。除对俄易货外，对英亦在谈判中。此外，销与出口商及其它国家，尚可直接换取外汇。故销路既殷，我方为求兼顾原有国际市场计，似宜坚持以到港半数交与俄方之主张为最低让步，俾以其它半数作为对英易货及换取外汇之用。

（二）以货易货虽含有政治意义，要不失为商业行为。故在商业上谈判，双方容有不同意见，似不至影响两国国交。

（三）就过去本会办理易货经验，我方每次坚持合理主张，俄方事后往往自觉理亏而愿放弃其原来要求。此次我方主张甚为合理，深信再经数度推诚商议，必可使俄方谅解。

本会为顾全两国感情，并奉行最高当局既定国策，在可能范围内自当稍予让步。若但求无事，一味迁就，则国库损失恐将不赀，想亦非钧部属令本会办理对俄易货之本意也。现本会仍与协助会继续谈判中，谨先将初步商议经过先行呈报如上，一俟新约缔结，自当再行报告也。

附：俄方二月七日来函一份；

我方二月十一日复函一份。

〔《矿业管理》（1939 年 3 月 2 日至 1946 年 4 月 5 日）：1131/1032.01－08/250/001113100A008〕

翁文灏电呈资委会经办第一年对苏矿产交货合同草案

（1939 年 3 月 13 日）

军事委员会委员长蒋钧鉴：密。前奉钧座三月鱼侍秘渝代电，并抄发俄大使备忘录译文一份，经即转饬资源委员会遵照办理在案。兹据该会呈复称，查备忘录中关于本会经办购运矿产部分计有五点，兹谨分别陈述如次：（一）应交矿产之总值。自一九三八年十月三十一日起至一九三九年十月三十日止，我方应行偿还借款总数既已增为美金一千三百八十八万四千八百元，本会应交矿产自应比例增加。前奉院长核定，运苏偿还借款货物，矿产、土产各占半数，是则应供矿产须增为六百九十四万二千四百元，每月矿产数量亦当比例酌增。（二）纯锡交货迟缓原因。我国产锡集中滇、桂两省，滇省产锡系归该省统制，虽经叠次商洽，暂时尚难购得。桂锡本会于上年八月间即向广西出入口贸易处订购，适以粤南事变发生，运输改道，卡车缺乏，因之交货遂致稍迟。但十二月、一月两月，经呈奉院长核准，将预购运美纯锡二百五十吨运苏应急。前订桂锡，最近业已陆续运抵海防，不久即可分批运苏。现在桂省矿产已呈准由本会设处管理，将来锡之供给，自可逐渐增加。（三）交货合同之签定。一九三九年交货合同，业经本会与苏方代表——出口贸易协会，根据以往商定原则及我方应供矿产数量，拟订草案。该项草案，苏方业已同意。兹连同中文译本一并附呈，谨祈转呈委座核定，以便早日签定。（四）货价及运输等费之标准。货物及运输价目均以伦敦市价及国际通例为准，交货合同内亦经加以规定。（五）货物之验收地点。本会运苏货物系在香港、海防或其它出口地点装船。如由第三国船舶装运，则运至波赛①，即由苏联办事机关 Albion 公司接收。如由苏船装运，则运至苏联口岸验收。正式验收地点应为苏联口岸或其它双方同意之口岸，此点亦经在此项交货合同内明白规定。奉令前因，理合检具本会与苏方拟定合同草案与中文译本各二份，呈请鉴核，以一份转呈并乞示遵，实为公便等情。并呈附件到部。据此，理合检具该会与苏方所

---

① 即埃及塞得港。

拟合同草案及中文译本各一份，具文转呈，仰祈鉴赐核定示遵，实为公便。经济部部长翁文灏叩。元秘印。附呈合同草案及中文译本各一份。

附 资源委员会、苏联出口贸易协会交货合同草案译本

中华民国经济部资源委员会（以下简称甲方）与苏联出口贸易协会（以下简称乙方）兹订立交货合同，议定条款如下：

（一）甲方依照中苏第一、二两次信用借款协定之规定，将中国出产之矿产品售与乙方。

（二）除一九三八年十一月至一九三九年一月间已供给之矿产品外，甲方应于一九三九年二月至十月三十日之期间内，将下列矿产品运至苏联边境——黑海之奥特赛①（Odessa）埠（或经双方同意之其它口岸）交乙方接收：

钨砂：贰千吨

锑：叁千吨

锡：贰千吨

上开数量如因特殊情形无法如数交足时，得经双方同意酌量变更之。

（三）甲方所供给之矿产品应合下开标准：

钨砂：至少含钨养百分之六十五；

纯锑：九九或九八；

生锑：百分之七十；

锑养：百分之九六；

锡：九九或九八（每批九八锡之提交，须经双方同意）。

（四）每次货物运抵苏联口岸时，均须依照甲方所提出之化验单，分别就数量与品质加以检验后，然后接收。如矿产之品质验（收）较劣时，其价格应照减。

（五）乙方于提交之货验收以后，应将数量及品质详情向甲方提出

---

① 即敖德萨。

证明，此项证明应于每批货物到达苏联口岸两星期内行之。

（六）提交之矿产品价格，应由双方按照提单签发日之伦敦市价计算之。

（七）在启运口岸装船时之货价，系将伦敦市价内除去运费、保险费、转运费及其它有关运输之正当用费。该项费用应按现行国际通用率为准。

（八）根据本合同第六条所定之价格，应依提单签发日之汇率折成美金。

（九）货物运输各项费用由甲方垫付，但归乙方负担。

（十）甲方于一九三九年二月至十月三十日所提交之矿产品，连同一九三八年十一月至一九三九年一月所提交者，其总值约数应达美金六百九十四万二千四百〔元〕，此约数包括矿产品之货价及一切运输用费在内。

（十一）矿产品在一九三九年十月三十一日以后到达苏联边境——Odessa 埠（或经双方同意之其它口岸）者，不在本合同范围以内。

（十二）在每次货物运出以后，甲方应将一切重要运输文件副本交付乙方，并将所值美金约数通知乙方。

拟复：大体尚属可行。关于合同草案，希密呈孔院长核准施行可也。

批示：如拟。

〔《矿业管理》（1939 年 3 月 2 日至 1946 年 4 月 5 日）：1131/1032.01－08/250/001113100A008〕

蒋中正为对苏交货合同草案致翁文灏代电

（1939 年 3 月 18 日）

经济部翁部长勋鉴：三月元秘代电暨附件均悉。查所拟合同草案，大体尚属可行，希密呈孔院长核准施行可也。中〇。巧侍秘渝。附发还合同草案一份（西文原件发还，译文本存查）。

〔《矿业管理（八）》（1939 年 3 月 2 日至 1946 年 4 月 5 日）：1131/1032.01－08/250/001113100A008〕

孔祥熙电呈办理对苏交货合同及农矿产交货情形

（1939 年 4 月 10 日）

J 军事委员会委员长蒋钧鉴：极密。鱼侍秘渝代电暨附抄俄大使备忘录译文均奉悉。查贸易委员会、资源委员会对俄交货事宜，本部以关系对外信誉，随时严密督饬。除偶因交通阻碍无法运交者外，其余应交之货，均系如约办理。兹谨将俄大使备忘录商请各点及我方办理情形分别呈复如次：（一）本期（上年十月三十一日至本年十一月一日）应付俄方之款，除第一批借款本息美金一千一百五十万元，已饬贸易委员会、资源委员会分别供给农矿产各半数抵付，并于上月以江代电报请鉴核外，此次按照俄方备忘录，尚应补偿上项借款前年一月三十一日至去年十一月一日利息美金一百五十万元暨第二批借款本年度到期利息美金八十八万四千八百元。两项共应增付美金二百三十八万四千八百元之数。业饬贸易委员会、资源委员会分别供给农矿产各值美金一百一十九万二千四百元，以资抵付。其种类数量，即由各该机关径与俄方洽定。惟查我国对俄借款，双方均系分批交货，所有利息自应随时照本计算，方符实际。俄大使备忘录所载息额，系照常年整付方法伸算，似不能代表我方应付确数。拟恳准由贸委会、资委会暂照上述数额筹拨土产，一面由钧座电饬莫斯科杨大使①交涉，就原借款合约或用换文方式，将利息计算方法补充说明。在此项办法未洽定前已经交付土产数额，将来并应照补充方法分别补找结算，以期确实公允。（二）俄大使谓后数年应付之数比本期为大，且以后交货困难较多，请将去年十月三十一日以前我方所交之货作为一九四二年付款一节，查借款分期支付，原经规定，自未便听其要求，将期前所交之货，作为第四期付款计算。惟为顾全友谊起见，经饬贸易委员会与俄方商洽，作为今年（一九三九）至明年（一九四〇）第二期付款扣算。资源委员会期前所交之货，亦拟照此办理。（三）贸易委员会交俄农产以茶叶为大宗。据该会副主任委员邹秉文最近报部，截至本年一月二十九日止，已交俄红、绿茶共值国币一千二百余万元（代垫印花、

---

① 杨杰，1938 年 5 月至 1940 年 4 月任驻苏联大使。

水脚等约一百二十万元尚不在内），实已超出约定价值六十七万余元。惟约定砖茶二百九十余万元，因羊楼峒等地适于制茶季节化为战区，无法如期交货。计对俄约定茶品二万六千余吨中，茶砖即占一万一千余吨。原备忘录所称交茶数量不足等语，大部分实系受砖茶未交之影响。该会所订合同，虽经迭次声明，倘遇意外障碍，不负完全责任。惟本部鉴于对俄睦谊及信誉之重要，业经迭饬贸委会另于后方觅地制砖，陆续交货。据报已派员会同俄代表赴灌县及雅安调查，并正与中国茶叶公司商洽办理。至于其它应交之货：（子）羊毛。截至二月二十四日止，已交足四万一千五百担，尚有二千余担分存甘州、兰州，准备交付，其数量已足履行俄约而有余。（丑）猪鬃、牛皮约定数额，本拟陆续运粤转港备交，嗣因广州沦为战区，致未如期到达。现已改道镇南关出口，短期内当可抵港。羊皮本可早期交足，惟因远道转运，中途受湿，所缺无多，正筹补交。（四）关于交货计价问题。前此因未奉交合同原文，未悉规定，以致稍有争执。最近合同已奉交下。俄方代表亦向贸委会提出按照中俄借款合同抵付货物，应按世界市场结算，嗣后自当依照合同办理。（五）关于上海购货问题。原经约定，我方垫款五十万元，由俄方购买我国产品，乃彼方旋即订购怡和洋行及永泰和行香烟、毛织品，贸委会以违约相询，俄方旋即道歉。现已经电沪分期付款。（六）本年（一九三九）交货合同，现正由贸委会与俄方切实商订。计上月二十四日已订羊皮合约，规定于本年三、四两月在香港、兰州两地共交羊皮五十万张。本月四日又订桐油合约，规定于本年八月底以前在香港交桐油一千五百吨。本月十四日又与俄方订约五份：规定于本年四、五两月在哈密交茯茶八万四千块；于本年九月以前在香港交川产黄丝或白丝一千担；于本年三月至九月在哈密交羊毛五万担；于本年四月至九月在哈密交驼毛三千担；于本年六月底以前在香港交黑猪鬃五百担。（七）至于俄大使备忘录建议各点：（甲）、（乙）两项，关于约定货物数额及赶运交付各节，均已照办。（丙）项请照世界市场合价，新订合约，即系如此规定。（丁）项恳饬新疆省政府豁免易货土产出口税，业经本部于本月鱼（6）日电准盛督办对于贸委会售与苏联协助会羊毛请予免纳出口税，并将已收缴税额如数退回。顷准复电，已经遵照办理。（戊）项经贸委会与俄方洽妥，本年新订交货合约，除西南各省产品规定在港交货外，西北各省产品，苏俄协助会为整理货物便利起见，自动请求改送新疆境内之哈密。故羊毛、驼毛、茯茶等项，均以哈密为交货地点。（己）项正在筹办。（庚）项请将香港存茶概交俄方，以补上年合同交货之不足。查上年关于茶品应交之数，仅砖茶一项未足，而按茶之价值，则已超过。据贸委会报称，该会自去年十一月一日起所交货值连同新订各约货值，已超过美金五百五十余万元。该会截至本年十月底止，应交农产美金六百九十余万元，尚待交付者不足美金一百五十万元之数。此后续订农产契约，需否供给一部分茶叶，当与俄方商洽办理。（八）资源委员会应交矿产，原定本年十月底筹付钨、锑、锡等项，共值美金五百七十五万元。现因补偿第一批借款息金及偿付第二批借款息金，本期内须增付美金一百一十九万余元之矿产。业经遵照分期供给所需矿产购价，并令国库随时照拨。至矿品运输迟滞，实为交通困难、工具缺乏所致。除由水陆运输联合委员会对于易货矿品予以切实协助外，并准资委会扣用贺锡一百五十吨，自购卡车五十辆，专供外运矿产之用。嗣后如无意外障碍，当能如期交货。综查上述贸委会与资委会办理农矿产交货情形，以往固已各尽最大之努力，以后亦有切实履约之准备。俄方申诉各点，或缘报告后时，或属事先过滤，或又因对于我方事实上之困难未能充分谅解。今后自当恪遵钧意，督饬依约办理。万一发生困难，亦当恳切解释，藉敦睦谊，而全债信。除另电贸易委员会并电经济部转饬资源委员会分别核洽办理具复外，理合将办理情形缕陈鉴核。兼财政部长孔祥熙。灰渝资印。

拟办：关于伸算利息一节，拟准予照办。关于电杨大使交涉利息计算办法，补充说明。拟仍请孔院长径电杨使办理。

职 陈布雷（印）呈

廿八年四月十三日

批示：如拟。

〔《矿业管理》（1939 年 3 月 2 日至 1946 年 4 月 5 日）：1131/1032.01－08/250/001113100A008〕

翁文灏电呈资委会经办第二年对苏矿产交货合同草案

（1939 年 7 月 12 日）

重庆委员长蒋钧鉴：查资源委员会经办对苏易货，其第一年——自一九三八年十月三十一日至一九三九年十月三十日之交货合同，前经于本年三月间与苏方洽订，呈奉钧座核准照签在案。现因此项合同转瞬即届满期，苏方迭次催商继续办法。兹已拟订第二年——即一九三九年十月三十一日至一九四〇年十月三十日之合同草案，共十二条。查我国本年应偿付债款总额，核计为美金一千六百零三万三千三百三十三元。按照以往所定农产、矿产各半还款办法，资委会应运矿产抵偿数额为美金八百零一万六千六百六十六元。该会拟收购钨砂五千吨、锑五千吨、锡三千吨及水银五十吨，分月交付苏方，以资偿付。至于交货及价格换算等详细手续，悉照第一年办法办理。此外并经正式规定，苏方应允绝不将我方供给之矿产品在市场出售，以杜流弊。以上各点，均经于合同草案中明文规定。此项草案业已征得苏方同意。除另呈孔院长外，理合检具该合同草案英文正本及中文译本各一份，呈送钧座。伏乞迅赐核定，以便早日签定，实为公便。职翁文灏叩。文资（印）。附呈合同正本、译文各一份。

附　　资源委员会、苏联出口贸易协会一九三九年

至一九四〇年交货合同草案译本

中华民国经济部资源委员会（以下简称甲方）与苏联出口贸易协会（以下简称乙方）兹订立一九三九年——一九四〇年交货合同。议定条款如下：

（一）甲方依照中苏第一、二两次信用借款协定之规定，将中国出产之矿产品售与乙方。

（二）在一九三九年十月三十一日至一九四〇年十月三十日之一年内，甲方应将下列矿产品交付乙方：

钨砂：五千吨

锑：五千吨

锡：三千吨

水银：五十吨

上开数量如因特殊情形无法如数交足时，得经双方同意酌量变更之。

上列矿产，甲方希望能于十二个月内全部交齐。月交钨砂约四百吨、锑约四百吨及锡二百五十吨。至于水银五十吨，则可随时一次或两次交付。但如因运输及其它关系，不能按时如数交付时，甲方得自行酌量变更之。

（三）甲方所供给之矿产品，应合下开标准：

钨砂：至少含钨养百分之六十五；

纯锑：九九或九八；

生锑：百分之七十；

锑养：百分之九六；

锡：九九或九八（每批九八锡之提交，须经双方同意）。

（四）甲方所供给之矿产品，应运至左列二埠之一，交由苏联代表机关接收：

甲、奥特赛：如货物系交苏轮载运。

乙、波赛：如货物系交第三国轮船载运。

（五）矿产品经苏联代表机关照收后，乙方应即将数量及品质详情向甲方提出证明，此项证明应于每批货物运出出口口岸六星期内行之。

（六）乙方兹代表苏联政府应允，所有甲方供给之矿产品，绝不在市场销售。

（七）提交之矿产品价格，应由双方按照提单签发日之伦敦市价计算之。

（八）在启运口岸装船时之货价，系将伦敦市价内除去运费、保险费、转运费及其它有关运输之正当费用，该项费用应按现行国际通用率为准。

（九）根据本合同第七条所定之价格，应依提单签发日之汇率折成美金。

（十）货物运输各项费用由甲方垫付，但归乙方负担。

（十一）甲方于一九三九年十月三十一日至一九四〇年十月三十日之一年内所供矿产品，其总值约数应达美金八百零一万六千六百六十六元。此约数包括矿产品之货价及一切运输用费在内。

（十二）在每次货物运出以后，甲方应将一切重要运输文件副本交付乙方，并将所值美金约数通知乙方。

拟办：拟复：所拟尚无不合，俟孔院长核示后，即照签定可也。

职　陈布雷（印）呈

二十八年七月十三日

批示：如拟。

〔《矿业管理》（1939 年 3 月 2 日至 1946 年 4 月 5 日）：1131/1032.01 - 08/250/001113100A008〕

翁文灏电呈资委会经办第三年对苏矿产交货合同
（1940 年 11 月 25 日）

委员长蒋钧鉴：查资源委员会经办对苏易货矿产，其第一、第二年度交货办法，均经资委会与苏联协会先后订立合同，呈报钧座有案。现第二年度已于本年十月三十日终了，第三年度之交货合同亟待签定。苏方代表因年度业已开始，迭来催促。兹已由资委会与苏联协会于本月二十日正式签定。计本年度内，自二十九年十月三十一日起至三十年十月三十日止，资委会应供苏方矿产品为钨四千吨、锑四千吨、锡五千吨及汞二百吨。其详细条件及办法均与上两年度大致相同。除呈报孔副院长外，理合检呈原合同抄本连同中文译本各一份，敬乞鉴核备案。职翁文灏叩。有资。附呈合同抄本译文各一份。

附　　资源委员会、苏联出口贸易协会一九四〇年
至一九四一年交货合同

中华民国经济部资源委员会（以下简称甲方）与苏联出口贸易协会（以下简称乙方）兹订立本合同。议定条款如下：

一、甲方依照中苏第一、二、三三次信用借款协定之规定，将中国出产之矿产品售与乙方。

二、在本年度内，自一九四〇年十月三十一日至一九四一年十月三十日，甲方应将下列矿产品交付乙方：

钨砂：四千吨

锑：四千吨

锡：五千吨

汞：二百吨

上开数量，如因特殊情形无法如数交足时，经双方同意，酌量变更之。

上列矿产当于十二个月内全部交齐。月交钨砂约三百五十吨、锑约三百五十吨、锡约四百吨及汞约二十吨。但如因运输及其它关系不能按时如数交付时，上项月交数量得随时自行变通之。

三、甲方所供给之矿产品应合下开标准：

钨砂：含钨养至少65%，锡至多1.5%，砷至多0.2%；

纯锑：99%或98%；

锑养：96%；

生锑：70%；

锡：99%或98%（每批98%锡之提交，须经双方同意）。

四、依照中苏信用借款协定之规定，甲方应将所供矿产品运至苏联境内之下列各地，交由苏联代表机关接收：

（1）奥特赛。

（2）海参崴。

（3）霍尔果斯。

但因鉴于实际运输之困难，乙方允于矿产品运抵猩猩峡后，即行接收。每月运抵猩猩峡交货之矿产品（包括钨砂、锡、汞）约在四百吨左右。设甲方欲于上开地点以外，另择交货地点，须先征得乙方书面之同意。

五、矿产品经苏联代表机关照收后，乙方应即将数量及品质详情向甲方提出证明。

在猩猩峡所接收之矿产，乙方仅作数量之证明，其品质须俟到达苏联领土后再行提出证明。

六、乙方兹代表苏联政府应允，所有甲方依照本合同所供之矿产品，绝不在市场销售或转让其它国家。

七、提交之矿产品价格，应由双方按照提单签发日之纽约自由市场价格计算之。

（1）钨砂：照 *The Journal of Commerce New York* 所载之纽约市价减去进口税计算。

关于成份及扣价依照下列办法办理：

甲、钨养成份。钨养成份低于 65% 时，应照下列办法扣价：

65% 以下至 60%，每度扣三辨士。

60% 以下至 55%，每度扣六辨士。

以上均照每长吨（1016 公斤）单位计算，不足一吨者要按比列推算。

乙、锡质成份。锡质成份超过 1.5%、但不超过 1.6% 时，乙方应照常接受；超过 1.6% 时，每超过 1.5% 百分之点一（0.1%），甲方让予乙方二辨士，亦照每长吨单位计算，不足一吨者按比例推算。

丙、砷质成份。甲方允照下列办法扣价：

砷质成份超过 0.2% 至 0.25% 扣三辨士。

砷质成份超过 0.25% 至 0.30% 扣六辨士。

砷质成份超过 0.30% 至 0.70% 扣九辨士。

超过 0.70% 时，每超出 0.5% 或其一部分，加扣三辨士。

以上均以每长吨单位计算。

设钨养成份低于 55% 或砷质成份高于 0.2%，乙方得拒绝收受或另订扣价办法。

（2）锑 99%：照 *The Journal of Commerce New York* 所载之纽约市价减去进口税计算。

锑 98% 照锑 99% 价，每长吨扣三十五先令计算。

锑养照锑99%价八五折计算。

生锑照纽约市价减去进口税计算。

（3）锡：

甲、锡99%。照 *The Journal of Commerce New York* 或 *American Metal Market* 所载马来锡（99.85%）之纽约市价，每长吨减二十镑计算。

乙、锡98%。照马来锡（99.85%）价每长吨减二十五镑计算。

丙、甲方所供之中国产99%及98%锡，除照上项办法扣价外，因成色关系，每长吨尚须加扣五镑。

（4）汞：照 *American Metal Market* 所载之纽约市价。

本条所指之各英币单位，均应照提单签发日 *The Journal of Commerce* 所载之纽约收盘汇率折合美金。

将来伦敦市场恢复常态后，所有矿产品价格应即以提单签发日之伦敦市价为标准。该项市价应采用 *Daily Commercial Report* 所载之收盘价。所有英币价格，并应照上述方法折成美金。

八、启运地点货价之推算，系照纽约市价减去由该地至纽约所需之运费、保险费及其它有关运输之各项正当费用。该项费用之数额以国际通用率为准。

九、所有有关运送矿产至本合同第四条所载之苏联商埠所需之一切费用，包括运费、保险费及其它杂费等，均由甲方支付，计入乙方帐内。运往猩猩峡交货之一切运输费用，由甲方负担。但由猩猩峡至苏联境内之运输由乙方自理，并由乙方自任运费。

十、甲方于本年度内，自一九四〇年十月三十一日至一九四一年十月三十日所供矿产品，其总值约数应达美金一千一百八十六万五千元。此约数包括矿产品之货价及运往本合同第四、第九条所载地点之一切用费在内。

十一、在每次货物运出以后，甲方应将一切重要运输文件副本交付乙方，并将所值美金约数通知乙方。

〔《矿业管理》（1939年3月2日至1946年4月5日）：1131/1032.01－08/250/001113100A008〕

凌冰①呈报对苏农产品易货情形

（1941 年 11 月 26 日）

查下年度（一九四一—四二）对苏农产品易货事，我方于十月三日即将贸易委员会拟交各货初步估计数量送交苏方考虑。其后经我方三次催促，始于上月廿一日与我方开始商讨。迄今交涉多次，终以双方意见相距甚远，尚无结果。兹将我方拟交各货数量、苏方要求数量以及我方所索价格等项列表于后，并将交涉经过情形呈明鉴核。

货品	我方拟交数量	苏方要求数量	我方所订价格（美金）	本年度（一九四〇—四一）合同规定价格（美金）	增加百分数
羊毛	60000 担	200000 担	交货日纽约市价	27.00 元	
桐油	5000 吨	5000 吨	交货日纽约市价	交货日香港市价	
生丝	1500 担	7000 担	交货日纽约市价	交货日纽约市价	
猪鬃	2000 担	4000 担	交货日纽约市价	280.00 元	
山羊皮	300000 张	1000000 张	交货日纽约市价	交货日香港市价	
驼毛	3000 担	6000 担	每担 70.00 元	54.00 元	29.6
山羊绒	2000 担		每担 75.00 元	64.00 元	17.3
羔皮	100000 张	400000 张	每张 0.85 元	0.70 元	21.6
哈尔皮	50000 张	100000 张	每张 1.25 元	0.95 元	31.6
茯茶	100000 块	100000 块	每块 4.00 元	3.00 元	33.3

上表所列我方拟交各货数量，系根据贸易委员会及富华公司、复兴公司等估计最大之可能供给数量。其中羊毛、生丝两项，最初贸易委员会仅允供给羊毛五万担、生丝一千担，其后因苏方之坚决要求，贸易委员会乃允将羊毛由五万担增至六万担，生丝由一千担增至一千五百担，但收购、运输均须尽极大之努力，方克有济。而苏方要求数量，不特非贸易委员会所能担负，且超过下年度还款数额百分之五十。经多次磋

① 时任行政院对外易货委员会主任秘书。

商，苏方始同意先照我方所订数量议订合约，惟一再表示保留将来要求增加羊毛及生丝数量。

关于下年度交苏各货之订价方法，我方提议：凡有世界市场价格之桐油、生丝、羊毛、猪鬃及山羊皮等货品，均以各该货品交货日纽约市价为标准。而苏方除对桐油、生丝、猪鬃及山羊皮四项表示同意外，对于羊毛价格则坚持根据目前纽约市价规定全年交货价格。按今后纽约羊毛市价，将因需要之增加而趋涨，苏方则坚持照现时市价规定全年价格，其蓄意取巧亦属显然。我方因近来国内收购、整理、包装及运输等费用激涨，目前纽约市价尚不敷成本，将蒙受重大损失。故根据过去三年来所交各种矿产品及桐油、生丝之成例，主张以交货日纽约市价作为计价根据，借以减轻国库负担，而苏方迄未同意。

又以往我方在猩猩峡所交之桐油及各种之矿产品，均以交货日纽约市价，减去由香港至纽约之运输、保险等费为计价根据。苏方忽对此次羊毛计价别出心裁，谓应由纽约市价中减去香港至纽约之运输、保险费，减去应缴美国关税税额，并减去由猩猩峡至霍尔果斯之运费，然后再加上香港至海参崴之运输、保险等费用，作为猩猩峡交货价格。我方对是项无理要求不能同意，并提议采用下列三项办法之任何一种：

一、根据交货日纽约市价，减去香港至纽约之运输、保险等费用。此项办法系依照以往桐油及矿产品在西北交货之成例。

二、根据交货日纽约市价，加纽约至苏境之运输、保险等费，再减去猩猩峡至霍尔果斯之运费。

三、根据我方实际国币成本，按法价折成美金，并曾向苏方声明，若照此项办法计算，则此次羊毛易货价格将较高，不过提出作其参考。

对于以上三项提议，苏方始终拒绝讨论。

此外，关于凡无世界市场价格之哈尔皮、羔皮等货品之订价方法，我方提议以最低成本（包括收购价格及整理、包装、运输等费用）为订价标准。目前，西北交苏之皮张成本较去年度高出一、二倍之多。今为维持两国之友谊关系起见，此次所提价格，平均仅较本年度（一九四〇—四一）所订价格高出百分之二六·六。衡以目前吾国物价高涨之情形，已属格外迁就。而苏方不表示同意，并提议凡无世界市场价格各货物之订价，应以苏方在中东各地收购价格为标准。我方以中苏借款合同中并无此项规定，且苏方在中东各地收购皮张之价格，我方亦无法调查，故未予以同意。其后，苏方复提议以世界市场皮张平均价格指数（以去年同时期之价格作基价）为订价根据。我方以中苏借款合同中无是项规定，且过去三年间我方与苏方所订之易货合约亦无此成例，表示拒绝接受。

至于桐油、生丝、山羊皮等货品，其条件内容均与上年度相同，无用再行商讨。曾屡次催促苏方先行订约，以便早日筹货交运。而苏方复坚持须先订羊毛合约后，再议订其它合同，延宕时日，藉以要挟，交涉多次，毫无结果。

又关于苏方在纽约抛售我方交苏之易货猪鬃一案。曾于九月间，富华公司接纽约寰球公司来电称，苏方在纽约抛售四川猪鬃，该地猪鬃市价因而下跌。我方遂将此事立即通知苏联驻华商务代表巴固林①君，请其调查，当时巴代表曾否认有此项事实。其后据寰球公司之报告称，有纽约猪鬃小商 Ch. Sztejin 向苏人购进重庆二十七号配箱猪鬃二百箱，其价格远较我方所订纽约 C. I. F. ② 价格为低。于是苏方在美抛售猪鬃，扰乱我市场之举，已属事实。我方接得是项报告后，即根据一九四〇年八月十二日苏联全国粮食出口协会经理克布弄君以"不转售我方交苏猪鬃与别国"之书面诺言，于本月二十二日函请巴固林君立即阻止此项非法行为，并提议若苏方必须转售我方交彼之猪鬃时，可交由我方驻纽约之贸易机关代售，以免影响纽约猪鬃市场。不料，巴代表于二十四日复称，凡彼向我采购之货品，其所有权均为彼所有，当可以自由转售他人等语，此种违背书面诺言，在纽约市场贱价抛售

---

① 时任苏联驻华商务代表，亦译为巴古林、巴库林。

② 到岸价格（cost, insurance and freight）。

我方交彼货物，损害我方利益，实难容忍，曾于廿六日正式向巴代表抗议。

总之，下年度对苏农产品之易货事，经一个余月来之交涉，终以双方意见相距甚远，毫无结果，目前交涉似呈不能继续进行之状态，究应如何办理，理合签请鉴核。谨呈

主任委员孔

职 凌冰（印）谨呈

三十年十一月廿六日

〔《中德及中苏易货（二）》（1938 年 10 月 2 日至 1945 年 9 月 22 日）：1150/5024.01－02/274/001115000A002〕

孔祥熙呈中苏易货交涉情形
（1941 年 11 月 29 日）

介兄钧鉴：

关于对苏易货事，奉命主持，年来交涉，委曲求全，煞费苦心。对于明年交货条件，双方再三商讨，尚未解决，因其对我方货品价格之计算作无理之要求。查我方一切，均依照杨大使及孙院长前所签定之购料借款合同规定履行，苏方则对我定货，托词延不运交航委会，续送货单置之未复。除由弟与苏大使面洽数次外，经饬易货委员会主任秘书凌冰与苏方驻华代表巴固林交涉。兹据呈报办理经过前来，除饬根据合同续与接洽，并电邵大使①交涉外，谨抄同报告及电稿并陈尊察。敬颂

钧绥

弟 祥熙（印）谨上

十一月廿九日

〔《中德及中苏易货（二）》（1938 年 10 月 2 日至 1945 年 9 月 22 日）：1150/5024.01－02/274/001115000A002〕

---

① 时任驻苏联大使邵力子。

卜道明转呈苏联商务代表巴古林函

（1941 年 12 月 5 日）

（事由）为准苏联商务代表巴古林及苏大使潘友新先后面告，最近为续订本年度之中苏交货合同，迭与易货委员会凌主任秘书商谈。双方意见悬殊，迄无结果。特提出苏方之愿望二项，计（一）请求增加供给羊毛数量，至少亦请维持原额十万担之数，生丝则请增至三千担；（二）请求依据借款协定，以纽约市价为标准，所有羊毛及其它农产品，均规定以全年度为期之固定价格。请予转呈请示等语。究应如何答复之处，理合附呈巴代表原函译文，报请鉴核示遵由。

窃职准苏联商务代表巴古林上月杪面致一函，并告以"中苏两国一九四零至一九四一年之交货合同早经届满，本年度之新合同亟待订定。爰就商于易货委员会凌主任秘书冰，讵双方对于本年度交货之数量及价格之规定，见解悬殊。迭经磋商，迄无结果，请予协助解决。至双方意见相差之点，已详函内"等语。职当与凌主任秘书研商，正研商间，复准苏联大使潘友新面告："苏联素以中苏友谊为重，在两国易货关系上，向未斤斤于价格之高低。如今春运华之军火价格仍旧，并未受世界市场波动之影响。现因环境需要，切盼增加羊毛及生丝之供给，而以停购茶叶为补偿。兹悉凌主任秘书对于货价及数量所持之见解，去敝国之愿望甚远，详情已由巴代表函告。本人认为凌主任秘书之意见与中苏借款协定不符，不能同意。请予转呈委座请示，俾本年度之交货合同早日订定"等语。复查巴代表来函所称苏方具体之愿望计有二项：

一、请求增加羊毛供给数量，至少维持同上年度十万担之原额，生丝数量则请增至三千担。

二、请求依据中苏借款协定，以纽约市价为标准，所有羊毛及其它农产品均规定以年度为期之固定价格。

所有巴代表及潘大使所请各节，究应如何答复之处，理合附呈巴代

表原函译文，报请鉴核示遵。谨呈

主任贺

　　转呈

委员长蒋

　　附呈巴代表原函译文一件。

军事委员会办公厅顾问处处长 卜道明（印）呈

三十年十二月五日

附　　　　　　　　　　苏联巴代表原函

径启者：查关于一九四一至一九四二年度订购货物事，因鄙人与凌主任秘书意见不同，迄未订立合同。其中意见不同之问题计有下列三项：

甲、订购矿产品及农产品之比例。

乙、农产品之价格。

丙、农产品之数量。

（一）关于矿产品之订购。苏联因现时环境关系，锡及钨之需要量较前增加，故请行政院将矿产品在全部订购品中之比例增至百分之六十（过去为百分之五十）。

（二）关于农产品之价格。按照中苏借款协定之规定，双方计算货物之价格应以世界市价为标准，且双方须在两国交界处交货。自该协定成立至今，双方均按此原则办理。惟凌主任秘书对于一九四一至四二年度羊毛、驼毛、茯茶、皮革及毛皮等物之订购，不愿遵照该项协定，而对西北各省产品索价甚高。鄙人对此项无根据之高价，自不能表示同意。如羊毛一项，凌主任秘书曾谓：羊毛一担须美金五十元。嗣后凌主任秘书自知此价过高，故予取消。惟提议不规定羊毛全年度之价格，而于每次交货时根据纽约西藏洁净羊毛之市价计算，且其计算方法系根据纽约市价减去污秽及纽约至香港之运费。如此所得之价格，凌主任秘书即认为在猩猩峡交货之羊毛最后价格。但猩猩峡距苏联边界及香港尚远，若由敝国负责将羊毛由猩猩峡运至边界，则羊毛之价格将远较纽约为高。此实与中苏借款协定之规定不符，且亦与常情有违。盖邻邦之货物以距离较近，当较诸遥远之世界市价为低廉。即就事实而论，运交猩猩峡之羊毛，如每批临时规定价格，实不可能，况纽约此货并无销路。至于其它西北各省之货物，凌主任秘书于规定价格时，每以其个人之估价为标准，而未能顾及世界市场之价格，故其所定价格亦觉过高。鄙人对于今后货价办法，拟请求依据中苏借款协定，按照往年办法情形及纽约市价，对于西北羊毛及其它农产品，规定以全年度为期之固定价格。

（三）至于农产物之数量。在本年十月间开始谈判时，于富华公司交来货单中，曾列入羊毛十万担（系苏联每年所购入者），而凌主任秘书竟将其减至六万担。兹苏联由于现时环境关系，对于羊毛需要日渐增加，并因本年度内茶叶完全停购（过去占所订货物之大部分），曾请求增加羊毛购买数量以资补偿。但凌主任秘书仍坚持六万担之原议，始终未允考虑变更。

此外，对于苏方增购生丝之请求，亦无满意之答复。至于山羊皮，于去年曾购得一千一百张，本年度仅允交三百张。

以上所列各项货物，于数量上，敝国至希维持去年原额，惟羊毛一项，则请较去年数量酌予增加。至生丝，则希以三千担为最低限额。兹一九四一至四二年付款年度已于十一月一日开始，但一切交货合同，迄未签定。故鄙人殊为焦急，用特函请赐予协助，俾本年度之交货合同早日订定为荷。

此致

批示：代电孔副院长妥速核办。

〔《中德及中苏易货（二）》（1938 年 10 月 2 日至 1945 年 9 月 22日）：1150/5024. 01 – 02/274/001115000A002〕

凌冰签报苏方交货结算概况及农产品交涉经过
（1942 年 1 月 20 日）

一、苏方交货结算概况

查中苏信用借款订立合约共计三次，第一、二两次借款总额各为美金五千万元，第三次借款总额为美金一万五千万元。关于借款合约之主要条件列表于左：

473

借款次数	第一次	第二次	第三次
金额（美金）	五千万元	五千万元	一万五千万元
利率	年利三厘	年利三厘	年利三厘
还款年限	五年	五年	十年
开始动用日期	二十六年十一月一日	二十七年七月一日	二十八年七月一日
开始还本日期	二十七年十一月一日	二十九年七月一日	三十一年七月一日
每期还本数目	一千万元	一千万元	一千五百万元
最后清还日期	三十二年十月卅一日	三十四年六月卅日	四十一年六月卅日
借款签定日期	二十七年三月一日	二十七年七月一日	二十八年六月卅日
备注	第一年只付利息，第二年开始还本	第一、二年只付利息，第三年开始还本	三十年开始偿付已用部分之利息

又查动用借款之数目有案可稽者计七批，合美金一二二，五三一，七四九元。即第一、二两次借款之数目已全数动用，第三次借款已动用者为美金二二，五三一，七四九元。兹将各批之数目列表于左：

批　数	动用日期	价值（美金）
第一批	二十七年三月五日至六月十日	30321164 元
第二批	二十七年三月十五日至六月廿日	8379293 元
第三批	二十七年三月廿五日至六月廿七日	9856979 元
第四批	二十七年七月五日至九月廿八日	29601215 元
第五批	二十八年六月廿五日至九月一日	21841349 元
第六批	二十八年六月廿五日至九月一日	18622024 元
第七批	二十八年十月一日至十二月一日	3909725 元
共　计		122531749 元

经核，以上七批货品清单内有细数与总数不符者；费用帐目未附细单者；而第五、六两批仅有总数，并无货品清单、证件不全，审核困难。惟各该清单，均经杨前大使签证，证明货品接收完毕，并证明此项货品价格之计算系属正确。嗣为明了动用借款之确数起见，曾电请邵大使将杨前大使任内办理接收七批货品之案件抄送一份，以凭查核；并自第七批以后苏方续交各货品尚有若干，亦请查复在案。同时又向各请购机关调查请购及接收各货品之名称、数量及价格。但据开来各单，未载明价格。至于货品之名称及数量，核

与七批货品清单所载者又不相符合。故动用借款之总额，究竟若干，
须俟调查完竣后，方能审定。

二、我方三年来还款状况

兹姑按七批货品清单所载之数目，及借款合约之规定，将我方自廿
七年十一月一日至三十一年十月三十一日应还债款本息之数目，列表如
左：

还款年度	还款日期	应还本银（美金）	应付利息（美金）	本息共计（美金）
第一年	廿七年十一月一日至二十八年十月卅一日	10000000.00	3132216.06	13132216.06
第二年	廿八年十一月一日至廿九年十月卅一日	13333333.33	2700000.00	16033333.33
第三年	廿九年十一月一日至三十年十月三十一日	20000000.00	3735240.75	23735240.75
第四年	卅年十一月一日至卅一年十月卅一日	20750000.00	2375952.47	23125952.47
共计		64083333.33	11943409.28	76026742.61

依照政府规定，每年应还债款之本息以农矿产品各担负半数。兹将
自廿七年十一月一日至三十年十月三十一日，计三还款年度偿还本息之
情形列表于左：

还款年度	农产品摊还之数额（美金）	矿产品摊还之数额（美金）	合计（美金）	备注
第一年	7512994.05*	7586695.46	15100689.51	矿产品之数额内有 2697662.89 元苏方尚未签证者。
第二年	8537762.03	8000573.50	16538335.53	矿产之数额内有 3883541.93 元，系在廿七年十月卅一日以前运交苏方。
第三年	11116850.14	286569.42	11403419.56	农产品之数额内有 2552813.87 元，系在廿七年十月卅一日前运交苏方。又 5445238.69 元尚待结算矿产品之数目，苏方尚未签证。
共计	27168606.22	15873838.38	43042444.60	

* 原文如此。似应为 7513994.05。

查第三年矿产品已运交苏方尚未结算者，计有钨砂五千五百九十八吨、锑八百四十五吨、锡三千二百三十八吨又五十九公斤、水银一百十吨。该矿产品之价值因所含成份不同，价格亦异，须俟分析后方能结价。但自廿七年十一月一日至三十年十月三十一日，计三还款年度应还债款本息之总额，共计美金五二，九〇〇，七九〇·一四元，而我方所交苏方农矿产品之价值已结算者，共计美金四三，〇四二，四四四·六〇元；未结算者计上述钨砂、锑、锡及水银等，足可抵偿应还之数额。

三、本年度交苏农产品交涉经过

关于第四还款年度（三十年十一月一日至三十一年十月三十一日），根据已动用第三次借款计美金二二，五三一，七四九元计算，应还债款本息计美金二三，一二五，九五二·四七元。农产品应摊半数，计美金一一，五六二，九七六·二三五元。至于筹交办法，业于去年十月下旬即开始与苏方交涉，经数月之磋商，迄今毫无结果。查其症结所在，即为订价问题。按最初我方提议，交苏各农产品中，凡有世界市场价格之羊毛、桐油、生丝、猪鬃及山羊皮等产品，均以各该产品交货日之纽约市价为标准；其无世界市场价格之山羊绒、驼毛、各种皮张及茯茶等产品，则依据以往惯例，以我方估计之最低成本作价。上项订价办法，既符合中苏信用借款合同之规定，且有以往惯例可依据，而苏方始终拒绝接受。其后复借口美日战起，纽约市价不可靠，提议本年所有交苏农产品，包括羊毛、桐油、生丝、猪鬃、山羊皮在内，均规定一全年固定价格。遂正式用书面提出各货价格，并声称所提价格系为最高价，不能再行增加，强迫我方无条件接受。我方当与苏方力争，同时商请贸易委员会所属各公司再度慎重考虑，并力求迁就。结果苏方仍坚持成见，不肯稍予增加。今依苏方给价与我方最低成本比较，本年度交苏农产品，除桐油外，合计将亏损美金一，九四〇，一七五元。兹列交苏各农产品依苏方所提价格，我方损失估计表于后：

货品	数量	苏方给价 （美金）	我方估计最低成本 （美金）	按成本亏损 （美金）*
羊毛	60000 担	每担 32.40 元	（注一）50.00 元	1056000 元
生丝	1500 担	每担 400.00 元	600.00 元	300000 元
猪鬃	2000 担	每担 333.33 元	466.66 元	266666 元
山羊皮	（注二）3947 担	每担 45.00 元	92.00 元	185509 元
茯茶	100000 块	每块 3.30 元	4.00 元	70000 元
驼毛	30000 担	每担 58.00 元	70.00 元	34800 元
哈尔皮	50000 张	每张 1.05 元	1.25 元	10000 元
山羊绒	2000 担	每担 70.40 元	75.00 元	9200 元
羔皮	100000 张	每张 0.77 元	0.85 元	8000 元
合计				1940178 元

注一：此系根据两月以前市价估计，按现在行情当较此价格为高。

注二：每担平均七十六张，三，九四七担计合三十万张。

* 各项之和与合计不符。原文如此。

　　贸易委员会所属各公司以苏方所提价格距最低成本太远，国库负担过巨，万难同意，曾于去年十二月三十日呈请钧座鉴核示遵。奉批："如照此办，国库赔累太巨，可告苏方照所提价格无法收买。"云云。遂即转告苏方。并奉批准向苏方提议：本年度所有交苏农产品，暂时不规定价格。由我方代为收购、储运，将来按照实际收购、储运及杂缴之国币费用，加百分之五之手续费结算。然后按照平准基金委员会公布之国币对美金汇率，折合美金。不料苏方复严词拒绝。考虑交涉已成僵局，今为维持中苏两国友谊起见，不惜委曲求全，拟将苏方所提价格与我方最低成本相差不过远之产品，如山羊绒、皮张等产品，照苏方所提价格如数筹交苏方；其价格相差过远之产品，如羊毛、驼毛、生丝等，则按照苏方所提价格，以现金抵偿；桐油仍以交货日纽约市价为标准；猪鬃则以现时纽约市价定一固定价格。此项刍议，已奉钧座面谕照办。现正准备正式向苏方提出磋商。此交涉经过之大概情形也。谨呈

主任委员孔

职 凌冰呈

三十一年一月二十日

〔《中德及中苏易货（二）》（1938 年 10 月 2 日至 1945 年 9 月 22 日）：1150/5024.01－02/274/001115000A002〕

翁文灏电呈资委会经办第四年对苏矿产交货合同

（1942 年 2 月 2 日）

委员长蒋钧鉴：查资源委员会经办对苏易货矿产，其第一、二、三年度交货办法，均经资委会与苏联协会先后订立合同，呈报钧座有案。现第四年度已于上年十月三十一日开始。新交货合同经于苏方多次磋商，最近始全部确定。除定价方面已照我国与美国所订较高价格改定外，其余条款与上年合同大致相同，已由资委会与苏联协会于本年一月二十八日正式签定。计本年度内，自三十年十月三十一日起至三十一年十月三十日止，资委会应交苏方矿产品，约为钨砂四千吨、锑二千吨、锡三千五百吨及汞二百吨。除呈报孔副院长外，理合抄呈原合同及中文译本各一份，敬乞鉴核备案。职翁文灏叩。冬资机。附呈合同抄本译文各一份。

附　　　**经济部资源委员会、苏联出口贸易协会**

一九四一年至一九四二年交货合同

中华民国经济部资源委员会（以下简称甲方）与苏联出口贸易协会（以下简称乙方）兹订立本合同。议定条款如下：

一、根据中苏第一、二、三次信用借款协定及本合同之规定，甲方同意将中国出产之矿产品交付乙方，乙方同意接收之。

二、在本年度内，自一九四一年十月三十一日至一九四二年十月三十日止，甲方应交乙方下列数量之矿产品：

钨砂：四千吨

锑：二千吨

锡：三千五百吨

汞：二百吨

上开数量，如因特殊情形无法如数交足时，得经双方同意酌量变更之。

上列矿产当于十二个月内全部交齐。月交钨砂约三百四十吨、锑约一百七十吨、锡约二百九十吨及汞约二十吨。但如因运输及其它关系不能按时如数交付时，上项月交数量得随时自行变通之。

三、甲方所供给之矿产品，其成份应合下开标准：

钨砂：含钨养至少65%，锡至多1.5%，砒至多0.2%。

纯锑：99%或98%。

锑养：96%。

锡：99%或98%（每批98%锡或不足98%锡之提交，须经双方同意）。

四、所有交货矿产品由甲方经海道或中国西北部运交乙方。由海道运送之矿产品，乙方同意在下列地点接收之：

（1）海参崴。

（2）波斯湾内之港埠。

（3）其它双方同意之港埠。

由中国西北运送之矿产品，乙方同意在猩猩峡接收之。

五、在波斯湾港埠及猩猩峡接收之矿产品，乙方应即将所接收之矿产品数量书面通知甲方，其产品品质则俟矿产品到达苏联境内后，再行尽速通知。

在海参崴接收之矿产品，乙方应将数量及品质两项，尽速以书面通知甲方。

六、甲方依照本合同所交付之矿产品，乙方当全部留在国内自用，绝不在任何市场出售或转让其它国家。

七、所有交货矿产品之价格，由双方根据下列标准确定之。如采用市价时，应以提单签发之日之市场价格为准。倘该日适无市价，则以前一日之市价为准。

（1）钨砂：照每短吨单位美金二十一元之价格减去美国进口税计算。

关于成份及扣价，依照下列办法办理：

甲、钨养成份：钨养成份低于65%时，应照下列办法扣价：

65%以下至60%，每度扣三辨士。

60%以下至55%，每度扣六辨士。

以上均照净干重每长吨（2240 磅）钨养单位计算，不足一吨者要按比列推算。

乙、锡质成份：锡质成份超过 1.5%，但不超过 1.6% 时，乙方应照常接受；超过 1.6% 时，每超过 1.5% 百分之点一（0.1%），甲方让予乙方二辨士，亦照净干重每长吨钨养单位计算，不足一吨者按比列推算。

丙、砒质成份：甲方允照下列办法扣价：

砒质成份超过 0.2% 至 0.25,% 扣三辨士。

砒质成份超过 0.25% 至 0.30%，扣六辨士。

砒质成份超过 0.30% 至 0.70%，扣九辨士。

以上均照净干重每长吨钨养单位计算。

超过 0.70% 时，每超出 0.5% 或其一部分，每长吨钨养单位加扣三辨士。

设钨养成份低于 55%，或砒质成份高于 0.2% 时，乙方得拒绝收受或另订扣价办法。

（2）锑 99%：照纽约 *American Metal Market* 所载中国锑 99% 之市价减去进口税计算。

锑 98%：照锑 99% 价，每长吨扣三十五先令计算。

锑养：照锑 99% 价八五折计算。

（3）锡：

甲、99.80% 或 99.80% 以上者，照每磅美金 0.52 元计算。

乙、99.75% 至 99.79%，照每磅美金 0.51625 元计算。

丙、99% 及 99.74%，照每磅美金 0.51125 元计算。

丁、99% 以下者，照含锡每磅美金 0.51 元计算。

（4）汞：照纽约 *The Journal of Commerce* 所载汞之市价计算。

本条所指之各英币单位，均应照提单签发日 *The Journal of Commerce* 所载之纽约收盘汇率，折成美金。

八、矿品之起运地点价格，系由照纽约市价或第七条所规定之固定价格，减去由该地至纽约之运费、保险费及其它有关运输之各项正当费用计算。此项费用之数额以国际通用率为准。

九、所有矿产品由海道运至第四条所列之港埠之一切费用，包括运费、保险费及其它杂费等，均由甲方支付，计入乙方帐内。由中国西北运往猩猩峡交货之一切运输费用，由甲方负担。但由猩猩峡至苏联境内之运输由乙方自理，并由乙方自任运费。

十、甲方于本年度内，自一九四一年十月三十一日至一九四二年十月三十日所交矿产品之总值约数，应达美金壹仟壹佰伍拾陆万贰仟玖佰柒拾六元，此约数包括矿产品之货价及运往本合同第四、第九条所载地点之各项有关费用在内。

十一、在每次货物运出以后，甲方应将各有关文件（提单、化验单、磅码单等）每种检送两份，送交乙方，并将该批所值美金约数通知乙方。

〔《矿业管理》（1939 年 3 月 2 日至 1946 年 4 月 5 日）：1131/1032.01 – 08/250/001113100A008〕

孔祥熙电呈与苏俄易货洽定办法
（1942 年 2 月 21 日）

蒋委员长钧鉴：密。关于对苏偿债农产品价格事，前转陈易委会呈报交涉困难情形。奉代电改由贸委会洽办，以为转圜，自应遵办。惟据贸委会呈复，素未接头，无法交涉，恐转增困难。经由弟约晤苏俄大使商务参赞商谈，将彼方不合理之处阐明，指示渠允考虑。兹据其函送对案：对于生丝、猪鬃先行订约、交货，价格、运费等，俟调查详情，再行换文。规定桐油价格照交货时以前二月中纽约市价平均数计算。羊毛一项，照苏方所提价格，我方如实难收购，可由我方以现款偿付。查核所称，较诸过去我方提供意见相差虽巨，然尚合理。除复允并饬易委会依照洽订合约外，谨陈尊察。弟祥熙叩。马机渝。

〔《中德及中苏易货（二）》（1938 年 10 月 2 日至 1945 年 9 月 22 日）：1150/5024.01 – 02/274/001115000A002〕

翁文灏呈报代英供给苏联每月五百吨锡事宜
（1942 年 4 月 9 日）

委员长蒋钧鉴：上月三十日接外交部电告，以据驻美胡大使电称：据美国外交部密告，苏联要求英、美供给锡一万八千吨，惟英、美只能供给一万二千吨，其余六千吨拟告苏联要求我国供给等语。当以我国本年锡品预计产量，业经支配分供美、苏两国偿债。且以目前对外运输至为困难，原定应偿苏联数量能否全部运出，尚待积极促进。欲再大量增加数量，甚为不易。故苏方此项需要，我方事实上难以供给。经函复外交部去后，旋接该部四月七日代电，以驻苏邵大使电称：据英驻苏使馆参事来告，英国原与苏联协定，每月供给锡一千五百吨，现因马来陷落，已向苏联提出减为每月一千吨。其所减少之五百吨，拟与我国协商代为供给，并建议我国以交美锡品移偿苏方等语。窃以以交美之锡移偿苏联，原则上固无不可，惟目前国际交通路线尚在筹划之中，将来矿品出口，即使对苏交货可以畅通，似亦须俟苏、美两国径行洽妥后，由美方通知我方本年锡品可以缓交或少交，我方始能照办，以免妨碍对美债信。除已将此意电复外交部外，理合将前后经过，备文陈报，仰祈鉴核。职翁文灏（印）叩。佳资机。

〔《矿业管理（七）》（1941 年 10 月 8 日至 1942 年 4 月 19 日）：1131/1032.01 - 07/249/001113100A007〕

蒋中正为代英供给苏联锡矿事宜致外交部代电
（1942 年 4 月 19 日）

外交部傅、钱①两次长均鉴：据经济部翁部长报告，以先后接外交部电告，英、美要求我国供给苏联锡品等由。查目前国际交通路线尚在筹划之中，我国本年产锡又已分供美、苏，并无余量，即以交美锡品移交苏方，尚须俟将来对苏交货可以畅通，并须苏、美洽妥后，由美通知我方，始能照办。已将此意电复外交部，谨报请鉴核等情前来。查苏方

---

① 时任外交部政务次长傅秉常及时任外交部常务次长钱泰。

需要锡品，如能设法使苏方以油料供给我国，或允我通用土西铁路，则我亦可尽先供苏以锡品也。除电复翁部长外，特电知照，希参考运用为要。中〇。卯皓侍秘。

〔《矿业管理（七）》（1941 年 10 月 8 日至 1942 年 4 月 19 日）：1131/
1032. 01 - 07/249/001113100A007〕

蒋中正为代英供给苏联锡矿事宜致翁文灏代电
（1942 年 4 月 19 日）

经济部资源委员会翁主任委员勋鉴：佳资机代电悉。为能设法使俄以油料供给我国，或允我通用土西铁路，则我应尽先供俄以锡也。希本此意向有关机关密为接洽进行为要。中〇。卯皓侍秘。

〔《矿业管理（七）》（1941 年 10 月 8 日至 1942 年 4 月 19 日）：1131/
1032. 01 - 07/249/001113100A007〕

翁文灏呈报与苏联另定西北交货价格事宜
（1942 年 8 月 22 日）

查西北运交苏联矿产品，经与苏方洽定，仍在猩猩峡交货。惟矿品运往西北，运费甚巨，成本增加。以前西南海运出口时所交矿品，均按纽约市价减去出口地点至纽约一段运费、保险费及杂费，作为出口地点之交货价。现改由西北出口后，如仍采用此项办法，则亏损太巨，故拟向苏联磋商，另定西北交货价格，以纽约市价再加兰州至猩猩峡一段运费，作为猩猩峡交货价。此段运费之计算标准，苏方以由苏运华物资均由苏方代运至猩猩峡或其它地点，自中苏边境至上述地点之运费，系照每吨公里美金一角向我方扣算，因此要请我方运苏物品兰州猩猩峡间运费，亦照每吨公里美金一角之标准向彼计算。查苏方运华物资既照此标准计算，我方运苏物资似亦不宜另作过高之要求。且双方照同一标准办理，原则上既属公允，事实上因苏方代我运输距离较长（自中苏边境之霍尔果斯至猩猩峡为一，五五三公里，而兰州至猩猩峡仅一，一七一公里）、物资较多（本年苏方运华物资为交通部之油料二千六百五十吨、

483

资委会之油料一千八百吨，共四千四百五十吨。我方运苏物资现确定者，仅为矿产品二千一百六十吨、农产品约八百吨，共约三千吨左右)，照此低价计算运费，对我实属有利。反之，如我方要求高价算运费，苏方亦可要求同率增加，则我方吃亏甚巨。至矿产品价格方面，如苏方同意以纽约市价作为西北交货之价，则于我亦属优惠。兹经与苏方商定，运费各照每吨公里美金一角入帐。事关对外易货给价办法，除呈报孔副院长外，理合将办理情形，备文陈报，敬祈鉴核。谨呈

委员长蒋

职 翁文灏（印）

三十一年八月二十二日

〔《矿业管理（八）》（1939 年 3 月 2 日至 1946 年 4 月 5 日）：1131/1032.01－08/250/001113100A008〕

孔祥熙呈对苏易货交付详情
（1942 年 10 月 17 日）

介兄委座钧鉴：

敬陈者：苏大使最近来谒，商谈对苏易货交付情形。昨经约略面陈，谅荷察及。兹再将详情奉陈如下：

查对苏易货可分为矿产品、农产品两部分。矿产品方面，则以均系政府统制，价值高贵，搜购运输均较便利，当不致有何困难。农产品方面，则以数额巨大，须向农商搜购，情形稍有不同，且体质笨重，运输、收集，均费时日。价格方面，我虽尽力核减，苏方仍认太高。查我方所定价格，系按最低限度之成本及运输费用而定。在兼恤农商情形之下，实已无可再减，绝无故意抬价情事。在此战时物价高昂及运输困难费巨之时，苏方应亦明了。至于交货太少，查本年度我方应交苏方农产品为数极巨。复兴公司承办方面，如羊毛、驼毛、猪鬃、皮张各项，当可如约交足。其它中茶公司承办茶叶方面，我方早已开价，苏方表示不需，迄未成约。最近苏方要求供给茶砖，亦以价格问题尚未解决。以上情形，弟已按照实际状况，向苏大使切实说明，希望渠能了解。查中苏

易货交涉，我方主办人员顾念国家利益，体恤商艰，始终委曲求全。而苏方每以价格太高，不允接受，提出异议，往复交涉，几成僵局。弟以顾念盟邦交谊，迭事转圜。易货委员会主任秘书凌冰屡感办事困难，迭请辞职，均经慰留。此次苏大使回国述职，欲知明年度能交农产品情形，弟已饬知主管，切实估计。据复，明年度应偿苏债总额，计美金贰千肆百万元。按照矿、农各半分担，农产方面预计可交羊毛、猪鬃、皮张等约值美金七百二十万元，茶砖约值美金四百六十四万元，两共美金一千一百八十四万元，差符规定农产应偿之数。益为免除日后麻烦，运费声明按照实际开支增减。除已详函苏大使，申诉我方尽力协助，以应盟邦需要外，知关廑注，特以奉陈，即祈垂察是祷。敬颂

钧绥

弟 祥熙谨启

十月十七日

〔《中德及中苏易货（二）》（1938 年 10 月 2 日至 1945 年 9 月 22 日）：1150/5024.01 – 02/274/001115000A002〕

孔祥熙呈苏方认为我偿债农产品价格过高问题处理情形
（1942 年 10 月 28 日）

介兄委员长钧鉴：

敬陈者：关于明年度（一九四二年十一月一日至一九四三年十月卅一日）应偿苏联债款，约计美金二千四百万元。按照农、矿产品各半分担情形，前于本月十七日备函奉陈，谅邀钧察。嗣接苏联大使函复，除矿产部分已与翁部长洽办，大致可无问题外，对于农产品方面，认为价格过昂，苏方碍难接受。运费按照实支数额计算，亦复未能同意。另再要求增交羊毛及供给生丝前来。谨查此次我方所开明年度偿付各项农产品数量，均系按照实际情形尽力搜购可能达到之标准。估计价格方面，尤属特别低估，已虑不及成本。且复兴公司此次所开羊毛、驼毛、猪鬃、皮张各项价格，均系按照现时最低成本计算，将来物价上涨，成本增高，亏损自所难免，实属异常迁就。至茶砖开价每块美金五

元八角，据中茶公司报告，现在已恐亏损，亦属无法再减。至于运费按照实支数目增减计算，实系免得苏方吃亏，根据商业习惯办理。此外，羊毛数量方面，查羊毛为军、民服用所必需，国内需要激增。明年度中国工业合作协会织制毛毯，即需十余万担。在此搜购困难、运输维艰之时，筹交苏方三万担，实已尽其力量，无法再加。至于生丝一项，前准外交部咨转英政府请求，所有同盟国需用生丝，均由英国出面向中国购买，然后再依据各有关政府需要，互商分配，现正筹划办理中，故未列入偿苏产品之内。现苏联既愿自购，只可从英方数中提出若干交与苏联。除函商运输统制局可否顾念苏方供械、供油交谊，酌予减低运费、稍轻成本，并与苏联商务代表洽商外，谨将经过情形详陈，尚乞赐予指示，俾有遵循为祷。敬颂

钧绥

弟 祥熙谨启

十月廿八日

〔《中德及中苏易货（二）》（1938 年 10 月 2 日至 1945 年 9 月 22 日）：1150/5024.01－02/274/001115000A002〕

翁文灏呈资委会经办第五年对苏矿产交货合同草案
（1942 年 11 月 30 日）

查资源委员会办理对苏易货矿产品之交货，向系由资委会于每一还款年度开始时与苏方订立交货合同，以资遵守。现自本年十月三十一日起，已为新还款年度之开始。根据行政院对外易货委员会通知，本还款年度内应偿苏联借款本息总额为美金二四，〇〇六，六二七·三七元。半数以农产品偿付，半数以矿产品偿付。经由资委会与苏联驻华商务代表处迭次磋商，已共同商定合同草案。其内容除关于运输方面，因海运已断，本年交货，规定由西北陆路及西南航运两路出口。又关于矿品定价，比照美国政府较优价格，商定较上年加以提高外，其它条件与以前各年度交货合同大体相同。惟事关对外订定易货合同，除遵照院令，另函外交部查办外，理合检同合同草案英文原本及中文译本各一份，备文

呈送。可否即由资委会依照前例与苏方照此签定，敬乞鉴核示遵为叩。

谨呈

委员长蒋

职 翁文灏（印）

三十一年十一月三十日

附呈合同草案中英文各一份。

附 经济部资源委员会、苏联出口贸易协会一九四二年至一九四三年交货合同草案

中华民国经济部资源委员会（以下简称甲方）与苏联出口贸易协会（以下简称乙方）兹订立合同。议定条款如下：

一、根据本合同之规定，甲方同意将中国出产之矿产品交付乙方，乙方同意接收之。

二、本年度自一九四二年十月三十一日起，至一九四三年十月三十日止，甲方所交付乙方之矿产品总值，连同甲方依照本合同第九条之规定垫付乙方之款项，合计应达美金一千二百万三千三百十三元六角八分，作为中国在中苏第一、二、三次信用借款协定下对苏联偿还之一部分债款。为偿付此项债款所需之矿产品约计如下：

钨砂：四千吨

锡：二千吨

汞：二百吨

上开数量如因特殊情形无法如数交足时，得经双方同意变更之。

上列矿产品当于十二个月内全部交齐。月交钨砂约三百五十吨、锡约一百八十吨及汞约二十吨。但如因运输及其它关系，不能按时如数交付时，上项月交数量得随时变通之。

如甲方接到中国政府主管机关之通知，本年度还款总额有所增加时，此增加之数额，甲方同意尽量以钨砂偿付。

三、甲方所交矿产品，其成份应合下开标准：

钨砂：含钨养至少 65%，锡至多 1.5%，砒至多 0.2%。

锡：99% 或 98% 。

四、所有应交矿产品由甲方在中国西南及西北两地交付乙方。

西南方面交货地点为昆明，西北方面交货地点为猩猩峡。变更交货地点时须经双方同意。

甲方在原则上同意，所有矿产品在西北交付百分之七十，在西南交付百分之三十。但如因特殊情形，无法在西南交货时，甲方允将全部矿产品改在西北交付。

五、所有在西北及西南接收之矿产品，乙方同意，即以双方代表在交货地点所决定之重量为最后标准。关于矿产品之成份，由甲方出具化验单。如乙方于交货后两个月内不提出书面异议，即以该项化验单为最后标准。

在猩猩峡交货之钨砂，应由双方代表会同逐批取样，送交苏联及中国化验室分别化验。双方代表并应在交货或其它双方同意之地点保存每次所取之砂样一件或二件，以备查对。

六、所有交货矿产品之价格，根据下列标准确定之。如采用市价时，应以交货日之市价为准（倘该日适无市价，则以前一日之市价为准）。

1. 钨砂

甲、在昆明机场交货者——每短吨单位美金二十一元。

乙、在猩猩峡交货者——每短吨单位美金二十一元，另加重庆至猩猩峡（二，九二一公里）间之运费，照每吨公里美金一角计算。

关于成份及扣价，依照下列办法办理：

甲、钨养成份：钨养成份低于 65% 时，应照下列办法扣价。

65% 以下至 60% ，每度扣三便士。

60% 以下至 55% ，每度扣六便士。

以上均照净干重每长吨（二，二四〇磅）钨养单位计算，不足一吨者，按比例推算。

乙、锡质成份：锡质成份超过 1.5% ，但不超过 1.6% 时，乙方应照常接受。超过 1.6% 时，每超过 1.5% 百分之零点一（0.1%），甲方让予乙方二便士，亦照净干重每长吨（二，二四〇磅）钨养单位计算，不足一吨者，按比例推算。

丙、砒质成份：甲方允照下列办法扣价：

砒质成份超过 0.20% 至 0.25%，扣三便士。

砒质成份超过 0.25% 至 0.30%，扣六便士。

砒质成份超过 0.30% 至 0.70%，扣九便士。

以上均照净干重每长吨（2240 磅）钨养单位计算，超过 0.70% 时，每超出 0.5% 或其一部分，每长吨钨养单位加扣三便士。

如钨养成份低于 55%，或砒质成份高于 2% 时，乙方得拒绝接受，或另订扣价办法。

2. 锡

甲、在昆明机场交货者：

子、99.80% 或 99.80% 以上者，每磅美金 0.53 元。

丑、99.75% 至 99.79% 者，每磅美金 0.52625 元。

寅、99% 至 99.74% 者，每磅美金 0.52125 元。

卯、99% 以下者（照含锡量），每磅美金 0.52 元。

乙、在猩猩峡交货者：

子、99.80% 或 99.80% 以上者，每磅美金 0.53 元。

丑、99.75% 至 99.79% 者，每磅美金 0.52625 元。

寅、99% 至 99.74% 者，每磅美金 0.52125 元。

卯、99% 以下者（照含锡量），每磅美金 0.52 元。

以上价格均另加昆明至猩猩峡（四，○七一公里）间之运费，照每吨公里美金一角计算。

3. 汞

甲、在昆明机场交货者——照纽约市价计算（无任何折扣）。

乙、在猩猩峡交货者——照纽约市价另加重庆至猩猩峡（二，九二一公里）间之运费，按每吨公里美金一角计算。

本条所指之各英币单位，均应照交货日纽约 *The Journal of Commerce* 所载之纽约收盘汇率折成美金。

七、如中国与其它国家另订有与第六条所载之钨、锡、汞价格不同之价格时，此新价格均随时适用于依照本合同所交之矿产品，其开始适用之月份与对其它国家同。

八、甲方根据本合同规定，所交之矿产品仅供苏联国内自用，乙方同意不在任何市场出售，亦不转让任何国家。

九、在猩猩峡交货之矿产品，所有由猩猩峡至苏联边境之运费，由甲方垫付，照每吨公里美金一角之运率，折成中国关金，在迪化交付乙方。

在昆明交货之矿产品，所有由昆明至伊朗边境港埠之运费、保险费及其它有关费用，由甲方以美金垫付乙方。

所有西北及西南交货，甲方垫付之一切费用，均计入乙方帐内。

十、每次交货后，甲方当将所有有关文件（化验单、磅码单等）每种送交乙方两份，并将每批矿产品所值美金数额通知乙方。

资源委员会主任委员

苏联协会总经理

拟办：希呈请行政院核定可也。

批示：如拟。

〔《矿业管理（八）》（1939 年 3 月 2 日至 1946 年 4 月 5 日）：1131/1032.01－08/250/001113100A008〕

翁文灏呈对苏易货矿品定价等情形
（1942 年 12 月 29 日）

窃查资源委员会本年度对苏洽定交货合同一案，前经检同合同草案英文原本及中文译本各一份，签请核示。奉钧座十二月七日侍秘字第一四八四八号亥阳代电，令即呈请行政院核定等因。自应遵办。业经另文检同原件签请孔副院长核办，惟原合同草案中有较重要者二点，除另陈明孔副院长外，谨为分陈如下：

一、为矿品之定价问题。查以前对苏交货合同内，关于矿品之定价，在西南口岸交货者，系照纽约市价，减去交货口岸至纽约一段之运费、保险费、关税，作为口岸交货价；在西北猩猩峡交货者，亦同样照纽约市价，减去我国口岸至纽约一段之运费、保险费、关税，作为猩猩峡交货价。目前我国矿品，因国内物价增涨，成本日高，如仍照以前办法计价，亏损定多。经向苏方代表剀切说明，并几经磋商，始获苏方谅解，同意另订新办法。依照此项新办法，在昆明机场交货者，即以纽约市价，或以我方与美国政府所定较纽约市价为高之特定价，作为对苏之昆明交货价，不减任何运费、保险费及关税；在猩猩峡交货者，按照以往定价原则，原与在口岸海运交货者并无差别。惟目前各项费用，俱有增涨，运费支出尤多。各矿品出产区域偏于西南，运往西北交货时，成本增加甚巨，故不得不另洽较高价格，藉资补偿。现经洽定，在猩猩峡交货者，即以纽约市价或特定价，另加由西南至猩猩峡之运费（钨汞为由重庆至猩猩峡、锡为由昆明至猩猩峡之运费，运率照每吨公里美金一角计算）。如此定价，实已较为优越，其运率每吨公里美金一角之规定，虽较我方运输统制局之现行运率相差甚多（运输统制局运率每吨公里合美金四角余），但此项运价之加算，原系为将价格较昆明交货者稍稍提高，并非向苏方严格计算运费，且苏方目前输我物品到达我国境内之一段运输，苏方亦仅照每吨公里美金一角之运率，向我方扣算。将来西北路线畅通以后，苏联运我物资，约为我方运苏物资之一倍，如双方均照此美金一角之运率互相计算，对于我方亦属有利，自不待言。再则，此次合同内另有一点规定，凡其它各国与本会订有较优价格时，苏方当即照加，实属有利。

二、为交货时之运费、保险费垫款问题。此项垫款，在合同草案中虽经规定，但已与苏方另行取得谅解。如我方矿品可以充分供运，则垫款可以免除。

现本年度开始已久，苏方迭来催促早日签定该约。且目前我国对苏交涉，如西北经苏进口运输及独山子油矿之合办问题等等，正在进行。此项交货合同如能早日签定，对于促进有关各项交涉之进行，不无效果。惟以上各节，关系对外易货，是否可行，并应否依照向例，即由资委会与苏方代表签定该约，仍祈鉴核示遵为叩。谨呈

委员长蒋

职 翁文灏（印）

三十一年十二月二十九日

〔《矿业管理（八）》（1939 年 3 月 2 日至 1946 年 4 月 5 日）：1131/
1032.01 - 08/250/001113100A008〕

蒋中正为本年度对苏洽定交货合同致孔祥熙等代电

（1943 年 1 月 6 日）

　　行政院孔副院长、张秘书长均鉴：案查前据经济部翁部长呈报
资源委员会本年度对苏洽订交货合同草案情形前来，当以亥阳侍秘
代电复令呈院核定在案。兹据呈报，业经呈请孔副院长核办。惟本
年度开始已久，苏方迭来催促早日签定该约，且目前我国对苏交
涉，如西北经苏进口运输及独山子油矿之合办问题等等，正在进
行，此项交货合同如能早日签定，对于促进有关各项交涉之进行，
不无效果。应否依照向例，即由资委会与苏方代表签定该约，祈核
示等语。查对外订立经济或易货等协定，均应由外交部主持签定，
前经于三十一年六月三十日手令规定有案。除复令遵照前项规定办
理外，希即将该交货合同草案迅行核定后，交由外交部签定为要。
中〇。子鱼侍秘。

〔《矿业管理（八）》（1939 年 3 月 2 日至 1946 年 4 月 5 日）：1131/
1032.01 - 08/250/001113100A008〕

蒋中正为本年度对苏洽定交货合同致翁文灏等代电

（1943 年 1 月 6 日）

　　经济部翁部长勋鉴：密渝秘字第四五一一号签呈悉。凡对外订立经济
或易货协定，均应由外交部主持签定。前经于三十一年六月三十日手令行
政院提出院会决定实施有案。所有本年度对苏交货合同，应照前项规定办
理。除分电行政院迅行核定后交由外交部签定外，希径呈行政院核办为要。
中〇。子鱼侍秘。

〔《矿业管理（八）》（1939 年 3 月 2 日至 1946 年 4 月 5 日）：1131/
1032.01 - 08/250/001113100A008〕

张厉生翁文灏呈与苏方代表签定本年易货合同情形
(1943 年 1 月 8 日)

关于资源委员会与苏联驻华商务代表处洽定本年度矿产品交货合同一案，顷奉钧座一月六日侍秘字第一五〇三号子鱼代电，以凡对外订立经济或易货协定，均应由外交部主持签定。前经于三十一年六月三十日手令行政院提出院会决定实施有案。所有本年度对苏交货合同，应照前项规定办理。除分电行政院迅行核定后交由外交部签定外，希径呈行政院核办为要等因。窃查资源委员会经办对苏易货矿产品，自民国二十七年开始办理，当时系奉钧座令，照杨大使杰与苏联政府代表耿精将军签定之中苏信用借款协定，分年以矿产品偿还。依照该协定，应每年签定应交数量及运输办法。故例于每年度开始时（每年十月三十一日），由资委会根据行政院对外易货委员会所通知应偿苏方债款本息之半数，与苏联出口协会洽商签定矿产品交货合同，以为该年度交货之依据。二十七年度第一次交货合同签定时，曾经由资委会先期将合同草案签呈钧座核示，奉准后始行正式签定。以后各年度交货合同与第一次大体相同，故均由资委会按时照签，签后分别呈报钧座及孔副院长，并分送对外易货委员会等有关方面存查。此为以前之办理经过情形。

上年九月行政院遵照钧座六月三十日手令，订立《中央各部会对外订立经济、交通或易货等协定签定办法》，其中规定凡正式协定，应由外交部签定；至于重要合同，则各部会应于签定时通知外交部。

上年十月底新还款年度开始时，当经由资委会与苏联代表洽商新交货合同草案，除依照上项办法之规定，将合同草案及洽商情形函达外交部外，并经将该草案先期呈送钧座鉴核。嗣奉批示，应呈行政院核定等因。遵即将该合同草案呈送孔副院长核示。旋奉上年十二月三十一日孔副院长函示，略谓还款年度应偿矿产品合同草案具悉，希即由资源委员会代表政府签定等因。当以新年度开始已逾二月，苏方迭来催询速签合同，经即于一月五日由资源委员会与苏方商务代表巴固林会同签字订定。兹奉钧座电令，仍饬径呈行政院核定，交由外交部签定等因。厉生等谨查，此项交货合同系履行前定协定之照例手续，似与对外借款条约或易货协定性质有别，与行政院所订办法之《合同》相符。按照该办法第七条，本可由主管部会签定。此次资委会事前既正式通知外交部，并商得同意，复经陈奉孔副院长函令照签，因遂以资委会主任委员名义与苏方商务代表签定此次合同。既已由双方签定，且与钧座指示及行政院颁行办法不相违背，似宜维持有效。以后对于此项合同，自应遵照《中央各部会对外订立经济、交通或易货等协定签定办法》办理。奉令前因，理合签请鉴核。谨呈

委员长蒋

职 张厉生（印）、翁文灏（印）

三十二年一月八日

〔《矿业管理（八）》（1939 年 3 月 2 日至 1946 年 4 月 5 日）：1131/
1032. 01 - 08/250/001113100A008〕

翁文灏电呈对苏易货第一第二还款年度还款情形
（1943 年 5 月 6 日）

委员长蒋钧鉴：资源委员会经办对苏易货矿产品所有帐目第一至第十七批，业经由资委会与苏方之苏联协会于三十年五月七日结算清楚，并经共同签定详细帐单，以资存据。已于同年五月十七日以密渝秘字第三〇三二号代电呈报钧座有案。兹第十八至第三十六批及西北第一至第十五批矿产品帐目，亦经与苏联驻华商务代表处结算清楚，并先后于本年四月二十六日及四月三十日共同签定详细帐单。其中第十八、十九两批矿产品总值，共美金二，六四七，六七一·三六元，连同前次所结之第十至第十七批矿产品，为第一还款年度内交货之全部。第十至第十七批矿产品总值，原结算为美金四，八八八，九三二·五七元。嗣经与苏方共同复核，改正为美金四，八八九，〇三二·五七元。故第一还款年度还款总额为美金七，五三六，七〇三·九三元。按照资委会与苏联协会所订第一年度交货合同，该年度内应偿矿产品总值为美金六，九四二，四〇〇·〇〇元。故实偿数额，除付清债款外，尚结余美金五九四，三〇三·九三元。经双方商定，即移作第二还款年度还款之一部分。关于第二还款

494

年度部分第二十至第二十三批矿产品，总值美金四，○五三，五四七·八一元，连同前次所结之第一至第九批矿产品总值美金三，八八三，五四一·九三元，为第二还款年度交货之全部。与第一年度结余之美金五九四，三○三·九三元合计，共为美金八，五三一，三九三·六七元。第二还款年度内，资委会按照交货合同，应供苏方矿产品总值为美金八，○一六，六六六·○○。而实付之数，尚溢出美金五一四，七二七·六七元。即由双方约定，移作第三还款年度还款之一部分。第三还款年度交货包括第二十四至第三十六批及西北第一至第十五批矿产品总值，计美金一一，五五四，二六九·八五元。连同第二还款年度结余之美金五一四，七二七·六七美元，两共美金一二，○六八，九九七·五二元。除偿清该还款年度按照交货合同应偿之美金一一，八六五，○○○·○○元外，尚余美金二○三，九九七·五二元。复经约定，移作第四还款年度还款之一部分。关于第四还款年度之帐目，现正陆续结算。一俟结算，再行续陈。除另陈孔副院长，并将签定帐单副本分送对外易货委员会及财政部外，理合电陈鉴核备案。职翁文灏（印）叩。鱼资机。

〔《矿业管理（七）》（1941 年 10 月 8 日至 1942 年 4 月 19 日）：1131/1032. 01 – 07/249/001113100A007〕

翁文灏电呈对苏易货第四还款年度还款部分情形
（1943 年 5 月 18 日）

委员长蒋钧鉴：资源委员会经办对苏易货矿产品所有第一、第二及第三还款年度（1938—1941）帐目，计矿产品第一至第三十六批及西北第一至第十五批，业经由资委会先后与苏方结算清楚，共同签定详细帐单，并经呈报钧座有案。兹第四还款年度（1941—1942）内第三十七至第四十二批及西北第十六至第四十七批矿产品帐目，亦经与苏联驻华商务代表处结算清楚，于本年五月十五日共同签定详细帐单，计全部价值共美金一千零十九万九千一百八十一元三角四分，为第四年度还款之一部分。除另呈报孔副院长，并将签定帐单副本分送对外易货委员会及财政部外，理合电陈鉴核备案。职翁文灏（印）

叩。巧资机。

〔《矿业管理（七）》（1941 年 10 月 8 日至 1942 年 4 月 19 日）：1131/1032.01－07/249/001113100A007〕

翁文灏呈资委会经办第六年对苏矿产交货合同

（1944 年 3 月 25 日）

查资源委员会办理对苏易货矿产品交货，向系由该会于每一还款年度开始时，与苏方订立交货合同，以资遵守。现自上年十月三十一日起，已为新还款年度之开始。根据行政院对外易货委员会之通知，本还款年度内应偿苏联借款本息总额，为美金一三，三三九，〇三二·一二元，半数以农产品偿付，半数以矿产品偿付。经由资委会与苏联驻华商务代表处迭次磋商，已共同商定合同草案，其内容大体与以前各年度相同。关于价格之规定，稍有变动。上年度合同规定，昆明交货矿品，以纽约市价或我方与美国政府所定较纽约市价为高之特定价为交货价；猩猩峡交货矿品，以纽约市价或特定价另加一段运费，计钨、汞为由重庆至猩猩峡、锡为由昆明至猩猩峡之运费，运率俱照每吨公里美金一角计算。惟年来物价、运价仍有增涨，出口矿品成本日高。经向苏方磋商结果，决定昆明交货钨砂，照对美特定价外，加桂林至昆明一段运费；猩猩峡交货钨砂，照同样价格外，加桂林至猩猩峡一段运费；运率仍照每吨公里美金一角计算。如此，较上年价格，昆明交货者增多桂昆一段运费收入，猩猩峡交货者增多桂渝一段运费收入，对于我方俱属有利。查此项交货合同之签定，系属每年例案，经将与苏方签定合同草案□□□□□即于本月二十三日与苏联驻华商务代表巴固林正式签定，理合抄呈合同英文原本及中文译本各一份，敬祈鉴核备查。谨呈

主席蒋

职 翁文灏（印）

附抄呈合同英文原本及中文译本各一份。

附　　　**经济部资源委员会、苏联驻华商务代表处**
　　　　一九四三至一九四四年度交货合同

中华民国经济部资源委员会（以下简称甲方）与苏联驻华商务代表处（以下简称乙方）兹订立合同。议定条款如下：

一、根据本合同之规定，甲方同意将中国出产之钨砂交付乙方，乙方同意接收之。

二、本年度自一九四三年十月三十一日起至一九四四年十月三十日止。甲方所交付乙方之钨砂总值，连同甲方依照本合同第九条之规定垫付乙方之款项，合计应达美金六百六十六万九千五百一十六元，作为中国在中苏第一、二、三次信用借款协定下对苏联偿还之一部分债款。为偿付此项债款，约需钨砂三千五百吨。

上列钨砂当自一九四四年三月一日起交货，于八个月内全部交齐，每月约交四百四十吨。

三、甲方所交钨砂，其成份应合下开标准：钨养至少65%，锡至多1.5%，砒至多0.2%。

四、所有应交钨砂，由甲方在中国西南昆明及西北猩猩峡交付乙方。双方同意遇有必要时，得改更上列交货地点。

五、所有在西北及西南接收之钨砂，乙方同意即以双方代表在交货地点所决定之重量为最后标准。关于钨砂之成份，由甲方出具化验单，如乙方于收到化验单后六星期内不提出书面异议，即以该项化验单为最后标准。

所有交货钨砂，应由双方代表会同逐批取样，送交中国及苏联化验室分别化验。双方代表并应在交货或其它双方同意之地点，保存每次所取之砂样一件或二件，以备查考。

六、钨砂价格根据下列标准确定之：

甲、在昆明机场交货者——每短吨单位美金二十二元六角，另加桂林至昆明（一,四六九公里）间之运费，照每吨公里美金一角计算。

乙、在猩猩峡交货者——每短吨单位美金二十二元六角，另加桂林至猩猩峡（四,二一九公里）间之运费，照每吨公里美金一角计算。

关于成份及扣价，依照下列办法办理：

甲、钨养成份：钨养成份低于 65% 时，应照下列办法扣价：

65% 以下至 60%，每度扣美金五分。

60% 以下至 55%，每度扣美金一角。

以上均照净干重每长吨（二，二四〇磅）钨养单位计算，不足一吨者，按比例推算。

乙、锡质成份：锡质成份超过 1.5%，但不超过 1.6% 时，乙方应照常接受。超过 1.6% 时，每超过 1.5% 百分之点一（0.1%），甲方让予乙方美金三分四厘，亦照净干重每长吨（二，二四〇磅）钨养单位计算，不足一吨者，照比例推算。

丙、砒质成份：甲方允照下列办法扣价：

砒质成份超过 0.20% 至 0.25%，扣美金五分。

砒质成份超过 0.25% 至 0.30%，扣美金一角。

砒质成份超过 0.30% 至 0.70%，扣美金一角五分。

以上均照净干重每长吨（二，二四〇磅）钨养单位计算。

超过 0.70% 时，每超出 0.5% 或其一部分，每长吨钨养单位加扣美金五分。

如钨养成份低于 55%，或砒质成份高于 2% 时，乙方得拒绝接受或另订扣价办法。

七、如中国与其它国家另订有关于钨砂价格及交货地点等与本合同规定不同之新办法时，此项有关价格及交货地点等之新办法，均随时适用于依照本合同所交之钨砂，其开始适用之月份，与对其它国家同。

如用市价时，所用市价应以交货日之市价为准（如该日无市价时，则应以其最近前一日市价为准）。

八、甲方根据本合同规定所交之钨砂，仅供苏联国内自用，乙方同意不在任何市场出售，亦不转让任何国家。

九、在猩猩峡交货之钨砂，所有由猩猩峡至苏联边境之运费，由甲方垫付，照每吨公里美金一角之运率折合中国国币交付乙方。

在昆明交货之钨砂，所有由昆明至伊朗边境港埠之运费、保险费及其它有关费用，由甲方以美金垫付乙方。

所有西北及西南交货，甲方垫付之一切费用，均记入乙方帐内。

十、每次交货后，甲方当将所有有关文件（如化验单、磅码单等）每样送交乙方两份，并将每批钨砂所值美金数额通知乙方。

资源委员会主任委员

苏联驻华商务代表处商务代表

〔《矿业管理（八）》（1939 年 3 月 2 日至 1946 年 4 月 5 日）：1131/1032. 01－08/250/001113100A008〕

翁文灏呈报与苏方洽商中苏第三次借款偿付本息办法

（1944 年 6 月 28 日）

（事由）为呈报关于中苏第三次借款偿付本息办法一案与苏联商务代表洽商经过，敬祈鉴核由。

谨呈者：本年四月间，苏联驻华商务代表巴固林来职处面称，孙院长前次访苏时，曾于一九三九年三月与苏联签定中苏第三次借款美金五千万元，约定分十年还清，由一九四二年七月起还。苏方依约应交我方货物，据云已于一九四〇及一九四一年初全部运华交货，而我方还款迄今尚未开始。苏方甚盼我方早还此款，并即于本年内，将一九四二年至今两年之应偿本息，一次补付等语。职当将以上情形陈请孔副院长核定，并遵照孔副院长指示，与对外易货委员会及贸易委员会各主持人员共同详加研议。金以本还款年度至今十月底即将终了，在此期限以前，欲再筹拨大量农、矿产品偿还此债，事实上资金及产运方面均有困难。爰经议定向苏方交涉，改自下一还款年度（一九四四年十月三十一日至一九四五年十月三十日）起开始偿还，并于下一还款年度内偿付一九四二年七月一日至一九四四年十月三十日之全部利息及一九四二年七月一日至十月三十日之应还本金，计共美金五百万余元。仍照向例，以农、矿产品各半交付。此项办法经由对外易货委员会向苏联商务代表提出后，彼已转电莫斯科请示。惟彼恳切表示，目前苏方因作战关系，需钨至为急切，甚盼资委会方面能提前偿还矿产品部分之债，即与彼方订立合同，于本年十月底前再交钨砂三千吨等语。本会当以本年度对苏交货，规定应交之钨砂三千五百吨，尚有千余吨未交。目前因湘鄂战事关系，钨砂产收大受影响，运输方面更感困难，所有存货尚须酌留相当数量，备交美国。因此种种关系，如必须应允苏方于本年十月底前增交钨砂，最多恐只能以一千吨为限。经呈报孔副院长请示，奉批"为勉徇苏方意见，可即照所拟办理，最多以一千吨为限"等因。经即函告苏联商务代表，允于本年十月底前增交钨砂一千吨，作为偿还第三次借款之一部分本息。至该项借款之整个偿付办法，仍由对外易货委员会继续商洽。旋准该代表函复同意。所有本案前后接洽各情形，理合呈报钧座，敬祈鉴核。谨呈

主席蒋

职 翁文灏（印）

三十三年六月二十八日

〔《矿业管理（八）》（1939 年 3 月 2 日至 1946 年 4 月 5 日）：1131/
1032. 01 – 08/250/001113100A008〕

翁文灏电呈对苏易货第四还款年度还款情形
（1944 年 8 月 8 日）

委员长蒋钧鉴：资源委员会经办对苏易货矿产品，其第一、第二及第三还款年度（一九三八——一九四一）内全部及第四还款年度（一九四一——一九四二）内一部分交货矿产品：第一至第四十二批及西北第一至第四十七批帐目，业经资委会先后与苏方结算清楚，共同签定详细帐单，并经呈报钧座有案。兹第四还款年度内另一部分交货矿产品：西北第四十八至第五十二批帐目，亦经与苏联驻华商务代表处结算清楚，于本年八月五日共同签定详细帐单，计总值美金一百二十八万八千五百五十元四角五分。至此，第四还款年度帐目乃告全部结清。查该年度内按照合约，应偿苏方矿品总值为美金一千一百五十六万二千九百七十六元。所有实际已偿总值，除此次所结之美金一百二十八万八千五百五十元四角五分外，尚有上年所结之一部分，计美金一千零十九万九千一百八十一元三角四分，及第三还款年度内溢付转入第四还款年度内之美金

二十万三千九百九十七元五角二分。三者合共美金一千一百六十九万一千七百二十九元三角一分,除偿清该年应还债款外,尚结余美金十二万八千七百五十三元三角一分。经与苏方约定,按照向例,移作第五年度还款之一部分。除另呈报孔副院长,并将此次所签定之西北第四十八至第五十二批帐单副本分送对外易货委员会及财政部外,理合电陈鉴核备案。职翁文灏(印)叩。齐资机。

〔《矿业管理(七)》(1941年10月8日至1942年4月19日):1131/1032.01－07/249/001113100A007〕

翁文灏电呈对苏易货第五还款年度还款情形
(1944年12月18日)

委员长蒋钧鉴:资源委员会经办对苏易货矿产品,其第一至第四还款年度(一九三八－一九四二)全部帐目,均经资委会先后与苏方结算清楚,共同签定详细帐单,并经分别呈报钧座有案。兹第五还款年度(一九四二－一九四三)内交货矿产品:第四十三至第六十二批及西北第五十三至第九十二批帐目,亦经与苏联驻华商务代表处结算清楚,于本年十二月十三日共同签定详细帐单,计总值美金一千一百九十三万九千九百五十元一角三分。查该年度内按照合约,应偿苏方矿品总值为美金一千二百万三千三百十三元六角八分。所有实际已偿总值,除此次所结之美金一千一百九十三万九千九百五十元一角三分外,尚有第四年度内溢付转入第五还款年度内之美金十二万八千七百五十三元三角一分。两共合美金一千二百零六万八千七百零三元四角四分。除偿清该年应还债款外,尚结余美金六万五千三百八十九元七角六分。经与苏方洽定,按照向例,移作第六年度还款之一部分。除将此次所签定之第四十三至第六十二批及西北第五十三至第九十二批帐单副本,分送对外易货委员会及财政部外,理合电陈鉴核备案。职翁文灏叩。亥巧资机。

〔《矿业管理(七)》(1941年10月8日至1942年4月19日):1131/1032.01－07/249/001113100A007〕

翁文灏呈本年度对苏交货合同副本
（1945 年 2 月 17 日）

谨签呈者：查资源委员会办理对苏联易货矿产品交货，向系于每一还款年度开始时，由本会与苏方订立合同，以资遵守。现新还款年度开始已逾三月，兹由本会与苏联驻华商务代表处迭次磋商，已共同议定交货合同草案。并依照历年向例，由职与苏联驻华商务代表巴固林签定，经于本月九日正式签字。其中规定本年度交钨砂三千五百吨、水银一百吨，并酌交少量铋、钼矿品，此外各项条款与上年度合同大致相同。理合抄呈合同英文原件及中文译本各一份，敬祈鉴核备查。谨呈

委员长蒋

职 翁文灏（印）呈

三十四年二月十七日

〔《矿业管理（八）》（1939 年 3 月 2 日至 1946 年 4 月 5 日）：1131/1032.01 – 08/250/001113100A008〕

周象贤报告中苏易货偿债办理情形
（1945 年 2 月 19 日）

中苏易货偿债工作起源于中苏信用借款协定。查该协定前后共三次，总额共计美金二亿五千万元。第一次美金五千万元，于民国二十七年三月一日签定；第二次美金五千万元，于同年七月一日签定；第三次美金一亿五千万元，于民国二十八年六月十三日签定。三次借款利息均为年息三厘，分十年摊还，至民国四十一年全部偿清。按协定规定，苏方应就借款数额，以工业产品供给我国；其按期应付本息，由我国以彼所需农、矿产品抵付。

我国在中苏信用借款下，实际动用数额共九批，计值美金一七三，一七五，八一〇·三六元，尚余美金七六，八二四，一八九·六四元未经动用。我方曾屡次商请苏方在此项借款余额项下订购军需物资，惟均为苏方拒绝。

按照中苏信用借款协定之规定，此项借款我国应分年以农、矿产品

各半原则筹还，直至民国四十一年全部还清。截止民国三十四年十月三十一日止（每年十一月一日至翌年十月三十一日为借款偿付年度），我国应还借款本息，合计美金一四五，九〇七，一二六元。我方已交农、矿产品及已订合同而待交之产品货值，总计约合美金一亿二千四百余万元，结欠美金约二千二百万元，其中农产品约占美金一千七百万元，矿产品约占美金五百万元。查在民国三十三年以前，资源委员会历年所交矿产品数值，均足应偿债额，且有溢出者；贸易委员会所交之农产品，则因三十二年所订茶砖合同未能如期履行，致有短欠，为数颇大。至于本年度结欠数额较大原因，厥为我国于民国二十九年至三十一年期间，曾动用债款两批（第八、第九批），计美金五千余万元。按借款协定之规定，应自三十一年七月开始偿付。惟此项债款之"认偿债务书"，苏方延至去年一月始送来。经数月之详细核对，始于去年十一月间由孙院长代表我国政府签字，故债款累积，至今年十月底止为数颇巨。窃象贤奉派担任本会主任秘书以来，历时约二十一个月。象贤过去为维护债信，并谋增进中苏邦交，除对苏方善与周旋外，并随时与国内各有关机构保持密切联系，共策进行。目前中苏易货交涉较前颇多进步，苏方对我亦颇能谅解，堪纾钧座眷念。兹值本会行将结束之际，谨将中苏易货偿债办理经过，报乞鉴核。谨呈

主席蒋

　　　　行政院对外易货委员会主任秘书　周象贤（印）谨呈

　　　　　　　　　　　　　　三十四年二月十九日

〔《矿业管理（八）》（1939年3月2日至1946年4月5日）：1131/1032.01－08/250/001113100A008〕

翁文灏呈送资委会经办第七年对苏矿产交货合同

（1945年5月24日）

（事由）为呈送本会与苏联商务代表处续订本年度交货合同副本，敬祈鉴核备查由。

谨呈者：窃关于对苏联易货事，本还款年度内应交矿品，前已于本年二月九日由资源委员会与苏联商务代表处订定钨砂三千五百吨、水银

一百吨及少量之铋、钼等矿品交货合同，并经呈报钧座有案。兹因续偿一部分债款，经续与苏联商务代表处商定，于本还款年度内再交钨砂五百吨及纯锡五百五十吨。交货合同已由资源委员会会同苏联商务代表处于本月十四日正式签定，其中主要条款悉与以前历次合同大致相同。理合录呈合同英文原本及中文译本各一份，敬祈鉴核备查。谨呈

委员长蒋

职 翁文灏（印）

三十四年五月二十四日

附呈合同英文原本及中文译本各一份。

附　　经济部资源委员会、苏联驻华商务代表处
一九四四至一九四五年度交货合同

中华民国经济部资源委员会（以下简称甲方）与苏联驻华商务代表处（以下简称乙方）兹订立合同。议定条款如下：

一、根据本合同之规定，甲方同意将中国出产之钨砂及锡交付乙方，乙方同意接收之。

二、本年度自一九四四年十月三十一日起至一九四五年十月三十日止。甲方除依照一九四五年二月九日所订合同规定应交之各项矿品外，另再交付乙方钨砂五百吨，与在本还款年度内所可能多收之数及锡五百五十吨，作为中国在中苏信用借款协议下对苏联偿还之一部分债款。

三、甲方所交钨砂，其成份应合下开标准：钨养至少 65%，锡至多 1.5%，砒至多 0.2%。

四、所有应交各项矿品，由甲方在中国昆明交付乙方。双方同意遇有必要时得更改上列交货地点。

五、所有在上列地点接收之矿品，乙方同意即以双方代表在交货地点所决定之重量为最后标准。关于矿品之成份，由甲方出具化验单，如乙方于收到化验单后两个月内不提出书面异议，即以该项化验单为最后标准。

所有交货矿品，应由双方代表会同逐批取样，送交中国及苏联化验

室分别化验。双方代表并应在交货或其它双方同意之地点，保存每次所取之样一件或两件以备查考。

六、交货矿品价格根据下列标准确定之：

（一）钨砂价格

昆明机场交货价格每短吨单位美金二十二元六角，另加桂林至昆明（一，四九六公里）间之运费，照每吨公里美金一角计算。

关于成份及扣价依照下列办法办理：

甲、钨养成份。钨养成份低于 65% 时，应照下列办法扣价：

65% 以下至 60%，每度扣美金五分。

60% 以下至 55%，每度扣美金一角。

以上均照净干重每长吨（二，二四〇磅）钨养单位计算，不足一吨者，按比例推算。

乙、锡质成份。锡质成份超过 1.5%，但不超过 1.6% 时，乙方应照常接受。超过 1.6% 时，每超过 1.5% 百分之点一（0.1%），甲方让予乙方美金三分四厘，亦照净干重每长吨（二，二四〇磅）钨养单位计算，不足一吨者，照比例推算。

丙、砒质成份。甲方允照下列办法扣价：

砒质成份超过 0.20% 至 0.25%，扣美金五分。

砒质成份超过 0.25% 至 0.30%，扣美金一角。

砒质成份超过 0.30% 至 0.70%，扣美金一角五分。

以上均照净干重每长吨（二，二四〇磅）钨养单位计算，超过 0.70% 时，每超出 0.5% 或其一部分，每长吨钨养单位加扣美金五分。如钨养成份低于 55%，或砒质成份高于 2% 时，乙方得拒绝接受，或另订扣价办法。

（二）锡品价格

昆明机场交货价格：

甲、99.80% 或以上之锡，每磅美金 0.53 元。

乙、99.75% 至 99.79% 之锡，每磅美金 0.52625 元。

丙、99% 至 99.74% 之锡，每磅美金 0.52125 元。

丁、锡质成份在99%以下之锡，每磅美金0.52元。

七、如中国与其它国家另订有关于矿品价格及交货地点等与本合同规定不同之新办法时，此项有关价格及交货地点等之新办法，均随时适用于依照本合同所交之矿品，其开始适用之月份与对其它国家同。

八、甲方根据本合同规定所交之矿品，仅供苏联国内自用，乙方同意不在任何市场出售，亦不转让任何国家。

九、在昆明交货之矿品，所有由昆明至苏联边境之运费、保险费及其它有关费用，由甲方以美金垫付乙方。

十、每次交货后，甲方当将所有有关文件（如化验单、磅码单等）每种送交乙方两份，并将每批矿品所值美金数额通知乙方。

资源委员会主任委员

苏联驻华商务代表处商务代表

〔《矿业管理（八）》（1939年3月2日至1946年4月5日）：1131/1032.01－08/250/001113100A008〕

翁文灏呈与苏联商务代表洽谈中苏易货及贸易之意见

（1945年9月6日）

（事由）呈为与苏联商务代表洽谈关于中苏易货及贸易等事，谨陈意见三项，是否有当，敬祈鉴核示遵由。

谨呈者：顷苏联商务代表史俩耶夫来谈。关于中苏易货及贸易等事项，谨就所谈各项，分陈如下：

一、根据第三次中苏借款条约，苏联曾于一九四〇至一九四二年间运交我国货物两批，总值美金五〇，六四四，〇六一·三六元，并于一九四四年一月间向我方提出详细帐单两份，请为签认。经前对外易货委员会奉孔副院长之命，商请何总长召集各货物接收机关对于所接货物逐项查对。截至一九四四年十月止，共查明货物总值美金四九，九四六，七八〇·二九元，所未能查明者仅美金六九七，二八一·〇七元，约占全数百分之一·四。经由对外易货委员会陈报钧座后奉谕：苏方所提帐单准予照签。当经该会与苏方商定，该项帐单由立法院孙院长代表我国政府及苏联对外贸易人民委员长米高扬代表苏联政府，共同签认。经孙院长先行签字后，该件即由前苏联商务代表巴库林携带回国，由米高扬委员长签字。现该件业经全部签署竣事，由苏联商务代表史俩耶夫随带返华，交职收存。查此项帐单签认以后，前此中苏借款之重要悬案已告解决。此项帐单乃双方之正式文件，自应妥为保存。惟目前对外易货委员会已告裁撤，尚无其它适当机关主持该项事务，似以交由行政院保管较为适当。

二、苏联商务代表面言，中国将来可供出口之物资种类、数量，定将增多。除依照前约供运交苏联偿债以外，似宜早日以易货方式恢复中苏两国经常贸易。职意苏方此项意见实属正当，且有必要。将来我国农、矿产品，包括东三省之大豆、木粕等，可以运交苏联者，当有相当数量。在对苏债款未经还清以前，自以依约交货偿债为第一要义。在明年之一年内，所有以往积欠之农、矿产品，并应尽先妥筹补交。此外，多余之农矿产品，除供对美、对欧等国出口外，对苏贸易实应一并看重。盖中苏疆土相连，交通便利，如不妥为筹划，则将来或难免畸形之发展。苏方既愿以易货方式恢复贸易，则互通有无正国之常情，似宜及早预作准备，以为将来正式洽办之根据。

三、关于对苏易货之各项有关事宜，以往向由前对外易货委员会所经办，现该会业已撤销，今后对苏易货偿债及贸易之交涉，似仍应指定一机构或人员集中洽办，以专责成。是否即由职暂为主持此项接洽，所有实际应办事务，仍行分交各主管部会负责办理。

以上所陈三项是否有当，理合签请鉴核示遵。谨呈

委员长蒋

职 翁文灏（印）

三十四年九月六日

〔《中德及中苏易货（二）》（1938 年 10 月 2 日至 1945 年 9 月 22 日）：1150/5024.01－02/274/001115000A002〕

蒋中正为中苏易货等致翁文灏代电
（1945 年 9 月 22 日）

经济部翁部长勋鉴：九月六日签呈悉。（一）所签第三次中苏借款案内，苏方交货帐单可准交由行政院保管。（二）关于今后对苏贸易之准备事宜，可由兄负责召集有关机关主官商讨进行办法，提院核定。（三）对苏易货偿债及贸易事项之统一交涉，可由兄商承宋院长主持办理。中〇。申养侍秘。

〔《中德及中苏易货（二）》（1938 年 10 月 2 日至 1945 年 9 月 22 日）：1150/5024.01－02/274/001115000A002〕

翁文灏呈送资委会经办第八年对苏矿产交货第二合同
（1946 年 3 月 27 日）

（事由）为经办对苏易货矿品，已与苏联商务代表处签定三十四年至三十五年度锡、汞、铋交货合同，抄同一份，呈请鉴核备案由。

谨签呈者：查资源委员会经办对苏易货矿产品，自三十四年十月三十一日起至三十五年十月三十日止之一年度内，应交钨砂五千吨。业经本会遵照向例，与苏联商务代表处于三十四年十二月十二日正式签定合同，并经呈报在案。兹复于本年一月十九日与苏方签定本年度内易货第二合同，规定在本年度内，除第一合同内规定交钨五千吨外，另交锡一千五百吨、汞五十吨、铋三十吨。其办法要点，如交货地点及作价标准等，与第一合同所规定者大致相同。理合将原订合同及中文译本各一份备文陈报，敬祈鉴核备案。谨呈委员长蒋

职 翁文灏（印）、钱昌照（印）

三十五年三月廿七日

附呈合同副本及中文译本各一份。

附　　　　　合同（一九四五至一九四六年）

中华民国经济部资源委员会（下称甲方）与苏联驻华商务代表处（下称乙方）根据中苏借款协定之规定及诺言，订定下列各条款：

第一条　甲方依照本合同之规定，以中国所产锡、汞、铋交付乙方接收。

第二条　在本还款年度内，自一九四五年十月三十一日起至一九四六年十月三十日止，甲方须交付乙方下列之矿品数量，以偿还中苏借款协定项下之到期本息。

锡：一千五百吨。

汞：五十吨。

铋：三十吨。

上列数额之锡、汞、铋等矿品，须于本还款年度内交足之。

第三条　甲方负责将上列矿品在上海、香港、广州、海防或其它双方同意之口岸交付乙方。

第四条　乙方同意，凡在上列交货地点所接收之上列矿品，即以双方代表在交货地点所定之重量为最后标准。至于各矿品之品质，甲方所出之化验单应即作为最后标准。倘有异议，乙方应于收到该项化验单后之三周内，向甲方用书面提出。

第五条　所交各项矿品之价格，由双方根据提单签发日之纽约《美国金属市场》刊载之纽约市价决定之，如该日适无市价刊登，则采用其前一日之市价。

上列各项矿品在交运口岸之价格，其计算方法系由纽约市价内依照国际现行标准，减去自该口岸至纽约之美国进口关税、运费、保险费及其它有关运送货物之合法费用而得。

第六条　甲方对于在上海、香港、广州、海防或其它口岸所交之上列矿品，均代乙方以美金垫付其由上海、香港、广州、海防或其它口岸运往苏联境内之运费、保险费及其它有关费用，至此项垫款，则均记入乙方帐内。

第七条　在每批矿品交货以后，甲方须将有关之文件（例如化验单、磅单等）以双份送交乙方，并将每批矿品之美金价值通知乙方。

资源委员会主任委员

苏联驻华商务代表

三十五年一月十九日

509

〔《矿业管理（八）》（1939年3月2日至1946年4月5日）：1131/
1032.01－08/250/001113100A008〕

（二）对苏易货矿产品交货事宜

翁文灏电呈资委会经办运苏易货矿产品第三十一
至三十二批及西北方面第十四批交货情形
（1941年10月8日）

委员长蒋钧鉴：资源委员会经办运苏易货矿产品第三十一批，计钨砂一千一百吨、纯锑二百吨、纯锡四百吨及水银四十吨，于本年八月十六日在仰光装由苏轮 Maxim Gorky 号运往海参崴。第三十二批计钨砂三百吨、生锑二十五吨及纯锡一百吨，于九月二十五日在香港装由苏轮 Uellen 号运往海参崴。又西北方面第十四批矿品，计纯锡三十吨，于九月十一日在哈密交货。除另呈报孔副院长外，谨此电呈钧鉴。职翁文灏（印）叩。齐资机。

〔《矿业管理（七）》（1941年10月8日至1942年4月19日）：1131/
1032.01－07/249/001113100A007〕

翁文灏电呈资委会经办运苏易货矿产品第三十三批交货情形
（1941年10月12日）

委员长蒋钧鉴：资源委员会经办对苏易货矿产品第三十三批，计钨砂六百五十吨、锡三百吨及锑二百三十吨，已于十月五日在仰光装妥，苏轮 Tymlat 号运海参崴。除另呈报孔副院长外，谨此电陈钧鉴。职翁文灏（印）叩。文资机。

批示：复"悉"。

〔《矿业管理（七）》（1941年10月8日至1942年4月19日）：1131/
1032.01－07/249/001113100A007〕

翁文灏电呈资委会经办运苏易货矿产品
西北方面第十五批交货情形
（1941 年 10 月 13 日）

委员长蒋钧鉴：资源委员会经办对苏易货矿产品西北方面第十五批，计锡二十吨，已于十月六日在哈密交货。除另呈报孔副院长外，谨此电陈钧鉴。职翁文灏（印）叩。元资机。

批示：复"悉"。

〔《矿业管理（七）》（1941 年 10 月 8 日至 1942 年 4 月 19 日）：1131/1032.01 - 07/249/001113100A007〕

翁文灏电呈资委会经办运苏易货矿产品第三十四批交货情形
（1941 年 10 月 22 日）

委员长蒋钧鉴：资源委员会经办对苏易货矿产品第三十四批，计锡七十五吨，已于十月十九日在香港装由苏轮 Maikop 号运往海参崴。除另呈报孔副院长外，理合电陈钧鉴。职翁文灏（印）叩。养资机。

批示：复"悉"。

〔《矿业管理（七）》（1941 年 10 月 8 日至 1942 年 4 月 19 日）：1131/1032.01 - 07/249/001113100A007〕

翁文灏电呈资委会经办运苏易货矿产品第三十五批交货情形
（1941 年 11 月 6 日）

委员长蒋钧鉴：资源委员会经办对苏易货矿产品第三十五批，计钨砂三百吨，已于本月四日在香港装由苏轮 Tymlat 号运往海参崴。除另呈报孔副院长外，谨此电呈钧鉴。职翁文灏（印）叩。鱼资机。

〔《矿业管理（七）》（1941 年 10 月 8 日至 1942 年 4 月 19 日）：1131/1032.01 - 07/249/001113100A007〕

翁文灏补呈资委会经办运苏易货矿产品第二十二至二十八批

及西北交货第一至三批矿产品交货暨收支情形

（1941 年 11 月 17 日）

委员长蒋钧鉴：资源委员会经办第二十二批运苏矿产品，计钨砂一千吨、纯锑一百吨、纯锡一千三百八十吨及水银二十吨，经于本年四月十九日装苏轮 Igarka 号由仰光运往海参崴。第二十三批计钨砂二百一十吨、纯锑九十吨及纯锡一百吨，装由苏轮 Svir 号于五月二十日由香港运海参崴。第二十四批计锡品二百吨、水银五十吨，装苏轮 Volga 号于六月二十二日由仰光运海参崴。第二十五批计钨砂、锡品各一百吨，装苏轮 Arktika 号于七月八日由香港运海参崴。第二十六批计钨砂一百五十吨、锡品一百二十五吨，装苏轮 Parlin Vinogrador 号于八月十五日由香港运海参崴。第二十七批计钨砂一千一百吨、纯锑二百吨、纯锡四百吨及水银四十吨，于八月十六日由仰光装苏轮 Maxim Gorky 号运海参崴。第二十八批计钨砂三百吨、生锑二十五吨、锡品一百吨，于九月二十五日由香港装苏轮 Uellen 号运海参崴。又西北交货第一批，计钨砂二十五吨、纯锡九吨，于三月二十五日在哈密交货。第二批计钨砂一百七十五吨，先后于本年四月六、九、二十九日及五月八、二十五日在哈密交货。及第三批计钨砂一百四十九吨、纯锡五十一吨，先后于四月九日，五月二十九、三十日及六月十二、二十、二十五日在哈密交货。均经分别呈报有案。所有收支帐目，现已结算清楚。各项单据，亦经检齐。计收到国库拨发三、四、五、六、七、八、九各月份购办矿产品基金国币九千六百四十八万元，及第一至第二十一批余款六千五百五十二万五千七百二十元一角六分，计共国币一万万六千二百万零五千七百二十元一角六分。除第二十二批内滇锡一，三六〇·三三四〇公吨，价款国币二千六百五十二万六千五百一十三元；第二十四批内滇锡三七·八七六二公吨，价款国币七十三万八千五百八十五元九角；及第二十七批内滇锡一五一·二四二三公吨，价款国币二百九十四万九千二百二十四元八角五分，均系在财政部直拨云南出口矿产品运销处收购滇锡基金内划付，当专案报销，不再列入外，共付购置以上各批矿产品价款七千七百一十二万三千二百八十九元三角一分。收支相抵，尚余国币八千四百八十八万二千四百三十元八角五分，经拨充预付收购矿产品之用。拟俟正式交运后，再行呈报核销关于购办第二十二至二十八批及西北交货第一、二、三各批矿产品收支情形。除将收支对照表另呈孔副院长外，理合检同收支对照表二纸、单据二十九纸，电呈钧鉴。谨祈准予核销令遵，并乞仍将单据发还，以备查考。又西北交货钨砂成份尚未确定，暂照六十五度结价，以后如有超出度数，再当补报，并以陈明。职翁文灏（印）叩。篠资机。

附呈收支对照表二纸、单据二十九纸。

〔《矿业管理（七）》（1941 年 10 月 8 日至 1942 年 4 月 19 日）：1131/1032.01 –07/249/001113100A007〕

翁文灏电呈资委会经办运苏易货矿产品第三十六批交货情形
（1941 年 11 月 29 日）

委员长蒋钧鉴：资源委员会经办对苏易货矿产品第三十六批，计钨砂一千吨、锡二百吨，已于本月二十五日在仰光装妥苏轮 Mayakovsky 运往海参崴。除另呈报孔副院长外，谨此电呈钧鉴。职翁文灏（印）叩。艳二资机。

批示：复"悉"。

〔《矿业管理（七）》（1941 年 10 月 8 日至 1942 年 4 月 19 日）：1131/1032.01 –07/249/001113100A007〕

翁文灏电呈与苏联商务代表洽商由苏方接管存港矿品事宜
（1941 年 12 月 13 日）

委员长蒋钧鉴：查资源委员会经办对苏易货矿产品，除大部分系在仰光交运外，香港方面亦随时由内地航空运输少数矿品备交。此次日美战争突然爆发，本会存港矿品计有钨砂三百吨、锡品一百三十五吨、锑品二十吨及铋砂五吨。原已洽定苏轮 Tymlat 号，约本月十一日左右可以到港接运，惟战事发生后，苏轮不能进港。为防该项矿品万一陷入敌手起见，经与苏联驻渝商务代表迭次磋商，请其代为接管，设法运出。苏方对于接管该项矿品已表同意，并谓目前尚有苏轮在香港修理，拟即暂存该轮，将来候机运出。但所有因不可抗力而生之损失，苏方不负责任。此事经双方洽定后，即分别电致驻港人员照办。惟该项矿品究否能安全运出，须视苏日关系之演变而定。谨先电陈，敬祈鉴核。职翁文灏叩。元资机。

〔《矿业管理（七）》（1941 年 10 月 8 日至 1942 年 4 月 19 日）：1131/1032. 01 -07/249/001113100A007〕

翁文灏电呈资委会经办运苏易货矿产品西北方面
第十六至十七批交货情形
（1941 年 12 月 23 日）

委员长蒋钧鉴：资源委员会经办对苏易货矿产品西北方面第十六批，计锡品四十八吨；第十七批计钨砂八十七吨，已先后于本月十六、十八两日在哈密交货。除另呈报孔副院长外，谨此电陈钧鉴。职翁文灏（印）叩。漾资机。

批示：复"悉"。

〔《矿业管理（七）》（1941 年 10 月 8 日至 1942 年 4 月 19 日）：1131/1032. 01 -07/249/001113100A007〕

翁文灏电呈资委会经办运苏易货矿产品第三十七批
及西北方面第十八批交货情形
（1942 年 1 月 20 日）

委员长蒋钧鉴：资源委员会经办对苏易货矿产品第三十七批，计钨砂一千吨、纯锑七十吨、纯锡四千四百吨及水银四十吨，已装苏轮 Igarka 号，于一月十四日由仰光驶往波斯湾之 Bendershajhbur 转运苏联。又西北方面第十八批计钨砂二十八吨，已于上年十二月二十七日在哈密交货。除另呈报孔副院长外，谨此电陈钧鉴。职翁文灏（印）叩。哿资机。

〔《矿业管理（七）》（1941 年 10 月 8 日至 1942 年 4 月 19 日）：1131/1032. 01 -07/249/001113100A007〕

翁文灏电呈资委会经办运苏易货矿产品西北方面
第十九至二十批交货情形
（1942 年 1 月 31 日）

委员长蒋钧鉴：资源委员会经办对苏易货矿产品西北方面第十九批，计钨砂五十吨；第二十批计钨砂三十五吨，已先后于一月二十、二十一日在哈密交货。除另呈报孔副院长外，谨此电陈钧鉴。职翁文灏（印）叩。世一资机。

〔《矿业管理（七）》（1941 年 10 月 8 日至 1942 年 4 月 19 日）：1131/1032.01 - 07/249/001113100A007〕

翁文灏电呈资委会经办运苏易货矿产品西北方面
第二十一至二十二批交货情形
（1942 年 2 月 16 日）

委员长蒋钧鉴：资源委员会经办对苏易货矿产品西北方面第二十一批，计钨砂六十六吨；第二十二批计钨砂四十一吨，已于本月四、五两日在哈密交货。除另呈报孔副院长外，谨此电陈钧鉴。职翁文灏（印）叩。铣资机。

〔《矿业管理（七）》（1941 年 10 月 8 日至 1942 年 4 月 19 日）：1131/1032.01 - 07/249/001113100A007〕

翁文灏等呈报存港矿品全部陷敌情形
（1942 年 4 月 28 日）

委员长蒋钧鉴：查资源委员会经办对苏易货矿产品，除大部分在仰光交货外，随时由内地航空运往。香港方面在太平洋战事发生时，计存有钨砂三百吨、锡品一百三十五吨、锑品二十吨及铋砂五吨。早经洽定接运上项矿品之苏轮 Tymlat 号，因战事发生，未能进港。旋由此间与苏联驻渝商务代表迭次磋商，请其代为接管上项矿品，设法运出。苏方代表表示同意，电港照办。经将上述情形于去年十二月元日电呈鉴核在案。现本会驻港国外贸易事务所人员由港撤退来渝。据其报告：香港战事发生时，该所郭所长子勋曾向苏联驻港代表洽商接收存港矿品，惟苏方代表以未接驻渝代表之命令为词，拒绝接收。盖以当时渝港电报不能畅通，苏方驻渝代表所发电令或未能到达香港，以致该地失陷后，前项矿品全部陷敌。谨此电陈，敬祈鉴核。职翁文灏（印）、钱昌照（印）叩。俭资机。

〔《矿业管理（七）》（1941 年 10 月 8 日至 1942 年 4 月 19 日）：1131/1032.01－07/249/001113100A007〕

翁文灏电呈资委会经办运苏易货矿产品西北方面
第二十三至二十四批交货情形
（1942 年 7 月 21 日）

委员长蒋钧鉴：资源委员会经办对苏易货矿产品西北方面第二十三批，计钨砂壹吨；第二十四批计钨砂二十吨，已先后于三月十七日、四月二十一日在哈密交货。除另呈报孔副院长外，谨此电陈钧鉴。职翁文灏（印）叩。箇资机。

〔《矿业管理（七）》（1941 年 10 月 8 日至 1942 年 4 月 19 日）：1131/1032.01－07/249/001113100A007〕

翁文灏电呈资委会经办运苏易货矿产品西北方面
第二十五至二十七批交货情形
（1942 年 8 月 5 日）

委员长蒋钧鉴：资源委员会经办对苏易货矿产品西北方面第二十五批，计钨砂五十五吨、锡品三吨；第二十六批计钨砂八十一吨；第二十七批计钨砂十一吨，已先后于七月十一、二十六、二十七三日在哈密交货。除另呈报孔副院长外，谨此电陈钧鉴。职翁文灏（印）叩。微资机。

〔《矿业管理（七）》（1941 年 10 月 8 日至 1942 年 4 月 19 日）：1131/1032.01－07/249/001113100A007〕

翁文灏电呈资委会经办运苏易货矿产品第三十八批
及西北方面第三十至三十二批交货情形
（1942 年 10 月 9 日）

委员长蒋钧鉴：资源委员会经办对苏易货矿产品第三十八批，计汞品四十八吨，已于九月十一日在昆明交货。又西北方面第三十批，计钨砂五十八吨；第三十一批计钨砂四十一吨；第三十二批计钨砂八十一吨、锡品十三吨，已先后于九月九、二十、二十八日在哈密交货。除另呈报孔副院长外，谨此电陈钧鉴。职翁文灏（印）叩。佳资机。

〔《矿业管理（七）》（1941 年 10 月 8 日至 1942 年 4 月 19 日）：1131/1032.01 – 07/249/001113100A007〕

翁文灏电呈资委会经办运苏易货矿产品第二十九至三十批
及西北交货第四批至第八批交货暨收支情形
（1942 年 10 月 17 日）

委员长蒋钧鉴：资源委员会经办对苏易货矿产品第二十九批，计锡品七十五吨，于上年十月十九日装苏轮 Maikop 号由香港运往海参崴。第三十批计钨砂二百九十九吨，于十一月四日装苏轮 Timlat 号由香港运往海参崴。又西北交货第四批，计钨砂六十二吨，先后于上年五月二十九、三十日，六月二十、二十七日及七月十五日在哈密交货；第五批计锡品五十吨，先后于七月十五日、九月十二日及十月六日在哈密交货；第六批计锡品四十八吨，于十二月十六日在哈密交货；第七批计钨砂壹佰十四吨，先后于十二月十八、二十七日在哈密交货；第八批计钨砂一百九十三吨，先后于本年一月二十、二十一日，二月四、五日及三月十七日在哈密交货，均经分别呈报有案。所有收支帐目，现已结算清楚，各项单据亦经检齐。又第二十八批矿产品价款，前已呈奉核销一部分。嗣因改订易货价，所有补发之价款，计共国币二百十四万七千八百十四元九角八分，帐目亦已结清，单据并亦检齐。计共收入国库拨发上年十、十一、十二各月份购办矿产品基金国币三千七百七十五万元，及第一批至第二十八批及西北交货第一批至第三批余款八千四百八十八万二千四百三十元八角五分，计共国币壹万万二千二百六十三万二千四百三十元八角五分。共付购置以上各批矿产品价款国币二千二百三十五万七千九百三十元一角五分。收支相抵，尚余国币一万万零二十七万四千五百元七角，经拨充预付收购矿产品之用。俟正式交货后，再行呈报核销关于补发第二十八批一部分价款，及购办第二十九、三十两批及西北交货第四批至第八批矿产品收支情形。除将收支对照表另呈孔副院长外，理合检同收支对照表一纸、单据十一纸，电呈钧鉴。谨祈准予核销，令示祗遵，并乞仍将单据发还，以备查考为叩。职翁文灏（印）叩。篠资机。

附呈收支对照表一纸、单据十一纸。

〔《矿业管理（七）》（1941 年 10 月 8 日至 1942 年 4 月 19 日）：1131/1032.01 - 07/249/001113100A007〕

蒋中正为资委会对苏易货矿产品交货及收支情形致翁文灏代电
（1942 年 10 月 21 日）

经济部翁部长勋鉴：三十一年十月篠资机代电办理对苏易货矿产品港、仰交货第一批至第二十八批及西北交货第一批至第三批，收支价款结余国币壹万万零二十七万四千五百元七角，以及补发第二十八批一部分价款，及购办第二十九、三十两批及西北交货第四批至第八批矿产品收支情形暨所附对照表、单据等件均悉。中〇。酉马侍秘。单据十一纸发还。

〔《矿业管理（七）》（1941 年 10 月 8 日至 1942 年 4 月 19 日）：1131/1032.01 - 07/249/001113100A007〕

翁文灏电呈资委会经办运苏易货矿产品西北方面
第三十三至三十六批交货情形
（1942 年 11 月 17 日）

委员长蒋钧鉴：资源委员会经办对苏易货矿产品西北方面第三十三

批，计钨砂壹百十八吨；第三十四批计钨砂壹百七十一吨；第三十五批计钨砂五十六吨、水银二十三吨；第三十六批计钨砂五十三吨，已先后于十月二十三、二十四、二十五日及十一月二日在猩猩峡交货。除另呈报孔副院长外，谨此电陈钧鉴。职翁文灏（印）叩。篠资机。

〔《矿业管理（七）》（1941 年 10 月 8 日至 1942 年 4 月 19 日）：1131/1032. 01 – 07/249/001113100A007〕

翁文灏电呈资委会经办运苏易货矿产品第三十一
至三十四批交货暨收支情形
（1942 年 11 月 23 日）

委员长蒋钧鉴：资源委员会经办对苏易货矿产品第三十一批，计钨砂六百四十一吨、纯锑二百二十九吨、锡品壹百六十三吨，于上年十月八日装苏轮 Tymlat 号由仰光运往海参崴。第三十二批计钨砂九百七十三吨、锡品壹百二十三吨，于上年十一月二十五日装苏轮 Mayakovsky 号由仰光运往海参崴。第三十三批计钨砂九百八十九吨、纯锑六十八吨、锡品二十三吨、水银四十一吨，于本年一月十四日装苏轮 Igarka 号由仰光运往 Basra①。第三十四批计水银四十八吨，于九月十一日在昆明交货。均经分别呈报有案。除第三十一批内滇锡壹百三十七吨，计价款三百八十三万五千七百三十九元六角；第三十二批内滇锡七十七吨，计价款二百四十四万八千七百七十一元二角；及第三十三批内滇锑二吨，计价款二万四千零十四元，滇锡四百十八吨，计价款壹千三百三十六万二千六百四十三元二角，系在财政部直拨本会云南出口矿产品运销处收购滇锡基金内垫付，当另案报销，未予列入外，其余所有收支帐目，均已结算清楚。各项单据，亦经检齐。计共收入国库拨发本年一至十各月份购办矿产品基金国币壹万二千九百八十万元，及第一批至第三十批及西北交货第一批至第八批余款壹万零零二十七万四千五百元零七角，计共国币二万三千零零七万四千五百元零七角。共付购置以上各批矿产品

---

① 即伊拉克东南部港口巴士拉。

价款国币七千一百九十九万三千一百三十元六角五分。收支相抵，尚余国币壹万五千八百零八万一千三百七十元零五分，经拨充预付收购矿产品之用。俟正式交货后，再行呈报核销关于购办第三十一、三十二、三十三、三十四各批矿产品收支情形。除将收支对照表另呈孔副院长外，理合检同收支对照表二纸、单据八纸，电呈钧鉴。谨祈准予核销，令示祗遵，并乞仍将单据发还，以备查考为叩。职翁文灏（印）叩。梗资机。

附呈收支对照表二纸、单据八纸。

〔《矿业管理（七）》（1941 年 10 月 8 日至 1942 年 4 月 19 日）：1131/1032.01 - 07/249/001113100A007〕

翁文灏电呈资委会经办运苏易货矿产品第三十九批
及西北方面第三十七至四十批交货情形
（1943 年 1 月 9 日）

委员长蒋钧鉴：资源委员会经办对苏易货矿产品第三十九批，计水银六十四吨，已于上年十二月十一日在昆明交货。又西北方面第三十七批，计钨砂一百七十九吨、水银八吨；第三十八批计钨砂一百七十一吨；第三十九批计钨砂九十四吨、水银七吨；第四十批计钨砂二十一吨，已先后于上年十一月二十日及十二月十、十四、二十各日在猩猩峡交货。除另呈报孔副院长外，谨此电陈钧鉴。职翁文灏叩。佳资机。

〔《矿业管理（七）》（1941 年 10 月 8 日至 1942 年 4 月 19 日）：1131/1032.01 - 07/249/001113100A007〕

翁文灏电呈资委会经办运苏易货矿产品第四十批
及西北方面第四十一至四十三批交货情形
（1943 年 2 月 12 日）

委员长蒋钧鉴：资源委员会经办对苏易货矿产品第四十批，计滇锡七百六十九吨，已于一月二日在昆明交货。又西北方面第四十一批，计钨砂一百四十吨、锡品十吨、水银二吨；第四十二批计钨砂一百七十八吨；第四十三批计钨砂二十吨，已先后于一月十二日及二月三日、四日在猩猩峡交货。除另呈报孔副院长外，谨此电陈钧鉴。职翁文灏（印）叩。文资机。

〔《矿业管理（七）》（1941 年 10 月 8 日至 1942 年 4 月 19 日）：1131／1032.01－07／249／001113100A007〕

翁文灏电呈资委会经办运苏易货矿产品第四十一批
及西北方面第四十四批交货情形
（1943 年 2 月 17 日）

委员长蒋钧鉴：资源委员会经办对苏易货矿产品第四十一批，计滇锡三百零六吨，已于本月七日至十三日在昆明交货。又西北方面第四十四批，计钨砂一百零七吨，于本月六日在猩猩峡交货。除另呈报孔副院长外，谨此电陈钧鉴。职翁文灏（印）叩。篠资机。

〔《矿业管理（七）》（1941 年 10 月 8 日至 1942 年 4 月 19 日）：1131／1032.01－07／249／001113100A007〕

翁文灏电呈资委会经办运苏易货矿产品西北方面
第四十五至四十七批及昆明滇锡交货情形
（1943 年 3 月 9 日）

委员长蒋钧鉴：资源委员会经办对苏易货矿产品西北方面第四十五批，计钨砂六十吨；第四十六批计钨砂七十五吨；第四十七批计钨砂一百十九吨，已先后于二月十九、二十四及二十八日在猩猩峡交货。又二月二十六及二十七日在昆明共交滇锡二批，计一百五十四吨。除另呈报孔副院长外，谨此电陈钧鉴。职翁文灏（印）叩。佳资机。

〔《矿业管理（七）》（1941 年 10 月 8 日至 1942 年 4 月 19 日）：1131／1032.01－07／249／001113100A007〕

翁文灏电呈资委会经办运苏易货矿产品昆明及西北方面交货情形
（1943 年 4 月 14 日）

委员长蒋钧鉴：资源委员会经办对苏易货矿产品，自二月二十八日至三月十五日在昆明共交滇锡十五批，计八百六十六吨；三月二十日交水银一批，计三十一吨。西北方面，四月二日在猩猩峡交钨砂一批，计九十一吨。除另呈报孔副院长外，谨此电陈钧鉴。职翁文灏（印）叩。寒资机。

〔《矿业管理（七）》（1941 年 10 月 8 日至 1942 年 4 月 19 日）：1131/1032.01－07/249/001113100A007〕

翁文灏电呈资委会经办运苏易货矿产品西北方面
第四十九至五十批交货情形
（1943 年 5 月 24 日）

委员长蒋钧鉴：资源委员会经办对苏易货矿产品西北方面第四十九批，计钨砂七十五吨；第五十批计钨砂一百二十吨，已先后于五月三日及五日在猩猩峡交货。除另呈报孔副院长外，谨此电陈钧鉴。职翁文灏（印）叩。敬资机。

〔《矿业管理（七）》（1941 年 10 月 8 日至 1942 年 4 月 19 日）：1131/1032.01－07/249/001113100A007〕

翁文灏电呈资委会经办运苏易货矿产品西北方面
第五十一至五十二批交货情形
（1943 年 7 月 8 日）

委员长蒋钧鉴：资源委员会经办对苏易货矿产品西北方面第五十一批，计钨砂二十七吨；第五十二批计钨砂一百二十七吨，已先后于五月十日及六月十三日在猩猩峡交货。除另呈报孔副院长外，谨此电陈钧鉴。职翁文灏（印）叩。齐资机。

〔《矿业管理（七）》（1941 年 10 月 8 日至 1942 年 4 月 19 日）：1131/1032.01－07/249/001113100A007〕

翁文灏电呈资委会经办运苏易货矿产品西北方面第九
至十八批及航运第三十五至四十批交货情形
（1943 年 8 月 12 日）

委员长蒋钧鉴：资源委员会经办对苏易货矿产品第一至第三十四批

及西北交货第一至第八批收支帐目，业经先后分别呈报有案。现西北交货第九批，计钨砂二百六十六吨，已先后于上年四月二十一日至九月一日在哈密交货。第十批计平桂锡三吨，于七月八日在哈密交货。第十一批计钨砂五十八吨，于九月九日在哈密交货。自第十二批起，交货地点由哈密改为猩猩峡。计第十二批钨砂五百二十吨、平桂锡十三吨、水银二十三吨，先后于上年九月二十日至十一月二日交货。第十三批计钨砂一百七十九吨、水银九吨，于十一月二十日交货。第十四批计钨砂二百八十五吨、水银七吨，先后于十二月十日至二十日交货。第十五批计钨砂一百四十吨、平桂锡十吨、水银二吨，于本年一月十二日交货。第十六批计钨砂五百六十一吨，先后于二月三日至二十四日交货。第十七批计钨砂九十一吨，于四月二日交货。第十八批计钨砂二百二十三吨，先后于五月三日至十日交货。又航运交货第三十五批，计水银六十八吨，于上年十一月二十日在昆明交货。第三十六批计滇锡七百六十九吨，于同年十二月内在昆明交货。第三十七批计滇锡三百零六吨，先后于本年二月七日至十二日在昆交货。第三十八批计滇锡一千零二十吨，先后于三月二日至十五日在昆交货。第三十九批计水银三十一吨，于三月二十日在昆交货。第四十批计滇锡七百零九吨，先后于三月二十五日至四月二十五日在昆交货。又西北交货第一至第八批钨砂，过去仅先按六十五度结算价款，其超成份部分因未有化验根据，经与苏方商定，即以以往海运所交钨砂之平均成份作为结算之标准，一并列表呈报。又航运交货第三十四批之水银价款，原经报销有案。惟该批在昆明定疆间之兵险保费，上次未经列入，兹亦一并补为列报。以上各批收支帐目均已结清，各项单据并亦检齐。计收到国库拨发上年十一月份及本年一月至四月份购办运苏矿产品价款国币二万零二百三十万元，连同以前港、仰、昆交货第三十一至三十四批余款国币一万五千八百零八万一千三百七十元零五分，共计国币三万六千零三十八万一千三百七十元零五分。其支出部分，除第三十六批滇锡七百六十九吨，计价款国币六千一百五十万零一千三百五十二元系在财政部直拨本会云南出口矿产品运销处收购滇锡基金内垫付，当另案报销，未予列入外，计共付购置其余矿产品价款国币三万二千五百四十八万零四百三十六元五角。收支相抵，尚余国币三千四百九十万零九百三十三元五角五分，经拨充预付收购矿产品之用。侯正式交货后，再行呈报核销关于前陈各批价款收支情形。除将收支对照表另呈孔副院长外，理合检同收支对照表三纸、单据二十九纸，电呈钧鉴。谨祈准予核销，令示袛遵，并乞仍将单据发还，以备查考为叩。职翁文灏（印）叩。文资机。

附呈收支对照表三纸、单据二十九纸。

〔《矿业管理（七）》（1941 年 10 月 8 日至 1942 年 4 月 19 日）：1131/1032. 01 – 07/249/001113100A007〕

翁文灏电呈资委会经办运苏易货矿产品西北交货
第五十三至五十八批交货情形
（1943 年 9 月 3 日）

委员长蒋钧鉴：资源委员会经办对苏易货矿产品西北方面第五十三批，计钨砂一百一十四吨；第五十四批计钨砂七十八吨；第五十五批计钨砂六十一吨；第五十六批计钨砂六十一吨；第五十七批计钨砂七十八吨；第五十八批计钨砂五十吨，已先后于七月二十五日、二十七日，八月二日、十日、十八日、十九日在猩猩峡交货。除另呈报孔副院长外，谨此电陈钧鉴。职翁文灏（印）叩。江资机。

〔《矿业管理（七）》（1941 年 10 月 8 日至 1942 年 4 月 19 日）：1131/1032. 01 – 07/249/001113100A007〕

翁文灏电呈资委会经办运苏易货矿产品昆明方面
及西北方面第五十九至六十一批交货情形
（1943 年 9 月 27 日）

委员长蒋钧鉴：资源委员会经办对苏易货矿产品，自三月二十五日至五月二十二日，在昆明共交滇锡三十三批，计一千四百十七吨。西北方面，第五十九批计钨砂五十吨；第六十批计钨砂一百零九吨；第六十一批计钨砂九十五吨，已先后于八月二十三及九月四、十日在猩猩峡交货。除另呈报孔副院长外，谨此电陈钧鉴。职翁文灏（印）叩。感资机。

〔《矿业管理（七）》（1941 年 10 月 8 日至 1942 年 4 月 19 日）：1131/
1032. 01 - 07/249/001113100A007〕

翁文灏电呈资委会经办运苏易货矿产品西北方面
第六十二至六十四批交货情形
（1943 年 10 月 15 日）

委员长蒋钧鉴：资源委员会经办对苏易货矿产品西北方面第六十二批，计钨砂八十三吨；第六十三批计钨砂一百五十九吨；第六十四批计钨砂二十四吨，已先后于八月二十九、九月三十日及十月六日在猩猩峡交货。除另呈报孔副院长外，谨此电陈钧鉴。职翁文灏（印）叩。删资机。

〔《矿业管理（七）》（1941 年 10 月 8 日至 1942 年 4 月 19 日）：1131/
1032. 01 - 07/249/001113100A007〕

翁文灏电呈资委会经办运苏易货矿产品第四十七
至四十八批及西北方面第六十五批交货情形
（1943 年 11 月 19 日）

委员长蒋钧鉴：资源委员会经办对苏易货矿产品第四十七批，计滇锡二百零五吨；第四十八批计水银二吨，已先后于六月二十六至三十日及七月七日在昆明交货。又西北方面第六十五批，计钨砂五十一吨，已于十月三十日在猩猩峡交货。除另呈报孔副院长外，谨此电陈钧鉴。职翁文灏（印）叩。效资机。

〔《矿业管理（七）》（1941 年 10 月 8 日至 1942 年 4 月 19 日）：1131/
1032. 01 - 07/249/001113100A007〕

翁文灏电呈资委会经办运苏易货矿产品西北方面
第六十六至六十八批交货情形
（1943 年 12 月 6 日）

委员长蒋钧鉴：资源委员会经办对苏易货矿产品西北方面第六

十六批，计钨砂二十吨；第六十七批计钨砂二十五吨；第六十八批计钨砂二十五吨，已先后于十一月九、十六及十八日在猩猩峡交货，除另呈报孔副院长外，谨此电陈钧鉴。职翁文灏（印）叩。鱼资机。

〔《矿业管理（七）》（1941 年 10 月 8 日至 1942 年 4 月 19 日）：1131/1032. 01－07/249/001113100A007〕

翁文灏电呈对美对苏易货矿产品所交滇锡滇钨及滇锑收支情形
（1943 年 12 月 17 日）

委员长蒋钧鉴：资源委员会经办对美、对苏偿债易货矿产品，其中所交滇锡、滇钨及滇锑部分，自二十九年年初起至三十一年年底止，各批价款均系在财政部直拨本会云南出口矿产品运销处收购滇锡基金内支付。计对美方面，前后在香港、海防、仰光及昆明共交滇锡、滇钨及滇锑二十一批。对苏方面，前后在香港、仰光及昆明共交滇锡及滇钨十批。其交货情形，前经陆续呈报有案，谨再另列清表附呈。现各批收支帐目，业已全部结清，各项单据并经检齐。计收到财政部直拨本会云南出口矿产品运销处收购滇锡基金对美国币三万八千六百二十九万八千三百四十元零八角二分，对苏国币一万八千八百万元，对英国币五千零六十六万七千二百五十七元，共计国币六万零四百九十六万五千五百九十七元八角二分。其支出部分，计付购置上列矿产品价款：对美国币二万一千五百四十六万零一百八十七元一角二分，对苏国币一万一千二百八十万零六百四十九元八角九分，共计国币三万二千八百二十六万零八百三十七元零一分。收支相抵，尚余国币二万七千六百七十万零四千七百六十元八角一分，已移作三十二年起以后购置交货矿产品之用。所有以上价款收支情形，除将交货清单及收支对照表另呈孔副院长外，理合检同交货清单一纸、收支对照表三纸、单据三十五纸，电陈钧鉴。谨祈准予核销，令示祗遵，并乞仍将单据发还，以备查考为叩。职翁文灏（印）叩。篠资机。

附呈交货清单一纸、收支对照表三纸、单据三十五纸。

附 二十九年至三十一年对美对苏各批滇锡滇钨滇锑交货清单

一、对美

批数	矿品种类	数量（公吨）	交货运出日期	装运船名	运出地点
1	滇锡	508.7227	1940 年 1 月 13 日	President Coolidge	香港
2	滇锡	300.0916	1940 年 4 月 24 日	Pierce	香港
3	滇锡	300.2858	1940 年 5 月 18 日	City of Los Angeles	香港
4	滇锡	500.1152	1940 年 6 月 5 日	Cleveland	香港
5	滇锡	699.7873	1940 年 6 月 20 日	Pierce	香港
6	滇锡	150.3021	1940 年 7 月 12 日	President Coolidge	香港
7	滇锡	313.3584	1940 年 8 月 22 日	Oregonian	海防
2	滇锡	204.2566	1941 年 3 月 11 日	Steel Exporter	仰光
3	滇钨	370.77656	1941 年 4 月 5 日	Western Queen	仰光
4	滇锡	762.8558	1941 年 5 月 3 日	Honolulan	仰光
6	滇锑	48.5201	1941 年 6 月 8 日	Steel Mariner	仰光
7	滇锡	200.0036	1941 年 7 月 13 日	K. I. Luckenbach	仰光
8	滇锡	200.0032	1941 年 7 月 20 日	Exminster	仰光
9	滇锡	100.0381	1941 年 8 月 11 日	Ann Skakel	仰光
10	滇锡	260.1043	1941 年 9 月 21 日	Puertorican	仰光
11	滇锡	450.7362	1941 年 11 月 5 日	Steel Traveller	仰光
12	滇锡	971.8249	1941 年 12 月 23 日	Chent	仰光
13	滇锡	1.545.7298	1942 年 1 月 17 日	Tulsa	仰光
	滇钨	29.5044	1942 年 1 月 17 日	Tulsa	仰光
14	滇锡	459.6227	1942 年 1 月 29 日	Daystar	仰光
	滇钨	4.9728	1942 年 1 月 29 日	Daystar	仰光
2	滇锡	46.5663	1942 年 5 月 31 日至 6 月 17 日		昆明航运
6	滇锡	179.2713	1942 年 12 月 10 日至 30 日		昆明航运

二、对苏

批数	矿品种类	数量（公吨）	交货运出日期	装运船名	运出地点
19	滇锡	75.0086	1940 年 7 月 19 日	Ramona	香港
20	滇锡	20.0083	1940 年 12 月 8 日	Turksib	香港
22	滇锡	1.360.3340	1941 年 4 月 19 日	Igarka	仰光
24	滇锡	37.8762	1941 年 6 月 22 日	Volga	仰光
27	滇锡	151.2423	1941 年 8 月 16 日	Maxim Gorky	仰光
31	滇锡	136.9907	1941 年 10 月 8 日	Tymlat	仰光
32	滇锡	76.5241	1941 年 11 月 25 日	Mayakovsky	仰光
33	滇锡	417.5826	1942 年 1 月 14 日	Igarka	仰光
36	滇锑	2.4014	1942 年 1 月 14 日	Igarka	仰光
	滇锡	768.7669	1942 年 12 月		昆明航运
18	滇锡（尾数）	0.0042	1940 年 6 月 19 日	Selenga	香港

〔《矿业管理（七）》（1941 年 10 月 8 日至 1942 年 4 月 19 日）：1131/
1032. 01－07/249/001113100A007〕

翁文灏电呈资委会经办运苏易货矿产品西北方面
第六十九至七十一批交货情形
（1943 年 12 月 21 日）

委员长蒋钧鉴：资源委员会经办对苏易货矿产品西北方面第六十九
批，计钨砂五十吨；第七十批计钨砂五十吨；第七十一批计钨砂二十五
吨，已先后于十一月二十七、二十八及三十日在猩猩峡交货。除另呈报
孔副院长外，谨此电陈钧鉴。职翁文灏（印）叩。箇资机。

〔《矿业管理（七）》（1941 年 10 月 8 日至 1942 年 4 月 19 日）：1131/
1032. 01－07/249/001113100A007〕

翁文灏电呈资委会经办运苏易货矿产品西北方面
第七十二至七十七批交货情形
（1944 年 1 月 8 日）

委员长蒋钧鉴：资源委员会经办对苏易货矿产品西北方面第七十二
批，计钨砂七十五吨；第七十三至七十七批，各计钨砂五十吨，已先后
于上年十二月十一、十三、十四、二十、二十三及二十六日在猩猩峡交
货。除另呈报孔副院长外，谨此电陈钧鉴。职翁文灏（印）叩。齐资机。

〔《矿业管理（七）》（1941 年 10 月 8 日至 1942 年 4 月 19 日）：1131/
1032. 01－07/249/001113100A007〕

翁文灏电呈资委会经办运苏易货矿产品
第四十九至五十六批交货情形
（1944 年 1 月 15 日）

委员长蒋钧鉴：资源委员会经办对苏易货矿产品第四十九批，计滇
锡三百七十八吨；第五十批计水银二十一吨；第五十一批计水银一吨；
第五十二批计水银十八吨；第五十三批计钨砂六百零二吨；第五十四批

计钨砂一百五十一吨；第五十五批计水银二十二吨；第五十六批计钨砂一百五十一吨，已先后于上年七月一至二十七日、三十一日，八月十九日，九月十六日，十一月五至二十四日、十五至二十二日，十二月七日及十二至十六日在昆明交货。除另呈报孔副院长外，谨此电陈钧鉴。职翁文灏（印）叩。删资机。

〔《矿业管理（七）》（1941 年 10 月 8 日至 1942 年 4 月 19 日）：1131/1032. 01 － 07/249/001113100A007〕

翁文灏电呈资委会经办运苏易货矿产品西北方面
第七十八至八十批交货情形
（1944 年 2 月 4 日）

委员长蒋钧鉴：资源委员会经办对苏易货矿产品西北方面第七十八批，计钨砂五十吨；第七十九批计钨砂二十五吨；第八十批计精锡十七吨，已先后于上年十二月二十八、二十九日及本年一月十二日在猩猩峡交货。除另呈报孔副院长外，谨此电陈钧鉴。职翁文灏（印）叩。支资机。

〔《矿业管理（七）》（1941 年 10 月 8 日至 1942 年 4 月 19 日）：1131/1032. 01 － 07/249/001113100A007〕

翁文灏电呈资委会经办运苏易货矿产品西北方面
第八十一至八十五批交货情形
（1944 年 2 月 16 日）

委员长蒋钧鉴：资源委员会经办对苏易货矿产品西北方面第八十一批，计钨砂二十五吨；第八十二批计钨砂五十吨；第八十三批计钨砂七十五吨；第八十四批计精锡三吨；第八十五批计钨砂七十五吨，已于一月十、十一、十四、十五及二十日先后在猩猩峡交货。除另呈报孔副院长外，谨此电陈钧鉴。职翁文灏（印）叩。铣资机。

〔《矿业管理（七）》（1941 年 10 月 8 日至 1942 年 4 月 19 日）：1131/1032. 01 － 07/249/001113100A007〕

翁文灏电呈资委会经办运苏易货矿产品西北方面
第八十六至八十七批交货情形
（1944 年 3 月 4 日）

委员长蒋钧鉴：资源委员会经办对苏易货矿产品西北方面第八十六批，计精锡三吨；第八十七批计精锡二十一吨，已于二月八日及二十三日先后在猩猩峡交货。除另呈报孔副院长外，谨此电陈钧鉴。职翁文灏（印）叩。支资机。

〔《矿业管理（七）》（1941 年 10 月 8 日至 1942 年 4 月 19 日）：1131/1032.01 – 07/249/001113100A007〕

翁文灏电呈资委会经办运苏易货矿产品西北方面第八十八
至九十二批及西南方面第五十七至五十八批交货情形
（1944 年 3 月 24 日）

委员长蒋钧鉴：资源委员会经办对苏易货矿产品西北方面第八十八批，计钨砂五十吨；第八十九批计钨砂二十五吨；第九十批计钨砂五十吨；第九十一批计钨砂七十五吨；第九十二批计钨砂七十五吨，已于二月九日、二十一日及二十六日先后在猩猩峡交货。西南方面第五十七批，计钨砂二百七十五吨；第五十八批计钨砂九百二十七吨，已于一月二十日至三十一日及二月一日至二十五日先后在昆明交货。除另呈报孔副院长外，谨此电陈钧鉴。职翁文灏（印）。迥资机。

〔《矿业管理（七）》（1941 年 10 月 8 日至 1942 年 4 月 19 日）：1131/1032.01 – 07/249/001113100A007〕

翁文灏电呈资委会经办运苏易货矿产品
西北方面及昆明方面交货情形
（1944 年 4 月 12 日）

委员长蒋钧鉴：资源委员会经办对苏易货矿产品，三月份内，西北方面共交货八批，计钨砂二百吨；昆明方面共交货二十三批，计钨砂五百七十六吨。除另呈报孔副院长外，谨此电陈钧鉴。职翁文灏（印）叩。文资机。

〔《矿业管理（七）》（1941 年 10 月 8 日至 1942 年 4 月 19 日）：1131/1032.01 – 07/249/001113100A007〕

翁文灏电呈资委会经办运苏易货矿产品猩猩峡及昆明交货情形
（1944 年 5 月 15 日）

委员长蒋钧鉴：资源委员会经办对苏易货矿产品，四月份内，在猩猩峡交货一批，计钨砂二十五吨；在昆明共交货十三批，计钨砂二百五十一吨及水银五十吨。除另陈报孔副院长外，谨此电陈钧鉴。职翁文灏（印）叩。删资机。

〔《矿业管理（七）》（1941 年 10 月 8 日至 1942 年 4 月 19 日）：1131/1032.01 – 07/249/001113100A007〕

翁文灏电呈资委会经办运苏易货矿产品猩猩峡及昆明交货情形
（1944 年 6 月 12 日）

委员长蒋钧鉴：资源委员会经办对苏易货矿产品，五月份内，在猩猩峡共交钨砂一百五十吨；在昆明共交钨砂六百吨。除另陈报孔副院长外，谨此电陈钧鉴。职翁文灏（印）叩。文资机。

〔《矿业管理（七）》（1941 年 10 月 8 日至 1942 年 4 月 19 日）：1131/1032.01 – 07/249/001113100A007〕

翁文灏电呈资委会经办运苏易货矿产品交货情形
（1944 年 10 月 21 日）

委员长蒋钧鉴：资源委员会经办对苏易货矿产品，六月份内，在猩猩峡共交钨砂一百吨；在昆明共交钨砂四百吨。七月份，在猩猩峡交钨砂七十五吨及精锡十三吨；在昆明交钨砂五百零一吨及汞十八吨。八月份，在猩猩峡交钨砂七十五吨及精锡二十吨；在昆明交钨砂五百零一吨；在重庆交铋砂十吨。九月份，在猩猩峡交钨砂一百五十吨及精锡八十六吨；在昆明交钨砂四百五十一吨及汞八吨。除另陈报孔副院长外，谨此电陈钧鉴。职翁文灏（印）叩。马资机。

〔《矿业管理（七）》（1941 年 10 月 8 日至 1942 年 4 月 19 日）：1131/1032. 01 – 07/249/001113100A007〕

翁文灏呈报一九四三至一九四四年度对苏应交钨砂已如数交足
（1944 年 11 月 6 日）

（事由）呈报一九四三至一九四四年度对苏应交钨砂四千五百吨，已先期如数交足，报请鉴由。

谨呈者：资源委员会经办对苏易货矿产品，在一九四三年十月三十日至一九四四年十月三十一日之年度内，按照合同，共应交钨砂三千五百吨。嗣以苏方与我方开始谈判第三次美金五千万元贷款之偿还事宜，苏联商务代表迭来，要请于本年度内增交钨砂一千吨，作为预偿第三次贷款本息之用。当经呈奉孔副院长批示照办，并于本年六月二十八日呈报钧座，奉七月一日侍秘字第二三二二五号午先代电阅悉在案。综计本年度内共应交苏钨砂为四千五百吨，经督饬赶运赶交，已于本年十月二十八日先期交足，克维债信。理合报请钧鉴。谨呈
委员长蒋

职 翁文灏（印）

〔《矿业管理（七）》（1941 年 10 月 8 日至 1942 年 4 月 19 日）：1131/1032. 01 – 07/249/001113100A007〕

翁文灏电呈资委会经办运苏易货矿产品昆明方面第四十一至
六十一批及西北方面第十九至三十三批交货暨收支情形
（1944 年 12 月 7 日）

委员长蒋钧鉴：资源委员会经办对苏易货矿产品收支帐目前经分别呈报至昆明交货第四十批止、西北交货第十八批止各在案。现自昆明所交第四十一批至第六十一批及西北所交第十九批至第三十三批，除交货情形前已陆续呈报，兹再开列清单附呈外，其收支帐目均经结清，各项

单据亦经检齐。计收到国库拨发上年五月至本年五月份购办运苏矿产品价款国币六万万七千二百三十五万九千元，连同以前昆明交货第三十四至四十批、西北交货第一至十八批余款国币三千四百九十万零九百三十三元五角五分，财政部直拨本会云南出口矿产品运销处收购滇锡基金余额转入国币五千五百十九万九千三百五十元一角一分，收购钨砂资金国币一万万元及领到扣新省对苏货款国币一千一百十三万二千一百零八元正，共计国币八万万七千三百五十九万一千三百九十一元六角六分。其支出部分，计共付收购前陈各批矿产品价款及垫付昆定间航运保险费，共国币八万万三千九百八十六万九千一百五十五元七角一分。收支相抵，尚余国币三千三百七十二万二千二百三十五元九角五分，经拨充预付收购矿产品之用。俟正式交货后，再行呈报核销关于前陈各批价款收支情形。除将收支对照表另呈孔副院长外，理合检同收支对照表四纸、单据六十七纸，电呈钧鉴。谨祈准予核销，令示祇遵，并乞仍将单据发还，以备查考为叩。职翁文灏（印）叩。虞资机。

附呈收支对照表四纸、单据六十七纸、清单二份。

附件一　昆明交苏第四十一批至第六十一批矿品交货清单

批数	矿品种类	数量（公吨）	交货日期
41	滇锡	252.7941	32. 4. 27 – 30
42	滇锡	454.3978	32. 5. 1 – 22
43	滇锡	204.9625	32. 6. 26 – 30
44	黔汞	2.4132	32. 7. 7
45	滇锡	378.0140	32. 7. 1 – 27
46	黔汞	20.6155	32. 7. 31
47	黔汞	1.3790	32. 8. 19
48	黔汞	17.9954	32. 9. 16
49	赣钨	602.0051	32. 11. 5 – 24
50	粤钨	150.5213	32. 11. 15 – 22
51	黔汞	22.0289	32. 12. 7
52	赣钨	150.8962	32. 12. 12 – 16
53	赣钨	275.4749	33. 1. 23 – 31

批数	矿品种类	数量（公吨）	交货日期
54	赣钨	926.8050	33.2,1−25
55	黔汞	50.0218	33.4.2−24
56	赣钨	375.7391	33.3.9−28
57	粤钨	199.8813	33.3.10−22
58	桂钨	25.2871	33.3.28
59	粤钨	24.9902	33.4.26
60	赣钨	225.6624	33.4.10−30
61	赣钨	575.4489	33.5.1−29
61	粤钨	25.1195	33.5.11

附件二　西北交苏第十九批至第三十三批矿品交货清单

批数	矿品种类	数量（公吨）	交货日期
19	赣钨	126.6680	32.6.13
20	赣钨	192.0810	32.7.25−27
21	赣钨	420.0183	32.8.2−29
22	赣钨	363.2290	32.9.4−30
23	赣钨	74.3750	32.10.6−30
24	赣钨	20.1248	32.11.9
25	赣钨	175.0000	32.11.16−30
26	赣钨	400.0000	32.12.11−29
27	平桂锡	20.4634	33.1.12−15
28	赣钨	225.0000	33.1.10−20
29	平桂锡	23.7646	33.2.8−23
30	赣钨	260.3432	33.2.23−26
	湘钨	14.6568	
31	赣钨	177.9135	33.3.6−25
	湘钨	9.4654	
	桂钨	12.6211	
32	赣钨	10.2301	33.4.2−16
	湘钨	5.8861	
	桂钨	8.8838	
33	赣钨	150.0000	33.5.20−28

〔《矿业管理（七）》（1941 年 10 月 8 日至 1942 年 4 月 19 日）：1131/
1032.01−07/249/001113100A007〕

翁文灏电呈资委会经办运苏易货矿产品昆明及宜宾方面
及猩猩峡交货暨收支情形
（1945 年 8 月 28 日）

委员长蒋钧鉴：资源委员会经办对苏易货矿产品收支帐目前经分别呈报至昆明交货第六十一批止、西北交货第三十三批止各在案。现自三十三年二月至三十四年一月在昆明所交第五十四批与第六十二批至六十八批、宜宾所交第一批至第四批及西北猩猩峡所交第三十四批至三十九批，除交货情形前已陆续呈报，兹再开列清单附呈外，其收支帐目均经结清，各项单据亦经检齐。计收到国币拨存各地公库上年六、七、八、九等月份及本年一月份购办对苏矿产品价款国币二万五千六百零九万一千元，连同以前西北交货第十九批至三十三批、昆明交货第四十一批至六十一批余款三千三百七十二万二千二百三十五元九角五分，共计二万八千九百八十一万三千二百三十五元九角五分。其支出部分，计共付收购前陈各批矿产品价款及垫付昆交航运保险费，共国币七万七千零五十二万六千二百二十三元八角六分。收支相抵，尚结欠国币四万八千零七十一万二千九百八十七元九角一分。关于前陈各批价款收支情形，理合检同收支对照表三纸、单据六十五纸，电陈钧鉴。谨祈准予核销，令示祗遵，并乞仍将单据发还，以备查考为叩。职翁文灏（印）叩。俭资机。

附呈收支对照表三纸、单据六十五纸、清单三份。

附件一　昆明交苏第五十四批 A 批及第六十二批
至第六十八批矿品交货清单

批数	矿品种类	数量（公吨）	交货日期
54A	赣钨	1.5027	1944 年 2 月
62	赣钨	375.3890	1944 年 6 月
62	粤钨	25.1274	1944 年 6 月
63	赣钨	501.0849	1944 年 7 月
63	黔汞	18.0989	1944 年 7 月
64	赣钨	501.8546	1944 年 8 月

批数	矿品种类	数量（公吨）	交货日期
65	赣钨	426. 2124	1944 年 9 月
65	湘钨	25. 0516	1944 年 9 月
65	黔汞	8. 0669	1944 年 9 月
66	赣钨	275. 9156	1944 年 10 月
66	湘钨	75. 1359	1944 年 10 月
66	粤钨	25. 0200	1944 年 10 月
66	桂钨	25. 0378	1944 年 10 月
67	赣钨	175. 4716	1944 年 11 月
67	湘钨	50. 1150	1944 年 11 月
67	湘钨	12. 5562	1944 年 11 月
67	桂钨	12. 5562	1944 年 11 月
67	黔汞	11. 9970	1944 年 11 月
68	赣钨	133. 5042	1945 年 1 月
68	湘钨	7. 8530	1945 年 1 月
68	粤钨	9. 1190	1945 年 1 月
68	黔汞	10. 8248	1945 年 1 月

附件二　　宜宾交苏第一批至第四批矿品交货清单

批数	矿品种类	数量（公吨）	交货日期
1	赣铋	10. 2540	1944 年 8 月
2	赣钨	78. 5105	1944 年 11 月
2	湘钨	70. 2725	1944 年 11 月
2	桂钨	24. 8095	1944 年 11 月
3	赣钨	109. 5385	1944 年 12 月
3	湘钨	19. 9685	1944 年 12 月
3	桂钨	38. 7440	1944 年 12 月
3	桂钨	1. 0205	1944 年 12 月
3	赣铋	0. 6142	1944 年 12 月
3	粤铋	7. 3858	1944 年 12 月
4	黔汞	7. 1706	1945 年 1 月

附件三　　　猩猩峡（西北）交苏第三十四批
至第三十九批矿品交货清单

批数	矿品种类	数量（公吨）	交货日期
34	赣钨	100.0000	1944 年 6 月
35	赣钨	75.0000	1944 年 7 月
35	桂锡	13.6202	1944 年 7 月
36	赣钨	50.0000	1944 年 8 月
36	湘钨	25.0000	1944 年 8 月
36	桂锡	20.4906	1944 年 8 月
37	赣钨	150.0000	1944 年 9 月
37	桂锡	86.2078	1944 年 9 月
38	赣钨	150.0000	1944 年 10 月
39	赣钨	139.8186	1944 年 11 月
39	湘钨	10.1814	1944 年 11 月
39	桂锡	8.7732	1944 年 11 月

〔《矿业管理（七）》（1941 年 10 月 8 日至 1942 年 4 月 19 日）：1131/
1032.01 - 07/249/001113100A007〕

三　中英金融与贸易

（一）中英钨砂贸易

翁文灏电呈资源委员会拟与英商福公司订立钨砂贸易合同事

（1938 年 11 月 17 日）

特急。

委员长蒋：南岳近密。近时形势，钨砂贸易前途深可忧虑，更恐日
方将图垄断。英商福公司愿与承办此事之资源委员会订立合同。附以函
件。内容要点如下：（1）英商福公司〔为〕赣、粤、湘三省钨砂出口贸
易代理人，为期十年。但不得售予任何对中国作战之国家。中国政府仍
可用钨砂交换他国货物或作为借款担保。（2）福公司应收出口钨砂价值
百分之一又半，作为经手费用，尽力推广销路，按月报告。中国政府得
随时派员查帐。（3）万一日本强力妨碍此合同之行施时，英国政府当公

开并强烈抗议，以期和平。时中国权力可以无损。以上办法已由福公司董事会函陈英国外交部，由该部主管司长贺武（即前任代办者）函复：已得外相同意，合同签定后当尽力护助。以上各节，送经面陈孔副院长，认为可以照签。明日英国大使①当与院长亲为商谈，声明英国方面意见。究竟是否可行，特电陈鉴核，敬乞训示为幸。职翁文灏叩。篠印。

〔《矿业管理（一）》（1936 年 3 月 7 日至 1942 年 4 月 8 日）：1131/1032.01 - 01/243/001113100A001〕

蒋中正为英商福公司承办钨砂贸易事致翁文灏代电
（1938 年 11 月 23 日）

重庆。

经济部翁部长：篠电悉。近密。英商福公司承办钨砂，订立合同各要点，可照准。中〇。梗湘侍参。

〔《矿业管理（一）》（1936 年 3 月 7 日至 1942 年 4 月 8 日）：1131/1032.01 - 01/243/001113100A001〕

翁文灏呈报中英洽商由英商福公司承办钨砂贸易情形
（1938 年 11 月 24 日）

南岳。

蒋委员长钧鉴：近密。篠日电陈拟托英商福公司为赣、粤、湘三省钨砂出口贸易代理人，中国仍可易货及借款，并由英政府设法护助各节，谅达钧鉴。巧日英大使见孔院长，面言英政府允为照办，合同及函件均可在英大使馆备案。孔院长当即同意，并言中国对福公司前在河南办煤矿，兹又承办此事，向极信任，定可善为合作，不负委托云云。并嘱职早日签定此项合约，似宜即行成立。特再电请示遵。职翁文灏叩。敬印。

〔《矿业管理（一）》（1936 年 3 月 7 日至 1942 年 4 月 8 日）：1131/1032.01 - 01/243/001113100A001〕

---

① 即卡尔爵士（Sir. Archibald John Kerr Clark）。

翁文灏呈请取消资源委员会与英商福公司订立之钨砂贸易合同

(1941 年 3 月 13 日)

谨签呈者：查资源委员会前为推广钨砂市场，发展国外贸易，并为预防日方垄断起见，曾于二十七年秋间与英商福公司商订代理钨砂出口贸易合同，委托该公司代理江西、湖南、广东三省钨砂之出口贸易。经呈奉钧座十一月二十三日梗湘侍参电准予照签，并于十一月二十六日双方正式签字各在案。按照该合同之规定，福公司对于代理之三省钨砂，应尽力推广销路。万一日本强力妨碍此合同之实施时，英国政府当公开并强烈抗议，以期和平时中国权利可以无损。该合同有效期间定为十年。自二十七年十一月二十六日签字实行以来，因赖福公司方面之努力合作，颇著绩效。惟年来我国对外新订借款，多指定以钨砂及其它矿产品抵付，因之对外所需易货偿债钨砂为数日多。以目前钨砂之产量及运输情形而论，每期运达出口口岸之数量，除供易货及偿债外，几无余量可资外销。查钨砂代理合同于二十七年订立时，原系以推广钨砂外销贸易为目的。及今情势变迁，外销暂时停顿，该合同成立之基本条件实已不复存在，佣金等于虚发。依据上述理由，因于最近与该公司经理贝安澜洽商提前取消该项合同办法。惟该合同依照规定满期尚有七年，为补偿该公司因提前取消合同结束办事费用起见，并提议一次付给该公司美金十万元。兹接贝安澜经理三月一日复函：电请该公司董事会决定。兹接电复，同意接受我方之提议，自即日起取消前订代理钨砂出口贸易合同等语。窃福公司自与资委会订立钨砂合同两年以来，向本友好精神，互助合作。此次因情势变更，致该合同已无存在之必要，经资委会提议提前取消。该公司尤能谅解一切，迅表同意，殊堪称许。理合将本案洽办经过备文呈报，敬祈鉴核备案。谨呈

委员长蒋

职 翁文灏（印）

三十年三月十三日

拟办：复准备案。

〔《矿业管理（一）》（1936 年 3 月 7 日至 1942 年 4 月 8 日）：1131/1032. 01 - 01/243/001113100A001〕

（二）中英借款及经贸合作

卡尔大使函陈英国政府允以五千万英镑
贷予中国并供给军火及军备
（1942 年 2 月 3 日）

委员长阁下：

鄙人欣甚能于临行前文奉告阁下：英国政府为应阁下最近向鄙人及尼米亚先生之请求，已同意给予中国以财政上之援助。

英国政府允以总数不超过五千万镑之款贷予中国，其时间、条件及战争上之用途，由中英两国政府商酌决定之。

此外，英国政府并决定按照租借办法，在可能范围之内，尽量以各种军火及军备供给中国。

此事刻已在伦敦宣布。

鄙人深觉歉然者，英国政府未能照阁下所请求之全数供给中国。但阁下谅必深悉，需求于英国之财源孔多，其援助之能力难免受有限制。但鄙人愿向阁下保证：英国政府固望就力之所及予中国以尽量之援助也。

拟办：交外交部酌处。

〔《中英借款洽订运用》（1942 年 2 月 3 日至 1945 年 7 月 7 日）：0882.01/5044.03 – 01/208/001088201A003〕

孔祥熙呈对英借款协约等情事
（1942 年 4 月 1 日）

介兄委座钧鉴：

敬陈者：关于英国借款协约及入缅我军需用外汇拟由缅方供给两事，前经先后电达顾大使迅向英方洽办，兹接复电，谨抄呈尊察。敬颂钧绥

弟 祥熙（印）谨启

（三十一年）四月一日

〔《中英借款洽订运用》（1942 年 2 月 3 日至 1945 年 7 月 7 日）：
0882. 01/5044. 03 - 01/208/001088201A003〕

孔祥熙呈英方所拟中英财政协助协约全文
（1942 年 4 月 10 日）

布雷先生勋鉴：

关于英借款洽商事，前经将面交英大使之备忘录一份，请由台端转陈委座。顷据英国远东商务专员霍伯器①君交来英外相艾登②于四月三日电渝英大使馆英方所拟《中英财政协助协约》全文一份。又据顾大使及郭次长③将协约电达，辞意相同。兹将该件译本附奉，请烦将全文或摘要电陈委座鉴核示遵，至深感荷。再查日前签定之中美借款协约，其精神注重于用途之自由支配及其运用不仅限于战争期内。但英方现拟之协约，则借款用途须经同意，且战事一经终了则中止执行。而将来决定所谓最后条件时，复有应充分顾及中英两国收支平衡一语。顾大使、郭次长曾向英方表示反对意见，而英方则谓二月间宣布对华协助时，曾对此有所声明，并对英国困难情形加以说明，盼我方谅解，特并附闻。

顺颂

台绥

孔祥熙拜启（印）
四月十日

附件。

附件一　伦敦英外相伊登四月三日电渝英国大使馆霍伯器专员英财部原拟中英财政协助协约

兹因英国政府依据向来所采取与中国政府在财政及军事方面于对共同敌人作战时密切合作之政策，决定将后列各种协助提供于中国。

---

①　Sir. Edmund Leo Hall - Patch.
②　英国外交大臣艾登（Robert Anthony Eden），亦译为伊登。
③　财政部常务次长兼中英贸易协会主任郭秉文，时奉派驻英。

541

又因中国政府为应付作战起见，亟需得到供应军火、械弹、器材及购办国家所需之作战物资之便利，并需筹措关于采购物资之费用。

同时，英国政府愿于可能范围内供应中国军用械弹、器材，不取偿值。

兹由两国政府成立协约如下：

第一条

（一）英国政府准备依照两国政府约定之时间，分期以总数不逾五千万英镑之金额，供给中国政府备作下列一种或数种用途。

甲、偿付战时为适应国家需要所购买之应战物资。其物资以在英镑区域所生产或制造者为限。

乙、供给在英镑区域内与上项购买有关之业务费用。

丙、供应缅境中国军队饷项暨驻扎所需费用之卢比。英镑区域内因作战所需之其它费用，亦得随时经由两国政府同意拨付之。

（二）关于前列（一）款甲、乙两项所列举各项之付款办法，除两国政府另有规定外，凡中国政府在对日战事终了前，按照本条第一款列举用途，经英国政府同意后所订立合约之应付款项，由英国政府代中国政府拨付之。

（三）本条所指英镑区域，应依照英国现行管理外汇法规之规定。将来英国如因管制外汇，改订英镑区域范围，此项改订应适用于本条文，并应于英国政府通知中国政府改订英镑区域之日起生效。

第二条　除两国政府另有规定外，凡依照一九三九年八月十八日及一九四一年六月五日先后成立之协定条件订立之定货合约，仍分别依照其原订办法继续有效。

第三条　根据本协约第一条之垫款及付款，在对日战事终了前概不计算利息，其最后条件之决定应延展至战事终了以后。将来决定最后条件时，应充分顾及中英二国国际收支之平衡及二国间相互有利贸易关系之促进。

第四条　本协约所指"对日战事终了"，系指中英共同参加签定对日停战协定或和约之日，并以二者中较先发生者为准。

附件二 伦敦英外相伊登四月三日电渝英国大使馆

霍伯器专员英财部原拟租借约定

兹因英国政府依据向来所采取与中国政府于对共同敌人作战时，在财政及军事方面密切合作之政策，决定将后列之协助提供于中国。

又因中国政府为应付作战起见，亟需得到供应军火、械弹、器材之便利。

兹由两国政府成立协约如下：

英国政府愿于可能范围内，以军火、械弹及军用器材供给中国军队应用，不取偿值。惟于对日战事终了之时，中国政府应依照英国政府之请求，将存留之军火、器材归还与英国政府。

批示：英借款性质、条款应与美借款全同，希请英对我共同作战精神与美国一致，并望从速交涉，限期完成为要。中正。

〔《中英借款洽订运用》（1942 年 2 月 3 日至 1945 年 7 月 7 日）：0882. 01/5044. 03 – 01/208/001088201A003〕

孔祥熙呈英国借款协约洽商修改事宜

（1942 年 4 月 29 日）

介兄钧鉴：

英国借款协约前奉钧谕，应与美借款条件一致。当经面告英参赞霍伯器君，并电知顾大使、郭次长洽办。兹接郭次长来电，谨抄呈尊察。

敬颂

钧绥

弟 祥熙（印）谨启

四月廿九日

〔《中英借款洽订运用》（1942 年 2 月 3 日至 1945 年 7 月 7 日）：0882. 01/5044. 03 – 01/208/001088201A003〕

孔祥熙呈英国借款协约洽商修改事宜
（1942 年 4 月 30 日）

介兄钧鉴：

昨抄奉郭次长来电，报告英借款协约磋商情形，想荷察及。兹复接顾大使来电，谨再转呈尊察。敬颂

钧绥

弟 祥熙 （印） 谨启

四月卅日

〔《中英借款洽订运用》（1942 年 2 月 3 日至 1945 年 7 月 7 日）：0882. 01/5044. 03 – 01/208/001088201A003〕

顾维钧电呈英方允商改英国借款协约
（1942 年 4 月 28 日）

孔副院长：铣、有两电奉悉。上星期弟访英外长，告以此次借款应重视政治性质，仿美办法，一律不加任何用途之拘束，以示盟国互助之精神。具体办法，颇以为然。传告东方股长并询以所提条件之理由，该股长解说与霍君所言相符。经弟辨答大致与尊电所示不约而同，艾外长允即洽商财政部长。顷据秉文兄言，英财政部现愿将原提办法商改云。余容续电。弟钧。廿八日。

〔《中英借款洽订运用》（1942 年 2 月 3 日至 1945 年 7 月 7 日）：0882. 01/5044. 03 – 01/208/001088201A003〕

宋子文电呈美英财政官员谈英国对华借款等事宜
（1942 年 6 月 2 日）

密呈委座钧鉴、庸兄勋鉴：顷毛财长①约见，据云英财次菲列普来言，英对华新借款，因本身力量问题，只可以战时拨交之款为限，希美方谅解。财长答以此乃关系中英两国之事，未便表示意见。菲复谓：平

---

① 美国财政部长摩根索（Henry Morgenthau，Jr.）。

衡所需五百五十万镑，除平衡基金存有二百八十万镑外，尚缺二百七十万镑，此缺数不愿在英新借款内提补，美方意见何如云云。毛氏征询文意见，答以："英借款如以战时所交为限，中国方面当然?[①] 能在新借款提补不足之二百八十万镑，如英方不允，只可由美国部分之平衡基金内购英镑拨补。但此事文不甚接头，当请钧座及庸兄电示"等语。即祈酌复。弟文叩。冬未（二日）。

〔《中英借款洽订运用》（1942 年 2 月 3 日至 1945 年 7 月 7 日）：0882.01/5044.03 – 01/208/001088201A003〕

孔祥熙为英美借款事致宋子文代电
（1942 年 6 月 8 日）

华盛顿宋部长子文弟：密。冬未电悉。英借款协约前据少川等电告，英方提出草案内容与毛财长转告菲利普所称大略相同。借款以战时用款为限，战事终止即行停止。除壹仟万镑可用为发行公债基金外，余只可用以购买物资，以在英镑区域为限。且查，照章在英镑区域购买物资，须得其主管管制者许可。英方如不愿供给款项，即可托词阻挠、拒绝，此种条件，我方自不能接受。经电少川拒绝，坚持应与中美协约内容一致。现英方已提出新草案，较前进步，且谓已得美方许可，尚在洽商中。至于平衡基金，根本与借款截然两事，未能并为一谈。英方应否补拨，乃所签合同之义务，不应由美借款内代补拨。据报告，英国部分基金已用过五百余万镑，彼所谓现存二百八十万镑中尚有上次平衡基金之余额四十余万镑，合同规定英方应拨五百万镑，实际尚未及半也。兄祥熙。庚。

〔《中英借款洽订运用》（1942 年 2 月 3 日至 1945 年 7 月 7 日）：0882.01/5044.03 – 01/208/001088201A003〕

---

① 原文如此。

顾维钧电呈洽商中英借款办法

（1942 年 6 月 12 日）

重庆。外交部。

密陈孔部长：英款事。近经分访艾登、邱相作恳切谈话，商促将借款约稿再事修改，取消购料限制，均允与财长商谈。并经以我拟用途，详函外长，说明在今产造不足、运输困难状况之下，若以借款五分之四用为购料，我国难得实益。且告以前订之信用借款两批，数仅八百万，经时已久，而实际只付出约四分之一，所余甚巨。虽经指定用付贷款，仍因交货不易，尚未动用云。今日下午，贾德干①约往面告，谓经财长重行考虑，约稿歉难再改。钧谓前承宣布借给五千万镑，我方深盼由我拨作充实法币基金及公债担保之用，俾能受全数实益。若坚以八成限于购料，我如何能获协助之效？彼颇了解此点，但谓不克置辩，财长或知之。钧谓由钧再访财长一谈如何？彼知业经从长计议，恐其亦无济于事，因非意所不愿，实因力此不及。英国财力不能与美国相提并论。询以实能拨我自由支配之最多数究系若干？答即一千万镑，以充我发行公债担保者。前者宣布五千万镑，当时以询我所言，仅系对外一种援助之表示，巩固我国民众心理云。窃念所言，英国财政困难亦属实情。按本年度预算，每日需用一千五百万镑。近因开支增加，本年度又追加十万万镑，约每日需一千八百万镑，入不敷出约差六成。迭商各自治领分担援助，除加拿大外，其余尚未商得具体办法。对外负担全恃美国通融周转，至战后财政前途益觉茫然，财、外两部私人谈话亦系如此。然则英方欲以购料条件限制用途，实际减少款额，其用心之苦，我亦可谅。兹为我应付计，似有三项：（一）实际既仅一千万镑可由我自用，距我所望者甚巨，则暂将此事搁置，不即进行。（二）即先以此一千万镑成立协定，不加任何限制，余数俟将来再说。（三）表面订立无条件、无限制之五千万镑借款，以概括字样声明一般用途，如美借约然。由我随时按照我需要通知英方照拨，

---

① 时任英国外交副大臣。

同时由我自动通知先拨一千万镑为充公债担保之用，并声明余款拟用为支付在印缅之我国军队，及在金镑区购料之用。每次需款若干，需何材料，该区能供何种，随时由我提商英政府同意协助，共同进行。第一项以目前两国彼此感情论，正当竭力疏解，不宜再添蒂介。因中英两国共同抗战，势不能离，且彼此相处不啻同舟共济。第二项双方前既有堂皇宣言，今忽变更，足使国内诧异，而对外亦易滋误解。第三项兼筹并顾，为双方计，似属上策，度英方当能接受。综核此次款事，未免使我失望，然英方似亦有苦衷。兄与委座旷观国际形势，统筹全局，早在洞鉴之中，勿待赘述。以上管见，如蒙赞同，尚乞转陈委座，核示遵行。钧。

拟办：抄送孔副院长。

批示：代复：借款事以照本电第一项建议搁置，不再由我方要求为要。中正。六月二十四日。

〔《中英借款洽订运用》（1942 年 2 月 3 日至 1945 年 7 月 7 日）：0882. 01/5044. 03 –01/208/001088201A003〕

顾维钧电呈艾登外相解决中英借款意见
（1942 年 6 月 16 日）

重庆外交部请转孔院长：顷艾外长面交尊函，大致称：承示中国政府对财政协定修正草案，意见敬悉。中国政府提议，此五千万镑借款应可用于中国内债担保及增强中国法币准备两途，英政府准备同意。本借款在一千万镑限度以内，得充中国内债担保之用，前已奉告闻。中国以美国借款担保之内债销售有若干困难。此项经验似可表示，如中国政府发行内债以英借款担保时，无论现时或最近将来，为数当不致超出一千万镑之限。中国政府对此限度，谅无困难。故就内债担保一节而言，甚盼中国政府可视为吾人已接受其要求也。关于此五千万镑借款全可用于增强中国法币准备之提议，余以为苟非有法币市场存在，而其间多存外〔币〕，价值殊难生效。在战事期内，中国所需外货之大部，将由英美两国依照租借办法供给。如实际上尚有其它对于外币之需求，亦可由美国借款项下供给至数倍以上。故以商请充〔作〕增强中国法币准备之用，在战事期内不能发生效力，仅能用于战后。惟本借款业经中英两政府同意，充战事用途，须在战事期内在金镑区内使用。因此，对于增强中国法币准备之提议，恐不适用。但余尚引为欣慰者，中国法币对外地位，已由英美政府依照租借办法或信用借款以及美政府之以大量美金供中国政府需用之各项协约，充分保障。中国借款当依照事实维持其法币地位也。甚望中国政府鉴于以上解释，能同意即照前次送达贵大使之草案，早日将财政协定签定。余信草案并不反对英方将于战事期内，尽明财政援助给予贵政府，不得有何限制与规定，此乃吾人诚挚期望也云。请察核。钧。铣。

〔《中英借款洽订运用》（1942 年 2 月 3 日至 1945 年 7 月 7 日）：0882. 01/5044. 03 – 01/208/001088201A003〕

孔祥熙呈报中英借款解决办法
（1942 年 6 月 18 日）

介兄委员长钧鉴：

顷接顾大使来电，以英借款协约近经分访邱首相、艾外长恳谈，请其再加修正，并取消购料限制。渠等均允转商财长。嗣经财长重行考虑，不允再改。拟具应付办法三项，嘱转呈吾兄核示等语。查英国政制与其它民主国家不同，首相号为财务大臣，但国库支付非财长同意不可。今财长意态固执，持之甚坚，商改恐难办到。为今之计，弟意我方仅有两途可循。

（一）暗示我将放弃商洽借款协定，露布英方不能履行诺言。如此办理，或可进逼英内阁勉强执行前言。惟采此办法，不免有伤感情，一则有碍邦交，二则恐与敌人造谣机会。

（二）为顾全英方体面，即照顾大使所拟第三项办法勉维友感。惟须声明即先拨壹千万镑为公债担保，余款除由我政府用于支付购料款项外，加入得用为其它用途，由我政府随时洽商英政府办理，如此则伸缩性较大，以留将来磋商之余地。

究应如何办理，谨将来往三电抄奉，裁夺赐示，以便转电遵照。敬
颂

钧绥

弟　祥熙谨启

六月十八日

〔《中英借款洽订运用》（1942 年 2 月 3 日至 1945 年 7 月 7 日）：
0882.01/5044.03 － 01/208/001088201A003〕

孔祥熙呈报中英财政协约条款交涉经过情形

（1942 年 6 月 24 日）

介兄钧鉴：

谨密陈者：关于中英财政协约条款交涉一案，前接顾大使、郭次长
来电，报告交涉修改经过情形，当经抄同来电、附注意见，陈请鉴核。
顷据顾大使铣电，转述艾登外长复弟前函，大意于指充法币准备一节仍
表异议。经复告少川：为求切实有效起见，我方应主张此项借款除以一
千万镑充内债担保之用，一千万镑充在英印购货之用外，其余三千万
镑，拟请英政府指拨英方债券存入英兰银行，充作法币准备。此于英方
轻而易举，在我可增强抗战力量。兹谨将来往电二件抄奉，敬祈鉴核示
复为祷。肃颂

钧绥

弟　祥熙谨启

六月廿四日

〔《中英借款洽订运用》（1942 年 2 月 3 日至 1945 年 7 月 7 日）：
0882.01/5044.03 － 01/208/001088201A003〕

孔祥熙为中英借款交涉致顾维钧代电

（1942 年 6 月 24 日）

伦敦。

顾大使：密。铣电祗悉。艾登外长所提意见，似于弟四月有电及五

549

月感电、卅电之意，尚未十分了解。我国在抗战初期，为尊重英方意见，对于维持自由买卖外汇市场，便利国际贸易，业已消耗国家巨额外币准备。而银行外汇亦大部借用，诚以维持币信，不得不忍受牺牲。年来增加军事设备，充实机械化部队及飞机，所费至巨。其中一部分除支用外币，大部分多系增加国内发行。此次在缅境与英军比肩作战，此项部队损失甚巨，本亦英方之所深悉。而发行既增，不能不加筹准备，以维持法币之信用，而免有恶性膨胀及物价再涨之虞。且自滇缅路阻断之后，其以租借法案或借款购备之物资，如汽油、酒精、五金材料等来源已滞，而子弹及轻兵器之制造补充，只好增发法币，在国内设法因应，因而发行数额更增。况太平洋战事方殷，印度危急，为适应支持盟邦作战需要，国库支出更为浩繁，法币发行势将再增。如英政府对于借款一部指充法币准备变更原议，于我抗战前途大受打击。弟迭电请照原案办理者，一则为顾全英方对外信用，二则为表示盟邦真正互助之精神，以免予敌方造谣之机会，并坚固中国民众对英之信仰。况此五千万镑，数额不过等于英国三日之战费，即在我国，亦仅敷现在三个月战费之支用，而英方对我并未负战后之援助。衡情度势，我之要求并不过分。惟我政府亦雅不愿稍增英方付现之困难，故建议以一千万镑充内债担保，一千万镑充在英印购货之用，其余三千万镑请英政府指拨英方债券存入英兰银行，以充法币准备。此于英方较为轻而易举，在我可增强抗战力量，亦即于盟国整个战局有利。仍希照此大意再向英政府婉切交涉，俾得早日订约。否则，对此借款不如搁置不谈为宜，此则委员长最后之主张也。弟孔祥熙。敬。

〔《中英借款洽订运用》（1942 年 2 月 3 日至 1945 年 7 月 7 日）：0882.01/5044.03 - 01/208/001088201A003〕

孔祥熙呈报中英财政协约条款交涉经过情形
（1942 年 7 月 13 日）

介兄钧鉴：

敬陈者：英借款协约前经遵照钧座六月廿五日巳有侍秘代电指示意

旨，电知顾大使再向英方切实洽商。本月六日薛穆[1]大使奉命来访，弟即按照原定主张详为告知，反复说明，并将谈话经过电知顾大使再访艾登外长商洽。顷接复电：已晤艾外长恳谈，勉允向政府提议重加考量设法等语。是否能有转机，尚不敢必。谨将来去两电录呈，即乞尊察为祷。敬颂

钧绥

弟　祥熙谨启（印）

七月十三日

〔《中英借款洽订运用》（1942 年 2 月 3 日至 1945 年 7 月 7 日）：0882.01/5044.03 - 01/208/001088201A003〕

郭秉文电告克利浦愿意斡旋中英借款事宜
（1942 年 9 月 15 日）

孔副院长：极密。关于新借款之商洽，自顾大使接电嘱后，此间即停止进行。惟于私人谈话时偶尔提及，藉探英方态度。日前访克利浦爵士，据密告，财长及外长对此有所讨论。得悉英方所以未允以借款充作发行准备，在财政上确有真正困难。是项准备我方可在战后使用，足以影响英方支出平衡。克爵士深悉我方维持法币之重要，极盼能觅得方式，使英政府可在某种情形下帮同维持法币信用，但须不涉及战后责任，并谓如我方在此原则下提出一种适当办法，伊极愿在财长及外长处为我斡旋云。特电奉闻，尚乞核示。郭秉文。

〔《中英借款洽订运用》（1942 年 2 月 3 日至 1945 年 7 月 7 日）：0882.01/5044.03 - 01/208/001088201A003〕

翁文灏呈报英国两大公司派代表来华协办建设事业
（1942 年 11 月 16 日）

窃职本年三月间曾接驻英顾大使来电，谓："近由资本家 Rochett

介绍英国著名公共事业及电气事业两大公司 Power Securition Corporation, Ltd. 及 Associated Electrical Industries, Ltd. 并由前者之董事长 William Shearer 等来商，谓该两公司有意与我国合作兴办建设及开发事业，当嘱将公司营业概况及银行介绍书送备参阅。嗣据函送前来，藉悉其财力丰富，技术人才亦甚充实，并查悉其背后主持者为英四大银行。经营事业以电气工程为最多，亦办路矿等企业，现拟派代表团赴渝晋谒。我国各项建设事业中如需借助外商时，似可试与洽商。惟我国对彼代表团此时来渝能否欢迎，请核夺电示"等语。当经电复：在战争期间，国外器材运来不便，大规模建设不易进行，如商定合作，将来器材运输如何办法，英方有何具体意见，甚盼先为见告。旋接顾大使电，谓"经转询该董事长，据称届时拟请英国政府协助，不致有何困难"。嗣据函称："已由英两大公司组织远东建设公司正式注册，并准备派遣代表二人赴渝与我国洽办一切"等语。顷据顾大使面告，该英公司代表即拟首途来华，此事英方既如此热心，我方似宜表示欢迎，是否可行，仍候示遵。俟该代表到渝以后，询明彼方意见，再当呈请鉴核指示，俾资遵循。谨呈

委员长蒋

职 翁文灏（印）

三十一年十一月十六日

拟办：似可表示欢迎。请钧核。陈布雷呈。三十一年十一月廿七日。

批示：我国必先自己定有计划，然后约其来华协商，方有益处。如果自己无一定办法，而徒令外人来办，则不如缓来为妥。中正。

〔《经济措施（八）》（1941 年 9 月 13 日至 1944 年 3 月 23 日）：1100. 10/2130. 01 – 08/41/001110010A008〕

蒋中正为英国公司拟派代表来华协办建设事业致翁文灏代电

（1942 年 12 月 1 日）

经济部翁部长勋鉴：十一月二十七日签呈悉。英国公共事业及电气

事业两公司拟派代表来华协办建设事业，我方表示欢迎，自无不可。惟必先定有计划，然后约其来华协商，方有益处。如果自己无一定办法，而徒令外人来办，则不如以缓来为妥。中○手启。亥东侍秘。

〔《经济措施（八）》（1941 年 9 月 13 日至 1944 年 3 月 23 日）：1100.10/2130.01-08/41/001110010A008〕

翁文灏电呈英政府拟推荐电力化工等专门人员
协助商定战后工业建设计划
（1943 年 9 月 2 日）

委员长蒋钧鉴：职接英大使馆商务参事胡阶森①函，称英政府愿推荐电力、化工等专门人员来华，协助中国政府商订战后工业建设计划。又据该员面谈，"实行办法可仿照美国国务院资遣专家协助工作办法，就商定人员由英政府付给薪金，归中国政府支配工作，并担任在华食宿等款"等语。查美国专家来华，系遵照行政院与美大使馆商定办法，令部照办。现在已到者有机械工程师一人，已派往资委会所办之中央机器厂工作。不久可以续到者有钢铁专家一人，已电为商定兼任商洽战后建设计划。窃以吾国工业建设计划应由吾国政府自行拟订决定，不便全部告之外人，以昭郑重。但每一部门之具体技术计划，则因所用方法、设备各有所专，能得外国专家就其专精部分，共同草拟，事实上实甚有益。如能依照上述办法，延聘少数英、美工业专精人员，互为协助，于促进建设，当可有所裨益。惟究竟是否可行，理合陈请钧座鉴核示遵。如蒙允准，当更为洽定具体办法，并通知外交部查照，以期实行。翁文灏叩。冬资机。

拟办：英政府拟资遣专家协助吾国建设，自属欢迎，拟准由经济部与商具体办法。但在技术人员到华以前，经济部应预先规定其工作之性质，俾能充分利用，并免与美国专家工作之重复、冲突。

批示：暂缓。

---

① John Colville Hutchinson.

〔《经济措施（八）》（1941 年 9 月 13 日至 1944 年 3 月 23 日）：
1100. 10/2130. 01 – 08/41/001110010A008〕

蒋中正为英政府拟推荐电力化工等专门
人员来华事致翁文灏代电
(1943 年 9 月 18 日)

经济部资源委员会翁主任委员勋鉴：九月二日冬资机代电悉。英政府拟派专家来华助我商订战后工业建设计划一节，暂从缓议。中○。申巧侍秘。

〔《经济措施（八）》（1941 年 9 月 13 日至 1944 年 3 月 23 日）：
1100. 10/2130. 01 – 08/41/001110010A008〕

郭秉文呈对英借款接洽情形
(1943 年 9 月 6 日)

孔副院长钧鉴：密。连日忙于处理积案，一面仍探询英方对借款之最近态度。谨将经过略陈如次：宋部长由英返美后承告文，在英曾与各方谈及借款事，英政府态度仍与前相同。但因委座电嘱，此次赴英系访问性质，不必提出要求，故未进行云。文返英后就商顾大使，伊亦觉英方态度似无变更，嘱再向各方证实。因于日前造访李滋罗斯①。据称英政府无改变态度之倾向，对我政府拟以黄金吸收法币事，伊意须徐徐进行，否则恐发生通货紧缩现象，因而促成更严重之通货膨胀云。昨访财次 WALEY②，文谓为中英友谊计，借款问题似宜早日解决，惟条件应请改善。伊亦认此问题应早解决，并称英政府极愿助我增进抗战力。但对借款（一）只适用于金镑区及（二）用于战事两基本条件为既定方针，难于变更云。文询已指定公债担保之一千万镑可否增加？伊答如发行公债吸收法币结果良好，英方将来可同意续增。文又询英政府

---

① Sir Frederich William Leith – Ross，英国财政专家，曾于 1935 年 9 月来华调查中国财政状况。
② 英国财政副大臣阿瑟·韦利（Arthur Waley）。

可否利用借款，由南非供我黄金？伊谓美政府存有大宗黄金，供给较易。但如由南非供给，划美国政府帐，若运输有办法，英方可同意。最后伊谓，我方如于签定协定后对用途有意见，可随时提议，英方当予同情考虑。伊以为缅甸克复后，中国即可利用新借款云。嗣晤NORMAN YOUNG① 及 HALLPATCH② 二君。YOUNG 谓曾对宋部长称：英政府对各同盟国之财政援助，当以对华为最优惠。同盟国在英购料，大半须用现款，亦有须部分付现者，只极少数可用信贷或借款购买。文询充公债担保之数可否增为二千万镑？伊谓似无需要，因已指定之一千万镑尚未利用。HALLPATCH 谓顾大使亦曾与伊谈及此点。伊答如我方利用一千万镑结果良好，英方自当考虑续增。伊复谓，我方似可以新借款之一部，用于增进有关抗战之工业生产，如钢铁、纺织、矿冶等。倘需要重要部分机器及聘请专家，均可在借款内开支。YOUNG 亦称缅甸克复后，我方即可利用借款等语。综合各方意见，均以为英政府方针不易变更，同时希望我政府早日接受此借款，对用途以后可随时提议。钧意如何，敬乞电示。又文与 YOUNG 谈话时，提及租借事。伊云租借草约已于去年四月间核定，我方事实上已开始运用，但迄未正式签定。钧座对此问题有何意见，并乞电示。郭秉文叩。

〔《中英借款洽订运用》(1942 年 2 月 3 日至 1945 年 7 月 7 日)：0882.01/5044.03－01/208/001088201A003〕

孔祥熙电呈签定英国借款悬案及租借协定经过
(1944 年 3 月 24 日)

主席钧鉴：英国借款悬案，自开罗会议之后，即经迭与英方洽商，并随时呈报在案。嗣据顾大使、郭次长等来电，条款英方允酌加修正，内容已较前为进步，并称此为英方之最大让步，盼早予签定等情。当将修正各点并修正后之整个协定条文全文附具意见，电陈南岳，请示钧座。

---

① 诺曼·扬，英国财政部官员。
② 霍伯器。

嗣奉丑铣机桂电谕"可准照办"等因。当经再将我方提议修正各点电达顾、郭洽商。旋接三月寒电陈报，对于所定各货战后仍须照交一节，英方已允切实规定，其它难再让步等语。经核，英方借款迁延迄今，再四磋商，始办理至此程度，恐难再有改变，运用得法，与我尚属有利。既经电奉钧座核准照办，当即电复勉准照办。协定即由顾、郭代表政府商签去后。兹接复电略称：遵即进行签约手续，惟尚有与借款同时提出之租借协定，系专为供给我方需用军火及军用品。现在印缅所予接济，即本此意。英外、财两部曾一再催询，现拟一并签定，以完手续等情。经查，英借款协定昨奉面谕，应即签定，兹既据陈前情，经复遵办。至所陈租借协定内容，前三十一年，曾据英方递来，经已呈报有案，内容精神与美国租借协定大致相同。英方既请一并签定以完手续，拟复准照办，以结悬案。谨再检呈英方前送协定草案，电陈鉴核为祷。祥熙叩。敬机渝。

附抄件　　伦敦英外相伊登四月三日电渝英国大使馆
霍伯器专员英财部原拟租借约定

兹因英国政府依据向来所采取与中国政府于对共同敌人作战时，在财政及军事方面密切合作之政策，决定将后列之协助提供于中国。

又因中国政府为应付作战起见，亟需得到供应军火、械弹、器材之便利。

兹由两国政府成立协约如下：

英国政府愿于可能范围内，以军火、械弹及军用器材，供给中国军队应用，不取偿值。惟于对日战事终了之时，中国政府应依照英国政府之请求，将存留之军火、器材归还与英国政府。

〔《中英借款洽订运用》（1942 年 2 月 3 日至 1945 年 7 月 7 日）：0882.01/5044.03 - 01/208/001088201A003〕

宋子文呈为中英签定贷款及租借协定事蒋中正致邱吉尔感谢电
（1944 年 5 月 5 日）

委员长蒋钧鉴：奉谕为中英签定贷款及租借协定事，用钧座名义电邱吉尔首相致谢。兹谨遵办，送请薛穆大使代发。中英文电文附呈。职宋子文叩。

附 **蒋中正致邱吉尔首相电**

伦敦。

邱吉尔首相勋鉴：顷悉中英两国缔结关于英国政府贷与五千万镑借款及以租借方式供给中国军用品之两协定，本主席甚为欣慰。兹谨代表中国政府及中国人民，对于此种共同负责及互助之新表征，向阁下表示衷心、诚恳之感谢。此种精神不特有助于联邦对于共同敌人作战之胜利，并对于战时及战后中英两国友谊之加强，亦大有裨益。蒋中正叩。

批示：如拟，速发。中正。

〔《中英借款洽订运用》（1942 年 2 月 3 日至 1945 年 7 月 7 日）：0882.01/5044.03－01/208/001088201A003〕

宋子文转呈邱吉尔致蒋中正感谢电
（1944 年 5 月 15 日）

委员长蒋钧鉴：顷准薛穆大使函转邱吉尔首相致钧座电一通，谨译呈如下："当贵我两国签定五千万镑借款及租借协定时，辱蒙惠电，无任感谢。此困难问题，今获解决，余亦如阁下深感欣慰。藉此两协定之成立，敝国人民得有机会向中国盟友表示其钦敬及坚强合作之衷忱。渠等同深欣幸，是亦本人所确信者也"等语。理合抄同原电报请鉴察。职宋子文（印）叩。

〔《中英借款洽订运用》（1942 年 2 月 3 日至 1945 年 7 月 7 日）：0882.01/5044.03－01/208/001088201A003〕

蒋中正为英国贷款内购料款额分配事致翁文灏代电
（1944 年 12 月 10 日）

战时生产局翁局长勋鉴：据财政部俞部长呈报略称：中英财政协助协定英金五千万镑内中，曾洽定以二千万镑供我在英镑区域购办物料。

此项购料款额仅适用于战时，而货物之订购及制造又需时日，自应及早办理。爰经召集购料各机关会同洽商，经决议：暂照各机关过去利用借款购料情形，并参酌目前需要拟定分配款额数目。通知各机关开单汇核，转送英国驻华大使馆查询能否供给。俟询明可以供给后，再通知各机关开具详细料单，送由本部分别核转购运等语。查中美、中英、中加均有租借协定，军品来源尚裕，故借款购料似应采军事及建设器材并重之旨。谨拟具分配款额清单，请核示等情。据此，查军用物资之购储与国内外主要器材之购办事项，应由该局主管。本案既经财政部召集购料各机关商洽决定分配款额，〔理〕合将原拟分配清单随文抄转，即迅予审核，并与俞部长妥洽，先行办理具报为要。中○。亥灰侍秘。附抄清单一份。

〔《中英借款洽订运用》（1942 年 2 月 3 日至 1945 年 7 月 7 日）：0882. 01/5044. 03 – 01/208/001088201A003〕

蒋中正为英国贷款内购料款额分配事致俞鸿钧代电
(1944 年 12 月 10 日)

财政部俞部长：卅三渝贸进三字第八八七五号（12.02）代电及附件均悉。关于军用物资之购储与国内外之主要器材购办事项，业经规定由战时生产局主管，所拟中英财政协助协定项下购料款额分配清单，经抄交战时生产局翁局长迅予审核，并准与兄妥洽，先行办理具报。即希径与翁局长洽办为要。中○。亥灰侍秘丁。

附　　《中英财政协助协定》项下购料款额分配清单

经济部	英金（镑）4500000	包括资源委员会工矿调整处重工业及轻工业器材并外销矿品增产器材
兵工署	3000000	包括兵工生产所需器材、原料及临时急需物品
航空委员会	2000000	包括航空生产及设备所需器材
后方勤务部交通司	2000000	包括军用交通通讯器材
交通部	2000000	包括公用、民用交通通讯器材

续表

军需署	1000000	包括军用棉纱、布匹、颜料及纺织器材
财政部贸易委员会	1000000	抗战期间成立之对外借款,多以外销物资如桐油、生丝、羊毛、茶叶、猪鬃等输出偿债。战后达成工业化又全赖扩大外销物资之输出,以为进口建设器材及利用外资之抵偿,故对于外销物资,亟应竭力增产。近奉孔副院长自美来电指示:战后外销物资国外销路均旺,应速改良品质、增加生产,以发展国际贸易等因。计此项增产工作向外采购器材约需款如上数
农林部	500000	包括增产、防疫、防病虫害等工作所需器材
水利委员会	500000	包括灌溉、防洪、航行、水力等工程所需器材
粮食部	500000	包括粮食增产及面粉、碾米等事业所需器材
军医署	400000	包括军用医药及器材
卫生署	400000	包括公用、民用医药及器材
教育部	200000	包括各校院战时所需图书、仪器
花纱布管制局	200000	包括公用、民用棉纱、布匹及纺织器材。又该局前在信贷项下所购纱布,尚大部分存印未运
盐务总局	100000	包括盐产器材
中央广播事业管理处	100000	广播器材
其它	1600000	各机关料单开价每难精确耳,物价时有增涨,拟保留此款作为备用金,并备其它机关临时购办急需物品之用
合计	20000000	

〔《中英借款洽订运用》(1942 年 2 月 3 日至 1945 年 7 月 7 日):0882.01/5044.03 -01/208/001088201A003〕

翁文灏电呈英国贷款内购料款额分配办理情形

(1944 年 12 月 21 日)

委员长蒋钧鉴:案奉钧座亥灰侍秘字第二五三八八号代电略开:据财政部俞部长呈,以中英财政协助协定英金五千万镑内洽定,以二千万镑供我在英镑区域购办物料案。经与各机关洽商,拟具分配款额清单呈请核示等情。饬知军用物资之购储与国内外主要器材之购办，应由本局主管，希迅予审核，并与俞部长妥洽，先行办理具报等因，并抄发清单一纸。奉此，自应遵办。兹拟定办法二项：（一）财政部所拟分配款额，既系与各机关商妥后拟订，拟即作为各机关可在英镑区域购料之最高额度。但将来如有特殊需要，或所需器材英方不能如数供应时，当再由本局调整重列。（二）以上款额分配，仅系大数，实购物资，尚未开明。已由本局洽请财政部及有关机关，将器材清单开列，送局审核。本局当与对美提出租借物资清单参照审查，俾结果更为核实。审核后即由本局送请英国大使馆，查询能否供给，然后再由各需要机关开具详细料单，附加说明，由本局核定，交由贸易委员会转送购运。以上二项，除已遵钧电与俞部长妥洽，先行办理外，理合呈报鉴核备案。职翁文灏叩（印）。马。

〔《中英借款洽订运用》（1942 年 2 月 3 日至 1945 年 7 月 7 日）：0882.01/5044.03 – 01/208/001088201A003〕

俞鸿钧电呈中英财政协助协定办理详情

（1945 年 5 月 25 日）

军事委员会委员长蒋钧鉴：案奉钧座本年辰删侍秘字第二七八一三号代电，以据军政部陈部长呈为军政部各单位在《中英财政协助协定》项下，共配得料款英金六百四十万镑，惟迄未领到款项及物资等语。上述协定购料事宜，目前接洽至如何程度？及该借款如何洽收？饬即积极进行。其中延滞原因何在？并仰切实检讨，迅速解决，将详情具报等因。正遵办间，复奉钧座本年五月十五日机秘甲字第八七○五号手谕开："对于英镑借款之用途，前经中英二方订有协定，我方是否已照协定分别动用？如此事现尚未办理，应迅即妥拟具体办法，与英国政府商洽进行，具报为要"等因。奉此，查《中英财政协助协定》英金五千万镑，依照原协定及顾大使维钧与艾登外相换文，其用途分为四项，均应于我方用途发生后，凭单证洽由英方拨付，并不能预为洽提现款。兹将分别办理情形扼要陈述于次：（一）一千万镑作我国发行内债基金。本部现已拟就《三十四年英金公债发行原则条例草案》等件，其要点为债额一千万镑，年息四厘，本金以《中英财政协助协定》担保，息金以国库收入担保，年限暂定十年，采用分期标销办法，正呈请行政院核示中。（二）一千万镑供中英借款购料、运费、订购钞券价款及以往信贷购料不足款额。此款业经开始动用。截至目前止，约共拨用英金三百九十三万三千余镑，嗣后仍当按照实际需要，陆续动支。（三）二千万镑供我国在英镑区域购料。本部于三十三年十一月二十七日召集各有关机关会议，拟具统筹分配办法，呈奉钧座。三十三年十二月十日侍秘字第二五三八九号代电，饬与战时生产局翁局长洽办。经即通知各机关依照分配款额，编具料单，约共计价英金一千五百万镑，于三十四年一月六日由本部汇送战时生产局洽办（内计航空委员会等十七机关料单，惟兵工署未送料单。又资源委员会料单仅送到一部分）。依照本部与战时生产局洽定办法，上述料单先由该局审核，与英驻华大使馆洽妥，再交本部通知划拨订购，并曾先后代电该局催办。惟嗣准生产局函，以奉宋代院长谕，采购日用必需品进口，现由该局在印洽购棉花三千吨、麻袋二十万只，请由本部在此项购料款额内开支，经已转英洽拨。（四）一千万镑供其它用途。此款已与英方洽定，供我入印缅部队及在印受训兵工、航空人员等需用款项。截至目前止，约共拨用英金二百五十六万一千余镑。嗣后仍当按照实际需要，陆续动支。综查《中英财政协助协定》应办事项均已分别进行。除二千万镑购料须俟料单由生产局与英国驻华大使馆洽妥，方能订购，已由本部再催生产局迅洽外，理合将《中英财政协助协定》办理详细情形，另具节略电陈鉴核。财政部部长俞鸿钧叩。渝贸进三（05.25）印。附呈节略一份。

附　　财政部对《中英财政协助协定》办理情形节略

查《中英财政协助协定》，系于民国三十三年五月二日成立，总额为英金五千万镑。依照协定及顾大使维钧与英外相艾登之换文，其用途计可分为四项：（一）一千万镑供中国政府发行内债基金。（二）一千万镑于战时在英镑区域内用以支付现欠或将来应付之运输费用，及订印钞票债款，并支付依照以前各项信贷协定所订定单之其它不敷款额。（三）二千万镑作为专款拨充在英镑区域内采购与战事有关之物资及缴付在英镑区域内与上项采购有关之劳务经费。（四）所余一千万镑可用于为实现本协定所具列各项目的所必须者。

财政部于接到上项协定后，即于三十三年七月十日召集国库署公债司、贸易委员会等有关单位商讨进行办法，分电孔副院长请示及顾大使转与英方商洽。中间往返磋商，迨至接到顾大使三十三年十一月东电，各项办法大致确定如下：（甲）关于内债基金英金一千万镑。民国三十一年七月，我国曾发行同盟胜利公债国币十万万元，载明本息以《中英财政协助协定》款项兑付。但协定迟未成立，息金系由国库拨付。而英国驻华大使馆对于上项债券条例及票面所载以协定款项兑付一节，提出异议。故本案只有另行商洽。（乙）关于运费、印钞价款及以往购料不敷款额之英金一千万镑：（一）中英第一次信贷购料不敷款额英金五十万镑，应即由协定项下照数拨出，交由伦敦购料经理处支用。（二）订购钞券采取直接交涉办法，不经过中英两国之审核、经购等机构。（丙）关于购料款额英金二千万镑：（一）我国每次购料，可先将料单送请英国驻华大使馆查询供应来源，得复后再转行洽购。（二）协定项下在英国本土购料，由伦敦购料经理处负责办理。（三）协定项下在印度购料，由财政部驻印代表沈祖同负责办理。（四）协定项下在印度以外之英镑区域购料，由伦敦购料经理处负责代订合同。（丁）关于未定用途之英金一千万镑：（一）驻印缅部队支用卢比，停止由租借项下拨付，自三十三年九月一日起由此款内支付。（二）腊河空军学校我受训员兵费用，依照前案办理。（三）美方租借予我国货物，由英船运印度者，运费向由英方用租借办法供给。但美租借货物较英租借货物范围为广，凡美租借货物与英租借货物范围相同，即属于武器、军火及军事配备以内者，运费仍由英方租借办法供给，其它货物改用协定款项支付。兹将各项办理情形分陈于次：

甲、内债基金一千万镑。

民国三十一年发行之同盟胜利公债国币十万万元，以《中英财政协助协定》担保，英方既有异议，乃由财政部另拟《三十四年英金公债发行原则及条例草案》等件，其内容为债额一千万镑，利率年息四厘，年限暂定十年。如将来商得英方同意时，拟缩短为五年。还本采分期摊还方式，每半年还付一次。本息基金定为本金以《中英财政协助协定》内一千万镑为担保，息金以国库收入为担保。至此项公债之筹募，拟采用分期标销，以期大量吸收游资。所有招标办法亦已拟定，正并案呈请行政院核示中。

乙、运费、印钞价款及以往信贷购料不敷款额英金一千万镑。

此款业已开支者，计有中英第一次信贷购料不敷款额、中央银行印钞价款、福公司在印代办中英信贷购料运储费用，及其它各项运费，总计共为英金三百九十三万三千七百一十二镑二先令六便士（细数见附表）。嗣后如有需要，自当陆续动用。

丙、购料款额英金二千万镑。

财政部于三十三年十一月二十七日召集各有关机关会议，拟具分配办法如下：

兵工署：三，〇〇〇，〇〇〇镑。

军政部交通司：二，〇〇〇，〇〇〇镑。

军需署：一，〇〇〇，〇〇〇镑。

军医署：四〇〇，〇〇〇镑。

以上军政部所属单位，共分配英金六，四〇〇，〇〇〇镑。

经济部：四，五〇〇，〇〇〇镑。

航空委员会：二，〇〇〇，〇〇〇镑。

交通部：二，〇〇〇，〇〇〇镑。

财政部贸易委员会：一，〇〇〇，〇〇〇镑。

农林部：五〇〇，〇〇〇镑。

水利委员会：五〇〇，〇〇〇镑。

粮食部：五〇〇，〇〇〇镑。

卫生署：四〇〇，〇〇〇镑。

教育部：二〇〇，〇〇〇镑。

花纱布管制局：二〇〇，〇〇〇镑。

盐政局：一〇〇，〇〇〇镑。

中央广播事业管理处：一〇〇，〇〇〇镑。

其它：一，六〇〇，〇〇〇镑。

合计：二〇，〇〇〇，〇〇〇镑。

上述分配办法，由财政部于三十三年十二月二日以渝贸进三字第八八七五号代电呈请委座鉴核。嗣奉三十三年十二月十日侍秘字第二五三八九号代电，饬与战时生产局翁局长洽办。当即与生产局洽定：（一）财政部所拟分配款额，既经与各机关商洽，拟即作为各机关可在英镑区域购料之最高额度。但将来如有特殊需要，或所需器材英方不能如数供应时，当再由生产局调整。（二）以上款额分配，仅系大数，应由各机关将器材清单开送生产局审核，并由生产局与对美提出租借物资清单参照审查，俾结果更为核实。审核后即由生产局送请英国驻华大使馆，查询能否供给，然后再由财政部通知划拨订购。上述办法，曾由翁局长函报委座备案。财政部当即通知各机关依照分配款额编具料单，约共价英金一千五百万镑，于三十四年一月六日汇送生产局洽办（内计航空委员会等十七机关料单，惟兵工署未送料单。又资源委员会料单仅送到一部分）。嗣于三十四年三月及五月间，由财部函催生产局速办见复。惟近准生产局函，以奉宋代院长谕，采购日用必需品进口，现由生产局在印购妥棉花三千吨、麻袋二十万只，请由财政部在此项购料款额内开支，经已转英洽拨。

丁、供其它用途之一千万镑。

此款已与英方洽定，供我入印缅部队及在印受训兵工、航空人员等需用款项，已拨支者，共为英金二百五十六万一千三百四十四镑零一便士（细数见附表）。嗣后如有需要，自当陆续动用。

附表一份。

《中英财政协助协定》五千万镑拨支情形表

（截至三十四年五月二十日止）货币单位：英镑（£）

款额（协定及换文所定用途）	拨支案别	核定拨款额	已支款额	附注
£10000000（内债基金）	中英第一次信贷购料不敷数额	£500000		尚未动用
	中央银行钞券	£3195923－0－10*	£2916583－10－15 （RS 91138－9－0 折合）	RS 为印度卢比。下同
£10000000（运费、印钞、以往信贷购料不敷款额）	福公司代印在信贷物料运储周转金	£100000	£6852	
	福公司代办信贷物料在印运储劳务费	£100000	£100000	
	福公司代办信贷物料在印运储酬金	£2500	£2500	
	花纱布管制与棉纱运至哥伦堡费用	£1879（RS 25000）折合之约数		
	资源委员会钢片自外运华费用	£24060（RS 320000）折合之约数		
	资源委员会中央电工厂器材内运费用	£6390（RS 85000）折合之约数		
	福公司起重机两架	£3400	£3400	
	福公司代办信贷物料运储费用	£28372－1－8（RS 531936 折合）	£28372－1－8（RS 531936 折合）	
	汽车配件总库在印采购配件一批	£39995	£39995	
	资源委员会甘肃油矿局购雪佛兰车	£12706（RS 169000 折合）	£12706（RS 169000 折合）	
	43 辆装身费及内外轮胎费	£8487（RS 112884 折合）	£8487（RS 112884 折合）	
	资源委员会云南锡业公司美购卡车运费			
	小计	£3933712－2－6		
	余额	£6066287－17－6		

续表

款额（协定及换文所定用途）	拨支案别	核拨款额	已支款额	附注
£ 20000000 （在英镑区域购料）				本案分配办法已由本部呈奉委座核定。各机夫料单正由战时生产局审核，尚未开始订购。又战时生产局在印购妥棉花三千吨，麻袋二十万只，已由本部电复拨款。惟需确数未定。
£ 10000000 （远征军支用卢比及其它费用）	远征军支用卢比	£ 579670 （RS7709618 - 15 - 8）折合数 £ 371421	£ 579670 （RS7709618 - 15 - 8）折合数	
	滇缅公路保山至密支那段工程费	（RS5000000）折合之约数		
	腊河空军官学校经费	58088（RS722599）折合之约数	£ 1368 - 18 - 0 （RS18206 折合之数）	
	喀拉兑克空军基地指挥部等经临费	£ 351837（RS4689444 折合）		
	航空委员会驻印各办事处经费	£ 79867（RS10622404 折合）		
	空军军官受训旅费及美籍考武籍招待费	£ 45112（RS429300 折合）		
	驻印军服装费	£ 109 - 0 - 1	£ 109 - 0 - 1	
	腊河空军学校迁移、开办等费	£ 1063526	£ 1063526	
	腊河受训学员初级班经费	（RS14144898 折合）	（RS14144898 折合）	
	驻印宪兵独立第二营三十三年上半年加给费，年考，文具等费	£ 10561（RS140467 折合） £ 1153 （RS153347 - 11 - 8 折合）	£ 10561（RS140467 折合） £ 1153 （RS153347 - 11 - 8 折合）	
		£ 2561344 - 0 - 1 £ 7438655 - 19 - 11		

注：* 3195923 - 0 - 10，即 3195923 英镑 0 先令 0 先令 0 便士 10 便士。下同。

566

拟办：

一、第（一）项发行三十四年英金公债一千万镑一节，拟催询行政院迅予核定，所称此项公债采用分期标销办法，内容如何，并着具报。

二、第（三）项购料一节，拟催战时生产局迅予核办具报。又兵工署未送料单云云，拟告知军政部补送，并径与财部及战时生产局洽办。

职 陈布雷（印）呈

卅四年五月廿九日

批示：如拟

〔《中英借款洽订运用》（1942 年 2 月 3 日至 1945 年 7 月 7 日）：0882. 01/5044. 03 － 01/208/001088201A003〕

蒋中正为财政部卅四年英金公债发行事宜致行政院代电

（1945 年 6 月 8 日）

行政院张秘书长勋鉴：查《中英财政协助协定》英金五千万镑内壹仟万镑，已由财政部拟就卅四年英金公债发行原则条例草案等件呈院核示中。此案希即迅予核定。据称此项公债采用分期标销办法，内容为何，并希具报为要。中〇。已庚侍秘。

〔《中英借款洽订运用》（1942 年 2 月 3 日至 1945 年 7 月 7 日）：0882. 01/5044. 03 － 01/208/001088201A003〕

蒋中正为英国借款协定内两千万英镑购料款事宜致翁文灏代电

（1945 年 6 月 8 日）

战时生产局翁兼局长勋鉴：关于《中英财政协助协定》内贰千万英镑供我购料一案，据财政部呈报，已于本年一月六日将各机关料单送局洽办。经洽定办法，先由生产局审核与英驻华大使馆洽妥，再交财部通知划拨订购等语。此事何以至今尚未洽妥？希即迅予核办具报为要。中〇。已庚侍秘。

〔《中英借款洽订运用》（1942 年 2 月 3 日至 1945 年 7 月 7 日）：0882. 01/5044. 03 － 01/208/001088201A003〕

蒋中正为中英财政协助协定致陈诚代电
（1945 年 6 月 8 日）

军政部陈部长勋鉴：五月六日预酉呈九一号签呈悉。关于《中英财政协助协定》案款内供我在英镑区域购料者，原定贰千万镑。依照原协定，应于我方用途发生后，凭单证洽由英方拨付。所有购料清单，应由各机关依照分配款额编送财部汇转战时生产局与英驻华大使馆洽妥，再交财部通知划拨订购。除电催战时生产局迅予核办具报外，该部所属兵工署未送料单，仍希迅饬编具，径行补送，并径与财部及战时生产局洽办为要。中〇。已庚侍秘。

〔《中英借款洽订运用》（1942 年 2 月 3 日至 1945 年 7 月 7 日）：0882. 01/5044. 03 – 01/208/001088201A003〕

蒋中正为中英财政协助协定致俞鸿钧代电
（1945 年 6 月 8 日）

财政部俞部长：渝贸进三（05.25）代电及附件均悉。兵工署未送料单，已饬迅予编具，径行补送。除分电战时生产局催办外，希即径与军政部及战时生产局洽催速办为要。中〇。已庚侍秘。

〔《中英借款洽订运用》（1942 年 2 月 3 日至 1945 年 7 月 7 日）：0882. 01/5044. 03 – 01/208/001088201A003〕

翁文灏呈中英财政协助协定及中英信贷各机关
向英请购器材案办理情形
（1945 年 6 月 13 日）

军事委员会委员长蒋钧鉴：案奉钧会本年六月八日侍秘字第二八〇八六号庚代电，饬将《中英财政协助协定》内贰千万英镑供我购料一案迅予核办具报等因。奉此，自应遵办。查各机关前在该案内所编各材料清单送由本局审核、汇转英方办理一案，均经本局审核完竣，并已检送英国大使馆审查、转英订购在卷。所有本局审查结果，业经先将副本一份，送请财政部参考。目前该案进度情形，经洽据英国大使馆称，该馆亦已大部审查完竣，并为迅速推动起见，将由英方同盟国供应代表阿斯奎斯君于本月底携同所有材料清单返英，办理一切订购手续等语。除俟该使馆将该案审查结果正式函知本局后，再行转知各机关查照外，奉电前因，谨电呈复，敬祈鉴核。战时生产局局长翁文灏（印）叩。渝采已元。

〔《中英借款洽订运用》（1942 年 2 月 3 日至 1945 年 7 月 7 日）：0882.01/5044.03 - 01/208/001088201A003〕

蒋中正为向英购买器材案办理情形致陈诚代电
（1945 年 6 月 16 日）

军政部陈部长勋鉴：巳庚侍秘代电计达。兹据战时生产局翁兼局长渝采巳元代电复称：查各机关在《中英财政协助协定》项下贰千万英镑供我购料案内所编各材料清单，均经本局审核完竣，并已检送英国大使馆审查。该馆亦已大部审查完竣，将由英方同盟国供应代表阿斯奎斯君于本月底携同所有材料清单返英，办理一切订购手续等语。除复令该局应与外、财两部密切联系，催促英方加紧实施，勿任拖延，以争取时效外，特并转达知照。中○。巳叶侍秘。

〔《中英借款洽订运用》（1942 年 2 月 3 日至 1945 年 7 月 7 日）：0882.01/5044.03 - 01/208/001088201A003〕

蒋中正为催促英方办理购买战时物资事致翁文灏代电
（1945 年 6 月 16 日）

战时生产局翁兼局长勋鉴：机渝采字第四七二号巳元代电悉。各机关请购材料多关战时急需，此案办理已阅半载，尚未得具体结果。应由该局与外、财两部密切联系，催促英方加紧实施，勿行拖延，以争取时效为要。中○。巳叶侍秘。

〔《中英借款洽订运用》（1942 年 2 月 3 日至 1945 年 7 月 7 日）：0882.01/5044.03 - 01/208/001088201A003〕

翁文灏电呈催促英方购买器材案办理情形
（1945 年 7 月 6 日）

军事委员会委员长蒋钧鉴：案奉钧座本年六月十六日侍秘字第二八二一○号已叶代电奉悉。关于中英信贷各机关向英请购器材一案，自本局审核完竣，即送英大使馆审查汇办后，当经迭次催请该馆从速转英订购。目前该馆同盟国供应代表阿斯奎斯君在本局敦促之下，为迅速推动购运事宜起见，已于七月二日派其秘书第卡第女士先行携同各料单离渝返英，阿斯奎斯君亦拟于日内亲自返英办理该案。除遵谕与财政部及外交部密切联系，催促英方实施，并将该案进度情形随时呈报外，谨电呈复，敬祈鉴核。战时生产局兼局长翁文灏叩（印）。渝采午鱼。

〔《中英借款洽订运用》（1942 年 2 月 3 日至 1945 年 7 月 7 日）：0882. 01/5044. 03 – 01/208/001088201A003〕

四　中美借款及经贸合作

（一）中美英远东合作

蒋中正为美国为何不能与英国在远东合作致胡适宋子文代电
（1940 年 7 月 17 日）

急。华盛顿。

胡大使（密）并转子文①兄均鉴：美国为何不能与英国积极合作，以支持英国在远东之地位，而使之不畏于日本之威胁？此中原因，究竟安在？今日远东形势，只有英美海军力量切实合作，美国在远东多负责任，而后英国对日态度，才能坚强。此为远东安危最大关键，亦为中国最切之希望。请兄等即向美当局切言此意，盼其速有决定，并明显表示，以转变英国对日态度为要，并盼电复。中○。午篠侍秘渝。

---

① 外交部部长宋子文，时出访美国。

〔《中美外交》(1940 年 7 月 17 日至 1948 年 10 月 22 日):0620/5080.01 - 01/139/001062000A009〕

宋子文胡适呈报美国为何不能在远东与英国合作之原因
(1940 年 7 月 19 日)

重庆。

总裁蒋钧鉴:Union 密。篠电敬悉。承询美国为何不能在远东与英国积极合作,此中原因,约有三端:第一、美国政制风尚皆受其特殊之历史地理影响,对欧洲政治向抱疑畏,不敢参预。故美政府历来不但不与他国缔结同盟,亦不敢对他国预作军事上或政治上之承诺。此为最根本原因。第二、美国朝野均甚关切英帝国眼前之安危,但眼前所能做到之平行合作,只限于美国海军留驻太平洋,以减轻英国东顾之忧。此为美总统兼海陆军统帅权限以内之事,但因政制所限,美政府无法进一步明白担承在远东多负责任,故将来美国在远东有何动作,全靠事实上有何重大演变。廿三年前,美国之参战亦全由事变促成,而绝无事前之担任也。第三、美国正当大选前夕,在野之共和党屡指斥现在政府主战闯祸。故政府对欧亚均不能不十分慎重,以避免主战党之恶名。此虽属时间问题,但亦关重要,盖美国和平孤立派之潜势力,尚未可完全漠视也。文、适敬复。皓。

拟办:原电呈阅。

批示:阅。

〔《中美外交》(1940 年 7 月 17 日至 1948 年 10 月 22 日):0620/5080.01 - 01/139/001062000A009〕

翁文灏电呈转送居里①代表之材料
(1941 年 2 月 24 日)

委员长蒋钧鉴:案奉钧座二月二十二日侍秘川字第六一三〇号丑养

---

① Lauchlin Currie,美国总统罗斯福的行政助理,1941 年 2 月 7 日至 27 日访问中国。

代电，令将所送居里代表之材料，另缮一份备送宋委员子文等因，自应遵办。兹谨检同前送居里代表材料全份清单一纸，随电附呈，敬祈鉴核转交为叩。职翁文灏（印）叩。敬资。

附呈材料全份清单一纸。

〔《中美外交》（1940年7月17日至1948年10月22日）：0620/5080.01-01/139/001062000A009〕

（二）美国对华借款办理经过

孔祥熙呈法日两国勾结情形及美国共和党
议员凡登堡复汽车业领袖函
（1940年5月30日）

介兄总裁赐鉴：

顷接上海中央银行林枢顾问（美人）来电，报告最近法日两国苟〔勾〕结情形及陈光甫兄来函，内附共和党议员凡登堡复汽车业领袖函乙件。谨将陈君来函及英文函电抄译三份，随函奉上呈阅。耑此并颂

崇安

弟　祥熙

五月卅日

拟办：列呈阅。

（林电拟办）拟抄交何总长速召集有关机关将存越货物赶运仰光。

陈布雷（印）

批示：阅。

附件一　　　　　　陈光甫来函摘要

庸之院长吾兄勋鉴：关于此次借款接洽，美方所持态度，前经屡次电闻。上星期在华京更约华京熟习政情人士详细研究数次，承其热诚相告，经以四月廿二日英文电奉闻，谅荷译悉。查此次借款金额不大，且须提供担保品，揆以美方屡次对我同情之表示，国内自不无诧异之言

572

论。自弟之来，亦尝深信，我方为民主而奋斗，友邦助我即属自助，美方少数明识之士亦作此论。顾转辗接洽，竟鲜反应，终不得不以商业上之互利为立场，其重要症结在美方一般舆论重在避免任何战事，政党持为政争工具。美政府当局虽极愿助我抗战，而格于舆论及在野政党之反对，不得不以商业性质为经济援助之基础。且在美方心目中，以整批款项供我购买抗战要料，以担保品之交纳，期谐辽远之将来。目下政党互相攻击、竞争，下届选举之环境下，实已尽其最大之可能助力。故表示同情为一事，实施援助又为一事，此中曲折，吾兄久已深悉，而局外人不易明了，事实自难免有误解之处也。查此次借款在国会参院外交组讨论时，形势颇为紧张，反对者大有其人。经弟托任嗣达①兄赴地屈埃城②，请汽车业领袖以长途电话劝告共和党重要议员凡登堡君必须投票赞成。结果凡君照办，与凡君同系之议员亦随之投赞成票，议案遂顺利通过。嗣后凡君致函该汽车业领袖，犹表示彼之投票极属勉强，对于该君之劝告意有不满。于此，益可见美国政争之内幕及对华援助之阻碍所在。所望今后美方舆论逐渐改变，则对华援助益可趋于积极。顷该汽车业领袖以凡君原函见示，兹特抄录密奉，以备参考。专此奉闻。敬颂钧绥

陈辉德③叩

四．二十七．

附件二　　谨译共和党议员凡登堡复汽车业领袖函

二月八日大礼拜悉。今将余对于进出口银行增加资本之态度，奉闻左右。当外交委员会提出此议案时，余已表示赞同，嗣后提出国会时，余当仍投赞成票。余之出此，坦直言之，实非余之所愿，因余恐此乃政府之意，故留回旋余地，俾商业借款得演变为政治借款。诚然政治借款与商业借款二者，皆有利于出口商人，盖一切货物仍须向吾国购置也。

---

① 时任复兴商业公司董事。

② 即底特律（Detroit）。

③ 陈光甫原名辉祖，后改名辉德。

政治借款性质之复杂，远胜于现款之授受。质言之，余深不愿国际银行（甚至政府之银行）染有外交政策之色彩。余个人亟望进出口银行之资本，最多增至五千万元，实无增至一万万元之必要。琼氏（Jesse Jones）曾对委员会表示，实际所需数目有三千五百万已足，况实际运用之数，鲜有超过百分之五十者。根据此种事实，在当时议案中重予芬兰以二千万元之贷款时，琼氏心目中以为最多不过一千万元而已。

鉴于以上事实，余意五千万元足可应付矣。盖无论如何，一切款项终须筹划而来。况税务与预算亏欠问题，吾人正从事整理中。即素主张预算平衡之流，当其本身利害受牵涉时，竟亦置之不顾。故余主张将其数目核减至五千万元（以余判测，此数已足周转）。此项修改之议案恐无通过之望（委员会已予否决），是以余唯有接受一万万元增资之议案。然余欲重申吾言，余之出此，实非所愿也。余望地屈埃（Detroit）人士不以余为反对鼓励出口贸易之人。余对出口贸易问题，素予重视，无时不思予以协助。然余认为应有相当限制，不能以出口贸易之重要，而放弃美国主张和平之立场。余信吾人中当无故意作此主张者，际兹艰危，每人个人之主张容有错误之处。余愿吾人研究各种问题时，当以美国前途为中心。

现仍回到原题，余信一万万元之议案当能通过，该项问题今夕国会中当能解决，今后君如有事，请与国会之贵系议员接洽可也。专此即颂康健

二月九日

〔《中美借款洽订》（1940 年 5 月 9 日至 1946 年 4 月 23 日）：0882. 01/5080. 03－02/212/001088201A007〕

陈光甫呈接洽借款经过之中国使美财政代表团报告书
（1940 年 7 月 11 日）

委员长钧鉴：

前日晋谒崇阶，荷承优礼有加，并蒙赐餐，私衷感激莫可言宣。辉德奉命赴美接洽借款，时阅两年。虽随时秉承钧座及孔副院长训示，努

力进行，维因当时美国孤立派势张，人心厌战，朝野对我国之抗战虽深表同情，而当局则受议会及舆论之牵制，措施极端审慎，致成就细微，未足上副钧座之期望，惭悚实深。兹谨将经过情形及鄙见所及，编具报告书，呈请鉴核。其中要点见总述及结论两部，敬祈省览，兹不赘述。此外，应为钧座敷陈者，尚有二端：

（一）加强中美政治经济关系，以促进美国采取更积极之援华行动。

辉德于抗战军兴之后抵美。美国人士鉴于日寇侵略之残暴、吾国抗战之英勇，对我领袖及民族深致钦敬。惟以中美政治、经济关系不若美国与南美及其与欧洲关系之深切，故其朝野重视远东次于欧洲及南美。其能高瞻远瞩，认远东为美国国防之最前线者，为数不多。美国人士虽知对华贸易将来有极大发展之可能，惟以现状论，美国对日贸易较之对华贸易更为重要，对日经济制裁迟不实现，此为主因之一。至于美国当局之远东政策，根本仍为本国利益着想，其对我援助，除法理主张而外，积极行动尚不多觏。最近一年来，因我国抗战之坚强，国际局势之变化，已使美国明达之士对于远东与美国关系之观念发生变更。而此后态度之更为积极，尤赖我国自力更生，加强中美政治、经济之关系。

钧座抗战政策之贯彻，后方生产之增加，经济之发展，交通之改进，政治之修明，均足愈增美国朝野对于钧座之推崇，及我民族前途之信仰。此后，美国当局采取较废止美日商约更积极之措施，亦大有可能。

（二）培植现有中国对美贸易机构，以期发生更大之作用。

辉德抵美后，曾以各种借款方式，如棉麦借款、币制借款与美财政部长商洽，均以民主国家法律上之限制，及顾虑国会议员之异议，政治借款难望实现。故改用商业借款方式，迂回曲折，期至于成，此中波折殊难罄述。最后美国方面决定由进出口银行出面借款与我方托名组织之世界公司，由我方先后承诺以桐油及滇锡，分年偿债。复于国内组织复兴公司，负责统购油、锡，运交世界公司。世界公司于办理销货偿债外，并为政府购买货物，以期树立统一销购之制度。试办以来，声誉尚佳，颇为美国朝野所称许。是复兴、世界两公司实负国家对美贸易之专职，世界公司又为承受借款并以借款为政府采办货物惟一之组织。两公司相辅而行，构成对美贸易之机构，堪负促进中美经济关系之使命。且世界公司为美国政府授意组织、出面承受借款者，该公司自身应继续努力树立信用。同时，我政府所有在美销购货物事宜，应交由该公司统一办理，不宜另外托人，以免纷岐，而遭友邦人士之误会。既购之货，须设法运达内地，以应急需，勿使积存港口。有如此次海防之大量存货无法运入，致损失极巨，贻人口实。则此后运用该公司向美商洽更大借款，成功亦属可期。

以上两端较为重要，兹特补陈，伏乞垂察。倘我公尚有垂询之处，请约期召见，容当面陈。专肃祗请

钧安

陈辉德敬启

七月十一日

附呈中国使美财政代表团报告一册（留处候调）

〔《中美借款洽订》（1940 年 5 月 9 日至 1946 年 4 月 23 日）：0882.01/5080.03 - 02/212/001088201A007〕

翁文灏呈对美新借款供钨产量无问题惟运输困难
（1940 年 9 月 27 日）

委员长钧鉴：昨奉孔副院长面告，宋子文先生在美洽商借款美金五千万元业已成功，系以钨砂作抵，以七年还清，计每年平均应运钨砂七千吨。兹谨将钨砂供给能力专折奉陈。查我国钨砂目前每年产量约为一万二千吨，再加促进可达一万五千吨。本年度苏联还债所需为四千八百吨，至本年十月三十日期满。下年度对苏矿产交货合约尚未签定，但即照本年数量，最少尚有余额七千吨以上可供运美之用。现有存货约为五千吨，尚可补供急需，且苏联还款总合同系以农、矿抵付，对于何种矿产，数量若干，均未具体规定。必要时自可多运锑、锡及汞，少运钨砂。故美政府需钨，以产量论，可无问题。所可虑者，实为运输。兹已

饬资源委员会全力赶运，惟自有运输工具有限，但倘其它运输机关能竭力协运，或不难达到全数运出之目的，正在商洽促进。专肃奉陈，仰祈鉴核。职翁文灏叩。感资。

签注：报告对美新借款供钨产量可无问题，惟运输困难。请鉴核。

拟办：拟复"悉"。职陈布雷（印）呈。廿九年九月廿九日。

批示：翁函转电子文。

〔《中美借款洽订》（1940 年 5 月 9 日至 1946 年 4 月 23 日）：0882.01/5080.03 - 02/212/001088201A007〕

蒋中正为对美新借款以钨砂作抵事致华盛顿中国大使馆电
(1940 年 10 月 1 日)

华盛顿中国大使馆：密。译转宋子文先生。据翁部长报告，美新借款所需偿还钨砂每年约七千吨之数，就目前产量论，可无问题。所可虑者实为运输，现在商洽赶运等语。特电知照。中〇。酉东侍秘渝。

〔《中美借款洽订》（1940 年 5 月 9 日至 1946 年 4 月 23 日）：0882.01/5080.03 - 02/212/001088201A007〕

翁文灏电呈令交通部从速协助运输钨砂赴美事宜
(1940 年 10 月 6 日)

委员长蒋钧鉴：前接李国钦①来电，美国国防委员会及军需部为准备参战起见，欲于三个月内增购中国钨砂一万四千吨等因。曾经面呈钧座，设法供给。嗣经电商，因限于运输，拟于三个月中，先行售供九千吨。曾于本月一日行政院会议时，与孔副院长及交通部张部长商洽运输办法。张部长以月运三千吨为数太多，请改为五个月运完，即每月运出一千八百吨。但与办理运输机关商洽具体办法，迄今尚未就绪。良以出口物品种类较多，必须分别缓急。窃以运美钨砂为美国军需要品，其需要之急，远非其它物品所能比拟。近时借款亦以此为担

---

① 华昌贸易公司董事长兼总经理，常驻纽约从事钨砂出口贸易。

保，我国自应尽力所及，以重信用。拟恳钧座令行交通部督率所属，从速实行运输，并令西南运输处切实协助，俾利进行为叩。职翁文灏（印）。鱼资。

拟办：拟准予分电交通部及西南运输处从速协助输运。

查交通部因承运此项钨砂，曾请将西南运输处所借三百辆卡车内（尚存仰光）拨还一百辆，俾资装运。已另表列呈。合附陈明。陈布雷（印）。十·八.

批示：如拟。令西南运输处特别协助。中正。

〔《中美借款洽订》（1940 年 5 月 9 日至 1946 年 4 月 23 日）：0882.01/5080.03 – 02/212/001088201A007〕

蒋中正为钨砂运美事致张嘉璈暨西南运输处代电
（1940 年 10 月 13 日）

交通部张部长、西南运输处译转宋主任①：查美国第三次借款成立，我方亟应供给钨砂。预计最近五个月内须售供钨砂九千吨，即每月运出一千八百吨。希即由交通部督率所属，从速实行运输，并由西南运输处特别切实协助为要。中〇手启。西元侍秘渝。

〔《中美借款洽订》（1940 年 5 月 9 日至 1946 年 4 月 23 日）：0882.01/5080.03 – 02/212/001088201A007〕

蒋中正为钨砂运美事致翁文灏代电
（1940 年 10 月 13 日）

经济部翁部长勋鉴：鱼资代电悉。已分电交通部及西南运输处从速协助输运矣。中〇。西元侍秘渝。

〔《中美借款洽订》（1940 年 5 月 9 日至 1946 年 4 月 23 日）：0882.01/5080.03 – 02/212/001088201A007〕

---

① 宋子良。

翁文灏呈告抵偿美国借款之钨砂产运能力均无问题
（1940 年 10 月 12 日）

委员长蒋钧鉴：十月九日侍秘渝字第四〇九六号西佳代电谨悉。关于美国新借款决定分五年偿还一节，顷接宋子文先生齐电，以第一年内须交三千吨，每三个月平均四分之一等语。依照目前产运能力及对其它国家供应支配方面，均无问题。除督饬所属加紧办理，以应急需外，理合陈复鉴核。职翁文灏（印）叩。文资。

〔《中美借款洽订》（1940 年 5 月 9 日至 1946 年 4 月 23 日）：0882.01/5080.03 - 02/212/001088201A007〕

蒋中正为选派专家赴美与通用公司会同改良制造
植物油车致翁文灏张嘉璈代电
（1941 年 2 月 16 日）

经济部翁部长、交通部张部长：据宋委员子文元电称：我国植物油车未尽行车经济。已与美名厂通用公司商妥，代为改良制造，运华试用。请选派专家一人，来此会同办理等语。植物油车足以减少油料消耗与机件损坏，裨补运输，至为重大。现既经商妥美厂代为改良制造，自应提前办理，以资增进运输力，派专家一人前往办理。特电转达，即希两兄会商核议，速复为要。中〇。丑铣侍秘川。

〔《工业建设（三）》（1941 年 2 月 13 日至 1943 年 6 月 7 日）：1120/1032.01 - 03/201/001112000A003〕

翁文灏呈复赴美会同改良制造植物油车案
似可委托环球公司派员参加
（1941 年 3 月 15 日）

军事委员会委员长蒋钧鉴：奉卅年侍秘川字第六〇五五号丑铣代电，关于选派专家一人赴美与通用公司会同制造植物油车运华试用一案，经与交通部会商，以美国各厂家现均注意采用柴油引擎，并设有试验室研究设计之改进。我国如派人员前往会同制造，对于植物油之性能与汽车引擎设计，似须确有精密研究，方能应付是项工作，目前尚无适当人选。查贸易委员会在美国纽约第五大道六百三十号（630 Fifth Avenue, New York, N. Y., U. S. A.）所设之环球公司（Universal Trading Corporation）经办美贷款采购事宜，并有主持机械工程人员。为便捷计，似可就近委托该公司派员参加。经济部部长翁文灏叩。删工印。

拟办：呈核。查此系据宋子文委员建议，奉批交核之复件。拟交孔副院长转饬照办并复，并知照宋委员子文。

批示：如拟。

〔《工业建设（三）》（1941 年 2 月 13 日至 1943 年 6 月 7 日）：1120/1032. 01 – 03/201/001112000A003〕

蒋中正为选派专家赴美与通用公司会同改良
制造植物油车事致孔祥熙代电
（1941 年 3 月 22 日）

孔副院长勋鉴：案查前据宋委员子文二月元电略称：我国植物〔油〕车未尽行车经济。已与美名厂通用公司商妥，代为改良制造，运华试用。请选派专家一人，来美会同办理等语。当经转达翁部长詠霓与张部长公权核议去后。兹据复称：美国各厂家现均注意采用柴油引擎，并设有试验室研究设计之改进。我国如派人员前往会同制造，对于植物油之性能与汽车引擎之设计，似须确有精密研究，方能应付是项工作，目前尚无适当人选。查贸易委员会在美国纽约第五大道六百三十号所设之环球公司，经办美贷款采购事宜，并有主持机械工程人员。为便捷计，似可就近委托该公司派员参加等语。查所称该公司既有机械工程人员在美，自以委托该公司就近派员参加为宜。即请转饬照办为盼。中○。寅养侍秘川。

〔《工业建设（三）》（1941 年 2 月 13 日至 1943 年 6 月 7 日）：1120/1032. 01 – 03/201/001112000A003〕

蒋中正为选派专家赴美与通用公司会同改良
制造植物油车事致翁文灏代电
（1941 年 3 月 22 日）

经济部翁部长勋鉴：卅工字第四八六四号删工代电悉。已交孔副院长转饬该环球公司就近派员参加矣。中〇。寅养侍秘川。

〔《工业建设（三）》（1941 年 2 月 13 日至 1943 年 6 月 7 日）：1120/1032.01 –03/201/001112000A003〕

翁文灏呈议定美国制钢公司向我国投资合办钢铁厂初步原则
（1944 年 3 月 13 日）

谨呈者：关于美国制钢公司拟向我国投资与资委会合办钢铁厂事，前于本月六日电呈钧座，请赐约期召见该公司来华代表金蔼洁，文中曾略陈梗概。兹经职与该代表数度磋商，议定初步原则九条，另纸录陈，敬祈察核。其中重要之点：一为董事长规定由中国人担任，总经理亦以由中国人充任为原则，以充分保持我方管理之权。二为钢铁厂所需原料，如煤、铁，均不由公司自行开采，另由其它机构生产供给，以确保我国资源自主之权。三为美国对于新公司充分供给技术资料及人员，助我建设。此外，并规定新公司应遵守中国一切法令，并向中国政府注册，照章缴纳税捐。美方唯一希望，股本能占半数。上项原则似甚公允，该代表金蔼洁口头已表同意，俟我国政府正式核定及该公司董事会同意后，即可商洽签定合作契约。该公司此次来洽，实具诚意，所商合办原则，如荷钧座核定，似于吾国建设及中美合作之前途均有裨益。理合检呈原则一份，呈请鉴核示遵。谨呈

主席蒋

职 翁文灏（印）

三十三年三月十三日

附呈合办原则一件。

附　　关于美国制钢公司派员来华洽谈中美合办钢铁厂原则

本年二月间，美国制钢公司（U. S. Steel Corporation）派远东主任金蔼洁（J. A. Keane）来华考察我国钢铁工业，并商谈战后合作办理钢铁事业。查该公司为美国最主要之钢铁厂家，规模宏大，设备完善，所有产品行销全球，极著信誉。我国如能与该公司合作，当可利用该公司之技术、经验，使中国钢铁事业迅速完成。且可不至如抗战以前，长江丰富矿砂为日本收购利用。金君到渝后，经与职数次洽谈，并由职派员陪同参观后方各钢铁事业。金君对我国营事业甚为称道，表示极愿与我国政府洽商战后合作兴办钢铁厂及其它附带事业。兹谨将与金君洽谈之合作原则，陈述如左：

一、为便于进行起见，拟由资源委员会与美国制钢公司（或其子公司）合组公司，在湖北大冶附近建设钢铁厂。

二、股本分配。美方商请定为中美各占百分之五十，资委会担任在中国境内支付国币，美方则除按股应任资本外，遇有必需须协助新公司获得借款或接受优先股票，俾可支付在美购料等用途。该项优先股票对于公司事务并无表决之权。

三、董事长应为中国人民，由资委会派充，其余董事，中美各半。总经理原则上应由中国人民充任，由美籍人民担任副总经理（或予以其它适当名义）。总经理及副总经理均由董事会聘任。公司其它职员不以国籍为限，应视其资历、能力而定。但如有少数主要职位，因工作上之必要，须由美籍人员担任时，应由中国人民担任副手，处理同样工作。

四、美国制钢公司之产品如为新公司所必需者，应由新公司仅尽先向其购买，但其价格不能超过美国制钢公司同样产品之最低出口价格。

五、美国制钢公司应充分供给其技术资料及人员，协助新公司各工厂之设计、建造及开工工作，并接受中国人员在美国制钢公司各部分实习，以为新公司建设之需。

六、新公司应依照中国政府法令，缴纳各项捐税。

七、新公司之工作，包括钢铁之冶炼、钢铁产品之制造以及锡板之轧制。其所需之原料，如铁砂及煤等，均由其它机构（或公司）供给，但资委会当保证上项原料之经常供给及价格之公允。

八、新公司应遵守中国政府所有法令，并在中国政府注册营业。

九、实际建厂工作当于长江流域战事结束以后即为开始。目前先行着手准备，美方若干技术人员现在即可来华，商洽具体办法。

十、俟上项原则得中美两方正式同意后，即作为将来签定契约及订立公司章程之根据。

拟办：细核商定各项原则，于鼓励中美资本及技术合作之中，仍能充分维护吾国主权，似可照准。但事关战后工业建设，拟先交熊秘书长核议，再行饬遵。

又据翁部长派人持函来室面称：该代表金蔼洁定本星期四启程回美，极盼在行前能邀钧座对此案先有原则上之允准，以便回美后有所主张。翁部长意，该公司执美国制钢事业牛耳，如我国欢迎外人投资，则此种机会，似宜利用，以引起外人对中国投资之兴趣，亦拟请先准接受合办钢铁厂之原则，俾便答复该代表。至具体实施计划，再与设计局详商，以期周洽等语。所请似可照准，谨请核批。

批示：可照准。中正。

〔《经济措施（八）》（1941 年 9 月 13 日至 1944 年 3 月 23 日）：1100. 10/2130. 01 – 08/41/001110010A008〕

蒋中正为中美合办钢铁厂原则致翁文灏代电
（1944 年 3 月 23 日）

经济部翁部长勋鉴：三月十三日呈件均悉。所呈与美国制钢公司代表金蔼洁议定合办钢铁厂初步原则九条，可予照准。至具体实施计划，希再与中央设计局详商为要。中○。寅梗侍秘。

〔《经济措施（八）》（1941 年 9 月 13 日至 1944 年 3 月 23 日）：1100. 10/2130. 01 – 08/41/001110010A008〕

蒋中正为中美合办钢铁厂原则致熊式辉代电
（1944 年 3 月 23 日）

中央设计局熊秘书长勋鉴：案据经济部翁部长呈报，美国制钢公司拟向我国投资合办钢铁厂，经与该公司来华代表金蔼洁数度磋商，议定初步原则九条，请核示等情前来。查所陈原则尚属可行，除复予照准，并嘱与兄详商具体实施计划外，兹将所呈初步原则随文抄转，即希知照洽办为盼。中〇。寅梗侍秘。附抄件一份。

〔《经济措施（八）》（1941 年 9 月 13 日至 1944 年 3 月 23 日）：1100.10/2130.01 – 08/41/001110010A008〕

（三）对美偿债矿产品相关事宜

翁文灏呈请钨砂应尽先用于对美对苏易货偿债
（1941 年 1 月 9 日）

委员长蒋钧鉴：查美政府向我洽购大批钨砂一案，前经陈明钧座，先行售予九千吨，当即积极准备，并与交通部西南运输处等洽商运输办法。正办理间，美国对我新借款美金二千五百万元适宣布成立。该项借款系以钨砂作抵，该项钨砂之交货合约并经钧座抄发到会。依照合约之规定，我方自上年十月二十二日起，即须按期运送钨砂赴美交货。又最近向美国洽商之五千万元借款，一部分亦须以钨砂抵付，自应预为筹措。此外，对苏易货本年度应交数量，为数甚大。窃以此项偿债易货，钨砂关系国家债信，自较普通外销贸易更属重要。在目前情形之下，因车辆、油料两感缺乏，运输至为困难。所有运达出口地点之矿品，除已酌提二千吨售美外，其余拟尽先交付对美、对苏易货偿债之用，俟有余量，再行外销。美方既与我国订立钨砂借款，其国防所需钨砂，自可取给于此。除另电商美方外，谨电奉陈，敬祈鉴核。职翁文灏叩（印）。佳资。

〔《矿业管理（二）》（1940 年 6 月 17 日至 1942 年 8 月 2 日）：1131/1032.01 – 02/244/001113100A002〕

蒋中正为二十九年度钨砂产量存量致翁文灏代电
（1941 年 1 月 16 日）

经济部资源委员会翁主任委员：佳资代电悉。二十九年度钨砂产量共有若干？本年度预定产量若干？除应付现时债信交货外，尚能剩余若干？希即查明具报。中〇。子铣侍秘川。

〔《矿业管理（二）》（1940 年 6 月 17 日至 1942 年 8 月 2 日）：1131/1032.01 - 02/244/001113100A002〕

翁文灏呈报钨砂产量存量情形
（1941 年 1 月 19 日）

委员长蒋钧鉴：案奉钧座本年一月十六日侍秘川字第五五四〇号子铣代电，饬查二十九年度钨砂产量共有若干？本年度预定产量若干？除应付现时债信交货外，尚能剩余若干？等因。查二十九年度钨砂产收数量，就目前已知之数量计，共九千三百八十五吨。惟上两年来国内运输至为困难，大量钨砂积存各地，未能及时运出。二十八年度积存钨砂，连同二十九年所产数量，除已运出交付易货、外销者外，截止二十九年十一月底止，尚有一万四千余吨积存各地待运。如运输难以畅通，则各地存砂势将愈积愈多，难应国外急需。至本年度钨砂产量，如无意外周折，预计可达一万二千吨。目前资委会为切实促进矿产品之生产起见，已由钱副主任委员昌照率领有关人员亲往桂、粤、赣、湘等省督饬进行。如本年产量即以一万二千吨计算，则对美偿债约需三千五百吨，对苏易货约需四千吨。此外，至少拟售美政府二千吨，约尚余二千五百吨。奉电前因，理合电陈鉴核。职翁文灏（印）叩。皓资。

〔《矿业管理（二）》（1940 年 6 月 17 日至 1942 年 8 月 2 日）：1131/1032.01 - 02/244/001113100A002〕

翁文灏电呈资源委员会经办各种对美偿债矿产品交运情形
（1941 年 5 月 24 日）

委员长蒋钧鉴：资源委员会经办各种对美偿债矿产品，自上年一月起即已陆续开始交运。所有交运情形，除已按批随时通知财政部及其它有关方面外，兹谨将年余以来之办理情形陈报于后。查对美偿债矿品合约计有三种：一为二十九年三月十五日复兴商业公司与世界贸易公司所

订之售锡合约；一为同年十月二十二日资委会与美国金属准备公司所订
之售钨合约；一为三十年一月三十一日资委会与美国金属准备公司所订
之金属合约。关于售锡合约内应交之锡，经规定应运交世界公司交货；
售钨合约内应交之钨及金属合约内应交之钨、锑，均规定应运交金属公
司交货。查应交售锡合约之锡，自二十九年一月即已开始交运，截止现
时，计共运交八批；应交售钨及金属合约之钨、锑及锡，自三十年一月
起开始交运，截止目前为止，业已运出四批。关于各批之种类、数量、
运出日期、交运地点及装运船名等，理合分别编列清表，随电附呈，伏
乞鉴核。职翁文灏（印）叩。敬资机。附呈清表二份。

附件一　　对美售锡合约交货清单（三十年五月）

批数	数量 （公吨）	成份	运出日期	装运船名	交运 地点
1	500	99%（310 吨） 75%—98%（190 吨）	二十九年一月十三日	President Coolidge	香港
2	300	99%	二十九年四月二十四日	Pierce	香港
3	300	99%	二十九年五月十八日	City of Los Angeles	香港
4	500	99%	二十九年六月五日	Cleveland	香港
5	700	99%	二十九年六月二十日	Pierce	香港
6	150	99%	二十九年七月十二日	President Coolidge	香港
7	200	99%	三十年三月十一日	Steel Exporter	仰光
8	312	99%	二十九年八月二十二日	Oregonian	海防

附件二　对美售钨及金属两合约交货清单（三十年五月）

批数	矿产种类	数量（公吨）	运出日期	装运船名	交运地点
1	钨砂	900	三十年一月一日	Western Queen	仰光
2	钨砂	800	三十年三月十一日	Steel Exporter	仰光
3	钨砂	400	三十年四月五日	Illinoian	仰光
3	纯锑 99%	100	三十年四月五日	Illinoian	仰光
4	锡	900	三十年五月三日	Honolulan	仰光
4	纯锑 99%	100	三十年五月三日	Honolulan	仰光

〔《矿业管理（二）》（1940 年 6 月 17 日至 1942 年 8 月 2 日）：1131/1032. 01 – 02/244/001113100A002〕

宋子文电呈对美偿债钨砂可比照波利维亚砂价酌予调高
（1941 年 5 月 28 日）

委座钧鉴：钨砂、金属两借款事，砂作价原系根据美矿业杂志所载市价，现约每单位十六七元，即每吨一千零五十元左右。顷美以日本在波利维亚高价收购钨砂，美金属准备公司亦向波以高价定购三年全部钨产，作价每单位约二十一元，合每吨一千三百六十余元，公司因此所损失由国库贴补。上届欧战，钨砂各国虽曾飞涨，但现时美国主要物品均受统制，不准涨价。每单位钨砂作价二十一元，高于现价甚多，即为将来着想，似亦不致吃亏。经文饬属与金属准备公司接洽，要求我钨砂作价，三年内与彼波利维亚砂同等待遇，美方对此原则已可接受。事关借款担保，特电呈核，并乞转饬资委会俾留意为叩。弟子文叩。勘。

批示：抄交孔副院长与经济部长核议速办。中正。

〔《矿业管理（三）》（1941 年 5 月 29 日至 1944 年 12 月 10 日）：1131/1032. 01 – 03/245/001113100A003〕

蒋中正为对美偿债钨砂可比照波利维亚砂价
酌予调高事致孔祥熙代电
（1941 年 6 月 1 日）

孔副院长庸兄勋鉴：据宋委员子文勘电称，钨砂、金属两借款事，砂作价原系根据美矿业杂志所载市价，现约每单位十六七元，即每吨一千零五十元左右。顷美以日本在波利维亚高价收购钨砂，美金属准备公司亦向波以高价定购三年全部钨产，作价每单位约二十一元，合每吨一千三百六十余元，公司因此所损失由国库贴补。上届欧战，钨砂各国虽曾飞涨，但现时美国主要物品均受统制，不准涨价。每单位钨砂作价二十一元，高于现价甚多，即为将来着想，似亦不致吃亏。经文饬属与金属准备公司接洽，要求我钨砂作价，三年内与彼波利维亚砂同等待遇，美方对此原则已可接受。事关借款担保，特电呈核，并乞转饬资委会俾资留意等语。特电转达，即请兄迅与翁部长核议速办，并电复子文兄为盼。中〇。巳东侍秘川。

〔《矿业管理（三）》（1941 年 5 月 29 日至 1944 年 12 月 10 日）：1131/1032.01－03/245/001113100A003〕

翁文灏电呈美方同意我国偿债钨砂可比照
波利维亚砂价酌予调高
（1941 年 6 月 8 日）

委员长蒋钧鉴：查中美二千五百万元贷款案内，资源委员会与美国金属准备公司所订之售钨合约及中美五千万元贷款案内所订之金属合约，其中关于交货钨砂之计价办法，均规定系照该货到达美国口岸前二个月内之 *Engineering and mining journal*：*Metal and Mineral Market* 周刊所载之《六十五度华钨纽约交货价》之平均数为准。故我国所交偿债钨砂，其所值若干，直接系于该周刊所报之市价。本年二月间，叠据资委会国外贸易事务所纽约分所报告，该周刊所载钨价，原已涨至每短吨单位美金十八元（不连关税），后忽落至每单位十六元。经由会令饬该所一再与该周刊编辑交涉，据称彼等系奉政府命令改以大批交易之成交价为刊载之标准。至于大批交易究何所指，未能明白见告。经又与美国金属准备公司交涉，亦无结果。目前我国钨砂因须尽量先交易货与偿债，已无余量可在市场销售，因此对于美国市场之钨砂价格，自亦无法可以左右。但若长久任其维持该项较低价格，于我方颇有损失，且该项价格尚较波利维亚所产钨砂为低，尤属有欠公允。最近美国金属公司以敌人以高价在波利维亚收购钨砂，为免玻砂资日，因与波利维亚订定办法，收购该国全部所产钨砂，按照每短吨单位美金二十一元（不连关税）计价，以三年为期。我方因此项办法订立以后，华钨价格若仍维持旧价，则所差更巨。为谋公平解决起见，经由驻美李商务参事幹①，会同

---

① 李幹，时任中国驻美大使馆商务参赞。

资委会驻美人员与美国金属公司切实商洽，嗣后我国所交偿债钨砂亦照波利维亚砂同样办理，按每短吨单位美金二十一元（不连关税）计算，以三年为期。兹据该员等电告，已获美政府同意照办。查每单位二十一元之价格，较之目前市价，已超过甚多。而将来市价上涨之机会，据一般专家意见，因美政府已开始统制物价，亦不能如上次欧战时增涨之甚。是此项谅解，对我实属有利，经已电复同意。惟事关对外偿债，除另呈报孔副院长外，理合电呈鉴核备案。职翁文灏（印）叩。庚资。

〔《矿业管理（三）》（1941 年 5 月 29 日至 1944 年 12 月 10 日）：1131/1032.01－03/245/001113100A003〕

蒋中正为美方同意我国偿债钨砂可比照波利维亚砂价
酌予调高事致翁文灏代电
（1941 年 6 月 12 日）

经济部资源委员会翁兼主任委员：庚资代电悉。据陈与美方洽订钨价，按每短吨单位美金二十一元（不连关税）计算，以三年为期，应准备案。中〇。巳文侍秘川。

〔《矿业管理（三）》（1941 年 5 月 29 日至 1944 年 12 月 10 日）：1131/1032.01－03/245/001113100A003〕

翁文灏电呈对美偿债矿产品售钨及金属两合约第五批交运情形
（1941 年 6 月 13 日）

委员长钧鉴：资源委员会经办对美偿债矿产品，其已往各批交运情形，前经于本年五月二十四日以敬资机代电呈报钧座有案。兹于五月十九日续交"售钨"及"金属"两合约内第五批，计钨砂五百吨，装 Exiria 运美，仍交金属公司接收。除另呈报孔副院长外，理合电陈鉴核。职翁文灏叩（印）。元资机。

〔《矿业管理（二）》（1940 年 6 月 17 日至 1942 年 8 月 2 日）：1131/1032.01－02/244/001113100A002〕

翁文灏电呈对美偿债矿产品售钨及金属
两合约第六至第七批交运情形
（1941 年 7 月 18 日）

委员长蒋钧鉴：资源委员会经办对美偿债矿产品"售钨"及"金属"两合约项下第六批，计钨砂四百吨、纯锑一百吨及精炼锡一百吨，已于六月八日装 Steel Mariner 轮由仰光运美；又第七批，计钨砂八百吨，已于七月十三日装 Kiluckenbach 轮由仰光运美，均交金属公司偿债。除另呈报孔副院长外，谨此电陈钧鉴。职翁文灏（印）叩。巧资机。

〔《矿业管理（二）》（1940 年 6 月 17 日至 1942 年 8 月 2 日）：1131/1032.01－02/244/001113100A002〕

翁文灏电呈对美偿债矿产品售钨及金属两合约第十批交运情形
（1941 年 9 月 25 日）

委员长蒋钧鉴：资源委员会经办对美偿债矿产品"售钨"及"金属"两合约项下第十批，计钨砂三百吨、锡五百吨，已于九月二十一日装美轮 Puertorican 由仰光运美，交金属公司偿债。除另呈报孔副院长外，谨此电陈钧鉴。职翁文灏（印）叩。有资机。

〔《矿业管理（二）》（1940 年 6 月 17 日至 1942 年 8 月 2 日）：1131/1032.01－02/244/001113100A002〕

翁文灏电呈对美偿债矿产品第八第九第十一批交运情形
（1941 年 11 月 29 日）

委员长蒋钧鉴：资源委员会经办运美偿债矿产品第一批至第七批及第十批交运情形，前经先后呈报有案。兹查第八批，计精炼锡三百吨及滇锡二百吨，系本年七月二十日交 Exminster 轮由仰光运美；第九批，计钨砂四百吨及滇锡一百吨，系八月十一日交 Anns Kakel 轮由仰光运美；又第十一批，计钨砂三百吨、精炼锡五十吨及滇锡四百五十吨，于十一月五日交 Steel Traveler 轮由仰光运美，分别运交美国金属准备公司及世界贸易公司偿债。除另呈报孔副院长外，谨此电呈钧鉴。职翁文灏（印）叩。艳资机。

〔《矿业管理（二）》（1940 年 6 月 17 日至 1942 年 8 月 2 日）：1131/1032.01－02/244/001113100A002〕

翁文灏电呈对美偿债矿产品售钨及金属
两合约第一至第三批交运情形
（1941 年 12 月 5 日）

委员长蒋钧鉴：资源委员会经办对美"钨砂"及"金属"两合约偿债矿产品，自本年一月起即已开始交货。截止目前为止，共已交付十二批，经先后呈报有案。第一批计钨砂八百十三吨，于本年一月一日装 Western Queen 轮，由仰光运美；第二批计钨砂七百九十吨，于三月十一日装 Steel Exporten 轮，由仰光运美；第三批计钨砂三百九十六吨、纯锑九十九吨，于四月五日装 Illinoian 轮，由仰光运美。以上三批收支帐目，现已结算清楚，各项单据亦经检齐。计收到国库拨发本年一、二、三、四、五、六、七、八、九各月份购办运美矿产品价款国币七千零五十四万元。除第三批内滇钨三百七十一吨，价款五百八十四万七千六百十二元二角四分，系在财政部直拨本会云南出口矿产品运销处收购滇锡基金内垫付，当专案报销，不再列入外，共付购置以上各批矿产品价款国币二千七百零二万六千一百六十四元六角。收支相抵，尚余国币四千三百五十一万三千八百三十五元四角，经拨充预付收购矿产品之用。关于购办运美第一至第三批矿产品情形，除将收支对照表另呈孔副院长外，理合检同收支对照表一纸、单据四纸，电呈钧鉴，谨祈准予核销令遵，并乞仍将单据发还，以备查考为叩。职翁文灏（印）叩。微资机。附呈收支对照表一纸、单据四纸。

〔《矿业管理（二）》（1940 年 6 月 17 日至 1942 年 8 月 2 日）：1131/1032.01－02/244/001113100A002〕

翁文灏电呈美国欲增加运美钨砂至二万吨情形

（1942 年 1 月 10 日）

委员长蒋钧鉴：关于对美供运矿品事，叠奉孔副院长交下李国钦君来电，报告在美接洽情形。李君上年十二月一日来电，略谓已洽准美方同意，本年内所有运美偿债纯锑，全部由美付我现款，不作还债。运美偿债钨砂，百分之七十五由美付我现款，百分之二十五作为还债。因此，李君建议设法增运，于本年内运美钨、锑各二万吨，俾可多得现款等语。当经根据目前可能生产情形及对苏易货之需要妥为支配，商承孔副院长电复李君，本年内当勉筹钨、锑各七千至一万吨运美。惟纯锑若按照目前市价出口，我方亏蚀太大，须请美方加价。又内地运输所需汽油及海运船只，并盼美方尽量供给。此电去后，经积极筹划，预定上年十二月底交运钨、锑共二千吨，本年二月底交运三千吨，六月前交运五千吨，不足之数，再行陆续筹划，并经商承孔副院长电告李国钦君查洽在案。原定十二月底所交之货，因美轮于本年初始行到达，现正赶装矿品三千余吨。顷复奉孔副院长转示李国钦君最近来电，略谓本年应运美锑品，美方可全部不要，但盼多运钨砂，连偿债部分在内，本年运足二万吨，价款仍按前商办法，百分之七十五由美付现，百分之二十五作为还债，由美方按月派轮来仰光接运。运费酌收最低价，兵险由美方自理，如船中途沉没，由美方负责。此项办法，对我自属相当有利。同时美系同盟国家，此项有关军火制造之原料，彼方既属急需，我国自亦应尽量供给。惟对于本年增运钨砂至二万吨一节，对各友邦分配至感为难，自应预为筹定数量。查本年钨砂产量原定为一万二千吨，兹为供应各国需要计，自应以最大努力，尽量增产。然最多连同存货在内，亦只能达二万吨左右。对苏易货前已允供运四千吨，但苏方尚要请增加。最近英大使亦来洽，谓英国需钨甚急，盼我在不影响对其它各国偿债需要之范围内，尽量供给。若对苏照已允之数，暂定为四千吨，对英供给一千至二千吨，则可供运美之数量至多不过一万五千吨。拟即以此数为标准，尽量筹运。已将此意陈明孔副院长转饬李君。为达到全部增产及交运目的，除由资源委员会积极筹办外，关于本年度矿品预算，拟恳准予维持原案，必要时尚须再请追加。此外，运输方面，必须车辆配合适宜，接运迅速；矿品收购方面，必须酌增价格，激励生产等等，均正在与有关机关商洽中。理合将前后筹办情形先行电陈，仰乞鉴核。职翁文灏叩。蒸资机。

拟办：翁部长已商陈孔副院长办理，拟复"悉"。

批示：如拟。

〔《矿业管理（二）》（1940 年 6 月 17 日至 1942 年 8 月 2 日）：1131/1032.01 - 02/244/001113100A002〕

翁文灏电请三十一年度对外易货偿债矿产品仍维原列预算
（1942 年 1 月 12 日）

委员长蒋钧鉴：窃资源委员会经办对外易货偿债矿产品，本年度所列预算原为国币七万万五千万余元，乃系根据矿品实际交货价格及运输必需费用核实开列。兹经国防最高委员会会议核定，减为与贸易委员会之农产合并，共为七万万元，较资委会原列预算减少半数以上，事实上绝不敷用。且目前美、苏两国因加紧制造军需品，需要矿品益多，已屡向我方要请增运；最近英大使亦函请运钨赴英。美、苏、英皆为抗战时期最重要之友邦，我方矿产又为友邦军需要品，且各友邦现均有船接运，自当尽力之所及，勉为增产、增运。如此，原列预算尚虑不敷，若再予核减，实与实际需要相差过巨。审虑再四，不能不据实陈明，以免贻误。拟恳钧座特予主持，仍维原列预算，俾矿品购运得以顺利进行，对外债信赖以维持。是否有当，理合电请鉴核示遵。职翁文灏叩。文资机。

〔《矿业管理（二）》（1940 年 6 月 17 日至 1942 年 8 月 2 日）：1131/1032.01 - 02/244/001113100A002〕

蒋中正为三十一年度对外易货偿债矿产品预算案致翁文灏代电
（1942 年 1 月 18 日）

资源委员会翁兼主任委员勋鉴：蒸、文两资机代电均悉。据称对美易货矿品原系钨、锑并重，现美方既舍锑而增钨，则该会原拟用于收运

锑品之资金，当可移用一部分于对钨之收运。至收钨费用事实上如再有
不敷之数，可编具简要说明，商陈孔副院长设法补救，不必在目前亟求
更改预算案，致使他方藉口也。中〇。子巧侍秘。

〔《矿业管理（二）》（1940 年 6 月 17 日至 1942 年 8 月 2 日）：
1131/1032.01 – 02/244/001113100A002〕

翁文灏电呈资委会经办对美偿债矿产品第十二批交运情形
（1942 年 1 月 31 日）

委员长蒋钧鉴：资源委员会经办对美偿债矿产品第十二批，计滇锡
九百七十一吨、平桂锡三十吨，已装美轮 Chant 号，于上年十二月二十
三日由仰光驶美。除另呈报孔副院长外，谨此电陈钧鉴。职翁文灏
（印）叩。世资机。

〔《矿业管理（三）》（1941 年 5 月 29 日至 1944 年 12 月 10 日）：
1131/1032.01 – 03/245/001113100A003〕

翁文灏电呈资委会经办对美偿债矿产品第十三批交运情形
（1942 年 2 月 4 日）

委员长蒋钧鉴：资源委员会经办对美偿债矿产品第十三批，计
钨砂一千四百三十八吨、白钨三十七吨、平桂锡一百四十吨、滇锡
一千五百四十吨、铋砂五吨，已装美轮 Tulsa 号，于一月十七日由仰
光驶美。除另呈报孔副院长外，谨此电陈钧鉴。职翁文灏（印）叩。
支资机。

〔《矿业管理（三）》（1941 年 5 月 29 日至 1944 年 12 月 10 日）：
1131/1032.01 – 03/245/001113100A003〕

翁文灏电呈资委会经办对美偿债矿产品第十四批交运情形
（1942 年 3 月 6 日）

委员长蒋钧鉴：资源委员会经办对美偿债矿产品第十四批，计钨砂
五百三十六吨、纯锑十八吨、锡品四百七十吨、白钨五吨，已装美轮

Daystar 号，于本年一月二十九日由仰光运美。除另呈报孔副院长外，谨此电陈钧鉴。职翁文灏（印）叩。鱼资机。

〔《矿业管理（三）》（1941 年 5 月 29 日至 1944 年 12 月 10 日）：1131/1032.01 – 03/245/001113100A003〕

翁文灏电呈资委会经办对美偿债矿产品在昆明交货情形
（1942 年 7 月 22 日）

委员长蒋钧鉴：资源委员会经办对美偿债矿产品在昆明货仓交货者，自五月二十三日至七月十六日已先后共交十七批，计钨砂二百九十五吨、滇锡二十一吨。除另呈报孔副院长外，谨此电陈钧鉴。职翁文灏（印）叩。养资机。

〔《矿业管理（七）》（1941 年 10 月 8 日至 1942 年 4 月 19 日）：1131/1032.01 – 07/249/001113100A007〕

翁文灏电呈运美钨砂在昆交货办法
（1942 年 7 月 25 日）

委员长蒋钧鉴：资源委员会经办对美偿债矿产品，前以滇缅路断绝，无从出口。经与美方商妥，利用昆印回空飞机装运钨砂，在昆明货仓交货，并于六月三日以江资机代电呈报钧座在案。关于运美钨砂在昆交货办法，经饬由本会国外贸易事务所纽约分所与美国金属公司订就修正合同一份，呈送到会。依照该合同之规定，钨砂存入双方协定交货地点之仓库，由美方代表出一收据，即作为交货。保管时普通风险由我方负责，兵险由美方负责。美方收到交货单据后，预付我方货款百分之六十五现款，俟钨砂运抵美国，再将货款结清，提出百分之二十五偿债。事关对外偿债，理合将该合同上开要点电陈钧座，敬乞鉴核。职翁文灏（印）叩。有资机。

〔《矿业管理（二）》（1940 年 6 月 17 日至 1942 年 8 月 2 日）：1131/1032.01 – 02/244/001113100A002〕

翁文灏电呈资委会经办对美偿债矿产品
第十八至第二十四批交运情形
（1942 年 8 月 5 日）

委员长蒋钧鉴：资源委员会经办对美偿债矿产品在昆明货仓交货者，自七月十八日至三十一日，先后共交七批（第十八批至第二十四批），计钨砂壹百七十七吨。除另呈报孔副院长外，谨此电陈钧鉴。职翁文灏（印）叩。歌资机。

〔《矿业管理（三）》（1941 年 5 月 29 日至 1944 年 12 月 10 日）：1131/1032. 01 – 03/245/001113100A003〕

翁文灏电呈资委会经办对美偿债矿产品昆明交货情形
（1942 年 9 月 3 日）

委员长蒋钧鉴：资源委员会经办对美偿债矿产品在昆明货仓交货者，自八月二日至二十九日，先后共交十二批，计钨砂三百零二吨。除另呈报孔副院长外，谨此电陈钧鉴。职翁文灏（印）叩。江资机。

〔《矿业管理（三）》（1941 年 5 月 29 日至 1944 年 12 月 10 日）：1131/1032. 01 – 03/245/001113100A003〕

翁文灏电呈资委会经办对美偿债矿产品昆明交货情形
（1942 年 9 月 19 日）

委员长蒋钧鉴：资源委员会经办对美偿债矿产品在昆明货仓交货者，自八月二十七日至九月十二日，先后共交二十批，计钨砂五百零二吨。除另呈报孔副院长外，谨此电陈钧鉴。职翁文灏（印）叩。效资机。

〔《矿业管理（三）》（1941 年 5 月 29 日至 1944 年 12 月 10 日）：1131/1032. 01 – 03/245/001113100A003〕

翁文灏电呈资委会经办对美偿债矿产品昆明交货情形
（1942 年 10 月 6 日）

委员长蒋钧鉴：资源委员会经办对美偿债矿产品在昆明货仓交货者，自九月十四日至三十日，先后共交十九批，计钨砂四百七十七吨。除另呈报孔副院长外，谨此电陈钧鉴。职翁文灏（印）叩。鱼资机。

〔《矿业管理（三）》（1941 年 5 月 29 日至 1944 年 12 月 10 日）：1131/1032.01 – 03/245/001113100A003〕

翁文灏电呈对美偿债矿产品交运总量等情形
（1942 年 10 月 19 日）

委员长钧鉴：查我国对美借款"钨砂"及"金属"两合同，上年十二月三十日曾经修正一次。按照修正办法，所有运美钨砂及锡品售得价款，百分之二十五交美偿债，百分之七十五由美方付我现款；锑品价款则全部付我现款，不作偿债。关于运费保险费用，亦经改订优惠条件，前经由职于本年一月十日电陈钧座鉴核有案。在此项办法生效以后，交美矿品海运方面，计有一月十七日交 Tulsa 轮，及一月二十九日交 Daystar 轮两批。此后海运不通，五月以后即改用航空。截止九月底，已交运八十四批，计钨砂一千七百五十余吨、锡品四十余吨，所有以上海运及空运各批，均经随时呈报钧座有案。兹据资源委员会国外贸易事务所纽约分所电称："该两批海运矿产品均已到美交货，所有价款亦已收到，并已按照新定办法，以钨、锡价款百分之二十五转付华盛顿进出口银行偿债，百分之七十五取现；纯锑价款则全部取现。计收到现款全部，共美金四，一三〇，二一八·三二元"。嗣又据该纽约分所八月十七日电称："接世界公司通知，按照该分所与世界公司所定并奉财政部核准办法，本年度运美滇锡售得价款，应以百分之六十偿付售锡合同。Tulsa 及 Daystar 两轮所运滇锡价款，应即提出美金一，三二三，五一七·二五元交付世界公司偿债"等语。本会当即电准该分所照办。此款付出以后，计尚余美金二，八〇六，七〇一·〇七元。除由本会依照财政部核定成案，留用二成作为业务开支外，其余八成计美金二,二四五,三六〇·八五元，经由本会交付中央银行。其详细收付情形，另纸开呈。又昆明航运交美矿品将来价款结清后，亦拟照此办理。除另呈报孔副院长外，谨此电陈，仰乞鉴核。职翁文灏（印）叩。效资机。附呈清单一份。

附　**Daystar 及 Tulsa 两轮矿品售价偿债及结存现款清单**

船名	矿品	数量 （公吨）	全部售价 （美金）	25% 还债 （美金）	75% 现款 （美金）
Daystar	钨砂	536.1512	859993.44	214998.36	644995.08
Daystar	纯锑	17.5138	4771.93	—	4771.93
Daystar	滇锡	459.5709	481408.30	120352.07	361056.23
Daystar	平桂锡	15.1801	16607.88	4151.97	12455.91
Daystar	平桂锡（赔款）	0.0204	23.37	—	23.37
Tulsa	钨砂	—	2367624.43	591906.10	1775718.33
Tulsa	滇锡	1545.7298	1623223.24	405805.82	1217417.42
Tulsa	平桂锡	139.9800	151706.72	37926.67	113780.05
			5505359.31	1375140.99	4130218.32
以上滇锡价款,提 60% 偿世界公司售锡合约					1323517.25
结存					2806701.07
留用业务费 20%					561340.22
					2245360.85

〔《矿业管理（三）》（1941 年 5 月 29 日至 1944 年 12 月 10 日）：1131/1032.01 – 03/245/001113100A003〕

翁文灏电呈资委会经办对美偿债矿产品昆明交货情形

（1942 年 10 月 20 日）

委员长蒋钧鉴：资源委员会经办对美偿债矿产品，自十月一日至十四日，先后在昆明交货共十五批，计钨砂三百七十五吨。除另呈报孔副院长外，谨此电陈钧鉴。职翁文灏（印）叩。哿资机。

〔《矿业管理（三）》（1941 年 5 月 29 日至 1944 年 12 月 10 日）：1131/1032.01 – 03/245/001113100A003〕

翁文灏电呈资委会经办对美偿债矿产品昆明交货情形
（1942 年 11 月 21 日）

委员长蒋钧鉴：资源委员会经办对美偿债矿产品，自十月十五日至十一月十一日，先后在昆明交货共十七批，计钨砂四百十七吨。除另呈报孔副院长外，谨此电陈钧鉴。职翁文灏（印）叩。箇资机。

拟办：拟复"悉"。

〔《矿业管理（三）》（1941 年 5 月 29 日至 1944 年 12 月 10 日）：1131/1032.01－03/245/001113100A003〕

翁文灏电呈对美偿债矿产品第四至第十批交货暨收支情形
（1942 年 11 月 27 日）

委员长蒋钧鉴：资源委员会经办对美"钨砂"、"金属"两合约偿债矿产品，自第一批至第三批，收支帐目前经分别呈报有案。现第四批计纯锑九十九吨、平桂锡一百四十七吨，于上年五月三日装美轮 Honolulan 号由仰光运美。第五批计钨砂四百九十三吨，于上年五月十九日装美轮 Exiria 号由仰光运美。第六批计钨砂三百九十四吨、湘纯锑五十吨、滇纯锑五十吨、平桂锡一百吨，于上年六月八日装美轮 Steel Mariner 号由仰光运美。第七批计钨砂七百九十五吨，于上年七月十三日装美轮 K. T. Luckenbach 号由仰光运美。第八批计平桂锡三百吨，于上年七月二十日装美轮 Exminster 号由仰光运美。第九批计钨砂三百九十三吨，于上年八月十一日装美轮 Ann Skakel 号由仰光运美。第十批计钨砂二百九十三吨、平桂锡二百四十吨，于上年九月二十一日装美轮 Puerto Rican 号由仰光运美。以上除第七批帐目单据尚未备齐外，其余各批收支帐目均已结算清楚，各项单据亦经检齐。除第六批内滇纯锑五十吨，计价款四十九万五千二百零一元系在财政部直拨本会云南出口矿产品运销处收购滇锡基金内垫付，当专案报销，未予列入外，计收到国库拨发上年十月至本年十月各月份购办运美矿产品价款一万六千三百四十五万元，及第一批至第三批余款四千三百五十一万三千八百三十五元四角，计共国币二万零六百九十六万三千八百三十五元四角。共付购置上开各批矿产品价款五千三百五十二万二千一百五十四元七角九分。收支相抵，尚余国币一万五千三百四十四万一千六百八十元六角一分，经拨充预付收购矿产品之用。俟正式交货后，再行呈报核销。关于购办运美第四、五、六、八、九、十各批矿产品收支情形，除将收支对照表另呈孔副院长外，理合检同收支对照表二纸、单据十一纸，电呈钧座，谨祈准予核销，令示祇遵，并乞仍将单据发还，以备查考为叩。职翁文灏（印）叩。感资机。

附呈收支对照表二纸、单据十一纸。

〔《矿业管理（三）》（1941 年 5 月 29 日至 1944 年 12 月 10 日）：1131/1032.01 – 03/245/001113100A003〕

翁文灏电呈资委会经办对美偿债矿产品昆明交货情形
（1943 年 1 月 13 日）

委员长蒋钧鉴：资源委员会经办对美偿债矿产品，自上年十一月十三日至本年一月五日，先后在昆明交货共二十三批，计钨砂四百二十五吨、滇锡一百五十四吨。除另呈报孔副院长外，谨此电陈钧鉴。职翁文灏（印）叩。元资机。

〔《矿业管理（三）》（1941 年 5 月 29 日至 1944 年 12 月 10 日）：1131/1032.01 – 03/245/001113100A003〕

翁文灏电呈资委会经办对美偿债矿产品昆明交货情形
（1943 年 2 月 19 日）

委员长蒋钧鉴：资源委员会经办对美偿债矿产品，自一月六日至三十日，先后在昆明共交货三十批，计钨砂四百七十六吨、滇锡二百七十九吨。除另呈报孔副院长外，谨此电陈钧鉴。职翁文灏（印）叩。效资机。

〔《矿业管理（三）》（1941 年 5 月 29 日至 1944 年 12 月 10 日）：1131/1032.01 – 03/245/001113100A003〕

翁文灏电呈资委会经办对美偿债矿产品昆明交货情形
（1943 年 3 月 10 日）

委员长蒋钧鉴：资源委员会经办对美偿债矿产品，自二月一日至二十八日，在昆明共交货二十九批，计钨砂五百二十四吨、滇锡三百零三吨。除另呈报孔副院长外，谨此电陈钧鉴。职翁文灏（印）叩。灰资机。

〔《矿业管理（三）》（1941 年 5 月 29 日至 1944 年 12 月 10 日）：1131/1032.01－03/245/001113100A003〕

翁文灏电呈资委会经办对美偿债矿产品第七批第十一至第十四批
及昆明交货第一批第三至第五批第七至第八批交货暨收支情形
（1943 年 5 月 21 日）

委员长蒋钧鉴：查对美偿债矿产品第一批至第六批及第八批至第十批收支帐目，业经分别呈报有案。现第七批计钨砂七百九十吨及滇锡二百吨，系三十年七月十三日装 K. T. Luckenbach 号由仰光运美。第十一批计钨砂二百九十五吨、平桂锡五十吨及滇锡四百五十一吨，系同年十一月五日装美轮 Steel Traveller 号由仰光运美。第十二批计平桂锡三十吨及滇锡九百七十二吨，系同年十二月二十三日装美轮 Chant 号由仰光运美。第十三批计钨砂一千四百七十吨、平桂锡一百四十吨及滇锡一千五百四十六吨，系三十一年一月十七日装美轮 Tulsa 号由仰光运美。第十四批计钨砂五百三十六吨、纯锑十八吨、平桂锡十五吨及滇锡四百六十吨，系同年一月二十九日装美轮 Daystar 号由仰光运美。又昆明交货第一批钨砂十九吨，先后于三十一年五月二十三日至二十七日交货。第二批计滇锡四十七吨，于五月三十一日至六月十七日交货。第三批计钨砂一千七百三十五吨，于六月十七日至九月三十日交货。第四批计钨砂六百四十二吨，于十月一日至二十九日交货。第五批计钨砂五百〇一吨，于十一月二日至十二月三十日交货。第六批计滇锡一百七十九吨，于十二月十日至二十八日交货。第七批计滇锡二百七十九吨，于本年一月二日至二十八日交货。第八批计滇锡三百零三吨，于本年二月十五日至二十三日交货。又由仰光运美矿产品第九、十两批帐目，前经报销有案。嗣经查明，该两批在运美途中曾各短失钨砂约五十公斤，现已由保险公司照价赔偿，其价款仍供对美偿债之用，兹一并列报。以上各批收支帐目均已结算清楚，各项单据亦经检齐。计收到国库拨发上年十一月及本年一、二月各月份购办运美矿产品价款与上年度追加款，共七千八百五十万元，连同以前第四至第六批及第八至第十批余款一万五千三百四十四万一千六百八十元六角一分，共计国币二万三千一百九十四万一千六百八十元六角一分。其支出部分，除第七批内滇锡二百吨，计价款国币五百六十万零一百元八角；第十一批内滇锡四百五十一吨，计价款国币一千四百四十二万三千五百五十八元四角；第十二批内滇锡九百七十二吨，计价款国币三千一百零九万八千三百九十六元八角；第十三批内滇钨三十吨，计价款国币六十一万一千二百六十三元四角，滇锡一千五百四十六吨，计价款国币四千九百四十六万三千三百五十三元六角；第十四批内滇钨五吨，计价款国币十万四千五百二十六元八角九分，滇锡四百六十吨，计价款国币一千四百七十万七千九百二十六元四角；昆明交货，第二批滇锡四十七吨，计价款国币三百四十四万五千九百零六元二角；第六批滇锡一百七十九吨，计价款国币一千四百三十四万一千七百零四元，均系在财部直拨本会云南出口矿产品运销处收购滇锡基金内垫付，当另案报销，未予列入外，计共付购置其余矿产品价款国币一万九千二百九十二万六千五百七十七元三角。收支相抵，尚余国币三千九百零一万五千一百零三元三角一分，经拨充预付收购矿产品之用。俟正式交货后，再行呈报核销。关于购办运美第七、十一、十二、十三、十四各批，及昆交第一、三、四、五、七、八各批矿产品收支情形，除将收支对照表另呈孔副院长外，理合检同收支对照表三纸、单据二十一纸，电呈钧鉴，谨祈准予核销，令示祇遵，并乞仍将单据发还，以备查考为叩。职翁文灏叩。箇资机。

附呈收支对照表三纸、单据二十一纸。

〔《矿业管理（三）》（1941 年 5 月 29 日至 1944 年 12 月 10 日）：1131/1032. 01－03/245/001113100A003〕

翁文灏电呈资委会经办对美偿债矿产品昆明交货
第九至第二十二批交货暨收支情形
（1943 年 9 月 4 日）

委员长蒋钧鉴：查对美偿债矿产品第一至第十四批及昆明交货第一至第八批收支帐目，业经分别呈报有案。现昆明交货第九批计钨砂五百五十吨，本年一月二日至三十日交货。第十批计钨砂五百二十四吨，二月一日至二十八日交货。第十一批计滇锡二百零二吨，三月十六日至二十日交货。第十二批计钨砂三百七十五吨，三月二日至三十一日交货。第十三批计滇锡五十吨，三月二十七日交货。第十四批计滇锡一百七十七吨，四月七日至十二日交货。第十五批计钨砂五百七十七吨，四月五日至三十日交货。第十六批计钨砂三百五十一吨，五月一日至二十六日交货。第十七批计钨砂二十五吨，五月二十三日交货。第十八批计钨砂五十吨，五月二十七日至二十八日交货。第十九批计滇锡二百零四吨，五月二十八日至三十日交货。第二十批计滇锡三百零三吨，六月十三日至二十日交货。第二十一批计钨砂三百七十四吨，六月十六日至二十八日交货。及第二十二批计钨砂五十吨，六月九日至十三日交货。其各批收支帐目均已结算清楚，各项单据亦经检齐。计收到国库拨发本年三月至六月份购办运美矿产品价款国币一万四千九百二十万元，连同以前仰光交货七、九至十四批，昆明交货一、三至五、七至八批余款国币三千九百零一万五千一百零三元三角一分，共计国币一万八千八百二十一万五千一百零三元三角一分。支出部分，共付购置以上各批矿产品价款国币一万六千九百七十八万四千二百八十七元七角八分。收支相抵，尚余国币一千八百四十三万零八百一十五元五角三分，经拨充预付收购矿产品之用。俟正式交货后，再行呈报核销。关于以上各批价款收支情形，除将收支对照表另呈孔副院长外，理合检同收支对照表二纸、单据十八纸，电呈钧鉴，谨祈准予核销，令示祗遵，并乞仍将单据发还，以备查考为叩。职翁文灏（印）叩。支资机。

附呈收支对照表二纸、单据十八纸。

〔《矿业管理（三）》（1941 年 5 月 29 日至 1944 年 12 月 10 日）：1131/1032.01－03/245/001113100A003〕

翁文灏电呈资委会经办对美偿债矿产品
三十二年下半年昆明交货总量
（1944 年 1 月 15 日）

委员长蒋钧鉴：资源委员会经办对美偿债矿产品，上年七月五日至十二月三十一日，先后在昆明共交十九批，计钨砂三千七百五十五吨、纯锡二千四百零五吨。除另呈报孔副院长外，谨此电陈钧鉴。职翁文灏（印）叩。咸资机。

〔《矿业管理（三）》（1941 年 5 月 29 日至 1944 年 12 月 10 日）：1131/1032. 01 – 03/245/001113100A003〕

翁文灏电呈资委会经办对美偿债矿产品
三十二年下半年收支情形
（1944 年 2 月 9 日）

委员长蒋钧鉴：资源委员会经办运交对美偿债矿产品，上年七月以前所交各批之收支帐目，均已分别呈报有案。现七月以后自七月五日至十二月三十一日止，在昆明所交之第二十三至四十一批，除交货情形前已陆续呈报并再开列清表附呈外，其收支帐目均经结清，各项单据亦经检齐。计收到国库拨发上年七月至十二月份购办运美矿产品价款国币五万万一千四百零八十万元，连同以前昆明交货第九至二十二批余款国币一千八百四十三万零八百一十五元五角三分，及由财政部直拨本会云南出口矿产品运销处收购滇锡基金余额转入国币一万万七千零八十三万八千一百五十三元七角正，三共国币七万万零三百三十四万八千九百六十九元二角三分。其支出部分，计共付收购前陈各批矿产品价款国币五万万八千五百四十七万二千七百六十二元九角六分。收支相抵，尚余国币一万万一千七百八十七万六千二百零六元二角七分，经已拨充预付收购矿产品之用。俟正式交货后，再为呈报核销。关于以上收支情形，除将收支对照表另呈孔副院长外，理合检同收支对照表二纸、单据二十一纸，电呈钧鉴，谨祈准予核销，令示祗遵，并乞仍将单据发还，以备查考为叩。职翁文灏（印）叩。佳资机。附呈收支对照表二纸、单据二十一纸、清单一份。

附　　　昆明交美第二十三至四十一批矿品交货清单

批数	矿品种类	数量（公吨）	交货日期
23	湘钨	50.2118	32 年 7 月 5—11 日
24	赣钨	474.7772	32 年 7 月 4—30 日
25	粤钨	124.9268	32 年 7 月 12—20 日
26	滇锡	301.9930	32 年 7 月 16—31 日
27	赣钨	675.6570	32 年 8 月 1—27 日
28	湘钨	99.9931	32 年 8 月 10—20 日
29	滇锡	431.7138	32 年 8 月 10—31 日
30	粤钨	24.9919	32 年 8 月 22 日
31	赣钨	425.7829	32 年 9 月 1—31 日
32	滇锡	579.7269	32 年 9 月 3—30 日
33	湘钨	0.9761	32 年 9 月 15—19 日
	桂钨	0.9896	
	粤钨	47.9656	
34	赣钨	800.9073	32 年 10 月 1—28 日
35	粤钨	50.0786	32 年 10 月 3—5 日
36	滇锡	406.7268	32 年 10 月 3—23 日
37	滇锡	250.5557	32 年 11 月 10—30 日
38	赣钨	250.3149	32 年 11 月 24—30 日
39	赣钨	727.7419	32 年 12 月 1—31 日
40	滇锡	404.2731	32 年 12 月 2—29 日
41	平桂锡	30.1906	32 年 12 月 27—30 日

〔《矿业管理（三）》（1941 年 5 月 29 日至 1944 年 12 月 10 日）：
1131/1032.01 - 03/245/001113100A003〕

翁文灏电呈资委会经办对美偿债矿产品

三十三年一至二月昆明交货情形

（1944 年 3 月 24 日）

委员长蒋钧鉴：资源委员会经办对美偿债矿产品，自一月三日至二十九日，共在昆明交货二十四批，计钨砂二百七十六吨、精锡六十吨、滇锡一百三十八吨。二月二日至二十九日，共交货二十七批，计钨砂七十五吨、精锡四百零一吨。除另呈报孔副院长外，谨此电陈钧鉴。职翁文灏（印）叩。敬资机。

〔《矿业管理（三）》（1941 年 5 月 29 日至 1944 年 12 月 10 日）：1131/1032.01－03/245/001113100A003〕

翁文灏电呈资委会经办对美偿债矿产品
三十三年三月昆明交货情形
（1944 年 4 月 12 日）

委员长蒋钧鉴：资源委员会经办对美偿债矿产品，三月份内共在昆交货四十二批，计钨砂二百七十五吨、精锡二百一十一吨、纯锡七十五吨。除另呈报孔副院长外，谨此电陈钧鉴。职翁文灏（印）叩。侵资机。

拟办：拟复"悉"。

〔《矿业管理（三）》（1941 年 5 月 29 日至 1944 年 12 月 10 日）：1131/1032.01－03/245/001113100A003〕

翁文灏电呈资委会经办对美偿债矿产品
三十三年四月昆明交货情形
（1944 年 5 月 15 日）

委员长蒋钧鉴：资源委员会经办对美偿债矿产品，四月份内在昆共交货三十九批，计精锡一百九十吨及纯锡二百二十二吨。除另呈报孔副院长外，谨此电陈钧鉴。职翁文灏（印）叩。咸资机。

〔《矿业管理（三）》（1941 年 5 月 29 日至 1944 年 12 月 10 日）：1131/1032.01－03/245/001113100A003〕

翁文灏电呈资委会经办对美偿债矿产品
三十三年五月昆明交货情形
（1944 年 6 月 12 日）

委员长蒋钧鉴：资源委员会经办对美偿债矿产品，五月份内在昆共交精锡一百十吨及纯锡二百零六吨。除另呈报孔副院长外，谨此电陈钧鉴。职翁文灏（印）叩。侵资机。

〔《矿业管理（三）》（1941 年 5 月 29 日至 1944 年 12 月 10 日）：
1131/1032. 01 － 03/245/001113100A003〕

翁文灏呈报资源委员会公布中美洽商锡易黄金办法情形
（1944 年 9 月 23 日）

（事由）呈为资委会办理出口钨、锡等矿品，因生产成本日高，经呈奉孔副院长核定，向美洽商易取黄金，现已洽商就绪，并于九月十九日公布以黄金收锡，敬祈核备由。

谨呈者：资源委员会管理钨、锑、锡、汞等出口矿产品，因生产成本日高，而国外售价又不易增加。为免长久亏累并维持整个矿业起见，前曾于上年年底呈奉孔副院长核准，向美国提商以钨、锡易售黄金。美方当以今后需锡较钨为急，仅允商洽以黄金付给锡价，并要请我方于今、明两年内交锡二万吨。此事经多次磋商，现已大致就绪，其办法要点：为我方所交锡品，仍由美国先付现款，交我国中央银行持向美国银行购买黄金。所购黄金即由中央银行暂存纽约，统筹运华。同时，由中央银行以在美所购之同量黄金在国内交付资源委员会，用以收购锡品。所有购锡黄金，奉孔副院长核示，均直接交付锡商。此事据最近在美接洽结果，已大体告成。美方并允在合约正式签定前，先付我锡款。本案于接洽之初，曾由职于本年一月十九日呈报资源委员会上年办理重工业之成绩及本年办理之方针与计划时，向钧座略为陈明。奉三月十九日侍秘字第二一八九一号寅皓代电核示：此项以钨、锡易取黄金办法，如能交涉以钨、锡易取民生日用物品，如纱布、药品等物，更可收收缩通货、平抑物价之效等因。奉令之时，适易金办法业已向美方提出，乃商请美方于订约时同时规定，如我方将来需要物资时，可改请美方供给物资，以代黄金。至目前所定易金办法，已将前定以黄金先向中央银行出售换取国币收锡之办法取消，而改以黄金直接给付锡商，如此可不致影响通货。现云南锡业凋敝已极，急待实行以黄金购锡，予以救济，兹已由资源委员会正式公布，自九月十九日起开始以黄金收锡，以九六成份之锡为标准，每公吨付给黄金十八两。理合将本案前后洽办经过，备文

呈报，敬祈鉴核备查。谨呈

委员长蒋

职 翁文灏（印）

三十三年九月二十三日

拟办：谨按：此项国内以金易锡、运出国外以锡易金办法，维持后方锡业开发利源，甚有必要。既经与美方订约公布，拟准照办。至将来我国如须改购其它民生日用物品，自可随时斟酌运输吨位，责成在美中央银行就所收货价，拨款办理，亦无不可。本案交涉各情，似尚无不宜，拟并予复"悉"。

批示：如拟。

〔《矿业管理（四）》（1943 年 3 月 19 日至 1947 年 1 月 21 日）：1131/1032.01 - 04/246/001113100A004〕

翁文灏呈报向美洽商锡易黄金经过情形
（1944 年 10 月 3 日）

（事由）呈为关于向美洽商锡易黄金事，其经过情形，前经呈报在案，顷据驻美人员电告，锡约已于上月二十六日签字，理合报请鉴核由。

谨呈者：查资源委员会向美国方面接洽以锡品易取黄金一案，其对外洽商经过及先期于上月十九日正式公布以黄金向国内锡商收锡各情形，业经于上月二十三日以资机字第一○二一号签呈报请钧座鉴核在卷。顷据资委会驻美人员电告，对美锡约已于上月二十六日签字，理合续呈鉴核备查。谨呈

委员长蒋

职 翁文灏（印）

三十三年十月三日

〔《矿业管理（四）》（1943 年 3 月 19 日至 1947 年 1 月 21 日）：1131/1032.01 - 04/246/001113100A004〕

翁文灏电呈对美矿产品偿债延期付本办法等情形

（1944 年 10 月 3 日）

委员长蒋钧鉴：查我国对美借款中之规定以矿产品偿债者，计有锡品、钨砂及金属三合约。其中"锡品合约"系民国三十六年满期，"钨砂合约"系民国三十四年满期，"金属合约"系民国三十七年满期。依照合约规定，在未来数年内所需偿债矿品为数逐年加多。目前国内因战事关系，赣、湘、粤、桂之钨、锡、锑矿品均须停顿，锡品交美又改为易取黄金，因此将来可能交供偿债之矿品为数日少。今后到期债款如何应付，似宜妥为预筹。经职熟加考虑，曾拟定可能办法两种。第一，在战事未结束前，仅付利息。战后将各债款本息分七年还清。第二，本息照付。所有今后交货矿品不足偿债之数，由资源委员会在易货矿品收购基金内提出款项，向中央银行结购外汇补足。以上两种办法，经于九月二十一日电陈孔副院长请示，奉同月二十六日电复，以第二项办法用外汇偿债事，此时我无如许外汇，似以第一项办法较妥，令径与美方洽办等因。除已由资委会遵照电饬驻美人员即与美国方面接洽，俟有具体结果，再为陈报外，理合将目前办理情形备文呈报，敬祈鉴核。职翁文灏（印）叩。江资机。

拟办：既经孔副院长指示，并由该会在美人员进行交涉中，拟复"悉"。

批示：如拟。

〔《矿业管理（四）》（1943 年 3 月 19 日至 1947 年 1 月 21 日）：1131/1032.01－04/246/001113100A004〕

翁文灏电呈资委会经办对美偿债矿产品

三十三年六至九月昆明交货情形

（1944 年 10 月 21 日）

委员长蒋钧鉴：资源委员会经办运美矿产品，六月份内在昆共交精锡二百二十六吨及纯锡一百四十五吨；七月份在昆交精锡一百吨及纯锡四百九十九吨；八月份在昆交精锡一百七十五吨及纯锡七百三十五吨；九月份在昆交精锡三百吨及纯锡三百四十三吨。除另陈报孔副院长外，谨此电陈钧鉴。职翁文灏（印）叩。箇资机。

〔《矿业管理（三）》（1941 年 5 月 29 日至 1944 年 12 月 10 日）：
1131/1032. 01 - 03/245/001113100A003〕

翁文灏电呈资委会经办对美偿债矿产品昆明交货
第四十二至第七十三批交货暨收支情形
（1944 年 12 月 1 日）

委员长蒋钧鉴：资源委员会经办运交对美偿债矿产品，上年所交各批之收支帐目，均已分别呈报有案。现自本年一月一日至六月三十日在昆明所交之第四十二批至第七十三批，除交货情形前已陆续呈报，兹再开列清表附呈外，其收支帐目均经结清，各项单据亦经检齐。计收到国库拨发本年一月至六月份购办运美矿产品价款国币六万万一千八百一十四万五千元，连同以前昆明交货第二十三批至第四十一批余款国币一万万一千七百八十七万六千二百零六元二角七分，及领到上年十一、十二月份扣新省对美货款国币二百三十六万七千八百九十二元正，三共国币七万万三千八百三十八万九千零九十八元二角七分。其支出部分，计共付收购前陈各批矿产品价款国币三万万五千一百三十七万五千八百三十七元四角九分。收支相抵，尚余国币三万万八千七百零一万三千二百六十元七角八分，经已拨充预付收购矿产品之用。俟正式交货后，再为呈报核销。关于以上收支情形，除将收支对照表另呈孔副院长外，理合检同收支对照表三纸、单据三十二纸，电呈钧鉴，谨祈准予核销，令示祗遵，并乞仍将单据发还，以备查考为叩。职翁文灏（印）叩。东资机。附呈收支对照表三纸、单据三十二纸、清单一份。

附　昆明交美第四十二批至第七十三批矿品交货清单

批数	矿品种类	数量（公吨）	交货日期
42	赣钨	276. 1875	33. 1. 3 – 10
43	滇锡	138. 3210	33. 1. 9 – 16
44	桂锡	60. 4107	33. 1. 17 – 29
45	滇锡	249. 3858	33. 2. 2 – 12

续表

批数	矿品种类	数量（公吨）	交货日期
46	桂锡	120. 7648	33. 2. 3 – 29
47	湘锡	30. 0560	33. 2. 18 – 24
48	赣钨	75. 0112	33. 2. 28 – 29
49	赣钨	275. 2294	33. 3. 1 – 8
50	桂锡	170. 9886	33. 3. 1 – 14
51	桂锡	19. 8164	33. 3. 7 – 18
52	滇锡	125. 1518	33. 3. 11 – 30
53	湘锡	20. 0854	33. 3. 16
54	滇锡	24. 6238	33. 3. 20
55	桂锡	105. 3228	33. 4. 3 – 19
56	滇锡	200. 8357	33. 4. 5 – 22
57	湘锡	29. 9790	33. 4. 8
58	桂锡	30. 2464	33. 4. 10 – 16
59	湘锡	5. 0668	33. 4. 22
60	滇锡	24. 9133	33. 4. 15
61	赣锡	15. 0158	33. 4. 20 – 21
62	桂锡	86. 0575	33. 5. 2 – 31
63	桂锡	10. 1386	33. 5. 2
64	桂锡	44. 8082	33. 5. 7 – 31
65	湘锡	10. 1005	33. 5. 2
66	赣锡	14. 9840	33. 5. 7 – 17
67	滇锡	149. 8029	33. 5. 15 – 25
68	桂锡	106. 5611	33. 6. 1 – 29
69	桂锡	65. 2175	33. 6. 1 – 15
70	桂锡	119. 8440	33. 6. 17 – 29
71	滇锡	24. 8611	33. 6. 22
72	赣锡	19. 7850	33. 6. 10 – 28
73	湘锡	35. 2120	33. 6. 3 – 7

〔《矿业管理（三）》（1941 年 5 月 29 日至 1944 年 12 月 10 日）：
1131/1032. 01 – 03/245/001113100A003〕

（四）美国租借物资运用

翁文灏呈向美国租借法案洽订工业器材应由该局核定后提请供应
（1944 年 11 月 28 日）

（事由）呈为向美国租借法案洽订有关工业器材，似宜由各有关机关开单送战时生产局核定后，知照国防物资供应委员会向美提请供应，可否，乞示遵由。

谨呈者：查我国向美国租借法案洽订器材，以前系由国防物资供应公司办理，最近改为国防物资供应委员会经办。惟国内应有主管核定机关。战时生产局成立后，依照组织法之规定，有关进口器材，除直接军品以外应由局核定。连日与纳尔逊及美国对外经济事务局中国科长魏劳尔等商谈，均以美国供应我国之物资，可分为两类：一为军械，应由军事机关核定；二为有关工业之器材，应由各有关机关就实际需要，开送战时生产局核定，知照国防物资供应委员会，向美国提请供应。职日前陪同纳尔逊、魏劳尔等晋见钧座，魏劳尔并曾将此意面陈。可否即照此实行之处，理合签请鉴核示遵。谨呈

委员长蒋

职 翁文灏（印）

三十三年十一月廿八日

拟办：拟准照办。

批示：照准。中正。

并电告魏大使知照。中正。

〔《美援运用（一）》（1944 年 11 月 24 日至 1945 年 4 月 1 日）：1183.10/8052.01 – 01/303/001118310A001〕

蒋中正为向美国租借法案洽订工业器材应由战时
生产局核定后提请供应致翁文灏代电
（1944 年 12 月 2 日）

战时生产局翁兼局长勋鉴：渝秘字第五一号签呈悉。关于向美国租

借法案洽订器材，国内主管核定机关，除军械应由军事机关核定外，其余有关工业之器材，应由各有关机关就实际需要，开送战时生产局核定，知照国防物资供应委员会向美国提请供应。除分电何总长及行政院转饬各有关机关遵照，并电知魏大使外，即希照此办理可也。中〇。亥冬侍秘。

〔《美援运用（一）》（1944 年 11 月 24 日至 1945 年 4 月 1 日）：1183. 10/8052. 01 – 01/303/001118310A001〕

翁文灏呈请饬运输会议将国际物资组职权移归该局接办
（1944 年 12 月 15 日）

（事由）关于向美国租借法案洽订工业器材之核定，奉准改由本局办理。拟请饬知运输会议将国际物资组职权移归本局接办。当否，敬祈核示。

谨呈者：案奉钧座十二月二日侍秘字第二五二二九号代电，饬知关于向美国租借法案洽订器材，国内主管核定机关，除军械应由军事机关核定外，其余有关工业之器材，应由各有关机关就实际需要，开送战时生产局核定，知照国防物资供应委员会向美国提请供应等因。查关于核定向美国租借法案洽订工业器材之职权，原由运输会议国际物资组办理。现既奉准改由本局办理，拟请俯准饬知运输会议，将此项职权移归本局接办。是否有当，敬祈核示。谨呈

委员长蒋

职 翁文灏（印）

三十三年十二月十五日

拟办：拟请照准。

批示：如拟。

〔《美援运用（一）》（1944 年 11 月 24 日至 1945 年 4 月 1 日）：1183. 10/8052. 01 – 01/303/001118310A001〕

翁文灏陈诚何应钦呈拟非军用租借法案物资处理办法
（1944 年 12 月 15 日）

委员长蒋钧鉴：案奉钧座亥东侍秘字第二五二一三号代电并抄发魏

大使敬、寒两电，饬会同拟具《非军用租借法案物资处理办法》呈核等因。奉此，自应遵办。查目前租借法案物资有下列三点，特应注意：（一）为在印物权移转问题。此点经与战时生产局顾问孔莱、杰克逊及美国对外经济局中国组主任卫罗尔①等详细商洽，彼等咸以"按照美国法律，租借法案物资在转运途中，物权仍属美方，故对在印以我国代表为承受人一节，不允接受。并谓实际上在印移用供应我方之租借物资为数极为微小"。按美国政府目前对我态度极为友善，助我战时生产，确具热忱。此举既与美国法律不相符合，且实际关系并不甚大，似可暂维旧贯，将来俟有适当时机再为提商。同时对在印移拨一节，自当郑重转告美国对外经济局驻华代表切实避免。（二）为在印积存物资问题。现存印度我国物资为数约六万吨，但其中大多数尚系仰光失陷前抢运来印者，泰半原定由滇缅路运入，不适合于航空运输，一部分并已失时效。而美方则时以此为口实，认为存印物资过多，不必急急续由租借法案供我物资。为扫除此项误解起见，拟即由战时生产局分别查明在印物资之可以空运与现在无用或不能空运两部分，据实告知美方，以免以后再为借口。（三）为提出物资清单问题。据闻中国物资供应委员会由该会专家拟具需要器材清单，在美亦向美方提出。同时，此间各机关清单，则由战时生产局汇核后寄美。如此双方竞提，不相统一，易滋分歧。似应规定，应由战时生产局汇集各机关之清单集中审核后，寄由供应委员会在美提出。遇有应行呈请钧座核定事项，战时生产局自当随时就近呈请核示。至魏大使敬电所提各项，（一）各机关申请料单现已改为一年一次，但事实上战时情势多有变更，在年度进行之中，有时亦不能避免临时需要。似仍宜保留随时补送清单之权。（二）现审核清单工作已奉准由战时生产局办理，并经与美国对外经济局代表商定，审查时邀请其参加，交换意见，然后再寄送中国物资供应委员会向美方提请供应。如此则我方审查时，对外经济局可派代表参加，自可避免彼方日后异议，时间迁延之弊可免。（三）我方所提方案应切合美国市场实情，魏大使当

---

① 即魏劳尔。

供给有关材料一节，自极妥善。以上各点，经职等共同会商同意，是否可行，敬祈鉴核示遵，并乞赐电魏大使知照为祷。职何应钦（印）、陈诚（印）、翁文灏（印）同叩。

拟办：谨按：何总长、陈部长、翁部长此项呈复，系根据魏大使前呈敬、寒两电所陈，对于接洽租借物资意见而拟议之处理办法。综核双方呈报，其中不同之点：（一）对于租借物资到印后之管理问题。魏大使十二月寒电主张，虽不能完全改由我方自办，但应由中美双方在印设立联合机构办理。而何、陈、翁之意见（即上呈甲项之第一节）则认为此点实际关系不大，主张暂维旧贯。为减少交涉纠纷，早得物资起见，拟准如拟照办。（二）为对美提出物资清单，究以在渝或在美提出之问题。魏大使十一月敬电及十二月寒电主张在渝、在美两方同时提出，以期易获美政府最后决定。而何、陈、翁之意见（即上呈甲项之第三节，而乙项之第二节亦有关连）则主张不应渝、美双方提出，致滋纷歧。应改为由战时生产局汇集各机关清单审核（并可邀美方代表参加）后，寄由供应委员会在美提出。此项办法于美方要求及魏大使原请，均能兼顾周到，似甚适合，拟准照办，并嘱魏大使不必单独在美自提清单，应候生产局及军委会（指制成军械）寄到清单，再向美方提出。

又上呈乙项第一节所称，清单一年一次，应兼顾临时需要，仍宜保留随时补送清单之权一节，拟并准电魏大使照办。

此案正拟办间，复接宋代院长呈复，邀集翁部长、曾部长[1]、陈部长（诚）、张秘书长[2]会商研究结果，亦与何、陈、翁上呈意见完全相同。因事属一案，不另列呈，合附注明。

〔《美援运用（一）》（1944 年 11 月 24 日至 1945 年 4 月 1 日）：1183. 10/8052. 01－01/303/001118310A001〕

---

① 曾养甫。
② 张厉生。

翁文灏为向美国租借法案洽订工业器材
应由该局核定事致陈布雷函
（1944 年 12 月 20 日）

布雷吾兄大鉴：

　　本局奉命成立，主持战时生产事宜。关于美国租借法案内物资之订购及内运优先吨位之管制，亦在本局职掌范围以内。已奉委座明令，将运输会议国际物资组对于租借法案内请购物资之审核，以及内运优先管制会议对于内运物资吨位之审核，均行划归本局接办。关于此项请购及内运物资，除制成军械仍由军事机关办理外，其它工业器材系指除制成军械品以外之所有物资，包括航空、兵工及交通、通讯器材在内，均宜由本局管辖。特以奉达，敬希察照为荷。专此祗颂

勋祺

弟 翁文灏敬启

十二月二十日

〔《美援运用（一）》（1944 年 11 月 24 日至 1945 年 4 月 1 日）：1183. 10/8052. 01 – 01/303/001118310A001〕

翁文灏呈请编制对美要求物资表册由战时生产局会同军政部办理
（1944 年 12 月 23 日）

　　军事委员会委员长蒋钧鉴：案奉钧会三十三年十二月侍秘字第二五五一九号洽代电，据孔副院长电请就战时需要编制一统一之书面表册等情，饬与各有关部分〔门〕就战时需要种类、数额从速研究编制，以便与美方接洽等因。查关于国营、民营工矿事业所需各项材料，业经战时生产局召集各有关机关开会商讨决定。此案所需编制之战时需要统一书面表册，拟请该局会同军政部办理，以资迅捷而免分歧。奉电前因，除分别呈函外，理合电复鉴核。经济部部长翁文灏（印）叩。梗管。

　　拟办：谨按：本案系孔副院长电呈，拟就我国战时需要，在美约集有关人员编制统一之书面表册，再行审核请示后，相机提商美总统等由。经奉批交有关机关研究。兹据翁部长呈复，当由战时生产局与军政

部会同研拟，现正积极办理。惟关于此项表册之提出手续问题，前据魏大使来电，拟在渝、美两处同时提出。经饬据何总长及陈、翁两部长详细会商呈复，以为仍应由战时生产局在渝汇集各机关所送清单，详加审核（并可邀美方代表参加）后，寄由供应委员会在美提出，较为合宜。此项意见，当经签奉钧座核准，并电令魏大使知照在案。〔兹〕宋代院长与曾、翁、陈诸部长及张秘书长等再度会商结果，仍请维持原定手续，自属正办。拟电复孔副院长："在美所准备之统一表册，为切合国内战时需要起见，希先寄回，以便与军政部及战时生产局所拟者对勘后，再寄美交供应委员会提出。届时自可由孔副院长指示魏大使办理，以期内外一致，交涉更易顺利也。"

批示：如拟。中正。

〔《美援运用（一）》（1944 年 11 月 24 日至 1945 年 4 月 1 日）：1183.10/8052.01－01/303/001118310A001〕

蒋中正为编制对美要求物资统一表册事致翁文灏代电
（1945 年 1 月 12 日）

经济部翁部长勋鉴：卅三管字第二七五七三号梗代电悉。已电复孔副院长，嘱将在美所准备之统一表册先行寄回，以便与军政部及战时生产局所拟者对勘后，再行寄美，交供应委员会提出，以期内外一致，交涉顺利矣。中〇。子文侍秘。

〔《美援运用（一）》（1944 年 11 月 24 日至 1945 年 4 月 1 日）：1183.10/8052.01－01/303/001118310A001〕

翁文灏呈审核各军事机关向美申请三十四年租借物资清单
（1945 年 1 月 12 日）

军事委员会委员长蒋钧鉴：查运输会议国际物资组移来各军事机关向美申请一九四五年租借物资清单。业经本局予以审核，除（一）应删除及可在国内制造之器材，经予剔除；（二）运输器材拟另案统筹办理；（三）应由本局办理部分，拟即会同美方商讨外，其余如航空委员会及军令部所请飞机及防空兵器及交通司之战车等项，俱属直接用于军事之物资，理合检附全部清册及目录一纸，呈送钧会核办。战时生产局局长翁文灏叩。渝军子文。

〔《美援运用（一）》（1944 年 11 月 24 日至 1945 年 4 月 1 日）：1183.10/8052.01 – 01/303/001118310A001〕

翁文灏呈我国存印租借物资已向美方交涉承复不再移拨
（1945 年 1 月 16 日）

军事委员会委员长蒋钧鉴：关于我国存印租借法案物资曾有被美方移拨情事。前奉钧座亥陷侍秘第二五七〇三号代电，饬知郑重告知美方驻渝代表，嗣后不得再移拨情事等因。奉此，遵即函告美国对外经济事务局驻渝代表不得再行移用。兹准函复：该局甚愿尽力协助中国，以共同努力作战。在与此努力相合之原则下，凡该局所供给之一切器材，拟在租借法案内交付中国者，均将保留运交中国。并称美国驻华军部及该局对于目前存印待运来华之租借法案物资，均认应保留专供中国之用等由过局。理合报请鉴核。职翁文灏叩。渝优子铣。

〔《美援运用（一）》（1944 年 11 月 24 日至 1945 年 4 月 1 日）：1183.10/8052.01 – 01/303/001118310A001〕

翁文灏呈核定三十四年向美租借法案申请物资清单
（1945 年 1 月 27 日）

（事由）呈赍一九四五年度向美租借法案申请物资清单，祈鉴核由。

案查各机关一九四五年度向美租借法案申请各项物资吨位，曾于上年十二月间由运输会议国际物资组拟具料单，呈请钧座核定，并已分送驻美中国物资供应委员会查照在案。嗣奉钧座亥冬侍秘第二五二二九号代电，关于国际物资组经办业务，除军用成品外，概由本局核定等因。兹准该组移送前项料单过局，业经分为军事机关与非军事机关两组，并为办理慎重起见，关于军事机关部分，曾会同军政部陈部长订定审核原则，详细审查。至非军事机关部分，经本局初步审查后，复提交本局需要及生产优先委员会讨论。然后将两组料单再分别会同美国对外经济事务局、美国军部代表及本局美籍顾问详细复审，并经本局最后决定。原申请物资吨位共约一八一，二三〇吨，除运输器材另案办理外，现拟核减为一〇〇，〇〇五吨。计军事机关者二七，三〇三吨，非军事机关者七二，七〇二吨。关于军事机关所需物资，业经上年另案申请，本单所列吨位仅为补充之一部分，系在本年十二月以前所需用。至非军事机关所需物资，规定从三十四年七月至三十五年六月以内所用。除将料单统一编制，以一份送交驻美中国物资供应委员会办理，另以六份送请美国对外经济事务局查照外，所有奉令办理核定申请租借法案料单情形，理合检同总表，备文呈请鉴核。谨呈

委员长蒋

　　附呈总表一份。

战时生产局局长 翁文灏（战时生产局印）

三十四年一月二十七日

附　各机关申请一九四五年租借法案物资表（民国三十四年一月）

申请机关	原申请重量（公吨）	经审查后之重量（公吨）				
		共计	第一季	第二季	第三季	第四季
军政部	48227.00	20027.00	12099.00	7928.00		
后方勤务总司令部	28467.00	5158.00 *	3250.00	1904.00		
航空委员会	3800.00	1623.00	917.00	706.00		
军令部	71.00	61.00	30.00	31.00		
政治部	44.00	61.00	32.00	29.00		
海军部	420.00	373.00	188.00	185.00		
粮秣司	5200.00					
城塞局	960.00					
卫戍总司令部	20.00					

续表

申请机关	原申请重量（公吨）	经审查后之重量（公吨）				
		共计	第一季	第二季	第三季	第四季
军事机关共计	87209.00	27303.00	16520.00	10783.00		
战时运输管理局	4300.00	4208.00	642.00	524.00	2472.00	570.00
交通部	27327.00	17906.34	5880.92	3854.20	3243.06	4928.16
经济部	28450.00	24252.49	4671.03	2986.80	7620.10	8974.56
财政部	32617.00	25986.73	6508.91	6505.26	6905.56	6067.00
粮食部	100.00	96.00	20.00	10.00	10.00	56.00
农林部	180.00	52.00	2.69		13.18	36.73
卫生署	1000.00	153.25	52.00	8.00	74.25	19.00
中央通讯社	27.00	26.25		5.45	12.80	8.00
中央广播事业管理处	20.00	20.00		17.00	2.00	1.00
非军事机关共计	94021.00	72701.66	17777.55	13910.71	20352.95	20660.45
各机关总计	181230.00	100004.66	34297.55	24693.71	20352.95	20660.45

附注：第一季——一九四五年七月至九月；第二季——一九四五年十月至十二月；第三季——一九四六年一月至三月；第四季——一九四六年四月至六月。

* 两季之和与共计不符。原文如此。

〔《美援运用（一）》（1944 年 11 月 24 日至 1945 年 4 月 1 日）：1183.10/8052.01 – 01/303/001118310A001〕

翁文灏呈三十四年度租借法案内筑路机件
（1945 年 3 月 12 日）

（事由）呈报在本年度租借法案内原列筑路机件二千五百一十四吨，并增列一千二百一十四吨暨遵办情形，请鉴核由。

案奉钧座机秘（甲）八五六四号手谕开："本年度向美提出之租借物资中，曾否列有筑路所需之开山机及造路机以及其它必需之机械？其数量几何？希即查报。如现尚未列入，应迅即估计今后之需要量，设法尽量补列，并一面呈报备查为要"等因。奉此，自应遵办。查战时运输管理局在本年度租借法案内，已提出申请之筑路机件计二千五百一十四吨。兹复遵谕，函询俞部长是否尚需增加？准复送新料单一份，系修正前已寄美之该局原送料单，计较前单增加一千二百一十四吨，交通部所需亦一并包括在内。惟每种机件之数量，互有增减。除将新单送美国对外经济事务局驻渝代表接洽，并寄华盛顿魏大使在美提出外，另电魏大使对前单所列筑路机件暂缓进行，以免妨碍新单之提出。奉谕前因，

合将遵办情形与战时运输管理局原申请及现需之筑路机件数量制成比照表，暨中译概要各一份，呈请鉴核示遵。谨呈

委员长蒋

战时生产局局长　翁文灏（印）

三十四年三月十二日

拟办：一、俞部长三月七日呈复，估计本年需要开山机、造路机各十套，已函战时运输管理局并案办理，并请转函战时生产局向美共同申购开山机四十套、造路机三十套等语。此数似已并案计入，合附陈明。

二、据称已另拟新单提出，拟准照办。

陈布雷（印）呈

卅四年三月十四日

批示：如拟。

〔《美援运用（一）》（1944年11月24日至1945年4月1日）：1183.10/8052.01 –01/303/001118310A001〕

陈诚翁文灏呈拟军事机关申请器材审核办法
（1945年3月30日）

（事由）为拟具军事机关申请器材审核办法，呈请核示由。

谨呈者：奉钧座寅庚侍秘代电，为航空委员会呈请确定军械成品意义及核定机关，嘱会同洽办等因。经本部、本局于本月二十六日邀集军令部、航空委员会等有关军事机关会同讨论之下，拟定"凡军事机关向外国申请租借物资，无论何种器材，先将清单送军政部审查。审查结果送由战时生产局连同非军事机关申请单，会同军政部汇总审查。定案后由战时生产局制成总单，再提向国外申请。"是否可行，敬祈钧核示遵。谨呈

委员长蒋

职 陈诚（印）、翁文灏（印）

三十四年三月三十日

〔《美援运用（二）》（1945年3月22日至1948年10月15日）：1183.10/8052.01 –02/304/001118310A002〕

五 战时物价管制与物资管理

（一）平价购销处舞弊案①与农本局改组

翁文灏函请先释放平价购销处职员并派主管
参与调查平价基金帐目
（1940 年 12 月 31 日）

委座钧鉴：

　　二十九日奉钧座面谕，关系平价资金各员，应即查清用途帐目，但仍应照常办事，不得离渝等因。当即返部，正在分别知照，并约集有关人员至部谈话。当日即由戴局长笠等至部，偕同各该员至化龙桥四联总处宿舍住宿。当时未到人员如沈国瑾等，亦令其续往该处。所关帐册及文卷，亦均先后送往该处，听候查明，完全遵令办理。当商洽时，文灏曾为实行照常办事起见，商请准令每日至机关办公，并愿担保，绝不避逸。戴局长笠及徐次长堪②均允为照办，乃事实上迄今并未实行。查此次所邀往之十员中，对于粮食、纱布、煤炭及其它日用品主管人员，皆在其内。其所管机关，虽经职部告令，照常办事，但因长官不到，主持无人，诸多公务，不免停搁。职部原本督令各该组织充分疏运物资，俾旧历年关得以供应无缺。如果主管员司，尽皆停止工作，则执行乏人，影响所及，极可焦虑。职部复因主管员司不能办事，深感督率未周，责有攸属，复恐继续耽延，补救愈难。因此，文灏曾具呈行政院陈请辞职，并请另派他员接替。至对于在事人员，文灏深信高级人员尚能忠实办事。平价购销处前处长章元善③向称廉洁，不至贪私；蔡承新④在农本局服务，与平价资金并无任何关系。惟办事之具体方法，款项之加紧流转，货物之促进

---

①　又称"平价大案"。
②　时任财政部政务次长兼四联总处秘书长。
③　经济部平价购销处前任处长，1940 年 7 月辞职，时任经济部商业司司长。
④　时任农本局副局长。

运销等事，自尚有更为改善之地，亟待整饬，自不待言。但有关职员，如吴处长闻天①等，对于平价工作，皆须指挥人员，处理案件。其工作之效率如何，颇赖保有此类人员应有之威信，庶能取信于人，推行有效。如果自身常在传讯之中，此项效率，自必大为削弱。故目前之计，应由钧座令由查询各员，在有关人员中，迅即择其实有罪状或有重大嫌疑者先行停职，派员接任；其中并无罪状者，应即释令返署，俾可安心服务。事实之需要如此，不敢不披诚上陈。钧座赤诚为国，励精图治之精神，文灏素深感佩，亦正因此，愿为钧座勉效驰驱。在此抗建方殷之时，更绝非推委责任之日，惟于上陈事件，确有处理为难情形。只得披沥陈报，敬祈鉴核示遵。敬请

钧安

职 翁文灏（印）谨上

二十九年十二月卅一日

陈布雷签注：

翁文灏函呈为所管平价机关等职员十人被传讯查帐，旧历年关在迩，一切供应，需人筹办，请令饬查询人员迅即择其实有罪状者先行停职派代，其并无罪状者，应即释令返署，俾可安心服务。并陈明已向行政院引责，呈请辞职。

谨按：翁部长下午来访职，亦曾谈及此事，嘱为转陈。对其引咎辞职事，职已面致劝慰，仍请核示慰留。至被传各员，若长期羁押，似于威信、业务，两均有妨。尤其供应必需物品机关，如平价购销处及燃料管理处现职人员，似应先准回职工作，以维业务。又各员在羁押中之待遇，似应稍予优待。谨附陈明，藉供参酌。

陈布雷

十二月卅一日

四组批示：阅。即晚（卅一日）电话慰留。此件存。

---

① 吴闻天，时任平价购销处处长。

〔《物价管制（二）》（1940 年 12 月 20 日至 1941 年 1 月 23 日）：
1100. 10/2721. 01 – 02/47/001110010A014〕

徐堪呈请将彻查平价购销处等业务
及帐目案原举发文件检发下会
（1941 年 1 月 3 日）

（事由）签请将彻查平价购销处、农本局等业务及帐目案的原举发
文件酌赐检发下会，以便严密查询由。

前奉钧座手令、代电，饬彻查平价购销处及其委托四机关暨农
本局、福生庄等业务及帐目，并签奉批准组织清查委员会，遵于
上年十二月三十日组织成立，进行清查。兹为清查迅捷起见，可
否请将此案原举发文件酌赐检发下会，以便严密查询。理合签请
鉴核示遵。再农本局、福生庄成立有年，其业务帐目较繁。本会
现就关于平价购销业务及帐目部分先行查核，至该局、庄本身业
务及帐目之清查，拟俟平价部分查核后，再行继续办理。合并陈
明。谨呈

委员长

平价购销处、农本局业务及帐目清查委员会主任委员 徐堪呈

三十年一月三日

拟办：谨按：该案原举发文件，前次呈阅后，未奉发下。为使查帐
事务迅速解决起见，该项文件似有发交参考之必要。拟请钧座检出交
下，由职处将原件举发人姓名隐去，并将其中足以表现主名之语气删
去，再行抄发，可否，请钧核。

职 布雷附签

批示：可如拟。中正。

〔《物价管制（二）》（1940 年 12 月 20 日至 1941 年 1 月 23 日）：
1100. 10/2721. 01 – 02/47/001110010A014〕

蒋中正为保释章元善致戴笠代电

（1941 年 1 月 6 日）

戴副局长雨农同志：章元善可准由翁部长文灏保释，在查帐期内随传随到，即希遵照办理为要。中○。子鱼侍秘川。

〔《物价管制（二）》（1940 年 12 月 20 日至 1941 年 1 月 23 日）：1100.10/2721.01－02/47/001110010A014〕

蒋中正为保释章元善及经济部可派次长
参加共同调查致徐堪等代电

（1941 年 1 月 6 日）

徐秘书长可亭并转谷部长①、张秘书长②均鉴：（一）章元善可准由翁部长文灏保释，在查帐期中随传随到。（二）调查平价购销处及农本局业务与帐目一案，经济部可派次长一人参加共同调查。以上两项，除已分令翁部长遵照，并将第一项分令戴副局长遵照外，特电遵照，并希洽办为要。中○。子鱼侍秘川。

〔《物价管制（二）》（1940 年 12 月 20 日至 1941 年 1 月 23 日）：1100.10/2721.01－02/47/001110010A014〕

蒋中正为释放章元善及经济部可派次长
参加共同调查致翁文灏代电

（1941 年 1 月 6 日）

经济部翁部长勋鉴：（一）章元善可由兄负责保释，在查帐期中随传随到。（二）关于调查平价购销处及农本局业务与帐目事宜，可由经济部派次长一员，参加共同调查。以上两项，除分令徐秘书长、戴副局长等遵照外，即希遵照洽办可也。中○。子鱼侍秘川。

---

① 谷正纲，时任国民政府社会部部长。
② 张厉生，时任党政工作考核委员会秘书长。

〔《物价管制（二）》（1940 年 12 月 20 日至 1941 年 1 月 23 日）：
1100.10/2721.01 – 02/47/001110010A014〕

翁文灏电呈章元善获释及经济部派次长参加共同调查等事
(1941 年 1 月 8 日)

军事委员会委员长蒋钧鉴：子鱼秘侍渝代电敬悉。关于保释章元
善一节遵即照办。参加共同调查平价购销处及农本局业务与帐目方
面，已派政务次长秦汾遵照办理，已电请徐秘书长、戴副局长查照。
章元善业已释回。理合复请钧察。经济部部长翁文灏（印）叩。齐管
印。

〔《物价管制（二）》（1940 年 12 月 20 日至 1941 年 1 月 23 日）：
1100.10/2721.01 – 02/47/001110010A014〕

徐堪张厉生谷正纲戴笠等呈报调查平价购销处
及农本局业务帐目结果
(1941 年 1 月 15 日)

徐堪、张厉生、谷正纲、戴笠、秦汾、徐柏园①一月十五日密呈。

奉命调查平价购销处及农本局业务与帐目，谨将结果撮要分陈于
次：

甲、农本局（承办平价粮食品部分）不合各点如左：

一、原定重庆、自贡、贵阳、昆明四处分别实施，但实仅办重庆一
处，且系由四川购粮会将所存米拨售供应。

二、该局接收承办合约，始终无适当供给，又不明购进成本，只得
随市定价，形成平价一次即涨一次之事实。

三、各机关团体请购平价米之核发分配，均由何总经理②个人意志
办理，显未秉公划一，殊属不当。而经济部对于平价处拟呈之供应办

---

① 时任四联总处副秘书长。
② 何廉，时任经济部农本局总经理、全国粮食管理副局长。

法，何以延搁，不予核定，殊属费解。

四、该处所领业务资金及售米收入之款达一千一百万元，支出仅及六百万元，存余甚多。不以之采购大量粮食，控制市场，致酿成米价未能平抑，工价、物价因以腾贵之事实，实违反政府平价政策。

五、该处售米所计成本，贱出贵入，不仅虚縻巨额平价资金，且助成米价之上涨。

乙、福生庄（承办平价服用品部分）不合各点如左：

一、资金运用问题。五、六、七、八月结存现金，平均不下二百万元，并不尽量运用。据其说明，实难免利用平价资金，图利自身业务之责。

二、运输路线选择问题。该局三月已知"海防抢兜困难"。五月中旬，越事已有风声，乃平价纱布在五月下旬尚大批运防，致陷价值三百万元之纱布，未免疏忽业务。

三、借纱还纱问题。该庄存纱四千余件，原有调节供需之责，乃以平价应市之纱，责令购销处承借认还。实不免利用承办平价业务机会，图利自身营运。

四、放纱收布问题。八月停止售纱时，借入之纱既未售罄，而采购之纱亦已陆续运到，该庄遽将承办服用品部分平价业务，任其停顿。合约并未解除，未免放弃责任。

丙、中国国货联营公司（承办平价日用品部分）不合之点如次：

一、采购方面。未能充分运用资金，及时尽量采办，内运应市。

二、货运方面。各分处、站未能尽力随购随运，随到随转。且明知海防情形严重，仍运往第七批货物，尤为措置失当。

三、销售方面。坐视物价步涨，囤仓不售，大背政府办理平政之旨。

四、移交问题。各站货品间有发现质量不符及掺杂情事。帐目方面，各项单据均未缴送，一再质询，均无正当理由答复，致迄未清结。

五、运用问题。该公司所办药材出口业务，各站人员机构难免利用承办平价业务之嫌，资金亦有调拨套用之事。

六、浪费情形。供销之货，原值不过四十余万元，而业务设备等费用已近十万元。现滞海防之货，仅值九十万元，而投保保险费额竟达二百余万元，可见未能重视公帑。

七、虚搁资金。所领改良土产及手工艺品补助费四万余元，迄未运用。

丁、燃料管理处（承办平价燃料品部分）不合之点如次：

一、承办业务之始，即将本身管理贷款转入平价帐内，与主办平价之旨不符。

二、业务计划核定之后，自动变更，对于煤斤供给，不能大量控制。又该处本身经费月只一千三百余元，乃利用代办平价事务，月支业务费一万五千六百元，尤属不当。

三、统筹分配不当，矿场、市场均随时发生黑市。本市煤业公会书面指摘该处员利用职权，因缘图利，事实具〔俱〕在。

四、批发平价煤炭，发现巨量掺杂。烧堆七百余吨，致使公家遭受巨大损失，实应负责。

戊、平价购销处。该处新旧任应负责者如左：

一、章前处长声称："只管行政，不懂业务"，以诿卸责任。尸位素餐，贻误要政，责无旁贷。

二、该处成立于二十八年十二月十二日，而委托合约迟至三、四月间成立，延误之咎莫辞。

三、各受委托机关已领资金，多未充分利用，该处绝不过问，实属违反资金运用原则。

四、国货联营公司、燃料管理处两合约解除后，日用品及燃料采购计划迄未拟定。今后平价业务如何进行，殊堪顾虑。

总之，该处及受委托之四机关，旷日费时，呆搁资金，举办经年，毫无成效，反使物价日涨。其手续之欠当，时机之贻误，工作之怠忽，责任之诿卸，殆为普遍不可掩之事实。

至实地调查货源价格，因电讯往返，专员调查，尚未到齐，容再补充报告。又农本局、福生庄本身业务帐目，应俟续查再报。

陈布雷签呈：

兹将徐次长等查复关于平价购销处案摘列要点，并附原件（因不阅原件，未易全明其查报之事实）呈核。

谨按：此案包含部分甚为复杂，如为先行处置、藉除疑虑起见，似可先作如下之处理：

（一）平价购销处前处长章元善怠忽业务，玩视政令，失职之咎，实无可辞，似应饬行政院将该员停止任用。

（二）农本局承办食衣平价，未有成绩，亦似属实。拟应采取翁部长前呈，将该局分别改组办法（即将粮食部分归全国粮食局，农贷归农行，而将该局缩改为花纱布管理局）予以改组，由翁部长另遴人选。

（三）国货联营公司有无假借公款、营私图利之情事，俟原呈所称续查货源价格呈报到后再核。

职　陈布雷呈
一月十九日

批示：一、二、三各项如拟办理。中正。

〔《物价管制（二）》（1940 年 12 月 20 日至 1941 年 1 月 23 日）：1100.10/2721.01 – 02/47/001110010A014〕

蒋中正为清查农本局及福生庄业务及帐目事致翁文灏代电
（1941 年 1 月 22 日）

经济部翁部长勋鉴：据徐秘书长可亭等呈报，奉令将农本局及福生庄本身业务及帐目一并清查。为兼顾该局、庄业务进行，及不妨碍本会清查工作，计拟先将已集中之文卷帐册仍予发还，责令该庄在局内指拨一部分办公房屋，由本会派员前往，随时调取卷册，并通知该庄负责人员询问，以便考查真相等语。查所拟变通办法，既为便利该局庄业务起见，应准照办。除电复外，即希特饬该局庄遵照为要。中○。子祃侍秘川。

〔《物价管制（三）》（1941 年 1 月 18 日至 1942 年 12 月 4 日）：1100.10/2721.01 – 03/47/001110010A015〕

翁文灏电呈清查农本局及福生庄业务及帐目事
（1941 年 1 月 25 日）

军事委员会委员长蒋钧鉴：本年一月子祃侍秘川代电奉悉，自当遵办。已电饬农本局遵照，并转饬福生庄遵照矣。谨电呈复。经济部部长翁文灏叩。有管印。

〔《物价管制（三）》（1941 年 1 月 18 日至 1942 年 12 月 4 日）：1100.10/2721.01－03/47/001110010A015〕

孔祥熙翁文灏呈复农本局改组事
（1941 年 2 月 4 日）

案奉钧座本年一月养电，饬知农本局应予改组，此后应专管纱布棉花一案。业由行政院令知本部，函由农本局理事会于本年一月三十一日开会讨论，经议决数点如左：

一、农本局遵令改组。农贷部分移归中国农民银行接办，有关粮食部分移归全国粮食管理局接管。所有农贷资金及农仓财产，应予分别划分移转。

二、农本局总经理何廉、协理蔡承新提请辞职，勉为照准。

窃查农本局因有各参加银行合放资金关系，原有理事会之组织，由政府及各参加银行派员参加。现合放资金如仍应保留，此项理事会似亦应仍旧。至农本局总经理一职，拟派穆藕初接充。关于该局今后业务进行，拟候经理人选确定后，再行饬拟呈核。是否有当，敬祈鉴核示遵。
谨呈
委员长蒋

农本局理事长 孔祥熙（印）

经济部部长 翁文灏（印）谨呈

二月四日

拟办：

一、改组后业务性质已变更，理事会无存在必要。如有资金关系，应由国库拨还，拟以此意覆令核办。

二、名称拟令改为花纱布管理局。

三、总经理名称似可改称局长，其人选可否以穆藕初担任，请批示。

陈布雷、陈方

二月五日

〔《物价管制（三）》（1941 年 1 月 18 日至 1942 年 12 月 4 日）：1100. 10/2721. 01 – 03/47/001110010A015〕

蒋中正为农本局改组事致孔祥熙翁文灏代电

（1941 年 2 月 9 日）

农本局孔董事长、经济部翁部长勋鉴：二月四日折呈悉。所拟改组农本局办法可准照办，并派穆藕初为总经理。希即分别办理，并嘱何淬廉①、蔡承新两名来会一见为盼。中〇。丑佳侍秘川。

〔《物价管制（三）》（1941 年 1 月 18 日至 1942 年 12 月 4 日）：1100. 10/2721. 01 – 03/47/001110010A015〕

军事委员会委员长侍从室为蒋中正约见

何廉等致侍从副官室等函

（1941 年 2 月 9 日）

径启者：案奉委座批示约见前农本局总经理何廉及协理蔡承新两君等因。奉此，除通知经济部翁部长径洽外，相应函达查照，定期引见为荷。此致

本室侍从副官室

本会办公所总务处交际科

本室启

批示：另以处函通知何、蔡来见。

---

① 何廉，字淬廉。

631

〔《物价管制（三）》（1941 年 1 月 18 日至 1942 年 12 月 4 日）：
1100. 10/2721. 01 - 03/47/001110010A015〕

陈布雷为何廉任侍从室参事致王世杰①函
（1941 年 2 月 9 日）

雪艇吾兄勋鉴：

敬启者：顷奉委座批示，派何廉为侍从室参事等因。弟意侍从室向无参事名额，似以派在参事室较为相宜。未知参事室中有无名额可以延致？特先函陈，即请尊酌，赐复为盼。专此顺颂

勋祺

弟 陈布雷谨启

〔《物价管制（三）》（1941 年 1 月 18 日至 1942 年 12 月 4 日）：
1100. 10/2721. 01 - 03/47/001110010A015〕

翁文灏为农本局改组事致陈布雷函
（1941 年 2 月 14 日）

布雷我兄大鉴：

农本局改组事，孔副院长以兼任理事长关系，主张仍设理事会，并以穆藕初为总经理。曾于本月四日与弟会同折呈委座核示，迄今尚未奉令复。该局事现暂由何淬廉兄勉为维持，事实上则工作业已停顿，恐对于纱布供销，多有影响。对于上述办法是否可行，深盼早得委座指示。敬恳设法询明见示，至为幸甚。并颂

勋绥

弟 翁文灏（印）敬上

二月十四日

〔《物价管制（三）》（1941 年 1 月 18 日至 1942 年 12 月 4 日）：
1100. 10/2721. 01 - 03/47/001110010A015〕

---

① 时任军事委员会参事室主任兼中国国民党中央宣传部部长。

陈布雷为农本局改组事复翁文灏函

（1941 年 2 月 16 日）

詠霓先生部长勋鉴：

敬启者：顷奉大函敬悉。一是关于农本局改组一案，前次孔董事长与执事联名呈报，当经呈奉批准照办，由敝处承办，丑佳代电复送孔公馆在案。兹将原代电稿录附，即请台察。至何淬廉、蔡承新两君，并奉批示约见。另委何兄为本会参事室参事，合并附阅。顺颂

勋祺

弟 陈布雷谨启

附抄电一件。

〔《物价管制（三）》（1941 年 1 月 18 日至 1942 年 12 月 4 日）：1100.10/2721.01 － 03/47/001110010A015〕

孔祥熙电呈农本局改组事宜

（1941 年 2 月 18 日）

蒋委员长赐鉴：关于改组农本局案。兹据经济部转呈该局理事会议决情形：（一）农本局已投农贷之资金、农业调整处已投农田水利及各项农业产销等贷款，均由局悉数移转中国农民银行接收，作为政府拨充该行之资金。同时由局将移转数目具报，作为局、处缴还国库之款。农仓财产悉数移转全国粮食管理局接管，即作为政府拨充该局之资金。同时由局将移转财产数目具报，作为缴还国库之款。（二）农本局之各合作金库、农仓以及经办有关农贷及粮食等业务会计、人事等各项工作人员，于移转办法决定后，由该局列单，分别送请中国农民银行及全国粮食管理局提前委派，以安定工作。（三）农本局各参加银行合放资金，第一期拨到之款五百九十六万余元，应暂予保留运用。所有第一期内业务损失，应按政府及各参加银行当时所缴资金比例负担。（四）农本局总经理何廉、协理蔡承新辞职照准。在新任未接替以前，仍应由何总经理暂行负责。除由院令准备案外，谨报请鉴察。祥熙叩。巧院三。

〔《物价管制（三）》（1941 年 1 月 18 日至 1942 年 12 月 4 日）：
1100. 10/2721. 01 – 03/47/001110010A015〕

翁文灏呈为吴蕴初请求保释平价日用品批发所经理寿墨卿事
(1941 年 3 月 18 日)

案据中国国货联合营业股份有限公司董事长吴蕴初呈称："窃公司
承办平价日用品批发所，曾于上年十二月间与农本局、平价购销处、燃
料管理处及福生庄等各机关，同时奉令清查业务及帐目。即经将全部簿
册文件送请清查委员会审查，早于一月十五日查毕发还在案。惟公司承
办平价日用品批发所经理寿墨卿，于查帐伊始即奉令传召，至今二月有
余，尚未释回。查当时查帐各机关负责人员奉令传召者，均已先后归
来，寿墨卿亦为同案传召之一员，而独久羁未返，公司未明究竟，实觉
不胜彷徨。窃查公司西南业务向由寿墨卿主持，自该案发生以来，待办
各事则陷于停顿，而□□行之各事，亦因原经手人离职，接洽无从，贻
误堪虑，业务情形至为危殆。一再思维，惟有恳请钧座俯察下情，赐予
设法解决，使寿墨卿得以恢复自由，俾便处理一切。如需公司觅具妥
保、随传随到之处，自当遵照办理。所有恳请各节，理合具文上呈，敬
祈俯赐鉴核"等情。查该经理寿墨卿，系于上年十二月间清查平价购
销处业务帐目案内被传查询。其同时奉传查询之人员，早经邀蒙释放，
惟该经理迄尚予以羁押。两月以来，沪港各处来渝工商界著名人士迭来
本部询问情形，对于此案颇表关切之忧。该经理承办平价日用品批发业
务帐目，历经查询，如果尚无过失，似可准其恢复自由。如果侦查尚未
完竣，是否可准如该公司所请，觅具妥保、随传随到。理合具文转呈，
仰祈鉴核示遵。谨呈

委员长蒋

经济部部长 翁文灏（印）

三月十八日

〔《物价管制（三）》（1941 年 1 月 18 日至 1942 年 12 月 4 日）：
1100. 10/2721. 01 – 03/47/001110010A015〕

翁文灏呈为吴蕴初等请求保释寿墨卿事
(1941 年 9 月 2 日)

案据中国国货联合营业股份有限公司董事长吴蕴初，董事叶友才、钱新之、霍宝树、项康原件呈略称："本公司承办平价日用品批发所经理寿墨卿，前于上年十二月二十八日因案传讯，同传诸人均经先后释回，只该员一人，尚在羁留之中。该员原任本公司西南业务处主任，当时被传，时间仓卒，其经办业务，诸多未了，迄今历时久悬，颇生影响。可否体念下情，准其先行保释，自当留住陪都，随传随到。恳祈转请，俯赐成全，不胜盼感之至"等情。查该寿墨卿一员，因案传讯，历时已八阅月有余。究竟罪状如何，未经宣布，商界人心，难免惶惑。可否准如所请，保释留住重庆，随传随到。理合抄附原呈，转请鉴赐核夺示遵。谨呈

委员长蒋

附抄原呈一件。

经济部部长 翁文灏（印）

三十年九月二日

附 原呈

呈为呈请事。案查本公司承办平价日用品批发所经理寿墨卿，前于上年十二月二十八日因案传讯。嗣于本年一月间，同传诸人，均经先后释回，只寿墨卿一人半载以还，尚在羁留之中。度因帐册繁琐，勾稽费时，自应静候。惟墨卿原任本公司西南业务处主任，当时被传，时间仓卒，其经办业务，诸多未了，迄今历时久悬，颇生影响。可否体念下情，准其先行保释，自当留住陪都，随传随到，夙承明察。为此沥情吁请，恳祈转请，俯赐成全，不胜盼感之至。谨呈

经济部部长翁

中国国货联合营业股份有限公司

董事长　吴蕴初

董　事　叶友才　李祖范　任士刚

蔡声白　方剑阁　许冠群

诸文绮　王志华　秦竞成

史久鳌　程年彭　钱新之

胥仰南　郭　顺　项康原

霍宝树

拟办：此案前经组长询明查帐情形，但案卷可稽，本件应如何处理，请组长核夺。

此案为时日久，查帐情形，除于本年一月十五日由奉派各彻查人员具有报告呈核外，以后续查情形如何，迄今未见呈报。所请先将寿墨卿保释，随传随到，可否照准，请批示。

批示：查帐情形速报后再定。中正。

〔《物价管制（三）》（1941 年 1 月 18 日至 1942 年 12 月 4 日）：1100.10/2721.01－03/47/001110010A015〕

蒋中正为审查农本局等业务帐目案等事宜致徐堪代电
（1941 年 9 月 14 日）

徐秘书长可亭兄勋鉴：关于审查农本局、福生庄、平价购销处、燃料管理处及中国国货联营公司等机关业务帐目一案，兹据一月十五日密呈，以子养侍秘川代电复令，俟续查货源价格呈报到时再核在案。现时逾八月，此案调查进行情形如何？有无积实结果？及在押之寿墨卿一员应负何项责任？希即分别迅速详报候核为盼。中〇。申寒侍秘川。

〔《物价管制（三）》（1941 年 1 月 18 日至 1942 年 12 月 4 日）：1100.10/2721.01－03/47/001110010A015〕

徐堪张厉生谷正纲等呈中国国货联营公司承办
平价购销业务浮列价格货源不明情形
（1941 年 9 月 23 日）

案奉九月十四日申寒侍秘川钧电，敬悉。关于中国国货联营公司承办平价日用品购销业务案，续查进货价格及货源各节，经商由军委会调查统计局饬属就地分头密查。前准该局先后送到密查报告三次，并准四联总处转送经济部平价购销处函送该处派驻上海专员调查报告及调查表各一件，及中国国货联营公司抄送该公司上经济部呈文及调查说明表各一件到会。经并案逐项查核，兹谨将查核结果分别陈明如次：

（一）浮报货价问题。查国货联营公司于接管委托承办平价购销业务后，即在上海设立永平申庄，办理进货事宜。截至结束之日（廿九年九月）共进货二百五十余批，付出货价二百六十余万元。据调查统计局密报，并参照平价购销处派驻上海专员调查报告，永平申庄在沪进货价格，颇多浮列之处。例如，该庄于廿九年五月十日在上海购运国光牌甲种蓝布六百匹、乙种蓝布二千六百匹之进价，即确有浮报。查该项布匹批发价格，据调查统计局三次密查报告，去年五月十日上海市价，甲种蓝布最高价为每匹五十五元，乙种为五十元。而该庄所报之价，则为甲种每匹七十五元，乙种六十七元。该庄实付货价超过密查最高货价共达五万六千余元。复按该庄于同时及五月十日后购进其它牌号之蓝布价格，均在每匹五十元左右，从无超过六十元者，且此项国光牌蓝布已运到重庆，其质地实较该庄所进之其它牌号之蓝布为逊。可知调查统计局密查所得之价格为可信，而该庄利用代购货物机会，浮报图私，似属无可讳言。

（二）货源问题。据调查统计局第三次密报称："有沈支伯者，去年初春奉命设立永平申庄，为我政府购办货物内运。该沈支伯开始即蓄意牟利，同时另行私自设立合丰贸易公司、庆大盛棉布庄、源庆祥袜庄及青年内衣商店，事先均由此四家商店购存大宗货物，然后由此四家以最高价售于永平申庄。因去年物价逐日上涨，经此上下其手，向我政府报帐，获利甚多……永平申庄于去年奉命停开。同时，沈支伯私开之合丰等四家商店亦自行停闭"等语。据国货联合公司呈经济部文，则谓源庆祥及青年内衣公司两家现尚继续营业，谅非虚语。但其它两家，因永平申庄结束而停业，则属事实。此中缘由，至堪注意。又上述之国光牌甲、乙两种蓝布，系永平申庄向国货联营公司购进者，该庄何以不直接向制造之厂家批购，而向联营公司批购，尤堪注意。据调查统计局密报，该庄系"以廉价购入土布及日布（敌货）交由鸿章厂印染，改头换面为国光牌甲、乙蓝布"等语。查上海市场过去并无国光牌蓝布，国货联营公司亦从未说明织造该项蓝布之厂家，仅在布面加印"中国国货联营公司监制"字样，是调查统计局密报所称，当属可信。则该庄进货来源不明，从中牟利，似亦无可讳言。

（三）至寿墨卿，原任国货联营公司西南业务部经理。自该公司承办平价购销业务后，即另组平价日用品批发所，代办平价购销业务，由寿墨卿兼任经理。永平申庄即系该平价日用品批发所在沪组设之机构。所有永平申庄浮报货价及其它借公图私情事，该寿墨卿殊难脱卸责任。

上述各节，系再四调查，详密审核属实者。其它进货可疑之点尚多，因未获得最后证据，未便遽为断定。谨将上列浮列价格及货源不明一项，先行复请钧核。又本案清查事宜，因关涉较多，责任至重，故一再密查，多方核对，务求确实，而昭明允，因之需时较久。合并陈明，伏祈鉴核。谨呈

委员长蒋

职 徐堪（印）、张厉生（印）、谷正纲（印）

秦汾（印）

戴笠（印）

徐柏园（印）

中华民国三十年九月二十三日

〔《物价管制（三）》（1941 年 1 月 18 日至 1942 年 12 月 4 日）：1100. 10/2721. 01 – 03/47/001110010A015〕

蒋中正为平价基金帐项货源限一个月内审结详报致徐堪等代电

（1941 年 10 月 5 日）

徐部长可亭①兄并转张秘书长、谷部长、秦次长、戴副局长、徐副秘书长均鉴：九月二十三日密呈悉。平价基金帐项货源为限一个月内全部审结详报。寿墨卿既为该国货公司经理，则该公司舞弊自

———————

① 徐堪时任粮食部长。

应负责，应于全案查明后移送军法执行总监部审讯为要。中〇。酉微侍秘川。

〔《物价管制（三）》（1941 年 1 月 18 日至 1942 年 12 月 4 日）：1100. 10/2721. 01 – 03/47/001110010A015〕

蒋中正为寿墨卿保释一节缓议致翁文灏代电
（1941 年 10 月 5 日）

经济部翁部长勋鉴：卅秘字第一七一一一号九月二日呈件均悉。经询据平价资金帐项货源清查委员会呈报：本案关涉较多，责任至重，故需时较久，惟该寿墨卿原任国货联营公司西南营业部经理，对于本案可疑之点似不无相当责任等语。除复令限一个月内令部审结详报外，自应俟清查结果明晰后再行核办。所请保释一节应从缓议。中〇。酉微侍秘川。

〔《物价管制（三）》（1941 年 1 月 18 日至 1942 年 12 月 4 日）：1100. 10/2721. 01 – 03/47/001110010A015〕

翁文灏呈拟由行政院设物价管理局及设置办法
（1941 年 11 月 8 日）

布雷吾兄大鉴：

秦次长景阳兄昨奉委座面谕，弟病后宜为养息，至深感谢，请代陈明。关于调整平价机构事，兹有折呈一件，敬恳惠于星期一以前呈请委座核示。至为感幸，专托并颂

时祺

弟 翁文灏敬启

十一月八日

附折呈一件。

附　　　　　　　折呈

谨呈者：查《平价工作实施纲要》规定，经济会议对于平价工作负

639

督导、统筹办理之责，经济、交通、粮食、社会各部及其它有关机关依照平价政策，各就主管，分别认真执行，筹划自属周详。唯目前物价问题日趋严重，经济会议近正召集有关机关商讨机构调整问题。窃以现时情势，平价工作之督导、统筹，非审议方式即能奏效。欲期推行顺利，似应仿照设置粮食管理局旧例，由行政院设置物价管理局，以便提高地位，集中力量，指挥得其灵便。本部作此建议，并非意存推诿。诚以战时物价高涨，原因最多，供求失调、法币增加、运输困难，尤为重要之因素。且各种物品，性质各异，有自内地取给，有向东南购运，彼此价格涨风之不同，实由各种货物所受环境之影响使然。上述主要原因一日存在，则各项物价趋向上涨，即势难尽免。所应注意者，如何防止剧烈之变动而已。因是平价工作，执行者应针对事实，办法方能适用；讨论者亦应认清实情，意见方有价值。物价管理机关在中央法定政策范围以内，宜有统筹办理之权，不可时受其它方面之牵制，更不宜时受各方面不切事实之疵议，庶主持者不致无所适从。故文灏之意，拟特设物价管理局，直隶行政院，以一事权，而专职责。惟燃料、纱布等物，原由本部主管，如钧座以为不应过事更张，此物价管理局仍应直隶本部，则文灏自当遵命办理。但物价管理局无论属院、属部，何人主持，以上所陈意见均可同样适用。谨拟具物价管理局设置办法八项，随文陈明，敬候鉴核示遵。谨呈

委员长蒋

附呈办法一份。

职 翁文灏（印）谨上

十一月八日

物价管理局设置办法

一、物价管理局隶属行政院，直接受经济会议之督导，依照所定平价政策，切实执行。

二、后方物资价格，除粮食及指定工矿产品，由粮食、经济部分别主管外，其有关人生必需之重要物品，由物价管理局统筹供应，平衡价格。

三、物价管理局与主管平价各部，及其它有关机关，取得密切联系，务使各种平价工作，实施成果，能相配合。

四、平价购销处、市政府之日用必需品公卖处、合作事业管理局之物品供销处等平价机构，组织分歧、力量薄弱者，均于物价管理局成立后，归并改隶，集中经营，以期达成一定任务。

五、物价管理局负集中统一平价工作之责，对于各省、市及其它重要市场处理物价工作，随时督促指导，使与中央政策，不相违背。

六、物价管理局管理物价，应得要领。管理种类，不宜过多，对于若干重要物品，先定标准价格，运用经济、政治力量，以达合于标准之目的。

七、物价管理局运用经济力量，应有适当数额之平准基金，由经济会议商请四联总处借拨，有此资力，扩大营销，物价即可望其稳定。

八、物价平准基金如何确定数目、分配用途，由物价管理局通盘筹划。涉及其它机关者，商同该机关酌定；不能酌定时，提请经济会议决定之。

拟办：谨按：年来管理物价无效之症结，并非管理之机关，实由：

1. 在中央方面，则粮食、经济、财政、金融、运输等机关，不能切实联系，配合一致，以致各项物价演成参差不齐、循环互涨之恶劣现象。

2. 在中央与地方之间，则中央一切措施并不能贯彻于地方。例如重庆极力平价，而米粮、煤、油、菜、肉等生活必需品，均赖外县供给，省政府即无一定办法控制外县产地之价，则重庆一切平价工作皆属徒劳。同时如纱布及工矿用之五金材料等，须从外省采购，再输入四川各县，而中央亦无统筹之法，任其在外县高涨，又造成外来物品与土产物品互相竞涨之恶象。此实由中央与地方政府脱节之所致。

翁部长此呈用意虽佳，但设此管理局后，即使直属行政院，如别无切实改善上述原因之办法，则难收实效，必与经济会议之现状无异。如隶于经济部，则其效力最多亦只等于现在隶属该部之平价购销处，不能打破现有各种困难决无疑问。故与其再增机构，而纷更误时，实不如就现有机构，改善其办法，加强其职权，更为轻捷有望。兹谨酌拟如次：

（1）关于各主管经济机关划分职权办法，业于上星期四经济会议通过。但原案仍仅偏重原则，似宜责成该会议秘书处，迅即将各主管部分应办之实际业务及配合办法，与所平物价之步骤、目标、限期提出讨论决定，并由钧座责令各主管长官切实同心合作（不可专顾本身立场便利），同时并由钧座令张主席岳军亲自来渝参加洽商，以期中央与地方步调一致。

（2）翁部长原拟办法第四条，将首都各种平价购销机构归并改隶，及拨定平准基金、扩大营销二节，自属切要。业于上星期四经济会议提案中，已有同样决定，可即责令迅速实施。则原呈所称设管理局统筹供应平衡价格之目的，此一改组即可做到。

以上所拟，对于翁部长所持设局理由，均已顾到，而事实上且更易迅速完成。当否，请核示。

批示：如拟可也。中正。

〔《物价管制（十一）》（1941 年 11 月 8 日至 1942 年 11 月 10 日）：1100.10/2721.01 – 11/56/001110010A023〕

蒋中正为设置物价管理局事致翁文灏代电
（1941 年 11 月 12 日）

经济部翁部长勋鉴：十一月八日折呈及附件均悉。查年来管理物价成效未著，揆其原因，非由于管理机关之缺乏，实由于各主管机关不能切实联系，配合一致，而中央一切措施更不能贯彻于地方，以致中央与地方脱节所致。来呈所拟用意虽佳，惟添设管理局为隶属行政院，恐与经济会议之现状无异。如隶属经济部则亦与该部之平价购销处相似，未免徒增骈枝，仍不能打破原呈内所称现有各种困难。现经济会议关于各主管经济机关划分职权办法及拨定平准基金、扩大营运各节，均已有所决定，并与兄案办法相同。除饬照案切实执行、迅速实施，以期实现来呈所称统筹供应、平衡价格之目的外，尚希共体时艰，切实办理，以期迅速程功，是所至盼。中○。戍文侍秘。

〔《物价管制（十一）》（1941 年 11 月 8 日至 1942 年 11 月 10 日）：1100.10/2721.01 – 11/56/001110010A023〕

蒋中正为设置物价管理局事致行政院经济会议代电
（1941 年 11 月 12 日）

经济会议贺秘书长①勋鉴：关于各主管经济机关划分职权办法，业经该会议通过有案。惟各主管部分应办之实际业务及配合办法与所平物价之步骤、目标，应即克期提出讨论决定，从速实施。尤应注意中央与地方办法配合，步调一致，以期上下贯彻，以免都市平价而外县反高之弊。又关于首都各种平价购销机构归并改隶及拨定平准基金、扩大营销各节，亦应迅速实施，期达统筹供应、平衡价格之目的。物价问题已为抗建成败所关，该会议既负全国最高平价之专责，务须抓住一切工作，尤盼迅速办理，勿蹈议而不决、决而不行之故辙，是所至要。中正。戌文侍秘。

〔《物价管制（十一）》（1941 年 11 月 8 日至 1942 年 11 月 10 日）：1100.10/2721.01 – 11/56/001110010A023〕

翁文灏呈报贸易机关职员月得红利过多情形
（1941 年 11 月 11 日）

军事委员会委员长蒋钧鉴：案奉本年十一月七日机秘甲字第四九四一号手令内开："闻贸易机关职员，其每月所得红利较其薪给多过约三四倍。此事务希切实调查，并即设法改正。否则，政府将无法控制其它公务人员矣"等因。奉此，查本部所属，并无贸易性质之机关。如资源委员会等所属生产事业机关、各厂矿年终结算，如有盈余，依规定可提百分之三十为员工奖金。员工得此奖金，至多不得超过其每月薪资总额之三倍。超过此数时，其超过数充作员工福利基金。亦并无如所传每月可得红利较其薪金约多三四倍之事实。奉谕前因，理合肃电奉复，敬

---

① 贺耀组，时任军事委员会委员长侍从室第一处主任兼行政院经济会议秘书长。

祈鉴核。经济部部长翁文灏叩。真秘印。

　　拟办：谨按：照原呈所称，则所属生产事业职员所分红利，实有达月薪三倍之总数者。惟钧座前发手令时，所得报告内情如何，未奉发下。应如何责令调整，请钧核。

陈布雷（印）呈

三十年十一月十五日

　　批示：贸易委员会机关查报有否此种情形。

〔《物价管制（十一）》（1941 年 11 月 8 日至 1942 年 11 月 10 日）：1100. 10/2721. 01 – 11/56/001110010A023〕

徐堪张厉生谷正纲等呈中国国货联营公司承办平价
购销业务浮报货价及货源可疑各点
（1941 年 11 月 14 日）

　　案奉十月五日西微侍秘川钧电奉悉。关于中国国货联营公司承办平价购销业务浮报货价及货源可疑各点，兹谨将继续查核结果分陈如下：

　　（一）浮报物价。除九月廿三日密签所陈该公司代购国光牌蓝布浮报货价约五万六千余元外，兹查该公司在上海购进各货之价格与军委会调查统计局派员在沪密查前后三次所报之当时最高价格比较，尚有布匹、衬袜、杂件等十七笔，亦均有浮报图私之嫌。连国光牌蓝布浮报之数，共达八万余元。谨列表附陈鉴核。

　　（二）货源问题。除九月廿三日密签所陈该公司"以廉价购入土布自行印染，改头换面而为国光牌甲、乙种蓝布"外，兹查该公司金华站廿九年五月二日进货发单，曾向上海国货运销公司金华分公司购进布匹及线袜等一万九千余元。据密查报告：该运销公司只系专为客商在沪、甬各地采办货物，自身并无布匹等项出售。该公司内并附设有国货公司浙江分公司，所报之运销公司或即系该国货公司所组织等语。查国货公司代办平价购销业务，而又假借其它公司名义，将货物辗转购入，经办人员似有意图舞弊之嫌。总之，国货联营公司因承办平价购销业务，乘机浮报货价，捏造货源，藉图私利，均确实有据。

（三）寿墨卿身任国货联营公司西南分公司经理，并兼日用品批发所经理（批发所系国货联营公司特设承办平价购销之机构），主办日用品平价购销事宜。依据九月廿三日密签及上述事实，自应负责。而该公司副经理王性尧及永平申庄主持人沈支伯两人，亦应一并查传，归案究办。拟请准予按照钧座十月五日酉微侍秘川代电所示，将本案寿墨卿一名及其有关文卷送由军法执行总监部讯办，是否有当，伏祈鉴核。谨呈

委员长蒋

附件。①

徐　堪（印）

张厉生（印）

谷正纲（印）

秦　汾（印）

戴　笠（印）

徐柏园（印）

三十年十一月十四日呈

〔《物价管制（三）》（1941 年 1 月 18 日至 1942 年 12 月 4 日）：1100. 10/2721. 01 –03/47/001110010A015〕

翁文灏呈设立物资局
(1941 年 11 月 17 日)

（事由）条陈物资局有归行政院直辖之必要。拟具组织规程，请早赐核定，俾可进行。

调整机构、管理物价一事。为集中事权、增强效力起见，自应设立专局，负责处理。惟此局（经济会议拟定名为物资局，或可酌定为物资管理局，以符名实）与其它机关之联系关系及隶属地位，必须熟为权衡，决定方针，庶免徒滋纷更，无补事实。谨将愚虑所及，陈请察核。

---

① 附表见下页。

附

中国国货联营公司在上海购办日用品浮报货价估计表

种类	39年 月	日	名	商标	单位	购进数量	原报价格	调查价格	相差价格	估计报数浮额	备考
布匹类	3	27	安安蓝布	月美牌	匹	600匹	41.00	35.00	6.00	3600.00	据报当时批价每匹三十三元至三十五元不等
	5	10	标准布	朱洪武	匹	1020匹	57.00	54.00	3.00	3060.00	
	5	10	甲种蓝布	国光	匹	600匹	75.00	50.00	25.00	15000.00	查此项甲、乙两种国光牌蓝布系由该联营公司自行"监制"
	5	10	乙种蓝布	国光	匹	2600匹	67.00	50.00	17.00	44200.00	同右
	5	16	安安蓝布	雏鸡	匹	200匹	58.00	55.00	3.00	600.00	
衫裤类	4	16	条府绸衬衫		打	106打	52.00	50.00	2.00	212.00	
	4	26	漂白布短衬裤		打	350打	13.51	12.00	1.51	528.00	
	5	10	白斜纹短衬裤		打	800打	14.30	13.00	1.30	1400.00	
	7	13	标准布衬衫		打	280打	45.00	40.00	5.00	1000.00	
袜类	3	4	三十二支平口男袜	神鱼	打	1000打	6.074	5.60	0.474	474.00	
	4	3	三十二支男袜	神鱼	打	400打	6.50	6.20	0.30	120.00	
	6	17	加头跟纱男袜		打	1000打	8.00	7.00	1.00	1000.00	
	6	22	三十二支平口男袜、六十支麻纱男袜		打	300打	8.50	6.70	1.80	524.00	
	3	25	300女袜	蜂房	打	600打	5.65	5.30	0.35	210.00	
杂件	3	15	亚细亚洋烛	船牌	箱	5000箱	18.85	18.25	0.60	3000.00	
	3	29	亚细亚洋烛	船牌	箱	3000箱	18.85	18.25	0.60	1800.00	
	4	19	亚细亚洋烛	船牌	箱	3000箱	19.25	18.50	0.75	2250.00	
	4	6	牙膏	三星	罗	240罗	40.965	40.00	0.965	231.60	
	5	8	牙膏	黑人	罗	940罗	46.50	43.50	3.00	2800.00	
			共计							82009.60	

一、物资局须与经济会议秘书处密切联系。依照目前制度，经济会议为处理物价核定办法之最高机关，各项办法及标准价格，皆须经会核定。而事实上，在此供应艰困、纸币增多、各种物价皆在上涨之时，主管机关必须当机立断，迅速施行。与其逐级洽商，耽延时日，不如集中主持，俾可迅捷。又经济检查队正在推广工作，认真执行。所有封闭、拘罚各种办法，皆与平价工作密切有关。如果物资局仍归部辖，而检查队归经济会议秘书处指挥，系统各殊，商洽不易，亦多费时间。依此理由，物资局似应隶属于行政院，而归经济会议直接指导，较为妥适。

二、物资局执行管制及平价工作，须重其职权，庶免阻碍。欲使平价工作勉能见效，必须对于市场严密管制，祛除囤积走私、黑市操纵等各项弊端。揆之实际，则实行作弊者，往往在政府及社会中挟有特殊力量，以致告诫谆谆而效果不著。物资局如仍为部属机关，则其地位仍与以前各部属组织相等。诚如钧座戌文侍秘代电所言，该局如归部辖，与平价购销处无异，所得裨益，仍属无多。因此，此项组织，仍以归院直辖为宜。既在钧座直接指挥之下，可省辗转呈请之繁，而行文各地方及其它机关，见效亦可较易。

三、管理物价组织，应隆其体制，以增威信。对于处理物价专设机关者，例如美国之物价管理局（Office of Price Administration）即归国务卿直辖。院辖组织与部辖者地位既同，力量自可望加强。水利委员会、卫生署等皆归院辖，物资局位置自不宜过低。目前物价变更，已成为后方最关重要之事实，其紧急程度，早在洞鉴之中。因之主管机关之关系，特为重大，自宜提高地位，以隆体制。

依上考虑，物资局实以隶属于行政院最为适宜。职部对于生产、供应，责无旁贷，自当尽力促进。参加经济会议，亦当和衷合作、勉为赞襄。原有关于服用品、燃料及日用品等管制职权及平价购销工作，亦均可移交。无论局归院辖，或部辖，移交手续及时间，皆属相同。伏乞钧座早赐核定，俾可进行。兹并依照上述意见，拟具院辖物资局组织规程

一份，并请鉴核。谨呈

委员长蒋

职 翁文灏（印）谨呈

三十年十一月十七日

附呈《行政院物资管理局组织规程》一份。

拟办：（一）该项物价管理机关，究应属部，抑可属院，请批示。

（二）原件拟仍交经济会议并案汇办。

批示：似可照办。该局长人选由何浩若①同志兼亦可。

〔《物价管制（十一）》（1941 年 11 月 8 日至 1942 年 11 月 10 日）：1100.10/2721.01 - 11/56/001110010A023〕

蒋中正为平价购销处舞弊案致何成濬代电
（1941 年 12 月 2 日）

本会军法执行总监部何总监勋鉴：案查去年十二月廿七日据密报，平价购销处委托之农本局、福生庄、国货联营公司、燃料管理处等承办业务有舞弊嫌疑，当经手令四联总处秘书长徐堪、党政考核委员会秘书长张厉生、社会部部长谷正纲及本会调查统计局副局长戴笠等会同负责，彻查该处局、庄暨国货公司等承办业务实际情形与帐目去后。旋据会呈报告调查结果：该处及受委托之四机关承办业务手续失当，旷日废时，呆搁资金，诿卸责任，怠忽工作，以致贻误时机，反使物价日涨等情。当经将平价购销处前处长章元善停止任用，并将农本局及福生庄改组，并令将其它各承办平价购销机关之各项业务详细情形及货源价格等项继续彻查，具报候核。嗣据九月二十三日及十一月十四日先后续报，中国国货公司承办平价购销业务，确有浮报货价及货源可疑情弊等情前来。查该公司西南分公司经理兼日用品批发所经理寿墨卿及该公司副经理王性尧、永平申庄主持人沈支伯，对于本案应负重大责任。除复令将在押之寿墨卿连同该案文卷转交该部依法迅办外，希即遵照办理。至案

---

① 时任行政院经济会议副秘书长。

内王性尧、沈支伯两名，并希由该部查明案情后负责传案讯究可也。中
○。亥冬侍秘。

〔《物价管制（三）》（1941 年 1 月 18 日至 1942 年 12 月 4 日）：
1100.10/2721.01 – 03/47/001110010A015〕

蒋中正为平价购销处舞弊案致徐堪张厉生谷正纲等代电
（1941 年 12 月 2 日）

徐秘书长可亭兄并转张秘书长、谷部长、秦次长、戴副局长、徐副
秘书长均鉴：十一月十四日呈及附表均悉。该国货公司承办平价购销业
务，既据查明确有浮报货价及货源可疑等情弊，应准将该案文卷及寿墨
卿一并移送军法总监部依法讯办。至呈中所称该公司副经理王性尧及永
平申庄主持人沈支伯两名，并已饬由军法总监部于查明案情后传案讯
究，希即洽办为盼。中○。亥冬侍秘。

〔《物价管制（三）》（1941 年 1 月 18 日至 1942 年 12 月 4 日）：
1100.10/2721.01 – 03/47/001110010A015〕

翁文灏呈请将物资局改归国家总动员会议管辖
（1942 年 12 月 16 日）

关于物资局改隶国家总动员会议事，前奉面谕，征求孔副院长意
见，当以加强物资管制，现由国家总动员会议集中统筹，积极办理。物
资局之设置，原为管理日用必需品供应及价格起见，现在指定认真限价
之日用品八项中，除粮、盐外，其余六项皆归物资局主管。似应将该局
改归国家总动员会议管辖，俾可径为秉承办事，增加效率。如为减少机
构起见，或即以该局改组为物资处，以一事权，亦是一法。此项办法，
孔副院长认为似属可行，但仍应呈请钧座核定。究竟如何办理，理合具
文呈明，敬候鉴核示遵。谨呈

委员长蒋

经济部部长　翁文灏（印）

三十一年十二月十六日

拟办：可否照准改隶国家总动员会议，与原拟设置之物资处合并办理，抑或先交沈秘书长①核议再定，乞批示。陈布雷（印）呈。卅一年十二月十八日。

批示：物资局取消为宜。中正。

〔《物资管制机构改组》（1942 年 5 月 21 日至 1943 年 5 月 23 日）：0400/2737.01－01/11/001040000A011〕

蒋中正为取消物资局致翁文灏代电
（1942 年 12 月 23 日）

经济部翁部长勋鉴：本月十六日折呈悉。物资局应即取消为宜。中〇。亥漾侍秘。

〔《物资管制机构改组》（1942 年 5 月 21 日至 1943 年 5 月 23 日）：0400/2737.01－01/11/001040000A011〕

翁文灏张厉生沈鸿烈呈物资局改组调整办法
（1942 年 12 月 24 日）

查物资局及其附属机关农本局等改组事宜急待解决。迭经职等遵照钧座指示，就执掌范围与业务状态商拟调整办法。经向孔副院长陈明，理合摘要呈报。如蒙俯准，其编制、预算，当由经济、财政两部分别另拟呈核。是否有当，伏乞核示祗遵。谨呈

兼院长蒋

职 翁文灏（印）

张厉生（印）

沈鸿烈（印）谨签

十二月二十四日

一、物资局及其所属之平价购销处、纸业管理委员会、食油管理处

---

① 沈鸿烈，时任农林部部长兼国家总动员会议秘书长。

等四机关合并，改组为日用品管理处，兼负管制与经营业务之责，隶属经济部。但关于事物之处理，得直接受国家总动员会议之指挥。

二、燃料管理处因负有生产运输责任，事务繁重，其组织仍旧。所有管制与经营业务，均归该处主持，隶属经济部。其事务亦得直接受国家总动员会议之指挥。

三、农本局拟改为花纱布专卖局，退去商股，直隶财政部。

附　　翁文灏等就物资局改组调整办法致陈方函
（1942 年 12 月 25 日）

芷汀①吾兄勋鉴：关于物资局改组事，经弟等商订调整办法三项，已陈请孔副院长核阅同意。兹附上折呈一件，敬祈迅赐转陈。又鸿烈明日须回农林部，预定星期日晚间返渝，如委座有所咨询，并烦通知文灏陈述为感。此颂

勋祺

附呈委座折呈一件。

弟 翁文灏、沈鸿烈拜启

十二月廿五日

拟办：（一）（二）两项均尚妥洽，拟准照办。惟查物资局既经如此裁并，而花纱布管制业务又经划出，则原有之大量人员，拟饬令应尽量裁减，务期切实紧缩。

（三）项农本局退还商股，自属正办。惟改为花纱布专卖局，隶属财政部一节，其办法、内容未据陈明。如系照现时盐、糖、香烟等专卖成规办理，则似宜详加考虑。盖纱布本不敷供给，一则存在民间之纱布尚多，一闻专卖，将益深藏不出，市面恐更缺货，无法供给；二则专卖事业以能集中生产者办理最易，而目前纱布来源，必赖土纺土织，以为大量补助。若专卖后，此种土纺织能否维持？如到处派人管理，则费用既大，且易滋骚扰。故此项办法如何，及有无完善技术，均大堪研究，且

---

① 陈方，字芷町，时任军事委员会委员长侍从室第二处第四组组长。

与限价关系极巨。另据沈秘书长函，因事赴乡间农林部，如钧座有所垂询，请约翁部长面谈云云。拟请先召见翁部长详询一切后，再行批示。

批示：可照准。对于所拟第（三）项之意见，并令该主管机关特别注意与预防可也。中正。

〔《物资管制机构改组》（1942 年 5 月 21 日至 1943 年 5 月 23 日）：0400/2737.01－01/11/001040000A011〕

翁文灏呈复取销物资局自应遵办
（1942 年 12 月 28 日）

案奉钧长十二月亥漾侍秘电内开："本月十六日折呈悉。物资局应即取消为宜"等因。奉此，自应遵办，除由部公布该局应即撤销，并饬局迅将结束办法拟定报核外，理合具文，复请鉴核。谨呈
委员长蒋

职 翁文灏（印）谨呈

十二月二十八日

拟办：存。

〔《物资管制机构改组》（1942 年 5 月 21 日至 1943 年 5 月 23 日）：0400/2737.01－01/11/001040000A011〕

蒋中正为物资局改组调整办法致翁文灏等代电
（1942 年 12 月 30 日）

行政院张秘书长、经济部翁部长、总动员会议沈秘书长均鉴：十二月廿四日折呈悉。所拟物资局撤销后其附属机关之调整办法三项，其第一、二两项可准照办，至第三项所拟农本局退去商股一节可予照办。惟改为花纱布专卖局隶属财政部后，如系照现时盐、糖、香烟等专卖成规办理，则其办法运用，宜详加考虑。盖纱布本不敷供给，而存在民间之纱布则尚属不少。一闻专卖，或将深藏不出，市面恐更缺货，无法供给。且目前纱布来源尚赖土纺、土织，以为补助。若专卖后，此种土纺、土织，须到处派人管理，则费用既大，且易滋骚扰，应予特别注意

与预防为要。中○。亥陷侍秘。

〔《物资管制机构改组》（1942 年 5 月 21 日至 1943 年 5 月 23 日）：0400/2737. 01 － 01/11/001040000A011〕

翁文灏沈鸿烈张厉生呈复花纱布管制局设置事宜
（1943 年 1 月 6 日）

奉钧座陷侍秘字第一五三三五号代电内开：所拟物资局撤消后其附属机关之调整办法三项，第一、二两项可准照办，至第三项所拟农本局退去商股一节，可予照办。惟改为花纱布专卖局隶属财政部后，其运用办法，宜详加考虑等因。奉此，经会同面陈孔副院长商拟办法，目前财政部已决定实行对棉花及棉纱均征实物。此项管理花纱布之机构，自以隶属财政部为宜。至机构之名称，拟定为花纱布管制局。关于农本局原有商股，另案清理。惟改组办法，急待决定。如奉核准，即由行政院令知财政、经济两部分别移交接办。是否有当，敬候鉴核示遵。谨呈
委员长蒋

翁文灏（印）

沈鸿烈（印）

张厉生（印）谨呈

元月六日

拟办：拟准照办，并通知行政院令行。职陈布雷（印）呈。卅二年一月七日。

批示：如拟。

〔《物资管制机构改组》（1942 年 5 月 21 日至 1943 年 5 月 23 日）：0400/2737. 01 － 01/11/001040000A011〕

蒋中正为农本局改为花纱布管制局事致孔祥熙等代电
（1943 年 1 月 14 日）

行政院孔副院长、张秘书长勋鉴：关于农本局改隶问题，前据经济部翁部长、行政院张秘书长、总动员会议沈秘书长会呈，拟将农本局改

为花纱布专卖局，退去商股，直隶财政部等情。当经复令：关于该局改隶后之办法运用，宜详加考虑。兹复据会呈略称：目前财政部已决定实行对棉花及棉纱均征收实物。此项管理花纱布之机构自以隶属财政部为宜。至机构之名称，拟定为花纱布管制局。关于农本局原有商股，另案清理。惟改组办法，急待决定。如奉核准，即由行政院令知财政、经济两部分别移交接办等语。除复准照办外，关于该局交接事宜，即由院令行办理可也。中○。子寒侍秘。

〔《物资管制机构改组》（1942 年 5 月 21 日至 1943 年 5 月 23 日）：0400/2737. 01 –01/11/001040000A011〕

蒋中正为农本局改为花纱布管制局事致翁文灏等代电
(1943 年 1 月 14 日)

行政院张秘书长、经济部翁部长、国家总动员会议沈秘书长勋鉴：元月六日密世秘字二一〇号呈悉。农本局改定为花纱布管制局，仍隶财政部，准予照办。所有该局交接事宜，已转行政院令行办理矣。中○。子盐侍秘。

〔《物资管制机构改组》（1942 年 5 月 21 日至 1943 年 5 月 23 日）：0400/2737. 01 –01/11/001040000A011〕

（二）日用品供需管理与稳定物价

蒋中正为日用必需品供求计划等致翁文灏等手令
(1942 年 6 月 11 日)

经济部翁部长、物资局何局长①：对于日用必需品，如衣、食等，其供求之计划、数量、种类以及方法等，希研究具体方案呈核为要。中○手启。已尤侍秘。

附注：原手令已送翁部长。

---

① 何浩若。

〔《物价管制（十一）》（1941 年 11 月 8 日至 1942 年 11 月 10 日）：
1100.10/2721.01 – 11/56/001110010A023〕

何浩若呈拟日用必需品供求计划
（1942 年 7 月 23 日）

（事由）遵令拟具日用必需品供应计划，祈鉴核由。

奉钧座机秘甲字第六五八七号手令内开：对于日用必需品，如衣、食等，其供求之计划、数量、种类以及方法等，希研究具体方案呈核等因。谨查日用必需品，除粮食、糖、盐、烟草等项另有专管机关外，以棉花、棉纱、棉布、煤焦、食油、纸为最重要。其它日用品，如皮革、肥皂、蜡烛、牙刷、牙粉五项，虽非一般人民日用必需，惟因都市人民消费习惯，亦属必需。谨就增产、节用、控量、制价各项，拟具日用必需品供应计划，是否有当，理合附同所拟计划，呈候鉴核。谨呈
委员长蒋

经济部物资局局长 何浩若（印）呈

三十一年七月二十三日

附日用必需品供应计划一份。

批示：奉谕提国家总动员会议讨论等因。兹已决提廿七日之第二次大会。附件请贵处存查。此上布雷先生。

遵批存查（登手令册）。

〔《物价管制（十一）》（1941 年 11 月 8 日至 1942 年 11 月 10 日）：
1100.10/2721.01 – 11/56/001110010A023〕

何浩若呈拟米盐油布棉及燃料试行物物交易制度之得失
（1942 年 9 月 19 日）

案奉钧座机秘甲字第六八四五号手令开："对于米、盐、油、布、棉及燃料六种日常生活必需品之交易，以后拟以物易物，即以米为此种交易之标准。譬如米一斗可易布几尺、盐几斤、油几斤等等，使货币不为此种物品交易之媒介，用以稳定此种日用品必需品之价格。希即研究

利弊得失，以及拟具体实施办法，择定一二区域，先行试办，俾得考验其成绩与研究其得失，以供推行全国之参酌。但此应极端秘密，勿为声张。如何办理？并希详报"等因。兹查目前物价暴涨未已，其由于货币方面之原因，诚极重要。惟其症结，似在因战时财政之需要，而货币数量增加过多，致与生产增加之数量失其平衡，不在于货币制度之本身。实行物物交易制度，政府对于战争所需之物资，必须排除困难，另筹直接控制之法，此与改变现行财政政策所需之决心，正无不同。而以货币为交易之媒介，较可适应各种环境人民习用甚便，似已难于骤改。故职详细研究以后，顿觉择定区域试行米、盐、油、布等项物品之物物交易制度，似尚多窒碍。谨就此项制度之优点与缺点，比较论列，缮呈于后。是否有当，敬乞鉴核。至于具体实施办法，可否准予详加研究，再行草拟，并候钧裁。谨呈

委员长蒋

经济部物资局局长 何浩若（印）呈

三十一年九月十九日

附呈《米盐油布棉及燃料六种日常生活必需品试行物物交易制度之得失》意见书一份。

附件一　米盐油布棉及燃料六种日常生活必需品试行物物交易制度

甲、优点

一、市场交易，各物之间，原有某种量的比例。故甲物涨价，乙物亦必继涨，循环往复，动摇人心。如经政府明白规定此诸物间量的比例以物易物，即可停止此数种物资之涨价竞赛，可有镇定一部分人心之效。

二、交易之量的比例确定，可使此数种物资之生产量维持一定之平衡，不致因价格涨落而时有变更。

三、物物交易之制度实行，可使以后新的借贷关系，改以实物为计算单位，债权、债务两方均不受价格变动之亏损，有益于社会公道者殊多。

乙、缺点

一、物物交易之比例，未必可全国一致。如缺米产盐之区，米一斗可多易盐数斤；而缺盐之区，运盐前往，须加运费，米一斗可易之盐比例自将减少。但各区之间，非有截然界限，由近而远，运费渐加，米盐交易之比例，亦必随地不同，其间细数畸零，规定殊不易精密。且运费如有变动，则米盐比例亦难固定。

二、今日物价虽涨，农人、工人、地主、商贩，以各握有一部分物资，故无论现价高涨如何，苟各种价格之相对比例与战前相差无几，彼此即无所损失，惟公教人员、军队、团警以薪给固定，手无物资，乃深受物价高涨之压迫。实行物物交易制度，政府必先为此辈人筹得适当数量之物资，地位始可平等。然此巨量物资或购此物资之巨额资金何从而来？此为政府今日最艰巨之问题。如可筹得适当数量之物资分拨彼等，似尚不必虑其交易价格之落后。

三、物物交易，非人人可在市场自由为之，盖有米者不必需盐，有盐者不必需米。故如指定此数种物资，其市场进出交易均必需以物易物，停止以货币交付，政府必先设置承办此诸物交易之机构，广开仓储，预行控制各物若干，以应交易之需。而其间进出，大斗小尺，掺杂盗换，弊端百出，防不胜防。且辗转迁运，损耗亦夥，公私均感不便。若此项交易机构，仍以商人任之（小商店房屋窄狭，不能储集多种物资者，仍不能胜任），则交易进出，必须异量，以差额为商人之利润，而遇某物缺货，商人仍将不免揩卖居奇，藉故扩大差额，或竟形成黑市。

四、在一定区域内完全停止米、盐等指定物资之货币交易，则其它物资之生产者、过客、商贩与人口众多之家庭，虽有财富而无法购得此数种生活必需物资，事实上不无困难，故势必仍许一部分货币交易之存在，其价格仍将受外界之影响。如概以粮价为计算基础，虽可确定此数种物资之价比，但此一区域对外关于此数种物资之输出、输入，即不得不完全由政府负责办理，以免商人利用外间价比与本区域内价比之差，从事套购。而限制消费，强制收购，以及缉私、防弊各种措施，亦势必随公营输出入事业以俱至，政府所负之责任至为繁重矣（如在一定区域内完全停止一切物品之货币交易，其困难更多。政府所负输出入之责任亦更巨，兹不赘陈）。

五、无论在某一区域停止一部分货币交易，或全部货币交易，更将使该区域以外货币与物价问题发生下列三种困难：（1）人民对于法币之将来地位发生怀疑，各种谣诼乘时而起，公债汇价均恐波动。（2）增加人民重视物资之心理，促进商人囤积及消费者购储之活动，影响物资供求，减低货币价值。（3）增加该区域以外法币筹码，而未必可由政府吸收利用，既不能减轻政府财政负担，徒增货币市场之扰乱。

根据以上甲、乙两节之分析，指定区域试行米、盐、油、布等项之物物交易制度，似困难甚多。为谋公教人员、军警等生活之安定，似可单独实行实物分配，以减轻其所受物价上涨之压迫。至关于市场生活必需品价格乃至一般物之稳定，治本之图，似在于疏导供应及谋法币与物资数量之平衡，而不在遽行停止货币媒介之功能也。

附件二　　　　　　　　**何浩若致陈布雷函**
（1942 年 9 月 21 日）

布雷先生道鉴：

前奉委座手令，饬研究物物交换及实物代薪二项。遵已拟就签呈，谨函附奉，至请察核转陈，无任感祷。专此敬请

道安

何浩若谨上
九月二十一日

附签呈两件。

拟办：拟交总动员会议三常委，再行详切研究具复。职陈布雷（印）谨签。

批示：此所拟缺点是胶柱鼓瑟之道，哪有货币完全停用之理？我所说的是以物物交换为标准的一种试办，而非□□法币之意也。中正。

〔《物价管制（十一）》（1941 年 11 月 8 日至 1942 年 11 月 10 日）：
1100. 10/2721. 01 – 11/56/001110010A023〕

蒋中正为日用必需品试行物物交易制度致吴铁城等代电
（1942 年 10 月 5 日）

国家总动员会议吴[①]、陈[②]、贺[③]三常委均鉴：关于日用必需品价格
之核定，前曾手令何局长浩若研究物物交易制度之利弊得失，拟具实施
办法，择区试行。兹据呈复，以此项制度试行困难，徒增政府负担，扰
乱市场、货币等情。核其意见，似多胶着之处。特将原呈附发，即希密
为核议为盼。中〇。酉微侍秘。

〔《物价管制（十一）》（1941 年 11 月 8 日至 1942 年 11 月 10 日）：
1100. 10/2721. 01 – 11/56/001110010A023〕

吴铁城陈仪贺耀组呈复核议物资局所拟物物
交易制度实施办法三点意见
（1942 年 11 月 3 日）

（事由）为呈复核议物资局所拟物物交易制度实施办法，拟具方式
三点，呈乞鉴核由。

案奉钧座侍秘川字第一四〇七三号代电，以据物资局何局长呈复物
物交易制度试行困难，核其意见似多胶着之处，特附发原呈，饬密为核
议等因。奉此，遵即令饬有关各组，详密研讨，金以目前即普遍推行六
项物资之交换，虽不无困难，但如遵照钧座意旨，着重于物物比值之确
定，以协助平价工作之实施，则亦可视某时、某地、某物之交易情形，
实行物物交换办法。谨拟可能实行之方式如左：

（一）规定物品比值，以控制物价。对于米、盐、油、布、棉及燃
料六种日常生活必需品，应厘定其交易比值，而以粮食为标准，如米一

① 吴铁城，时任中国国民党中央党部秘书长兼国家总动员会议常务委员。
② 陈仪，时任行政院秘书长兼国家总动员会议常务委员。
③ 贺耀组，时兼任国家总动员会议常务委员。

斗可易布几尺、盐几斤等。各地之平价工作即应遵循此种比值，为调整价格之准条，勿使有过高过低，以安定民生，稳固市场。并以此六项物资为基础，进而确定工资及他种物资之比值，以力求价格之平稳。

（二）推广以料易货，以控制生产。似可仿过去放棉收纱、放纱收布之法，向生产者推广以物易物办法。盖生产之主要成本不外原料、动力、劳工，而劳工之主要所需，不外米、盐、油、布、棉、煤。政府若规定有若干原料，若干动力，若干米、盐、油、布、棉、煤，交易若干之生产品，则生产者将不致哓哓于价格之争执，而物价亦易于稳定矣。

（三）加强掌握物资，以备实行易货。欲前述两项之实施有效，必须政府随时掌握大量物资。盖实行物物交换制之最大困难，即在政府所有物资之不足。故一行交易后，人民以物易物，政府不能以无易有，故必须加强并扩大征实、征购范围，以掌握物资。遇有某项物品价格超过规定而取缔无效时，政府即令停止该项物品之货币购买而行物易，若鄂省府行之于恩施者然。政府掌握之物资愈多，则易物之范围可愈广，循序渐进，当有助于平价工作。以上所拟三点是否有当，理合检奉原呈，签请鉴核。谨呈

委员长蒋

国家总动员会议常务委员 吴铁城

陈仪

贺耀组

三十一年十一月三日

拟办：查核所拟，尚属扼要，拟饬令拟具实施办法及实施程序，筹备进行。

陈布雷（印）

十一月五日

批示：如拟。

〔《物价管制（十一）》（1941 年 11 月 8 日至 1942 年 11 月 10 日）：1100.10/2721.01－11/56/001110010A023〕

蒋中正为物物交易制度实施办法三点意见致贺耀组等代电
（1942 年 11 月 10 日）

国家总动员会议吴、陈、贺三常委均鉴：国动呈字第八四号签呈及缴还原件均悉。对于物物交易确定比值要旨核议三点意见，尚属扼要，希即依此拟具实施办法及实施程序，筹备进行为要。中○。戌灰侍秘。

〔《物价管制（十一）》（1941 年 11 月 8 日至 1942 年 11 月 10 日）：1100. 10/2721. 01 – 11/56/001110010A023〕

翁文灏呈拟设日用品管理处并荐处长人选
（1943 年 1 月 2 日）

查职前拟将平价购销处改组为日用品管理处，以物资局内之食油管理处及纸张管理筹备委员会归并该处。此项原则，已奉钧座核准。现物资局既已撤消，上拟设立日用品管理处办法，应否即为实行，敬候指示遵行。至处长人选，查平价购销处处长熊祖同任事以来，颇有成绩；食油管理处处长刘廷芳，办事亦尚妥善。此外，物资局何局长曾向钧座保举陈庆瑜担任，奉谕交部审核等因。如一时尚无其它妥员，可否请钧座在上开三员中指定一员为处长，以资熟手。谨祈核示。谨呈
委员长蒋

职 翁文灏（印）谨呈

一月二日

拟办：（一）谨按：物资局撤消后，将其附属机关合并改组日用品管理处，前经奉批照准，拟复"应照原拟办法，即行成立"。（二）处长人选以何人为宜，请批示。

职 陈布雷（印）呈

三十二年一月三日

批示：一、如拟。

二、先派熊祖同代理，并令熊与陈来见。中正。

〔《物资管制机构改组》（1942 年 5 月 21 日至 1943 年 5 月 23 日）：0400/2737. 01 – 01/11/001040000A011〕

蒋中正为日用品管理处长人选事致翁文灏代电
（1943 年 1 月 6 日）

经济部翁部长勋鉴：一月二日折呈均悉。日用品管理处应照原拟办法，即行成立。该处处长人选可先派熊祖同代理，并令熊与陈庆瑜来见为要。中〇。子鱼侍秘。

附注：熊、陈晋见时间，请嘱与本会交际科接洽。

〔《物资管制机构改组》（1942 年 5 月 21 日至 1943 年 5 月 23 日）：0400/2737.01 – 01/11/001040000A011〕

军事委员会委员长侍从室二处为蒋中正约见
熊祖同陈庆瑜致侍从副官室等函
（1943 年 1 月 6 日）

径启者：顷奉委座谕示，约见经济部平价购销处处长熊祖同及陈庆瑜同志等因。奉此，除通知经济部翁部长转知外，相应函达，即希查照，定时引见为荷。此致

本会交际科

侍从副官室

本处启

〔《物资管制机构改组》（1942 年 5 月 21 日至 1943 年 5 月 23 日）：0400/2737.01 – 01/11/001040000A011〕

翁文灏呈稳定物价根本办法
（1944 年 6 月 24 日）

（事由）为稳定物价，应按照实际情形规定根本办法，谨陈所见，呈祈鉴核。

关于稳定物价办法，十二中全会既已议订《加强管制物价紧要措施》，并将专设机构，居中主持，备见认真策动、积极推动之至意。惟查紧要措施各项规定，其中仅运入国外物资（尤重布匹）及粮食征实、征供二种办法较为具体，其它各项均仅提原则。如何实行，尚须别为筹

划。复按之后方实在情形，物价正在增涨，较之上年尚有加速之势，不容不认识实际状况，筹拟具体方案，以资挽救。兹仅就考虑所及，分条陈拟如左：

一、目前限价、议价方法，实际上纷歧太甚，不易收统筹稳定之实效，宜认真整理，以增效率。

查现在正式规定限价物品八种，每遇调整，皆须经国家总动员会议常委会开会议定，呈由钧座核准，然后定期实行（此为正式限价办法）。手续繁多，需时甚久，因之主管机关或巧立名目，设法避免，或认真照办而深感艰苦，引为畏途。至其它物品，则国家总动员会议正式规定，皆称议价，实行办法又并不一样。其中重要物品，如汽油、酒精、电力及大多数地方之粮食等，实由主管机关考查产运成本及供需情形，核定价格，报告国家总动员会议（此可称为核价办法）。此项办法多经呈报行政院有案。此外，物品则大致经由同业公会议定价格，经由专管机关或省、市政府核定实行（此为原来所定之议价办法），亦间由专管机关查明成本，随时核定。实际情形，备极复杂。兹删繁就简言之，可综分为上列限价、核价、议价三类。查各种货物价格具有密切重要之相互关系，影响成本甚巨。而定价办法，繁简、迟速不相同。多数机关既各自为政，复互相推诿，则整个管制之意义自无从实行，循环激涨之关系亦无从避免。国家总动员会议设有秘书长及物价处，如果能居中统筹，公正主持，应增价者汇总增高，应制止者一体制止，因事制宜，迅速处理，自可收齐整划一之效。无如秘书长及物资处长皆为事务幕僚，无权决定，而常委会之各委员又往往各为自身，不易处于居中负责地位，妥速决定，故原定集中主办之任务甚难实现。目前之计，须力祛此种纷歧错杂之风，庶可臻齐整迅捷之效。依据过去经验加以检讨，限价办法已困难丛生；议价办法复颇嫌松懈；核价办法则运用较为灵活，责任亦尚分明。目前校正之法，惟有采取核价办法之所长，以增加限价之效力，对于议价办法亦宜更为整饬，增多联系。兹按此旨拟具纲要如下：

甲、指定关系特为重要之物品，分别性质，重行规定限价及议价之分配，交由专管机关分别负责管制。凡中央政府应为切实办理者，如下表：

（子）应行认真限价之事项

粮食 ……………………… 粮食部——粮政局等机关

盐 …………………… 财政部——盐务管理局

衣料 …………………… 财政部——花纱布管制局

煤炭 …………………… 经济部——燃料管理处

汽油、酒精等 ………… 行政院——液体燃料管理委员会

金融（贷款利率）…… 财政部及四联总处

运费 …………………… 交通部——公路总局、铁路局及航政机关

（丑）应行妥为议价事项

食油、纸张 …………… 经济部——日用必需品管理处

水泥、钢铁及工业器材

　　………………… 经济部——工矿调整处

糖、火柴、烟叶等 …… 财政部——各专卖机关

桐油、茶叶、生丝、猪鬃、羊毛等

　　………………… 财政部——贸易委员会（为出口用）

钨、锑、锡、汞等出口矿品

　　………………… 经济部——资源委员会（为出口用）

水电 …………………… 内政部及经济部

工资 …………………… 社会部

乙、规定。（一）认真限价之子类物品，其供应办法、核拟价格等项，应由专管机关呈由主管部，报请国家总动员会议常委会（或拟设之动员总监本部）核定后方得施行。至关于应行议价之丑项，其办法及价格，得由专管机关于必要时先行核定实施，随即报由主管部报请总动员常委会备案。（二）遇有调整价格大量影响于其它价格时（例如由煤价涨高而电价须涨，因酒精涨价而运费须增，因粮价涨高而工资须增等），总动员常委会应同时规定调整价格，令行遵照。

丙、除上列重要物品及事项应由中央政府妥办者外，其它物品如猪

肉、菜蔬、皮革、建筑材料等，均交由地方政府妥为管制。其实行办法
及核定价格，均由各该地方政府报请总动员会议察核备案。

丁、总动员会议应依实际工作分别设置机构。（一）调查考察各主
要市场之管制情形及实际利弊，迅速据实报告。（二）调查编制各主要
地方之物价指数及生活指数，作为吾国之标准指数。凡衡量物价及规定
公务人员之战时待遇时，均以此为据，以免纷歧。

二、实施限量分配之凭证购物制度，以节制过分之消费，而期价格
之安定。

供需关系为物价高下之主要因素。各种物品供应数量之盈绌因各有
不同，但在需用者方面，则因一般心理深信涨价之势继进未已，又因物
价涨高而一部分剩余购买力因以增多，故生产用品如钢铁、机器，虽销
路无多，而在消费用品，尤如食、衣等物，则购风特甚，因而激价升
高。故当从前物价初涨之时，商人囤积居奇，藉高价以赢巨利。目前则
物价继涨不已，生活日益加艰。多数人户以及各机关之合作社并不囤积
以居奇，而多囤积以省款。按其心理，藉积物以减负担，情实可原。但
揆其影响，则囤积之物量愈多，即供需之平衡愈形不易，而物价之上涨
更难避免。故节省消耗及减低囤积，实为此时平价当务之急。惟欲达此
目的，如仅赖文书告诫，则空言徒托，实效难期。惟有仿照欧美先例，
实行凭证购物。近代各国，凡认真管制物价者，莫不实行此制，以期限
量分配之实现。亦惟如此，然后消耗及囤积，自可无从实行。吾国省察
既往之困难，筹策方来之改进，对于此项方法不可不决计实行。吾国迄
今尚未实行者，主要理由不外二端：一恐户籍人口尚未认真查清。实则
不查则永不能清，实查则逐步可就。兹如在人口十万以上之城市，一律
规定时间（按：人民移动颇繁，故清查人口，必须指定较短时间，认
真办理，不可拖延太久，反难查得实数）发给身份证书。所有市民，
对于主要生活用品（在上列子、丑二项内择要规定），皆须凭证购买，
惟每种物品不得超过正式限定之数量。如此，则争购及囤积之风可以遏
止，而供应即可纳入常规。二恐人口稽查未清，不免局部重复，亦虑彼
此互相套用，实际即藉以出售盈利。此项流弊事实上自不能免，但此种

弊端皆在局部之活动，而甚少影响于物资需用之总数。例如某市每月用布一万匹，总数依人口为比例，甚为可靠。期间一部分之移用或套购，并不能使总数因之增多。故限量分配之意义仍完全存在，并不为之动摇。况政府机关随时查察、纠正所有流弊，亦可使其逐步减少。至人口较散之农村、乡镇以及对于生活关系较浅之物品，则不必亦不宜使用凭证购买方法，庶办法能得要领，而不至过于烦扰。

三、对于最切实用各种重要物品，由政府贴补产运款项，以免价格腾涨。

近时政府对于管制物价各机关，原则上不准亏本。而事实上，国库开支仍为数甚巨。与其继续为此无办法之亏累，不如改为有计划之贴补。英、美二国管制物价，莫不以政府贴补为基础。吾国对于其它办法，虽多已分别采用，而对于极关重要之限量分配及贴补资金二种方法，则迄今尚未实行，以致政府管制不易确见功效。至贴补目标，应特重生产与运输之费用，亦为近代各国之通行办法。良以限制销售价格之结果，对于消费者，固已减轻其负担，而对于生产者，则实有打击与阻碍之影响。如果因此使生产不能维持，则必发生物资缺乏、供不应求之现象，而又促使物价上涨。欲免此弊，惟有就最关要需之物品，由政府酌予补助生产及运输开支，庶使事业确能进行，而市价并不过分高涨。此项方针决定后，宜由国家总动员会议议定少数物品名目，交由专管机关，参照产、运、销实际情形，拟具实行贴补办法，并估计所需资金数目及其稳平市价之实际分量，送由国家总动员会议核定实行，并随时查考其施行效果，因时制宜，妥为办理。

四、切实加强扶助生产，以期消费用品之充裕及生产用品之销纳。

近一年来，政府扶助生产，虽时闻呼声，而实际办法尚需更为加强。依照目前工业情形，消费用品需要仍高，惟所苦者，在于周转资金极为短绌。生产用品，如钢铁、机器，则因近时新事业及新工程极为缺乏，以致销路迟滞，维持为难。故为针对二类物品之困难实情，不能不分别设法庶克，确见效力。因之政府银行对于消费用品之工业确需借款以资周转者，应径予贷放，俾利进行。而政府及银行对于实有需要之新工程及新事业（例如公路、桥梁、轻便铁路等实行之后，极有增多运量、减轻成本之效），亦须迅即认真扶助，俾可实行。盖旧事业之推行，极赖新事业之发生，此为工业经济之基本原则，反是而行，势难有效。至实行方法，近时颇感各机关职责纷歧，耽延时日。为简化手续，迅速进行起见，不得不：（一）规定国家总动员会议为核定有关物价办法之中心机构，主管部应秉承总动员会议，妥为施行。其它有关机关对于各项方案，可分抄备查，而不宜分别审核，以免纷歧。（二）四联总处对于放贷扶助部分，宜依照同一方案，一致实行。

五、加强限制商业银行、钱庄之高利贷款，庶免激涨物价。

近时私立银行及钱庄为数已多，而且尚在增加。此种行、庄多恃高利短期贷款，利率之高至少七八分，多至十分。工商营业因政府营业贷款有限，不能不藉此以为周转，其加多成本，自为数甚巨。乃国家总动员会议规定物价计算方法，为正当开支之外再加合法利润。而所谓合法利润者，最多不得超过二分。贷款利率之高如彼，而合法利润之低如此，两相比较，实为矛盾。故政府定价既违实际之情形，而黑市通行难收管制之真效。为矫正此弊起见，似惟有：（一）由四联总处考量金融实际状况，规定商人贷款利率之最高限制，通行知照。（二）查有违背此限高利出贷者，严定罚欵。司法机关对于逾限之利息，一律认为无效。案关重大者，由财政部限令停业，毫不瞻徇。（三）国家总动员会议考察物品成本时，并宜察及资金运用情形以及贷款利率之限额，因时制宜，妥为规定，庶所定物价事实上确有根据，可以实行。

至于物价之水准原非一成不变。在此战时，军事之转移、运输之难易，供应之盈绌、汇兑之通滞、利息之高低，皆足以影响于价格之涨落。政府对于物价，固宜尽量平抑，以期市场之安定，亦必须兼顾产运之成本，以免物资之缺乏。故规定价格，必须按切时机，妥速办理，不可执持过久，致官价不合实际条件，黑市反得随之发生。因此，官价之能否确实有效，实视规定方法之能否合理实行。上年年初，钧座主持加强管制物价，督促进行，一时确有稳定之实绩。惟惜实际经验，未能妥为利用，议论庞杂，又徒增纷歧。目前之计，不能不有根本整理之方法，以宏安定市价之效。以上所陈，一得之见，是否有当，理合具呈陈明，敬祈鉴核。谨呈

主席兼院长蒋

职 翁文灏（印）谨呈

三十三年六月二十四日

谨按：所陈稳定物价意见五项：

一、整理现行限价、议价方法。目前限价、议价方法，运用颇欠灵活，议价物品尤属有名无实，似系实情。至有无全盘整理之必要，拟交国家总动员会议切实核议。

二、实施限量分配之凭证购物制度。凭证限量购物，自是最合理之制度。惟凭证购物，所以节制消费。前各大都市粮食之涨价，乃由于粮商操纵，来源不继。布匹之涨价，乃由于农村需要甚多，供应不能普遍。盐之涨价，则由于积弊极深，成本日重。凡此似均非凭证购物制度所能补救，故于稳定物价之效果，所期似难实现。

三、对于重要物品于政府补贴产、运款项。

四、切实加强扶助生产。

关于以上两项，行政院昨送《加强管制物价紧急措施案》之实施办法中，已有类似规定，自可付诸实行。惟政府开发新事业，藉以销纳存滞之钢铁、机器等虽属必要，但其所需之资金，似不宜一味仰赖于通货之增发，重复刺激物价。拟饬财、经两部再行研议筹资之道。

五、限制商业银行、钱庄之高利贷款。物价日涨，高利实有一种放款保值之性质，为物价上涨之果。故今大投机商人，皆可出高利以吸收游资，惟销货受有限制之正当工矿事业乃不能耳。政府限制行、庄高利贷款，但于投机商人之高利吸收游资，仍难防范。则人民存款，仍未必能为正当工矿事业所用。故学人有主张国家银行应以高利争取人民存款，俾用于抗战最要之途者。诚使民间游资大都已由国家银行吸收，商

人无可投机，物价乃可渐稳，而利率亦可复平。此项主张，拟并同原意见，抄交国家总动员会议核议。

以上所拟，是否有当，敬请批示。

此签暂存本组备用参考。〔陈〕方。七月三日。

〔《物价管制（八）》（1943 年 6 月 5 日至 1945 年 1 月 16 日）：1100.10/2721.01 – 08/53/001110010A020〕

蒋中正为翁文灏条陈稳定物价根本办法致国家总动员委员会代电
（1944 年 7 月 4 日）

国家总动员会议张秘书长勋鉴：据翁部长咏霓条陈稳定物价根本办法五项前来，兹将原呈随文转发，即希研议具复为盼。中○。午支侍秘。附发原呈一件，办后仍缴。

〔《物价管制（八）》（1943 年 6 月 5 日至 1945 年 1 月 16 日）：1100.10/2721.01 – 08/53/001110010A020〕

六　战时新疆金融、财政与经济

蒋中正为新疆金融问题致孔祥熙代电
（1942 年 8 月 12 日）

孔副院长庸兄勋鉴：密。朱长官到迪化后，一切商谈颇洽。兹据函呈称：（一）库车油矿亟愿提前开采，以便运输。（二）金融问题极关重要，现新币值美金叁元贰角，与法币价值相差甚巨。至应如何防止他国破坏金融阴谋，以及交通发展后如何稳定新币，免因生活关系致酿鼓动人民之口实，请饬有关机关研究，并已与翁部长商谈及此等语。请兄于翁部长归时面约，询其详情，妥拟办法，以备核定为盼。中○。未文侍秘。

〔《币制改革（一）》（1937 年 5 月 28 日至 1946 年 8 月 12 日）：0841/9822.01 – 01/138/001084100A004〕

陈琮①呈稳定新归服省区（新疆西藏）之经济方案
（1942 年 8 月 13 日）

一、□□

查自抗战以来，新、西两省区因地处边陲，与中央隔绝，且保持其独立之经济单位，故未受本国通货膨胀与物价高涨之影响。现该两省区均已翻然归诚，拥护中央。当此之时，设我中央对其经济不事先设法稳定，则其归诚之日，即为其遭受不良影响之时。此在国家为一种损失，而在该两省区人民，亦难免不发生失望心理。处此非常时期，倘能设法保持一部分元气，即应尽量保持。故我中央对该两省区归诚之后，应积极策划稳定其经济之办法，一以为国家储备一部分之财力，一以坚定其人民对中央之信心。

二、办法

（一）划为经济特区

为使新归服省区不受本国货币贬值与物价高涨之不良影响，则将其划为经济特区，仍保持其独立之经济单位，以资隔间，而免波及。

（二）规定货币比值

本国与新归服省区之经济来往，自属频繁，而货币为一切经济行为之媒介，故应规定两地货币之比值，以便利往来。

（三）管理汇兑

本国发行增加无已，币值日跌，则货币规定比值以后，新归服省区，仍难免不受损失。故对归服省区之汇兑，应加严密管理。如此，则本国币值即令继续下跌，亦足以减少归服省区之损失。

（四）贸易管理

对归服省区之贸易，暂由国营，并应统一行政机构，以便严密管理。在进口方面，应着重输入国防用品、重工业器材与原料，及民生基本必需品。在出口方面，除因充分顾虑国防经济建设及民生基本需要，对于若干有关之上项物资禁止或限制出口外，应输出大量工农产品，以备支付进口物资。此项管理，一方面可使本国经济安定，另一方面，亦

---

① 时任行政院经济会议秘书处秘书。

足以使归服省区之经济安定。

（五）利用关税政策

此项政策，应与贸易管理相配合。凡属国防民生之必需品，应减轻税率，奢侈品则加重税率。行之适当，固可保护本国工商业，亦可维持归服省区之工商业。

（六）订立以货易货办法

在此办法中，按照第四项管理贸易之原则，规定交换之种类，及以若干量换取若干量。如此，则无论本国币值如何下跌，归服省区亦不致蒙受若何不良之影响。

（七）订立清算办法

贸易往来，彼此不付现款，均指定银行记帐，到相当时期清算一次。惟照规定比价计算，如本国币值继续下落，则归服省区仍不免不受损失，故应以第三国较稳定之货币（如美元是）为计算之标准。由归服省区输入之货物，折合美金若干；由本国输至归服省区之货物，亦折值美金若干，均由指定银行记帐清算。如此，则归服省区对于本国币值跌落，亦无损失之虑矣。

（八）实行私清算办法

每一出口商，必须在其境内觅一适当进口商。出口商不必从对方省区收款，进口商亦不必向对方省区付款。进口商与出口商彼此自为方便，而实行私清算办法。如此，则彼此支付不越省境，归服省区自不致蒙受本国货币贬值之影响。

〔《币制改革（一）》（1937 年 5 月 28 日至 1946 年 8 月 12 日）：0841/9822.01 - 01/138/001084100A004〕

翁文灏呈新疆督办盛世才对于币制与垫款问题之意见
（1942 年 8 月 13 日）

查新疆省盛督办兼主席迭与朱司令长官及文灏面为商洽以后该省将成为中外运输之孔道，加以建设贸易等事，中央在新疆开支渐多，而事实上该省通用新疆商业银行纸币，不用中中交农四行之国币。盛督办面

671

言：从前新疆币制复乱，现已整齐划一。外汇价格每新币三元二角合美金一元。省方历年收购生金作准备，经营至此，颇为不易。甚望中央俯念币制关系民生至为重大，妥筹善法，以为维持等因。至具体兑换办法，盛督办仍请中央筹定，省方并无成见。但新省财政厅彭厅长①拟具办法折呈盛督办，盛督办抄送一份作为参考，仍请中央妥筹察核。除另呈孔副院长外，兹特抄附彭厅长折呈一份，呈请鉴核。谨呈

委员长蒋

职 翁文灏（印）

三十一年八月十三日

附　　　　　　　　　　彭厅长折呈

督办钧鉴：

近闻中央政府开始以大批汽车经常通过本省运输物资，所有招待及一切费用，虽由本省垫付，日后中央如数归还。但以法币与新币价格悬殊，同时本省用品大部分系以美金及土特产由苏新贸易公司购买或交换而来。新币每三元二角即合美金一元，而新币与法币实际又复为一与六之比，如悉数以法币归还，则本省财政将恐难于维持。伏以本省处于抗战后方，且为西北交通要道，设如本省财政一旦无法维持，则于整个抗战前途亦多影响。

中央在此抗建期间，支用浩繁，财政虽然困难，但总较地方为裕。应请钧座转请中央顾及本省困难情形，俯予扶持，以示体恤。谨将关于上项垫款归还办法拟具意见如次：

（一）中央按百分之五十付给美金（新币每三元二角折合美金一元）。

（二）新疆茶、糖、布匹及杂货等，均感缺乏，请按百分之三十付给以上各货。

（三）下余百分之廿，请按一比六折率付给法币。

（四）中央如因运输不便，对于上列百分之三十货物难以购运来

———————————

① 彭吉元。

新，即按新法币折率，改付法币亦可。

以上所拟办法，是否有当，敬祈核夺，不胜待命之至。并请

钧安

职 彭吉元谨呈

七月二十九日

拟办：谨按：关于新疆币制问题之处理，就表面观察，盛世才此项要求诚不合理。但从切实掌握新疆及悦服新疆民心，使其效力抗战、永保边围起见，实不能不本远大眼光，特谋从权之应付。贺主任①与职对此曾详加研究，深觉新疆民族复杂，在宗教信仰上，则向与土耳其相接近，在政治地理关系上，则久为苏联所操纵。今当新疆当局输诚内向之际，如中央对新省现行币制不予维持，而坚主彻底推行法币，则结果必使新疆物价立即提高，人民生活立感严重压迫，则必引起新省人民对中央发生甚大之怨望，而授苏联及奸党煽惑之机会。此实极堪注意之点，故职等认为处理此事，必本两种原则进行：

（一）对盛世才此项要求，不妨尽量容纳，以保持新疆物价之安定，则中央将来在新事业推进之后，亦克因物价安定而节省开支。

（二）中央此时应一方容纳盛氏要求，一方即确定步骤，进谋对新疆金融、财政之掌握。例如新币对美金之换算汇兑，应使其改归中央银行办理，其新疆省银行并应由财政部设置监管官。此项办法，就盛氏目前对中央之希求而论，当不难顺利完成，且亦为情理所应有。迨将来中央与新省金融、财政关系更增繁复时，则更可由中央设置新省财政监理处，或径派财政厅长，统一其财政。照此方针进行，则无论今日对新拨给若干美金，而结果仍在中央统制范围之内，不惟无损，而反有利。

以上两项，似为目前处理新省币制最重要之关键，故中央对于新省要求，只求上陈第二项办法能有途径可通，则一切均可大度容许，不必再作斤斤计较。此即钧座二十四年毅力主持整理四川金融、财政之成规，今日即可适用于新疆，而所关尤为重大。此事似应由钧座特嘱孔副

---

① 贺耀组，时任军事委员会办公厅主任。

院长深切注意，俾与翁部长商谈时克以把定方针，迅速达成大计。谨陈管见，藉供参考。谨呈

委员长

职 陈布雷（印）呈

三十一年八月（中旬）

批示：照此所拟意见及办法与彭厅长折呈电孔副院长核办，并盼核拟办法速复。中正

〔《币制改革（一）》（1937 年 5 月 28 日至 1946 年 8 月 12 日）：0841/9822.01 – 01/138/001084100A004〕

朱绍良呈请拨新疆省政府美金十万元或同价值茶砖以备领拨便利
（1942 年 8 月 24 日）

窃查新疆币值与法币相差六倍，为求领拨便利起见，拟请以美金拾万元或同价值之茶砖拨交新省府，备作中央派新工作人员兑换开支之需。嗣后，凡在新工作人员用款，概由中央电新拨发新币，不准以法币径向新省府兑换，以保威信。当否，谨请钧裁。谨呈

委员长蒋

职 朱绍良（印）呈

三十一年八月二十四日

拟办：职前与陈主任①所陈"处理新疆财政金融办法"于此有关，请参酌办理。

职 贺耀组（印）呈

三十一年八月廿四日

批示：电孔副院长在此二种办法择一种后速办，并由孔副院长直电知照盛督办可也。中正

〔《币制改革（一）》（1937 年 5 月 28 日至 1946 年 8 月 12 日）：0841/9822.01 – 01/138/001084100A004〕

---

① 陈布雷。

蒋中正为拨新疆省政府美金十万元或同价值茶砖事致孔祥熙代电

（1942 年 8 月 29 日）

孔副院长庸兄勋鉴：据朱司令长官绍良呈称：窃查新疆币值与法币相差六倍，为求领拨便利起见，拟请以美金拾万元或同价值之茶砖拨交新省府，备作中央派新工作人员兑换开支之需。嗣后，凡在新工作人员用款，概由中央电新拨发新币，不准以法币径向新省府兑换，以保威信。当否，谨请钧裁等语。查所请各节当属可行。希即就拨付美金或茶砖二种办法中择定一种后速办，并由兄径电盛督办知照可也。中〇手启。未艳侍秘。

〔《币制改革（一）》（1937 年 5 月 28 日至 1946 年 8 月 12 日）：0841/9822.01 – 01/138/001084100A004〕

蒋中正为新疆币制问题致孔祥熙代电

（1942 年 8 月 30 日）

孔副院长庸兄勋鉴：前据翁部长文灏签呈，称新疆盛督办迭与朱司令长官及文灏面商。盛督办谓从前新疆币制复杂，现已整齐划一，外汇价格每新币三元二角合美金一元。省方历年收购生金作准备，经营至此，颇为不易。甚望中央俯念币制关系民生至为重大，妥筹善法维持。至具体兑换办法，盛督办仍请中央筹定，省方并无成见。但新省财政厅长彭吉元拟具办法折呈盛督办，盛督办抄送一份作为参考，仍请中央筹核。特附抄彭厅长折呈一份，呈请鉴核等语。查处理新疆币制问题，就表面观察，盛督办此项要求，自欠妥实。但从切实掌握新疆及悦服新疆民心，使其效力抗战、永保边围起见，实不能不本远大眼光，特谋从权之应付。尤以新疆民族复杂，在宗教信仰上则向与土耳其相接近，在政治地理关系上，则久为外力所操纵。今当新疆当局倾诚内向之际，如中央对新省现行币制不予维持，而立即彻底推行法币，则结果必使新疆物价立即提高，人民生活立感严重压迫，则必引起新省人民对中央发生甚大之怨望，而授外人及奸伪煽惑之机会。此实极堪注意之点。故处理此事，查必本下列两种原则进行：（一）对盛督办此项要求，不妨尽量容纳，以保持新疆物价之安定，则中央将来在新事业推进之后，亦克因物价安定而节省开支。（二）中央此时应一方容纳盛之要求，一方即确定步骤，进谋对新疆金融、财政之掌握。例如新币对美金之换算汇兑，应使其改归中央银行办理，其新疆省银行并应由财政部设置监管官。此项办法，就目前新疆之实际局势而论，当不难顺利完成。迨将来中央与新省金融、财政关系更增繁复时，则更可由中央设置新省财政监理处，或径派财政厅长，统一其财政。照此方针进行，则无论今日对新拨给若干美金，而结果仍在中央统制范围之内，不惟无损，而反有利。特抄附彭厅长折呈一份，希即切实核办，并盼核拟办法速复为要。中〇手启。未陷侍秘。附抄彭厅长折呈一件。

〔《币制改革（一）》（1937 年 5 月 28 日至 1946 年 8 月 12 日）：0841/9822.01－01/138/001084100A004〕

财政部电呈拟订解决新疆省币制办法四项
（1942 年 9 月 24 日）

军事委员会蒋委员长钧鉴：密。前奉钧座八月侍秘字第一三五六一号未文代电，以据朱长官函呈：自到迪化后，一切商谈颇洽，惟关于库车油矿之开采及新省金融问题二项，应饬有关机关研究等情。电饬妥拟办法，以备核定等因。当经由部就开采库车油矿一节，函准经济部九月四日咨复，业已令饬资源委员会妥速筹划拟具办法呈核。至解决新省金融问题一节，并先后运输统制局八月未微代电、孔副院长交下翁部长文灏签呈暨行政院秘书处机字第一六二零号及第一六二一号笺函各一件到部。当以兹事体大，牵涉又广，经即由部邀集有关机关代表作初步商讨。复经本部详加研究，认为新省币现行对美汇率，新省府虽称为美金一元合新省币三元二角，实际上此项汇率仅系新省府与苏联在贸易上之记帐标准，并无直接关系。至新省府彭财政厅长所拟法币六元合新省币一元之要求，于法币体制亦有未合。惟抗战以来，新省物价尚称稳定，且新省各族杂处，稳定物价，安定民生，所关边防甚巨。拟订解决新省币制问题办法时，自应遵照钧座文、陷两电之指示，予以顾及，庶新省人民对于中央无所怨望，而外人、奸伪亦无可乘之机。经遵照钧座迭次指示要点，及参酌目前新省所处环境暨翁部长文灏签呈所陈各节，本一面维持新省币现有之地位，一面逐渐推行法币二原则，拟订解决新省币制问题办法四项如下：一、中央银行即往新省设行，发行关金券，与新省币同时流通，并暂定关金券三十分折合新省币一元。凡腹地各省与新省之汇兑及新省境内公私收付以及一切交易以关金券收付者，均照上项定率办理。二、新省府如有正当用途，需要外汇，可以关金券申请中央银行（按关金一元折合美金一元之汇率）供给外汇。三、由本部贸易委员会食糖专卖局供给新省以茶、糖等日用品。四、过渡期间，新省商业银行所发省币，暂仍照常流通，必要时再依照统一发行办法办理，但即照章派遣驻行监理员实行监理。出函复行政院秘书处转陈鉴核外，谨电陈鉴核示遵。财政部叩。渝钱币 2150/9.24. 印。

拟办：拟准照办。陈布雷（印）呈。卅一年九月廿七日。

批示：如拟。并将此办法由财部电商盛督办后再实施。中正。

〔《币制改革（一）》（1937 年 5 月 28 日至 1946 年 8 月 12 日）：0841/9822.01－01/138/001084100A004〕

财政部电呈拟将解决新疆省币制办法第一项酌改为
关金券二十五分折合新省币一元
（1942 年 10 月 14 日）

军事委员会蒋委员长钧鉴：密。酉冬侍秘字第一四〇〇〇号代电敬悉。查本部所拟解决新省币制问题办法四项，兹复由部详加研究。为节省中央在新支出起见，拟将原办法第一项关于关金券三十分折合新省币一元之规定，酌改为关金券二十五分折合新省币一元。此项比率衡与盛督办原请相差无多。除抄同酌改后之解决办法四项，分别电达盛督办世才征求同意、朱司令长官绍良转为洽商，俟复到再为办理，并电陈钧鉴外，谨先电复鉴察。财政部叩。渝钱币 2309/10.14. 印。

〔《币制改革（一）》（1937 年 5 月 28 日至 1946 年 8 月 12 日）：0841/9822.01－01/138/001084100A004〕

孔祥熙呈解决新疆省币制办法盛世才完全同意
（1942 年 10 月 23 日）

介兄委员长钧鉴：

关于解决新省币制问题四项办法，前经奉钧酉冬代电照准，并嘱由部先电商盛督办，再行实施。正遵办间，适朱长官绍良来渝，谈及新币比价问题，省方原提希望可以洽商。经研讨，改定新币每元合关金廿五分，较为合宜。比即依照电盛督办商洽，并代电陈报钧察。兹接盛督办酉巧电复，对部拟办法完全同意，请部公布施行。谨将来电录奉尊察。敬颂

钧绥

弟 祥熙

十月廿三日

附　　　　　　　盛世才来电一件

孔部长庸之兄勋鉴：渝钱币 1870/10.14. 电敬悉。密。前承贵部渝钱币电示解决新省流通货币暂行办法四项，弟处对于各项办法完全同意。除另电朱长官一民兄，电复大部请予公布施行外，特电奉复。弟盛世才。酉巧秘印。

〔《币制改革（一）》（1937 年 5 月 28 日至 1946 年 8 月 12 日）：0841/9822.01－01/138/001084100A004〕

盛世才电呈感激公布新疆省流通货币暂行办法
（1942 年 10 月 30 日）

渝。

委员长蒋钧鉴：密。倾接财政部渝钱币 10.29. 电，公布新省流通货币暂行办法四条。奉读之余，无任欢欣。承蒙钧座对稳定边省金融备极关垂，于安定人民生活，发展国防经济，裨益抗建至深且巨。仰见钧座体念周至，感激莫名。职唯有率导全疆军民，为巩固抗战后方，争取抗建大业胜利完成而加倍努力，藉以图报于万一也。谨电叩谢，恭候钧安。职盛世才叩。酉卅秘印。

〔《币制改革（一）》（1937 年 5 月 28 日至 1946 年 8 月 12 日）：
0841/9822.01 - 01/138/001084100A004〕

朱绍良吴忠信①电请救济新疆省粮食交通财政经济等以挽危机
（1944 年 12 月 15 日）

重庆。

委员长蒋：0513 密。查新疆地广民贫，历史上向赖关内支援，且以其人口稀少，物资缺乏，而运输又极困难，其本身力量实不足以解决本身问题也。加以此次伊犁匪乱之影响，目前情况，尤感艰窘。北疆军民食粮恐难维持至明年三月，南疆食粮亦仅可以自给。若不未雨绸缪，则明年春季，经济上势将益更危险。且届时正哈匪活动时期，治安上亦至可虑。为图挽救计，职等除就本省力之所能，积极支持，并请钧座在原则上以国家力量经营新疆外，兹更紧急请求数事如下：（一）哈密区之军粮，拟请饬由甘肃省完全担负，兰州至迪化之交通，拟请饬由交通部西北公路局负责维持，并令中航公司恢复飞新班机。（二）新疆省币发行膨大，信用低落，物价日见上涨，拟请分饬主管机关，速运大量法币及糖、茶、布匹等日用必需品来新，以资调剂，而维持人民对政府信心。（三）财政厅长彭吉元求去至切，请速遴派识验品德具备之人员来新接替，俾资襄助。钧座日理万机，本不敢多所烦扰，奈新疆孤悬西北，形危力殚，而职等正负新疆军民之责，故不得不有以上之请求。是否有当，理合电请鉴核。职朱绍良、吴忠信叩。亥删麟印。

拟办：（一）哈密区军粮能否由甘省完全担负，运输有无问题，拟交粮食、后勤两部迅予核议。兰州至迪化间交通之维持，自有必要。拟交交通部切实筹办。（二）新疆省钞落价，地方财政困难，需要糖、茶、布匹一节，前据吴主席来电，已另签拟办法，呈请核定补助一定数额，以半数购办茶、糖、布匹运新，其余半数运送法币。俟新任财政厅

① 时任新疆省政府主席。

长到职后，即可以此整理新省币制，稳定当地物价。

职 陈布雷（印）呈

卅三年十二月十九日

批示：一、如拟。二、如拟。中正。

〔《物价管制（三）》（1944 年 12 月 18 日至 1947 年 2 月 21 日）：
1100. 10/2737. 01 – 03/59/001110010A026〕

蒋中正为救济新疆省财政经济等事宜致朱绍良吴忠信代电

（1944 年 12 月 23 日）

迪化。

朱司令长官、吴主席：亥删麟电悉。密。（一）关于甘〔新〕省财政、经济、金融之救济一节，前据亥鱼府秘电，业经核定办法，以亥哿侍秘电复在案。俟卢厅长①到职后，当可就中央补助之款项与物资以整理币制、稳定物价。（二）哈密区军粮能否由甘省完全负担，及运输有无问题，已交粮食、后勤两部，迅予核议。至兰迪交通之维持，已令交通部切实筹办矣。中○。亥漾侍秘。

〔《物价管制（三）》（1944 年 12 月 18 日至 1947 年 2 月 21 日）：
1100. 10/2737. 01 – 03/59/001110010A026〕

蒋中正为救济新疆省财政经济等事宜致徐堪俞飞鹏曾养甫代电

（1944 年 12 月 23 日）

粮食部徐部长、后方勤务部俞部长、交通部曾部长均鉴：据朱司令长官绍良、吴主席忠信亥删麟电称，新疆物资缺乏，而运输又极困难，加以此次伊犁匪乱之影响，目前情况尤感艰窘。北疆军民食粮恐难维持至明年三月，南疆食粮亦仅可自给。为图挽救危机计，拟请饬由甘肃省完全负担哈密区之军粮；兰州至迪化之交通，拟请饬由交通部西北公路局负责维持；并令中航公司恢复飞新班机等语。所请关于哈密区军粮一节，能否由甘省完

---

① 卢郁文，时任国家总动员会议物资处处长。

全负担？及运输有无问题？希即由粮食、后勤两部迅予核议具报。至兰迪交通之维持，自属必要，即希由交通部切实筹办为要。中〇。亥梗侍秘丙。

〔《物价管制（三）》（1944 年 12 月 18 日至 1947 年 2 月 21 日）：1100.10/2737.01 – 03/59/001110010A026〕

行政院呈报救济新疆省军粮及解决金融物价等办理情形
（1945 年 2 月 27）

委员长赐鉴：上年十二月五日，朱司令长官自迪化电，为迪化守备，目前非工事问题，实军多无隔宿之粮，厥为大患。财厅如不能从速解决金融、物价问题，恐将来必多贻误等语。经令饬财政、粮食两部暨国家总动员会议，各就主管事项，迅筹解决办法具报。兹据分别呈复前来：一、粮食部已函请新省吴主席先就该省原有粮源，妥筹济用，一面商请运输机关拨车，由甘拨粮运济，核尚妥适。二、财政部所拟整理新省金融意见，业由院电奉丑洽侍秘丙第二六五七二号代电，已转令财政部照办。三、国家总动员会议，前经代电新疆省政府，嘱其依照中央法令，成立物价管制委员会。兹复电该省政府将最近物价变动及管制物价工作暨推进情形，迅予电告，以凭办理，亦无不合。除电知朱司令长官，并分令财政、粮食两部暨国家总动员会议，仍将办理情形随时报查外，谨电请鉴核。行政院。感五印。

谨按：新疆军粮与金融物价之解救，均以交通工具缺乏为第一难关。例如核定运新之茶、糖、布，现尚停滞，无法运去，运济军粮亦然。故目前对川甘、甘新交通之汽车如不能迅筹相当补充，则对新省军粮、金融任何优良方案，均属缓不济急，甚感竟成空言，此点实堪焦虑。拟即饬令战时运输管理局切实规划，增拨对甘新车辆办法，以应急需。最好钧座在军事会报时面嘱俞兼局长樵峰速办，俾更注重。当否，请核。

陈布雷
二月二十八日

〔《物价管制（三）》（1944 年 12 月 18 日至 1947 年 2 月 21 日）：1100.10/2737.01 – 03/59/001110010A026〕

俞飞鹏呈报切实维持兰州迪化间交通办理情形
（1945 年 2 月 28 日）

军事委员会委员长蒋钧鉴：查接管卷内，奉钧座侍秘字亥梗代电，饬切实维持兰州、迪化间公路交通，并令中航公司恢复飞新班机等因。自应遵办。除恢复飞新班机，经电请交通部转饬遵办外，关于维持兰迪公路交通一节，经饬据西北公路管理局管字一二九号丑齐复电称："查迪渝联运车，前曾停止开一次，本年元月份已恢复开行。奉电前因，除饬属嗣后切实维持兰迪间交通外，谨复核备"等情。理合据情呈复，敬祈鉴核。战时运输管理局兼局长俞飞鹏叩。丑俭运业。

〔《物价管制（三）》（1944 年 12 月 18 日至 1947 年 2 月 21 日）：1100. 10/2737. 01－03/59/001110010A026〕

蒋中正为运往新疆省粮麦与物资应列为
第一优先位致翁文灏代电
（1945 年 3 月 9 日）

战时生产局翁局长勋鉴：查新省军粮不敷，金融、物价均待救济。其唯一有效办法，端赖内地运送粮麦及茶、糖、布等物资，前往接济。兹令运输管理局切实规划增拨车辆办法，并饬转令西北运输处，对运新粮麦与物资应列为第一优先位。特电知照。中○。寅佳侍秘。

〔《物价管制（三）》（1944 年 12 月 18 日至 1947 年 2 月 21 日）：1100. 10/2737. 01－03/59/001110010A026〕

蒋中正为速将军粮与物资运往新疆省致俞飞鹏代电
（1945 年 3 月 9 日）

战时运输管理局俞局长：运字第一二二七、一六八八两代电均悉。查运新物资为解救新省军粮与金融、物价之惟一要着。闻前经核定运新之军粮及茶、糖、布匹等，现尚停滞，无法运出，应即将川甘、甘新交通之汽车迅筹相当补充，以应需要。希即切实规划增拨甘新车辆办法，一面令西北运输处对新疆粮麦与物资运输应列为第一优先位，并由兄与该处长拟定计划呈报，并负责办理为要。中○。寅佳侍秘。

〔《物价管制（三）》（1944 年 12 月 18 日至 1947 年 2 月 21 日）：1100.10/2737.01－03/59/001110010A026〕

俞飞鹏呈运济新疆物资配运情形
（1945 年 3 月 20 日）

军事委员会委员长蒋钧鉴：侍秘字第二六七九九号寅佳代电奉悉。关于运济新疆省茶、糖、布一案，曾准行政管理秘书处及花纱布管制局暨新疆省政府驻渝办事处先后函电，请拨车输送。查目前美资军品及部队运输频繁，限期迫切，车辆深感不敷调配。该项物资，关系解救新省军粮与金融、物价之惟一要着，自应先将花纱布管制局自车运至双石铺布壹万匹，饬由西北公路管理局克日派车接运至猩猩峡。重庆起运布二万匹，遵照行政院召开会议决定，仍由花纱布局自车运至广元，由本局列入五月份物资配送计划，饬由西北局担任输送至猩。中国茶叶公司在渝托运之红茶二百吨，饬由四川公路管理局即日派车先运一百吨至广元，再由西北局在四月份承运物资配运数量内拨车递运至猩。其余重庆尚存红茶一百吨、成都茯茶六十吨、内江食糖五十吨，拟俟部队军品运输稍松，遵即继续配运。除分电外，理合电呈，敬祈鉴核备案为祷。战时运输管理局兼局长俞飞鹏叩。寅哿运调印。

〔《物价管制（三）》（1944 年 12 月 18 日至 1947 年 2 月 21 日）：1100.10/2737.01－03/59/001110010A026〕

张厉生陈诚翁文灏俞鸿钧俞飞鹏呈报新疆物资运输情形
（1945 年 3 月 31 日）

（案由）报告新疆物资运输情形由。

关于新疆物资运输一案，遵谕于本日下午会商解决办法。谨将结果简报如次：

（一）车辆情形

（甲）新疆现有卡车四四○辆，其中可能行使者约二○○辆（军车在内）。另由西北公路局开往迪化、焉耆间协运之卡车一三〇辆，其中能行驶者，现仅五〇辆。故公、商车总数不过二五〇辆。

（乙）现以兰州为中心，共有可能行使之公、商车约二八〇辆担任军运。拟即由兰州调集军、公、商车一〇〇至一四〇辆，开往新疆协运。其余仍留在哈密、兰州、双石铺之间维持军运。

以上两项，在新疆行驶之卡车可共达三五〇至三九〇辆。

（二）待运数量

（甲）由四川待运新疆之茶、糖、布共计四六〇吨。拟（1）四月份由重庆运茶一〇〇吨，由内江运糖五〇吨。（2）五月份由广元运布一〇〇吨，由成都运茶六〇吨。（3）六月份由重庆运茶一〇〇吨，由双石铺运布五〇吨。均至猩猩峡，再由新疆派车接运。

上项运输程序系职等商定，拟俟职飞鹏至哈密时，与朱长官再行洽商，确定其先后多少之分配。

（乙）陕、甘两省待运军品及补充兵约三，七〇〇吨，拟俟职飞鹏抵迪后，与当地军事长官商定运输程序，切实执行。

（三）周转金

拟请一次发给周转金五千万元，交后方勤务总司令部转交何局长竞武[1]，俾利赶运，并饬何局长造具预算报核。

是否有当，敬乞钧核。谨呈

委员长蒋

职 张厉生（印）

陈诚（印）

翁文灏（印）

俞鸿钧（印）

俞飞鹏（印）谨呈

三十四年三月三十一日

拟办：（一）所拟运输办法拟准照办。

---

① 时任西北公路运输局局长。

（二）请拨一次周转金五千万元一节，拟电行政院照拨。

陈布雷

四月三日

〔《物价管制（三）》（1944 年 12 月 18 日至 1947 年 2 月 21 日）：
1100. 10/2737. 01 − 03/59/001110010A026〕

蒋中正为新疆物资运输周转金五千万元应准照发致宋子文等代电
（1945 年 4 月 7 日）

行政院宋代院长、张秘书长均鉴：关于新疆物资运输一案，经有关各部会商决定办法，拟请一次发给周转金五千万元，交后方勤务总司令部转交何局长竞武，俾利赶运，并饬何局长造具预算报核等语。查该款应准照发，希即由院先予拨发，再行补办预算报核可也。中○。卯虞侍秘。

〔《物价管制（三）》（1944 年 12 月 18 日至 1947 年 2 月 21 日）：
1100. 10/2737. 01 − 03/59/001110010A026〕

蒋中正为照发新疆物资运输周转金五千万元
致张厉生陈诚翁文灏等代电
（1945 年 4 月 7 日）

行政院张秘书长并转军政部陈部长、战时生产局翁局长、财政部俞部长、战时运输管理局俞兼局长均鉴：三月卅一日第九二五号联名签呈悉。所拟新疆物资运输办法可准照办。所请拨发一次周转金办法五千万元一节，已交行政院照拨，即希由军政部转令后方勤务总司令部具领，迅予转汇，并饬造具预算报核为要。中○。卯阳侍秘。

〔《物价管制（三）》（1944 年 12 月 18 日至 1947 年 2 月 21 日）：
1100. 10/2737. 01 − 03/59/001110010A026〕

吴忠信呈新疆省财政金融经济现状及其对策
（1945 年 4 月 16 日）

兹将新省财政、金融、经济现状及其对策缕呈如下：

（一）经济。本省经济以农业及游牧为基础，矿产虽蕴藏甚丰，绝少开采。工商百业，一以交通不便，技术缺乏；一以过去十数年来，不惜民力，多方征取，实施严格统制，久已窒息。人民所赖以生活者，除粮食、肉类足以自给外，唯恃以其农产品及畜产品易取一切生活必需品。易取途径，复因本省与内地交通梗阻，及过去政治关系，全靠苏俄物资之输入。自三十一年后，苏俄对新省关系渐疏，其物资之输入亦随之锐减。比及去岁伊犁匪患发生，苏俄物资来源，遂告完全断绝。本省土产，因年来销路减少，亦即逐渐减产。凡百日用必需品极端缺乏，物价陡涨，人民生活遂陷于极端困窘之境。为今之计，首宜活泼商业，谋本省土产与内地物资之交流；次即扶植工业，求本省土产之加工制造，庶使人民生活得以复苏。而本省经济始可与内地坚结一体，逐渐减轻对外人之倚存；再进而谋农牧业之复兴暨矿产之开发，以奠定本省经济自立及协助国防经济建设之基础。

（二）金融。新省十数年来，人民经济主要以货易货，所需交易之筹码有限，新币之发行亦少，物价赖以稳定。自三十二年后，苏俄物资之输入顿减，各种物价继涨增高。迨伊犁匪患发生，物价遂成突飞猛涨之势。而农牧减产，税收无多，剿匪军兴，军需浩繁，政府所有开支，悉赖发行新币，以为挹注，遂形成通货膨胀与物价增高之恶性循环。计自二十八年起至三十二年止，新币发行额为一亿三千余万元。三十三年一年内，为十二亿二千余万元。自本年一月份起至三月底止，虽经百般紧缩，已达六亿九千万元。现时物价已为全国之冠，而此种趋势，方兴未艾。据约计，本年度在省内支出之款项，省预算须请中央补助者，至少需新币二十亿元；购粮及粮食运费至少十亿元；原驻省军队概算约十亿元；保安团队概算约三亿元；军需署迪化办事处概算约十余亿元；中央入新部队概算尚未计入，共计至少约需新币六十亿元，折合法币三百亿元。若纯赖发行以为挹注，则物价前途实不堪设想（新币发行已呈准由中央银行接收，但其影响物价，固无分于发行主管机关）。而党政军所有预算，亦必难于控制。补救之道，惟有以大量物资，由内地源源运济，藉以增加物资供应，紧缩新币发行。

（三）财政。针对上述经济、金融状况，本省财政措施已见诸实行者，要有三端：一为畅通汇兑，以促进本省与内地及南疆与北疆物资之交流；二为豁免粮食营业牌照税、手工业牌照税等税捐，以便利工商业之发展；三为改组土产公司为贸易公司，并改变其统制政策，以谋商业之复苏暨农畜品之增产，并尽量抛售存货，以期吸收新币回笼，稳定物价。惟是重承人民经济凋敝之余，税源久已枯竭，适逢剿匪军事方兴之际，物价奇涨，开支浩繁。以言开源，主要税收仅为田赋及牧税两种。反因伊犁、阿山两区匪患，税源损失甚巨。田赋所征现品，即使征收足额，以供军粮及马料，尚属不足，且需另加采购，始得供应无缺。牧税所征马羊，以供军用。羊肉、副食及服装、马匹稍有余裕，亦属无多。以言节流，除中央及省非万不获已，希不增设机关外，当此剿匪军事紧要时期，抚绥流亡，宣抚百姓，在在需款，为数甚巨。省预算收不敷支，固早在钧座洞鉴之中。曾奉谕示由中央予以补助，仰见关垂边疆之至意。惟补助方式，如恃增发新币或输运法币，又适足以促进通货膨胀与物价高涨之恶性循环。有效方法，亦惟有以物资运新，始克有济。

综上以观，欲谋新省财政、金融、经济之稳定，长期对策固在扶植工商业之发展，而应急措施，一为节设机关，以期节省支出；一为军政所需费用，在内地换取大量物资，及时运新。其关键，则在于交通工具之充分配备及专一使用。拟恳钧座俯念新省经济与内地坚结一体，关系国家大计，赐拨运输卡车二百辆，专归省府由内地运输物资，以为调剂财政、金融之用。任何机关不得以任何理由名义截留使用，实为幸甚。是否有当，理合呈请鉴核。谨呈

委员长蒋

新疆省政府（印） 主席 吴忠信

拟办：查新疆物资运输办法，前经行政院张秘书长、军政部陈部长、经济部翁部长、财政部俞部长、交通部俞部长等会商拟定，呈奉核准照办，并发给一次周转金五千万元，交何局长竞武赶运在案。原办法所拟在新行驶车辆，共可达三五〇至三九〇辆之谱，所有待运物资分于四、五、六月订定运输程序，并已由俞部长樵峰赴新洽办。吴

主席所请拨车二百辆一节，似可不必另拨。拟以上项办理经过情形，电复知照。

陈布雷（印）

四月十九日

〔《物价管制（三）》（1944 年 12 月 18 日至 1947 年 2 月 21 日）：1100.10/2737.01－03/59/001110010A026〕

蒋中正为新疆省物资运输办法致吴忠信代电

（1945 年 4 月 20 日）

迪化。

吴主席：财字一二〇六号铣呈悉。△密。新省物资运输办法，业经有关各机关会商拟定，经予核准并发给一次周转金五千万元，交何局长竞武赶运。原办法所拟在新行驶车辆，共可达三五〇至三九〇辆之谱。所有待运物资，分于四、五、六月订定运输程序，并已由俞部长樵峰赴新洽办。所请拨车一节，应毋庸议。中〇。卯哿侍秘。

〔《物价管制（三）》（1944 年 12 月 18 日至 1947 年 2 月 21 日）：1100.10/2737.01－03/59/001110010A026〕

肆
战时政治、行政、科技、教育等

一 授勋及人事任免

行政院长蒋中正呈拟颁发翁文灏二等云麾勋章

（1937 年 3 月 30 日）

　　案准军事委员会廿六年三月卅日铨三字第七一一八号公函开："查本会资源委员会秘书长翁文灏对于国防效力甚巨，此次复随孔专使赴英，参加典礼，自应颁给勋章，以壮观瞻，兹拟颁发该员二等云麾勋章一座，即希查照转陈国民政府核定颁发为荷"等由。准此，除报告本院会议外，理合备文呈请

钧府鉴核，特令颁给。谨呈

国民政府

　　　　　　　行政院院长 蒋中正（国民政府行政院印）

　　　　　　　　　　中华民国廿六年三月卅日

〔《英王加冕特使勋赏案》（1937 年 3 月 25 日至 1940 年 4 月 4 日）：
02000/0351.11/4410/1131/001035111A008〕

国民政府文官处为翁文灏获颁勋章致参军处公函

（1937 年 3 月 31）

　　径启者：本年三月三十一日奉国民政府令开："翁文灏给予二等云

麾勋章。此令"等因。查该项勋章，现已制成，相应送请查收，依照前例办理见复为荷。此致

参军处

　　附送云麾勋章一座、证书一件、清单一纸。

　　〔《英王加冕特使勋赏案》（1937 年 3 月 25 日至 1940 年 4 月 4 日）：02000/0351. 11/4410/1131/001035111A008〕

国民政府任命翁文灏为经济部部长令

（1938 年 1 月 1 日）

中华民国廿七年一月一日命令公书第三号

特任翁文灏为经济部部长。此令。

中华民国国民政府

　　〔《经济部官员任免案》（1938 年 1 月 1 日至 1947 年 6 月 7 日）：02000/0321. 60/2130/559/001032160A001〕

孔祥熙张群翁文灏等为奉任命遵于一月四日

宣誓就职事呈国民政府

（1938 年 1 月 4 日）

国民政府钧鉴：密。案奉中央常务委员会第六十二次会议决议：兼行政院院长蒋中正同志辞职照准，选任孔祥熙同志为行政院院长，所遗行政院副院长一职选任张群同志继任等因。又奉钧府令开：特任陈立夫为教育部部长，张嘉璈为交通部部长，翁文灏为经济部部长各等因。奉此，遵于廿七年一月四日在汉口就职，择期补行宣誓，理合呈报备案。行政院院长孔祥熙、副院长张群、经济部部长翁文灏、教育部部长陈立夫、交通部部长张嘉璈叩。支印。

　　拟办：拟准备案。一月五日。

　　批示：如拟。林森（印）。一月五日。

　　〔《行政院正副院长任免案》（1937 年 5 月 31 日至 1938 年 5 月 18 日）：02000/0321. 10/2118/424/001032110A004〕

文官处为行政院正副院长等就职日期
事宜致孔祥熙等代电
（1938 年 1 月 5 日）

汉口四明银行。

行政院办事处分送孔院长、张副院长、教育部陈部长、交通部张部长、经济部翁部长勋鉴：支电呈报就职日期，业奉主席阅悉，并奉谕准予备案等因，特达查照。文官长魏〇①叩。（微）印。

〔《行政院正副院长任免案》（1937 年 5 月 31 日至 1938 年 5 月 18 日）：02000/0321.10/2118/424/001032110A004〕

翁文灏为经济部部长就职典礼事呈国民政府
（1938 年 5 月 23 日）

案据经济部二十七年五月二十三日川总字第四五三六号呈称："案准国民政府参军处典礼局二十七年五月二十日函略开：贵部翁部长在本府宣誓就职典礼时间，业奉核定于本月二十三日上午八时纪念周后举行，检附誓词，嘱查照等由到部。部长遵于是日在国民政府礼堂宣誓就职。按照宣誓条例第七条之规定，此项誓词应签名盖章呈送上级机关备案，业经敬谨依法签盖，理合备文呈送，仰祈鉴核备案"等情。据此，理合检同原附件，呈请鉴核备案。谨呈

国民政府

计检呈誓词一张。

翁文灏（印）呈

二十七年五月二十三日

〔《经济部官员任免案》（1938 年 1 月 1 日至 1947 年 6 月 7 日）：02000/0321.60/2130/559/001032160A001〕

---

① 魏怀。

国民政府指令

（1938 年 6 月 1 日）

令行政院：

二十七年六月一日渝字第四二七四号呈一件，为据经济部部长翁文灏呈报宣誓就职日期，检同誓词，转呈签核备案由。

呈悉。誓词存。此令。

中华民国国民政府

〔《经济部官员任免案》（1938 年 1 月 1 日至 1947 年 6 月 7 日）：02000/0321.60/2130/559/001032160A001〕

宋子文翁文灏呈报行政院正副院长就职日期事宜

（1945 年 6 月 16 日）

（事由）呈报就职日期由。

奉第六届中央执行委员会第一次全体会议决议，兼行政院院长蒋中正、副院长孔祥熙辞职，照准选任宋子文为行政院院长，翁文灏为行政院副院长等因，遵于三十四年六月二十五日宣誓就职。理合呈报备案。谨呈

国民政府

行政院院长 宋子文

副院长 翁文灏

（国民政府行政院印）

拟办：拟准备案。

〔《行政院正副院长任免案》（1937 年 5 月 31 日至 1938 年 5 月 18 日）：02000/0321.10/2118/424/001032110A004〕

翁文灏就职誓词

（1945 年 6 月 25 日）

文官誓词

余敬宣誓：余恪遵国父遗嘱，奉行三民主义，服从法令，忠心及努

692

力于余本职。余决不妄费一钱，妄用一人，并决不营私舞弊及授受贿赂。如违背誓言，愿受最严厉之处罚。此誓

宣誓者 翁文灏（印）

中华民国三十四年六月二十五日

〔《行政院正副院长任免案》（1937 年 5 月 31 日至 1938 年 5 月 18 日）：02000/0321.10/2118/424/001032110A004〕

宋子文翁文灏为就职行政院正副院长事宜致国民政府文官处代电
（1945 年 6 月 26 日）

国民政府文官处勋鉴：奉第六届中央执行委员会第一次全体会议决议，兼行政院院长蒋中正、副院长孔祥熙辞职，照准选任宋子文为行政院院长，翁文灏为行政院副院长等因，遵于三十四年六月二十五日宣誓就职，特电查照。行政院院长宋子文、副院长翁文灏叩。宥印。

拟办：拟存。

批示：如拟。

〔《行政院正副院长任免案》（1937 年 5 月 31 日至 1938 年 5 月 18 日）：02000/0321.10/2118/424/001032110A004〕

翁文灏呈辞行政院副院长职
（1947 年 3 月 1 日）

为呈请辞职事。查行政院院长宋呈请辞职，已奉照准。文灏忝副院务，因才智之简陋，苦贡献之无多，久切惭疚，自应引退，所有副院长一职，敬恳钧座准予辞卸，至深幸甚。谨呈

国民政府主席蒋

行政院副院长 翁文灏（印）谨呈

卅六年三月一日

拟办：奉电示，明日（三月二日）送呈主席官邸。

〔《行政院正副院长任免案》（1937 年 5 月 31 日至 1938 年 5 月 18 日）：02000/0321.10/2118/424/001032110A004〕

国民政府文官处致翁文灏函

（1947 年 3 月 5 日）

贵副院长三月二日呈请辞职一案，经奉主席谕"慰留"等因，相应函达查照。此致

翁副院长文灏

国民政府文官处（印）启

卅六年三月五日

〔《行政院正副院长任免案》（1937 年 5 月 31 日至 1938 年 5 月 18 日）：02000/0321.10/2118/424/001032110A004〕

二 官员谈话之管制

蒋中正为禁止发表有关军事国防消息致张嘉璈翁文灏等代电

（1941 年 5 月 6 日）

交通部张部长、经济部翁部长、中央宣传部王部长并转新闻检查局国际宣传处均鉴：凡各种交通建设及重工业建设之消息，其有关军事、国防及利用外资者，无论对内对外，非经亲自核准，不得发表。尤其关于滇缅公路与滇缅铁路各种消息，更应绝对禁止登载，并希严戒所属，切实遵照为要。中○手启。辰鱼侍秘川。

〔《官员谈话管制》（1941 年 5 月 3 日至 1948 年 1 月 26 日）：1410.03/3060.01－01/7/001141003A001〕

翁文灏呈复禁止发表有关军事国防消息代电

（1941 年 5 月 8 日）

委员长蒋钧鉴：奉五月六日侍密川字第七二七六号辰鱼代电，凡各种重工业建设之消息，其有关军事、国防及利用外资者，无论对内对外，非经亲自核准，不得发表，并应严戒所属，切实遵照等因。奉此，自应遵办。查资源委员会经办工、矿、电、重工业建

设，所有资委会整个或其附属厂矿之工作设施及计划等，向系严守秘密，并叠经令饬所属不得对外发表。其偶有见于报章或通讯社稿关于重工业建设之消息，亦多系得自传闻。奉令前因，除再分饬资委会各附属厂矿重申前令，并知照新闻检查所对于有关重工业建设之消息，随时注意检查外，理合备文呈复，伏乞鉴核。职翁文灏叩。齐资。

〔《官员谈话管制》（1941 年 5 月 3 日至 1948 年 1 月 26 日）：1410.03/3060.01 – 01/7/001141003A001〕

蒋中正不准王芃生①用特种情报所名义对外发文之手令
（1943 年 1 月 14 日）

王芃生同志：

不准用特种情报所名义对外发布刊物，以及其它文字为要。

中○
卅二年一月十四日

〔《官员谈话管制》（1941 年 5 月 3 日至 1948 年 1 月 26 日）：1410.03/3060.01 – 01/7/001141003A001〕

蒋中正不准用特种情报所印刊致杨宣诚②代电
（1943 年 1 月 15 日）

特种情报所杨兼所长勋鉴：查双周倭寇广播评论以特种情报所名义刊印，殊有未合。嗣后不准用该所名义对外发布刊物以及其它文字为要。中○。子删侍秦。附双周倭寇广播评论一册。

〔《官员谈话管制》（1941 年 5 月 3 日至 1948 年 1 月 26 日）：1410.03/3060.01 – 01/7/001141003A001〕

---

① 时任军事委员会国际问题研究所主任。
② 时任军事委员会外事局局长兼特种情报所所长。

三　行政改革与机构调整

翁文灏为各机关冗员情况及限制冗滥办法的签呈
（1941 年 12 月 10 日）

近时各机关工作效率有减无增，揆其原因，良由骈枝过多，冗员太众所致。自抗战军兴，在南京及武汉时期，调整机构以尽量紧缩为方针，删繁就简，不遗余力。自迁至重庆以后，则大致趋向于力求完备之中，间有叠床架屋之事。以致每一事件，动关数个机关，职责不明，决断不易，势不能不屡次会议，且因之意见庞杂，朝令暮更，方案既不能继续坚持，即效力亦不易彰明昭著。凡此纷纭颓废之风，实成今日通行之象。且在此远东大战时期，开支既须彻减，纸币又供给为难，如不裁无用之机关及冗员，而仅大减每一机关之预算，势必使无一机关能实行任务，徒致空言愈张，实绩愈少，动摇国本，良可寒心。明张居正疏陈大本急务六事：一曰省议论。凡事不贵无用之虚词，务求躬行之实效。二曰振纲纪。刑赏予夺，一归公道，而不曲徇乎私情；政务号令，一祈宸衷，而勿纷更于浮议。三曰重诏令。并请敕下有司，严立限期，责令奏报，违者查参。四曰核名实。慎重名器，爱惜爵赏。用人必考其终，授人务必其当。五曰固邦本。风俗侈靡，豪强兼并，偏累小民。应令内外诸司，悉心清理。六曰饬武备。尤注重于捐无用不急之费，以抚养战斗之士。凡此补偏救弊之言，用之现时，亦为深切著明之论，自当深为警惕，决议实行。其具体方法，愿就所见，分为二端陈之：

（一）请先言重复机关之应即裁并者。骈枝组织，如国防最高委员会有对敌经济封锁委员会，其职务应归并于经济部；行政院之农产促进委员会，其职务应纳于农林部；行政院之中央气象局，其职务可归并于中央研究院之气象研究所。此皆极易裁并者。又有方议增置而实无需要者。例如行政院原有先为审议送由院会核定之办法，不宜增设审查委员会；党政考核委员会责在考核大纲，不宜添设各机关之分级考核机构。

关于各地方之经济工作，中央及地方组织，皆已各有专司，各战区经济委员会皆甚感联系进行之不易。又有统一职权便于执行，而不宜多立机关，致增冗滥者。例如滇缅公路运输，有副主任办公室、监理委员会、中缅运输局、西南运输处等诸多组织，首长既同为一人，机关又何必纷立，徒增文书转移之繁，有失积极促进之旨。至如遇有旧设机关，职务分配需要调整，则宜修正规章，实行整理。但不可置旧者于不理，而另设重复机关。遇有机关长官才具不宜或与时不合者，则应酌核更换，另用妥员。重其权责，但不可姑息旧员，使其有位无权而另创组织，以致重床叠屋，职责难分。以上所言，皆为中央政府范围内所宜特为注意之点。择举数例，余可类推。应请指定国防最高委员会、行政院人员限期拟订办法，从速实行。更就中央与地方政府间之关系观之。从前，各省政府四厅、一处，受治于主席，亦秉承于中央，原已垂为定制。近时划分财政系统，统一各省收支，创树粮政规模，设立各省粮局，皆为事所必需，自当别论。但其它各部在中央虽各有所司，在地方并无需因事分立。乃实际风气，则新立各部皆欲在各省设立直辖组织，相率成风，使省政府主席颇感无事可为。而揆之实际，则各省距中央交通不易，情状各殊。凡百政务并非中央专管部会所尽能遥悉径办，徒以养成隔阂紊乱之情，增糜重复纷繁之款，良为可惜。谓：宜由行政院速就中央各部会及各省、各厅处之间，明定职掌，确切联系，庶以增加效率，安定人心。

（二）次请言人才之宜善为运用者。一国人才为数有限，训练栽植，亦颇费时。如果分配之方法以及专材之位置各适其宜，则人尽其才，亦即国受其益；如果援用数量大过实际，则良莠不齐，往往贤能被抑，即或用达所长，滥竽充数，亦必使良材坐失，信用颓丧。以目前任用职员情形言之。行政院直辖十部、四会、一署，每一院辖单位所用职员平均以三千人计，（连直属机关之职员得列在内）即共需四万五千人。此四万五千人，欲能人有所长，适于职位，已非甚易。而事实上中央职员殆共逾三十万人。其中一无所长、浮冒坐食者，何可胜数。如再不分贤愚，浮增名额，或复出重叠、滥设机关，则人员愈多，即品质愈杂；或浮言空议，以自鸣其才；或尸位素餐，而不治其事；甚且因私人权利关系，互相攻讦，淆乱观听。其贻害于行政效率者，实至深且巨。当此生活高涨之时，官吏月薪足以赡家，日益不易。如果用人不避冗滥，而待遇不为增加，则生活为难，因而舞弊者势必加多。物质之艰难，往往非文词所能抵制，告诫虽殷，亦难收效，自不免使政界风气，日见堕落。补救之法，惟有令由行政院及各部会署，严格限制员额，力避冒滥。其有员数过多者，定期裁减，并调整位置，量才任用，使政府款不虚靡，而官吏皆才有专长。宁使以所省之款，衡量实况，酌增俸给，使服务者不患饥寒，而得安心，为国效力。如此，则官无衣食之忧，而国得忠贞干练之士。

以上两端，原属卑无高论，而按之实况，则觉急不可缓。敢祈采纳施行，国家幸甚。谨呈

委员长蒋

职 翁文灏（印）谨呈

三十年十二月十日

批示：（一）如拟。

（二）此卅万人何所根据，应令详报确计为要。

此应令铨叙部及中央秘书处限一个月内切实查明详报。

中正

〔《中央与地方行政机构调整》（1941 年 12 月 10 日至 1942 年 1 月 15 日）：0420/5050.01 - 01/112/001042000A007〕

方策①呈试拟修正省政府组织系统表

（1941 年 12 月）

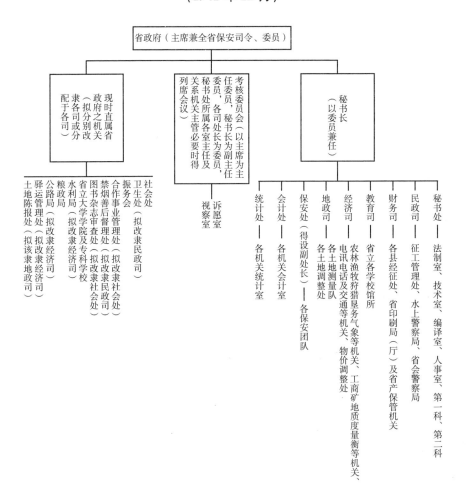

系统表说明：

一、军管区仍旧，未列入本表。

二、省政府委员兼任各行政督察专员。

三、秘书长以委员兼任，为省政府之幕僚长，下设秘书若干人，分掌事务。

---

①　时任河南省政府委员兼民政厅厅长。

四、各司、处各设司、处长一人，（简任）秘书一至二人，因事繁简，分科办事。

五、现制建设厅名称过于广泛，故改称经济司。

六、保安处长为军职，官阶仍旧，得设副处长。

七、省政府之会计、统计业务，由会计处、统计处直接办理，不另设室。

八、考核委员会以主席为主任委员，秘书长为副主任委员，各司、处长为委员，秘书处所属各室主任及关系机关主官，必要时得列席。

九、隶属省政府之各机关，系参照四川现有者列入，单位过多，应为调整改隶。如卫生处及禁烟机构，似应改隶民政司；合作事业管理处、图书杂志审查处似应改隶社会处；水利局、驿运管理处、公路局似应改隶经济司；公路局并应改称省道局；土地陈报处似应改隶地政司；至其它直属省政府各机关，其行政上之事务，仍依其性质，分配各司承办。

十、省附属机关各省组织名称均不一律，故仅概括列之。

〔《中央与地方行政机构调整》（1941 年 12 月 10 日至 1942 年 1 月 15 日）：0420/5050.01－01/112/001042000A007〕

蒋中正为中央职员人数事致翁文灏代电

（1942 年 1 月 4 日）

经济部翁部长勋鉴：三十年十二月十日签呈悉。所陈调整行政机构意见，多中肯要，良用嘉佩，已摘要转交国防最高委员会秘书厅，约集有关各机关主管要员核议整理，具复候核。函原呈所称中央职员共逾三十万人之数，系何所根据而得，有何证明？希再确报为要。中〇。子支侍秘。

〔《中央与地方行政机构调整》（1941 年 12 月 10 日至 1942 年 1 月 15 日）：0420/5050.01－01/112/001042000A007〕

蒋中正为中央职员人数事致吴铁城贾景德代电

（1942 年 1 月 4 日）

中央秘书处吴秘书长、铨叙部贾部长①均鉴：据报行政院所辖十部、四会、一署，每一单位及其直接附属机关所用职员平均约三千人，共达四万五千人，而事实上中央职员殆共逾三十万人。究竟目前中央党政各机关所用职员人数共计若干？希即分别切实查明，限一个月内统计详报，候核为盼。中〇。子支侍秘。

〔《中央与地方行政机构调整》（1941 年 12 月 10 日至 1942 年 1 月 15 日）：0420/5050.01 - 01/112/001042000A007〕

陈布雷转呈方策调整省政机构意见

（1942 年 1 月 4 日）

河南省民政厅长方策条陈调整省政机构意见：（一）省保安司令部及军管区司令部，两机关因权限不明，时起摩擦，似应合并为军事厅。（二）警卫关系地方治安甚大，应增设警务处，办理全省警政等语。前经列表呈奉钧座，批示"可，应改为军警厅"等因。奉此，谨按民国十七、八年间，各省政府下原设有军事厅，后经决定裁撤，实有重要理由。今若再设军警厅，是恢复旧制而又加扩大，此中有无顾虑之处，尚乞再赐察核。又查关于调整省政机构一案，前由顾②、张③、黄④、熊⑤、黄⑥五主席会商，拟就办法原则呈核在案（原案无军事厅）。该件尚未奉批下，此案奉同一律，似应并案办理。拟先将蒋前秘书长⑦所拟调整省政机构案及钧座批示要旨，转交行

① 贾景德，时任考试院铨叙部部长。
② 顾祝同，时任江苏省政府主席。
③ 张群，时任四川省政府主席。
④ 黄旭初，时任广西省政府主席。
⑤ 熊式辉，时任江西省政府主席。
⑥ 黄绍竑，时任浙江省政府主席。
⑦ 蒋廷黻，1941 年 7 月曾任代行政院秘书长。

政院陈秘书长公洽①，先行研究整理呈复，可否，谨请鉴核批示祗遵。

谨呈

委员长

职 陈布雷呈

卅一年一月四日

附　　　　　　　试拟修正省政府组织系统表

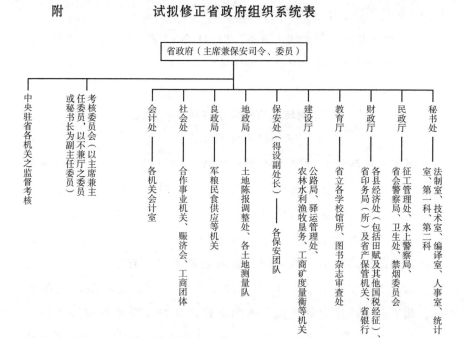

〔《中央与地方行政机构调整》（1941 年 12 月 10 日至 1942 年 1 月 15 日）：0420/5050.01－01/112/001042000A007〕

翁文灏电呈复中央职员人数根据及限制冗滥之办法
（1942 年 1 月 12 日）

委员长蒋钧鉴：奉子支侍秘代电内开：所陈调整行政机构意见，多

① 陈仪，字公洽。

中肯要，良用嘉佩，已摘要转交国防最高委员会秘书厅，约集有关各机关主管要员核议整理具复候核。至原呈所称中央职员共逾三十万人之数，系何所根据而得？希再确报为要等因。查前呈所举数目，系估计概数。按之实际，恐尚有过而无不及。仅就经济部所辖人员言之。在农林、水利未经划分以前，部辖水利机关职员约五千数百人；农林及农本局职员约三千数百人；各处工矿厂职员约九千人；商品检验及商标职员约一千人；管制及平价职员约一千人。本部用人向主紧缩，合并计算，当达二万人。财政、交通二部职员数目自必过此，交通部所辖路、航、邮电各项职员，估计总数当不下数万人。依此数例以推其余，前呈所提数字似未失之夸张。于此窃有愚见，愿更为陈述者，限制冗滥之法，可分二途：（一）为人数之限制。查各行政机关人员较多者，大抵于组织规程中对于各种员额混称若干人，而不定具体数目。以后对于正式职员，务须一律规定数额，不准逾越。又各机关以专员、编译等人员之待遇，并无法规之限制，故其薪俸、待遇往往特从丰厚，过于法定人员，实非公允。此宜正式规定每一机关此类额外职员俸给之总数，最多不得超过正式员俸总数之一定成份，并将专员等职之待遇，比照简荐俸额，规定通行标准，各机关一律实行。庶机关间可免靡款拉人，而各职员亦不至分心钻谋。至各机关之实行铨叙制度者，往往因铨叙资格过于狭窄，才具优长之士，辄因服务未久，即不能合格，而得去职或减俸之处分，阻遏人才，颇为可惜。其它机关长官，遂不能不以法外职衔，如专员等类为援用人员之地。此种现象，实为铨叙制度不易通行之一原因，自宜由铨叙机关考察事实，早为改正。（二）为工作之考核。各类机关任务不同，比较成绩必须妥订标准，庶昭公正。此为另一事，兹不具论。现欲陈明者，为提高行政效率起见，各机关处理公文之程序及速率，宜规定章程，按月检察。各机关现仅记载收发文之事由，而未有藉此稽核之办法。兹宜更加规定，指定专任人员，切实查明收而未发者若干件，迟延不办者若干件，各职员无事可办者若干人，办理错误者若干事。据实纪录，按月积存，每隔三个月或六个月汇总考核，作为一般职员黜陟赏罚之根据。此种考核，对于各机关及大多数职员（除高级文官应考核其主持及领导能力者外），皆易实行，善为使用，可破各机关因循颓废之风，免各职员尸位素餐之弊，而滥用冗员之陋习，亦因以有所袪避。是否有当，并以陈明，敬祈察核。职翁文灏叩。文。

拟办：送交国防最高委员会秘书厅并案办理，并复。

批示：暂存。待铨叙部及中央秘书处复到，再并拟办呈核。

〔《中央与地方行政机构调整》（1941 年 12 月 10 日至 1942 年 1 月 15 日）：0420/5050.01 - 01/112/001042000A007〕

四　西藏事务

翁文灏电呈中央改善西藏状态具体办法
（1942 年 9 月 22 日）

（事由）建议改善西藏状态办法三项，恳令蒙藏会筹议进行方式。

（甲）目前西藏状态之特殊：

1. 设立外交局。蒙藏会加以质问，彼方答不便撤销。

2. 交通部筹办藏印驿运，彼方不允军械通过藏地。

3. 闻藏境仍住有日本籍之喇嘛。万一日军侵入印度，西藏受敌利用亦意中事，故不可不早为设法纠正。现时英国对于印度之抑制，极盼吾国不表异议，对于西藏政事，英国不至更有阻碍，故拉萨已并无可恃之奥援。吾国此时改善西藏状态，实为难得机会。

（乙）具体办法：

一、西藏方面不应更认西谟拉草约为有效，而有金沙江为西藏界线之主张。

中华民国政府派陈贻范为代表，与英国及西藏代表□□于印度之西谟拉，拟定协议，分划外藏、内藏……（原件损毁，缺 20 余字）有效，乃拉萨政府犹主张金沙江以□□□□□□以致西康省政府职权不能行施于金沙江西，且遇有筑造公路之议，竟派兵阻拦，似宜由蒙藏委员会正式通告西藏政府：西谟拉条约并未成立，以后不宜援引；中央规定之行政区域范围，西藏不宜有所异议。同时并由外交部照会英大使馆查照。

二、西藏之外交应悉归中央主持，西藏当局不得立异。外交运用为国家主权之表示，现新疆外交已全统一，西藏岂能独异？如任其设局，而不加裁制，则彼方自动对外订约，中央无从知其内容，决非应有现象。光绪三十年西藏与英国私订条约；民二年蒙古、西藏订约，声明与中国分离，成为独立自主国家。前车之失，此时尤宜注意。似宜由蒙藏委员会明令西藏当局，撤销其外交局，由中央派员处理，并由外交部通告各友邦知照。

三、确定西藏教政制度。

西藏政教合一，地方行政不设省、县，此时仍可照办；但□□□□有监护办法。前清设有驻藏办事大臣□□□□法，但迄未有明文规定之制度。似宜……（原件损毁，缺20余字）呈请国府明令……（原件损毁，缺10余字）明文规定。

（子）西藏为中国领土，一切行动不得损失国权，破坏统一。

（丑）尊重西藏原有宗教首领及寺院治理其教内人民之权，使现有各领袖之地位，得有明文保障。

（寅）在藏不设省、县行政制度。

（卯）在拉萨设蒙藏委员会办事处，其处长为简任职，随时与西藏政教当局商洽要政。

（辰）西藏之外交及军事，应受中央之指挥及监督，但如无对外之需要，中央并不派遣大宗军队入藏。

（巳）为安定西藏人心计，可由行政院明令规定：西康省内邻近藏区，在东经九十六度以西，原拟设县之硕督、嘉黎、太昭等地，皆暂不设县，其地方管理，可参照西藏教政兼治办法；但所有首领，一律受西康省府之节制考核。遇有关系西藏事件，省府应与蒙藏委员会商洽办理。

所拟办法，拟恳令交蒙藏委员会权衡形势，妥为筹议，并将应有各项办法及进行方式，详切条拟，陈候核定，以期妥慎。当否，祈鉴核施行。职翁文灏呈。养资机代电。

拟办：关于西藏外交局案，最近行政院会议录报告事项，有蒙藏委员会报告藏方复电（大致与翁部长文内相同），院会并未议及如何应付。

翁部长此呈在理论上固属正办，惟对藏问题目前外交影响虽尚无严切顾虑，但若敌军进入印度，则恐有宣布独立之虞。故此时苟无实力准备，势难抑其夜郎自大之野心，究非一纸文告所能贯彻。拟先交何总长、陈秘书长公洽暨蒙藏委员会吴委员长①会商，并前交之案核议具复。

再对藏军事，想钧座已有筹划。惟有一点宜注意者，我将来驻印之三个师，必须先向史迪威预为声明，保留一个之直接指挥权，方可以应缓急之需，并以附陈。

批示：如拟。

〔《藏务》（1942 年 4 月 28 日至 1944 年 1 月 14 日）：0592/4417.01 - 01/549/001059200A016〕

蒋中正为改善西藏状态具体办法致何应钦等代电
（1942 年 10 月 2 日）

本会何总长、行政院陈秘书长、蒙藏委员会吴委员长均鉴：据翁部长文灏养资机代电，建议改善西藏状态具体办法三项，拟恳令交蒙藏委员会权衡形势，妥为筹议，并将应有各项办法及进行方式，详切条拟，陈候核定，以期妥慎，当否，祈鉴核施行等语。查西藏单独设置外交局，自与国家体制不合，前经行政院会议提出讨论有案。惟对藏问题目前外交影响确当无严切顾虑，但若万一敌军进入印度时，则恐有宣布独立之虞，实应预为筹划，以期控制。合亟抄附原代电，希即会商并前交之案核议具复。中○。酉冬侍秘。附抄代电一件。

〔《藏务》（1942 年 4 月 28 日至 1944 年 1 月 14 日）：0592/4417.01 - 01/549/001059200A016〕

---

① 吴忠信。

蒋中正为改善西藏状态具体办法致翁文灏代电
（1942 年 10 月 2 日）

经济部翁部长：养资机代电悉。所陈改善西藏状态具体办法三项，已交本会何总长、行政院陈秘书长、蒙藏委员会吴委员长会商核议矣。中〇。酉冬侍秘。

〔《藏务》（1942 年 4 月 28 日至 1944 年 1 月 14 日）：0592/4417.01 - 01/549/001059200A016〕

五　战时科技、教育、文化等相关事宜

（一）中央研究院第一届评议会第五次年会

翁文灏等呈中央研究院第一届评议会召开第五次年会公函
（1940 年 3 月 14 日）

（事由）本院第一届评议会第五次年会定于三月二十二日起在渝召开，请转陈主席驾临赐训由。

查本院第一届评议会定于三月二十二、二十三及二十四三日，在重庆召开第五次年会。除讨论各组提案外，本年适值第一届评议员任期届满，年会中当选第二届评议员。又本院蔡院长子民先生于本年三月五日出缺，遵照本会条例规定，本院院长出缺时，应由会推举候补人三人，呈请钧府遴任。亦将于本年会中推定候补人名单，以便呈请钧府遴任。是此次会议倍增重要，兹特恭请

主座于二十二日上午九时驾临赐训，俾有遵循。相应函达，即请

转陈鉴核。仍祈

见复为荷！

此致

国民政府文官处

第一届评议会秘书 翁文灏（印）

总干事 任鸿隽（印）

民国二十九年三月十四日

〔《中央研究院评议会年会》（1935 年 9 月 6 日至 1944 年 8 月 9 日）：0900.05/5050.01 −01/42/001090005A008〕

翁文灏呈请国民政府主席遴任中央研究院院长
（1940 年 3 月 26 日）

（事由）本院蔡院长于本年三月五日身故。本会遵照条例之规定，已于三月二十三日大会中选出候补人三人，理合呈请遴任由。

查本院蔡院长元培于本年三月五日身故。按照本会条例第五条关于本会职权之规定，第三项为"中央研究院院长辞职或出缺时，推举院长候补人三人，呈请国民政府遴任"。本会此次于三月二十二、二十三两日在重庆召开第五次年会，已遵照上项规定，于二十三日上午九时本会大会中，选出院长候补人三人。计翁文灏、朱家骅各得二十四票，胡适得二十票。理合具呈钧府，敬祈

鉴核，依法遴任。令示祗遵，实为公便。

　　谨呈
国民政府主席①

秘书 翁文灏（印）代行

二十九年三月廿六日

拟办：拟送请国防最高委员会核定。

批示：如拟。林森。三月二十七日。

〔《中央研究院评议会年会》（1935 年 9 月 6 日至 1944 年 8 月 9 日）：0900.05/5050.01 −01/42/001090005A008〕

（二）中国工程师年会

翁文灏呈中国工程师年会请颁训词
（1942 年 7 月 15 日）

窃查西北各省资源蕴藏极富，有待于普遍之开发。各项工程建设，

---

① 时任国民政府主席为林森。

亦需积极之推进。本会有见及此，订于本年八月一日在兰州与中国矿冶工程学会、中国化学工程学会、中国水利工程学会、中国电机工程学会、中国机械工程学会、中国土木工程学会、中国纺织学会联合举行年会。除检讨各项工程之进展心得外，并讨论开发西北之方策，以供政府之参考，以利建设之进行。所有本届联合年会之较大任务，约有数端，谨呈于左：

一、举行西北物产展览会。兰州为我国之中心，更为西北之重镇。在本会年会期间，拟请西北各省府各将该省出产运兰展览，以资互相观摩，而期改进。

二、邀约西北各省建设负责人员，共同讨论建设西北问题。西北地域辽阔，环境各殊，物产品类亦异，建设之途径，必须通盘筹划。已由本会电请各该省指派专人出席，共同讨论，以收互助之效，而促进建设之速成。

三、组织西北资源考察团。西北资源虽富，因先此无确实之调查，对其种类与分布，更无从稽实，故言开发，均感茫然。本会拟于此次仿以前本会"四川考察团"之组织，成立西北考察团，从事实地调查与考察，以期明了真相，草拟详实之报告，而供开发之参考。

四、计划改进甘肃之水利。甘肃面积广大，向苦地瘠民贫。近以国防重要，军队增多，粮食需要亦以加巨。惟水利不修，农业无法发展。实则该省地处黄河上游，复有祁连山雪水可资灌溉，苟能善为宣导，农利未尝无资，民生不难改善，国防亦可充实。故改进该省水利，实为目前急务。本会拟于会期内，与各水利专家作详尽之研究，于会后作周密之考察，详拟计划，作兴办之张本。

五、继续讨论国父实业计划。国父实业计划博大精深，明确翔实。本会自成立研究会以来，迄届一年，虽曰不无收获，究为少数人之意见。本届年会，除将其中一般规定继续讨论外，尤拟偏重有关西北建设部分。查西北开发，事繁任重，更非集思广益，实地考察所能藏事。此次出席会员，不少对西北建设具有实际经验之专家，聚精英于一堂，允宜各贡一得，提供实际之意见，以贡〔供〕政府之抉择。

综上所述，本会此次联合年会之使命，其重大性，实为前此所未有。国家当此危难之秋，政府所瞩望于本会者甚切。本会在政府领导之下，亦无时不思竭尽棉薄，以图报效于万一。

钧座对本会关怀綦切，期许甚殷，敢恳

惠临赐训，俾有遵循，无任拜感。

谨呈

总裁蒋

中国工程师学会会长 翁文灏（印）

卅一年七月十五日

〔《学术团体请颁训词》（1941 年 10 月 6 日至 1947 年 10 月 23 日）：0112.43/7721.01 – 02/341/001011243A022〕

蒋中正中国工程师学会第十一届年会训词（代电）
（1942 年 7 月 25 日）

兰州。

中国工程师学会翁会长暨会员诸君均鉴：抗战军兴以还，贵会迭在滇、川、黔三省省垣举行年会，所以检讨会务，推进学术，筹策国家与地方工业建设者，成就甚多。今当我国抗战进为世界反侵略战争一员之时，贵会举行第十一届年会于西北重要都市之兰州，同时复有七个工程学术团体举行联合年会，自更具有重大之意义。中正特有数言，愿以相勖。回溯五年以来，我工程界人员或则直接效力于前方与作战有关之工程任务，或则从事于后方之资源开发与交通运输及工业建设，慷慨奋发，艰苦不辞，亦既卓著成绩。兹者政府为适应战事需要，已正式颁布实施《国家总动员法》，期于集中全国之人力、物力，悉供战争之用，以充实我战斗之力量。然欲达成人力动员之目的，尤需我全国技术人员之一致动员与职业分子之一致效命。贵会以发展中国工程事业为职志，论其性质，实为一具有学术基础之全国性职业团体。在此实施国家总动员之时，诸君个人固各负有专业性之职责，而如何策动、鼓励、指导、联络全国工程师与一切技术人员之动员，以符合总动员法之要求，且进为其它职业团体树之风声者，在贵会尤应当仁不让，而负起重大之使命，此所切

710

望者一。贵会此次年会，闻将集中讨论开发西北之方策，既举行物产之展览，规划资源之考察，复计议水利之兴修，而约集西北各省建设负责人员共同讨论，尤足使理论与实际相印证。我国父手订实业计划，为国防、民生立宏远之规模，其开发生产与交通之着重点，实在于我民族宝库之西北。诸君亲临斯地，抚先民之伟绩，发思古之幽情，务当深切探讨，不厌求详，作成具体结论，以期付之实施，继往开来，宜求有裨于抗战，更有裨于战后之建设。此所切望者二。年来以政府提倡理工学科与各方需要工业人才之迫切，青年之志愿学习工业者日多，因而教师之充实与指导之合法，乃成为重要之问题。甚愿贵会会员之任工科教授者，以作育后起人才引为神圣之责任，而勿轻其所业。更盼启导青年学子远大之志趣，俾咸能艰贞朴实，力求精进，勿侥幸于速成，勿局视于小利。庶几真材辈出，建国前途乃有所赖。此所切望者三。最后更有一言为诸君告者：我工程学界既以大禹诞辰定为工程师节，应不仅以此纪念我国上古治水工程之伟大，尤当以大禹公而忘私、尽力国家事业之伟大精神，树立我国工程学界之最高典范。中正昔年致意诸君，曾谓"凡专精之技术与热烈之爱国情绪相配合，则任何艰难皆可突破，革命事业必能有成"。诚以近世国家之复兴与进步，皆赖工业家之尽瘁努力为先驱，如诸君者。实当如国父所言，出其智识能力以服千万人之务。当此侵略狂焰弥漫之日，正如洪水泛滥之时，济同胞之困溺，措国族于治平，更愿重申前言，为我工程学界诸君致其无限之期望者也。中正。午有侍秘。

〔《学术团体请颁训词》（1941 年 10 月 6 日至 1947 年 10 月 23 日）：0112.43/7721.01 – 02/341/001011243A022〕

（三）国防科学运动及工科人才教育培养

翁文灏陈立夫等呈发展国防科学运动及储备
工业科学人才初步方案
（1942 年 10 月 26 日）

（事由）遵拟发展国防科学运动及储备工业科学人才初步方案，祈鉴核。

奉申俭侍秘、西删侍秘两次手令，遵拟《发展国防科学运动及储备工业科学人才方案》，敬祈鉴核示遵。

翁文灏、陈立夫①、俞大维②呈

卅一年十月廿六日

发展国防科学运动及储备工业科学人才初步方案

（甲）发展国防科学运动

一、即速成立国防科学技术策进会，其主要任务如下：

（1）研究国防利器之制造。

（2）促成国防科学之进步。

（3）调查培植、罗致及分配国防工业技术人才。

（4）研究及促成国防工业实施方案。

（5）动员国防工业及有关机关之研究及实验设备，使达最有效之使用。

（6）联络国外科学技术研究机关，加强同盟国之国防科学技术合作。

二、由国防科学技术策进会、教育部、经济部、交通部、军政部、宣传部、青年团、童子军总会及其它科学学术团体每年大规模举办下列科学运动各一次：

（1）国防科学展览。如兵器、科学玩具、飞机模型、农矿产品、发明专利品，学生实习及作品等展览。

（2）国防科学表演。如滑翔机、跳伞、国民体育等表演，海、陆、空军演习，防空、防毒演习，童子军检阅等。

（3）国防科学演讲。如座谈会、演讲会、科学演讲竞赛会、广播演讲、科学电影等。

---

① 时任教育部部长。
② 时任兵工署署长。

（4）国防科学实验。如理化实验、国防工业实验、天文气象观察、学校劳作演习等。

（5）国防科学通俗及专门刊物等。

三、国防科学运动，并应以下列方式求其推广：

（1）各级社会教育机关，应以实施国防科学社会教育为其中心工作。

（2）社会活动机关，应尽量利用各种集会及演讲刊物等，推行国防科学运动。

（3）青年训练机关，应尽量灌输青年国防科学知识，并供给其实习机会。

（4）各级学校应尽量注重科学技术知识之培养及科学价值之养成。

（5）与国防科学有关之各种体育活动，如跳伞、滑翔、游泳、驾驶及军训演习等，应尽量鼓励青年参加。

（6）于国防科学有关之旅行考察等，应多予以协助，促其组织成立，并设法鼓励青年参加。

（7）各种刊物应提倡国防科学运动；科学画报及各种丛书亦应大量编印；生产情形应拍制电影，以广宣传；统计图表并应编印，寄至国外，以引起盟国科学技术合作。

（乙）推广国防工业及科学技术研究

全国已经设置关于工业及理化各科之研究机关，计有三十三处。以战时设备困难，研究工作难以充分开展。今后似应实施下列各项计划，俾以落实与发展：

一、各部会所设国防科学研究机关之经常费，至少应各增一倍，并筹拨巨款，专为扩充各研究机关设备之用。由科学技术策进会酌予分配，并负考成之责。

二、各国防科学研究机关之工作应密切联系，其计划应由科学技术策进会召开会议商定之。

三、国防科学研究之原则，应一面注意基本之研究，一面注意战时之应用。

四、各国防科学研究机关所需之图书、仪器、机械及其它器材，应由政府统筹购运，利用英美借款，尽先购置。国内已有之图书、仪器，必要时得有政府征调，以求集中。

五、有关国防技术之研究人员，应尽量罗致。其学验较次者，加以训练或派至国外予以深造，以备战后建设之用。

六、各项专门技术，得指定或调聘现职大学教授或专门人员从事研究工作。

七、研究人员之待遇，应特别提高，实施年功加俸制，俾得安心为国服务。

八、沦陷区之科学技术研究人才应设法招致，优予位置，免资敌伪利用。

九、私人有特别发明者，应由政府予以优奖及殊荣，其研究工作由政府酌予补助，促其完成。

十、政府机关对于科学技术之专门问题，得发交或委托国防科学研究机关或学术团体加以研究。经研究建议之各种技术改进事项，应立即遵照改进。

十一、国防科学研究机关应与盟国科学技术机关联系，以促进合作。

（丙）储备工业及科学人才

（甲）调查登记现有专才，择优予以任用。属于一般调查者，资委会已调查理工科人才达一万八千人。中央发教合作委员会已调查专门人员七千七百四十五人，其中属于理工人才约二千人。经济部技师登记有土木、建筑、电气、机械等十三科技师一千七百三十一人，技副三百二十八人。又工矿调整处亦登记专才约二千人，介绍就职者七百人。

现在所有各种工业之设计，均经选择富有经验之人员参与筹划，并对于人才之需要特加注意。

（乙）训练新人才

（子）三十年来，专科以上学校毕业生仅十一万九千四百二十八人，其中理工人才仅得二万余人。留学生统计不满一万人，属于理工科者不过二千人。高级技术人才之造就，实有待于积极之扩展。二十九年起，电机、机械两科，采用两班制，每年增招学生一千名。四年之后，理工人才每年当可多增一千人。

（丑）中等工业人才，计高级工业职业学校毕业生共一万四千余人，初级一万七千余人。二十九年增设中等技术科，每年增招学生仅一千名，以与专科以上学校造就人才之比例相比较，未免有上重下轻、配合不灵之感，亟宜纠正者也。

（寅）技工训练，现有学生一千八百余人，如逐年扩充，益以各种短期训练班，或差可敷用。

基上所述，爰拟定今后训练新人才之计划如下：

（一）高级理工人才之训练

（1）依现在已设之理工科系，连同工程师训练所增加之电机、机械班次，十年之内，每年造就之人才，估计可达到左表之人数。

年度	估计之工科毕业生数	估计之理科毕业生数
第一年(卅一年)	二，二〇〇	九〇〇
第二年(卅二年)	二，四〇〇	九〇〇
第三年(卅三年)	三，六〇〇	一，〇〇〇
第四年(卅四年)	三，八〇〇	一，〇〇〇
第五年(卅五年)	四，〇〇〇	一，一〇〇
第六年(卅六年)	四，二〇〇	一，一〇〇
第七年(卅七年)	四，四〇〇	一，二〇〇
第八年(卅八年)	四，六〇〇	一，二〇〇
第九年(卅九年)	四，八〇〇	一，三〇〇
第十年(四十年)	五，〇〇〇	一，三〇〇
总计	三九，〇〇〇	一一，〇〇〇

（2）十年内，工科院系尚可逐年增设；理科院系为数已多，不宜多增。可将化学系依各校师资、设备，酌改为化学工程系。如工科平均每年增设三系，理科增设一系，第四年至第十年共可增加工业及科学人

才约六千人。

（3）留学政策宜继续实行。自第二年起，平均年派公费留学生一百名，期设两年，益以自费留学生，自第四年至第十年约可得人才四千人。

以上三项，十年之内，可得高级理工人才共六万人。

（二）中级工业技术人才之训练

（1）依现在已设之职业学校数，连同增加之中级技术科及短期训练班，十年之内，每年造就之人才，估计可达到左表之人数。

年度	初工职校	高工职校	中等技术科	短期训练班	合计
三十一年	一，三七〇	一，六一四		五二〇	三，五〇四
三十二年	一，六四四	一，九三七		五二〇	四，一〇一
三十三年	一，九七三	二，三二四	一，〇〇〇	五二〇	五，八一七
三十四年	二，三六八	二，七八九	一，〇〇〇	五二〇	六，六七七
三十五年	二，六四二	三，三四七	一，〇〇〇	五二〇	七，五〇九
三十六年	三，一七〇	四，〇一六	一，〇〇〇	五二〇	八，七〇六
三十七年	三，八〇〇	四，八一九	一，〇〇〇	五二〇	一〇，一三九
三十八年	四，四六〇*	五，七八三	一，〇〇〇	五二〇	一一，八六三
三十九年	五，四七三**	六，九四〇	一，〇〇〇	五二〇	一三，九三二
四十年	六，五六六	八，三二八	一，〇〇〇	五二〇	一六，四一四
总计	三三，五六五	四一，八九七	八，〇〇〇	五，二〇〇	八八，六六二

＊原文如此。似应为4560。

＊＊原文如此。似应为5470。

（2）为与高级理工人才相配合起见，工业职业教育上拟为下列计划：

甲、一切稍具规模之工业生产机构，均办二年制技工训练班。全国以百处计，每处办两班至四班，每年每处平均结业八十人，全国计八千人。自卅三年度起至四十年度，约六万四千人。

乙、规模较大之工业生产机构，除技工训练外，一律增办高级工业班。全国以六十处为计，每办理三班或六班各三十处，每年每处平均毕业五十人，全国计三千人。自卅四年度至四十年度，共计二万一千人。

丙、各省设置高级职业及增添班次，以先办高级工业〔班〕为原则。每年创设或改办十校，每校办理六班至十二班，平均每年每校毕业一百人。自卅四年度至四十年度，共得毕业生二万八千人。

（甲）、（乙）、（丙）三项，共得中级工业人才十一万三千人，连同前表之八万八千六百六十二人，共可得二十万零一千六百六十二人，与高级理工人才比较，尚可配合得宜。

（三）技工训练

原定五年之内，训成技工七千人。按照初步之三年建设计划，所需要工人，实不敷甚巨。爰拟定左列扩充训练办法：

1. 由技工训练处自设技工训练学校。在重庆、桂林、西安三处，成立技工训练学校三所，并附设实习工厂。十年之内可得之技工人数如下：

工　　别	第一年	第二年	第三年至第十年	合计毕业人数
速成技工及训成未成熟之技工	七〇〇	七〇〇	每年五〇〇	五,四〇〇
普通技工		五〇〇	每年五〇〇	四,五〇〇
机械士			每年二〇〇	一,六〇〇
总　　计	七〇〇	一,二〇〇	每年一,二〇〇	一一,五〇〇

2. 利用公私工厂附设技工训练班，扩充训练。十年之内，可得技工人数如下：

工　别	第一年	第二年	第三年至第十年	合计毕业人数
普通技工	一,五〇〇	一,五〇〇	每年四,四〇〇	三八,二〇〇
特别技工		五〇〇	每年五〇〇	四,五〇〇
速成技工	三〇〇	三〇〇	每年三〇〇	三,〇〇〇
总　计	一,八〇〇	二,三〇〇	每年五,二〇〇	四五,七〇〇

拟办：查该方案所请设立之国防科学技术策进会，既据国防最高委员会签请缓议，其甲项（二）款以后至乙、丙各项之业务，据呈既均由

各主管机关负责办理，则不设策进会亦无不可。惟为求综持配合起见，拟指定由教育、经济、军政三部及航委会各主管随时联系，指导进行。

职 陈布雷呈

卅一年十月卅一日

批示：由教育、经济、军政三部及航委会各主管拟定具体办法，切实联系。拟由教育部负责主持，每年六月与十二月两次开会研究，指导进行，征求民间之发明。凡有个人发明有关于国防科学者，应由策进会竭力护持与介绍。如有机关、官厅不予登记或延搁不办，兹可由策进会代为申诉，定为重要工作。

〔《国防科学技术策进会》（1942 年 3 月 8 日至 1942 年 11 月 11 日）：0421/6070.01－01/127/001042100A001〕

翁文灏陈立夫呈国防科学运动科学技术协力运动配合办法
（1942 年 12 月 31 日）

案奉钧座三十一年十二月八日机秘（甲）第七二五〇号手令："国防科学运动应与科学技术协力运动相配合，使益发扬其功效，希再详加研究，并拟具办法呈报为要"等因。奉此，自应遵办。谨查国防科学技术策进会，其主要任务即为推动国防科学运动，策划国防科学技术之研究，及促进科学技术人才之训练。前于奉到钧座本年九月二十八日申俭侍秘代电，及十月十五日酉删侍秘代电后，遵即拟具发展国防科学运动及储备工业科学人才初步方案，呈奉十二月十日第一四五八九号戌灰侍秘代电核准在案。该方案明定该会为国防科学运动推动机关，与钧座手令要旨，似尚相符。现该会已定期于本月二十三日召开首次会议，拟将该方案提会商讨，以求集思广益。奉令前因，理合先行呈复鉴核。谨呈

委员长蒋

经济部部长 翁文灏（印）

教育部部长 陈立夫（印）

经济部（印）、教育部（印）

中华民国三十一年十二月卅一日

拟办：拟复"悉"。陈布雷（印）、陈方。一月四日。

〔《国防科学技术策进会》（1942 年 12 月 8 日至 1943 年 6 月 13 日）：0421/6070.01 – 02/128/001042100A002〕

翁文灏陈立夫等呈十年内可造就之电机机械化学人才估计人数
（1943 年 1 月 8 日）

案奉钧座本年十一月十一日戌真侍秘字第一四五九七号代电暨手令开：前拟发展国防科学运动及储备工业科学人才初步方案中，对于培植电气、机械、化学等人才，并未详列数目。此三项人才最为重要，希再详拟呈报等因。遵即将该方案第五章内"令复训练新人才之计划"部分于十年内可造就之电机、机械、化学人才，开列估计人数表如左。理合签请鉴核示遵。谨呈

委员长蒋

　　附呈《十年内可造就之电机机械化学人才估计人数表》一份。

经济部部长 翁文灏（印）

教育部部长 陈立夫（印）

军政部兵工署署长 俞大维（印）

中华民国三十二年一月八日

拟办：列呈核。登手令册。（附表欠明显，应研究重刊）

附　　十年内可造就之电机机械化学人才估计人数表

类别 年度 人数	电机				机械				化学		
	高级	中级	技工	合计	高级	中级	技工	合计	高级	中级	合计
三十一年度	330	249	1250	1829	484	464	1550	2498	1022	383	1405
三十二年度	360	293	1750	2403	528	523	2050	3101	1074	418	1492
三十三年度	540	2094	3100	5734	792	3847	3600	8239	1436	3213	4649
三十四年度	740	2955	3100	6795	946	5433	3600	9979	1538	4366	5904
三十五年度	915	3219	3100	7234	1075	5823	3600	10498	1665	4622	6287

续表

类别	电机				机械				化学		
年度＼人数	高级	中级	技工	合计	高级	中级	技工	合计	高级	中级	合计
三十六年度	1090	3505	3100	7695	1204	6247	3600	11051	1742	4896	6638
三十七年度	1315	3810	3100	8225	1383	6692	3600	11675	1919	5186	7105
三十八年度	1490	4134	3100	8724	1512	7169	3600	12281	1996	5493	7489
三十九年度	1640	4486	3100	9226	1616	7681	3600	12897	2098	5822	7920
四十年度	1790	4864	3100	9754	1720	8235	3600	13555	2150	6177	8327
合　计	10210	29609	27800	67619	11260	52114	32400	95774	16640	40576	57216

〔《国防科学技术策进会》（1942 年 12 月 8 日至 1943 年 6 月 13 日）：0421/6070.01 – 02/128/001042100A002〕

翁文灏陈立夫呈公私营工厂附设职业学校案会拟办法
（1944 年 4 月 13 日）

（事由）奉令研拟公私营工厂附设职业学校一案，会拟办法，敬请鉴核示遵由。

前奉钧长三十二年五月辰歌侍秘第一七三○八号代电开："凡各公营与私营工厂必须附设一职业学校，其学校规模之大小，当依其所属工厂范围之大小与机器之多寡而定，大约每校自一百人至五百人为准。该项职业学校，除学生外并可兼收学徒，其教员即以各厂职员与工程师充之。至于课程方面，则以半日读书、半日做工为原则。希即研拟具体计划，于一个月呈报。并希此项方案能自下半年起开始实行为要"等因。奉此，本经济部遵经拟具《加强工业职业教育方案》；本教育部遵经拟具《公私营工厂附设职业学校实施计划草案》。迭经会商，并将进行情形、历经呈请鉴核备查各在案。关于原案钧座指示各点，自当力予推行。惟以后方工业困难日甚，故须经较长时间之详细考虑。兹拟以本年度为试办时期，其办法即就本教育部前呈送之《今后发展中等工业教育与造就中等工业人才计划》案内（乙）本年之扩充训练各项，作左列之修改：

（一）增设新校二十所改为十五所。内工业职业学校项原定之十所改为五所；原定之每校经费一，二〇〇，〇〇〇元改为二，〇〇〇，〇〇〇元，共一〇，〇〇〇，〇〇〇元（该项经费供开办及本年下半年经常费之用，惟膳费在外）。各该校分设于重庆、五通桥①、西安、昆明、桂林五区，连原定之农业及医事职业学校等，增设新校经费总额计为一七，〇〇〇，〇〇〇元。

（二）原校增班内工业科目原定办理六十班，改为办理七十班。每班经费原定为四〇〇，〇〇〇元，改为三七〇，〇〇〇元（膳费在外），共为二五，九〇〇，〇〇〇元。连原定之农业、医事科目，共办一百班，经费总额计为三四，九〇〇，〇〇〇元。

（三）委托工厂办理职业班级内原定二十班，改为办理十班至二十班。经费总额仍为六，〇〇〇，〇〇〇元（膳费在外）。由本经济部征询各工厂意见，开列工厂厂名及办理班级科目及班数等后，由本教育部列表呈核。

（四）另留项原定为二，〇〇〇，〇〇〇元，改为二，一〇〇，〇〇〇元，供其它临时补助之用。

奉令前因，理合将商定办法会同呈复。是否有当，敬请鉴核示遵。
谨呈
委员长蒋

经济部（印）部长 翁文灏

教育部（印）部长 陈立夫

〔《工业建设（四）》（1943 年 11 月 4 日至 1944 年 6 月 26 日）：1120/1032.01－04/202/001112000A004〕

六　战时损失物资调查委员会

翁文灏呈抗战损失调查委员会成立经过情形

（1943 年 4 月 7 日）

谨签呈者：本会业经遵令成立，所有委员亦经派定。依照在组织规程

---

① 属于今四川省乐山市。

第三条后段之规定，并于委员中指定翁文灏等七人为常务委员，于二月二十五日下午二时在行政院举行第一次会议，决定调查范围、调查办法。复于三月二日下午三时开第一次常务委员会议，推定翁文灏为本会召集人，决定各委员今后工作之分配及业务进行方针，并应庚续开会，不断研讨，以仰复钧长令设本会之至意。理合将本会成立经过情形签请鉴核。谨呈

委员长蒋

抗战损失调查委员会常务委员

翁文灏（印）、俞鸿钧（印）、康心如①（印）、杜月笙（印）

王晓籁②（印）、吴国桢③（印）、贺衡夫④（印）

民国三十二年四月七日

拟办：拟复"悉"。

〔《中央与地方行政机构调整》（1943 年 11 月 2 日至 1949 年 1 月 14 日）：0420/5050.01－07/118/00142000A013〕

蒋中正为抗战损失调查委员会成立经过致翁文灏等代电

（1944 年 4 月 10 日）

抗战损失调查委员会翁常务委员等均鉴：呈报该会成立经过情形已悉。中〇。卯灰侍秘。

〔《中央与地方行政机构调整》（1943 年 11 月 2 日至 1949 年 1 月 14 日）：0420/5050.01－07/118/00142000A013〕

---

① 金融家，四川美丰银行总经理，时任重庆临时参议会议长。

② 实业家，时任国民参政会参政员。

③ 时任外交部政务次长代理部务。

④ 实业家，曾任汉口总商会主席。

伍
复员计划与战后接收

一　最高经济委员会筹设事项

翁文灏电呈会商设置最高经济委员会情形
（1945 年 11 月 22 日）

主席钧鉴：关于美国总统私人代表洛克建议设立统筹全国经济建设最高机构事，业经宋院长偕职，与洛克二次会商。兹拟在行政院内设置一最高经济委员会，由行政院院长兼任委员长，副院长兼任副委员长，双方均表同意。洛克一行不久即将离华，此项组织须在其离渝前正式成立。宋院长并曾面告洛克，于下星期一特别召开国防最高委员会通过此案，下午即举行第一次最高经济委员会会议。届时拟请钧座亲临致训，以示隆重。演辞稿前经洛克拟呈，并乞为核正。该委员会之组织条例，亦已与美方人员商妥，随电检呈，谨祈鉴核。职翁文灏。戌养。附呈条例一份。

附　　　　最高经济委员会组织条例草案

第一条　国民政府为加强促进全国经济建设及发展，以巩固国家之统一、民主、富强，并切实提高人民生活起见，特设最高经济委员会，受国民政府主席之指导。

第二条　最高经济委员会之职权如左：

一、全国资源之充分有效利用事项

二、主要经济政策之决定事项

三、主要经济计划及方案之制定事项

四、经济各部门工作之联系事项

五、经济工作进度之考核事项

第三条　最高经济委员会设委员长一人，由行政院院长兼任；副委员长一人，由行政院副院长兼任。

第四条　最高经济委员会以左列人员为当然委员，并得由行政院院长另行指派至多五人为委员：

一、经济部部长

二、交通部部长

三、农林部部长

四、粮食部部长

五、财政部部长

六、教育部部长

七、社会部部长

八、善后救济总署署长

第五条　最高经济委员会应定期举行会议，并向国民政府主席及人民提出工作进度报告。

第六条　最高经济委员会设秘书长一人，由行政院秘书长兼任；副秘书长一人简派。

第七条　最高经济委员会得因事实上之必要，分组办理各项任务。

第八条　最高经济委员会各组设主任一人，必要时得设副主任一人，均简派。

第九条　最高经济委员会设参事二人至四人，秘书二人至四人，均简派。

第十条　最高经济委员会设专门委员、专员、视察组员、办事员各若干人，其中十人至十四人简派，十五人至二十人荐派，余均委派。

第十一条　最高经济委员会得延用中外专门人员为顾问、参议等职。

第十二条　最高经济委员会得因事实上之必要组织各种特种委员会。

第十三条　最高经济委员会对各机关经济工作有统辖之权，并作最后之决定。

第十四条　最高经济委员会必要时得向各机关调用任何资料。

第十五条　最高经济委员会处务规程另定之。

第十六条　本条例自公布之日施行。

拟办：原件呈核。

（一）本案既经宋院长会商同意，拟准交国防最高委员会提会。

（二）下星期一下午首次开会，请钧座出席致训，拟予照准。（洛克代拟训词稿，想已径呈。）

吴鼎昌①

十一月廿三日

〔《最高经济委员会等组织条例》（1945 年 11 月 22 日 1947 年 5 月 23 日）：0420/6000.01 - 01/120/001042000A015〕

蒋中正为特设最高经济委员会致王宠惠代电

（1945 年 11 月 24 日）

国防最高委员会王秘书长勋鉴：兹为加强促进全国经济建设及发展，以巩固国家之统一、民主、富强，并切实提高人民生活起见，特设最高经济委员会。兹拟具组织条例草案，随文抄发，即希提会为要。委员长蒋中○。戌敬府交。附抄草案一件。

〔《最高经济委员会等组织条例》（1945 年 11 月 22 日 1947 年 5 月 23 日）：0420/6000.01 - 01/120/001042000A015〕

蒋中正为最高经济委员会组织条例草案已交
国防最高委员会致翁文灏代电

（1945 年 11 月 24 日）

战时生产局翁文灏局长勋鉴：戌养代电及附件均悉。所拟最高经济委

---

①　时任国民政府文官长。

员会组织条例草案已交国防最高委员会王秘书长提会矣。中〇。戌敬府交。

〔《最高经济委员会等组织条例》（1945 年 11 月 22 日 1947 年 5 月 23 日）：0420/6000.01 - 01/120/001042000A015〕

翁文灏拟提请国防最高委员会讨论事项
（1945 年 11 月 30 日）

行政院函为加强全国经济建设与提高人民一般生活水平，拟即设置最高经济委员会，以利推进并为适应当前迫切需要。在组织条例未完成立法程序以前，请先准成立。（条例草案附）翁文灏。

批示：阅。

〔《最高经济委员会等组织条例》（1945 年 11 月 22 日 1947 年 5 月 23 日）：0420/6000.01 - 01/120/001042000A015〕

蒋中正为最高经济委员会办事机构之建立致宋子文手令
（1946 年 1 月 20 日）

宋院长：

最高经济委员会之办事机构应即建立。希研拟组织与人选及工作纲要呈核为要。

中〇

〔《最高经济委员会等组织条例》（1945 年 11 月 22 日 1947 年 5 月 23 日）：0420/6000.01 - 01/120/001042000A015〕

翁文灏呈请最高经济委员会隶属问题
（1946 年 9 月 28 日）

（事由）请示关于最高经济委员会应隶属国府抑改隶行政院，乞核示。

为呈报事。查最高经济委员会前经中央执行委员会常务委员会及国防最高委员会常务会议联席会议议决，先行成立，并将组织条例交由立法院完成立法程序，并已奉钧座令派委员长、副委员长、秘书长及聘任委员各职。委员会之下并已设有公共工程委员会及输入设计专门委员会，秉承宋委员长之命，开始办公。惟立法院方面对于此委员会之组织条例，近时开会审研，认为尚有问题，并由立法委员孙九录面言，原拟条例系归国民政府直辖，秉承主席办事，揆之五权制度，不甚相符。如能改置于行政院范围之内，藉为筹划经济之机关，则制度上较为适宜等语。最高经济委员会究应隶属国府，抑可改隶行政院，理合陈请察核训示。谨呈

国民政府主席蒋

职　翁文灏谨呈

九月廿八日

附　　　　　翁文灏致吴鼎昌函

达诠吾兄大鉴：

关于最高经济委员会之隶辖关系，兹有签呈一件，拟恳早为陈请主席核示，至为纫荷。并颂

勋绥

弟　翁文灏（印）拜上

九月廿八日

拟办：原件呈核。（吴文官长鼎昌拟）

批示：奉蒋主席亲批："照原定办法可也。"

〔《最高经济委员会等组织条例》（1945 年 11 月 22 日 1947 年 5 月 23 日）：0420/6000.01－01/120/001042000A015〕

蒋中正为最高经济委员会隶属问题致翁文灏代电
（1946 年 10 月 5 日）

行政院翁副院长勋鉴：本年九月廿八日呈悉。关于最高经济委员以之隶属问题，仍照原定办法为宜，已电令立法院孙院长知照矣。中○。西微府交京。

〔《最高经济委员会等组织条例》（1945 年 11 月 22 日 1947 年 5 月 23 日）：0420/6000.01－01/120/001042000A015〕

蒋中正为最高经济委员会隶属国民政府致孙科代电
（1946 年 10 月 5 日）

立法院孙院长哲生兄勋鉴：据行政院翁副院长呈报，关于最高经济委员会组织条例于立法院审议时，立法院委员中有主张该委员会不隶属于国民政府，应改置于行政院范围之内。考查此项机构之设置，旨在决定主要经济政策，以促进全国经济建设，将由中直接加以指导，仍以隶属于国民政府为宜。希兄对各委员予以阐释，仍照原定办法，早予完成立法程序为盼。中〇。西微府交京。

〔《最高经济委员会等组织条例》（1945 年 11 月 22 日 1947 年 5 月 23 日）：0420/6000. 01 – 01/120/001042000A015〕

宋子文翁文灏呈公共工程委员会主任副主任人选
（1946 年 12 月 12 日）

主席钧鉴：亥阳府交京代电奉悉。公共工程委员会组织规程草案，遵函国防最高委员会秘书厅转陈，并已派沈怡①为公共工程委员会主任委员，薛次莘②为副主任委员。职宋子文、翁文灏叩。亥文。

批示：此二人皆有专职，不宜再兼此职。中正。

〔《最高经济委员会等组织条例》（1945 年 11 月 22 日 1947 年 5 月 23 日）：0420/6000. 01 – 01/120/001042000A015〕

翁文灏蒋梦麟呈请组设全国经济委员会及催张公权
从速负责主持进出口管理委员会案
（1947 年 3 月 24 日）

（事由）关于组设全国经济委员会及催张总裁公权③从速主持进出口管委会案，签请鉴核由。

奉钧座寅巧府交字第一〇三一七号代电，饬速筹备组设全国经济委

---

① 时任交通部政务次长。
② 时任西南运输管理局局长。
③ 时任中央银行总裁。

员会，并催张总裁公权从速负责主持进出口管理委员会等因。除组设全国经济委员会容另案呈复外，至催张总裁公权从速负责主持进出口管理委员会一节，已电准复称："输入临时管理委员会委员及执行委员会主任委员，输出推广委员会委员及执行委员会主任委员各职，于三月四日奉电后，遵即就职，并迭经主持会议。除详情另报外，谨电复请察洽，并乞转陈为祷"等语。理合签请鉴核。

职　翁文灏（印）

蒋梦麟（印）呈

三十六年三月二十四日

批示：阅。

〔《最高经济委员会等组织条例》（1945 年 11 月 22 日 1947 年 5 月 23 日）：0420/6000.01 – 01/120/001042000A015〕

二　东北工业状况调查

翁文灏呈日本及其在东三省重工业统计
（1943 年 4 月 10 日）

案奉钧座二月二十四日机秘甲字第七五一一号手令，饬将敌方在其本国与东三省境内建设重工业程度及其机器数目设法调查，并统计详报为要等因。奉此，遵查英文日本年鉴内引有上项统计数字。兹经编印《日本及其在东三省重工业统计》一种，理合备文，呈祈鉴核。

谨呈

委员长蒋

计呈《日本及其在东三省重工业统计》一种。

职 翁文灏谨呈（印）

四月十日

拟办：所附调查表拟转彭副秘书长学沛参考存查。

批示：如拟。

729

〔《工业建设（五）》（1942 年 12 月 29 日至 1944 年 12 月 12 日）：
1120/1032.01 – 05/203/001112000A005〕

翁文灏呈报调查日本在东北四省经济建设等情形
（1944 年 1 月 24 日）

为呈报调查所得日本在东北四省经济建设情形，以供参考事。查东北
四省，日本倚为彼国实力之源泉，抗战以前既已尽力建置，开战以后更复
加量进行。吾国查考敌方施行方法，在战时既可藉知对方物资力量之程度，
在战后即可作为收复整理之准备。且其所用途径、步骤，确能于短时期内
收获宏效，为吾国战后建设计划，亦具有参考之价值。职部近时查考各种
报告，截至民国二十九年乃至三十一年间东北经济发展状况，均可得见要
领。因饬员编辑《东北经济概况》，兹特缮具一册，呈请钧鉴。考其办法，
系由伪政府先后规定《经济建设纲要》（民国二十二年发表）及《重要产
业统制法》（民国二十六年公布），指定主要产业二十余项，悉归特殊公司
经办。凡液体燃料、煤、铁、钢、铝、镁、金、铅、铜、纺织、面粉、雷
达、肥料、水泥、木浆、飞机、汽车等，皆在其中。所谓特殊公司者，其
主要理事人员，皆受政府任免。其任务系依照彼方所谓"日满一体"之国
策，完成国防及国民经济之建立发展。其收支及盈利之处理，均受政府之
严格统制，且得采公司专营办法，使同类事业悉由同一公司经营。用此制
度，以执行伪国五年计划。此项计划原自民国二十六年起开始实行，预计
需用资金二十六亿元。嗣以中日战起，特于民国二十七年加以修正，扩充
资金至五十亿元。预定出产生铁五百万吨、钢材二百万吨、电力二百六十
万瓩，其规模可以想见。嗣于民国三十一年起实行其第二次五年计划，更
加重高度重点主义，对于铝、镁等轻金属之制炼、汽油之生产、硫酸铔及
制氮工业之发展，特为注重。现计每年可产铝一万余吨、原油一百数十万
吨、硫酸铔四十余万吨，其进步至为迅速。各特殊公司中，以彼方所谓
"满洲重工业开发会社"尤居主要地位。其资金为八亿元，并准其发行公司
债二十五倍于此数，以此组织投资，并鼓励其它公司。如自动车公司资金
一亿元、轻金属公司资金八千万元、合成燃料公司资金五千万元、电化工

业公司资金五千五百万元、昭和制钢所资金二亿元、本溪湖煤铁公司资金一亿元、电力公司四家共有资金六亿余元。即此数例，其用力之巨，可以想见。迄至目前，重大建设工作犹正在认真进行之中。揆度形势，日人以东北四省为资源最富、价值最高之地。在战事终期，彼方必当以最强武力，誓死争斗，以保守其大陆上之根据。殆可断言，其所以结欢苏联者，亦即为巩固后方，以专力抵抗吾国及英美之反攻。迨至我方尽力攻击，彼方势不能支，则其积年血汗经营之实力基础，亦必不肯轻易留归吾国收用，而当炸毁或撤废其中心设备，以实行彼方之焦土政策，自在意料之中。因此，吾国对于此区重要工矿及交通设备，不但宜预筹接管之方，并宜早为声明日本不得销毁及必须全部移交之责任。职前次拟陈《沦陷区敌国资产处理办法》，即系为此而作。钧座为国家前途殚精竭虑，筹谋方殷，对于将来最关重要之区域，尤甚赖收复保留之努力。知见所及，专折陈报，敬祈察核。

谨呈

委员长蒋

　　附一册。

职　翁文灏（印）谨呈

三十三年一月二十四日

　　拟办：经济部附呈之《东北经济概况》一书，对日人开发东北四省实业第一、第二两次五年计划及各类工业发展情形，调查颇为详尽，既足为我战后接收之依据，亦可为我计划经济建设之参考，原件冗长，拟先交设计局熊秘书长[①]研究。

　　关于沦陷区敌国资产处理办法，业于本月七日行政院会议通过。至如何妨［防］止敌人于撤退前破坏及预筹接管之方，拟饬翁部长会同行政院张秘书长，详拟具体方法呈核。

职　陈布雷（印）呈

三十三年三月十三日

　　批示：如拟。

---

①　熊式辉。

〔《东北经济》（1944 年 1 月 24 日至 1947 年 8 月 12 日）：1100. 01/
5011. 01/26/001110001A001〕

蒋中正为防止敌人破坏沦陷区资产及预筹接管之方致翁文灏代电
（1944 年 3 月 20 日）

经济部翁部长勋鉴：一月廿四日密世秘字第二三九号折呈及《东北经
济概况》均悉。应如何防止敌人于撤退前破坏沦陷区资产及预筹接管之方，
希会同行政院张秘书长详拟具体方案，呈核为盼。中〇。寅哿侍秘。

〔《东北经济》（1944 年 1 月 24 日至 1947 年 8 月 12 日）：1100. 01/
5011. 01/26/001110001A001〕

蒋中正为防止敌人破坏沦陷区资产及预筹接管之方致张厉生代电
（1944 年 3 月 20 日）

行政院长张秘书长勋鉴：希会同翁部长咏霓详拟防止敌人于撤退前
破坏沦陷区资产及预筹接管之具体方案，呈核为盼。中〇。寅哿侍秘。

〔《东北经济》（1944 年 1 月 24 日至 1947 年 8 月 12 日）：1100. 01/
5011. 01/26/001110001A001〕

蒋中正为研究翁文灏编《东北经济概况》致熊式辉代电
（1944 年 3 月 21 日）

中央设计局熊秘书长勋鉴：案据经济部翁部长呈报略称：职部近查
各种关于东北四省日本各项建置之报告，截至廿九年乃至卅一年间东北
经济发展状况，均可得见要领。因编《东北经济概况》一册，呈请鉴
核等情前来。查该项报告，关于敌人建设东北各类工业发展情形，尚属
详尽，可为吾国战后建设计划参考。兹将原件随文转发，希加研究为
要。中〇。寅马侍秘。附原报告书一册。

〔《东北经济》（1944 年 1 月 24 日至 1947 年 8 月 12 日）：1100. 01/
5011. 01/26/001110001A001〕

张厉生翁文灏呈防止敌人破坏沦陷区资产方法

（1944 年 3 月 28 日）

查文灏近奉钧座本年三月侍秘字第二一九〇五号哿代电内开："一月二十四日密世秘字第二三九号折呈及《东北经济概况》均悉。应如何防止敌人于撤退前破坏沦陷区资产及预筹接管之方，希会同行政院张秘书长详拟具体方案呈核"等因。厉生亦奉令前因。奉此，查文灏前拟《沦陷区敌国资产处理办法》及《沦陷区工矿事业接收整理办法》各一种呈送行政院，业经第六五二次院会议决通过有案。其中即已筹及防止敌人破坏方法：万一敌人存心毁损，应由敌人完全赔偿。至为目前实际筹备起见，经济部工矿调整处负管制工业器材之责，已在西安设立西北区办事处，兹当在江西加设东南区办事处，以司就地管制工业之责。拟由部密令该二处慎密与华北、东北及东南沦陷各地之工矿主要人员暗相联系，设法维护重要设备。遇有敌人掠夺或毁损行为，查明密报，以备查考。职等互相商洽，目前似惟有用此方法，以资准备。是否有当，理合会同陈请鉴核示遵。谨呈

委员长蒋

职 张厉生（印）

翁文灏（印）谨呈

三十三年三月二十八日

〔《东北经济》（1944 年 1 月 24 日至 1947 年 8 月 12 日）：1100.01/5011.01/26/001110001A001〕

蒋中正为派员前往日本调查工业状况致翁文灏手令

（1946 年 1 月 14 日）

翁兼部长詠霓：

日本现有工业状况，应由经济部迅速派遣专家前往实地调查，并参酌国内情形，研究由日本取得何种工业设备最为有利之计划，以作日后要求赔偿之参考。希即遴选妥员办理具报为要。

中〇

〔《工业建设（八）》（1944 年 3 月 24 日至 1947 年 1 月 16 日）：
1120/1032.01 - 08/206/001112000A008〕

翁文灏呈复关于派员往日调查工业设备事办理情形
（1946 年 1 月 18 日）

（事由）呈复关于由经济部派员往日调查由日本取得工业设备事。前已派员组织调查团，并另指定人员专事研究。俟有结果，再定第二步办法。仰祈鉴核由。

奉钧座一月十四日机秘（甲）第九一八四号手令，由经济部迅派妥员往日本调查并研究由日本取得何种工业设备最为有利，以作日后要求赔偿之参考等因。查由日本拆运工业设备以作赔偿一事，职业已秉承行政院宋院长有所筹备，并已由宋院长指派杨继曾①、恽震②、杨锡仁③、周茂柏④、徐名材⑤、刘刚⑥等组织调查团，前往调查。其中恽震、杨锡仁、周茂柏、徐名材、刘刚等为经济部所指派，担任工业方面之调查。惟此项工作，事实上必须与美国主管赔偿人员妥为联系。美国方面除已由大使衔主任保雷上年来渝洽谈外，本年年初，复有代理主任麦克斯魏尔将军由日本飞至上海，与彭学沛、杨继曾、恽震、杨锡仁等面谈，洽拟工业种类。又飞至北平考察，并与宋院长晤洽。目前我方调查团尚须暂缓赴日，仅有恽震参加远东顾问委员会为委员，先行飞往日本调查。至吾国方面筹备计划工作，职亦已分别钢铁、机械、电器、化工、纸张、纺织等种别，指定人员积极研拟。俟有具体结果，再取第二步办法。所有先后办理情形，理合签请钧座鉴核。谨呈
主席蒋

职 翁文灏（印）谨呈

一月十八日

---

① 时任军政部兵工署副署长。
② 时任中央电工器材厂总经理。
③ 时任经济部纺织事业治理委员会委员。
④ 时任民生机器厂厂长。
⑤ 时任资源委员会重庆动力油料厂厂长。
⑥ 时任资和炼铁厂厂长、资源委员会矿冶专门委员。

拟办：拟复"悉"。

〔《工业建设（八）》（1944 年 3 月 24 日至 1947 年 1 月 16 日）：1120/1032.01 - 08/206/001112000A008〕

三　战后商贸和华侨政策拟定

王宠惠呈拟战后商业政策对外贸易政策
及海外侨民保护政策具体方案
（1944 年 12 月 29 日）

（事由）为遵拟具"战后商业政策"、"对外贸易政策"及"海外侨民保护政策"之具体方案，呈核由。

前奉钧座机秘甲字第八三八四号手令，嘱会同行政院张秘书长、中央设计局熊秘书长拟订关于"战后商业政策"、"对外贸易政策"及"海外侨民保护政策"之具体方案，于本年七月底以前呈核等因。当以兹事体大，需要研究之处甚多，爰经于八月七日以国秘字第七三零九号报告，呈准展期至十一月底呈核在案。此案近已由职汇集各方意见，详加研究，拟就《战后我国商业政策草案》（包括国内商业及对外贸易两部分，又"对外贸易"部分并已包括钧座三十二年十二月四日侍秘字第二零四六九号代电所饬研拟之《战后出口贸易具体计划》在内）及《战后我国侨务政策》各一件，并已邀约各有关机关代表，于十一月十五日及二十四日开会两次，分别研讨，并经详加修正。兹谨将该两项修正草案抄呈钧核。惟此两草案似可作为初步研究之结果，俟国际会议讨论此种问题时，再酌予修正。关于《战后我国侨务政策》一案，尚有两问题须待详密研究。即（一）关于华侨双重国籍问题，及（二）侨务机构调整问题。拟请将华侨双重国籍问题交由外交部，侨务机构调整问题交由中央设计局，各分别邀集有关机关，继续商讨，呈候核定。是否有当，敬乞核示。

附《战后我国商业政策草案》及《战后我国侨务政策草案》各

一件。

国防最高委员会秘书长 王宠惠（印）呈

三十三年十二月廿九日

拟办：查所拟战后商业政策及侨务政策两草案，大致均甚妥善，惟

（一）来呈明言为"初步研究之结果"，如奉核定后，应否提请国防最高委员会讨论，拟仍交王秘书长酌宜办理。

（二）关于华侨双重国籍问题及侨务机构调整问题，即由国防会秘书厅分别径交外交部及中央设计局商讨，仍由王秘书长汇核转呈。

（三）另据外交部呈报，美方对我战后商业政策之声明，来文提请注意，经先送王秘书长查复（来文付列另表），并据复函。关于美方顾虑一节，在所拟商业政策草案业已述及。拟即嘱王秘书长拟一简单之答复要点，以便转交外交部答复美方。

陈布雷

三十四年一月十八日

批示：如拟。

附件一　　战后我国商业政策草案

战后我国商业政策，必须遵照国父遗教，配合经济政策，以计划的方式，谋商业之自由发展。对于经营方式，应在不违背节制资本之原则下，尽量鼓励民营（注）。至国外贸易，则依照平等互惠、国际经济合作之精神，予各国以自由贸易之便利。总期我国能于最短期间内，谋得国富增加及工业化程序之提早完成。爰本斯旨，拟具战后我国商业政策之纲要如次：

第壹　关于国内商业

甲、政策

一、战后国内商业，应以调节国内物资分配之平衡为目的，使货畅其流而收供需相应及稳定物价之效。

二、为促进我国工业化起见，对于国内工业原料及成品之运销，应设法予以鼓励。

三、国内物资分配事业，应根据经济建设总计划，尽量提倡商业民营并普遍鼓励人民组织各种合作社。

四、对于国内商业之措施，应以实现公平竞争、维护公众福利为目的。

（注）总裁三十三年一月十七日手令"……商业政策战后二十年内，必须尽力奖励民营，使之发达。但必须受政府切实之管制与考查……"。

乙、实施办法

一、促进国境以内货物自由流通，废止各种形式之货物流通税及各种货物运输检查办法。

二、制止地方政府经营商业，取缔地方政府设立各种贸易公司、运销公司等以经营商业为目的之机构。

三、取销地方政府对于货物出入境时所加之限制。

四、促进商品之标准化。

五、取缔销售各种妨害人民健康及善良风俗之商品。

第贰　关于对外商业（贸易）

甲、政策

一、战后我国对外贸易之目的，当根据既定经建国策，求国际贸易之自由发展，俾能一切与国际经济合作趋势相适应，一面与国内商业及经济建设总计划相配合。

二、一般货品之输出，建设器材或特种原料之输入，均应多方鼓励。至经济建设所需原料及民生食粮之输出，奢侈品及非必需品之输入，则应分别作适当之限制。

三、应注重多边贸易合约，必要时得用互惠贸易协定等方法，以谋对外贸易之发展。

四、我国对外贸易，应积极鼓励民营。惟对于订有易货协定之国家，关于易货物资之输出或输入，得由国家经营之。

乙、实施办法

一、调整并加强外销物资之增产试验及检验机构，俾我国输出商品品质改良、出品划一、产量增进、成本减低、包装进步、价格稳定，并能经常供应无缺。

二、战后对于出口农矿原料，应尽量奖励加工改制，以增进其输出价值。

三、树立辅助国际贸易之各种事业。例如广设贸易分支银行，以活动贸易资金；扩大保险公司业务，以减少贸易风险；发展远洋航业，改进港口码头及仓库设备，以便利货运。

四、我国现行对外贸易之统制办法，应于战后重加检讨，不合时宜者，即予废止；仍有需要者，暂予维持。

五、倡导组织输出入口同业公会、外销物资生产运输合作社等扶助对外贸易之团体。

六、研究各国关税制度及税则，拟具战后我国税则，于战事结束时公布之。拟具税则时以左列原则为依据：

（一）进口税率

1. 重要资本货品应轻税或免税输入。

2. 一般工业制品国内尚能自制者，倘技术管理须待学习改进，在不妨害人民福利范围内，政府应予以短期保护。

3. 主要食粮之进口应从轻课税。

4. 奢侈品及非必须品之进口税率应予提高，以间接限制其输入。对于国内生产之同类货品，亦应予以限制。

（二）出口税率

1. 一般货品之输出以免税为原则。

2. 国内经济建设所需而又感缺乏之原料，得分别征收出口税，间接加以限制或直接限制其出口量，或禁止其出口。

七、我国与各国进行签定商约，须有互惠协定者，应列举商品个别项目，采取互惠原则，并预拟互惠协定草案，以为交涉张本。

八、我国与各国签定商约，有签定易货协定必要者，应以农矿产物换取建设器材及特种原料为原则，务使能与经济建设总计划之需要相配合。

九、外交部应添设国际经济主管机构，并责成驻外领馆人员协助发展国际贸易。

十、贸易主管机关应依据计划，于国内外积极推行国际贸易之咨询、研究、调查及推广工作，并鼓励人民团体参加此等活动，以与政府工作相策应。驻外商务参赞应与国内贸易主管机关加强联系。

十一、有计划的接洽输入善后救济物资及其所能供应之器材与原料，以求解除人民痛苦，提早完成经济建设。

十二、政府应鼓励华侨与本国商人合组大规模进出口联营公司，专负发展华侨商业之任务。

十三、政府应随时利用时机，与华侨居留国政府交涉，改善侨民待遇，并保障其居住、营业、置产、投资、组织社团及其它正当权益。

十四、政府应向华侨居留各国交涉，凡侨民在战前或战后合法取得之财产及其它权益，当地政府于战后须予以切实保护。在沦陷后被敌伪不法侵占或处分者，概予无条件发还原主。其经破坏或损失之产业及财物，并应由当地政府代表侨民向敌方要求赔偿。

附件二　　　　　　　战后我国侨务政策草案

甲、政策

一、我国对于在外侨民，应辅助其教育，促进其生活改善。对于出国人民，应提高其素质，以增高侨民在海外之地位。

二、我国与有关国家洽商取消各国对于华侨之歧视待遇，并确保侨民在所在地之既得权益，及享受最惠待遇。

乙、实施办法

一、统一调整现有之侨务行政机构，期能适合战后侨民事业之需要。

二、斟酌各地情形，增设并充实领馆，以保护各地侨民之利益。

三、各国现行对于侨民之歧视待遇或不合理之限制，应研究具体方案，向有关国家交涉，要求改善或废除之。

四、与各国订立平等互惠商约，并得斟酌情形，另定地方性之协定，以期取消对于华侨入境之限制，改善华侨待遇，并保障其居住、营业、置产、投资、组织社团及其它正当权益。

五、相机向所在地政府交涉，允许当地华侨依照人数推派代表参加市立法等会议（在马来亚、荷印等地，其立法市政等会议已指定华侨参加）。

六、由政府与需要华工之国家分别订立华工保护条款，废除旧有之契约劳工制，以保障人权。

七、协助因战争被迫回国之侨民回返原地点，并予以各种便利。

八、向华侨所在地政府交涉，凡侨民在战前或战后合法取得之财产及其它权益，当地政府须予切实保护。其所在战争期中被敌伪不法侵占或处分者，应无条件发还原主。其经破坏或损失者，并由当地政府代表侨民向敌方要求赔偿或以其它方法取得相当赔偿。

九、在华侨集中地点增设或加强金融组织，予侨民复业时所需资金之便利。

十、在国内及当地之高级学校设置侨生奖学金及贷金，以协助优秀及清贫侨生升学。

十一、关于华侨教育之师资及教材等，由政府协助侨民办理。

十二、责由使领馆劝导华侨改善其生活习惯，消除其地区观念及帮会派别。

十三、举办华侨登记，俾有确实统计。

十四、提高徙出人民之素质，并严格统制其出境。

〔《华侨保护政策》（1944 年 1 月 7 日至 1946 年 11 月 20 日）：0671.30/4422.02－01/344/001067130A003〕

翁文灏函奉饬拟订战后经济与商业政策遵办情形
（1945 年 3 月 10 日）

案查前奉主席手令，饬与财政部会拟战后经济与商业政策具报等因。正遵办间，适财政部拟送意见就商，即经将本部意见开送参酌改订会同办理去后。复准该部将修正条文送部，方在继续研究。又值国防最高委员会将本案内商业部分另行拟定草案，交由中央设计局研讨，并送经本部签复在案。当以本案关于商业部分，既另有国防最高委员会所拟之草案可资依据研讨决定。而关于工矿建设部分，则十一中全会通过之《战后工业建设纲领》及国防最高委员会订定之《第一期经济建设原则》，均已足为战后建设措施之准绳。故本案在本部方面，拟不再拟订何项方案。所有奉饬本案遵办情形，除函财政部外，相应函请查照转陈为荷。此致

委员长侍从室第二处

部长 翁文灏

三十四年三月十日

〔《华侨保护政策》（1944 年 1 月 7 日至 1946 年 11 月 20 日）：0671. 30/4422. 02 – 01/344/001067130A003〕

蒋中正为战后经济与贸易事业必须确定制度致宋子文吴鼎昌翁文灏俞鸿钧等代电

（1945 年 9 月 13 日）

行政院宋院长、中央设计局吴秘书长、经济部翁兼部长、财政部俞部长：我国战后经济与贸易二种事业，必须确定制度，使能确切执行，合理发展，不可再蹈过去听其自然、漫无规则之覆辙。应依照民生主义之准则及中央已定方针，分别设计具体方案，于一个月内呈报为要。中正手启。申元侍秘。

〔《战后贸易方案》（1943 年 2 月 24 日至 1946 年 5 月 17 日）：1100. 03/6322. 01 – 01/31/001110003A005〕

邹琳呈贸易复员计划

（1945 年 9 月 22 日）

（事由）为赍呈贸易复原计划一份，附陈管见，仰祈鉴察由。

我国对外贸易，战时因时势之要求，已取得主动之地位。兹值抗战胜利结束，今后建设工作，应以尽速完成工业化为目标，已为既定国策。惟外购大量建设器材之抵付，一部分将恃国际巨额借款为挹注，而可以用偿本付息及支付进口者，惟出口物资是赖。是以今后欲平衡

国际收支，促进经济繁荣，完成建国大计，尤有赖于对外贸易之推进，其工作之繁巨与重要，将有与日俱增之趋势。近奉钧座申元侍秘手启代电，以战后贸易事业必须确定制度，饬设计具体方案等因，仰见钧座重视贸易之至意，自当遵照设计，另行呈核。兹谨先将已拟之贸易复员计划缮具一份，赍呈钧核。现我国复员工作，业已开始，贸易局面亟待开展，任务既将日趋繁重，事业亦正方兴未艾。窃维对外贸易，既属现代国家推进经济建设所必须致力之一重要部门，当此确立制度之际，似宜参酌英、美各国设部专管之先例，依照八中全会加强组织的成议，将主管贸易行政机构予以合理调整，赋以独立职权，宽筹经费，集中人力，并易贤能主持，使在此复员期间，内与有关经济建设诸部门，平行发展，助成建设，外与世界各国经济合作诸措施，互相配合，共策繁荣。谨检同所拟贸易复员计划一份，并附陈管见，仰祈鉴察。谨呈

委员长蒋

计呈贸易复员计划一份。

贸易委员会主任委员 邹琳（印）谨呈

三十四年九月二十二日

附　　　　　　　**贸易复员计划书**

绪论

我国对外贸易，战前悉由洋行买办居间操纵，战时设立专管机关，与英、美、苏联易货偿债，始取得主动之地位。惟以海岸多被封锁，汇价不能稳定，在此双重限制之下，自难尽量发展，然对外贸易之基础，于兹奠定，可为战后拓展之准备。

现在战事终了，海陆运输路线即将畅通，外汇汇率亦将因情势转变而获得调整，加以失地收复，可资输出之物产大增，敌伪贸易组织又悉将由我接收利用，而同盟各国亦咸求于战后加强彼此贸易上之联系，国际之间，行见商贾奔竞，物资交流。值此贸易巨潮瞬将涌至之际，必须有一切实之贸易复员计划，以为对策，实乃事实上之迫切需

要。

我国工业一向落后，今后国家整个建设计划，应以工业化为中心，已为既定之国策。所需大量建设器材，须由国外输入者，据专家估计，五年之内，年需十亿美元。除可索日本赔款抵偿一部分外，更须利用国外巨额借款，其可用以偿本付息及支付进口者，惟出口物资是赖。估计下年度可能出口物资量值，约在二亿八千万美元以上。以其一部抵借外债，即可求得进出口之平衡。工业化之建立，所关于推进建设计划者至大，宜如何发展对外贸易？如何增加生产？亟应通盘筹划，加速迈进，以与世界各国复员之进程相配合。兹拟定我国贸易复员计划，列为六部分，分述于次：

壹、关于进口贸易部分

甲、确定物资进口准则

子、配合国防及经济建设计划。战时以供应军用为急务，故进口物资，军用器材最多，而与军用有间接关系之工业、交通、医药等器材次之。今后则应改变其方向于国防及经济建设。（A）根据国防计划及经济建设计划，大量输入国防用品、兵工器材及采矿冶金企业设备、机器制造业设备、动力工业设备、交通工业设备、化学工业设备等项。（B）根据经济建设计划及民生需要，输入纺织工业、食品工业、制纸工业、制革工业、木材工业等所需器材。据专家估计，我国整个国家建设计划，五年之内，年需十亿美元。此项总值，除可索日本赔款抵偿一部分外，应尽量取给于可能出口物资，用以换取进口物资。无论政府或商厂，其换取物资之种类，悉应经过主管机关之审核，以配合国防及经济建设计划为准则。

丑、重行核定借款购料品目。我国战时，政府机关所需物资，系以信贷或易货借款支付货价，或利用租借法案办理，以有关军用之器材为主。今后则应当以整个国家建设计划为依据，战时所开料单品目，适合于复员建设计划者，仍进行采购，其不适用者，则悉行停购。连同余款，另开料单，采购其它器材，贸易委员会正商洽各购料机关分别办理。

乙、充实支付进口财力

子、扩大出口，以适应进口。战后我国家建设，既以工业化为中心目的，年需器材十亿美元，而我国历年入超，则将来之逆差，必更增大，自须尽量扩大出口，以适应进口。查我国外销物资输出量总值，在战前十年，平均为三九八，六五三，八九五美元。据此估计，三十五年度可能输出量值约二八三，〇〇〇，〇〇〇美元。今后加紧增加生产，期以五年，可望递增至年约七七七，〇〇〇，〇〇〇美元以上，均系照战前物价计列。最近对美、苏售价较高，如照现价，则三十五年度可增一亿五千万美元，战后第五年更可增三亿五千万美元。目前应尽量以现有物资促其出口，藉期增大所得外汇，以备支付进口。

丑、利用日本赔偿现款及物资。今日本既已投降，依照波茨坦宣言，应有赔款付给我国，如其现款不足，势必以一部分物资抵付。闻日本现存有生丝五十万担，值二亿美元以上，如以抵作赔款，纽约市场年约销纳生丝八十万担，不患无销路，亦可补充支付进口财力。

寅、商订货物抵偿借款。充实支付财力之又一方法，即为借款。以前对美、对英、对苏各种借款，可动用购料之余额，已属无多，应偿之债务，亦已无多。如左表：

对外借款购料开支情形表

款别	数额	拨支数额	余额	备注
中英第一次信用借款	英金 3500000.00 镑	3065194.00 镑	434806.00 镑	一次信贷为英金3000000镑，嗣又由中英财政协助协定内拨补500000镑
中英第二次信用借款	英金 5000000.00 镑	4990212.00 镑	9788.00 镑	
中英财政协助协定拨借购料款额	英金 20000000.00 镑		20000000.00 镑	
中美第一次借款	美金 24389927.84 元	24389927.84 元		
中美第二次借款	美金 20000000.00 元	20000000.00 元		

款别	数额	拨支数额	余额	备注
中美第三次借款	美金 25000000.00 元	23468143.19 元	1531856.81 元	
中美第四次借款 现款部分	美金 25000000.00 元	24986586.01 元	13413.99 元	
中美第四次借款 贷款部分	美金 25000000.00 元	25000000.00 元		
中美五万万元借 款拨借购料款项	美金 60000000.00 元	60000000.00 元		
中苏第一次借款	美金 50000000.00 元	50000000.00 元		
中苏第二次借款	美金 50000000.00 元	50000000.00 元		
中苏第三次借款	美金 150000000.00 元	73175810.36 元	76824189.64 元	
总计	英金 28500000.00 镑 美金 429389927.84 元	英金 8055406.00 镑 美金 351020467.40 元	英金 20444594.00 镑 美金 78369460.44 元	

为供应今后建设需要，自须续订借款。其方式除以机器生产设备、原料等作为借款外，更宜获得一部分现金，以备自由运用，所需充作偿本付息者，惟有外销物资。如假定借款数额为二十亿美元，年息三厘，分二十年偿清本息，以我国物资运销国外得价偿还，每年负担额平均约一亿四千万美元。三十五年度以后可能输出物资量值二八三，〇〇〇，〇〇〇美元，减去清偿旧债年均三〇，〇〇〇，〇〇〇美元，仍属绰有余裕。

卯、增订对苏易货协定。苏联对外贸易，完全国营。我国战时与苏联所订一九四一年易机油合同，我方供苏猪鬃及驼毛；一九四二年易汽油及机油合同，我方供苏猪鬃，均系以易货协定方式为之。现在对苏偿债数额，已逐渐减少，苏联商务代表已向贸易机关提出意见，续订易货协定，正在双方洽商中。

丙、推进进口及采购工作

子、代厂商向国外采购器材。战时向国外采购器材，外国有种种限制。如须先有制造许可证、配有运输吨位证明、外国出口许可证及结付外汇等，均甚感困难。此种限制，战后能否即时取消，不能预揣，而贸易机关办理政府购料，情形熟悉，组织方便。值此复员初期，如厂商请求贸易机关采购建设必需器材，拟代为洽办。

丑、疏运战时滞留海外物资。战时政府所购器材，尚存英、美或运经印度，因运输吨位不足而留印者，为数甚夥。计其数量：存英为七，五〇〇吨，存美为一〇三，〇〇〇吨，存印为二五，〇〇〇吨，内以军用、交通及工业器材居多，占三分之二强。现在战事停止，我国口岸即可开放，而国内需要上项器材亦急。拟即利用海运，改运上海、天津起卸。经商询购料机关，均同此意见，正与战时运输管理局、战时生产局商洽办理，预计以本年为限，疏运完竣。

贰、关于出口贸易部分

甲、扩展外销物资出口

子、加紧出口，以平衡进口。战时办理易货偿债，自二十七年迄三十三年底止，输出物资，计有桐油一百四十三万余公担、茶叶五十七万六千余公担、砖茶一百十九万五千余片、猪鬃五万公担、生丝三万余公担、羊毛三十六万余公担。今后我国整个建设计划，估计五年间，年需进口器材约值十亿美元，所需支付财力，除借款及其它来源外，应尽量输出物资，以平衡进口物资之总值。参阅增加生产部分之可能出口物资量值表，便知逆差尚不甚巨，如以物资抵借外债，用作调剂收支，尚足应付。

丑、废止统购统销办法。战时施行统购、统销办法，辅佐易货偿债之进行，自有其必要作用。战后国际运输畅通，国外需求我国物资更切，应即解除此项统制，使生产及输出益形活泼。已由财政部转呈行政院，请将各项统购、统销办法概行废止，准许民营出口外销。政府所需易货偿债物资，由国营复兴公司向各商行订约，收购交货。

寅、实施促进外销物资出口办法。贸易委员会建议废止统购、统销时，即经拟有《促进外销物资出口办法草案》呈院核示，亟望早日核定施行。其要点如次：（A）政府所需对外易货偿债物资，出口商行应尽先与国营复兴公司订约供应，其余则悉准凭商销准运单报运出口。（B）其应结外汇，准照《采购进口物资抵销办法》抵销之。如此，则国家债信与民营贸易，两皆获得顺利。

卯、代办商行委托出口。今后出口业务活泼，现有出口商行，经依照促进民营进出口贸易办法，向贸易委员会登记者，在后方区计一百余家，在收复区料可超过此数。惟因战前对外贸易操诸洋行之手，此种商行大半无健全基础，其能直接向外购销货物者，为数不多。而国营复兴公司因负政府易货偿债业务之责，同时亦以发展进出口贸易为任务，拟由该公司接受商行委托，代为运销出口货物，藉以强化出口贸易之加速发展。

乙、履行对外易货偿债契约

子、对苏偿债。我国与苏联先后订立三次信用借款，共计美金二亿五千万元。依合同规定，为供给我国在苏联境内购买工业产品之用，由我方以苏联所需我国农矿产品抵偿。已经动用向苏联购买物资之数，为一七三，一七五，八一〇美元。按年由贸易委员会、资源委员会分别筹交农矿产品偿还本息，自二十七年迄三十四年八月底止，已交苏联农矿产品共值一二〇，二二二，〇〇〇美元，下欠本息八一，五五七，八九七美元，今后分七年偿清。交苏易货物资，自海运告阻后，均在重庆、贵阳、昆明、兰州、猩猩峡等内地交接。现在战事已告结束，航运即可畅通，业与苏方洽订，嗣后改在上海、天津、广州等港埠交货，以谋双方之便利。又关于易货价格，按照借款协定，原应依据世界市场为准，近年因战事，参酌成本决定价格，常启争持。现世界市场即可恢复常态，亦与苏方洽订，嗣后按照世界市场计价。三十五年度农产品方面，应偿苏方本息为美金一〇，二三二，二二四·七五元，拟照下列货品量值表，与苏联驻华商务代表处及苏联协助会洽订合同。

三十五年度对苏交货量值表

货品	数量	美金总值(元)*	备注
桐油	1500 公吨	1500000. 00	
猪鬃	6250 公担	4822606. 25	
生丝	450 公担	1488118. 50	
羊毛	30000 公担	1725000. 00	
驼毛	2500 公担	262000. 00	
山羊绒	2500 公担	290000. 00	
皮张	180000 张	144000. 00	
总计		10232224. 75	

＊各项之和与总计不符。原文如此。

丑、对英偿债。我国与英国先后订立信用借款二批，共英金八百万镑，每年到期本息，规定由财政部贸易委员会与经济部资源委员会以外销物资所得价款各半摊还。上述信贷，共已动支八，○五五，四○六镑。自民国二十八年起至日前为止，历年按照规定，已偿本息数目，共计英金七七九，四三五镑，下欠本金英金七，六五三，七一五镑，今后分十六年偿清。三十五年度贸易委员会应偿英债本息，为英金二十八万镑，拟对外销售猪鬃一千七百公担，将得价抵偿。

丙、争取货物推销必要条件

子、国别推销方法。要点如次：（A）对美：我国生丝、茶叶、大豆等，向均销美，桐油、猪鬃更为销美特产。拟请政府与美国洽订互惠关税协定：美国一九三○年之新关税法，曾将我国输美商品地毯、花生、豆油、生牛皮、羊毛、芝麻、瓷器等之进口关税提高，并须洽商减低。（B）对英：战前中英贸易，因受帝国特惠关税影响，年有减少，惟猪鬃、蚕品、豆油等，在英尚有相当销路，桐油销英数量，以往亦不甚多。今后宜运用三角贸易关系，并与英帝国政府交涉，领导协助各自治领、各殖民地政府与我国缔结平等互惠商约，协助我国取代日本对英国及其自治领地之贸易。（C）对苏：苏联每年需输入茶叶百分之七十、羊毛百分之二十九，至于我国生丝、大豆、桐油等，亦为苏联所需要。

苏联对外贸易，早已全盘国营，我国向以易货协定方式与之交易，苏方现已有此意见提出，正商续与订约。（D）对法：中国对法出口地位，曾由总值百分之十递减至百分之五、六。惟生丝一项，历来均占法国进口生丝总额百分之五十左右，但自一九三六年后，易以日丝为主，今后应力保恢复。（E）对日：战前中国对日出口物品，主要为豆类、煤炭、油糟、制油用原料、棉花、铁矿等，今后煤炭与铁矿，应留为我国建设工业之用，豆类、油糟、植物油原料，可奖励其出口。台湾所产米、糖及沿海所产食盐，均可酌量供应日本需要。（F）对德：今后我国对于豆类、籽仁及皮革等物产，拟继续鼓励对德输出。我国拟与德国签定易货协定，藉以推广大豆、猪鬃、桐油等销路。（G）对南洋：我国输往南洋之物品，占其本身出口总值百分之五十者甚多，如渔网、黄铜器、苎麻、纱线、烟丝、大头菜、纸箔、粗瓷器、橘子、火腿、市布、粗布、细布、纸伞等皆是，因其距离较近，航运易通，南洋华侨又达六百六十余万人，可为我国出口货品之基本消费者。今后宜尽量利用此种方便，以发展对南洋之出口贸易。

丑、货别推销方法。要点如次：（A）桐油：我国桐油，海外售价过昂，运量亦欠稳定。今后宜利用一切可能方法，减低产销成本，务使其国外售价不超过每磅美金二角，并以大量存油分储于欧美各大市场，俾能源源供应油漆业之需要。（B）茶叶：过去我国茶叶，无论红茶、绿茶，其国外销售价格，辄较同一等色之印锡红茶、日本绿茶为高。今后应尽量减低成本，平抑售价，参照外国嗜好，制成优等之拼合茶，并参加国际茶叶会议。要求国茶在茶叶国际市场之划分上，应得三分之一左右。又代为请求英国在关税上及公开拍卖上，对我国茶叶予以公平之待遇。（C）生丝：我国茧价本较日茧便宜，今后接收敌伪华北、华中缫丝组织，予以充分利用，则生丝成本必然减低，品质亦可改进。此外，我国生丝出口商及丝业团体，应与销丝国家之丝织公会及丝业团体取得密切联系，互供丝市消息，并订立供应合约，藉以巩固我国生丝之国外市场。（D）猪鬃：我国猪鬃以"华北鬃"为最佳，次为"上海鬃"，又次为"重庆鬃"。今后应将上等之"华北鬃"及"上海鬃"大量运销美、英，以便排除人造鬃之竞争。我国猪鬃最适合于制造油漆刷之用，故毛刷纵或改用人造鬃，油漆刷之制造，仍将沿用我国猪鬃，销路当无问题。（E）羊毛：我国出口羊毛，多为粗羊毛，其中百分之九十均销美国，以供制毯之用。应使毛商直接与美方各大毛毯制造厂取得密切联系，并应研究在制造技术程序上取得合作办法，将羊毛之整理、分级净洗等工作，先在国内按照一定标准予以完成，再行外运。（F）大豆：大豆为东北特产，今后宜划东北各省为外销大豆生产区，利用敌伪原有之生产管理机构，集中力量，增产改良，并推广种植量重而质佳之金元豆。再扩展国内制油工业，普设新式化学提油厂及机器制油厂，以增加豆油产量，实行净量检验，以提高出口豆类品质，并减低包装费用。（G）蛋品：拟提倡科学养鸡方法，输入丹麦、荷兰、意大利之优良鸡种，以增加鸡蛋产量。对于蛋品之制造，改用机械及化学方法，以便能大规模制造；并厉行蛋品检验制度，使能合于世界标准；并宜设法减低运费；并与销蛋国家交涉减轻关税，以促进其输出。

叁、关于进出口贸易共同部分

甲、建立进出口贸易轨范

子、重新核定应予鼓励或限制货品。战时施行之《争取物资办法大纲》、《战时管理进口出口物品条例》、《沦陷区物资内运奖励办法》，收效均宏。今后经济封锁解除，均应废止。进出口物资孰应鼓励，孰应限制，应改以国防及工业建设计划之需要为指归，其标准应确立如次：（A）奖励进口者；（B）须经专管机关核准方准进口者；（C）禁限进口者；（D）由政府机关报运出口者；（E）须先经特许，方准结汇出口者；（F）须经特许，方准出口者；（G）禁限出口者；（H）奖励出口者。现已重拟《进口出口物品管理条例草案》呈核。

丑、调整进口出口关税税率。奖励或限制进出口物资之标准，既已确立，进出口关税税率，应即依此调整，以期达到六全大会工业建设纲领"以实现迅速工业化为中心目的"之指示。最近与关务署会商，曾参加意见，建议调整如下：（A）有关国防经济建设切需之进口物品，准免税或减税。（B）善后救济用之进口物品，专案规定免税。（C）进口物品具备倾销条件，足以危害国内产业者，加增倾销税。（D）进口之奢侈品或非必需品，征全税。（E）在战时施行之出口免税物品，除与经济有关而无拓展国外市场必要之农矿产品外，为发展外销起见，继续免税出口。（F）与国家经济建设及善后救济无甚关系之出口物品，准免税出口。

寅、推行出口进口连锁运销办法。战时因政府集中外汇，施行出口物资结汇办法，外汇官价与收购市价相差百倍，出口商无法营业。贸易委员会乃呈准施行《出口结汇采运必需品进口抵销暂行办法》，规定商人报运结汇货物出口外销，得以出口外汇采运等值之必需品进口，注销所结外汇，使商人因结汇出口而生之亏损，获得补偿，实为补偿汇亏之补救办法。今后在外汇未回复正常比价以前，拟仍推行此项连锁运销办法，鼓励进出口业务。

卯、参加缔结商约意见。通商条约，为推动对外贸易之主要工具，战事结束后六个月内，应与各国修订平等商约。现美方已提送《中美商约草案》，业经贸易委员会加以研究，拟具订约意见，备供外交部与美国及其它各国洽订商约时之参考：（A）《中美商约草案》精神，系根据国际经济立场，采取无条件、无限制的不低于第三国之最惠国待遇。惟我国工业落后，今后为促进国家建设，对于农、工业或不得不酌采保育方式，以树立国民经济建设之基础，凡与经济建设有关各款，尚不能在商约中给予漫无限制之国民待遇。（B）我国对于各国进出口货物，向无歧视事实，今后仍采一贯方针，在进出口货之税务负担及缴纳、报验等手续上，自可一律予以最惠国待遇及国民待遇。（C）进出口物品管理法令，今后为符合有计划的自由贸易之原则起见，当斟酌事实需要，予以根本修正。惟将来政府为保育农工、提倡国货起见，对于本国市场或须酌施监理，对于本国产业或须酌采补助办法，对外销物资在国内之消费使用或须酌加调节。故凡关于出口货物在国境内之分配、销用等事，在商约中均不宜有过于硬性之规定，须使留有伸缩余地。

乙、活泼对外贸易金融

子、融通贸易贷款。贸易委员会曾举办茶叶、桐油、猪鬃、生丝等贷款，加强其收购力量。又经依照《促进民营进出口贸易办法》，代进出口商人转洽国家银行，给予融通资金之便利，并主管审核证明进出口贸易商人向商业银行超额借款等。办理以来，甚著活泼贸易资金绩效。今后将推行于收复区，尽量加强运用。近又建议在四联总处内添设贸易贷款组，即以贸易行政主管人员兼该组主任，使贸易贷款经过审核时，易获统筹配合运用之效。

丑、扩大押汇业务。押汇为便利进出口贸易之良好方法，具有保证交易、周转资金与供应外汇三项作用。中国银行为国际汇兑之专业银行，应以对外贸易押汇业务为中心工作，拟商扩大范围、简化手续，减低其所收贴现费与手续费，并以再抵押之方式，供应各商业银行经营进出口押汇所需用之资金，以资提倡。

寅、推行信用保证。出口信用保证制，可使出口商之出口货款，得到全部或一部分收回之保证，为鼓励出口商向国外推销之最有效方法。英、美各国均设有专一机构，办理此项工作，如英海外贸易部下之出口信用保证局、美复兴银公司下之进出口银行等是。今后我国亦应于贸易机构之下，设立出口信用保证局，并先商国际贸易汇兑银行推行此制，俾出口商获得信用保证，即可用以营运进口业务，加速周转次数。

丙、健全对外贸易基层组织

子、改组进出口同业公会。进出口业同业公会，可以团结人民力量，采取齐一步骤，辅助政府推行贸易政策。贸易委员会曾奉委员长手令，饬研拟《进出口同业公会方案》呈核，当经拟呈有案。亟应会商社会部迅予施行，遵照改组，使各出口商行均得透过进出口同业公会组织，向国外集团采购，或向国外联合推销，以求减低成本、减少竞争。同时得向政府机关请求金融、运输、关税、保险等各项协助与便利。至收复区曾受敌伪控制之进出口同业公会单位组织及联合组织，不论新旧，一律解散，另行组织。

丑、拓展生产运销合作组织。此项组织，对于进出口贸易，当有助长作用。贸易委员会在战时，曾于东南区倡导茶叶生产运销合作社，于西南、西北区倡导桐油及羊毛生产运销合作社，已粗具规模。今后应更积极予以拓展，凡：（Ａ）重要外销物资之生产者，均由贸易主管机关继续协助成立此项组织，使能增加产量、改进品质、便利运销、减低成本，并避免中间商之剥削。（Ｂ）此项组织，有须与国营或民营贸易公司进行直接交易者，有需要生产之器材者，有须将其物品加工者，均由贸易主管机关随时协助，俾能获得便利，而益加拓展。至东北九省产销合作社，原办有成绩，应予维持。

丁、加强调查咨询宣传

子、扩大调查咨询范围。经营业务，必需调查商情。国外方面，如进口物资之产制情况、代替品之性状与功能、出口物资在市场销纳之情况、各国市场之习尚与嗜好、出口商品在市场竞争情形、各国关税商约情形等。国内方面，如外销产品之内销情形、生产成本、增产数量等，在在均须参考研究。贸易委员会向于重要国际市场，委托专人并转托驻外使领馆，同时于国内重要产区及集中市场，分设机构，逐项调查。至搜集国内外各种有关贸易法令、章则及进出口业务情报，据以检讨各项贸易问题，俾国内外商行有所咨询，随时供作解答，尤为进出口业应有之需要。今后均应普遍推及收复区及国外各地，以为发展贸易之媒介与指导。

丑、加紧对外宣传工作。贸易委员会曾编订《贸易月刊》、《对外贸易参考资料》等，从事宣传。今后应更推广其方法：（Ａ）革新商品广告。如在国外重要新闻纸、杂志刊物上登载图案，设计货品指导，送发外销商品传单。（Ｂ）发行刊物。如编撰英文外销商品宣传小册、英文中华物产志或英文专稿送登国外著名报纸，竭力阐明我国物资之优点。（Ｃ）举办或参加商品展览会。如搜集各种外销物资及国外可能代替物品，举办展览会；或搜集我国外销物资，参加各国商品展览会，使我进出口业及国外市场，得由观摩而益加奋兴。（Ｄ）摄制商品影片。此为最有效之对外宣传方法，贸易委员会曾摄有桐树、桐花、桐果循序而成桐油之影片，放映宣传，甚得观众赞许。今后宜选择外销物资，就其产制、运销状况，摄成影片，在国外各都市轮流放映，藉广宣传。

肆、关于增加生产部分

甲、增加生产量值及经费

子、下年度及增产后之量值。为供应今后建设计划而扩大外销物资出口，则生产之复员，及积极增加产量，实为当前最重要之措施。贸易委员会办理辅助外销物资增产事项，已历五年。兹据估计三十五年度及复员后第五年可能增加生产输出之量值，如次表：

外销物资可能输出量值表

品名	三十五年度可能输出量值		战后第五年可能输出量值	
	量（公担）	值（美金元）	量（公担）	值（美金元）
桐油	650000	17256637	2000000	53097345
豆油	950000	15132743	1000000	15929204
花生油	200000	3834808	300000	5752212
苏子油			500000	10324483
其它植物油	150000	2212389	500000	7374631
大豆	14000000	49557522	20000000	70796460
花生	1500000	7964602	1500000	7964602
芝麻	500000	3244838	1000000	6489675
其它子仁	3000000	10619469	4000000	14159292
茶叶	500000	22123893	1000000	44247788
烟草	120000	4248000	400000	14159292
生丝	40000	15340000	100000	38348083
废丝	30000	1725750	60000	3451327
丝织品	5000	7375000	64000 千方码	37758112
茧绸	4000	1888000	10000 千方码	5899705
棉花	200000	4720000	800000	18879056
棉纱	100000	5015000	300000	15044247
棉布			1600000 千方码	117994100
其它棉织品				4719764
麻类	200000	2655000	500000	6637168
麻织品	6000	1062000	16000 千方码	4719764
羊毛	150000	8850000	150000	8849567
猪鬃	60000	15045000	60000	15044247
牛皮	100000	2065000	200000	4129798
其它皮货		7375000		14749260

品名	三十五年度可能输出量值		战后第五年可能输出量值	
	量（公担）	值（美金元）	量（公担）	值（美金元）
肉类		7375000		8849567
羽毛		1475000	100000	8849567
蛋品	500000	7375000	3000000	44247787
手工艺品		5900000		29498525
其它		4425000		68731563
台湾糖	4000000	23600000	5000000	29498522
台湾米	4000000	23600000	5000000	29498522
台湾茶			100000	2949852
台湾其它产品				8849567
合计		283060651		777492654

说明：1. 桐油、豆油、羊毛等产品，受战事影响较小，花生则容易恢复，均照战前十年输出平均数量估计。

2. 台糖原输出九百余万公担，因过去大部分输日，今后一部分须输入内地，故输出只列四百万公担。

3. 猪鬃以属附产，容易随猪产恢复，故以全国生产量估列，较战前十年平均输出量为多。

4. 其它各种物资，视产区受战事影响之程度及恢复之难易，分别照战前十年平均输出量百分之七十或百分之六十估计。

5. 货值系参酌美国战前市价，及我国战前海关估价折合美金计列。

6. 因依照前项标准估计货值，故较最近售价为低。如生丝表列合每磅一元七角五分，最近我国售予印度政府为每磅三十九盾，折合美金十二元。桐油表列合每磅一角二分，最近对苏易货为每磅三角八分五厘。猪鬃表列合每磅一元二角，最近售与美、苏为每磅三元。若将生丝、桐油、猪鬃改照最近售价计算，则三十五年度可能输出货值，将较上表所列增加一五二，六一三，三六三美元，可达四三五，六七四，〇一四美元。战后第五年可能输出货值，将较上表所列增加三六六，五一〇，三二五美元，可达一，一四四，〇〇二，九七九美元。

丑、生产复员及增产之经费。今后着手生产复员及增加生产，其所需之经费，兹估计如次表：

品　名	复员经费（元）	每年增产经费（元）
桐油	117000000	3375000000
大豆及豆油	132000000	5715000000
花生及花生油	58800000	562500000
其它子仁及植物油		2295000000
茶叶	328000000	2400000000
烟草	62300000	1080000000

续表

品　名	复员经费(元)	每年增产经费(元)
糖		2400000000
生丝及丝织品	506800000	5862750000
棉花及棉织品		9165000000
麻类及麻织品	98800000	817500000
羊毛	220800000	450000000
猪鬃		1275000000
牛皮及皮货		1700000000
肉类		750000000
羽毛		675000000
蛋品	110000000	3000000000
手工艺品	60000000	2250000000
其它		6045000000
合　计	1694500000	49817750000

说明：1. 复员经费，依各种物资所受战事影响程度之深浅，并照目前法币价值拟列。

2. 增产经费，按照各种物资出口总值之目前法币价值百分之一点五拟列。

乙、加强增产方法与技术

子、规定划区集中生产。增加产量，在植物产品方面，有：（A）增加种植面积、（B）增加单位面积产量、（C）改良品种及栽培方法、（D）防治病虫害等项。在动物产品方面，有：（A）繁殖良种、（B）改进饲料、（C）防治病疫、（D）改善管理等项。以划区集中生产，为实施上述各项按期收效之必要条件，使改良品质，划一品级，减低成本，以及合作组织之推进，产制运销新体系之建立，均集中于一区域内办理，俾各阶段相互紧接，共同发展。其区划如左表：

集中生产划区表

品名	划定集中生产区域	主要工作	五年后输出数量预计
桐油	1. 四川万县 2. 四川涪陵 3. 湖南沅陵 4. 湖南洪江 5. 湖南芷江 6. 广西平乐 7. 广西马平 8. 广西南宁 9. 贵州镇远 10. 浙江永嘉	1. 增植新桐林 2. 整理旧桐林 3. 设立新式榨油厂 4. 办理产制运销合作社	二百万公担

品名	划定集中生产区域	主要工作	五年后输出数量预计
生丝及绸缎	1. 浙江杭嘉湖属 2. 广州三角洲	1. 设立大规模桑苗圃 2. 制造改良蚕种 3. 设立烘茧灶 4. 设立新式绸缎厂 5. 办理产制运销合作社	生丝十万公担 废丝六万公担 绸缎六万四千方码
茶叶	1. 安徽祁门 2. 安徽屯溪 3. 江西婺源 4. 江西修水 5. 浙江平水 6. 浙江遂淳 7. 浙江温州 8. 福建福鼎 9. 福建晋江 10. 湖南安化 11. 湖北五峰	1. 整理茶园、增植茶树 2. 设立联合精制茶厂 3. 办理产制运销合作社	一百万公担
羊毛	1. 甘宁青区 2. 陕北区 3. 四川松潘区	1. 繁殖优良羊种 2. 防治羊病 3. 改良剪毛包装	十五万公担
大豆及豆油	关东平原区	1. 改进产制技术 2. 办理产制运销合作社	大豆两千万公担 豆油一百万公担
花生及花生油	1. 山东 2. 河北	1. 改进品种 2. 大量生产 3. 办理产制运销合作社	1. 花生仁一百五十万公担 2. 花生油三十万公担
棉花及纱布	1. 陕西平原 2. 河南平原 3. 江苏北部	1. 改良棉种 2. 设立新式纺织厂	棉花八十万公担 棉纱二十万公担 棉布十六亿方码
麻及其制品	1. 湖南沅江、浏平 2. 湖北阳新、大冶 3. 江西铜鼓、万载	1. 改进种植收割方法 2. 设立新式制麻厂及纺织厂	麻五十万公担 麻布一千六百万方码
柞蚕及茧绸	1. 山东烟台 2. 河南南阳 3. 辽宁安东	设立新式制造厂	一万公担
蛋品	1. 平汉沿线各地 2. 津浦沿线各地 3. 长江中下游各地	1. 改良鸡种 2. 防治鸡病 3. 设立新式冻蛋厂	三百万公担
烟草	1. 河南信阳 2. 安徽凤阳	设立新式烤制厂	四十万公担

　　丑、改良品种与划一品级。各外销物资之品种，历来任其自然演变，驳杂不纯，关系于品质及产量者甚大，至其品级良窳不齐，漫无标

准，影响于销场亦甚大。今拟赓续近年研究之结果，注意推行下列各事：（A）繁殖贸易委员会生丝研究所育成之蚕种贸易一号，并选择桐种之光桐、茶种之水仙等品种，加以推广。（B）引进美利诺及蓝布里耶羊种、来航鸡种、日本新蚕种、美埃烟种等纯种，培育推广。（C）选择国内良种培育，使成纯系，并与引进之纯种交配。（D）参照世界规定，厘定各种外销物资品级，及出口标准，按照分级，并办理出厂检验，加强出口检验。

五、关于修订贸易法令部分

甲、应予重订之法令

子、重订贸易行政管理法令。委员长最近颁发手令，救济物资之进口及贸易物资之进口，其管理方法，如人事、业务、财政、会计、稽核等，可采用海关、邮政优点，应即遵照拟定，切实推行。

丑、制定《促进外销物资出口办法》。此项办法草案，业已呈院，正候核定颁行。

乙、应予废止之法令

子、废止各项统购、统销办法。理由已如出口贸易部分子项 2 款所述，原订之《全国桐油调节管理暂行办法》、《管理全国茶叶出口贸易办法大纲》、《全国猪鬃统购统销办法》，《全国生丝统购统销办法》、《全国生丝统购统销办法》、《全国羊毛统购统销办法》，均予废止。

丙、应予修正之法令

子、修正《进口出口物品管理条例》。此项条例，业经贸易委员会随环境变迁，迭请修正。现应配合国防及工业建设计划需要，予以修正。其要点如次：（A）进口物分为两类：（子）凭专管机关证照报运之物品（如军用品、航空器材、爆发物料、麻醉药品等）；（丑）依专案绝对禁止进口之物品（如制造军火图样、农业病虫害等）。（B）出口物品分为四类：（子）由政府机关报运之物品（如钨、锑、锡等）；（丑）须经特许并结汇出口之物品（如大豆、蛋品、肠衣、麻类、皮革等，及正请废止统购、统销之桐油、猪鬃、生丝、羊毛、茶叶）；（寅）特许出口物品（如金属制品、石油产品、石棉、煤、硝、磷等）；（卯）

依专案绝对禁止出口之物品（如银币、古物、中国古籍、官署档案等）。

丑、修正《结汇货物报运章则》。《结汇货物出口报运办法》，原系二十八年贸易委员会所订定，嗣曾一度修订，现即应再加修正。其应行修正之点如次：（A）将《出口结汇采购进口必需品抵消暂行办法》内各项规定，并入修正办法，并以下列十一类，为抵销出口结汇之进口物品。（1）钢铁及五金器材；（2）机器及工具；（3）交通器材；（4）通讯器材；（5）电工器材；（6）汽油、柴油、润滑油；（7）水泥及木材；（8）医药用品；（9）化学原料及颜料；（10）棉花、纱布；（11）经贸易委员会核准之其它进口必需品。（B）原有结汇物品，尚嫌繁复，应减少品类子目，改为下列九类：（1）蛋品；（2）皮革；（3）皮毛；（4）羽毛；（5）肠衣；（6）药材；（7）麻类；（8）大豆；（9）绸缎。

（注）：桐油、猪鬃、生丝、羊毛、茶叶统制取消后，亦列入结汇物品。

陆、关于充实贸易机构部分

甲、健全对外贸易机构

子、统一贸易机构事权。对外贸易机构，应主管进出口贸易一切行政及辅助事业。又商品检验局及驻外使馆商务人员，均与贸易行政有关，其隶属关系应予改正，以期统一事权。

丑、重新分布行政机构。战后地区，幅员广大，原有各地机构，亟应选择重要通商口岸或主要商品集散市场，重新配置，使能推动全国各地之贸易行政。列表如后：

分布对外贸易行政机构表

区别	名称	管理区域	备注
总机构	财政部贸易委员会	统掌全国对外贸易行政	原设重庆，应迁回首都南京
所属分机构	上海办事处	苏、浙、皖三省	恢复原有上海办事处改组之
	汉口办事处	湘、鄂、豫、赣四省	以原有湘桂办事处迁移改组之
	重庆办事处	川、康两省及西藏地方	以总会原有机构缩小设置之
	兰州办事处	陕、甘、宁、新、青五省	以原有西北办事处更名组织之

续表

区别	名称	管理区域	备注
	广州办事处	粤、桂两省	恢复原有广东办事处改组之
	昆明办事处	滇、黔两省	恢复原有云南分会改组之
	天津办事处	冀、察、绥、晋四省	以原有江西办事处迁移改组之
	济南办事处	山东省及青岛市	以原有安徽办事处迁移改组之
	沈阳办事处	东北九省及热河省	以原有浙江办事处迁移改组之
	台湾办事处	台湾及福建两省	恢复原有福建办事处迁移改组之

寅、另行配置贸易业务机构。对外贸易原有业务机构，一为世界公司，在美国纽约，不发生复员问题。一为复兴公司，今后因恢复幅员，原有之国内分支机构，须分别迁移或恢复改组于重要通商口岸，并于国外筹设分支机构，以利购销业务之进行。列表如后：

配置对外贸易业务机构表

区别	名称	营业区域	备注
总机构	复兴商业公司	经营进出口贸易	原设重庆，拟迁驻上海兼办苏、浙、皖三省业务
所属分机构	汉口分公司	湘、鄂、豫、赣四省	
	重庆分公司	川、康两省及西藏地方	
	广州分公司	粤、桂、滇、黔四省	
	兰州分公司	甘、宁、青、新、陕五省	
	沈阳分公司	东北九省及热河省	
	天津分公司	冀、察、鲁、晋、绥五省	
	台湾分公司	台湾及福建两省	
	纽约分公司		拟新设
	伦敦分公司		拟新设
	新加坡分公司		拟新设
	加拿大分公司		拟新设
	澳洲分公司		拟新设
	日本分公司		拟新设

卯、陆续推设增产机构。为适应战后大量外销物资出口之需要，增产机构除现有之桐油、生丝、茶叶三研究所外，应继续斟酌实际需要，

增设大豆、蛋品两研究所。产制机构除原有各产制指导区外，按照前述划区集中生产计划，推设各收复地各主要外销物资产制指导区。列表如后：

区别	名称	执掌	备注
总机构	外销物资增产委员会	管理督导各项外销物资之增产工作	原设重庆，应随贸会设于首都南京
研究机构	桐油研究所	研究该项物资产制、运销各项基本问题	仍设重庆
	生丝研究所	同前	原设重庆，拟移设杭州
	茶叶研究所	同前	仍设福建崇安
	大豆研究所	同前	拟新设驻大连
	蛋品研究所	同前	拟新设驻上海
产制机构	四川桐油产制指导区	实际推动产量增加、品质改善、品级划一、成本减低等工作，并建立产制、运销新体系（以下均同）	
	湖南桐油产制指导区		
	广西桐油产制指导区		拟新设
	福建茶叶产制指导区		同前
	湖南茶叶产制指导区		同前
	浙江茶叶产制指导区		同前
	安徽茶叶产制指导区		同前
	台湾茶叶产制指导区		同前
	浙江蚕丝产制指导区		同前
	广东蚕丝产制指导区		同前
	东北柞蚕丝产制指导区		同前
	东北大豆产制指导区		同前
	西北羊毛产制指导区		同前

乙、接收敌伪贸易机构及事业

子、行政机构。查敌伪在南京设有全国商业统制会，在上海设有中华日本贸易联合会，在北平设有华北交易统制会，并分别附设有进出口贸易组合甚多。此项机构系属贸易行政及社团组织，其财产、文卷应由贸易委员会接收，分别性质整理，归并于本会或交由进出口同业公会依法处理。

丑、业务机构。敌伪在上海设有华中丝业公司、中国蚕丝公司，在青岛设有日华蚕丝会社，在沈阳设有满洲特产工业会社（经营大豆及其制品）、满洲大豆工业会社、纯益缫制公司，在旅顺设有满洲蚕丝会社，在瓦房店设有满洲制丝株式会社，在长春设有满洲柞蚕会社、满洲羊毛工业会社、满洲畜产会社、猪毛株式会社，在台湾设有台湾茶共同贩卖所等机构，均系外销物资贸易事业，应由贸易委员会分别接收，斟酌实际情形，其有继续经营必要者，仍予继续经营，限于半年内查酌经营结果，分别彻底调查。

结论

上述各项复员工作，均极迫切，而我出口物资之产制运销各单位，在经战事摧残之后，亟应设法恢复，并健全其设备，增加其生产，所需费用自必巨大。依据三十五年度国家总预算编审办法第十条："为配合经济复员及建设之需要，对农、工、矿之生产，交通运输及对外贸易之维持与改进，均应充分核列其经费"之规定，当局高瞻远瞩，实早鉴虑及此。又近年委员长手令：战后经济与贸易两种事业，必须确定制度，使能确切执行，合理发展。不可再蹈过去听其自然、漫无规则之覆辙，应依照民生主义之准则及中央已定方针，分别设计具体方案等因。仰见政府重视对外贸易之至意，谨当遵令，另拟我国贸易制度草案呈核。

〔《战后贸易方案》（1943 年 2 月 24 日至 1946 年 5 月 17 日）：1100. 03/6322. 01 – 01/31/001110003A005〕

宋子文翁文灏等呈战后经济事业制度及贸易制度二种
(1945 年 11 月 1 日)

（事由）奉令会拟战后我国经济事业制度及贸易制度二种，呈请鉴核由。

奉钧座申元侍秘代电略开：我国战后经济与贸易二种事业，必须确定制度，使能确切执行，合理发展。不可再蹈过去听其自然、漫无规则之覆辙，饬依照民生主义之准则及中央已定方针，会同设计具体方案，于一个月内呈报等因。遵经会同，缜密研讨，金以战后我国经济事业及贸易之制度，首须确定者，为经营方式与管理制度二项。盖如经营方式不先确定，则国内外企业家无所遵循；管理制度不有合理规划，则事业

鲜有成功之望。经本此旨，分别拟具战后我国经济事业制度及贸易制度二种。另纸缮呈，当否，敬祈鉴核。谨呈

总裁蒋

　　附呈　《确立战后我国之经济事业制度》一件；

　　　　　《确立战后我国贸易制度》一件。

职　宋子文（印）

翁文灏（印）

俞鸿钧（印）

吴鼎昌（印）

附件一　　　　确立战后我国之经济事业制度

（三十四年十一月一日）

战后我国之经济建设事业规模宏大，经纬万端，欲期谐和发展，早观厥成，必先确立制度，以为准绳。经济事业制度之中心问题，首先在规划经营方式，俾使中外人士有所遵循。次则树立国营事业之管理制度，使其有所规范。爰本此意，并依民生主义之原则与中央之既定方针，分（一）经济事业之经营方式、（二）经济事业之管理制度二端，胪陈如次：

　　一、经济事业之管理方式

　　甲、方式之分类

依民生主义制造国家资本之要旨，并兼顾目前我国公私资力有限之事实，战后经济事业之经营方式，应一方面以政府全力发展国营事业，同时在不违背节制资本之原则下，扶植民营企业，并本平等互惠及国际经济合作之精神，以各种方式，鼓励外资之输入，以助我经济建设之迅速完成。本此原则，战后我国经济事业之经营方式，应为下列五类：（一）国营；（二）民营；（三）政府与人民合营；（四）中外合营（政府或人民与外人合营）；（五）外资单独经营。

　　乙、原则上应由政府独占经营之事业

　　（一）直接涉及国防秘密者。其种类为海陆空军器、弹药等制造事业。《工业建设实施纲领实施原则》与《第一期经济建设原则》，均将

此类事业列为国营事业，其理至为显明，兹不具论。

（二）有独占性质者。其种类为主要铁路、邮电暨大规模动力厂及其它公用事业。此类事业有需要资金甚巨，非一般民力所能胜任者；有事关社会福利，不便人民私营者；亦有与国防关系密切者，均具有独占性质，不宜自由竞争，应予划归国营。

（三）国防关系密切之大规模炼钢、炼焦、炼油（石油）等，亦应划归国营。

上列政府独占经营事业之范围，仅系原则上之规定。为适应未来情势之需要起见，政府亦得以特许或委托方式，允许民营或外资经营。至其它事业，概可民营。政府与人民合营、中外合营或外资独营，不必加以限制。

丙、国营民营事业之待遇

政府所经营之事业，不论单独经营或与人民或外资合营，其具有商业性质者，均应与同类之民营事业享受同等之权利与义务。

丁、中外合营及外人单独经营事业之管理

（一）中外合营之事业。外国资本对中国资本不规定比例，总经理为外国人或中国人，亦不加限制。

（二）外人在我国直接投资单独经营之事业，应遵照中国法令办理。法令规定须经特许始得经营者，亦应依照其规定办理。

二、国营事业之管理制度

我国国营事业虽已具有数十年之历史，因已往制度未立，规划欠周，以致漫无规律，流弊丛生。自应建立合理之经济事业管理制度，庶事前有通盘之筹算，事后有严密之考核，而普通行政系统，与国营事业系统之明白划分，尤为切要。兹列举国营事业管理制度之原则如次：

普通行政系统与国营事业系统应予严格划分。我国国营事业系统与普通行政系统，尚未截然划分，所有法令，凡施之于普通行政系统者，无不适用于国营事业，其结果遂不免发生种种阻碍与弊端。查普通行政之要务，在于推行国家政策与政令，而国营事业则系营业性质，须依据企业原则，灵活运用。二者性质既异，管理制度自应明白划分，毋容混淆。兹建议国营事业应采公司组织，由政府选任董事组织董事会。政府对董事会应予以指导监督外，不直接干与其各层业务。公司经理由董事会提请政府任用之，免职时亦同。

依照此项原则建立之国营事业管理制度，应分左列三项：

子、人事管理制度

（一）国营事业人员之管理。为适应事业机关之企业性，应实施事业人员之专业化与永业化。人员之分类、分级，应以工作性质为标准，并实行定期分职考核制度，依照一般企业管理办法分别规定之。

（二）国营事业人员之待遇。应在同工同酬之原则下，依据"时"、"地"之生活状况，分别厘定薪给标准及进级办法，并确立保障退休、养老、抚恤等各种制度。

丑、财务管理制度

（一）每一国营事业机关之资本，应确定其固定资本数额，一次或分次如期拨发。流通资金，得向国家银行借支。必要时经政府许可，并得发行债券。

（二）国营事业之审计，应另定《国营事业审计办法》，以事后审核为原则，其手续应力求简单迅速。

（三）国营事业之盈亏，应经审核后公告，并得按一般公司办法，保留一部盈余，作为各种公积金。

（四）国营事业之会计，应依照一般企业公司之通行办法另定之。

寅、物料管理制度

（一）国营事业为减少物料损耗，增加经营效率，应按照一般公司通行办法另定《保管处理规程》，毋庸按照官物保管规定，多费时间手续，致招损失。

（二）应设置财物管理机构，管理财物之购置、运输、保管、分配及供应等事宜。

附件二　　　　确立战后我国贸易制度

（三十四年十一月一日）

战后我国贸易制度，亟应根据民生主义及中央既定方针，并适应国内外情势，从早予以建立，始克贯彻国家贸易政策，促进经济建设之完成。关于贸易制度之建立，应从经营方式及管理两方面着手。

（一）经营方式

（1）我国国内外贸易经营方式，可分为下述五种：

甲、政府单独经营

乙、民营

丙、政府与人民合营

丁、中外合营（政府或人民与外资合营）

戊、外资单独经营

（2）国内外贸易，以民营为原则，但性质上宜于国营之进出口物品，如军火、钨、锑等，政府得组织国营进出口专业公司，分别经营之。

（3）政府应指导人民组织生产运销及消费合作社，以改进民营贸易之经营方式，并提高生产者及消费者之福利。

（二）管理制度

（4）政府对于进口贸易、进口外汇及关税，在战后初期，应予以适度管理，以期进口物品能配合经济建设计划之需要，并使有限之外汇资源，不致浪费，而国际收支，亦能逐渐接近平衡。

（5）政府对于出口贸易以不统制为原则，并废除出口税，俾便扩大出口量值。

（6）政府应指导出口贸易之产制运销组织，并加强检验工作，使其增加产量，改进品质，扩展销路，并应在各重要国际市场，设立商务专员办事处，及加强领事馆组织，以便报道商情，协助推销及宣传工作。

（7）在战后初期，政府对于重要出口品，应在不影响出口商正常利益之原则下，规定结汇办法，以便集中外汇，统筹用途。出口商本人，并得有优先使用其外汇，购入经建器材之权利。

（8）政府对于国内贸易，以不统制为原则，以期货畅其流。

〔《战后贸易方案》（1943 年 2 月 24 日至 1946 年 5 月 17 日）：1100. 03/6322. 01－01/31/001110003A005〕

吴鼎昌呈对于确立战后经济事业制度及贸易制度二种审核意见
(1945 年 11 月 4 日)

谨按：所陈两件。

甲、关于我国战后经济事业制度者——内容计分两节

一、经济事业之经营方式。本节所论，大致根据国防委员会前颁《战后第一期经济建设原则》与六全大会所决议《工业建设纲领实施原则》而来，但两项原则之异同比较，及其具体应用时之正确解释，前经中央设计局遵令详加分析，逐点签注意见呈核，尚未奉批示。候奉批定时，本节拟即遵照该案批定各点指饬办理。

二、国营事业之管理制度。本节要义在提高各国营事业之企业精神，增进其灵活运用，以求发挥其工作效能。故关于组织、人事、财务、会计各项，均应以符合上述原则，便利营业为主旨，而改订制度，此种主张，自切合需要，亦甚合理。

乙、关于战后贸易制度者——内容各节，大致尚属相宜。至出口关税之废除与结汇办法之规定二项，尚欠详实。拟请将本件再交财政部及中央设计局详加补充，订为具体方案，以便实施。

以上两项，如蒙钧座予以核定，即交由院分别草拟法案施行。

吴鼎昌呈
十一月四日

批示：如拟。中正。

〔《战后贸易方案》(1943 年 2 月 24 日至 1946 年 5 月 17 日)：1100. 03/6322. 01 – 01/31/001110003A005〕

蒋中正为确立战后经济事业制度及贸易制度
二种修改意见致宋子文翁文灏等代电
(1945 年 11 月 26 日)

行政院宋院长、中央设计局吴秘书长、经济部翁部长、财政部俞部长均鉴：十一月一日设签字第二〇三号报告及附件均悉。所拟战后我国经济事业制度及贸易制度二种，准照会拟意见办理，由行政院分别草拟

法案施行。惟（一）关于外人在我国内直接投资、单独经营之事业，应否先经政府之特许，可再加考虑。（二）关于出口关税之废除与结汇办法之制定两点，亦应针对战后各时期实际环境之需要，详作具体之研究，以期国际贸易与国内工业之发展。即希注意为要。中○。戌寝府交丙。

〔《战后贸易方案》（1943 年 2 月 24 日至 1946 年 5 月 17 日）：1100.03/6322.01 - 01/31/001110003A005〕

蒋中正为确立战后经济事业制度及贸易制度
二种办理情形致宋子文代电
（1946 年 5 月 17 日）

行政院宋院长勋鉴：前据行政院、中央设计局暨经济、财政两部会拟战后我国经济事业制度及贸易制度二种，已经中核定照办，并于上年十一月以戌寝府交代电饬院分别草拟法案施行在案。现在进行已至如何程度？尤以国营事业之管理制度一节，亟待重新厘定，以期推进建设。特再电，仰遵照前电，迅予实施，并先将办理情形具报为盼。中○。（卅五）辰篠府交京丙。

〔《战后贸易方案》（1943 年 2 月 24 日至 1946 年 5 月 17 日）：1100.03/6322.01 - 01/31/001110003A005〕

四 扶助后方工矿事业方案

翁文灏呈复员时期扶助后方各厂矿办法六项
（1945 年 8 月 25 日）

（事由）呈为后方各厂矿在抗战期内历尽艰辛，维持生产，裨益国力至巨，在复员期内，应如何扶助，谨拟具办法六项，敬祈鉴核示遵由。

谨呈者：窃目前敌人投降，战事已告结束，一般目光遂集中于收复各区之复员工作。而后方工矿事业则因定货停止，产品滞销，以致资金周转不灵，而开支浩繁并未稍减，遂使维持为难，岌岌可危。夫后方各厂矿，大多由口岸及战区内迁而来，或由热心人士在受敌封锁艰苦环境之中努力建置，在抗战期内，历尽艰辛，维持生产，对于国家实力确有裨益。兹值抗战胜利，而各厂矿乃以上述原因遭受空前之困厄，以致人心惶惶，不知所措，实有及早予以补救之必要。盖此时收复区之复员工作，固为当务之急，而后方工业，亦不宜令其抗战以来辛苦树立之基础，一旦摧毁。因此，在复员时期内，如何扶助后方工矿，实为目前急待解决之问题。谨拟具办法六项分陈于后：

一、四联总处继续实行工贷，就基础健全之工矿，贷给资金，以助周转，不宜因战事停止而结束。

四联总处年来办理工矿贷款，对于各事业资金之周转，收效甚宏。兹值复员时期，所有收复区内需款，自属浩繁。惟后方工矿所需最少限度之周转资金，似仍应由四联总处继续办理，藉慰各事业于不坠，至于此项工贷总额，似可暂定为国币四十亿元，由四联总处妥为分配于各厂矿，以济急需。

二、政府对于主要工业之协助（例如钢铁、机械、化工、纺织等），应就复员时期之需要，拨定专款，切实扶助。

上项工贷款项，系供各事业周转之需。但因目前市价不同，定货减少，为使各厂矿继续生产、裨益实用起见，实非由政府方面另拨专款不为功。此项专款用途，似可以下列三项为主：

（一）订制工业制品（例如钢铁、机器等）——战事停止以后，兵工器材等之定货均大减低，因此钢铁、机器等，遂告滞销。如不予以补救，则各有关工厂势难继续生产。拟由政府仿照以前定制机器专案，就必需机械、钢轨等物，拨款定造，庶能得有重要设备分拨应用。惟以目前水运开通，市价趋跌，商人不堪亏累，不能不以政府财力，勉为接济。此项订制产品所需款项，暂定为二十亿元。

（二）收购机器，以备工业学校及训练技工等用途——将来复员及建设工业方面所需技术员工，定将大量增多。因此，训练工作势须加强。目前，各工业学校设备缺乏，机器尤少，无法获得实际观摩及经验。又经济部原办有技工训练处，为缺乏资金及设备，久感维持不易。目前机器生产既少销路，拟即酌购主要产品，分配各学校及训练机构应用，所需款额暂定为五亿元。

（三）收购机器运往收复各区（例如湖南、湖北等地）工矿，以助该区生产——沦陷区内东北及华北工业，多具规模，亦少破坏，故恢复当属较易。惟湖南、湖北一带之工矿事业，因迁徙破坏，受损最烈。将来欲谋恢复，势非有重要设备运往，无法重建生产。此项长江船运，瞬将开始，尤须促助煤矿，迅即生产。此项需要款额，暂定为十五亿元。

以上三项，共计约需四十亿元，似可由政府指定专款，由国库分期发交战时生产局，妥为支配应用。

三、政府对于后方重要建设工程，例如铁路、水利等事，应设法从速实行。凡后方工业自能供应者，尽先向其订购。

后方各省，数年以来，支持抗战，为获致胜利之基础。虽工业方面已稍见发展，而其它建设，如铁路及新式水利工程，则尚少进行。在此复员时间，政府宜尽速择要实行，以振作积极前进之气象。尤如四川省之成渝铁路，土木工程已有基础，四川省参议会正在请求速建；川滇间之叙昆铁路，建筑工程中途停止；陇海铁路仅及天水，宜更续建，以达兰州。凡此各路，如能实行修建，则川、滇、甘等省工业，皆能贡献制造力量，助其推进。主持工程方面，对于所需器材能在后方自制者，应尽先订制，以与各工业生产相互配合。

四、各工厂有单位过多，而制造能力过小者，例如机器工厂，应妥为归并，就后方所需之机件，集中制造，以期人力、物力，更为充分使用。

目前后方各工厂，其同类单位过多者，如机器工厂，即在重庆一区，已达三四百家。为数实为过多，生产能力又不甚大，徒使所需器材零星分散，利用不便，开支特多。为加强事业基础，发挥生产能力起见，实应妥为归并，集中业务，则人力、物力，俱臻经济。政府当妥为开导，促其实行。

五、各工矿事业应节省开支，减少非必要之员工及材料，以期减低成本，增高效率。

今后后方工矿事业，因外来物资价格较廉，内地制造成本甚高，故其维持发展，定较战时艰困。为谋自存起见，首须节省开支，增加效率。所有不必要之员工，即予尽量减少。对于材料之使用，亦宜妥为配合，要求经济。所余员工，将来沦陷区收复之各工矿，需要员工，为数定多，正可抑此注彼，以应彼方之急需。

六、工业中有因战事停止、市场变迁，势须停工者。其原有器材，如尚有用途，应由政府主管机关或其它厂家，依公平价格，收购应用。

后方工业中，战后亦有事实上无法维持，必须停工者。此项工业既因市场变迁等关系，已无存在之可能，则其停工，自与后方整个经济，不致有所影响。政府对于此项势难侥存之工厂，不如依实际形势之推移，助其结束，将其所有合用之器材，由政府主管机关或其它厂家尽量收购，充分利用。

以上所陈关于复员时期扶助后方工矿之办法，要为目前之急务，允宜及早实行。否则必致各事业日趋衰败，同归于尽，则于后方之安定及建设，均难免有所影响。谨就筹虑所及，备文签报。是否可行，敬乞鉴核示遵。谨呈

委员长蒋

职 翁文灏（印）谨呈

三十四年八月二十五日

〔《工矿事业（一）》（1941 年 6 月 12 日至 1945 年 12 月 4 日）：1122.70/1010.01－01/228/001112270A001〕

陈布雷呈对于复员时期扶助后方各厂矿办法六项处理意见
（1945 年 8 月 30 日）

谨按：对日战事突然结束，后方工矿事业因环境之变迁，多有陷于停顿之危机。政府诚宜分别考察情形，量予救助，以期安定经济。惟本

案所提办法六项，间有不尽相宜者，兹分签如下：

原办法第二项，由政府拨款四十亿元，继续订制各种工业制品与机器，原则拟准照办，交行政院核定数额施行。

原办法第四、五、六各项，原属经济部督导工矿事业、改进生产效能正当应办之工作，自可径自执行，拟复准照办。如有详细规定办法之必要，并饬径提行政院核定。

原办法第一项，由四联总处继续办理贷款四十亿元。本项用意与原办法第二项相同。但银行贷款，普通须以产品作抵押，如是则第二项固已有由政府拨款订购产品之办法，颇嫌重复。如另许以机器、房屋作押，则不啻为少数工矿业移用其资金于投机之途者，开一方便之门，似可顾虑。本项拟先交四联总处切实核议。

又原办法第三项，由政府从速进行后方各项建设工程，以增加对于工矿产品之需要。本项用意虽善，但各区国防经济建设问题，似应通盘重加筹划，不宜草率从事。本项拟从缓议。

以上所拟当否，敬请批示！

职 陈布雷（印）谨签

八月卅日

批示：如拟。

〔《工矿事业（一）》（1941 年 6 月 12 日至 1945 年 12 月 4 日）：1122.70/1010.01－01/228/001112270A001〕

蒋中正为复员时期扶助后方各厂矿办法致翁文灏等代电
（1945 年 9 月 23 日）

战时生产局翁兼局长、四联总处刘秘书长均鉴：兹据人建议，以目前后方各省物价下落，关于后方工矿问题之对策，似应分别情形，依下列原则办理：（一）对于抗战确有重要贡献之事业，或其组织健全、政府所视为当予扶植之幼稚工业，应从根本上设法使其产品之销路不生问题，必要时可由政府津贴其生产成本，使得减价，随市出售。（二）市场需要确已变更，必须逐渐减少生产之事业，其最大之困难，为一部分技工与机器原件之处置问题。政府对于技工，应即设法调用分配于各项接收事业与战后开发之事业。对于机器与原料，亦可斟酌情形，折价收购，移于有用之途。此后，则各该事业即可自行调整其业务。（三）组织既不健全、技术亦甚简陋、产量有限而存品甚多之投机性质事业，政府既无法予以救助，亦不必予以救助等语。查所陈不无见地。关于复员时期扶助后方各厂矿办法案内继续办理后方工矿贷款一节，希即参照上陈原则，并案核议具报为要。中〇。申漾传秘。

〔《工矿事业（一）》（1941 年 6 月 12 日至 1945 年 12 月 4 日）：1122.70/1010.01 - 01/228/001112270A001〕

翁文灏呈救助后方各厂矿计划

（1945 年 9 月 25 日）

（事由）奉令拟具救助后方各厂矿计划，遵就（一）后方工矿事业之困难情形、（二）紧急救助办法及（三）协助遣散员工办法，拟具意见及计划，签请鉴核示遵由。

奉钧座九月十八日申巧侍秘字第二九六一〇号代电：关于后方各厂矿之救助，应由生产局会同经济部，根据各厂矿优劣情形，拟定全盘计划与合理标准，并将办理情形及全部计划呈报为盼等因。又准四联刘秘书长攻芸面称：上次四联理事会开会时，曾奉钧座面谕，关于救助后方工业，应速商定办法，共为推进等因。查关于复员时期扶助后方厂矿，职前已于八月二十五日拟具办法六条。签奉钧座九月十一日申真侍秘字第二九四七六号代电，分条核示，正在遵办。兹复切实查洽，谨拟具意见，列陈如下：

（一）后方工矿业之困难情形。目前困难之最大原因，为日本投降、战事终止，以及以前所有之销路完全停止，或大量减少，且出品价格骤跌，定制无人，以致有关各厂根本动摇。近据中国全国工业协会、迁川工厂联合会及中国全国工业协会重庆市分会三团体联名具呈经济部：以日本投降以后，后方工商各业均朝不保夕，奄奄待毙，吁请继续大批定货，以维各事业于不坠，并乞速拨巨额失业救济金，以便遣散员工等情。经查，目前后方各事业中，实有一部分，须即为停办或大量裁减员工之必要，如机器厂、电器厂、钢铁厂等，皆属此类。如不急予救助，听其破产，则大批员工骤然失业，不免有妨治安。其次，则销路尚仍存在，并未减低，惟因物价继续下降，产品价格与实际成本不能互相配合。例如煤矿、面粉厂及酒精厂等，虽有困难，仍可续为经营。又次为纱厂，销路并未减少，惟因以前财政部花纱布管制局以巨资供应花纱，目前此项办法一律停止，以致资金短绌，进行不易。此仅为协助周转资金问题，似可另筹办法。

（二）紧急救助办法。依上情形，目前最需，即为紧急救助者，厥为机器、电器、钢铁等业。经就此类工厂，详加考察其实在状况，其中又可分为两类：

甲、尚可勉为维持之工厂。此类工厂约计可得三十余家，例如民生、顺昌、恒顺、华成、中国兴业、渝鑫等厂（单见附件二）[①]，大抵组织尚为健全，设备尚为良好，在战时努力制造，贡献颇多。此时虽极困难，但如善为扶助，俾可续为经营。则此后川省铁路兴工，运输较便，对于后方经济发展，仍可有所裨益。拟由战时生产局在上次曾奉核准之四十亿元内，酌为定制机件、轻轨等产品，俾可继续开工，并由四联总处于议订五十亿元紧急工贷内，酌予贷款，俾可藉以周转。惟此类工厂，虽藉此扶助，勉为维持，仍宜酌裁员工，撙节开支，以期减低成本。

乙、势须设法停办之工厂。在上述艰困状况之下，有规模较小、效率较低之工厂，实非早为停办不可。如果勉为维持，则债累日加，愈陷愈深。此类单位在战时，全恃高价，以图生存，而且办理风气，原不甚良。此时负担加高，更不免工潮紧张，弊端百出。惟工厂停办，必须遣散员工；遣散员工，必须资金能有来源。似惟有由战时生产局就扶助后方工厂专款四十亿元内，酌拨款项，将其所有设备、资产，酌量收购，俾可以所得价款，供作此用（见附件一）。再以上办法，当尽量对于民营事业首先救助，对于国营各厂，当与主管机关，另筹办法。

---

① 见第 775 页附件一。

（三）协助遣散员工办法。依照上拟办法，估计应行遣散者，计共职员九百余人，劳工一万余人，连同必须携同离渝之直系眷属，共合二万九千余人（见附件三）。其中劳工为数较多，尤宜从早助其离渝。实以近来劳工意志，极为不安，虽管理较善之工厂，如民生、顺昌毛纺织等厂，亦复迭次罢工，敷衍了结，以致各厂对于犯规工人，不敢惩罚，怠工要挟，所在皆是。故此时一经裁撤，或工厂一经停办，所有人员，自须早为助其运输，俾可各返故土。此项被裁员工，大致可分为二类：一为技术研究专长为收复各区工业建设时所必要者。依照所拟办法，均各开具专册，届时均可招致集合，重为任用，俾可于经济前进途中，得其助力；二为一部分之劳工，以前大抵为躲避兵役，入厂工作。吾国以农立国，此类工人，回入农村，当可自谋生活。

以上均系根据实在情形，依症发药，以期达此时紧急扶助之目的。所有具体办法及主要勉助维持之工厂清单，另列附件。理合择要陈述，谨呈鉴核示遵。谨呈

委员长蒋

职 翁文灏（印）

三十四年九月二十五日

附件一　　　后方今后值扶助继续生产之工矿事业

一、钢铁事业

甲、厂名：中国兴业公司、渝鑫钢铁厂，共二家。

乙、扶助办法：（1）贷款周转；（2）订货或收购成品；（3）协助充实设备或协助一部分设备迁返上海。

二、煤矿业

甲、矿名：天府公司、三才公司、宝源公司、建川公司、全济公司等共十八所（内四川十五所、云南一所、陕西二所）。

乙、扶助办法：视当地需要情形，予以贷款，协助生产。

三、酒精业

甲、厂名：大成化学公司、新中国酒精厂、大华公司新明酒精厂等

共二十所（内四川十四所、贵州二所、云南四所）。

乙、扶助办法：未叙明。

四、电力事业

甲、厂名：重庆电力公司、成都启明电气公司、昆明耀龙电气公司、巴县电力公司，共四家。

乙、扶助办法：用贷款方式或核发外汇，协助增加设备。

五、化学工业

甲、厂名：中国造纸厂、中元造纸厂（造纸业二家）、四川水泥厂、华中水泥厂（水泥业二家）、中国火柴原料厂（火柴业一家）、瑞华玻璃厂（玻璃业一家）、天原电化厂、永利化学工业公司（制酸碱业二家）。

乙、扶助办法：贷款（多已核发紧急工贷，各数千万元不等）。

六、机器业

甲、厂名：新中工程公司、民生机器厂、顺昌铁工厂、上海机器厂等，共二十四家。

乙、扶助办法：以订储复员需用器材方式，协助各厂周转资金。

七、电机制造业

甲、厂名：华生电器厂、华成电器厂、永安电磁厂等，共九家。

乙、扶助办法：以订储复员需用器材方式，协助周转资金。

八、纺织业

甲、厂名：申新渝厂、裕华渝厂、豫丰渝厂、大华西安厂、广元厂、裕滇纱厂、中国毛纺织厂、川康毛纺织厂等，共十八家。

乙、扶助办法：（1）贷款协助周转；（2）改良设备。

〔《工矿事业（一）》（1941 年 6 月 12 日至 1945 年 12 月 4 日）：1122.70/1010.01－01/228/001112270A001〕

翁文灏呈关于后方工矿问题之对策三项

（1945 年 10 月 3 日）

（事由）奉电为据人建议关于后方工矿问题之对策三项，遵经核议，呈复鉴核由。

奉钧座九月二十三日侍秘字第二九七三三号代电，关于复员时期扶助后方各厂矿办法，有人建议原则三项，饬于办理后方工矿贷款案内，参照并案核议具报等因。谨分别呈复如次：

（一）对于在战时确有贡献，而组织尚健全之工厂，应予勉力维持。重庆附近有是项工厂三十余家，业以机渝秘字第〇七九九号签呈陈明。除由四联总处会同本局在紧急工贷五十亿元内酌予贷款外，并在曾奉核准交院之四十亿元内，酌为定制机件、轻轨等产品，俾可继续开工。并以治本之计，在于开辟市场，于机渝秘字第〇六九九号签呈内，建议在后方各省建设新式铁路及水利工程，俾后方建设取给于后方之工业，则将来政府重心他移，而后方工业仍有其固定之销路。譬如四川省之成渝铁路，土木工程已有基础，四川省参议会正在请求运建；川滇间之叙昆铁路，中途停止；陇海路仅及天水，宜更续建以达兰州。凡此各路，如能实行修建，则以川、滇、甘等省工业，皆有出路矣。此项建设工程，在政府虽须开支巨款，但对挽救目前工业不景气之状况，实有根本效力，似宜由钧座促其实行。至于由政府津贴生产成本，使得减价，随市出售一节，原则上甚有见地，但须俟前后方币制、中外汇率稳定后，成本与市价皆有标准时，方能执行。

（二）对于因市场需要确已变更，必须逐渐减少生产或停办之工厂，其工人遣散办法，业以机渝秘字第〇七九九号签呈在案。除就扶助后方工厂专款四十亿元内酌拨款项，将势须停办之工厂设备、资产，酌量由局收购，俾其得款供作遣散费用外，并由各厂将裁遣工人，造具清册，开明姓名、籍贯、住址及其工作专长，送局备案。同时，由局摘录被裁技工清单，送经济部及各区特派员，参酌各收复区工矿及战后开发事业之实际需要，随时招致分配任用。

（三）对于规模较小、效率较低而带投机性之工厂，在目前艰困情况之下，即勉为维持，亦必债累日加，越陷越深。拟参照上条办法，准在扶助后方工厂专款四十亿元内酌拨款项，收购应行停办之工厂之一部分资产设备，助其遣散。所有详细办法，在机渝秘字第〇六九九号及〇

七九九号签呈内陈明，甚盼早奉核示，俾可分别施行。除仍当与四联总处刘秘书长随时洽办外，奉电前因，理合备文，呈复鉴核。谨呈

委员长蒋

职 翁文灏（印）

三十四年十月三日

〔《工矿事业（一）》（1941 年 6 月 12 日至 1945 年 12 月 4 日）：1122.70/1010.01－01/228/001112270A001〕

翁文灏呈关于复员时期扶助后方工矿业案办理情形
（1946 年 2 月 15 日）

（事由）关于复员时期扶助后方工矿业一案办理情形，检同附表，呈报鉴核由。

查关于复员时期扶助后方工矿业一案，前经拟具办法。呈奉钧座三十四年九月十一日申真侍秘字第二九四七六号代电核示，复经呈奉行政院三十四年十一月十五日平叁字第二五二五四号指令，拨发专款四十亿元，作为收购重庆区工业制品及机器之用。兹谨将办理情形分别胪陈于后：

一、此项工作，系由经济部与战时生产局共同办理。收购各厂制品及机器，曾经预行规定，以钢铁、机械、电机及酸碱基本化学工业四种为限（所有收购机械、器材概数，详见附表）。因此四种工业，战时专制军需用品，一旦转入平时，销路停止，营业亏折，员工各费无款开支，实有予以救助之必要。截止目前为止，收购费用现已支去三十二亿元（详附表）。厂家所得款项，一律作为裁遣工人之用。业经支款购助之工厂，计共二百十四家。

二、关于协助各厂遣送工人，经与社会部等各有关机关会商办理。凡裁遣工人，尽量遣送回籍，以免滋生事端，且期因此安定工潮，俾余存工厂可以安心工作。计共遣送一万五千人左右，其中除四川籍工人多已自动还乡者外，余均由战时运输局配给交通工具，分由川、陕及西南公路，运送回籍。迄今，车运工人约二千人，船运工人约三千名，共约五千名（详附表）。

三、关于收购各厂器材用途，除业经呈奉核准，划拨四川省政府灰口生铁五百吨及重庆市政府水泥两万桶外，复经订定各级工业学校申请特价购买机械设备简则（详附件），从廉定价，让售各级机电工业学校，以供培养技术人才，增加学生工厂实习机会。目前已有国立四川大学、贵州大学及同济大学等，前来接洽办理中。

以上办理情形，除关于款项开支，另行依法报销及未了事宜继续处理外，理合检同（一）《协助重庆区钢铁、机电、化学工厂复员收购案费用概数表》、（二）《协助工厂名目表》、（三）《收购机械器材概数表》、（四）《遣送工眷统计表》及（五）《各级工业学校申请特价购买机械设备简则》各一份，具文呈报。敬祈鉴核备查。谨呈

委员长蒋

附件如文。

战时生产局局长　翁文灏（印）

三十五年二月十五日

〔《工矿事业（一）》（1941 年 6 月 12 日至 1945 年 12 月 4 日）：1122.70/1010.01－01/228/001112270A001〕

五　战后西北油矿开采

（一）玉门油矿器材调拨与油料分配

翁文灏钱昌照[①]呈玉门油矿生产情形暨增产计划
（1946 年 5 月 20 日）

（事由）奉手谕：玉门油矿应积极设法增产，并将该矿产量为何减少及其增产计划具报等因，呈复鉴核由。

案奉钧座本年五月十三日机秘（甲）第九四七八号手谕开："玉门油矿应积极设法增产，甘、陕、新西北诸省所需之油量应由该矿充分供

---

① 时任经济部资源委员会主任委员。

给。目前该矿产量为何如此减少？其增产计划如何？希迅拟具呈复"等因。奉此，兹谨遵照分别陈述如左：

（一）玉门油矿今年产量已有增加。该矿增产工作，历年均在积极筹划推进。去年以原有炼炉使用日久，已濒损废，曾由美国购得半裂化炼炉一座，运达印度时即派员，于去年八月廿日存印租借法案物资停运以前抢运入境。原期赶运到矿，十二月间装置完成，汽油产量藉以增加百分之四十。讵九月间，西北车运紧急，该矿车辆全部被扣，不准东放，以致器材运输，完全停顿，生产工作，大受影响。曾呈报钧座转饬放车，以维生产，免误军运需油有案。嗣复几经与第八战区司令长官部洽商，并切陈材料运输关系油品生产之重要，始延至去年十二月奉准放行。惟时西北地高天寒，已值封冻期间，工程又告无法进行。当时深恐生产不继，有误供应，爰经严令该矿在新炉工程开工以前，尽速修理旧井、旧炉，努力增产，以维西北运输需油。结果本年一至四月，共产汽油壹百壹拾叁万贰千介仑，较去年同期产量壹百万零二千介仑计增十三万介仑。是该矿虽在运输停滞、物资困难情形之下，仍在努力增产。所传产量减少一节，查与事实不符。

（二）关于玉门油矿增产计划。本年度曾拟定另钻新井二口，预计完成以后，每日可添产原油八万介仑。以旧式炼炉提炼，可月产汽油五十万介仑。此外，拟装置半裂化炉一座，完成以后，每月可产汽油六十万至七十万介仑。现第一口新井已于五月二日完成，压力甚高，产量亦丰。五月份汽油产量可增至四十五万介仑。第二口新井约于六月初可以完成，预计六月份汽油产量可超过五十万介仑以上。增产之汽油均拟售供西北军用，唯若车运迟滞，不能按时提油，则该矿储存设备受有限制，周转欠灵，势将影响生产，合并陈明。奉令前因，理合将该矿最近生产情形及增产计划备文呈复。敬祈鉴核。谨呈

主席蒋

职 翁文灏（印）

钱昌照（印）

卅五年五月廿日

〔《油矿探勘与开采（四）》（1942 年 11 月 23 日至 1947 年 10 月 24 日）：1132.30/3510.01－04/261/001113230A004〕

翁文灏呈拟订暂在兰州洽定玉油分配办法
（1947 年 9 月 19 日）

（事由）为因时制宜计，拟订暂在兰州洽定玉油分配办法，是否可行，呈祈核定示遵。

查甘肃玉门油矿在抗战时期秉承钧命，开始采炼。器材虽然极端缺乏，尚能粗见成效。自民国三十二年以迄，上年每年出产汽油四百余万加仑，西北军事用途以及公路运输所需燃料，赖以供应。本年新建四台炼厂，将汽油成分自百分之十九提高至百分之三十五，辛烷值自四十五提高至七十，并加开新井，以增原油。惟油料产量因开井需时，暂维旧数，故用途按月分配。遵照行政院规定办法，由资源委员会中国石油公司邀集联勤总部、空军总部、交通部及西北行辕代表在京会商，决定西北各机关分配数量，依照实行。复以新疆军事用油为数加高，故玉油用途对于酒泉以西，特为注重，并由中国石油公司将外来汽油由西安运售各地。实行以来，尚为便利。目前陇海西段突受共匪侵扰，运输中断，西安亦复吃紧。胡绥靖主任宗南亦须征购军油，军事用油更为增多，外油内运，困难加甚。故用途分配，不能不暂为因时制宜之计。拟暂在兰州商定分配，由资源委员会石油公司西北营业所与西北行辕空军指挥部、公路总局等机关随时会商拟订。分配以尽量供应军用为原则，并顾及各重要机关之急用，力避囤积，以应机宜。一俟时局较平，仍行依照原定办法在京洽定。所有拟订暂在兰州洽定玉油分配办法，是否可行，除分呈行政院外，理合呈请核定遵行。谨呈

主席蒋

職　翁文灏（印）谨呈

三十六年九月十九日

〔《油矿探勘与开采（四）》（1942 年 11 月 23 日至 1947 年 10 月 24 日）：1132.30/3510.01－04/261/001113230A004〕

翁文灏呈请配拨物资供应委员会剩余器材扩充玉门油矿

（1947 年 10 月 23 日）

（事由）为适应戡乱军需，扩充玉门油矿，请配拨发器材，乞赐核准由。

查玉门油矿于战时全力开发，年产汽油四百万加仑，已历四年。西北军事、交通所需汽油，在近七年来，全赖此供应。当时因物力不足，不得不因陋就简，油井距离不能过远，因而生命过短。炼油方法仅有蒸馏，因而汽油比率较低，胜利以后已感捉襟见肘。洎中国石油公司于三十六年六月成立，乃积极设法开凿新井，改装炼厂，计新凿油井六口，至本年七月已次第完成。其中有半数远达旧井区域一里以外，井下压力均在千磅以上，渗漏率之高，流量之丰，区域范围之增广，殊足为油田储量丰富之明征。根据新井情形，估计老君庙油田储量约在贰亿桶以上，油层丰富，足称上选。炼油方面，原系用蒸馏法所产汽油，约为原油百分之二十。改装新厂采用裂化法，汽油生产率已进至百分之三十五，而辛烷值亦自四十六增为七十，较之外国汽油，并无逊色。以上工作，自去年秋季着手，今年夏季完成，七月份以后汽油产量逐渐增加。已自三十五年底减产时之每月二十余万加仑增至本年十月份之六十万加仑。最近供分配各机关者，月有五十五万加仑，军用占四十二万加仑（约百分之八十），其它为公路及电信、邮政用油。于新疆需要尤为尽先供应，对于安定西北，至关重要。惟西北地区广大产油数量，尚宜继续增加，且必须迅即多开新井，以增高原油产量。如不即为增产，则产量势必减退。且根据油矿工程理论，玉门油田压力来自溶解气体，宜全面开发，则油藏之采掘，可达最高效能。否则泄其一隅，足使全部减低压力，藏油不能尽采，货弃于地，资源损失，至为可惜。似此情形，增加生产设备，诚为迫切之图。本年为配合国家总动员戡乱计划，业经由本会专案呈请行政院拨款六百五十亿元，用备加强生产设备之需，期能随工程之进展，明年达到全年汽油八百万加仑之生产率。但以若干采炼器材须购自国外，惟预算成立时，外汇率业已加高，加以陇海路阻，运输路线，势须迂回取道，由重庆转运费用亦巨。现值国家外汇不足，而汇率又迭次提升。为期实现生产目标及开发计划起见，查物资供应委员会存有美国剩余器材，例如钢管、钢板、建筑钢材、工作机械之类，均为该矿所必需，无须政府额外支付外汇，即可获得。拟请钧座令饬物资供应委员会，准由本会照国防部及交通部成案，按记帐拨料方式，以三百万美元为限，由本会开单，向该会选用合于油矿之器材，以利油矿工程之进行。是否有当，敬祈钧座鉴赐，核准令遵，实为公便。谨呈

主席蒋

职　翁文灏（印）谨呈

三十六年十月二十三日

〔《油矿探勘与开采（四）》（1942 年 11 月 23 日至 1947 年 10 月 24 日）：1132.30/3510.01 – 04/261/001113230A004〕

蒋中正为配拨剩余器材扩充玉门油矿致物资供应委员会代电
（1947 年 11 月 7 日）

物资供应委员会俞主任委员①勋鉴：据资源委员会翁委员长呈以玉门油矿储量丰富，为实现生产目标及开发计划起见，急需增加生产设备，全面开发。请转饬照国防、交通两部成案，按记帐拨料方式，以叁百万美元为限，向物资供应委员会选用合于油矿所需之美国剩余器材，如钢管、钢板、建筑钢材、工作机械之类，以利工程之进行等语。所请选拨之器材，如非属于军用急需品者，可予照办。至于价款如何划拨，应电该会等商洽办理。除已指复外，即希遵照洽办为盼。中○。戌虞府交。

〔《油矿探勘与开采（四）》（1942 年 11 月 23 日至 1947 年 10 月 24 日）：1132.30/3510.01 – 04/261/001113230A004〕

蒋中正为配拨剩余器材扩充玉门油矿致翁文灏代电
（1947 年 11 月 7 日）

资源委员会翁委员长勋鉴：十月廿三日密京（36）业字第三六九

---

① 物资供应委员会主任委员时由财政部部长俞鸿钧兼任。

号呈悉。所请在美国剩余物资中选拨玉门油矿所需器材一节，原则上可准照办。但此项器材以不属于军用急需品者为限。除已令知物资供应委员会外，至于器材价款如何划拨一节，希径于该会洽办可也。中○。戌虞府交。

〔《油矿探勘与开采（四）》（1942 年 11 月 23 日至 1947 年 10 月 24日）：1132. 30/3510. 01 – 04/261/001113230A004〕

翁文灏呈关于玉门油矿汽油分配情况的签呈

（1947 年 11 月 26 日）

（事由）为国防部所报玉油分配数量与原案不符，据中油公司缕陈详情，呈请鉴核由。

钧座本年十一月府字第一四○五七号代电，略以据白部长呈请，即饬资源委员会转饬玉门油矿，自十一月份起，每月供给汽油五十万加仑，以维军运。又该会前拟分配办法，以尽量供应军用为原则，何以与国防部洽定配拨之油量反少？希查明具复等因。奉此，经饬据本会中国石油公司本年十一月十八日沪油营三六字第九二一六号代电复称：“查本公司甘青分公司玉门矿厂所产汽油，历年以来向以供应军油为主。本年十月份，玉油产量估计为六十万加仑，除酌留五万加仑维持本公司由汉、渝至玉矿数千公里之长途运输用油外，提供分配者达五十五万加仑，全部分配额中军事用油一项，即占分配总量百分之七十五以上。计：（一）联勤总部三十万加仑。（二）西北行辕八万加仑。此项数额系包括运军粮用油及冬季屯油，纯系专供军用。油款仍由联勤总部拨付，事实上与分配联勤总部者毫无歧异。（三）空军总部三万四千加仑。合共四十一万四千加仑，悉由国防部所属提用。又尚有六、七区路局及甘肃省公路局经运之军用品，其所需行车油料一部分，亦由本公司另行配给，尚不包括在上项数额之内。且该项分配数额，均于举行分配会议时，分别先由国防部所属及西北行辕代表提出，经出席各代表同意后分配，载明会议纪录，并分送有关机关查照暨报请钧会转呈主席核备各在案。至国防部所报分配数量，似仅指联勤总部而言。对于该部所属其它部分分配额，以及西北行辕军用油料，均未提及，与原案不符。除分电国防部查照外，理合再将玉油分配详细情形缮陈鉴核，转呈为祷"等情。理合备文，呈请鉴核。谨呈

主席蒋

资源委员会委员长 翁文灏（印）

三十六年十一月二十年日

〔《油矿探勘与开采（四）》（1942 年 11 月 23 日至 1947 年 10 月 24 日）：1132. 30/3510. 01 - 04/261/001113230A004〕

（二）中美合作开发西北油矿

翁文灏呈与美孚油公司副总经理商谈合作
开发甘青油矿初步协议节略
（1945 年 12 月 4 日）

（事由）呈为美孚油公司副总经理来华商谈石油产销问题，已获初步协议，我国为开发甘青油矿，美方合作实有必要，且所议条款亦尚与我方有利，检呈节略一份，敬祈核备。

谨呈者：查美孚公司为美国极大之石油事业。本年八月间，派副总经理麦尔随带采炼专家来华，与我方商谈石油产销问题。经职多次磋商，并随时商承宋院长指示意见，其初步商洽情形，业经面陈钧座。最近已与该公司就合作开发甘青两省间石油办法，商有初步协议，缮为节略，另附纸呈。麦尔副总经理日内即须返美，将此项初步协议与本公司董事会及亚细亚、德士古两油分公司分别洽商，俟有结果，即派员来华，与我方签定正式合约。窃查甘青两省间石油，均地处僻远，运输艰难，探勘采炼，费用特大。且炼油技术较为精深，进步尤速，实非获得外国之合作，不易迅速办成。且协议条款内已将飞机汽油列入将来主要产品，以应我国航空之急需。我国目前所有飞机均来自美国，所需油料品质特高，非有美国技术人员参加，其它国家人员不易助我炼成此种较高之产品。尤有进者，此次参加合作之美孚、亚细亚及德士古三油公

785

司，其输入油料在我国大量行销，历时已久。如我国国内所产油料不能预为洽定办法，将来必难与之竞争。故此初步协议内，特规定三公司须承认，新公司所有产品应在中国境内享有优先销售至权。各该公司于推销进口油料时，均须充分尊重此项优先原则。关于公司股本，已议定我方可将甘肃油矿局之全部资产估计总值并入作股，以节省现金之支付。至其它协议各点，如公司股份由我方占百分之五十五，董事长、总经理均由我国人员担任，亦尚于我方有利。此项合约如能早为订定，亦足为中美两国经济合作之一实证。因此，宋院长亦允为照办。惟事关国家重要资源之开发，理合检呈节略一件，签请鉴核备案。谨呈

委员长蒋

　　附呈节略一件。

职 翁文灏（印）

附　经济部资源委员会与美孚油公司、亚细亚油公司及德士古油公司共同发展甘肃青海两省石油工业节略

　　一、地点。河西走廊以及兰州与甘宁边境间黄河以西及南山（祁连山）以南柴达木区域之油田，均将划为共同探勘及开采之区域（见附图）。

　　二、期限。定期二十年；如双方同意，得延长二十年。在限期终了时，中国政府即取得全部所有权，不须付给任何代价。

　　三、资金。暂定美金八千万元。如双方同意，可予增加。

　　四、股份。资源委员会占百分之五十五，三公司各占百分之十五。

　　五、组织。

　　（甲）董事会。资源委员会指派董事三人，三公司各指派董事一人；董事长须为中国籍，副董事长二人由三公司推举之；遇有双方票数相同时，董事长得投决定票。

　　（乙）管理。总经理一人，须为中国籍；协理一人，由三公司推举之；所有一切合约、帐单以及任用人员等须由总经理处理者，均由总经理及协理共同签署。

　　探勘、采油、炼油及油管各处处长，在最初五年，得由外籍人员担

任；其副处长由中国人员担任。此后，各处处长即逐步由中国人员接替，但经理部门应顾到各该员之办事效率。所有来往文件、帐单、合约以及任用人员等须经各处办理者，应由处长及副处长共同签署。

（丙）中国人员之训练。三公司对于中国人员在华及在其它产油国家之训练事宜，须供给一切便利。

六、矿税。原产品价值之六分之一，归中国政府所有，作为公司缴纳之矿税。所有矿业法内规定之矿区税及矿产税均包括在内。

七、工作。探勘、试钻、开采、生产、炼油、油管与其它运输工具及销售。

八、试钻、开采及生产。

（甲）试钻。在试钻开始前，须根据法定手续，向经济部呈请探矿。在矿区核定以后，应在一年之内开始试钻。

（乙）开采。采矿权之取得，当先将有关之矿区图说，呈请经济部核给。

（丙）生产。油与气之生产，须合于一般之油气保持办法，并受相当之限制。

九、炼制品。凡中国所需要之炼制品，均应炼制。飞机汽油应为主要产品之一。

十、本公司产品由本公司自行销售。

十一、三公司应承认本公司产品在中国境内之销售，应享有优先权。

十二、三公司于销售一切进口油料时，应充分尊重上述之原则。

十三、三公司在中国所有之储存及运输设备，均可由新公司使用。其办法由新公司与各公司经理部分别签定。

十四、甘肃油矿局之全部资产及矿业权应予估价，作为资源委员会加入本公司股份之一部分。其业经取得之全矿业权，当作为开发之用。

十五、本公司遵守中国政府一切有关法规。

〔《油矿探勘与开采（四）》（1942 年 11 月 23 日至 1947 年 10 月 24日）：1132.30/3510.01－04/261/001113230A004〕

蒋中正为核办中美合作开发甘青油矿事致宋子文代电

（1945 年 12 月 29 日）

行政院宋院长勋鉴：据经济部翁部长呈报，与美孚煤油公司副总经理商谈合作开发甘青油矿，已获初步协议，并检附节略。经核，大致均尚合宜。特将原件随电抄发，即希核办为盼。中〇。亥艳府交。附抄原呈及节略各乙件。

〔《油矿探勘与开采（四）》（1942 年 11 月 23 日至 1947 年 10 月 24 日）：1132.30/3510.01 – 04/261/001113230A004〕

蒋中正为中美合作开发甘青油矿事致翁文灏代电

（1945 年 12 月 29 日）

经济部翁部长：十二月四日密渝秘字第六四三六号签呈暨附呈节略均悉。已交行政院宋院长核办。中〇。亥艳府交。

〔《油矿探勘与开采（四）》（1942 年 11 月 23 日至 1947 年 10 月 24 日）：1132.30/3510.01 – 04/261/001113230A004〕

白崇禧翁文灏呈美英三油矿公司开发甘青油田
调查队使用空中摄影之规范

（1947 年 6 月 21 日）

国防部、资源委员会呈

密京（36）秘字第 294 号

查资源委员会前于三十四年冬，与美商美孚、德士古，英商亚细亚等三公司洽商合作开发甘青境内油田，曾拟具《共同合作开发甘青油田原则》，共十五条，并划定合办区域为甘肃西部及青海之一部。绘图作为附件，呈奉行政院核准备案，并呈报钧座在案。胜利以后，中国石油有限公司组设成立。赓续前议，该外商三公司等，佥以欲作具体建设之计划，必须先明油田之实况，拟先组织油田调查队，由三公司推荐五人，中国石油有限公司派定五人，合共组成，前往矿区调查。亦经职文灏切实声明，调查范围严格以原商之共同开发原则所附地图为限。又经调查，确信有开发价值时，必须依照已商定之十五条办理，三公司亦经同意。现三公司所推荐专家五人业已到沪，会同中国石油有限公司所派人员前往。但因调查范围有青海省柴达木盆地，交通不便，行旅极艰。该处地质亦有具备油田条件者，如不能顾及，则调查结果难期完整，未免可惜，势须采用航空摄影办法。又将来铺设油管，所经路线极长，亦拟自汉口经豫陕交界及兰州至玉门航程中摄影，以明地形，而便设计。惟依照航空规则，乘客不得携带摄影机，而空中摄影亦著为禁例。职文灏与职崇禧会商，金以地质影片并非普遍摄取，仅见有含油可能之背斜层及穹窿层构造，始行摄影，其所用摄影方式系每张分摄，亦非连续性之摄影，似与航空测量之摄影不同。此次调查在足迹未达之区域，又不能不用空中摄影办法，势为事实上所必需。经会商拟定《油田调查队使用空中摄影办法》六条，似宜准予照办。为郑重起见，理合检同《队员姓名表》、《调查区域图》、《使用空中摄影办法》各一份，鉴核示遵。谨呈

主席蒋

国防部部长 白崇禧（印）

资源委员会委员长 翁文灏（印）

三十六年六月二十一日

附　　资源委员会中国石油有限公司甘青油田调查队队员

中国石油公司所派：

郭可铨（调查队主任）　　总公司协理兼甘青分公司经理

孙健初　　　　　　　　　甘青分公司勘探处处长

童宪章　　　　　　　　　采油工程师

陈　贲　　　　　　　　　地质师

丛范滋　　　　　　　　　物理探矿工程师

外商油公司所派：

E. W. Beltz（白尔慈）外国队员领队　　经济地质专家

G. F. Kaufmann（柯夫门）　　　　　　物理探矿工程师

J. F. Clark（克拉克）　　　　　　　采油工程师

John Black（毕拉克）　　　　　　　工程师

Frank B. Notestein（罗杰斯敦）　　　地质师（德士古油公司）

〔《油矿探勘与开采（四）》（1942 年 11 月 23 日至 1947 年 10 月 24 日）：1132. 30/3510. 01 – 04/261/001113230A004〕

六　敌伪资产接收与处置

（一）收复区资产接收

蒋中正为收复区资产接收办法致蒋梦麟程潜代电

（1945 年 8 月 29 日）

行政院蒋秘书长、军委会程代总长均鉴：关于收复区我国原有公产、公物及敌伪财产、器物之接收事宜，中央军政各机关与地方行政机关，自应各就其主管范围，分别派员前往办理。但初步必须有统一接洽与相互联系之组织，集中统筹，以免发生走漏、争夺各种流弊。兹指示要点四项：（一）各省市应由当地最高军政当局会同各方特派人员，组织接收委员会。一切接收事项，均应由委员会负责发出接收证件。无论中央军政特派人员，或地方政府与社会团体，均不得径自行动。（二）凡接收之财物，除主管系统显明及业务急须进行者，得依其主管先行处理外，其余隶属不明，或机关间尚有争议之财物，应由委员会接收，暂行保管，报请中央分配。任何特派人员，不得擅自处理。（三）各机关接收之财产、器物，除应详造清册，报告其主管外，并应以同样一份清册报告委员会，负责查核，汇转行政院或军委会备查。希即照此要点，商定办法施行。商定后并应电何总司令知照。中正。未艳侍秘。

〔《敌伪资产接收与处理（七）》（1945 年 8 月 22 日至 1945 年 9 月 29 日）：1102/0824. 02 – 07/144/001110200A008〕

蒋中正为各省市接收委员会主任应以当地最高
行政长官充任致蒋梦麟程潜代电
（1945 年 9 月 5 日）

行政院蒋秘书长、军事委员会程代总长勋鉴：未艳侍秘代电计达。该代电中第一项，各省市所组织接收委员会，其主任委员应以当地最高行政长官充任。此事必须如此办理，务期一个地方只有一个政府对外负责。否则，若如现在各方对接收事宜纷歧错杂之情形，势必贻笑外人。希切实注意，速办施行，并将办理情形具报为要。中〇。申微侍秘。

〔《敌伪资产接收与处理（七）》（1945 年 8 月 22 日至 1945 年 9 月 29 日）：1102/0824.02－07/144/001110200A008〕

程潜蒋梦麟呈收复区敌伪资产接收委员会组织办法
（1945 年 9 月 7 日）

钧座申微侍秘代电奉悉。关于接收收复区敌伪资产，行政院前曾鉴于各机关所派人员众多，深恐步骤难期一致，爰经规定分区统一接收办法，分饬有关部会遵行。其中对于钧座未艳侍秘代电指示要点三项，即已包含在内。嗣并成立陆军总部党政接收计划委员会，由何总司令兼主任委员，以谷部长正纲为副主任委员，指导执行。于谷部长离渝前业已商定，即拟以各省市最高行政长官为各该区（以省（市）为单位）接收委员会主任委员，有关部、会所派接收负责人员为委员，于陆军总部监督指导之下，负责统一接收各该区内一切物资，俟后再行按照事业性质，分别移交主管机关接收。昨接谷部长自芷江电话，谓正依照指定办法商讨进行。兹奉前因，经即再电谷部长（本月六日已赴宁）遵照钧座指示办理矣。谨请鉴核。谨呈

委员长蒋

职　程　潜（印）

蒋梦麟（印）呈

三十四年九月七日

791

〔《敌伪资产接收与处理（七）》（1945 年 8 月 22 日至 1945 年 9 月
29 日）：1102/0824.02 – 07/144/001110200A008〕

蒋中正为交通暨经济部接收事宜致俞飞鹏翁文灏代电
（1945 年 9 月 15 日）

交通部俞部长、经济部翁部长勋鉴：据何总司令敬之元电称：关于
交通部及经济部所管各项事业之接收，甚为繁复重要，并急须办理。请
嘱俞部长及翁部长或其次长，务于本月删日以前到京，以便洽商进行等
语。除电复照办外，即希于日内亲往，或派次长前往洽办为要。中〇。
申删侍秘。

〔《敌伪资产接收与处理（七）》（1945 年 8 月 22 日至 1945 年 9 月
29 日）：1102/0824.02 – 07/144/001110200A008〕

翁文灏呈设立收复区全国性事业临时接收委员会似无必要
（1945 年 9 月 15 日）

（事由）呈为据谷部长电，拟设收复区全国性事业临时接收委员
会，负责接收华北开发及华中振兴等公司，查此项事业均应由各主管部
特派员接收，无另设机构必要，签请鉴核由。

谨呈者：顷接谷部长正纲本月十三日由南京来电称："为统筹接收收
复区日伪所办有全国性之金融、经济、交通等事业，拟在南京设行政院
收复区全国性事业临时接收委员会，受陆军总司令之指挥，以行政院各
部会所派代表、特派员等组成，主任委员及副主任委员均由行政院令派。
该会接收对象为日人在华所办之华北开发公司、华中振兴公司等重要企
业，并应照此积极经营"等语。查来电所指之华北开发公司及华中振兴
公司等企业，均系日人为统制该区以内各种工矿事业所组织之机构，实
际由其统辖之事业为数甚多，要皆属于经济部接收范围之内，已由经济
部分区派定特派员，负责办理接收事宜。各事业恢复经营，亦宜由经济
部视其性质，分别交由国营或民营。至此项日人所设之统制公司，吾国
自不宜继续办理，致贻国际之笑柄。其它各部分，如金融、交通等项，

亦不能不由各专管部分别负责，而不宜合并接办，反致职责不清，贻误公务。目前在何总司令领导之下，已设有党政机关接收计划委员会，负统筹接收之责。其主任委员由何总司令兼任，副主任委员由谷部长兼任，委员由各部会代表担任。所有一切有关接收事宜，已可由此委员会集中统筹。如更多设机构，实徒乱系。又近接何总司令电告，亟盼交通、经济方面即有大员前往南京，处理各项重要工作。兹已决定由交通部部长俞飞鹏及经济部次长何廉克日飞京，将来有关交通及经济方面之接收事宜，更可由该员等协助何总司令随时解决。以上所陈关于谷部长来电所称另组收复区全国性事业临时接收委员会一事，实无此必要。各该事业，仍宜交由各主管部特派员负责办理等节，理合签请鉴核。谨呈

委员长蒋

职　翁文灏（印）谨呈
三十四年九月十五日

拟办：

（一）查翁部长此呈中所举谷部长、何总司令之来电，本室亦曾接到，因案情相同，不再赘列，谨请察核。

（二）翁部长所陈陆军总部已设党政机关接收计划委员会，由何、谷主持，现交通部俞部长、经济部何次长又定日内赶往协助，因主张不必再行另设接收机构，多滋纷歧，似属正办，拟准照所陈意见电复何、谷知照。当否，请批示。

陈方
九月十六日

〔《敌伪资产接收与处理（七）》（1945 年 8 月 22 日至 1945 年 9 月 29 日）：1102/0824.02－07/144/001110200A008〕

俞飞鹏呈报赴京洽商接收事宜期间凌鸿勋
代交通部务龚学遂代战运局务
（1945 年 9 月 17 日）

（事由）呈报遵于本月十七日乘机飞京，交通部部务由次长凌鸿

勋、战运局局务由副局长龚学遂分别代行，乞鉴核备案由。

案奉钧座申删侍秘代电，以据何总司令敬之元电称：关于交通部及经济部所管各项事业之接收，甚为繁复重要，并急需办理。请嘱俞部长及翁部长或其次长，于本月删日以前到京，以便洽商进行等语。饬于日内亲往，或派次长前往洽办等因。职遵于本月十七日乘机飞京。至交通部部务由次长凌鸿勋，战时运输管理局局务由副局长龚学遂分别代行。除另呈行政院外，理合报请鉴核备案。谨呈

委员长蒋

职 俞飞鹏（印）

三十四年九月十七日

〔《敌伪资产接收与处理（七）》（1945 年 8 月 22 日至 1945 年 9 月 29 日）：1102/0824.02－07/144/001110200A008〕

蒋中正为不必成立收复区全国性事业临时
接收委员会致翁文灏代电
（1945 年 9 月 20 日）

经济部翁部长勋鉴：九月十五日签呈悉。手启申号侍秘代电计达。关于收复区全国性事业临时接收委员会一节，可准如所拟，不必再行成立，并已分电复知何总司令、谷部长，即照前项申号侍秘电，以党政机关接收计划委员会名义统筹办理矣。中○。申哿侍秘。

〔《敌伪资产接收与处理（七）》（1945 年 8 月 22 日至 1945 年 9 月 29 日）：1102/0824.02－07/144/001110200A008〕

蒋中正为不必另设接收机构致蒋梦麟代电
（1945 年 9 月 20 日）

行政院蒋秘书长勋鉴：关于华北开发及华中振兴两公司事业之接收事宜，迭据何总司令、谷部长来电，拟成立行政院收复区全国性事业接收委员会主持办理等情。查陆军总部已设党政机关接收计划委员会，交通部俞部长、经济部何次长并已赴京协助，可不必另设接收机构。除

电令何总司令、俞部长慎重办理，切实研究妥善办法，并派俞部长樵峰负责主持接收事宜，而以邵毓麟①协助之。际兹接收之始，对于日籍专家，可使其暂在我方任使下继续工作，俾该公司等各项事业不致有中断之虞。至该项接收机构，即以党政机关接收计划委员会名义统筹办理，不必另设行政院收复区全国性事业临时接收委员会，以免重复之嫌外，特电知照。中〇。申哿侍秘丁。

〔《敌伪资产接收与处理（七）》（1945 年 8 月 22 日至 1945 年 9 月 29 日）：1102/0824.02 – 07/144/001110200A008〕

蒋中正为设立收复区全国性事业临时接收委员会致翁文灏代电
（1945 年 9 月 29 日）

经济部翁部长勋鉴：九月廿四日机密渝字第七九五号签呈悉。华北开发及华中振兴两公司之接收办法，应准〔照何总长意见〕设立"行政院派驻陆军总司令部收复区全国性事业临时接收委员会"，先行整个接收，并令何次长廉负责主持为要。至该两公司所辖各项事业之处理办法，此时不必先行决定，应待接收查明呈报后，再行会议，商决办法可也。除分电何总司令外，即希遵照办理为要。中〇。申蒸侍秘。

〔《敌伪资产接收与处理（七）》（1945 年 8 月 22 日至 1945 年 9 月 29 日）：1102/0824.02 – 07/144/001110200A008〕

翁文灏呈报接收日本在华纱厂事宜
（1945 年 10 月 3 日）

（事由）呈复各区接收纱厂人员名单，祈钧核由。

案奉钧座三十四年九月二十五日机秘（甲）第八九六〇号手谕，饬拟具接收日本在华纱厂计划及人员呈核等因。遵查接收日本纱厂，各区业已派有专人。各委员大半系自后方具有规模之纱厂中抽调，对于纱厂

---

① 时任军事委员会委员长侍从室少将秘书，曾兼任外交部情报司司长。

业务均富有经验，以政府专派人员名义，分别前往接收。至此后接管经营计划，现由宋院长指定束士方①等另行拟定办法，拟俟另案呈核。综计日本在华设备，约有纺织机二百万锭，为数颇巨。此项设备是否分交民营，抑由政府机关主持办理，对于吾国纺织业之前途关系甚巨。故接管经营办法，实宜慎重决定。谨先列其各区接收纱厂人员名单，敬祈钧核。谨呈

委员长蒋

　　附呈接收纱厂人员名单。

职 翁文灏（印）谨呈

三十四年十月三日

　　〔《敌伪资产接收与处理》（1945 年 9 月 22 日至 1945 年 10 月 19 日）：1102/0824.02 – 08/145/001110200A009〕

蒋中正为接收日本在华纱厂事宜致宋子文电
(1945 年 10 月 5 日)

　　行政院宋院长勋鉴：关于接收日本在华纱厂人员，经饬据经济部翁部长送呈名单前来，并据称接收办法正由院拟定中等情，并将原名单附发。希并案迅予核办，具复为盼。中○。酉微府交丙。附发原名单三份。

　　〔《敌伪资产接收与处理》（1945 年 9 月 22 日至 1945 年 10 月 19 日）：1102/0824.02 – 08/145/001110200A009〕

翁文灏呈奉宋院长谕飞京主持全国性接收委员会事宜
(1945 年 10 月 5 日)

　　谨呈者：查昨奉钧座令准设立行政院派驻陆军总司令部全国性接收委员会，其主任委员一席，兹奉宋院长谕，由文灏兼任，迅即飞往京沪，视察主办等因。拟即专机前往，约计旬日后飞行返渝报

---

　　① 束云章，时任行政院纺织事业管理委员会主任委员。

告。在文灏出行期间，所有职务均依法由各次官代理。理合呈请鉴核。谨呈

主席蒋

职　翁文灏（印）谨呈

十月五日

谨按：全国性接收委员会，曾奉核准以何廉主持。兹据称宋院长令由翁部长自兼，并定日内飞京主持。钧座是否须予召见指示，谨请酌定。

吴鼎昌

十月六日

批示：约星期一见。

〔《敌伪资产接收与处理》（1945 年 9 月 22 日至 1945 年 10 月 19日）：1102/0824.02 – 08/145/001110200A009〕

翁文灏呈报接收处理日伪产业概略
（1946 年 2 月 5 日）

（事由）呈为本星期一在国府纪念周报告接收处理日伪产业概略，谨将原稿缮呈一份，敬祈鉴核由。

为呈报事。本星期一国府扩大纪念周，文灏曾节述接收处理日伪产业之概略，兹将原拟讲稿酌为整理，缮呈一份，对于大致情形可见梗概。敬祈鉴核。谨呈

主席蒋

附一份。

职　翁文灏（印）谨上

三十五年二月五日

附　　　　　敌伪资产接收处理之概况

一、中央主持机关之组织

上年日本投降后，本地敌伪资产间有损失紊乱情形。自上年十

月份起，行政院注意整顿，先行规定《收复区敌伪产业处理办法》，明文订定各部分接收职权之范围。例如由军政部接收军用品；航委会接收空军机件；交通部接收陆上运输车辆；招商局接收船舶；经济部接收工厂、矿场；粮食部接收面粉、碾米工厂及粮食；农林部接收农场；中央信托局接收房地产；省市政府接收直接有关地方主管事项。为统一实行起见，行政院又分区设立敌伪产业处理局，并延用公正人士，组设审议委员会，依照院定办法，集中处理。又为便于就近指导督促起见，分设院长办事处，居中主持，使军民各机关均一致办理。

此项机关现正成立。正在进行者，计已有苏浙皖区、粤桂闽区、河北平津区及山东青岛区。此外尚有湘鄂赣区，系由行政院特派人员，在武汉主持各事，其用意实全相同。

此项办法之意义，自在齐一步骤，提高效率，由处理敌伪产业所得之款项，悉皆在中央银行专款存储，非经行政院核定，不得滥用。

处理敌伪产业办法内规定处理原则，其要点尤在：（一）产业原为本国或盟国友邦人民，经查明由日方强迫接收者，一律发还原主。照此办法，凡如上海电厂、电车，河北开滦煤矿、启新洋灰厂等多种事业，均已正式发还原主，继续经办。（二）产业原属华人，曾愿与日伪合办者，其主权收归中央政府；产业原为日人所有，或已归日人出资收购者，其产权亦收归中央所有。照此标准，吾国可将敌人以前侵掠吾国所得之资产，收归吾国所有。（三）对于此项由敌人收回产业之处理办法，大致分为两途。一为具有特殊重大关系，而须待集中经营之事业，系由行政院分别性质，交由专管组织负责经办。例如较大规模之钢铁厂、电力厂、煤焦厂等基本工矿，交资源委员会接办；面粉厂等交粮食部接办。又创设中国纺织建设公司，接办纺织工厂；中国蚕丝公司接办丝业；中国水产公司接办渔业。此项组织皆并不付予专营权利，其所有税款、运费等负担，皆与其它民营事业同一待遇，以期共同发展。上列三公司且经规定，均当于二年之后招收商股。除此之外，各项事业资产则采标售民营办法，由处理局邀集专门人员，详定价格，售归民营，并由四联总处订定复工贷款办法，以助民力之不足。现在各处理局皆在照此推进之中。

各处工厂，日人虽曾认真经办，但因盟军逐步进攻，日方深感运输不利，原料缺乏，动摇情形，日益加重，一至宣布投降，所有事业几已全部停工。投降之后，吾国各部分接收人员，须有相当数量，迅速到达，方能妥速接保。不幸交通工具异常缺乏，更因地方治安不甚安定，故接收人员或为数过少，或到达过迟，以致有若干地方，在此过渡期间，一部分物资不克妥为保管。但此种现象，并不可言之过甚。接收人员大多数认识正当职任，努力担任，尤自处理局成立之后，主持督促，更加用力。

对于工厂复工，除认真督促之外，有若干基本条件，必须由政府尽先完成。此项条件中，一为燃料及电力之供应。因战时交通之破坏，重要中心皆感煤荒，因之电力亦不足供应。此于工业复工，实为重大打击。政府为紧急补救起见，即经向美、英等国，一面订购新船，一面租借船舶，又由军队保护陆上运输，遂使开滦煤矿尽速增产，现已日达万吨。淮南煤矿复行开工，近亦日产千吨；湘江煤矿认真采运，亦可稍纾眉急。凡此今日勉可支持者，皆赖此项来源逐步告成。二为原料之供应。若干原料产量大减。例如，除东北外，现有纱厂四百余万锭，全部开工需用棉花一千二百万担，而吾国目前产量不过四百万担，供需两数，相差甚远。为供应急需起见，政府乃急行商购美国棉花，分批运用。但对国产棉花，自仍继续购用，以期增产。又如抗战期中，江浙等省桑株摧毁，为数甚巨，蚕子数量亦大感不足。政府正在筹划向日本内运，以助复兴。

二、上海区接收敌伪工厂之概况

各区事业之接收，以苏浙皖区着手最早，而上海一地，尤为工业荟萃之区，更值特为注意。计上海方面之工业，多为供应市场销用之轻工业，以纺织为主，其余机械及电工则属次要。关于此类事业接收后之处理，根据《收复区敌伪产业处理办法》之规定，其与资源委员会所办国营事业性质相同者之机器厂及电工厂，即交该会接办。

关于纺织及蚕丝事业，政府已决定组织中国纺织建设公司及中国蚕丝公司两机构。前者隶属经济部，后者隶属农林、经济两部。将全国纺织及蚕丝事业集中，由国家经营，以两年为期，必要时得延长一年，期满以后即公开招收商股。中国水产公司亦取同一制度。

上海为中国纺织业之中心。据经济部苏浙皖区特派员报告，在上海市内所接收之日资纺织工厂，截至上年年底为止，共计六十二公司一百二十七厂。其中纺织加工厂二十单位，计二十八工厂；毛麻纺织厂九单位，计十厂；绢丝工厂一单位；漂染工厂七单位；钢丝布厂与新兴百货公司各一单位。拟即先行移交中国纺织建设公司接办。此外，尚有若干机械工厂，如大陆重工业会社，内外棉第八厂，日本机械制作所第五厂，振华、友新及东亚三铁厂，亦均奉令移交纺织建设公司接收，现正分别办理移交手续。

经济部特派员在上年秋冬间接收上海日营纱厂时，原已全部停工。因此项纱厂初因棉花缺乏，运输不良，本已大量减产，嗣因军事挫折，宣布投降，遂即全部停工。特派员对于大量设备接收查点工作，至为繁重，复因工人失业，聚众要求。失业者要求复业，又反对局部复业。苦心布置，始可渐上轨道。日营纱厂原有设备，共为九十六万三千余锭，其中实可使用者约八十万锭，布机一万七千台。自上年十月十一日起，至年底为止，已实行复工二十六万四千锭、五千八百八十台，皆达原设备总量三分之一，此后仍当继续修整复工。毛纺织原有精纺机三千八百余锭，已复工者达百分之九十；麻织厂原有六千锭，已复工者为百分之百全数。

除以上各单位所有设备资产之外，尚有一部分花纱布物资，前曾由经济部特派员接收，另有一大部分则为军政部所接收，现亦将一律移交中国纺织建设公司接收运用。经济部特派员所收棉布，在未移交中国纺织建设公司以前，曾经处理局呈奉行政院核定，以一部分布匹委托重要商号平价出售，对于上海布价之平抑，颇收实效。又因台湾方面将米糖内运，曾照院定易货办法，以布十万匹运交台湾，以供台民之衣料。

上海方面所接收之事业，除交政府办理者外，其原主毫无问题之公用事业，如电厂、电车、自来水等，早已点交原主接办。其先经政府接收，现已查明原主，决定发还者，化工方面有十七单位，纺织方面有七单位，机械方面有二十单位，烟草方面有二单位。又已决定发还之外商工厂及机器，有三十八单位。各类共计八十四单位，均在办理发还手续中。

此外，尚有一部分事业纯属敌伪资产，但因性质或规模不甚适合由政府直接经营，现已拟定办法，分别委托在后方办理工业具有成绩之人员代政府主持复工，以期维持生产。

三、上海区敌伪工厂价值之估计

上海区原为日人所办工厂，查明确为吾国盟国及友邦原主所有，一律查案发还。其全属日人而现归吾国接收之工业资产，其现存可用部分究竟价值若干？现仅就经济部特派员所经办接收者，作初步估计，其要项表列如左，价值约以一千元为单位。

单位：千元

事业种类	机械及设备	房地产	原料及成品	共计
棉纺织厂	20000000	15000000	30000000	65000000
毛纺织厂	1500000	820000	1430000	3750000
麻纺织厂	500000	130000	20000	650000
丝厂	425000	1200000	475000	2100000
染整厂	700000	170000	—	870000
针织厂	250000	10000	100000	360000
以上纺织工业共计	23375000	17330000	32025000	72730000
机械厂及五金厂	6000000	7000000	13500000	26500000
纸烟工厂	755000	1280000	7815000	9850000
化学工厂	7500000	3500000	7000000	18000000
总　计	37630000	29110000	60340000	127080000

以上资产总计共值一千二百七十亿元，其中原料及成品六百亿余元，自可定价收款。至机械设备及房地产（即工厂所属之房地产，其与工厂无关者，皆不计在内），凡拨归政府自行经办者，仅为资产之收

入，生产力量之增加，并非直接现金。此项资产价值，估计约为五百五十亿元。所余拟归标售民营之工厂，其总值约为一百二十亿元，拟由处理局组设平价委员会，分别评定价值出售。实行结果，多因社会资财有限，投资工业之风气尚不高，且所得资产须经长期使用，得利迟慢，而短期付价，为数较多，故实际缴款收购者，并不踊跃。即此一端，可见吾国办理工业之实在状况，并非轻而易举。政府为更加协助起见，故与四联总处商订由政府银行贷款协助办法，名为"复工贷款"，正在分案实行。

四、其它各区所接收之重要工业

其它各区当就重要事业为标准，就日人所已设之基础，摘述梗概。

关于钢铁业者，日人极为重视，其方针系在华北建设冶炼中心，而充分使用长江及海南岛之矿砂。在此方针之下，其已设成或将设成之炉座，可综列如左表：

地点	炼铁炉	炼焦炉	炼钢炉
北平	二百吨炉（中国自设）一座	二百七十吨洗煤炼焦厂	已备地段，尚未设置
	三百八十吨炉一座	三百八十吨副产炼焦厂（已完八成）	
	二十吨小炉十一座	勃氏洗煤厂（已完八成）	
	六百吨炉（已成半数）		
天津	二十吨小炉五座		廿五吨马丁炉一座，附轧钢设备
			小型炉，制锰铁、砂铁、钨铁、制钉、拔丝等厂
唐山	二十吨小炉二十座		八吨电炉二座，已完一座
			贝氏五吨炉一座
宣化	二十吨小炉二十座		
青岛	二百五十吨炉两座	炼焦厂，但副产部未完	

以上炉座二十吨小炉，规模过小，成本高昂，不易复用。北平六百吨炉，尚未完成，亦可不计。此外，各化铁炉合计每日能炼生铁一千零八十吨，以北平为第一中心，青岛次之。炼钢炉则相去甚远，并无可使

用之基础。此盖日人用心，特重开发吾国天产以供彼国为中心之使用，并未确由全盘生产着手，吾国必须自为加以补充。

至于北方重大铁矿，如龙烟、武安、金岭镇、利国驿各铁矿，皆因地方未安，铁道未通，迄今尚未派员前往。目前业已接收者，为长江流域及海南岛两区。长江沿岸日人特重大冶，大冶原由日人假用汉冶萍公司名义，设有四百五十吨炼铁炉二座及运矿铁路。抗建之初，吾国曾经派员拆迁，但日人占领后认真建设，造成运矿铁路二十七公里，增置采矿、选矿及动力设备，添置机车、货车，每日能运卸矿砂五千吨。吾国如能用此基础，续为建设冶炼钢铁之中心，则大冶、鄂城、灵乡之高等矿砂，皆易于利用，实为长江流域中最为适宜之地域。安徽省内繁昌、当涂各矿及苏省南京附近之凤凰山铁矿，日人皆敷设轻轨铁路，通至江边，繁昌亦加有选矿设备，此后亦可为供应矿砂之用。

海南岛铁矿有二，在榆林之北者为田独铁矿，在八所附近昌江县内者为石碌铁矿。石碌矿量，尤为宏大，日人皆已建成铁路，可以直运海口。并在榆林与八所二大海港间，已新建铁路，互相联贯，此皆为将来吾国现成供应矿砂之来源。

关于煤矿者，日人在华北特为出力经营。其具体方针有三：一为逐年规定大量运往日本，并以炼焦烟煤运往东北。例如民国二十九年即由华北运往日本四百三十余万吨，运往东北四十万吨，两共计占华北总产量百分之二六·六，其数且正在逐步增加。二为统括各煤田之组织，归并混合，由日人居中统制。例如井陉煤田，原有井陉矿务局及正丰公司，经日人合并为井陉公司。山东博山、章邱、淄川等县煤矿组织繁多，日人设立山东煤矿公司，统筹产运，又特设石炭贸易组合，混一销售。三为通盘供应日本经济政策之需要，而加强运输建设。例如天津因大沽口淤积加多，吃水太浅，妨碍大量输出，故积极开辟塘沽新港，使能加多华北进出口之数量。又如大同烟煤质良灰低，故除创设公司，充分建置采矿设备之外，后将大同至太原及太原至石家庄之窄轨铁路改成宽轨，又自石庄至济南对岸之德县新建铁路，使山西井陉之煤并能自青岛出口。

关于电力者，日人在华北经营最为出力。北平新添电厂，发电能力为五万五千瓩，半数业已建成，天津新添五万瓩，唐山亦新添五万瓩，亦已成半数，并将三处电力用线联贯，自唐山而天津，自天津而北平，互相贯通。此三处电厂均已由经济部接收，并由行政院核定，交由资源委员会组设冀北电力公司，继续建设，俾成为华北工业之重点。此外，日人在青岛、张店、博山、石庄等地，均经新设电厂，正在分别接管。

日人对于电力，除设线联贯、集中管理外，并注重水力发电，俾得大量廉价之动力。且以黄河水患，须调节中游水量、修整下游河道同时并举，方得长久功效。中游自包头以下，由清水河以至孟津，拔高相差七百公尺以上，河行两山之间，极适于水力发电之条件，故筹划建设电厂十一处，最大电力能发八百余万瓩，平均四百八十万瓩，且因筑堰搁水，水得积储，故黄河流量藉以调节，可免泛滥。孟津以下治河方法，彼等建议，以小部分循京水镇决口南流，大部分循故道经济南入海，但分流以供徒骇河区域之灌溉。如此标本兼治，庶使黄河区域长可安定，而电力既多，山东各地之铝矿亦确能开发。

〔《敌伪资产接收与处理（二）》（1945 年 12 月 10 日至 1946 年 11 月 19 日）：1102/0824.02 – 02/139/001110200A003〕

翁文灏呈行政院收复区全国性事业接收委员会公务结束事宜
（1946 年 6 月 20 日）

（事由）为本会呈奉行政院令准结束，遵于本月底将公务结束清楚，理合报请鉴核由。

查本会奉令于上年十一月组织成立，协助中国陆军总司令部处理接收事宜。迄本年五月底，中国陆军总司令部奉令结束本会业务。应否继续办理？经签请行政院核示，嗣奉本年六月六日节京叁字第一六○号指令节开，该会工作毋庸继续办理，应即结束等因。奉此，遵于本月底将公务结束清楚。除呈报行政院外，理合具文呈报，仰祈鉴核备案。谨呈
国民政府主席蒋

行政院收复区全国性事业接收委员会兼主任委员 翁文灏（印）

中华民国三十五年六月二十日

〔《收复区全国事业接收委员会业务结束》（1946 年 6 月 11 日至 6月 25 日）：1100.10/2828.01 - 01/68/001110010A035〕

（二）上海市产业接收事宜

蒋梦麟呈上海市外人经营企业资产派何廉综持接收
（1945 年 8 月 28 日）

（事由）关于上海市外人投资经营之企业资产，拟由院指派何廉综持接收，将来再行依法处理，请核示由。

关于收复区交通、工矿设备及其它敌伪资产之接收事宜，业经各主管部、会派定专员，分别前往处理，并由院规定，均受何总司令监督指挥，俾资统一在案。惟查上海市向为交通与贸易重心，一般工商企业及公用事业，如电力、自来水、煤气、电车与公共汽车等，颇多为外人投资经营。接收之时，自应分别性质，妥慎处理，免滋纠纷。兹拟由院指派大员一人，仍于何总司令监督指挥之下，负责综持接收该市一切资产。所有各部、会派往接收人员，均由其统筹调度。一俟将来接收清楚后，再行查明实际情形，及按一般国际法规，分别办理，并先由外交部分向在渝有关各国使节取得谅解，以免误会。以上办法，如奉核准，则此项负责综持接收人选，查有经济部次长何廉，对该市中外企业设备情形，尚为熟悉，拟即由院指派该员综持办理。是否有当，理合签请鉴核示遵。谨呈

委员长蒋

行政院秘书长 蒋梦麟（印）呈

三十四年八月二十八日

拟办：谨按：关于收复区原有官产及敌伪企业财产等之接收事宜，日前经面陈钧座，各省市均应分组接收委员会，整齐步骤，统一办理，并经饬知行政院照办。上海市敌伪企业资产之接收，似不便另订他种方式。何廉或可派为上海市接受委员会副主任委员，即由其督导各方代表，接收涉及盟邦外侨战前投资之各项敌伪资产，庶可兼顾两案，而接

收工作亦可妥善无失。当否，请批示。

陈布雷（印）

九月四日

批示：如拟。

〔《敌伪资产接收与处理（七）》（1945 年 8 月 22 日至 1945 年 9 月 29 日）：1102/0824.02 - 07/144/001110200A008〕

蒋中正为上海市外人经营企业资产派何廉综持接收致蒋梦麟代电
（1945 年 9 月 9 日）

行政院蒋秘书长勋鉴：八月廿八日第一〇九八号签呈悉。查关于收复区原有官产及敌伪企业财产等之接收事宜，各省市均应分组接收委员会，整齐步骤，统一办理。前经饬知行政院照办在案。何次长廉可派为上海市接收委员会副主任委员，即由其指导各方代表，接收涉及盟邦外侨战前投资之各项敌伪资产，俾资统一，而臻妥善为要。中〇。申佳侍秘丁。

〔《敌伪资产接收与处理（七）》（1945 年 8 月 22 日至 1945 年 9 月 29 日）：1102/0824.02 - 07/144/001110200A008〕

钱大钧①电呈接收上海市外商经营各公用事业意见
（1945 年 9 月 24 日）

急。重庆。

委员长蒋钧鉴：密。本市地位特殊，向为中外观瞻所系，凡百措施，动关国家威信。职此次奉命恢复市府，一切莫不慎重将事，兹谨电陈数点。（一）本市美商上海电力、电话两公司，业经我方接收，全部交还原经营人接办，一切妥洽，颇得美方好评，堪慰廑注。（二）上海电车公司、上海公共汽车公司、上海自来水公司、上海煤气公司均系英商经营，情形稍有不同。电车公司过去办理未臻完善，社会颇多评

---

① 时任上海市市长兼淞沪警备总司令。

议，且该公司与前工部局所订专管合约，为期只余二年；自来水公司合约，期间亦将届满；煤气公司有吾国资产在内。而此次我方接收时，各公司全部员工认为脱离桎梏，无不感奋异常。以电车公司而论，收入每日由伪币一万万元立增至一万万元五千万元，苟能锐意经营，裨益市政非浅。故各该公司似应由我方分头磋商合作经营办法，逐步推进，以达自主目的。（三）过去上海外人凭藉租界特权，垄断市政，大半均系英人从中操纵。倘能乘此时机，进一步收回主权，似于国权、民情，两皆允恰。除将来仍当秉承中央意旨，审慎处理外，谨将管见所及，电呈鉴夺，拟请钧座遥为主持，俾得顺利进行。职钱大钧叩。市秘迥印。

〔《敌伪资产接收与处理》（1945 年 9 月 22 日至 1945 年 10 月 19 日）：1102/0824.02 – 08/145/001110200A009〕

蒋中正为接收上海日本纱厂致翁文灏手令
（1945 年 9 月 25 日）

翁部长詠霓：接收日本之纱厂一事特别重要，必须运用熟习纱厂业务人员参加接收，或即委托具有规模之后方纱厂代为接收，以期迅速复工。希即慎重拟具计划及接收人员，于一星期内呈核为要。中〇。九月廿五日。

〔《敌伪资产接收与处理》（1945 年 9 月 22 日至 1945 年 10 月 19 日）：1102/0824.02 – 08/145/001110200A009〕

蒋中正为上海纱厂开工事宜致翁文灏代电
（1945 年 10 月 2 日）

经济部翁部长勋鉴：关于接收日本纱厂事，九月二十五日机秘甲字第八九六〇号手条计达。兹据杜月笙君申俭电略称：上海纱厂接收后，一时尚难开工，失业工人不下十余万之众，拟请赶订办法，限期复工等语。特将原电随文抄转，即希并案迅予切实核办，从速具报为要。中〇。酉冬府交。附抄电一份。

〔《敌伪资产接收与处理》（1945 年 9 月 22 日至 1945 年 10 月 19 日）：1102/0824.02 – 08/145/001110200A009〕

蒋中正为接收上海市外商经营各公用事业致钱大钧电
（1945 年 10 月 16 日）

上海市政府钱市长：九月廿四日密字第四号呈悉。（△5179）密。电车公司与自来水公司既系合约期限在一、二年内即将届满，应俟期满依约收回为宜。至公共汽车公司及煤气公司，亦应依照法定手续妥商接办，不可假以口实，自丧国际信誉也。中○。酉铣府交。

〔《敌伪资产接收与处理》（1945 年 9 月 22 日至 1945 年 10 月 19 日）：1102/0824.02 – 08/145/001110200A009〕

（三）接收华北开发与华中振兴二公司事宜

蒋中正手令抄件何应钦应即派员负责接收
华北开发与华中振兴二公司事业
（1945 年 9 月 20 日）

南京。

何总司令并转翁副院长、俞部长樵峰：密。关于华北开发与华中振兴二公司之事业特别重要，其接收事宜，应慎重办理。望兄等切实研究妥善办法，并派俞部长樵峰负责主持接收事宜，而以邵毓麟协助之。际兹接收之始，对于日籍专家，可使其暂在我方任使下继续工作，俾该公司等各项事业不致有中断之虞。希迅即遵照办理，具报为要。中○手启。申号侍秘。卅四年九月廿日。

〔《敌伪资产接收与处理（七）》（1945 年 8 月 22 日至 1945 年 9 月 29 日）：1102/0824.02 – 07/144/001110200A008〕

翁文灏呈接收华北开发及华中振兴两公司事业办理情形

（1945 年 9 月 24 日）

（事由）呈为华北开发及华中振兴两公司接收事。奉钧座手令，慎重办理并研究妥善办法。经查该两公司之原来性质，其所辖事业应即分交各主管机关接收。其公司本身则应即取消。日本职员并无任用必要。祈核示遵行由。

谨呈者：关于华北开发及华中振兴二公司之接收事，顷奉钧座本月二十日侍秘字第二九六四〇号手令，以该两公司之事业特别重要，其接收事宜应慎重办理，令即切实研究妥善办法，并饬于接收之始，对于日籍专家，可使其暂在我方任使下继续工作等因。窃以欲定对于此两公司之处理办法，首须查明该两公司原来之性质。该两公司均为日人所设综合性之统制机构，其所辖事业，以工矿及交通为主。兹将其实在情形，分别陈报如下：一、华北开发公司，系根据民国二十七年四月日本内阁会议通过之《北支那开发株式会社法》而设立，同年十一月七日创立总会，是为公司设立之始。其所负之使命，依照日本政府所公布之要纲，为促进华北经济开发，并设各事业之综合调整，其业务范围系对下列六种事业投资或融资：（一）交通运输及港湾事业；（二）通信事业；（三）发送配电事业；（四）矿产开发事业；（五）盐之采取与利用事业及（六）其它促进华北经济开发及统和调整上之必要事业。该公司成立之初，资本总额规定为日金三亿五千万元，政府及民间各任半数。后因业务发展，原有资金不敷，于三十一年由日本方面决定增资九千三百万日元。故现时资本总额为四亿四千三百万日元。据三十二年九月底统计实收资本，计政府方面二亿五千四百二十五万日元，民间计五千七百五十万日元，共计实收资本三亿一千一百七十五万日元。其内部组织：设总裁一人、副总裁二人、理事五人及监事二人。总社设东京，支社分设北平及张家口二处。根据最近统计，该公司投资及融资经营之机构，计会社二十八①、矿业所三、贩卖组合二及矿务局一。其分类为：（一）交通业四社（外两港湾局）；（二）通信业一社；（三）用电业二社；（四）煤矿业九社、二矿业所、二贩卖组合及一矿务局；（五）铁矿业一社、一矿业所；（六）制铁业一社；（七）矾土业一社；（八）重石矿业一社；（九）采金业一社；（十）化学工业三社；（十一）盐业三社；（十二）纤维业一社；（十三）一般产业一社。各业之资本总额为十五亿九千九百三十万元，其中开发公司投资七亿七千零六十二万二千元，并融资九亿七千一百七十七万四千元。该公司除担负华北经济开发之重任外，自日美战后，并曾积极办理华北及日满物资之运转、购入、配给等工作。为便利推进业务起见，经设有钢材、棉材、铁、钢、铣铁、木材及机械等业之输入配给组，合共七种。又设有钢铁、木材、纸张、洋灰、酒精、皮革、药品等业协议会十四种，另有石油类对策委员会一种。该公司之业务既如此繁复，关系会社又复众多，其间之业务联络与监理，实至为重要。因此，在该公司成立之初，即曾缔有协定书（日本内阁总理大臣命令），规定该公司对于各关系会社之监理权，以便行使其实际之统制。二、华中振兴公司。其设立情形，系缘日方于占领华中之后，为重建该区之经济起见，曾本中日合办之方针，就华中各重要产业，分别组织合办公司经营之。首先成立者为华中矿业、华中水电等公司。俟因感对于此项公司之统制与投资、融资等事务之处理，有成立一执行国策之投资公司之必要，爰于民国二十七年四月颁布《华中振兴公司法案》，并于同年十一月七日，根据该项法案，以资本一万万日元第一次实收额三千一百余万日元，成立该公司。总公司设于上海，分公司则设东京。其内部组织：设总裁一人、副总裁一人、理事五人及监事二人，均为日人担任。该公司之业务范围依照法案之规定，得办理下列各事业之投资或融资：（一）交通运输事业；（二）通信事业；（三）电气、煤气及自来水

---

① 似应为 29 家会社。原文如此。

事业；（四）矿产事业；（五）水产事业及（六）其它有关事业。根据民国三十二年三月底之营业报告，该公司所辖十五公司及一合作社之资本，总计二亿五千四百五十八万四千日元，其中日方共出资一亿六千另五十五万五千日元，振兴公司共出资一亿另八百七十八万日元。该公司除担负华中经济重建之重任外，自民国二十八年四月华中物资动员委员会成立后，并负责调整各关系公司及华中日人关系事业之物资需给事宜，进而协力物资动员计划之施行。嗣后太平洋战事爆发，英、美企业均置于日本军管理之下，并委由日方关系公司代管经营。该公司亦曾先后奉到日方命令，管理若干英、美事业。

综上所陈，可知所谓华北开发及华中振兴两公司，实为日方统制在华工矿、交通等事业，以图榨取我国资源之机构。其设立之根据，均本于日政府制定之法案，其重要职员亦皆由日人担任，以便执行日本政府之政策。目前日本投降，各项事业亟待由我方正式接收。其重要方针，窃意一方面应确定两公司所辖之各事业，宜视其性质，分别交由各主管机关负责接收；一方面原有之开发及振兴两公司机构，应立即取消。盖此两公司，既系依照日本法案所成立，且自始即为日人所把持，若令其继续存在，事实上既无必要，抑且贻国际间之笑柄。至若公司中之日本人员，除属于所辖之各事业者，当视实际需要情形，酌定去留外，其属于公司本身者，则公司既不留存，统制我国事业之职员，自更无再为任用之理。以上意见，如荷核准，拟恳电令何总司令、谷、俞两部长及何次长知照，俾可遵行。谨呈

委员长蒋

职　翁文灏（印）

三十四年九月二十四日

谨按：翁副院长签呈末段意见，甚为正确。华北开发及华中振兴两公司，虽系公司其名，实为敌人在我国实施经济侵略之机构，其性质与殖民地之资源统制局及运输统制局等相同。今国土重光，举凡国内之经济事业，自应使同在政府规划与督导之下，按步发展；国营、民营或官商合办，各有定章；工矿、交通、农林、水利，亦各有主管。自不容再

以若干性质不同、系统各别之事业杂糅，置于某一、二统制公司之下，独立于主管部门管辖之外，另成为无的放矢之组织，而招致中外之疑惑。钧座前日手令，将东北方面旧属满铁公司系统之各项事业，分别性质，定为国营、民营及官商合办三类，实断至明。华北开发及华中振兴两公司，情形与满铁相同，办法似宜一致。惟本案迭据何总司令来电，均请设置行政院之统一接收机构，并有保持其独立组织之意。经斟酌两方面意见，拟定处理办法三项：

（一）两公司所辖各项事业，不妨先由收复区全国性事业临时接收委员会（何总司令坚请设置）统一接收。接收后随即交由各主管机关，按事业之性质，分别处理。

（二）两公司事业整个接收之后，其本身机构，照翁副院长意见，应予取销，职员解散。

（三）各项事业中之日籍技术人员，应斟酌需要，注意留用，以不使事业停顿为要旨。所拟当否，敬请批示。

陈布雷、陈方

九月二十五日

〔《敌伪资产接收与处理（七）》（1945 年 8 月 22 日至 1945 年 9 月 29 日）：1102/0824.02 - 07/144/001110200A008〕

蒋中正为华北工矿等事业接收事宜致宋子文代电
（1945 年 9 月 29 日）

行政院宋院长勋鉴：据李主任宗仁申感电略称：伪华北政委会管辖区内各种工矿、交通、电气、粮食事业，因无人负责处理，极形混乱。拟请由中央令饬有关各部会指派接收人员组织接收委员会，由行营统一督导，办理接受〔收〕事宜，俾责有专成，处理迅便等情。兹将原电抄发，希由院核办，径复为盼。中○。申潇侍秘。附抄发原电一件。

〔《敌伪资产接收与处理》（1945 年 9 月 22 日至 1945 年 10 月 19 日）：1102/0824.02 - 08/145/001110200A009〕

蒋中正为依照行政院规定接收党政一般事宜致张廷谔杜建时电
（1945 年 10 月 7 日）

天津市政府张市长①、杜副市长②：江电悉。（△5179）密。抵津顺利视事，至为欣慰。关于党政一般接收事宜，自应依照行政院之规定。惟关于敌人所设华北开发公司系统下之一切事业，应候行政院派驻陆军总部全国性事业接收委员会之指示办理，不可零星分割接收，致影响生产为要。中○。酉虞府交。

〔《敌伪资产接收与处理》（1945 年 9 月 22 日至 1945 年 10 月 19 日）：1102/0824.02－08/145/001110200A009〕

蒋中正为李英奇陈拟接收华北开发公司各项情形致翁文灏代电
（1945 年 10 月 7 日）

经济部翁部长勋鉴：据密报。兹抄发军政宣抚委员会委员兼军事组长李英奇陈拟接收敌人华北开发公司各项情形。兹抄发报告内关于当前之危机与应急之方法二节，希注意参考为要。中○。酉阳府交。附抄件一份。

附　　　　　　　　报　　告
（九月二十五日于组织部战地处）

查敌人在华北经济侵略之机构厥为"北支开发公司"。该公司组织下之"永利曹达公司"，规模至为宏大，员工约万人，专制军用化学毒气品。该公司董事长为吴赞周③，系日本留学生，七七事变起后，因由河北省正定县维持会长而任伪道伊、省长等职。其为人尚忠厚，省长去职，复任伪警官学校校长，由张燕卿④之介绍而相识。经晓以大义，深

---

① 张廷谔。
② 杜建时。
③ 曾任伪河北省省长、伪高等警官学校校长，时任天津永利化学公司董事长。
④ 曾任伪满洲国外交大臣。

表惭愧。因于伪警校内树有相当潜力，本年四月邵逆文凯①夺其校长职，乃就任该公司董事长，始得知敌于华北之经济侵略阴谋统由"北支开发公司"全面主持，故将该公司之概略见告，备作接收之参考。职当即嘱其先行维持原状，并切实监视日籍技工与严防奸伪扰乱，静候接收。吴均一一接受。职以该公司组织庞大，人员机器既多而复杂，接收稍一不慎，则损失不赀。拟请迅派妥员前往主持，必要时职并可为之介绍引导，以免发生意外。除曾以申鱼电报告外，谨就管见所及，胪陈于后。

概论

窃维近代国家之强弱，端视其工业是否发达，此为不变之通例。我国自事变以还，陷区经济命脉，皆操于敌之开发会社，总辖六十余单位。为发挥其完成兵站、基地之使命，于是将其优秀资材资助于华北者甚夥。不仅整个方案合理完善，关于一切资源，均有缜密调查，详载册籍。至技术人员之分配，亦极合理而优秀。兹日本已全面降伏，只要将其目标转移，饬其交出有关册籍和计划，即可资为我国复兴建设之绝大利用，轻巧简捷，委为良机。

目前一般状况

自日皇颁布降伏诏书后，虽经通令照常维持，但各人怀归心，意志涣散，虽以大义相责，尽力宣慰，但恐不能持久。开发会社一般高级熟审大势人员，皆愿将其历年心血结晶完成一切计划方案，悉数贡献我方，实为难得之宝贵材料，胥为我国复兴建设之助而不容抛弃。

目前之危机

当前各会社因积资材及制成品为数惊人，日军既不能以公定价格继续垄断收买，应拨之亏损补助费，复不能照旧发给，而制成品又不能变卖。产量愈增，资金愈绌，员工行将枵腹，机器亦复将停轮，无形损失，固不待言。至如永利制碱之锅，石景山、龙烟两矿镕铁之炉，万一停顿，则皆化合凝固，无法修复，顿成废物。不仅有背总裁维持各工

---

① 曾任汪伪政府河南省省长、军事委员会委员。

业、各工厂之命令，且重大损害不毁于兵灾而毁于无形，亦殊堪惋惜。

目前应急之方法

在此过渡时期，似应组一委员会暂时管理，先予中日员工以慰问勖勉，使其安心保持原状，一面仍以廉价收买其制成品，将来移交中央，或先行招商标卖，或向银行团押借款项。总期予以现金之适当补助，俾使其机不停轮，仍旧工作，以免员工之置散、机器之毁损，其向无华人配备之会社，应派人加入或利用其它会社之优秀华员拨调应用。

组织华北工业接收准备委员会

本委员会假定另为"华北工业接收准备委员会"，由中央派定接收大员为主任委员，委员若干人。指定过去曾经参加各国策公司、具忠义感之董监事、干部及地方声望素孚之热心家、专门技术家，利用日本方面之觉悟分子、可供驱策之青年等组成之，于接收工作必有诸多方便和顺利。

结论

谨按：事变以前我国轻重工业之进展皆属偏重畸形。事变以还，日方在我国肆行侵略之工业，皆获平均之发展。资助、资材皆极优秀，数量亦巨，而于资源调查之缜密周详、方案之完备周密，实非咄嗟可以立办，蔚称巨观。尤于东北四省一切近代工业设施应有尽有，更胜于华北数千百倍，于我国复兴与前途可有绝大动力，不可忽视。若在华北为完整收复实验基础，不久之将来而进展于东北，则驾轻就熟，必成事半功倍之效，而无摘植索途之难。管见所及，敬祈鉴核示遵。谨呈
总裁蒋

军政宣抚委员会委员兼军事组组长　李英奇（印）呈

〔《敌伪资产接收与处理（七）》（1945 年 8 月 22 日至 1945 年 9 月
29 日）：1102/0824.02－07/144/001110200A008〕

翁文灏呈复接收华北开发公司注意参考之各项情形
（1945 年 10 月 9 日）

案奉钧座本年十月七日酉阳府交代电，抄发关于敌人华北开发公司

各项情形。密报内所述当前之危机与应急之方法二节，饬注意参考等因。奉此，自应遵办。除抄发原件，令饬本部鲁、豫、晋区及冀、热、察、绥区特派员切实注意办理外，理合呈复鉴核。谨呈

国民政府主席蒋

经济部部长 翁文灏（印）

中华民国三十四年十月九日

〔《敌伪资产接收与处理》（1945 年 9 月 22 日至 1945 年 10 月 19 日）：1102/0824.02 - 08/145/001110200A009〕

（四）青岛市产业接收事宜

李先良电呈关于林耕宇出任青岛市临时外事组主任事宜
（1945 年 9 月 27 日）

姜秘书长转呈主席蒋、行政院长宋、经济部长翁钧鉴：在青日军暨日商关于经济部门，财产丰富，为纱厂等，均堪充为国用。惟内中各情，必须熟通日方情形，始能全部顺利接收，否则仅存外壳。兹有林耕宇，前曾充青岛市电话局长、牛照税局长，对于青市日方经济情形，极为详悉，且有人事关系。市府顷在接收之际，为对日方交涉便利计，除成立接收委员会外，特组设临时外事组，专办对日交涉接收事宜，以林临时充任该组主任最为相宜。惟林曾于七七事变后一度充任伪朝鲜代理公使，后即蛰居青岛，力欲报效国家。可否暂时利用林为外事组主任，专办对日交涉，以利接收之处，谨电请核夺示遵。青岛市长李先良叩。申感印。

〔《敌伪资产接收与处理》（1945 年 9 月 22 日至 1945 年 10 月 19 日）：1102/0824.02 - 08/145/001110200A009〕

李先良电呈接收青岛纱厂事宜
（1945 年 9 月 28 日）

主席蒋、行政院长宋、经济部长翁勋鉴：密。窃查敌人在青岛经济

设施，除重工业外，以纱厂最为重要。职为复兴青岛，维持民生起见，在敌人投降后，即派员传谕各纱厂不得停业或自行毁坏机件。自职进驻市内以来，对于各部门之接收，颇称顺利。在中央未明令规定接收敌经济部门以前，为防止敌人偷漏、藏匿、损毁或停工而致五万工人失业，影响治安计，除派定市党部委员王信民、市政府科长张益瑶出为日人所组织之青岛纺织业同业会正、副监督员外，并派监视员九名，分驻公大、大康、银月、上海、隆兴、同兴、宝来、丰田、富士九大纱厂，先行监视，并督促继续开工，维持数万工人之生活，增加生产。企静候中央派员接收，俾使完整无缺。再另有中日合办之纺织工厂日华兴业株式会社，亦经派员驻厂监视。所有经过情形，理合电请鉴核示遵。青岛市长李先良叩。申俭印。

〔《敌伪资产接收与处理》（1945 年 9 月 22 日至 1945 年 10 月 19 日）：1102/0824.02 −08/145/001110200A009〕

蒋中正为林耕宇不宜出任青岛市外事组主任致宋子文翁文灏代电
（1945 年 10 月 9 日）

行政院宋院长、经济部翁部长勋鉴：青岛李市长申感分电计达。原电所请以林耕宇为接收委员会外事组主任一节，既曾任伪职，自不相宜。除饬另选妥员办理外，即希知照。中〇。西青府交。

〔《敌伪资产接收与处理》（1945 年 9 月 22 日至 1945 年 10 月 19 日）：1102/0824.02 −08/145/001110200A009〕

蒋中正为林耕宇不宜出任青岛市外事组主任致李先良等电
（1945 年 10 月 9 日）

青岛市政府驻渝办事处转李市长：申感电悉。林耕宇既曾充任伪职，自不宜任外事职务，致滋物议。应另选妥员担任为要。中〇。西青府交。

〔《敌伪资产接收与处理》（1945 年 9 月 22 日至 1945 年 10 月 19 日）：1102/0824.02 −08/145/001110200A009〕

翁文灏呈复林耕宇不宜出任青岛市外事组主任职务

（1945 年 10 月 12 日）

国民政府主席蒋钧鉴：顷奉酉青府交电令，以青岛市政府李市长先良电陈，请以林耕宇为接收委员会外事组主任一节，既曾任伪职，自不相宜。已饬另选妥员办理，嘱即知照等因。奉此，除电复李市长外，理合电陈鉴核。经济部长翁文灏叩。酉文秘部印。

〔《敌伪资产接收与处理》（1945 年 9 月 22 日至 1945 年 10 月 19 日）：1102/0824.02－08/145/001110200A009〕

七　抢运暨接收沦陷区物资

蒋中正为沦陷区内运物资免征税收致俞鸿钧翁文灏代电

（1945 年 4 月 8 日）

俞部长鸿钧、翁部长咏霓：对于沦陷区内运物资，除毒品外，应准免征税收运进，并简化检查手续，期能利用时机，大量吸收物资。希即研拟具体办法报核为要。中正手启。卯庚侍秘。

〔《物资管制（三）》（1944 年 12 月 18 日至 1947 年 2 月 21 日）：1100.10/2737.01－03/59/001110010A026〕

俞鸿钧呈拟沦陷区内运物资免征税收简化检查手续办法

（1945 年 4 月 16 日）

（事由）谨遵手谕，对于沦陷区内运物资免征税收、简化检查手续，分别研拟办法，呈请鉴核示遵。

案奉机秘甲字第八六六八号钧座手谕内开：对于沦陷区内运物资，除毒品外，应准免征税收运进，并简化检查手续，期能利用时机，大量吸收物资。希即研拟具体办法报核为要等因。遵查沦陷区内运物资，计有洋货与沦陷区土货之分。洋货经由沦陷区运入后方者，现系与外国货物由国境线直接运入者同样缴纳进口税。其沦陷区土货，准其自由运入后方者，除少数统税货品（如烟、酒、火柴、糖类等）照征统税外，现系一律免税放行，其用意本在吸收沦陷区物资。至《战时管理进口出口物品条例》附表甲第二类（子）、（丑）两项（如呢绒、呢帽及衣着零件、烟叶、纸烟及卷烟纸、可可、咖啡、留声机等）及第三类（丑）项（如人造丝、绸缎、海产品、化妆品、洋酒、玩具等）禁止进口物品，由海关执行禁运，并由各省市政府依照《取缔禁止进口物品商销办法》禁止在市面商销。其领有本部特许进口证由沦陷区内运者，概系照缴进口税。以上为沦陷区内运物资征免税项及禁运、禁销之大概情形。关于检查手续方面，为便利抢运，曾订有简便办法，凡沦陷区物资内运，准其在进口第一道关所执行简单初验，俟至指定地点再行补办验货纳税手续，海关遵循有年。兹奉前因，经就过去办理情形详加检讨，并遵钧座示对沦陷区内运物资，除毒品外，应准免征税收运进，并简化检查手续之意旨，研议具体办法。兹谨分别列陈如次：

甲、关于免征税收者

一、凡沦陷区产制物品，原准商人购运者，内运时以免征税收为原则。其少数应征统税物品（如烟、酒、火柴、糖类等），仍与后方统税物品一律照征统税，以资维护后方工商业。

二、外国货物，原准商人购运者，经由沦陷区内运时，仍应照纳进口税。因沦陷区内运之外国货物，在伪海关照伪组织所订税则缴纳之进口税，自应认为无效，由我海关照征进口税，俾与外国货物由国境线运入者同等纳税，以归一律。

三、《战时管理进口出口物品条例》附表甲第二类（子）、（丑）两项（如呢绒、呢帽及衣着零件、烟叶、纸烟及卷烟纸、可可、咖啡、留声机等）及第三类（丑）项（如人造丝、绸缎、海产品、化妆品、洋酒、玩具等）禁止进口物品，为使沦陷区物资不因查禁关系影响内运，并简化检查手续起见，拟一并予以弛禁，并分别征税免税。

1. 外国货物弛禁后，为限制奢侈品及非必需品进口起见，应仍征进口税，期能寓禁于征。

2. 沦陷区产制物品弛禁后，除烟、酒、火柴、糖类等少数统税货品征收统税，及奢侈性物品如海产品、化妆品、玩具等征收进口关税外，概准免税放行。

四、《战时管理进口出口物品条例》附表甲第一项所载，枪械、子弹、军用品、航空器材、爆发物料、无线电器材等，系与军事有关，应予管制之特种物品，仍由原定主管机关核准进口。及附表甲第三类（子）项所载绝对禁止进口物品，如制造军火图样、伪造纸币及含有伪组织宣传意义之物品等，自难视同一般物资，仍由海关依照规定执行禁运。

五、俟本案核定后，《战时管理进口出口物品条例》照上述弛禁办法呈院修正，并将《取缔禁止进口物品商销办法》废止。

乙、关于简化检查手续者

一、凡沦陷区内运货物，由接近封锁线之第一道关所执行简单初验先予放行，至经海关指定地点之关所，再行复查，分别征放，以后凭关单通行无阻，以利货运。

二、《战时管理进口出口物品条例》所订禁止进口物品，除附表甲第一类如枪械、子弹、军用品、航空器材、爆发物料、无线电器材等仍凭主管机关准运获照放行，及第三类（子）项如制造军火图样、伪造纸币及含有伪组织宣传意义之物品等，仍予执行禁运外，其余物品，概准商人自由报运，毋庸缴验证件，以简检查手续。

以上所拟便利沦陷区物资内运办法，是否有当，理合具文呈请鉴核示遵。谨呈

军事委员会委员长蒋

财政部部长 俞鸿钧（印）

民国三十四年四月十六日

〔《物资管制（三）》（1944 年 12 月 18 日至 1947 年 2 月 21 日）：1100.10/2737.01－03/59/001110010A026〕

翁文灏呈拟沦陷区物资内运奖助办法草案
（1945 年 4 月 20 日）

（事由）奉电令，为对于沦陷区内运物资，除毒品外，应准免税，

并简化检查手续，饬研拟具体办法报核一案，遵即拟定《沦陷区物资内运奖助办法草案》，呈请核示由。

案奉本年四月八日侍秘字第二七二七一号钧座手启卯庚侍秘代电内开：对于沦陷区内运物资，除毒品外，应准免征税收运进，并简化检查手续，期能利用时机，大量吸收物资。希即研拟具体办法报核为要等因。查吸收沦陷区物资，为对敌经济作战之策略。自敌人发动太平洋战事以后，国际路线完全截断，后方物资来源缺乏。经本部呈准行政院订定《战时争取物资办法大纲》及厘定《战时抢购物资品目表》，并由院指定财政部货运管理局为抢购物资主管机关。本年三月十五日，奉院令货运管理局裁撤，所有抢购物资业务，饬由本部主管，并奉指示应奖励人民自动组织进行各等因。遵经本部函达财政部，请将前货运管理局办理情形暨有关案件查示在案。兹奉电令前因，经详慎研讨，鉴于敌人近在沦陷区内攫夺物资，较前更趋积极，而统制重要必需物品，防止流入大后方，尤为严密。且不惜提高收购价格，以图利诱一般无知商民。兹为谋对敌争取沦陷区物资起见，遵照钧座指示准免税收及简化检查手续之两大原则，拟定《沦陷区物资内运奖助办法草案》，期以有效奖助之方法，激励后方与沦陷区商民，自动将物资内运。其中规定限制内运物资，除毒品列于麻醉药品以内外，尚拟添列枪械、子弹、军用品、制成炸药、军用毒气及爆发物料，与经专案指定查禁之物品及通令禁止运销之奢侈品。关于简化检查手续一项，因财政部所属各地缉私及货运分支机构，奉令裁并，各战区封锁线甚长，海关力量难期普及，深恐检查稍涉疏懈，敌伪汉奸趁机混入，影响军事，并拟即以检查之权分授各战区司令长官，以期严密。以上所拟，是否有当，理合附同草案，具文呈请鉴核示遵。谨呈

军事委员会委员长蒋

附呈《沦陷区物资内运奖助办法草案》一份。

经济部部长　翁文灏（印）

中华民国三十四年四月二十日

附　　　　　　　沦陷区物资内运奖助办法草案

第一条　经济部为大量吸收沦陷区物资，免敌利用，特订定本办法。

第二条　经济部得商同财政部、战时运输管理局及各战区司令长官部并督导各省市政府执行本办法规定之事项。

第三条　沦陷区之物资，除左列者外，准予商民自由内运。

一、麻醉药品（附清单一）

由卫生署麻醉药品经理处管理，领用卫生署凭照。

二、爆发物料（附清单二）

由军政部核准，领用国民政府护照及财政部准运单。

三、枪械、子弹、军用品、制成炸药、军用毒气。

由军政部核准，领用国民政府护照。

四、经专案指定查禁之物品（附清单三）

五、经通令禁止运销之奢侈品（附清单四）

第四条　沦陷区之物资，除前条各款外，如有自动集资抢购或因避免敌人掠取，而向后方内运销售或疏散、移置者，不论其为后方或沦陷区之公司行号或人民，得享受左列各款之待遇与便利。

一、得免征内地一切税收。

二、得由政府运输机关优先转运。

前项优先转运办法，由战时运输管理局订定。

三、得由沿途军警妥为护送。

四、得向中央信托局投保兵险。

五、物资内运进口时，应由财政部所属第一道海关或战区司令长官部所属第一线担任封锁队执行检查，发给查验托证后，如经过其它关卡，免予再行检查。

前项查验托证由财政部各战区司令长官部分别制定。

六、物资运抵目的地时，除政府机关需要之物品得按市价付现收购外，准其自由销售。

凡向后方疏散、移置属于家庭自用之物品，不在政府收购之列。

第五条　内运物资运抵目的地时，货主应于五日内开列物品数量，报由当地商会转报该管地方政府登记。

第六条　内运物资不得挟带第三条各款之物品。

第七条　地方政府登记之内运物资，应按月将货主姓名、物品种类、销售价格及供需情形，列表报由该管省（市）政府汇转经济部备查。

第八条　违反本办法第六条之规定者，执行检查人员应将物品及货主，一并解送地方司法机关，依法讯办。

第九条　执行检查人员，如有包庇纵容、故意留难、营私舞弊情事，依法惩处。

第十条　本办法施行后，凡与本办法有抵触之法令，暂不适用。

第十一条　本办法自国防最高委员会核定之日施行。

清单一　麻醉药品品目清单

1. 乙醯二氢可待因酮（乙醯去甲基二氢太白因）及其盐类（阿锡迪康）并制剂。

2. 苄基吗啡（或苯甲基吗啡）及其盐类（碧露宁）并制剂。

3. 阿朴吗啡及其盐类并制剂。

4. 大麻。

5. 可卡因（即高根）及其盐类并制剂。

6. 古柯叶及其赝碱并制剂。

7. 可待因（甲基吗啡）及其盐类并制剂。

8. 二乙醯二氢吗啡及其盐类（波拉落丁）并制剂。

9. 二氢可待因及其盐类（波拉哥定）并制剂。

10. 二氢可待因酮及其盐类（迪苦大达）并制剂。

11. 二烷可待因酮及其盐类（欧可达）并制剂。

12. 二氢吗啡及其盐类（波拉磨方）并制剂。

13. 二氢吗啡酮及其盐类（迪苦大达）并制剂。

14. 爱克哥宁及其酯类并其盐类及制剂。

15. 乙基吗啡及其盐类（狄臭宁）并制剂。

16. 喳。

17. 麻叶。

18. 海洛因（二乙醯吗啡）及其盐类并制剂。

19. 印度麻及其胶脂并制剂。

20. 吗啡及其盐类并制剂。

21. 氯化吗啡胺（洁诺吗啡）及其它五价氮吗啡衍化物及其制剂。

22. 吗啡之醚类及酯类之各种盐类及其制剂并其衍化物。

23. 鸦片及其赝碱并制剂。

24. 盼得本（即全鸦片素）。

25. 罂粟子。

26. 斯托魏（又名斯妥乏印）。

27. 士的宁（或番木鳖素）及其盐类（制剂不在内）。

28. 狄边（又名太白因）及其盐类并制剂。

29. 育亨宾及其制剂如生殖灵、甘露精等。

30. 注射剂。

注一：配尔派灵不在限制范围以内。

注二：可塔宁及其盐类（盐酸可塔宁）并制剂含有士的宁成份者，准予进口不加限制。

清单二　爆发物料品目清单

1. 硝（钾硝硝酸、钾纳硝、智利硝、钙硝硝酸、钙空气硝、硝酸、铔硝酸、钡硝酸鎴）。

2. 磺（硫磺）。

3. 盐酸钾（盐酸加里或盐化钾）。

4. 绿酸钾及氯酸盐类。

5. 过绿酸钾及过绿酸盐类。

6. 硫酸（硫酸水或磺镪水）。

7. 硝酸（硝镪水）。

8. 红燐、白燐、黄燐。

9. 二炭炔化合物。

10. 三氮化盐类。

11. 爆炸酸盐类。

12. 墨边油。

13. 苦味酸盐类。

14. 一个及三个硝基有机化合物类。

注一：氯化钾肥料及其含有氯化钾之成份在百分之八十五或以下者，如专供肥料之用，免予领用护照。

注二：因工业上或医药上之需用，报运含有一部分爆发物料之商品进口，如各该项商品不能作为炸药及绝对不能改制为炸药原料者，不在本表限制之列。

清单三　经专案指定查禁之物品品目清单

一、内藏刺刀之手杖。

二、气枪及假手枪并气枪用枪弹。

三、制造军火图样。

四、农业病虫害。

五、伪造纸币福票及其它类似之票券。

六、印制伪币印模、铸币印模及机器。

七、手枪式电筒。

八、手镣。

九、含有伪组织宣传意义之物品。

十、掺有黄磷、白磷之火柴。

十一、赛狗。

十二、淫书、淫画及诲淫物品。

清单四　经通令禁止运销之奢侈品品目清单

税则号列货：

五四一麝香精及香精。

五九六（乙）台湾席（床用）、（已）日本席。

六三四镶金属器、塞苏玛磁器（其它磁器不禁）。

六五零修指甲用全副器具及零件、粉扑、粉盒、梳妆盒。

六五三真假珍珠。

六五五香水、脂粉、雪花膏（包括指甲油、凝肤水油、美容水、润肤膏、胭脂、口红、画眉笔、面粉、口脂在内）。

六五八（乙）真假贵重宝石、半贵重宝石制品（玉、玛瑙等在内）。

六六七化妆品之器具（包括带香水管之铅笔、各种香水喷射器、烫发器、卷发器、肥皂匣盒、装成套化妆用具，税则号列第二六四号之金属电力烫发器、卷发器等）。

六六九首饰金。

〔《物资管制（三）》（1944 年 12 月 18 日至 1947 年 2 月 21 日）：1100.10/2737.01－03/59/001110010A026〕

蒋中正为沦陷区物资内运奖助办法草案致翁文灏代电
（1945 年 4 月 24 日）

经济部翁部长勋鉴：卅四管字第四四九六六号呈件均悉。查此案前据财政部关渝字第八三八号呈复，拟具便利沦陷区物资内运办法，经予核准在案。兹查来呈所拟办法大致相同，惟关于以检查之权分授各战区司令长官部及由政府运输机关优先转运各节，为财部原办法所未提及，希即先与财部会商后，提请行政院核转国防最高委员会核定施行。中○。卯敬侍秘。

〔《物资管制（三）》（1944 年 12 月 18 日至 1947 年 2 月 21 日）：1100.10/2737.01－03/59/001110010A026〕

蒋中正为沦陷区物资内运奖助办法草案致国防最高委员会等代电
（1945 年 4 月 24 日）

国防最高委员会秘书厅陈代秘书长①、行政院张秘书长均鉴：前为

---

① 陈布雷。

利用时机吸收大量物资起见，经手令财政、经济两部对于沦陷区内运物资，除毒品外，应准免征税收运进，并简化检查手续，饬拟具体办法报核去后。旋据财政部呈复，就现行办法，酌定便利沦陷区物资内运办法，经予核准在案。兹续据经济部呈复，拟具《沦陷区物资内运奖助办法草案》请示前来。经核所拟办法与财政部前呈大致相同，惟关于以检查之权分授各战区司令长官及由政府运输机关优先转运各节，为财部原办法所未提及。除复令先与财部会商后，提请行政院核转国防会核定施行外，特电知照，希于呈到时迅予接办，俾早实施为要。中○。卯敬侍秘。

〔《物资管制（三）》（1944 年 12 月 18 日至 1947 年 2 月 21 日）：1100.10/2737.01－03/59/001110010A026〕

戴笠杜月笙呈报在上海组设民华公司抢运棉纱棉布情形
（1945 年 10 月 29 日）

委员长蒋钧鉴：

谨查三十二年五月初，仰奉面谕，向沦陷区抢运棉纱、棉布及其它物资。即密电上海市地方协会代秘书长徐采丞，促其设法。以徐君经营纺织事业二十余年，于纱布品质、沪市商情具有经验。且徐君向受委托，为掩护我地下工作，营救在沪同志，虚与敌人周旋。其品性廉洁，行为忠诚，委以此事，既足信任，且甚适当。经二月余往返电商，始获成议。但以沦陷区物资由政府机关直接抢运，殊为不便。因一面在渝组设通济公司，一面通知徐君在沪另立公司，即民华公司，相互联系，以为交接机构。第一次洽定棉纱、棉布四千件，约重一千余吨，经先后内运二千件外，其余半数，正在起运。敌人突然投降，以致未及完成洽定原额。关于民华组织与其营运资金，虽有董、监事会之设立，但只为应付环境而设置，并非股东所选。其董事长一职虽由徐君担任，则以促成抢运工作之故，受职等之指示，势不能不拥此虚名。至向伪组织备案、注册等等，均未办理。假定资本伪币五千万元，亦绝未收集。所有购进货物之全部代价，共值伪币壹万陆仟余万元，当时系开付远期支票，分

827

期拨还。嗣由徐君就沪吸收汇渝款项，以资抵充，较之一般公司以物资交换者，情形迥殊。自有敌人投降消息后，敌方职员及与敌方有关之职员或则隐身，或则鼠窜，徐君以受职等指示，办理民华结束，并将余存物资统妥存原储仓库。值此大局转捩，徐君深感责任綦重，决非个人所能久负，迭经要求处理前来。为特敬陈始末及现在情形，应如何办理之处，伏祈钧夺。谨肃祗请

钧安

职 戴笠、杜镛①谨肃

三十四年十月廿九日

〔《物资管制（三）》（1944 年 12 月 18 日至 1947 年 2 月 21 日）：1100. 10/2737. 01 – 03/59/001110010A026〕

戴笠呈拟处理战时货运局所设民华公司余存物资办法
（1945 年 11 月 12 日）

窃生前在财政部战时货运管理局任内，当时奉命向沦陷区域抢购物资，并以抢购军用、民用纱布为主。当以上海为棉纱、棉布出产中心，而向沦陷区抢购，由政府机关直接办理，殊为不便。经向杜月笙君接洽，于三十二年十二月奉准在重庆组设通济贸易公司，由货运管理局及中国、交通、农民三银行与中央信托局、邮政储金汇业局投资十分之五，官商合办，推杜君主持，向沪进行抢购。当时上海方面，有地方协会代秘书长徐采丞，经营纺织事业达二十余年，于纱布品质、沪市商情，具有经验。且徐君向受委托，为掩护我地下工作及营救秘密工作人员，虚与敌人周旋，行为忠实。为进行便利，经与杜君会同密电徐君，促其设法，卒获成议，另由徐君在沪设立民华企业公司，以为与通济公司联系交接之机构。第一次洽定棉纱、棉布四千大件。于去年四月，由界首内运一千件，转交花纱布管制局接收；去年十月，由杭州内运一千件，交第三战区第五军需局接收；其余正接洽起运。因货运管理局结

① 杜月笙，名镛，号月笙。

束，故由通济公司单独办理。不久敌寇投降，致洽定原额未及完成。查该民华企业公司纯为通济公司而设立，当时虽有董、监事会之设立，但并非股东所选。徐君担任董事长，则为促成抢购，受我方之指示，且并未向伪组织备案注册，亦未收集资金，购进物资，系由徐君运用开付远期支票，嗣以在沪吸收汇渝款项抵充，实与一般公司不同。自敌寇投降，徐君受我方指示，着手办理民华公司之结束，余存货物均妥存上海、蚌埠各原储仓库。兹经查明，计存上海者有棉纱六六三件、棉布一〇八七件及其它货物；存蚌埠者棉纱一五五件、棉布四〇七件及其它货物。值此大局转捩，此项物资，自不能再由徐采丞负责。且当此京、沪、武汉各地物资缺乏，价格高涨，亦不宜久存，俾用以平抑物价。惟通济贸易公司虽在权责上可以接收处理，但该公司系官商合办，则将来货物盈余，未免商方获利太多。为求处理切当，兹谨拟办法如下：

一、民华公司所存物资，拟均由通济公司接收，设立独立会计，专案处理。所得盈余，除必需之业务费用外，均扫数报缴中央，涓滴归公。

二、民华公司完全解散，所余生财等件，准交由通济公司接收，酌量计价，报缴中央。

三、存蚌埠之棉纱、棉布等货物，据闻已由第十战区长官部就地接收，拟乞电饬第十战区查明发还，由通济公司接收处理。

以上所拟，系生与杜君月笙商妥呈核，是否可行，理合抄呈上海及蚌埠现存货物数量表，报请钧座鉴核批示，以便转知通济贸易公司遵照办理。谨呈

校座

附呈上海、蚌埠现存货物数量表各一份。

生　笠　（印）

三十四年十一月十二日

〔《物资管制（三）》（1944 年 12 月 18 日至 1947 年 2 月 21 日）：1100.10/2737.01－03/59/001110010A026〕

蒋中正为发还民华公司存蚌埠之棉纱棉布
致第十战区司令长官代电
(1945 年 12 月 1 日)

第十战区李司令长官①：密。据前财政部战时货运管理局局长戴笠报告略称："前因奉命抢运物资，经呈准在渝组设通济贸易公司，在沪设立民华企业公司，以为联系交接之机构。现民华公司存蚌埠之棉纱、棉布等货物，据闻已由第十战区长官部就地接收，拟请电饬查明发还，由通济公司接收处理"等情。查该通济、民华两公司，原为战时向外购运物资而设立，兹战事结束，所有该公司储存物资，自应整理清登。所请将民华公司存蚌埠物资交还通济公司接收处理一节，应准照办。除分电行政院、财政部派员监督办理外，希查明该公司存蚌物资，悉予发还为要。中〇。亥东府交。

〔《物资管制（三）》（1944 年 12 月 18 日至 1947 年 2 月 21 日）：1100.10/2737.01 - 03/59/001110010A026〕

蒋中正为发还民华公司存上海蚌埠之
棉纱棉布致宋子文俞鸿钧代电
(1945 年 12 月 1 日)

行政院宋院长、财政部俞部长勋鉴：据前财政部货运管理局局长戴笠报告略称："前因奉命抢运物资，经呈准在渝组设通济贸易公司，在沪设立民华企业公司，以为联系交接之机构。现民华公司余存货物，均妥存上海、蚌埠，谨拟具办法三项请核示"等情前来。查所拟办法尚属可行，惟此项存货，数量繁多，应由财政部派员监督，并与行政院驻沪处理物资机构联系，妥慎办理，以免转资囤积。除电复并分电第十战区李长官外，特将原呈及存沪、存蚌货物数量表一份，随电抄发，即希照办为盼。中〇。亥东府交戊。附抄原呈一件、存沪存蚌货物数量表各一份。

---

① 李品仙。

〔《物资管制（三）》（1944 年 12 月 18 日至 1947 年 2 月 21 日）：1100. 10/2737. 01 - 03/59/001110010A026〕

八 中美铀矿开采合作

翁文灏呈报美大使函索我国铀矿等稀有金属矿产资料
（1947 年 7 月 28 日）

（事由）为美国大使函索我国铀矿及其它稀有金属矿产资料，可否抄送，仰祈核示由。

兹接美国大使司徒雷登七月二十八日密函，内称：顷悉尊处存有辽宁等处铀及其它稀有金属矿产之报告。此项资料，对美国政府具有重大关系，请抄交本馆秘书波仑格，以便转送于国务院，并当作为秘密资料。如荷惠允，至深纫谢等语。查我国辽宁、江西等省，存有铀矿，确经证明，但尚未有探采工作。兹美国大使注意及此，函请抄送报告。其所记载者仅为地点及矿物种类各点，储量数目并未测明。似宜照为抄送，以联友谊。是否可行，仍祈核示遵行。谨呈

国民政府主席蒋

职 翁文灏（印）谨呈

三十六年七月二十八日

拟办：原件呈核，拟准照办。

批示：如拟。

〔《矿业管理（五）》（1947 年 2 月 18 日至 1947 年 12 月 5 日）：1131/1032. 01 - 05/247/001113100A005〕

蒋中正为美大使函索我国铀矿等稀有金属
矿产资料事致翁文灏代电
（1947 年 7 月 30 日）

资源委员会翁委员长勋鉴：七月二十八日资秘密字第三一一号呈

悉。美国大使司徒雷登函索我国铀矿及其它稀有金属矿产资料，可准予抄送。中〇。午陷府交。

〔《矿业管理（五）》（1947 年 2 月 18 日至 1947 年 12 月 5 日）：1131/1032.01－05/247/001113100A005〕

翁文灏呈美国务院拟派凯捷来华察看铀矿商谈合作
（1947 年 10 月 9 日）

（事由）为美国务院拟派凯捷来华察看铀矿，商谈合作，如蒙核准，恳准予传告钧谕各有关机关，将铀矿资料抄交参考，当否，呈请核示遵行由。

前接美国大使司徒雷登函索我国铀矿资料，以供美国政府参考。应否抄送，当经签请核示。旋奉七月三十日午陷府交字第一二七二七号代电，可准予抄送等因。当经抄具报告，于八月五日密送司徒大使。兹接美大使馆秘书奉大使命来言：近接国务院电，言拟派美国地质调查所职员凯捷（H. D. Keiser），于本月二十日左右飞至中国。盼允其察看中国铀矿，藉以商洽如何利用及合作探察办法，特先为面达等情。又据面告：该地质家在美国原子能委员会工作有年，经验颇优，又为军事顾问团凯捷将军之弟，故特派其前来等语。查吾国铀矿，虽有发现，但如何实行使用，事关机密。如不与外国专家通力合作，势非吾国一时能就。且依照目前资料，铀矿发见虽已有数处，但储量似并不多。如果实行施工探勘，亦甚需近代科学方法，庶能见效。美国政府所提合作，原则上似可接受，其具体办法，拟与美国派来专家面商后，再为呈请钧座核定。又关于吾国铀矿资料及专门人员，散在中央研究院、中央地质调查所及资源委员会三机关，以上所拟与美国派来专家商洽合作办法事，如蒙核准，拟恳准予传告钧谕各该机关，将铀矿资料惠行抄交于职，以供参考，而期慎密。是否有当，理合呈请核示遵行。谨呈

主席蒋

职 翁文灏（印）谨呈

三十六年十月九日

拟办：原件呈核，查前次美大使索抄铀矿资料，已奉准抄送有案。

此次美方派员察看，商谈合作开采，翁委员长认为原则上似可采受，所请准予传谕抄录资料一节，拟准照办。

吴鼎昌

十月九日

批示：如拟。

〔《矿业管理（五）》（1947 年 2 月 18 日至 1947 年 12 月 5 日）：1131/1032.01 - 05/247/001113100A005〕

蒋中正为美国务院拟派凯捷来华察看铀矿
商谈合作事致翁文灏代电
（1947 年 10 月 14 日）

资源委员会翁委员长勋鉴：十月九日密京（36）秘字第三五五号呈悉。所陈美国务院拟派员来华察看铀矿，商谈合作，拟请传谕各有关机关将铀矿资料抄交参考一节，准予照办。希径向各有关机关传谕洽取可也。中○。酉寒府交。

〔《矿业管理（五）》（1947 年 2 月 18 日至 1947 年 12 月 5 日）：1131/1032.01 - 05/247/001113100A005〕

翁文灏呈中美合作探勘铀钍等矿协定草案
（1947 年 11 月 28 日）

（事由）关于铀矿合作，经与美国专家凯捷商研，拟具合作协定草案，理合将商谈经过并缮同草案一份，呈请鉴核。协定草案一俟美国正式核定，再行呈报核定施行。

为呈报事。上月间准美国大使洽告，美国政府拟派专门人员来华，商洽协助探勘研究铀矿办法，可否准予商洽，将所拟办法呈报候核，呈请核示。嗣奉十月十四日府交字第一三七二五号代电，所陈美国务院拟派员来华察看铀矿，商谈合作，拟请传谕各有关机关将铀矿资料抄交参考一节，准予照办等因，自应遵办。嗣有美国原子能委员会代表凯捷（Hubert D. Kaiser）专程抵京，由美国大使馆秘书陪同来见，商洽中美合作探勘中国铀钍及有关原子能各矿办法。彼方初提意见要点如下：

833

一、由美国原子能委员会选派少数地质专家（二人至四人），内有主任一人，盼中国亦派定同数人员，内有主任一人，会同查勘中国铀钍各矿，所得资料，彼此互相知照。

二、查勘铀钍各矿，须用新式仪器。凡为中国所需者，均由美国借用。所需经费，除中国职员之待遇及旅费均由中国支付者外，其余各种费用，均由美国负担。

三、洽定合作期间为二年。在此期内，中、美两国慎密办理，暂不接受其它国家参加。

职当答以所拟办法，可允商订草案，以便呈候钧座核定，并声明中国方面致重要点如左：

（一）为实行查勘铀钍各矿起见，当由中国政府组设查勘团，设团长一人，主管各事；美国来华专家当作为该团之团员，受团长之统率。关于重要工作方法，可由团长随时征询美国专家主任之意见，商洽进行。

（二）查勘团所需仪器，以及各项使用方法及技术说明，美国方面经验较多，务宜充分供给。

（三）中国政府盼早设立研究原子能之专门物理机关，但重要设备，美国现皆禁止输出。故盼因此合作查勘机会，得由美国政府允为同情协助，俾克观成。

以上各点中，（一）、（二）两点与美方意见大致从同，惟第（三）点为职所新提。良以吾国中央研究院物理研究所对于此项原子能试验工作热心从事，而设备无着，实行为难。故深盼趁此合作时机，能得美国协助，为吾国国内奠定物理研究之初步基础。经与美方代表凯捷选为商研，拟具合作协定草案十条，由凯捷携往美国，面请美国原子能委员会当局正式核定，同时由职检同此项协定草案，先为呈请钧座鉴核。一俟美国正式核定后，再行由职呈报钧座，正式核定施行。谨呈

主席蒋

职 翁文灏 （印）谨呈

三十六年十一月二十八日

附呈协定草案一份。

附　　　　　　　　协定草案

密京（36）秘三九四号附件

一、中国政府经以资源委员会委员长为代表，与美国政府之联邦原子能委员会之代表一人，商讨合作探勘中国铀矿、钍矿，以及对于两国政府原子能计划具有重要性之矿品。

二、根据上述之商讨，中国政府为求增进中美合作，以谋双方利益起见，兹提议对于中国上述矿品之合作探勘，应迅速着手进行。

三、为进行上项探勘工作，中国政府当组设一特种查勘团。该团在资源委员会督导之下，从事工作，并与中国政府其它有关机关，如中央地质调查所等合作进行。团长由资源委员会委派，中国政府将选派参加该团工作之中国专家一人或二人赴美，与联邦原子能委员会官员商拟在中国合作探勘办法。

四、为实行上项合作探勘办法，美国将指派少数美国地质学家或其它专家，在一领袖指导之下，与中国特种查勘团合作。上项人员，应视为特种查勘团之团员，中美团员人数应大致相等。所有有关探勘工作之办法，均由查勘团团长与美国团员之领袖洽商进行。

五、中国政府同意负担中国团员之全部费用，包括薪俸、交通、房屋及生活费用。至实地探勘之其它一切费用，均由美国政府负担之。

六、美国政府同意供给中国政府实地探勘之全部报告，包括矿样之分析及储量之估计，并在合作探勘期间，以借用方式将小型测勘计算器供给中国团员之用。美国政府当供给有关是项计算器之构造与应用之说明书及文献，并供给在实地探勘时所采得矿样内包括铀、钍与其它稀有金属之化学的、矿物的及放射性的精密测定所需之方法、器材、设备之详细说明。美国领袖应对中国团员演示上项计算器之使用方法。美国政府并同意协助中国政府输入中国政府为欲完成是项探勘工作在中国设立试验室所需在美国购买或用其它方法获得之器材设备。

七、中国政府同意供给美国政府已知之中国铀矿及钍矿所在地点之全部资料，以及实地探勘所得之全部报告，包括矿样之分析与储量之估计。是项矿样，经团长与美国领袖会商后，认为有从事试验之价值时，中国政府当允许将适合于用作实验分析与冶金试验之矿样运往美国。

八、上述合作工作期限定为两年，自美国团员抵达中国之日起算。期满后如认为需要作进一步之合作时，当由双方予以考虑。

九、中国政府为求原子能之科学研究及应用于和平用途起见，表示愿望获得美国之协助，以设立一设备完善之原子能研究实验所。美国政府并同意接受中国物理学家数人在美免费参加联邦原子能委员会所指定之实验所，从事原子能研究工作。此项中国物理学家由资源委员会会商中央研究院遴选之，美国政府当于适当时机，考虑协助中国政府在中国设立一原子能研究实验所。

十、中国政府同意在上述实地探勘期间，不与任何其它国家作技术上之合作，以探勘中国铀矿、钍矿以及对于两国政府原子能计划具有重要性之其它矿品。

拟办：谨按：关于中美合作探勘我国境内铀、钍等重要矿品一节，前据资委会翁委员长签呈，认为原则可行。兹所拟协定草案，除规定合作探勘大致办法外，并拟藉此训练若干精研原子能与采矿之中国专家，暨增加中央研究院物理研究所之设备，用意甚周。拟准照办，并嘱应密报张院长①核定，当否，请批示。

批示：如拟。

〔《矿业管理（五）》（1947 年 2 月 18 日至 1947 年 12 月 5 日）：1131/1032. 01 – 05/247/001113100A005〕

蒋中正为中美合作探勘铀钍等矿协定草案致翁文灏代电
（1947 年 12 月 5 日）

资源委员会翁委员长勋鉴：十一月二十八日密京（36）秘字第三九四号呈暨附件均悉。所拟合作协定草案尚属允当，可准照办，并希密

---

① 张群，时任行政院院长。

报行政院张院长核定可也。中〇。亥微府交。

〔《矿业管理（五）》（1947 年 2 月 18 日至 1947 年 12 月 5 日）：
1131/1032.01 – 05/247/001113100A005〕

九　战后美援物资运用

翁文灏为美政府战后处理剩余战时物资办法等
致军事委员会委员长侍从室公函
（1944 年 5 月 19 日）

（事由）驻美商务参事处呈报美政府战后经济调整计划及美政府战后处理剩余战时物资办法等情，转请查照转陈由。

据本部驻美商务参事处本年二月二十九日呈称："美政府最近对于战后经济调整问题深切注意。本月十五日，美战时动员处发表该处顾问包鲁克所编《战时及战后调整政策报告书》，于下列各点有详细讨论及具体建议：（一）军事人员之复员。（二）政府军事购买合同之清偿、修改及停止。（三）政府剩余战时物资之处理。（四）政府动员及复员机构之调整。（五）欧洲战事结束后之工业部分复员计划。（六）战时权限之局部延长。（七）小工业之调整。（八）战后赋税政策之预筹。（九）政府公共建筑计划之预筹。包鲁克为美上次大战时战时工业委员会主席，在美声誉甚隆。其经济方面之意见，为各界所极端重视。包氏思想趋向保守一派，于战后促进经济繁荣及全民就业之办法，注重减轻企业赋税负担，缩小政府经济事业活动范围，予企业家以种种扩充生产之便利，藉以提高产量，促进就业。其报告内容，实与美国会上院战后经济政策及计划委员会于本月九日发表之报告内容，大致相同。惟于执行计划之机构方面，包氏报告主张于直属总统之战时动员处下设机关办理，上院报告则主张由国会另组机关负责办理一切战后复员事务。包氏及美国会上院之报告，可为美保守派思想之代表。其进步派之见解，则可由美资源计划委员会上年发表之报告中窥得之。该报告于促进私人企业之办法，虽亦有研讨，但其促进经济繁荣及全民就业之中心主张，则侧重于政府自办之经济建设，利用财政及金融政策，促进高度消费，藉以提高产量，改善教育及社会保险制度。美国会一般意见趋于保守，与资源计划委员会之主张大相径庭。该委员会受政治影响，经费于去年被国会撤销，工作因之停止。其中关于战后处理美政府剩余战时物资一点，与我在美采购经济建设物资关系密切。兹谨择其要点，报告如次：美政府近年来因战事生产所购买之厂房、机械、原料及制成品数量至为巨大。战事结束时，政府必仍存有大量物资，远过于政府平时之需要。此项物资即所称'政府剩余战时物资'。战事终止时，政府所存物资之数量，现时虽难精确预测，但从宽估计，约可达七五，○○○，○○○，○○○元之谱。其中厂房机械一项，据上年三月底之统计，约值一五，一四○，○○○，○○○元，其细目见附表。上年三月后，政府添购之厂房机械数量不大（约为三六○，○○○，○○○元），其细目则从未发表。于此一五，一四○，○○○，○○○元中，约有半数为厂房建筑，不能移动，其余为生产机械，一部分可以运销国外。关于战后处理剩余物资之办法，包鲁克氏有下列建议：（一）于战时动员处下设剩余物资管理长官一职，统筹处理剩余物资事务，并设剩余物资处理政策委员会，由剩余物资管理长官主席，各有关机关分派代表为委员。（二）下列各机关，根据管理长官决定之政策，执行实际处理剩余物资之职务。一、普通消费用品。财政部购办司。二、工业生产用品。建设投资公司。三、商船及其它有关物资。商船委员会。四、食粮。战时食粮管理处。（三）管理长官于处理剩余物资时，应根据下列原则：一、在不扰乱通常商业范围之内，俾尽售卖。售卖时并应俾尽利用普通商业机构。二、一切售卖纪录完全公开。三、剩余物资不得售予投机商人（包括promoters），售卖时不得有独占或偏袒之行为，当地之购买人应有优先权，但政府不得给予任何津贴。四、政府不得利用剩余厂房机械与私人企业竞争。五、取得公平价格用以清偿国债。关于剩余物资运销国外一则，包鲁克氏建议原则两点：（1）在售与外国以前，必先顾及美国本国之生产效率。因此项生产效率为美国高度生活水准及高度薪资之基础。（2）剩余物资管理长官应与国务部及国外经济事务局合作，探讨在国外销售之可能性。但同时须注意本国生产效率之改进及本国其它需要。总统根据包氏建议，于本月十九日设立剩余战时物资管理处，直属战时动员处，并由战时动员长官本斯指派克雷顿为管理长官，综理一切。美国会上院报告中关于处理剩余物资之原则，与包氏报告大致相同，惟于管理机构方面，主张设立复员管理处，直接秉承国会政策办理一切。现时总统虽已于战时动员处之下组织剩余战时物资管理处，但如国会通过法律成立复员管理处，则剩余战时物资管理处即须撤销，或根据法律规定归并于复员管理处。美政府此项剩余物资，于战事停止之日起，即可供各方立时购用。各项机械工具，均系于过去两三年中所制，设计、构造均属新颖，价格亦必比较低廉，可为我国战后采购建设物资重要来源之一。按美设立剩余战时物资管理处之主要用意，在集中处理剩余物资之管理权，使各机关于售卖剩余物资时可有一贯之政策，其集中机构之精神，似可作我政府在美采购物资办法之参考"等情。查内容可供参考，相应函请查照转陈为荷。此致

委员长侍从室

　　附美国政府战时添置之厂房器械总值表一份。

部长　翁文灏

中华民国三十三年五月十九日

附　Value of War Industrial Facilities Finance with Public Funds By Type of End Product （按所制物品分类）

单位：美金百万元

制造下列物品所用之厂房器械价值	
TOTAL	15140
Aircraft, aircraft engines, parts and accessories	3085
Ship construction and repairs	1991
Combat and other motorized vehicle	425
Guns, ammunition, shells, bombs	1870

续表

制造下列物品所用之厂房器械价值	
Explosives, ammunition, loading and assembling (excluding small arms)	2856
Iron and steel products	1261
Nonferrous metals and their products	1126
Machine tools and other metal working equipment	153
Machinery, electrical equipment and appliances	463
Chemicals, petroleum and coal products	1204
Miscellaneous manufacturing	264
Non – manufacturing(power lines, mining, transportation, etc.)	342

〔《经济措施（四）》（1943 年 2 月 16 日至 1944 年 11 月 25 日）：1100. 10/2130. 04/37/001110010A004〕

翁文灏呈美国大使馆请求供给关于我国战后经济建设有关资料
（1944 年 11 月 16 日）

（事由）美国大使馆经济顾问沈约翰来访，请求供给关于我国战后经济建设有关资料。可否由职酌予供给之处，签请核示由。

谨签呈者：昨驻华美国大使馆经济顾问沈约翰（John D. Sumner）来访。据告：关于我国战后经济建设，彼奉命与我国政府取得联系，并请求供给有关资料等语。查战后公营建设计划奉谕暂不对外发表，惟以美国对我国关系，可否由职酌予供给之处，理合签请鉴核示遵。

谨呈

委员长蒋

职 翁文灏（印）

三十三年十一月十六日

拟办：拟准由翁部长择要供给。

批示：如拟。

〔《经济措施（四）》（1943 年 2 月 16 日至 1944 年 11 月 25 日）：1100. 10/2130. 04/37/001110010A004〕

蒋中正同意向美国供给战后经济建设有关资料复翁文灏代电
（1944 年 11 月 25 日）

经济部翁部长勋鉴：十一月十六日资机字第一〇二九号签呈悉。美方所请供给我国战后经济建设有关资料一节，可由兄择要供给。中〇。戌径侍秘。

〔《经济措施（四）》（1943 年 2 月 16 日至 1944 年 11 月 25 日）：1100.10/2130.04/37/001110010A004〕

十 战后煤矿接收与开发

翁文灏钱昌照呈报热河阜新北票两煤矿接收情形
（1946 年 1 月 15 日）

（事由）呈为热河孚〔阜〕新、北票两煤矿水电业已接通，仍可出煤、恳赐分电东北中央银行宽拨经费，并令地方军政长官派兵保护由。

谨签呈者：顷据东北区孙特派员越崎①灰电，略以阜新、北票二矿，业已派董子敬、雷宝华、吴稚田等接收。闻阜新大电机虽被拆走，但水电业已接通，仍可出煤济用。请转呈宽发资金，并饬属保护矿厂，俾可从速复工等由。查阜新、北票二矿，系敌人在热河境内竭力经营之二大煤矿。如能提前复工生产，虽不能供应上海、青岛一带燃料，然关外用煤，自可就近取给，而将开滦所产生煤腾出，以供沪、青、平、津各地之用。今水电既已接通，动力不虞匮乏，自应克日复工出煤，以济关内各地复员轮轴之用。除电饬该员迅速复工并就地商洽外，拟请俯赐分电东北中央银行，宽发复工经费，并令东北保

---

① 时任东北区经济特派员、行政院河北平津敌伪产业处理局局长兼资源委员会副主任委员。

安司令①及热河刘主席②特别派兵驻矿保护。是否可行，理合签请鉴核示遵。谨呈

主席蒋

职 翁文灏（印）、钱昌照（印）谨呈

三十五年一月十五日

〔《煤矿产销与用煤调度（一）》（1936 年 9 月 11 日至 1946 年 8 月 29 日）：1132. 10/9410. 01 - 01/255/001113210A001〕

蒋中正为热河阜新北票两煤矿接收事宜致俞鸿钧代电
(1946 年 1 月 26 日)

财政部俞部长勋鉴：据经济部翁部长、钱次长③转据东北区经济特派员孙越崎电呈，称阜新、北票二矿业已接收。至阜新大电机虽被拆走，但水电现已接通，仍可出煤济用。请电东北中央银行宽发复工经费，并派兵保护，俾可从速复工等语。查该二矿既已接收藏事，自应即予复工，以利生产，俾济关内外燃料之需要。除已分电杜司令、刘主席派兵保护外，所请宽发复工经费一节，可予照准。即希遵照与经济部径洽速办为要。中〇。子寝府交。

〔《煤矿产销与用煤调度（一）》（1936 年 9 月 11 日至 1946 年 8 月 29 日）：1132. 10/9410. 01 - 01/255/001113210A001〕

蒋中正为热河阜新北票两煤矿接收事宜致翁文灏钱昌照代电
(1946 年 1 月 26 日)

经济部翁部长、钱次长：本年一月十五日密渝秘字第六五一五号签呈悉。已分电财政部及东北杜司令、刘主席遵照速办矣。中〇。子寝府交。

〔《煤矿产销与用煤调度（一）》（1936 年 9 月 11 日至 1946 年 8 月 29 日）：1132. 10/9410. 01 - 01/255/001113210A001〕

---

① 杜聿明。
② 刘多荃。
③ 钱昌照。

翁文灏呈交涉收回长江以北关内各铁路沿线煤矿
(1946 年 2 月 22 日)

奉国民政府二月二十一日交字第二四七一号代电,据交通部俞部长丑寒京电,请速交涉收回长江以北关内各铁路沿线大小煤矿,以免通车后燃料发生困难等语。此事确属重要,特抄发原电,希迅速核办具复为要等因。查燃煤关系重要,职部业经注意,并已电令王特派员翼臣①、杨特派员公兆②认真推进有案。奉代电前因,又再电告该两特派员及孙局长越崎、程局长义法③迅速办理。惟揆之目前实状,重要煤矿,例如山东之博山、淄川、大汶口、中兴各矿,河北之磁县各矿,河南之六河沟、中福各矿,皆因他党阻碍,主办人员不易前往接收。故第一步工作,实赖开诚协议,俾获了解,而得收回。为应此必要,职部并已代电政治部张部长④,请其查酌办理。合行先将目前处理情形陈覆,敬祈鉴核。谨呈

国民政府主席蒋

经济部部长 翁文灏(印)谨呈

三十五年二月廿二日

〔《煤矿产销与用煤调度(一)》(1936 年 9 月 11 日至 1946 年 8 月 29 日):1132.10/9410.01 - 01/255/001113210A001〕

翁文灏呈向中共交涉接收华北铁路沿线重要煤矿情形
(1946 年 2 月 28 日)

(事由)呈为煤矿生产关系工业交通及民生燃料之供应甚大,目前铁路沿线重要煤矿多在共党范围以内,该党方针在控制煤矿,并支配生产,已请张部长特为注意,谋合理解决,乞鉴核由。

窃查煤矿之生产,关系于工业、交通及民生燃料之供应,至为重

---

① 时任华北区经济特派员。
② 时任鲁豫晋区经济特派员。
③ 时任行政院山东青岛区敌伪产业处理局局长。
④ 张治中,时任军事委员会政治部部长。

大。尤以目前各主要铁路正待修复通车之际，所需燃料更须积极筹划。惟目前铁路沿线各大煤矿，如河北之磁州，河南之六河沟、中福，山东之淄川、博山、大汶口、中兴等矿，均在共党势力范围之内。有若干煤矿为策安全起见，曾与共党设法接洽。顷据六河沟煤矿李组绅报称：共党代表周恩来曾向其提出具体办法，协助生产。关于中福煤矿，周恩来亦曾向英大使馆表示意见，内容大致相同。其要点所在，一方面为表示好意，热心协助；一方面自居为当地政权，所有煤矿应交公家之款项或其它权益，均归交该党，并由工人组织参同主持。依照该党方针支配煤斤，以换取该党区域所需之物品。此种办法如果实行，必使整个经济有根本动摇之虞。对于六河沟及中福煤矿，职已力嘱须俟政府正式洽议，均勿径与共党商洽，致使该党得有矿方允认之藉口。该矿等必能遵照，停止与该党商洽。惟共党方针，先断铁路，继占煤矿，影响将来交通及生产者至巨。业经由职函请张部长治中特为注意，并向马歇尔特使切实说明，以期明了真相，共谋合理之解决。务使所有重要煤矿均能在政府控制之下，早日恢复生产，供应要需。理合备文报陈，伏乞鉴核。谨呈

主席蒋

职 翁文灏（印）谨呈

三十五年二月廿八日

〔《煤矿产销与用煤调度（一）》（1936 年 9 月 11 日至 1946 年 8 月 29 日）：1132. 10/9410. 01－01/255/001113210A001〕

蒋中正为同马歇尔商洽向中共交涉接收华北铁路
沿线重要煤矿致张治中代电
（1946 年 3 月 11 日）

张部长文白兄勋鉴：据经济部翁部长呈称，目前铁路沿线各大煤矿，如河北之磁州，河南之六河沟、中福，山东之淄川、博山、大汶口、中兴等矿，多被共党控制，应早日与之洽商，设法解决，以免影响将来交通及生产等语。翁部长分函谅达。查目前各主要铁

路正待修复通车，所需燃料更须积极筹划。此事应予注意，并希速
与马特使商洽，妥谋解决，以裕煤源而利交通为要。中〇。寅真
府交。

〔《煤矿产销与用煤调度（一）》（1936 年 9 月 11 日至 1946 年 8 月
29 日）：1132. 10/9410. 01 – 01/255/001113210A001〕

翁文灏钱昌照呈报河北省井陉正丰煤矿由经济部
接收资委会与该省合办情形
（1946 年 3 月 10 日）

（事由）呈为河北省井陉、正丰两煤矿，奉行政院核定，应由经济
部接收，并已由资委会与河北省政府签定合办契约，请赐令饬河北省政
府克日移交，以利煤产由。

谨签呈者：查河北省井陉、正丰两煤矿，矿区毗连。在敌伪统
治时期，原系合并经营。战事结束后，奉行政院核定由经济部接收，
交由资源委员会与河北省政府合办。业经资委会与河北省政府孙主
席①签定合办契约，组织公司。规定河北省占股四成；董事长及总经
理均由资委会派任，省政府得推荐协理一人；省政府应出资金，全
由资委会垫发。目前华北铁路运输，急需增多煤斤生产，但现今两
矿仍由河北省政府派员管理，尚未交由经济部接收，无法进行整理
工程，增加产量。拟恳钧座电令河北省政府克日移交经济部先行接
收，同时迅速由资委会及河北省政府依照已订合约组织公司，积极
推进，并分令经济部知照，俾华北急需煤斤可以无虞。理合备文，
签请鉴核示遵。谨呈
主席蒋

职　翁文灏（印）、钱昌照（印）谨呈

三十五年三月十日

---

① 孙连仲。

附　　　资源委员会河北省政府合资办理井陉煤矿合约

一、资源委员会（以下简称甲方）与河北省政府（以下简称乙方）为合资开发河北省井陉县岗头村、凤山村及其附近一带煤田，订立合约。

二、甲、乙双方组织井陉煤矿股份有限公司（以下简称公司）。除现有各矿资产经政府接收评价，以六成作为甲方股本、四成作为乙方股本外，另增现金股本国币四亿元。甲方出资二亿四千万元，乙方出资一亿六千万元。其乙方应出之现金股本一亿六千万元，如暂时不能缴付时，由甲方代垫。

三、公司组织董事会，由董事九人组织之。甲方指派董事五人，就中指定一人为董事长；乙方指派董事四人。另设监察人四人，甲、乙双方各指派二人。

四、公司设总经理一人，主持公司一切用人、行政；协理一人至二人，辅助总经理处理公司事务，均由董事会议定聘任之。

五、公司营业至每届年度终结时，如有盈余，除提公积金至少一成及股本官息按周年五厘计算外，余数按十成分配，以七成为股东红利，三成为董、监酬劳及员工奖金与福利金。

六、本合约一式三份。由资源委员会转呈经济部备案一份，存资源委员会一份，存河北省政府一份。

资源委员会代表　钱昌照（签字）

河北省政府代表　孙连仲（签字）

中华民国三十五年二月十二日

〔《煤矿产销与用煤调度（一）》（1936 年 9 月 11 日至 1946 年 8 月 29 日）：1132.10/9410.01－01/255/001113210A001〕

翁文灏钱昌照为促河北省政府移交井陉正丰两煤矿致陈方函
（1946 年 3 月 10 日）

芷町吾兄勋鉴：

河北井陉、正丰两煤矿，遵照宋院长规定方针，由资委会与省政府合办。孙主席业已正式同意，亲自签字合约，但事实上煤矿尚未移交。兹为促成接办，早日增产起见，有上委座签呈一件，请予令催，敬祈迅赐转呈。如蒙核定照办，可否即以所附令稿斧正呈判，发出专函奉商？尚乞察助为幸。藉颂

钧绥！

弟　翁文灏（印）、钱昌照（印）敬上

三月十日

〔《煤矿产销与用煤调度（一）》（1936 年 9 月 11 日至 1946 年 8 月 29 日）：1132. 10/9410. 01 - 01/255/001113210A001〕

蒋中正为促河北省政府移交井陉正丰
两煤矿事致翁文灏钱昌照代电
（1946 年 3 月 21 日）

资源委员会翁主任委员、钱副主任委员勋鉴：本年三月十日签呈暨附件均悉。所请令饬河北其政府将井陉、正丰两煤矿移交经济部接收整理，并照合约组织公司各节，已电河北省政府遵办，并分电经济部知照矣。中○。寅马府交。

〔《煤矿产销与用煤调度（一）》（1936 年 9 月 11 日至 1946 年 8 月 29 日）：1132. 10/9410. 01 - 01/255/001113210A001〕

蒋中正为促河北省政府移交井陉正丰两煤矿事致翁文灏代电
（1946 年 3 月 21 日）

经济部翁部长勋鉴：河北井陉、正丰两煤矿，前经行政院核定，由该部接收，交由资源委员会与河北省政府合办。目前华北需煤甚迫，亟应整理，增加生产。除电饬河北省政府将该两矿克日移交该部接收外，特电遵照，迅速派员接收整理为要。中○。寅马府交。

〔《煤矿产销与用煤调度（一）》（1936 年 9 月 11 日至 1946 年 8 月 29 日）：1132. 10/9410. 01 - 01/255/001113210A001〕

十一 复员时期政潮处理

翁文灏呈迅速从严惩办刺杀李公朴闻一多凶手
（1946 年 7 月 17 日）

限即到。牯岭。

主席蒋钧鉴：八二三五密。昆明李公朴被刺，闻一多又当街为人击毙，人心备极警恐，闻潘光旦等避入美领事馆。查当此时局困难之时，一部分人士发表政治言论，见解虽各有不同，事实自在所难免。但如对李、闻二人暗杀行为，不问动机出自何方，皆须彻底严惩。政府有保持治安之责，钧座公忠体国，正在昭示大公，苦心领导，必须迅即公告，对非理暗杀行为严加斥责，并电令昆明军警治安长官，限期查获凶手，违则撤惩。所获凶手不问出自何方，必须经公布供词，迅速从严惩办，庶足昭示政府之威信，而慰全国之人心。敬贡愚见，务乞采纳。翁文灏叩。午篠印。

拟办：翁文灏七月十八日电请对非理暗杀行为严加斥责，并请电令军警长官查获李公朴、闻一多被刺凶手。

拟复：现时处理此案方针，正与兄意见相同，必求真相大白，严切惩办，决不稍涉宽纵也。

陈方签
七月十九日

〔《学潮处理》（1946 年 7 月 18 日至 1947 年 6 月 20 日）：0903.41/7737.01 - 04/95/001090341A005〕

蒋中正为处理李闻遇刺案方针致翁文灏代电
（1946 年 7 月 20 日）

南京。

翁副院长詠霓兄：午篠电悉。△八二三五密。现时处理此案方针，正与兄意相同，必求真相大白，严切惩办，决不稍涉宽纵也。中〇。午皓机牯。

〔《学潮处理》（1946 年 7 月 18 日至 1947 年 6 月 20 日）：0903.41/7737.01 - 04/95/001090341A005〕

蒋中正为李闻遇刺案致各省市行政长官通令电稿
（1946 年 7 月 24 日）

各省省政府主席、各市政府市长、各行营主任、各绥靖主任：查人民生命财产之安全，政府负有确切保护之职责。讵意迩来昆明、开封等地，竟先后发生暗杀案件，无论其情由如何，各该地方之军政当局，职守有疏，均难辞咎。诚恐不逞之徒，阴谋未已。为特严切通令，务仰切实注意，周密保护。尤其对于无武装之各党派人士，并应妥为保护，不得稍涉疏虞。否则，倘有任何意外发生，均惟各该地军政当局是问。其各凛遵为要。中○手令。午敬机牯。

〔《学潮处理》（1946 年 7 月 18 日至 1947 年 6 月 20 日）：0903.41/7737.01 – 04/95/001090341A005〕

十二　战后农产品产制外销

吴鼎昌呈外销丝茶桐棉产制销改进计划草案提要
（1946 年 3 月 6 日）

内容摘要：外销丝、茶、桐、棉产、制、销改进计划草案提要。

（一）预期目标：本计划实施后第五年，四种物资出口数量如下：

生丝：十万公担（因战中破坏甚大，故仅能恢复战前出口量）。

茶叶：六十万公石（较战前出口量增加百分之五十）。

桐油：一百万公担（较战前出口量增加百分之二十五）。

棉布：六千五百余万匹（战前仅有少量棉纱及皮棉输出）。

（二）改进办法：

甲、原料生产方面

1. 在各主要产区分设改良试验场所（如蚕丝改良场、茶叶改良场、棉产改良场、油桐改良场），推广良种指导技术。

2. 对于农民产品之收储、运销，予以资金及技术上之协助。

乙、产品制造方面

1. 采用新式机器，扩大生产规模，以提高产品品质。过去土法制造及小型组织，应于申请设厂时，予以适当取缔。

2. 厂商采购原料，运销成品及购置机器时，政府即以运输上之便利。必要时并得予以某种奖掖。

丙、出口贸易方面

1. 厘定产品等级标准，励行检验制度，以提高产品在国际市场之信誉。

2. 改善储运机构，活泼周转资金，必要时并酌采出口补助金制度，以减低出口货物成本价格。

3. 指导出口商人，加强贸易组织，以集中力量，增加对外议价能力。

4. 利用驻外使领馆机构，调查国际商业情况，提供有系统之报道，以期供求配合，增进出口。

（三）资金需要：

甲、生产改进费

1. 各改良实验场所设备费。

国币（战前价值，下同）：五，二四九，三〇〇元。

美金：二二二，六二〇元。

2. 经常费：三一，三四八，〇〇〇元。

以上甲项，因系政府机构，应由国库支给。

乙、各制炼工厂设备费。

国币：二三七，六三〇，〇〇〇元。

美金：九七，七四五，〇〇〇元。

丙、制炼运销流动资金（以全部产值百分之三十估计）

国币：二八三，〇〇〇，〇〇〇元。

以上乙、丙两项，因系民营事业，原则应由人民投资，但政府亦可予以奖助提倡。此外，银行对于各该事业之短期融通资金，尚未计算在内。

（四）经营方式及外汇管理：

丝、茶、棉、桐之种植、采制、加工，一贯属于民生企业之范围，应由民营，其出口贸易亦无划归国营之必要。故政府之任务，仅须在技术、资金、运输与情报等方面，予以协助与指导。关于外汇用途之控制，如有必要，可酌采结汇管理办法。此则应由财政当局通盘筹划行之。

附原草案。

拟办：谨按：本案系中央设计局遂奉钧座手令拟呈之件，摘录其要点如上。经核原件，各节大致均尚妥洽。拟仍发交最高经济委员会采酌施行。

职　吴鼎昌呈

三十五年三月二十五日

〔《农林渔畜牧业保护与发展》（1946 年 3 月 6 日至 1947 年 7 月 11 日）：1100/5544.01 – 05/164/001111000A007〕

蒋中正为外销丝茶桐棉产制销改进计划草案致宋子文翁文灏代电

（1946 年 5 月 11 日）

最高经济委员会宋主任委员、翁副主任委员勋鉴：关于丝、茶、棉、桐油四种实业增产、制造、出口等项，经饬中央设计局特别设计，并拟定具体计划呈报在案。兹据呈复并拟具外销丝、茶、桐、棉产、制、销改进计划纲要草案前来，特将原件检发，希采酌施行为盼。中○。辰真府交京。附计划草案一件。

〔《农林渔畜牧业保护与发展》（1946 年 3 月 6 日至 1947 年 7 月 11 日）：1100/5544.01 – 05/164/001111000A007〕

蒋中正为外销丝茶桐棉产制销改进计划草案致吴鼎昌代电

（1946 年 5 月 11 日）

中央设计局吴秘书长勋鉴：本年三月六日设签字第二二三号报告悉。所拟外销丝、茶、桐、棉产、制、销改进计划纲要草案，已交最高经济委员会采酌施行矣。中○。辰真府交京。

〔《农林渔畜牧业保护与发展》（1946 年 3 月 6 日至 1947 年 7 月 11 日）：1100/5544.01 – 05/164/001111000A007〕

翁文灏王云五呈食油及其原料之输出特许制度

（1947 年 4 月 15 日）

（事由）请令财政部商同经济部及输出委员会执行食油及其原料之

输出特许制度，以利限制国内油价。

窃京、沪两地及其沿线，每月共需食油七万五千担。除中国植物油料厂每月供应一万五千担，其它油厂供应五千担外，其余五万五千担，悉操于贩运商人之手。近以世界油脂恐慌，各方高价收购，遂致原料频涨。加以国内交通、生产，均未纳入正轨，以至京、沪油价超过限价甚远。物价委员会为谋平抑起见，曾于第四次会议决定：（一）由中央信托局供给原料交各厂榨油。（二）扩大购料贷款数额，使中国植物油料厂每月增产二万五千担。（三）上海食油配售，由中国植物油料厂、中国食油公司及榨油业同业公会组设统一配售处，联合配售。（四）呈请主席核准，令饬全国各地对于大豆、花生、芝麻、菜籽及其榨油之输出国外者，采取特许制度，由财政部商同经济部及输出推广委员会执行等语，纪录在卷。查食油及其原料输出国外，实为促成价格上涨之主因。是否可由政府采取特许制度，以资限制之处，理合签请鉴核示遵。谨呈兼院长蒋

　　　　全国经济委员会物价委员会主任委员 翁文灏（印）

　　　　　　　　　　副主任委员 王云五（印）

　　　　　　　　　　　　三十六年四月十五日

拟办：食油及其原料为民生食用所必须，应予维持价格之稳定。所请限制输出、施行特许制度一节，拟准照办。

　　　　　　　　　　　　　　　　吴鼎昌

　　　　　　　　　　　　　　　　四月十六日

批示：照准。中正。

　〔《农林渔畜牧业保护与发展》（1946 年 3 月 6 日至 1947 年 7 月 11日）：1100/5544.01－05/164/001111000A007〕

蒋中正为食油及其原料之输出特许制度致财政部经济部等代电
（1947 年 4 月 22 日）

财政部俞部长、经济部王部长①、输出委员会执行委员会张主任委

———————

① 王云五。

员勋鉴：据报近来世界油脂恐慌，各方高价收购，遂致原料频涨。加以国内交通、生产均未纳入正轨，以致京、沪油价超过限价甚远等情。查食油及其原料为民生日用所需，为谋稳定油料价格、调和供需起见，除应设法增加油料生产外，对于大豆、花生、芝麻、菜籽及其榨油之输出国外者，亦应采取特许制度，以资限制。希即会同拟定办法，切实办理为要。中○。卯养府交。

〔《农林渔畜牧业保护与发展》（1946 年 3 月 6 日至 1947 年 7 月 11 日）：1100/5544.01－05/164/001111000A007〕

蒋中正为食油及其原料之输出特许制度致翁文灏代电
（1947 年 4 月 22 日）

全国经济委员会物价委员会翁主任委员、王副主任委员勋鉴：本年四月十五日呈报油料供应困难情形悉。第四次会议决定四项办法，应准照办。除第四项对于油料输出采取特许制一节已分令财政、经济两部及输出委员会会同拟定办法，切实办理外，其余各项，希报由行政院分别饬办可也。中○。卯养府交。

〔《农林渔畜牧业保护与发展》（1946 年 3 月 6 日至 1947 年 7 月 11 日）：1100/5544.01－05/164/001111000A007〕

十三　战后日本赔偿交涉

王世杰[①]呈临时拆迁日本赔偿工厂美向远东
委员会提出日本赔偿先期交付案
（1947 年 2 月 25 日）

（事由）关于临时拆迁日本赔偿工厂，美方向远东委员会提出日本赔偿先期交付案，呈请鉴核由。

---

① 时任国民政府外交部部长。

　　谨查关于拆迁日本工厂移充我国赔偿事，迭经本部电饬驻美顾大使①向美方交涉，要求在赔偿会议未召开前，尽速拆迁一部分，以应我国急需。顷据顾大使电复，略以美方对我处境甚表同情，本拟采取临时指令办法，训令盟军总部准我国先期拆迁移充赔偿之日本工厂设备中百分之十五。惟因此一单独措置，有五、六国反对，但苏联态度已见缓和，故现已改编计划，将先期拆迁日本赔偿设备事，仍交远东委员会审议，以完成手续。如会中有延宕趋势，拟即授权政府进行实施。美方原案要点如次：

　　一、于远东委员会通过并经盟军总部指定供赔偿之日本工厂范围内，中国先期取得百分之十五，英国、荷兰、菲律宾各取得百分之五，并以此四国为限。

　　二、各取得国须向盟军总部提交证件说明。

　　甲、对各项设备足以立即并有效运用。

　　乙、利用该项设备，能直接有裨于其战后经济之善后救济，或间接有助于亚洲其它地区所急需之救济。

　　等情。除电复驻美顾大使，饬对该案促使尽速通过，并分电有关机关，对我国需索之工厂，迅即准备理由书，送部核转外，理合抄附该案原文及译件，备文呈请鉴核。谨呈

国民政府主席蒋

职　王世杰呈

　　附呈远东委员会"日本赔偿先期交付案"原文及译件各一件。

　　关于日本赔偿临时拆迁事，美国代表于二月十四日下午密交"日本赔偿先期交付案"。该案将于十五日送第一小组委员会（赔偿小组委员会）讨论。其要点如左：

　　一、盟军最高统帅依照二月十三日先期交付日本赔偿物资决议案，立即交付日本国内资产规定。

----

　　①　顾维钧。

A、此项资产限于远东委员会所决定，并经盟军最高统帅所指定之移供赔偿范围内者。

B、此项资产由盟军最高统帅部指拨于中国、菲律宾、荷兰、英国，并以该四国为限。

C、接收国须向盟军最高统帅部提出有关凭证说明。

1. 足以立即有效运用该项资产。

2. 利用善后用之赔偿物资或装备后之设备，必须直接有助于申请国因受战争损害所急需之善后救济，或间接有助于亚洲其它地区因受日军蹂躏所急需之救济。

3. 每项物资，各国就其数量或价值，各得百分之五，但中国可得百分之十五。

E、交付之物资，每一部门不得超其总数之百分之三十。

二、盟军最高统帅部在选择工厂设备方面，应求得均衡。

三、盟军最高统帅部应予记帐，以便抵充日后各该国之最后赔偿摊额。

拟办：拟复"悉"。

奉批：阅。

〔《战后日本赔偿交涉》（1947 年 2 月 25 日至 1947 年 5 月 8 日）：0625. 26/6322. 01 – 01/180/001062526A002〕

王世杰呈美决颁临时指令先期拨付日赔偿物资
我国可先期取得百分之十五
（1947 年 4 月 8 日）

（事由）美决颁临时指令，先期拨付日赔偿物资，我国可先期取得百分之十五，呈请鉴核由。

谨查关于拆迁日本工厂移充我国赔偿事，前美国曾拟定"日本赔偿先期交付案"，送交远东委员会审议。该案规定我国可自供赔偿之日本工厂总额中，先期取得百分之十五，英国、荷兰、菲律宾各取得百分之五。其全文经于本年二月二十五日以机字五二九号签呈呈请鉴核在案。兹据驻美顾大使本年四月五日电，略以日本赔偿先期交付案，远东委员会讨论，迄无结果。美政府已决定依远东委员会组织条款之规定，径行对盟军总部颁发临时指令，实施该项方案，提前拨付中国应得百分之十五，菲、荷、英各得百分之五。顾大使对美方是项声明，当即表示欣感，并谓我国工业设备因抗战损失奇重，急待建设，百分之十五已属最低数额，不能再减，并谓提前拨付之百分比额，不能构成赔偿总额先例等语。查美政府是项临时指令颁发后，即可实施拆迁。除分电驻日代表团暨行政院赔偿委员会迅即准备外，理合备文，呈请鉴核。谨呈

国民政府主席蒋

职 王世杰呈

拟办：复"悉"。行政院已另有报告，此件不必呈。

〔《战后日本赔偿交涉》（1947 年 2 月 25 日至 1947 年 5 月 8 日）：0625.26/6322.01－01/180/001062526A002〕

翁文灏呈日本先期赔偿物资即将拆迁请财政部
筹拨一千亿元以备紧急需要
（1947 年 4 月 12 日）

（事由）日本先期赔偿物资即将开始拆迁，请饬财政部筹拨国币一千亿元，以备拆迁时紧急需要由。

美国政府即将指令驻日盟军总部先行拆迁日本可供赔偿物资百分之三十，分配于中、英、菲、荷四国，以复兴战后经济。如照可拆物资总量九百万吨计算，在此先期拆迁额中，我国可获得半数，约一百三十五万吨。经详审国内目前之急需及财政与运输上所能负荷之能力，拟分三批拆迁：第一批拆迁方案，早经制就，呈请宋院长核示在案。约计重量四十八万二千二百一十八吨，内工具机十万八千五百九十八吨，造船十一万八千吨，钢铁二十万一千五百吨，化学工业一万四千二百五十吨，电力三万四千七百吨，轻金属五千一百七十吨，分别配给有关部会及民营厂商。所需运输及建置费用，俟统筹审核后，再为呈请核定。目前迁运工作亟需发给第一期款项，以便进行。拟请钧座先饬财政部筹拨国币

一千亿元，按照附表，由各机关具领，用备执行开始拆迁时紧急需要。
理合检同第一批款项紧急支付分配预算表，签请鉴核赐准，以利进行。

谨呈

兼院长蒋

赔偿委员会主任委员　翁文灏呈

附呈《先期迁建第一批款项紧急支付分配预算表》一份。①

拟办：拟交财政部照办并复。

奉批：照准。

〔《战后日本赔偿交涉》（1947 年 2 月 25 日至 1947 年 5 月 8 日）：
0625.26/6322.01－01/180/001062526A002〕

蒋中正为拨付第一批日本赔偿物资拆迁
款项壹千亿元致财政部代电
（1947 年 4 月 21 日）

财政部俞部长勋鉴：据赔偿委员会翁主任委员签呈，略以美国政
府即将指令驻日盟军总部先行拆迁日本可供赔偿物资百分之三十。如
照可拆物资总量九百万吨计算，在此先期拆迁额中，我国可获得半
数，约一百卅五万吨。经评审国内之急需及财政与运输上所能负荷之
能力，拟分三批拆迁。第一批拆迁方案早经呈请行政院核示在案。目
前迁运工作亟需发给第一期款项，以便进行。拟请先饬财政部筹拨国
币壹千亿元，按照附表，由各机关具领，用备执行开始迁运时紧急需
要等语。查此事关系重要，所请应准照办。兹将先期迁建第一批款项
紧急支付分配预算表随文抄发，希即照数分别拨发为盼。中○。卯马
府交。附抄表一份。

〔《战后日本赔偿交涉》（1947 年 2 月 25 日至 1947 年 5 月 8 日）：
0625.26/6322.01－01/180/001062526A002〕

---

① 附表见下页。

附

先期迁建第一批款项紧急支付分配预算表

项目 部会别	工业项目（单位吨）							暂先支配数额（亿元）			翁文灏呈蒋主席签呈（三十六年四月十二日）
	工具机	造船	钢铁	化工	电力	轻金属	合计	航运费	建厂费	预备金	
国防部	46003	48000	250	5900	1900		102053		155		
资源委员会	24250	48000	201000	5550	26100	4250	309150		480		
交通部	24880	13000					37880	200	60		航运由交通部负责筹办。所有航运费200亿元交由该部自备，支付由日本港口至中国港口之运费及其它有关之开支。
经济部	12800	9000	250	2800	6700	920	32470		50		经济部所获日本赔偿工业设备，以配售民营事业为原则，所需建厂费用已规定由民营事业自行担负。但该部向民营事业接洽尚未完成，只得暂行垫发。合之该部自用设备得数如右。
教育部	665						665				
赔偿委员会									5	50	预备金50亿元由赔偿委员会存备，调剂各部会缓急之需。
合　计	108598	118000	201500	14250	34700	5170	482218		1000		

说明：1. 上列建厂费系包括国内运输、厂房安装、添置等数。

2. 各部会对于某种工业（加工具机）原已请有建厂专款者，上项建厂费即不予发给，而以之拨给该部会其它工业之建设。

3. 上列各项系迁建日本第一批物资之用，各部会不宜流支于其它用途。所有开支应向赔偿委员会随时报告。

蒋中正为拨付第一批日本赔偿物资拆迁款项致翁文灏代电
（1947 年 4 月 21 日）

赔偿委员会翁主任委员勋鉴：四月十二日签呈及附表均悉。所请饬拨第一期日本赔偿物资拆迁款项国币壹千亿元一节，可准照办。已饬财政部照数拨发矣。中○。卯马府交。

〔《战后日本赔偿交涉》（1947 年 2 月 25 日至 1947 年 5 月 8 日）：0625. 26／6322. 01 – 01／180／001062526A002〕

十四　长江三峡水力发电计划之终止

蒋梦麟①呈长江三峡水力发电计划设计工作情形及意见三项
（1947 年 3 月 27 日）

（事由）资源委员会呈报三峡水力发电计划设计工作一案，签请鉴核由。

资源委员会呈称：三峡水力发电计划设计工作，上年度照萨凡奇顾问计划着手进行，已付美金七五二，六三○·四五元。惟此项工作极为繁重，预计须三十七年底方可全部完成。本会本年度因经费支绌，三峡工作未列入预算。拟具意见三项及所需经费数额如此：

一、照原定计划继续进行

三十六年度共需美金一，五三六，二九○元及国币三十二亿元。

三十七年度尚需美金六四三，五六○元及国币三十四亿元。

二、照缩小范围办法进行

三十六年度共需美金三八一，○○○元及国币约二十三亿元。

三、暂时停止进行

需结束费用美金二三四，二六六元。

究竟采取何种步骤，请鉴核等情。

---

① 时任行政院秘书长。

查此事关系国家整个经济建设计划，谨签请鉴核示遵。

职 蒋梦麟（国民政府行政院秘书长印）呈

三十六年三月二十七日

批示：此案另据资委会负责人来谈，现在所谓照原计划继续进行，仅系钻探设计工作。至将来全部工程费用，仅筑成水闸、发电部分，即需十二亿美元。再加船只上下通航设备及装设电线至各都市，又需八亿美元。同时既有电力，必须有其它工业互相配合，估计至少亦需三十亿美元。故欲真正完成三峡电力工业建设，需款实在五十亿美元以上。犹忆魏德迈将军似曾上函钧座，认萨凡奇此项计划，于中国目前需要不合。资委会负责人亦深具同感，并谓该会现正对汉水上游研究水力发电计划，虽规模较小，而易收实效云云。窃意三峡计划，在最近数年，既无实现可能，不如采取所陈第三项"暂时停止进行"办法，以免多所浪费。当否，请钧核。

吴鼎昌

四月十五日

批示：如拟。中正。

〔《电厂建设与电力供应》（1937 年 6 月 18 日 1948 年 4 月 19 日）：1122.50/1071.01－01/226/001112250A001〕

蒋中正为暂停三峡水力发电计划致张群代电

（1947 年 4 月 26 日）

行政院张院长勋鉴：据该院蒋前秘书长本年三月廿七日第一三八一号呈，转据资源委员会呈报三峡水力发电计划拟具意见三项及所需经费数额，请予核示等情前来。查此项水力发电计划尚不适合目前需要，应照所拟意见第三项，暂时停止进行，发给美金结束费为限，以免浪费，并希转饬知照为盼。中○。卯宥府交。

〔《电厂建设与电力供应》（1937 年 6 月 18 日 1948 年 4 月 19 日）：1122.50/1071.01－01/226/001112250A001〕

后　记

2009 年的一天，南京大学校友会副会长兼秘书长高澎教授和校友会副秘书长赵国方老师来找我，说翁文灏先生的外孙张英先生拟在南京大学设立"张慕林翁婵娟教育奖助基金"，用以激励和帮助南京大学品学兼优、家庭经济困难的学生顺利完成学业。张英先生是一家台资企业——泰丰贸易股份有限公司董事长，也是南京大学校董。

通过交谈得知，张英先生的母亲翁婵娟小姐是翁文灏先生的幼女，他父亲张慕林先生与翁婵娟小姐是同学，他们于 1945 年 7 月毕业于重庆沙坪坝松林坡的中央大学农业化学系，1949 年以后定居台湾。

张英先生了解到南京大学的中华民国史研究在海内外有一定影响，便期待历史系教师中能够有人从事翁文灏研究。由于从事民国史研究的缘故，我对翁文灏先生的学识、能力和人品一直非常景仰，尽管我对翁文灏先生的了解非常肤浅，但还是承担了这一重任。

学界研究翁文灏的著名学者当推李学通先生，他撰写过《书生从政——翁文灏》、《幻灭的梦——翁文灏与中国早期工业化》等专著。2005 年，他编著出版的《翁文灏年谱》，运用了丰富的文献资料、档案、报刊和日记等，翔实记述了翁文灏跌宕起伏的一生，展现了一位才华横溢、公正廉洁的著名科学家在中国现代化转型中的不懈奋争与爱国情怀。

要想写一本翁文灏先生的评传，若没有完整翔实的档案资料，实非易事。于是，从 2010 年至 2014 年，我几乎每年都要去台北"国史馆"查阅档案，因为我在该馆收藏的国民政府档案中，发现了大量翁文灏先生的相关资料，其中涉及全面抗战期间的档案最丰。由于翁文灏先生其间担任资源委员会主任委员、经济部部长、战时生产局局长、行政院副院长等政府要职，成为蒋介石所倚重的助手，他在国家政治、经济、军事等方面发挥的作用也愈加重要。几年来，复印的档案资料达100万字左右，但如何使之变成研究翁文灏的成果，颇费思量。

思来想去，一个想法在脑子里成形，这就是先编一本翁文灏先生与抗日战争的档案资料集。去年是抗战胜利七十周年，明年又将是全面抗战爆发八十周年，而几年来通过阅读国民政府档案得到的深刻印象，就是翁文灏先生对中国抗日战争的胜利做出了巨大贡献。抗日战争是促使翁文灏先生"从政"的转折点，国家兴亡，书生有责，更何况这位中国最著名的地矿学科学家。而八年的全面抗战，使翁文灏得到蒋介石的高度信任，正是他的专业才识、耿直正义、克勤克俭、一丝不苟，才让他为抗战事业做出了杰出功绩。

张英先生非常关心这本史料汇编的编辑和出版。每当我去台北查资料时，只要他在台北，都会请我在西门町、公馆或是忠孝东路附近的餐馆小聚。本项目还得到"张慕林翁婵娟教育奖助基金"的资助，谨此表示感谢。

"国史馆"的两位前任馆长林满红教授和吕芳上教授，在我每次前往位于台北长沙街一段的"国史馆"查阅档案时，都会受到他们的热情接待。他们都是著名历史学家，品格同他们的学识一样崇高。感谢"国史馆"前任主任秘书陈立文教授和李正纲先生，作为相识二十多年的老友，每次来台北，我都会受到她全家的特别关照。感谢中央大学赖泽涵老师；政治大学张哲郎老师、林能士老师、刘维开教授、周惠民教授、彭明辉教授；"国史馆"卓遵宏先生、侯坤宏先生；中央研究院王汎森院士、陈永发院士，近代史研究所黄克武教授、张力教授、黄自进教授、林美莉教授、潘光哲教授、吴启讷教授，台湾史研究所谢国兴教授，台北大学李朝津教授；中国文化大学高纯淑等师长和好友对本书给予的支持和帮助。

感谢南京大学校友总会和发展委员会对本书编辑和出版的支持。南京大学前任副校长任利剑教授的支持和推动，无疑对本史料汇编的出版起了重要作用；赵国方老师自始至终关心本书的进展，他一以贯之的支持，使本史料汇编能够顺利出版。

感谢南京大学历史系的教师和研究生为本史料汇编的出版做出的贡献。硕士研究生孙倩楠、陈紫竹、李彪、耿丽娟为档案录入花费了大量时间和精力。由于年代久远、保存不当，一些档案受到的损毁严重，加以繁体字和草书难以识别，的确给他们带来不小的困难；陈明博士和党彦虹博士利用博士后流动站工作期间赴台交流，帮助补充了部分档案资料；博士研究生银品参与了后期的校对与编目工作。特别要感谢孙扬副教授，从组织研究生录入资料到校对史料、编辑目录，他都付出了辛勤的劳动。

感谢社会科学文献出版社杨群总编辑、徐思彦首席编辑和宋荣欣主任对于本书出版的支持。杨群和思彦都是我的老友，特别是思彦能够全程参与本书的编辑工作，也足见社科文献出版社领导对于这本资料集的重视。

感谢吾妻玉敏对我研究工作的支持。从2015年8月至2016年5月间，繁重的档案资料核对和分类编目，常常使我每天工作达16个小时以上。她默默无闻地照料我的起居，毫无怨言。

由于本人编辑水平有限，错漏之处，在所难免，敬请鉴谅。

陈谦平

2016年7月19日于

加拿大不列颠哥伦比亚省

高贵林（Coquitlam）市之

伯克山（Burke Mountain）

图书在版编目（CIP）数据

翁文灏与抗战档案史料汇编：全 2 册 / 陈谦平编
. -- 北京：社会科学文献出版社，2017.1
ISBN 978 - 7 - 5097 - 9823 - 2

Ⅰ.①翁…　Ⅱ.①陈…　Ⅲ.①抗日战争 - 史料 - 汇编
- 中国　Ⅳ.①K265.06

中国版本图书馆 CIP 数据核字（2016）第 245716 号

翁文灏与抗战档案史料汇编（上、下册）

编　　者／陈谦平

出 版 人／谢寿光
项目统筹／宋荣欣
责任编辑／梁艳玲

出　　版／社会科学文献出版社·近代史编辑室（010）59367256
　　　　　地址：北京市北三环中路甲 29 号院华龙大厦　邮编：100029
　　　　　网址：www. ssap. com. cn
发　　行／市场营销中心（010）59367081　59367018
印　　装／三河市东方印刷有限公司

规　　格／开 本：787mm × 1092mm　1/16
　　　　　印 张：60.25　插 页：0.5　字 数：889 千字
版　　次／2017 年 1 月第 1 版　2017 年 1 月第 1 次印刷
书　　号／ISBN 978 - 7 - 5097 - 9823 - 2
定　　价／325.00 元(上、下册)

本书如有印装质量问题，请与读者服务中心（010 - 59367028）联系